해커스 텝스 BASIC READING 200% 활용법

▶ 본 교재 무료 동영상강의 이용하기

해커스텝스(HackersTEPS.com) 접속 ▶
상단의 **[텝스 → 텝스 무료강의 → 텝스 베이직리딩 강의]** 클릭해 보기

QR코드로 [텝스 베이직리딩 강의] 바로 가기 ▶

📄 무료 텝스 온라인 실전모의고사 이용하기

해커스인강(HackersIngang.com) 접속 ▶ 상단의 **[텝스 → MP3/자료 → 온라인 모의고사]** 클릭 ▶
본 교재의 **[온라인 실전모의고사]** 클릭해 이용하기

🎧 MP3 무료 단어암기장 + 단어암기 MP3 이용하기

해커스인강(HackersIngang.com) 접속 ▶ 상단의 **[텝스 → MP3/자료 → 무료 MP3/자료]** 클릭 ▶
본 교재의 **[단어암기 MP3 & 단어장]** 클릭해 이용하기

QR코드로 [MP3/자료] 바로 가기 ▶

해커스 텝스 BASIC READING

David Cho

해커스 어학연구소

시험에 나올 문제를 미리 풀어보고 싶을 땐?

해커스텝스(HackersTEPS.com)에서
텝스 적중예상특강 보기!

서문

텝스 입문자들의 체계적이고 탄탄한 영어 기초 확립의 길잡이가 되어줄《해커스 텝스 Basic Reading》교재를 출간하게 되었습니다.

《해커스 텝스 Basic Reading》은 텝스에 대한 막막함과 두려움을 가진 수많은 초보 학습자들이 필수적으로 짚고 넘어가야 하는 내용을 한 권으로 압축한 '텝스 초보 필수 학습서' 로, 초보자들의 눈높이에 맞추어 텝스의 문법·독해·어휘에 관한 방대한 내용의 핵심 포인트를 엄선하여 구성하였습니다. 본 교재는 문법·독해·어휘 영역별로 최적화된 학습이 이루어질 수 있도록 교재 구성에 세심한 노력을 기울였으며, 텝스 출제 경향을 철저히 분석하여 교재 내 지문과 문제에 반영하였기 때문에 텝스 문법·독해·어휘 영역에 효과적으로 대비할 수 있습니다. 또한 진단테스트를 통해 수준에 맞는 학습 플랜을 선택한 후, 제시된 학습 플랜에 따라 꾸준히 학습하면 탄탄한 기본기를 바탕으로 한 실력 향상을 기대하실 수 있을 뿐만 아니라 실생활에서의 영어 활용에도 큰 도움이 될 것이라 확신합니다.

더불어, 텝스 전문 커뮤니티 해커스텝스 사이트(HackersTEPS.com)에서 교재 학습 중 궁금한 점을 다른 학습자들과 나누고, 다양한 무료 텝스 학습 자료를 함께 이용한다면, 학습 효과를 더욱 높일 수 있을 것입니다. 또한, 실시간으로 공유하는 텝스 시험 정보를 통해 보다 효과적으로 시험에 대비할 수 있을 것입니다.

오랜 기간의 땀과 정성, 그리고 핵심 정보 공유의 해커스 철학이 담긴《해커스 텝스 Basic Reading》과 함께 원하는 목표를 이루고 큰 꿈을 향해 한걸음 더 나아 가시기를 바랍니다.

David Cho

CONTENTS

Grammar

▶ 무료 동영상강의 (HackersTEPS.com)

📄 무료 텝스 온라인 실전모의고사 (HackersIngang.com)

🎧 무료 단어 암기장 & 단어 암기 MP3 (HackersIngang.com)

Reading Comprehension

Vocabulary

정답 · 해석 · 해설 [책 속의 책]

책의 특징 베이직 리딩, 이런 점이 좋아요!

01 텝스 초보자를 위한 필수 학습서

텝스 초보자를 위한 필수 학습서로, 텝스 시험을 처음 접하거나 텝스 리딩의 기초를 다지고자 하는 학습자들이 문법, 독해, 어휘 전반에 걸쳐 기초를 확실히 다질 수 있도록 꼭 필요한 내용을 선별하여 구성하였습니다.

02 텝스 시험 분석과 전략 제시

텝스 리딩 시험을 철저하게 연구, 분석하여 교재 내 모든 영역에 반영하였으며, 이 분석을 근거로 한 효과적인 문제 풀이 전략을 제시하였습니다. 학습자들이 책의 내용을 따라 공부하면서 텝스 시험에 충분히 대비할 수 있도록 하였습니다.

03 텝스 필수 문법 · 독해 · 어휘 4주 완성

텝스 문법 · 독해 · 어휘 영역을 4주 학습 분량으로 구성하여 텝스 리딩의 기초를 단기간에 계획적으로 학습할 수 있도록 구성하였습니다. 또한 학습 플랜을 따라 꾸준히 학습하면, 중급 수준의 리딩 실력을 갖출 수 있도록 하였습니다.

04 초보 학습자를 위한 문법 기본기 다지기 코너

영어 초보 학습자들을 위해 기본적인 영어 문법을 쉽고 재미있게 학습할 수 있는 코너를 마련하였습니다. 본 학습 전에 문법의 기초를 다루고 있는 '기초 문법'과 각 챕터 학습을 시작하면서 '기본기 다지기' 코너를 공부함으로써 텝스 문법을 기본부터 탄탄히 다질 수 있도록 하였습니다.

05 상세한 해설과 정확한 해석 수록

문제 유형별 풀이 방법을 제시하고, 정답의 단서가 되는 곳을 별도의 색으로 표시하였습니다. 또한 의미 단위의 정확한 해석을 제공하는 '끊어 해석하기'와 더불어 자연스러운 해석을 수록하여 혼자서도 쉽게 학습할 수 있도록 하였습니다.

06 '끊어 읽기'와 '끊어 해석하기' 수록

모든 예문과 문제에 '끊어 읽기'와 '끊어 해석하기'를 수록하여, 텝스 초보자들이 문장 구조를 정확하게 파악하고 이해할 수 있도록 하였습니다. 이를 통해 텝스 초보자들의 문장 구조 파악 능력과 독해 능력을 효과적으로 향상시킬 수 있습니다.

07 교재 무료 동영상강의 제공 - HackersTEPS.com

텝스 입문자들의 학습을 돕고자 해커스텝스 사이트(HackersTEPS.com)에서 무료 동영상강의를 제공합니다. 교재의 핵심 내용을 알기 쉽게 설명한 강의를 통해 혼자서도 효과적으로 학습할 수 있습니다.

08 텝스 온라인 모의고사 무료 제공 - HackersIngang.com

실전과 동일한 구성 및 내용을 갖춘 텝스 온라인 모의고사를 해커스인강 사이트(HackersIngang.com)에서 무료로 제공하고 있습니다. 이 무료 온라인 모의고사를 통해 학습자들이 시험 응시 전 자신의 실력을 미리 평가하고 점검할 수 있도록 하였습니다.

09 단어암기장 & 단어암기 MP3 무료 제공 - HackersIngang.com

교재에서 학습한 문제에 포함된 단어를 효과적으로 복습하고 암기할 수 있도록 정리한 단어암기장과 이를 녹음한 단어암기 MP3 파일을 해커스인강 사이트(HackersIngang.com)에서 무료로 다운로드 받을 수 있습니다.

10 텝스 학습 자료 무료 제공 - HackersTEPS.com

해커스텝스 사이트(HackersTEPS.com)를 통해 매일매일 올라오는 텝스 문제를 풀어보고, 시험에 대한 정보를 공유하며 의문점에 대해 토론할 수 있습니다. 또한 영어 회화나 AP 뉴스 받아쓰기 등 방대한 학습 자료를 통해 시험 준비 뿐만 아니라 전반적인 영어 실력을 향상시킬 수 있습니다.

책의 구성 베이직 리딩, 미리 살펴봐요!

Grammar

1. 기본기 다지기

1. 기본기 다지기
초보 학습자들이 반드시 알고 넘어가야 하는 기본 문법 요소를 학습하면서, 텝스 문법을 본격적으로 공부하기 전에 기초를 탄탄히 다질 수 있습니다.

2. 문법 포인트   3. 텝스 실전 확인 문제

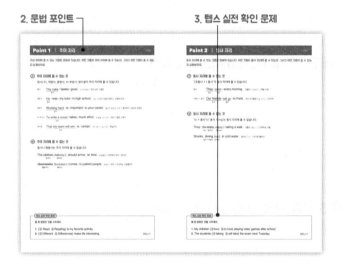

2. 문법 포인트
문법에서 핵심이 되는 부분으로, 텝스에 출제되는 핵심 문법 포인트를 엄선한 예문과 함께 학습할 수 있습니다.

3. 텝스 실전 확인 문제
해당 포인트에서 학습한 내용을 텝스 실전 확인 문제를 통해 확인해 볼 수 있습니다.

4. Hackers Practice   5. Hackers Test

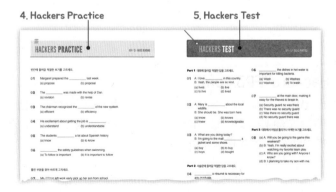

4. Hackers Practice
문법 포인트에서 학습한 내용을 실제 시험 유형의 문제로 풀어보기 전에 간단한 문제를 통해 점검해 볼 수 있습니다.

5. Hackers Test
문법 포인트에서 학습한 내용을 실제 텝스 시험과 유사한 문제를 풀어 보며 확인해 볼 수 있습니다.

Reading

1. 질문 유형   2. 문제 풀이 Step   3. 문제 풀이 Step 적용

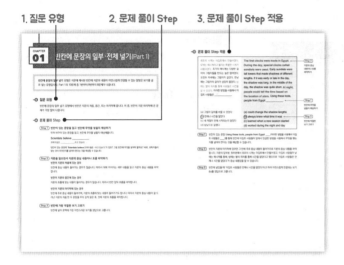

1. 질문 유형
텝스에 자주 출제되는 독해 질문 유형에 대해 익힐 수 있습니다.

2. 문제 풀이 Step
해당 유형의 문제를 푸는 전략을 Step별로 제시하여, 텝스에 필요한 독해 능력을 기를 수 있습니다.

3. 문제 풀이 Step 적용
독해 예제를 한글로 해석된 것과 영어로 된 지문 모두를 제시하여, 텝스에서 어떤 내용의 지문과 문제가 출제되는지 쉽게 이해할 수 있습니다. 또한 문제 풀이 Step에서 학습한 내용을 문제에 적용해 봄으로써, 실전 문제 풀이 방법에 대한 감각을 익힐 수 있습니다.

4. Hackers Practice

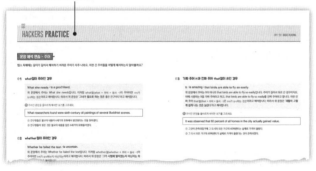

4. Hackers Practice
텝스 독해에 자주 등장하는 해석하기 어려운 문장을 살펴보고, 본문에서 학습한 내용을 간단한 문제를 통해 점검해 볼 수 있습니다.

5. Hackers Test

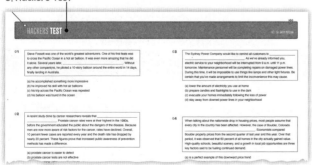

5. Hackers Test
본문에서 학습한 내용을 실제 텝스 시험과 유사한 문제를 풀어보며 확인해 볼 수 있습니다.

책의 구성 베이직 리딩, 미리 살펴봐요!

Vocabulary

1. 필수 어휘   2. Hackers Test

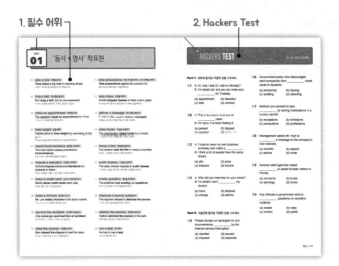

1. 필수 어휘
텝스 필수 어휘를 예문과 함께 익힐 수 있습니다.

2. Hackers Test
학습한 어휘를 실전과 유사한 문제를 통해 점검해 볼 수 있습니다.

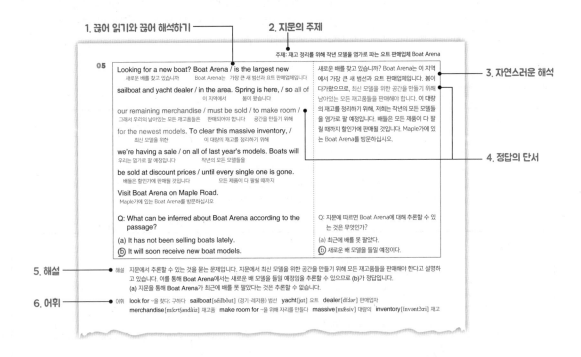

정답 · 해석 · 해설

1. 끊어 읽기와 끊어 해석하기
문장 구조를 정확하게 분석하고 해석할 수 있도록 모든 문제와 지문에 끊어 읽기와 끊어 해석하기를 제공하였습니다.

2. 지문의 주제
지문의 주제를 요약 · 정리하여 지문의 이해를 돕고 있습니다.

3. 자연스러운 해석
끊어 읽기, 끊어 해석하기와는 별도로 자연스러운 해석을 수록하였습니다.

4. 정답의 단서
정답의 단서가 되는 부분은 지문에 하늘색으로 표시하여 한눈에 쉽게 알아볼 수 있도록 하였습니다.

5. 해설
문제 유형에 따른 문제 풀이 방법을 쉽고 자세하게 설명하여, 혼자서도 학습할 수 있도록 하였습니다.

6. 어휘
문제에 사용된 어휘의 뜻을 발음 기호와 함께 정리하였습니다.

텝스 시험 소개 텝스 시험은 어떻게 출제되나요?

■ TEPS란 무엇인가요?

TEPS란 Test of English Proficiency developed by Seoul National University의 약자로, 서울대학교 언어교육원에서 개발하고 TEPS 관리위원회에서 주관하는 국내 개발 영어 인증 시험입니다. 실제 활용하는 영어 능력을 평가하므로, 기업체 및 공사, 고시 및 대학 입시 등 각종 자격 요건 평가 시험으로 활용되고 있습니다.

■ TEPS는 어떻게 구성되어 있나요?

영역	피드	내용	문항 수	시간	배점
청해	Part 1	질의 응답 (하나의 문장을 듣고 이어질 응답 고르기)	10	40분	240점
	Part 2	짧은 대화 (3턴의 주고받는 대화를 듣고 이어질 응답 고르기)	10		
	Part 3	긴 대화 (6~8턴의 주고받는 대화를 듣고 질문에 알맞은 답 고르기)	10		
	Part 4	담화문 (한 명의 화자가 말하는 긴 내용을 듣고 질문에 알맞은 답 고르기) (1지문 1문항)	6		
	Part 5	긴 담화문 (한 명의 화자가 말하는 긴 내용을 듣고 질문에 알맞은 답 고르기) (1지문 2문항)	4		
어휘	Part 1	구어체 (대화문의 빈칸에 가장 적절한 어휘 고르기)	10	25분	60점
	Part 2	문어체 (단문의 빈칸에 가장 적절한 어휘 고르기)	20		
문법	Part 1	구어체 (대화문의 빈칸에 가장 적절한 답 고르기)	10		60점
	Part 2	문어체 (단문의 빈칸에 가장 적절한 답 고르기)	15		
	Part 3	대화 및 문단 (어법상 틀리거나 어색한 부분 고르기)	5		
독해	Part 1	빈칸 채우기 (빈칸에 가장 적절한 답 고르기)	10	40분	240점
	Part 2	흐름 찾기 (한 단락의 글에서 내용 흐름상 어색한 부분 고르기)	2		
	Part 3	내용 이해 (지문을 읽고 질문에 가장 적절한 답 고르기) (1지문 1문항)	13		
	Part 4	내용 이해 (지문을 읽고 질문에 가장 적절한 답 고르기) (1지문 2문항)	10		
	14개 파트		135문항	105분	600점

* 각 문항의 난이도에 따른 반응 패턴을 근거로 평가하는 문항 반응 이론 적용

■ 시험은 어떻게 접수하나요?

텝스 시험은 인터넷 접수와 방문 접수가 가능합니다.

- 인터넷 접수: www.teps.or.kr로 접속합니다. 사진 파일을 미리 준비해야 하고, 응시료는 신용카드 또는 계좌이체로 결제할 수 있습니다.
- 방문 접수: www.teps.or.kr의 시험 접수 → 접수처 안내에서 가까운 접수처를 확인한 후 방문하여 접수합니다. 3*4 사진 한 장과 응시료가 필요합니다.

■ 시험 당일에는 무엇을 지참해야 하나요?

시험 당일에는 다음과 같은 준비물을 지참해야 합니다. 시험 전, 반드시 체크해 보세요.

- ☐ 규정 신분증 (주민등록증, 운전면허증, 청소년증 등이 인정되며, 자세한 신분증 규정은 www.teps.or.kr에서 확인하세요!)
- ☐ 컴퓨터용 사인펜 (연필은 사용할 수 없어요!)
- ☐ 수정 테이프 (수정액을 가져가면 안 돼요!)
- ☐ 아날로그 손목시계 (전자식 시계를 가져가면 안 돼요!)
- ☐ 수험표 (검사하지 않으므로 반드시 소지하지 않아도 괜찮아요!)

■ 시험일 팁! 이것만은 알고 가세요!

1. 고사장 가기 전
- 체크리스트를 확인하여 시험에 필요한 준비물을 챙기고, 규정된 입실 시간에 늦지 않도록 유의합니다.

2. 고사장 입구에서
- 수험표에 기재된 수험 번호가 적힌 고사실을 확인합니다.

3. 시험 전
- 모든 영역의 시험이 끝날 때까지 휴식 시간이 없으므로 화장실은 미리 다녀옵니다.

4. 시험 시
- 답안을 마킹할 시간이 따로 없으므로 풀면서 바로 마킹합니다.
- 연필이나 볼펜으로 먼저 마킹한 후 사인펜으로 마킹하면 OMR 카드에 오류가 날 수 있으니 주의합니다.
- 정해진 영역을 푸는 시간에 다른 영역의 문제를 풀면 부정 행위로 간주되므로 주의합니다.
- 대부분의 영역이 앞에는 쉬운 문제가, 뒤에는 어려운 문제가 나오므로 앞 부분을 빨리 풀어 시간을 확보합니다.
- 문항 난이도, 변별도 및 영역별 특정 가중치에 따라 문항 배점이 다르므로, 어려운 문제를 많이 맞히면 높은 점수를 받을 확률이 더 높습니다.
- 청해 시험 시 문제지의 빈 공간에 조금씩 필기하는 것은 괜찮습니다.

5. 시험 후
- 해커스텝스 사이트 (HackersTEPS.com)의 텝스자유게시판에서 유저들과 정답을 확인해보고, 맞은 개수를 해커스텝스 점수 환산기에 입력해서 예상 점수를 알아봅니다.

영역별 문제 유형 문제 유형을 살펴봐요!

■ 어휘 & 문법 (Vocabulary & Grammar)

텝스 어휘&문법 영역은 통합 25분 동안 어휘에서 30문항, 문법에서 30문항, 총 60문항을 풀도록 구성되어 있습니다. 어휘 영역은 상대적으로 문제 길이가 짧기 때문에 약 10분 정도의 시간을 할애하는 것이 권장되고, 문법 영역은 Part 3에 상대적으로 길이가 긴 지문이 등장하는 것을 고려하여 약 15분의 시간을 분배하여 푸는 것이 권장됩니다.

어휘 (Vocabulary)

텝스 어휘 영역은 Part 1에서 10문항, Part 2에서 20문항, 총 30문항을 풀도록 구성되어 있습니다. Part 1에서는 구어체, Part 2에서는 문어체를 통해 어휘 능력을 평가합니다. 단어의 단편적인 의미보다는 문맥에서 쓰인 상대적인 의미를 더 중요하게 다룹니다.

Part 1 짧은 대화 중 빈칸 채우기 1번~10번 (10문항)

A와 B의 짧은 대화 내의 빈칸에 알맞은 보기를 선택하는 유형입니다. 일상적인 내용의 대화가 나오며, 어휘의 다양한 구어적인 활용과 관용 표현 등을 주로 묻습니다.

> A: Why didn't you tell me my hair is messy?
> B: Don't worry about it. You look _____.
>
> **(a) fine**　　　　　　　　　(b) happy
> (c) amused　　　　　　　　　(d) glad

Part 2 서술 문장 중 빈칸 채우기 11번~30번 (20문항)

한두 문장 내의 빈칸에 알맞은 보기를 선택하는 유형입니다. 일상 생활 외에도 학술 분야를 다룬 문장이 나오며, 문맥에 알맞은 어휘와 관용 표현 등을 주로 묻습니다.

> _____ personnel are trained to match applicants with available job openings.
>
> (a) Auditing　　　　　　　　(b) Appointing
> (c) Selecting　　　　　　　　**(d) Recruiting**

문법(Grammar)

텝스 문법 영역은 Part 1에서 10문항, Part 2에서 15문항, Part 3에서 5문항, 총 30문항을 풀도록 구성되어 있습니다. 구어와 문어 상황, 단문과 장문 등 다양한 상황과 길이의 문장을 통하여 문법 사항의 이해도 및 활용도를 평가합니다.

Part 1 짧은 대화 중 빈칸 채우기 1번~10번(10문항)

A와 B의 짧은 대화 내의 빈칸에 문법적으로 알맞은 보기를 선택하는 유형으로 일상적인 내용의 대화가 나옵니다.

> A: Will the zoo be open Sunday?
> B: I think so. The number of visitors _____ on weekends.
>
> **(a) increases**　　　　　　(b) increasing
> (c) had increased　　　　　(d) increase

Part 2 서술 문장 중 빈칸 채우기 11번~25번(15문항)

하나의 문장 내의 빈칸에 문법적으로 알맞은 보기를 선택하는 유형으로 일상 생활 외에도 시사, 학술 분야 등을 다룬 문장이 나옵니다.

> I like using honey because it makes desserts flavorful without _____.
>
> **(a) being too sweet**　　　(b) too sweet being
> (c) being sweet too　　　　(d) too being sweet

Part 3 긴 대화나 서술 지문 중 어법·문법상 틀린 문장 찾기 26번~30번(5문항)

네 차례 오가는 A와 B의 대화 혹은 네 개의 문장으로 이루어진 서술 지문 중 어법·문법적으로 틀린 문장을 찾는 유형입니다. 일상적인 내용의 대화와 학술적인 내용을 다룬 지문이 나옵니다.

> (a) A: Is your mother at home?
> (b) B: No, she isn't. She went to the hardware store with my dad.
> **(c) A: What time must you expect them to come back?**
> (d) B: I'm not sure. They might be back soon, though.

> (a) During the last financial crisis, leading executives were attacked by both politicians and the public. (b) Now governments are trying to change global banking systems. (c) Meanwhile, ordinary people are upset with the huge bonuses that some bankers have collected over the last few years. **(d) Many people believe that their greed was resulted in the collapse of several major banks.**

영역별 문제 유형 문제 유형을 살펴봐요!

독해 (Reading Comprehension)

텝스 독해 영역은 40분 동안 Part 1에서 10문항, Part 2에서 2문항, Part 3에서 13문항, Part 4에서 10문항, 총 35문항을 풀도록 구성되어 있습니다. 따라서 응시자는 1분에 1문제 꼴로 빠르게 문제를 해결해야 합니다. Part 1~3은 보통 1개의 단락으로 이루어진 지문 한 개당 하나의 문제가 출제되고, Part 4는 2개 이상의 단락으로 이루어진 지문 한 개당 두 개의 문제가 출제됩니다. 지문은 편지 / 코멘트, 광고, 공지 / 양식, 기사 / 논평 등의 실용문과 인문·사회·자연과학 등의 분야에 걸친 비전문적 학술문으로 구성되며, 일부 지문에서는 실제를 반영하는 다양한 디자인이 적용됩니다.

Part 1 빈칸에 흐름에 맞는 내용 넣기 1번~10번(10문항)

한 개의 지문 내의 빈칸에 지문의 흐름상 적절한 내용 또는 연결어를 보기에서 골라 채우는 유형입니다. 1번~8번에는 내용을 채우는 문제가, 9번~10번에는 연결어를 넣는 문제가 나옵니다.

> An expensive violin was returned to its owner after it was lost in a taxi. Concert violinist Hahn-Bin Yoo played a concert on Monday evening and took a cab home. Later that night, he realized that he had forgotten his instrument in the trunk. Whether it was possible to find it had him worried, so he contacted the police. They called several taxi companies and eventually located the driver. The driver said _____.
>
> (a) the taxi took many passengers
> (b) the police were very helpful
> (c) the instrument was expensive
> **(d) the violin was still in the trunk**

Part 2 지문 흐름상 어색한 문장 찾기   11번~12번 (2문항)

지문에서 전체 흐름에 맞지 않는 보기를 고르는 유형입니다. 지문은 총 다섯 문장으로 이루어지며, 첫 문장을 제외한 네 개의 문장이 보기로 주어집니다.

> Watch television from around the world with PowerSat. (a) We offer news stations from 43 countries on six continents. **(b) Satellite television is used by 50 million television viewers worldwide.** (c) Channels for sports fans cover every major league game. (d) Movie buffs can pick from dozens of films being shown at any given time.

Part 3 지문 읽고 질문에 답하기 (1지문 1문항) 13번~25번 (13문항)

보통 1개의 단락으로 이루어진 지문을 읽고 질문에 대해 가장 적절한 답을 고르는 유형입니다. 일반적으로 중심 내용을 묻는 문제, 세부 내용을 묻는 문제, 바르게 추론된 것을 묻는 문제 순으로 출제됩니다.

Ayn Rand's popular work *The Fountainhead* is considered a summary of her personal philosophy of selfishness. Just as importantly, however, it provides the reader with many views on her opinion of architecture. According to Rand, designs should not take tradition into account and must reflect the ideas and creativity of the architect. She was not a fan of pure decoration and believed every element of a building should have a purpose.

Q: What is the main idea about *The Fountainhead* according to the passage?

(a) It shows Rand's philosophy as heavily influenced by architecture.
(b) It explains that selfishness should be used as motivation.
(c) It demonstrates Rand's ideals of architectural design.
(d) It defends her philosophy of rejecting traditional ideas.

Part 4 지문을 읽고 질문에 답하기 (1지문 2문항) 26번~35번 (10문항)

2개 이상의 단락으로 이루어진 지문을 읽고 두 개의 문제에 대해 가장 적절한 답을 고르는 유형입니다. 보통 중심 내용을 묻는 문제, 세부 내용을 묻는 문제, 바르게 추론된 것을 묻는 문제 중 두 문항이 주어집니다.

Obesity is more complex than just weighing too much. It is related to other ailments like diabetes and various cardiovascular problems. Recent estimates suggest that obesity-related health issues in the US cost around $190 billion per year to treat. This is a staggering amount, representing about 20 percent of all medical spending in the country. However, most people continue to lead sedentary lifestyles and consume unhealthy, processed foods regularly.

Children are not an exception. Statistics indicate that 18.5 percent of Americans between the ages of 6 and 11 are obese. Not only does being very overweight at such a young age lead to dangerous health complications early on, but it also has a profound impact on emotional and mental well-being. Self-esteem, for instance, often plummets as systemic discrimination by schoolmates tends to occur. This can ultimately result in poor social skills and a negative self-image that persists into adulthood.

Q: What is the passage mainly about?
(a) The effects of obesity-related illness on the national budget
(b) How obesity is a greater problem than it seems
(c) The primary cause of weight gain in young people
(d) What schools are doing to combat obesity among children

Q: What is correct according to the passage?
(a) Discrimination has been found to lead to overeating among youth.
(b) There are often serious psychological consequences of being obese.
(c) Medical spending is in decline for the first time in recent history.
(d) Scientific research is slowly improving long-term weigh loss solutions.

수준별 학습 플랜 나에게 맞는 학습 플랜을 찾아봐요!

아래의 진단테스트를 풀면서 자신의 실력을 확인해 보세요. 그리고 진단테스트 점수에 따라 자신의 학습 플랜을 알아보세요.

진단테스트

[01-04] 다음 중 빈칸에 알맞은 것을 고르세요. (각 2.5점)

01
A: I didn't know it would be so cold in New York!
B: Yes, and unfortunately, I didn't bring my
_____ jacket.

(a) heavy   (b) layered

02
A: Would you like to come to my place for coffee?
B: I'm studying for a test. Maybe another _____.

(a) moment   (b) time

03
Last Saturday, Daniel _____ to a movie
after doing four hours of homework.

(a) going   (b) went

04
A: I'm not sure which hat to buy.
B: It's hard to _____. They all look good.

(a) decide   (b) wear

[05] 다음 중 어법상 틀리거나 어색한 보기를 고르세요. (5점)

05

(a) The ancient Chinese was believed nature consists of energy. (b) They thought positive energy brings good luck to people. (c) They developed a set of ways to attract positive energy. (d) These techniques are known as feng shui.

[06] 다음 중 지문의 흐름에 맞지 않은 것을 고르세요. (15점)

06

Henry Ford was a successful businessman. (a) His assembly line shortened the time it took his employees to build cars. (b) Ford paid his workers double the average wage, which encouraged employees to do their jobs well. (c) Ford had many enemies because of his strong political views. (d) His loyal employees got their friends and families to buy Ford vehicles.

[07-08] 다음 중 질문에 알맞은 것을 고르세요. (각 10점)

07

Shin splints can cause sore shins in runners and athletes. Muscle overuse is a common reason. Failing to stretch one's calves enough also leads to this condition. Those with flat feet are more likely to develop shin splints because it puts more pressure to on the shin bones.

Q: 지문은 주로 무엇에 관한 내용인가?

(a) Shin splints가 동작에 주는 영향
(b) 운동선수들이 흔하게 직면할 수 있는 위험
(c) shin splints의 원인

08

Gateway Manor has two- and three-bedroom apartments available for rent. Monthly rent for two-bedroom units starts at just $650. Leases are for a minimum of 12 months, and a refundable security deposit of $1000 is due at lease signing. For leases in excess of one year, rent is discounted 5 percent.

Q: 지문의 내용과 일치하는 것은?

(a) 모든 침실 두 개 짜리 방은 모두 가격이 같다.
(b) 보증금 지불 여부는 선택 가능하다.
(c) 더 오래 머무는 사람들은 임대료를 적게 낸다.

나의 점수: _____ 점

수고하셨습니다. 정답 및 해설, 해석은 책 속의 책 p. 2에 있습니다.

왕초보 탈출 8주 코스 (진단테스트 점수: 0~15점)

영어에서 손을 뗀 지 오래되었거나 영어 공부를 새로 시작하려 하시는군요. 아래의 8주 학습 플랜에 따라 학습하여 텝스 리딩의 왕초보를 탈출하세요.

- 문법의 경우 한 챕터를 평균 이틀에 걸쳐 꼼꼼하게 학습하세요. 첫날에는 문법 포인트 학습을 하고 둘째 날에 Hackers Practice와 Hackers Test를 풀어 학습한 내용을 확인해보세요.
- 독해의 문제 유형별 공략의 경우 학습 분량이 많은 챕터는 4일에 걸쳐, 적은 챕터는 3일에 걸쳐 학습하세요. 지문 유형별 공략의 경우 이틀에 걸쳐 한 챕터씩 학습합니다.
- 어휘는 하루에 하나의 Day 분량을 매일 학습하고, 5주 1일부터는 Day 1부터 한 차례 더 복습합니다.

주차		1일	2일	3일	4일	5일
1주	문법	기초문법, Ch 1	Ch 1	Ch 2	Ch 2	Ch 3
	독해	Ch 1 (~HP 3)	Ch 1 (HP 4~8)	Ch 1 (HT 1~4)	Ch 1 (HT 5~8)	Ch 2 (~HP 3)
	어휘	Day 1	Day 2	Day 3	Day 4	Day 5
2주	문법	Ch 3	Ch 4	Ch 4	Ch 5	Ch 5
	독해	Ch 2 (HP 4~8)	Ch 2 (HT 1~4)	Ch 3 (~HP 3)	Ch 3 (HP 4~8)	Ch 3 (HT 1~4)
	어휘	Day 6	Day 7	Day 8	Day 9	Day 10
3주	문법	Ch 6	Ch 6	Ch 7	Ch 7	Ch 8
	독해	Ch 4 (~HP 3)	Ch 4 (HP 4~8)	Ch 4 (HT 1~4)	Ch 4 (HT 5~7)	Ch 5 (~HP 3)
	어휘	Day 11	Day 12	Day 13	Day 14	Day 15
4주	문법	Ch 8	Ch 9	Ch 10	Ch 10	Ch 11
	독해	Ch 5 (HP 4~8)	Ch 5 (HT 1~4)	Ch 6 (~HP 3)	Ch 6 (HP 4~8)	Ch 6 (HT 1~4)
	어휘	Day 16	Day 17	Day 18	Day 19	Day 20
5주	문법	Ch 11	Ch 12	Ch 12	Ch 13	Ch 13
	독해	Ch 6 (HT 5~7)	Ch 7 (~HP 3)	Ch 7 (HP 4~8)	Ch 7 (HT 1~4)	Ch 7 (HT 5~7)
	어휘	Day 1 복습	Day 2 복습	Day 3 복습	Day 4 복습	Day 5 복습
6주	문법	Ch 14	Ch 14	Ch 15	Ch 16	Ch 16
	독해	Ch 1~4 복습	Ch 5~7 복습	Ch 8	Ch 8	Ch 9
	어휘	Day 6 복습	Day 7 복습	Day 8 복습	Day 9 복습	Day 10 복습
7주	문법	Ch 17	Ch 17	Ch 18	Ch 18	Ch 19
	독해	Ch 9	Ch 10	Ch 10	Ch 11	Ch 11
	어휘	Day 11 복습	Day 12 복습	Day 13 복습	Day 14 복습	Day 15 복습
8주	문법	Ch 19	Ch 20	Ch 20	Ch 21	Ch 21
	독해	Ch 12	Ch 12	Ch 8~12 복습	Ch 8~12 복습	Ch 1~12 복습
	어휘	Day 16 복습	Day 17 복습	Day 18 복습	Day 19 복습	Day 20 복습

* 위의 표에서 HP는 Hackers Practice, HT는 Hackers Test를 의미합니다.

텝스 기초 다지기 6주 코스 (진단테스트 점수: 15~35점)

왕초보가 가지는 시험에 대한 막연한 두려움은 없지만, 아직도 텝스 시험이 막막하시군요. 아래의 6주 학습 플랜에 따라 학습하여 텝스 리딩의 기초를 다지세요.

· 문법은 하루에 한 챕터씩 학습하면 됩니다. 중간 중간에 있는 복습 날에는 틀린 문제와 학습 시 이해가 잘 안 되었던 부분을 다시 한번 확인하세요.
· 독해의 문제 유형별 공략의 경우 학습 분량이 많은 챕터는 4일에 걸쳐, 적은 챕터는 3일에 걸쳐 학습하세요. 지문 유형별 공략의 경우 이틀에 걸쳐 한 챕터씩 학습합니다.
· 어휘는 하루에 하나의 Day 분량을 매일 학습하고, 5주 1일부터는 Day 1부터 다시 한차례 복습합니다.

		1일	2일	3일	4일	5일
1주	문법 독해 어휘	기초 문법 Ch 1 (~HP 3) Day 1	Ch 1 Ch 1 (HP 4~8) Day 2	Ch 1 Ch 1 (HT 1~4) Day 3	Ch 2 Ch 1 (HT 5~8) Day 4	Ch 3 Ch 2 (~HP 3) Day 5
2주	문법 독해 어휘	Ch 4 Ch 2 (HP 4~8) Day 6	Ch 5 Ch 2 (HT 1~4) Day 7	Ch 6 Ch 3 (~HP 3) Day 8	Ch 7 Ch 3 (HP 4~8) Day 9	Ch 1~7 복습 Ch 3 (HT 1~4) Day 10
3주	문법 독해 어휘	Ch 8 Ch 4 (~HP 3) Day 11	Ch 9 Ch 4 (HP 4~8) Day 12	Ch 10 Ch 4 (HT 1~4) Day 13	Ch 8~10 복습 Ch 4 (HT 5~7) Day 14	Ch 11 Ch 5 (~HP 3) Day 15
4주	문법 독해 어휘	Ch 12 Ch 5 (HP 4~8) Day 16	Ch 13 Ch 5 (HT 1~4) Day 17	Ch 14 Ch 6 (~HP 3) Day 18	Ch 11~14 복습 Ch 6 (HP 4~8) Day 19	Ch 15 Ch 6 (HT 1~4) Day 20
5주	문법 독해 어휘	Ch 16 Ch 6 (HT 5~7) Day 1~3 복습	Ch 17 Ch 7 (~HP 3) Day 4~6 복습	Ch 18 Ch 7 (HP 4~8) Day 7~9 복습	Ch 15~18 복습 Ch 7 (HT 1~4) Day 10~11 복습	Ch 19 Ch 7 (HT 5~7) Day 12~13 복습
6주	문법 독해 어휘	Ch 20 Ch 8 Day 14~15 복습	Ch 21 Ch 9 Day 16~18 복습	Ch 19~21 복습 Ch 10 Day 19~20 복습	Ch 1~10 복습 Ch 11 Day 1~10 복습	Ch 11~21 복습 Ch 12 Day 11~20 복습

* 위의 표에서 HP는 Hackers Practice, HT는 Hackers Test를 의미합니다.

텝스 기초 마무리 4주 코스 (진단테스트 점수: 35점 이상)

영어에 대한 기본적인 감이 있어서 빠른 시일에 초보를 벗어날 수 있습니다. 아래의 4주 학습 플랜에 따라 학습하여, 텝스 리딩의 기초를 마무리하세요.

· 문법의 경우 매일 평균 한 챕터씩 학습합니다.
· 독해의 경우 문제 유형별 공략은 이틀에 걸쳐 한 챕터씩 학습하고, 3주 5일째에 문제 유형별 공략을 복습합니다. 지문 유형별 공략은 매일 한 챕터씩 학습합니다. 독해 전략을 적용한 문제 풀이 연습을 반복하여 문제 유형에 익숙해집니다.
· 어휘는 하루에 하나의 Day 분량을 매일 학습합니다.

		1일	2일	3일	4일	5일
1주	문법 독해 어휘	Ch 1 Ch 1 (~HP 8) Day 1	Ch 2 Ch 1 (HT 1~8) Day 2	Ch 3 Ch 2 (~HP 8) Day 3	Ch 4 Ch 2 (HT 1~4) Day 4	Ch 5 Ch 3 (~HP 8) Day 5
2주	문법 독해 어휘	Ch 6 Ch 3 (HT 1~4) Day 6	Ch 7 Ch 4 (~HP 8) Day 7	Ch 8 Ch 4 (HT 1~7) Day 8	Ch 9 Ch 5 (~HP 8) Day 9	Ch 10 Ch 5 (HT 1~4) Day 10
3주	문법 독해 어휘	Ch 11, 12 Ch 6 (~HP 8) Day 11	Ch 13 Ch 6 (HT 1~7) Day 12	Ch 14 Ch 7 (~HP 8) Day 13	Ch 15 Ch 7 (HT 1~7) Day 14	Ch 16 Ch 1~7 복습 Day 15
4주	문법 독해 어휘	Ch 17 Ch 8 Day 16	Ch 18 Ch 9 Day 17	Ch 19 Ch 10 Day 18	Ch 20 Ch 11 Day 19	Ch 21 Ch 12 Day 20

* 위의 표에서 HP는 Hackers Practice, HT는 Hackers Test를 의미합니다.

성향별 학습 방법 나에게 맞는 학습 방법을 찾아봐요!

혼자 공부할 때 더 집중이 잘되는 당신!

개별 학습형
- 교재와 해커스텝스 사이트 등을 적극적으로 활용하여 실력을 쌓습니다.
- 계획을 세워 공부하고, 한 번 세운 계획은 절대 미루지 않습니다.

여러 사람과 함께 토론하며 공부할 때 더 이해가 잘되는 당신!

스터디 학습형
- 팀원끼리 스터디 원칙을 정해 놓고 문제 토론도 하고 시험도 칩니다.
- 스터디 시작 전에 미리 공부할 분량을 정해 해당 부분을 각자 예습합니다.
- 너무 긴 잡담으로 인하여 휴식 시간이 늘어지지 않도록 하며, 틀린 문제에 대한 벌금 제도 등은 학습에 건전한 자극이 될 수 있습니다.

선생님의 강의를 들으며 확실하게 공부하는 것을 선호하는 당신!

학원 학습형
- 학원 강의를 듣고, 반별 게시판을 적극 활용해 공부합니다.
- 선생님과 상호 작용을 통해 모르는 것을 바로 바로 해결합니다.
- 결석하지 않겠다는 의지를 가지고 수업에 임하며 반드시 복습합니다.

때와 장소에 구애 받지 않고 공부하길 원하는 당신!

동영상 학습형
- 해커스인강의 선생님께 질문하기 코너를 적극 활용합니다.
- 시간에 구애 받지 않고 학습할 수 있지만, 시작 전에 공부 시간과 계획을 미리 정해두고 꼭 지키도록 합니다.
- 인터넷 접속 시 절대 다른 사이트의 유혹에 빠지지 않도록 합니다.

교재 | 날짜별로 계획하여 학습 → Practice · Test로 확인 → 틀린 문제는 오답 노트 작성하여 복습

HackersTEPS.com | 교재/무료MP3 > 정보나눔터 > 교재 Q&A에서 궁금증 해결 → 텝스 > 텝스 무료학습 >
　　　　　　　매일텝스풀기에서 연습

HackersIngang.com | MP3/자료 > 텝스 > 무료 MP3/자료에서 단어암기장과 단어암기 MP3를 다운로드 받아 암기

교재 | 스터디 계획대로 예습 → 팀원끼리 쪽지 시험 (단어, 문제 등) → 예습한 내용 Practice로 확인 → 시간을 정하여
　　　 실전과 같은 느낌으로 Test 풀기 → 헷갈리는 문제나 틀린 문제는 토론하여 해결

HackersTEPS.com | 교재/무료MP3 > 정보나눔터 > 교재 Q&A에서 궁금증 해결 → 텝스 > 텝스 무료학습 >
　　　　　　　매일텝스풀기에서 연습

HackersIngang.com | MP3/자료 > 텝스 > 무료 MP3/자료에서 단어암기장과 단어암기 MP3를 다운로드 받아 암기

교재 | 수업에 빠짐없이 참여 → 의문점은 선생님께 질문하여 해결 → 틀린 문제는 오답 노트 작성하여 복습

Hackers.ac | 반별 게시판에서 선생님 및 함께 수업을 듣는 다른 학생들과 적극적인 상호 작용

HackersTEPS.com | 교재/무료MP3 > 정보나눔터 > 교재 Q&A에서 궁금증 해결 → 텝스 > 텝스 무료학습 >
　　　　　　　매일텝스풀기에서 연습

HackersIngang.com | MP3/자료 > 텝스 > 무료 MP3/자료에서 단어암기장과 단어암기 MP3를 다운로드 받아 암기

교재 | 날짜별로 계획하여 학습 → Practice · Test로 확인 → 틀린 문제는 오답 노트 작성하여 복습

HackersIngang.com | 강의를 보면서 몰랐던 부분 확실히 학습 → 핵심 내용 노트 정리 → 게시판에 모르는 부분 질문
　　　　　　　→ MP3/자료 > 텝스 > 무료 MP3/자료에서 단어암기장과 단어암기 MP3를 다운로드 받아 암기

HackersTEPS.com | 교재/무료MP3 > 정보나눔터 > 교재 Q&A에서 궁금증 해결 → 텝스 > 텝스 무료학습 >
　　　　　　　매일텝스풀기에서 연습

**혼자 하기 어렵고
막막할 땐?**

해커스텝스(HackersTEPS.com)에서
스타강사의 무료 동영상강의 보기!

해커스 텝스 BASIC READING

기초 문법

텝스 문법을 본격적으로 공부하기 전에
반드시 알아야 하는 기초 문법을 학습해 보아요.

1. 문장의 기본 요소

문장의 필수 성분인 주어, 동사, 목적어, 보어와 부가 성분인 수식어에 대해 알아보아요.

주어와 동사

Birds fly.
주어   동사

새들이 난다.

Birds fly에서처럼 영어 문장을 만들기 위해서는 주어와 동사가 필요해요. 주어는 우리말의 '누가'에 해당하는 말이고 동사는 우리말의 '~하다 / ~이다'에 해당하는 말이에요. Birds fly에서는 Birds가 주어이고, fly가 동사에요.

목적어

He likes music.
목적어

그는 음악을 좋아한다.

Birds fly는 주어와 동사만으로도 완전한 문장이 되지만 He likes(그는 좋아한다)는 주어와 동사 모두를 썼는데도 뭔가 빠진 것 같죠? 바로 '무엇을'에 해당하는 목적어가 없기 때문이에요. 여기에 '~을'에 해당하는 말인 music을 넣으면 완벽한 문장이 돼요.

보어

I am happy.
보어

나는 행복하다.

He makes me happy.
보어

그는 나를 행복하게 한다.

I am happy에서 happy는 주어인 I의 상태를 설명하고 있어요. 그리고 He makes me happy에서 happy는 목적어인 me의 상태를 설명해주고 있어요. 이처럼 주어나 목적어의 성질이나 상태 등을 보충 설명해주는 말을 보어라고 해요.

수식어

They laugh loudly.
수식어

그들은 크게 웃는다.

지금까지 문장의 필수 성분인 주어, 동사, 목적어, 보어를 다 배웠어요. 이제는 필수 성분들의 의미를 자세하게 설명해주는 수식어에 대해 알아보아요. They laugh loudly에서 loudly는 그들이 어떻게 웃는지 더 자세하게 설명해주고 있어요. 이 때, loudly를 수식어라고 해요.

2. 문장의 5형식

영어 문장은 어떤 필수 성분이 쓰였는지에 따라 다섯 가지 형식으로 나뉘는데, 이를 문장의 5형식이라고 해요. 각각의 형식은 어떻게 구성되는지 자세히 알아보아요.

1형식

Susan laughed.
주어 　동사

Susan은 웃었다.

1형식은 주어와 동사만으로도 완전한 의미를 갖는 문장이에요. laugh(웃다), go(가다)와 같은 동사들이 주로 1형식 문장을 만들어요.

2형식

The weather looks good.
주어 　　　　동사　　보어

날씨가 좋아보인다.

2형식은 주어와 동사 뒤에 보어가 와야 완전해지는 문장이에요. look(~처럼 보이다), become(~이 되다)과 같은 동사들이 주로 2형식 문장을 만들어요.

3형식

Sam likes coffee.
주어　 동사　　목적어

Sam은 커피를 좋아한다.

3형식은 주어와 동사 뒤에 목적어가 와야 완전해지는 문장이에요. like(~을 좋아하다), meet(~을 만나다)과 같은 동사들이 3형식 문장을 만들어요.

4형식

He gave me a present.
주어　 동사　 간접 목적어　 직접 목적어

그는 나에게 선물을 주었다.

4형식은 주어와 동사 뒤에 간접 목적어와 직접 목적어가 와야 완전해지는 문장이에요. 간접 목적어는 우리말 '~에게'에 해당하는 말이고 직접 목적어는 '~을/를'에 해당하는 말이에요. give(~에게 -을 주다), send(~에게 -을 보내다)와 같은 동사들이 4형식 문장을 만들어요.

5형식

The book made me sad.
주어　　　 동사　 목적어 목적격보어

그 책은 나를 슬프게 했다.

5형식은 주어와 동사 뒤에 목적어와 보어가 와야 완전한 의미를 갖는 문장이에요. make(~을 -하게 하다), call(~을 -라고 부르다)과 같은 동사들이 5형식 문장을 만들어요.

3. 8품사

영어에서 사용되는 8가지 품사들에 대해 알아보아요.

명사 모든 것들을 지칭하는 말 **desk, dog, love**	desk(책상), dog(개)처럼 눈에 보이는 것들을 지칭하는 이름을 명사라고 해요. 물론, love(사랑)처럼 눈에 보이지 않는 것들을 지칭하는 이름도 있지요.
대명사 명사를 대신하는 말 **his, they, it**	Tom lost his new camera(Tom은 그의 새 카메라를 잃어버렸다)에서 his는 앞에 나온 명사 Tom을 반복하지 않고 대신하기 위해 쓴 말이에요. 이처럼 명사를 반복하지 않고 대신할 때 쓰는 말을 대명사라고 해요.
동사 움직임을 나타내는 말 **run, swim, be**	run(달리다), swim(수영하다), be(~이다)는 움직임이나 상태를 나타내고 있어요. 이와 같이 사람이나 사물의 동작, 상태를 나타내는 말을 동사라고 해요.
형용사 명사를 꾸며주는 말 **funny, sad, happy**	funny movie(웃긴 영화)에서 명사 movie를 funny가 꾸미면서 어떤 영화인지 더 잘 알 수 있어요. 이와 같이 명사의 상태나 성질을 나타내는 말을 형용사라고 해요.
부사 더 자세하게 해주는 말 **fast, easily, very**	I run fast(나는 빨리 달린다)에서 run을 fast가 꾸며주면서 '빨리 달린다'라는 의미로 더 그 의미가 자세해졌죠? 이처럼 꾸미는 대상의 의미를 더욱 자세하게 해주는 말을 부사라고 해요.
접속사 서로 이어주는 말 **and, or, but**	Scott has a dog and a cat(Scott은 개와 고양이를 가지고 있다)에서 a dog과 a cat이 and로 이어졌어요. 이처럼 두 요소를 이어주기 위해 사용한 and를 접속사라고 해요. 영어에서 접속사는 단어와 단어, 구와 구, 절과 절을 이어줘요.
전치사 명사 앞에 놓이는 말 **on, at, in front of**	on Tuesday(화요일에), in front of the door(문 앞에)에서 on은 Tuesday 앞에 와서 시간을, in front of는 the door 앞에 와서 장소를 나타내요. 이처럼 명사 앞에 놓여서 시간, 장소 등의 뜻을 나타내는 말을 전치사라고 해요.
감탄사 감탄할 때 쓰이는 말 **wow, oh, Oops**	Wow! He is so handsome!(우와! 그는 너무 잘 생겼다!)에서 Wow는 놀란 감정을 나타내요. 이처럼 기쁠 때, 놀랐을 때 등 자기도 모르게 자연스럽게 입에서 나오는 말을 감탄사라고 해요.

4. 구와 절

단어가 두 개 이상 모이면 하나의 의미를 가진 말 덩어리가 돼요. with a pen처럼 둘 이상의 단어가 '주어 + 동사' 관계가 아니면 '구'라고 하고, This is the pen that I bought라는 문장에서 This is와 I bought처럼 둘 이상의 단어가 '주어 + 동사' 관계이면 절이라고 해요. 이러한 구와 절은 문장 안에서 하나의 품사 역할 즉 명사, 형용사, 부사 역할을 해요.

명사구 / 명사절
명사구와 명사절은 명사처럼 문장 안에서 주어, 목적어, 보어로 쓰여요.

명사구　　**To watch a movie is interesting.**　영화를 보는 것은 재미있다.
　　　　　　　　주어

명사절　　**I heard that you have a sports car.**　나는 네가 스포츠카를 가지고 있다고 들었다.
　　　　　　　　　　목적어

형용사구 / 형용사절
형용사구와 형용사절은 형용사처럼 명사를 수식해요. 이 때, 형용사절은 관계절이라고도 해요.

형용사구　**Phillip knows the man in the room.**　Phillip은 방안에 있는 그 남자를 안다.
　　　　　　　　　　　　　명사 수식

형용사절　**This is the book which I wrote.**　이것은 내가 쓴 책이다.
　　　　　　　　　　　　명사 수식

부사구 / 부사절
부사구와 부사절은 부사처럼 형용사, 동사, 또 다른 부사, 문장 전체를 수식해요.

부사구　　**Sarah danced with her friend.**　Sarah는 그녀의 친구와 함께 춤췄다.
　　　　　　　　　　　동사 수식

부사절　　**Because Paul finished his work, he went home.**　Paul이 그의 일을 끝냈기 때문에, 그는 집에 갔다.
　　　　　　문장 전체 수식

시험에 나올 문제를 미리
풀어보고 싶을 땐?

해커스텝스(HackersTEPS.com)에서
텝스 적중예상특강 보기!

해커스 텝스 BASIC READING

GRAMMAR

기본기 다지기

주어와 동사, 목적어와 보어란?

Tom / had / dinner.
주어   동사   목적어

Tom은 / 먹었다 / 저녁을

Tom / is / full.
주어   동사   보어

Tom은 / 배부르다

첫 문장에서 Tom은 '먹었다'라는 동작의 주체입니다. 이처럼 동작의 주체가 되는 말을 주어, had처럼 동작을 나타내는 말을 동사라고 합니다. 이 때, dinner처럼 동사의 대상이 되는 말을 목적어라고 하고, 두 번째 문장의 full처럼 주어를 보충 설명해 주는 말을 보어라고 합니다.

수식어란?

Tom / had / dinner / with me.
수식어

Tom은 / 먹었다 / 지녁을 / 니외

with me는 문장 Tom had dinner를 꾸미는 말이며, with me가 없어도 문장이 성립합니다. 이처럼 문장에 꼭 필요한 요소는 아니지만 문장을 꾸며주는 역할을 하는 말을 수식어라고 합니다.

■ 주어 자리와 동사 자리를 알아보아요!

주어는 주로 문장의 맨 앞에 오고, 동사는 주로 주어 다음에 옵니다.

Mr. Johnson / walked / to the office.   Mr. Johnson은 / 걸어갔다 / 사무실로
주어.   동사

참고 적어도 한 개의 주어와 한 개의 동사가 있어야 문장이 될 수 있습니다.

Check-Up : 다음 중 주어는 무엇일까요?

The man danced.   그 남자는 춤 췄다.
ⓐ   ⓑ

→ 주어는 주로 문장의 맨 앞에 와요.

정답 ⓐ

■ 목적어 자리와 보어 자리를 알아보아요!

목적어는 주로 동사 다음에 옵니다. 보어의 경우, 주격 보어(주어를 보충 설명하는 보어)는 동사 다음에 오고, 목적격 보어(목적어를 보충 설명하는 보어)는 목적어 다음에 옵니다.

Fred / <u>delivers</u> / <u>pizza</u>. Fred는 / 배달한다 / 피자를
      동사   목적어

Boston / <u>is</u> / <u>a large city</u>. Boston은 / 큰 도시이다
      동사   (주격) 보어

We / consider / <u>Peter</u> / <u>the best player</u>. 우리는 / 여긴다 / Peter를 / 최고의 선수라고
           목적어   (목적격) 보어

Check-Up 다음 중 목적어는 무엇일까요?

Mr. Jones cooked pasta. Mr. Jones는 파스타를 요리했다.
   ⓐ   ⓑ   ⓒ

→ 목적어는 동사 cooked 다음에 와요.   정답 ⓒ

■ 수식어 자리를 알아보아요!

수식어는 문장의 앞·중간·뒤 어디에나 올 수 있고, 한 문장에 여러 개의 수식어가 올 수도 있습니다. 수식어는 주어, 동사, 목적어와 보어를 제외한 나머지 부분입니다.

<u>On weekends</u>, / I / wake up / late. 주말마다 / 나는 / 일어난다 / 늦게
  수식어

The girl / <u>sitting there</u> / is my sister. 소녀는 / 저기 앉아있는 / 내 여동생이다
          수식어

Tim / will study / <u>at a different school</u> / <u>next semester</u>. Tim은 / 공부할 것이다 / 다른 학교에서 / 다음 학기에
            수식어   수식어

Check-Up 다음 중 수식어는 무엇일까요?

Richard met his friend on Monday. Richard는 월요일에 그의 친구를 만났다.
   ⓐ   ⓑ   ⓒ   ⓓ

→ 주어 Richard, 동사 met, 목적어 his friend를 제외한 나머지 부분이 수식어에요.   정답 ⓓ

Point 1 | 주어 자리

주어 자리에 올 수 있는 것들은 정해져 있습니다. 어떤 것들이 주어 자리에 올 수 있는지, 그리고 어떤 것들이 올 수 없는지 살펴보아요.

① 주어 자리에 올 수 있는 것

명사(구), 대명사, 동명사, to 부정사, 명사절이 주어 자리에 올 수 있습니다.

명사   <u>The cake</u> / tastes / good.   그 케이크는 / 맛이 난다 / 좋은
                주어

대명사   <u>He</u> / was / my tutor / in high school.   그는 / 나의 가정교사였다 / 고등학교 때
              주어

동명사   <u>Working hard</u> / is / important / to your career.   열심히 일하는 것은 / 중요하다 / 당신의 직업에
                 주어

to 부정사   <u>To write a novel</u> / takes / much effort.   소설을 쓰는 것은 / 든다 / 많은 노력이
                 주어

명사절   <u>That my team will win</u> / is / certain.   우리 팀이 이길 것은 / 확실하다
                  주어

② 주어 자리에 올 수 없는 것

동사나 형용사는 주어 자리에 올 수 없습니다.

The (~~deliver~~, delivery) / should arrive / on time.   배달물은 / 도착해야 한다 / 정시에
      동사 (X)   명사 (O)

(~~Successful~~, Success) / comes / to patient people.   성공은 / 온다 / 인내하는 사람들에게
   형용사 (X)   명사 (O)

텝스 실전 확인 문제

둘 중 알맞은 것을 고르세요.

1. (ⓐ Read   ⓑ Reading) is my favorite activity.
2. (ⓐ Different   ⓑ Differences) make life interesting.

정답 p.4

Point 2 | 동사 자리

동사 자리에 올 수 있는 것들은 정해져 있습니다. 어떤 것들이 동사 자리에 올 수 있는지, 그리고 어떤 것들이 올 수 없는지 살펴보아요.

① 동사 자리에 올 수 있는 것

'(조동사 +) 동사'가 동사 자리에 올 수 있습니다.

동사   They / swim / every morning.   그들은 / 수영한다 / 매일 아침
               주어   동사

조동사 + 동사   Our friends / will go / to Paris.   우리 친구들은 / 갈 것이다 / 파리에
                  주어   동사

② 동사 자리에 올 수 없는 것

'to + 동사'나 '동사 + ing'는 동사 자리에 올 수 없습니다.

They / (to enjoy, enjoy) / taking a walk.   그들은 / 즐긴다 / 산책하는 것을
      to + 동사 (X)   동사 (O)

Sharks / (living, live) / in cold water.   상어는 / 산다 / 차가운 물에서
      동사 + ing (X)   동사 (O)

텝스 실전 확인 문제

둘 중 알맞은 것을 고르세요.

1. My children (ⓐ love ⓑ to love) playing video games after school.
2. The students (ⓐ taking ⓑ will take) the exam next Tuesday.   정답 p.4

Point 3 | 목적어 자리

목적어 자리에 올 수 있는 것들은 정해져 있습니다. 어떤 것들이 목적어 자리에 올 수 있는지, 그리고 어떤 것들이 올 수 없는지 살펴보아요.

① 목적어 자리에 올 수 있는 것

명사(구), 대명사, 동명사, to 부정사, 명사절이 목적어 자리에 올 수 있습니다.

명사   She / wrote / <u>a letter.</u>   그녀는 / 썼다 / 편지를
                     목적어

대명사   My parents / greeted / <u>him.</u>   나의 부모님들은 / 맞이했다 / 그를
                         목적어

동명사   Sam / started / <u>baking a cake.</u>   Sam은 / 시작했다 / 케이크 굽는 것을
                           목적어

to 부정사   The owner / chose / <u>to sell the house.</u>   집주인은 / 선택했다 / 그 집을 팔 것을
                               목적어

명사절   The coach / expected / <u>that his team will win.</u>   그 코치는 / 기대했다 / 그의 팀이 이길 것을
                               목적어

② 목적어 자리에 올 수 없는 것

동사나 형용사는 목적어 자리에 올 수 없습니다.

The manager / accepted / the (~~resign~~, resignation) of Mr. Brown.
                            동사 (X)   명사 (O)

부장은 / 수락했다 / Mr. Brown의 사표를

The president / praised / the (~~wise~~, wisdom) of the team's decision.
                          형용사 (X)   명사 (O)

사장은 / 칭찬했다 / 팀 결정의 지혜로움을

텝스 실전 확인 문제

둘 중 알맞은 것을 고르세요.

1. The executive welcomed the (ⓐ suggest   ⓑ suggestion) made by the team.
2. He stopped (ⓐ collecting   ⓑ collectable) old coins.   정답 p.4

Point 4 | 보어 자리

보어 자리에 올 수 있는 것들은 정해져 있습니다. 어떤 것들이 보어 자리에 올 수 있는지, 그리고 어떤 것들이 올 수 없는지 살펴보아요.

① 보어 자리에 올 수 있는 것

명사(구), 대명사, 동명사, to 부정사, 명사절과 형용사가 보어 자리에 올 수 있습니다.

명사   Jeff / is / <u>an expert</u> / in physics. Jeff는 / 전문가이다 / 물리학에 대한
                        (주격) 보어

        The city council / elected / Mr. Evans / <u>mayor</u>. 시 의회는 / 선출했다 / Mr. Evans를 / 시장으로
                                          (목적격) 보어

대명사   The little boy / in that old picture / is / <u>me</u>. 작은 소년은 / 저 오래된 사진 속에 있는 / 나이다
                                       (주격) 보어

동명사   My concern / is / <u>writing the report</u> / on time. 내 걱정은 / 보고서를 작성하는 것이다 / 제 시간에
                            (주격) 보어

to 부정사   Rebecca's goal / is / <u>to improve her grades</u>. Rebecca의 목표는 / 그녀의 성적을 올리는 것이다
                              (주격) 보어

명사절   The problem / was / <u>that Mr. Hobbs lost his key</u>. 문제는 / Mr. Hobbs가 그의 열쇠를 잃어버렸다는 것이다
                                (주격) 보어

형용사   The assistant's idea / sounds / <u>interesting</u>. 조수의 생각은 / 들린다 / 흥미롭게
                              (주격) 보어

        Penny / found / her vase / <u>broken</u>. Penny는 / 발견했다 / 그녀의 꽃병이 / 깨진 것을
                            (목적격) 보어

② 보어 자리에 올 수 없는 것

동사나 부사는 보어 자리에 올 수 없습니다.

The seminar / was / a (~~present~~, presentation) / on economics. 그 세미나는 / 발표였다 / 경제학에 관한
                        동사 (X)   명사 (O)

Mr. Jones's suit / looked / (~~neatly~~, neat). Mr. Jones의 정장은 / 보였다 / 단정하게
                            부사 (X)   형용사 (O)

[텝스 실전 확인 문제]

둘 중 알맞은 것을 고르세요.

1. The roses on the desk smelled (ⓐ sweetly ⓑ sweet).
2. The meeting was a (ⓐ discuss ⓑ discussion) about upcoming events.

정답 p.4

Point 5 | 수식어 자리

수식어 자리에 올 수 있는 것들은 정해져 있습니다. 어떤 것들이 수식어 자리에 올 수 있는지, 그리고 어떤 것들이 올 수 없는지 살펴보아요.

① 수식어 자리에 올 수 있는 것

전치사구, to 부정사구, 분사구(문), 관계절, 부사절 등이 수식어 자리에 올 수 있습니다.

전치사구   <u>In the drawer,</u> / Harry / found / a large folder.   서랍에서 / Harry는 / 찾았다 / 큰 폴더를
             수식어

to 부정사구   They / traveled / at night / <u>to save time.</u>   그들은 / 이동했다 / 밤에 / 시간을 아끼기 위해
                         수식어

분사구(문)   The painting / <u>hanging on the wall</u> / is / beautiful.   그림은 / 벽에 걸려있는 / 아름답다
                  수식어

관계절   I / know / the woman / <u>who delivers our mail.</u>   나는 / 안다 / 여자를 / 우리의 편지를 배달하는
                       수식어

부사절   <u>After we had lunch,</u> / we / went / back / to the office.
           수식어
           우리가 점심을 먹은 후에 / 우리는 / 돌아갔다 / 사무실로

② 수식어 자리에 올 수 없는 것

동사는 수식어 자리에 올 수 없습니다.

Dave / visited / Rome / (see, to see) his friends.   Dave는 / 방문했다 / 로마를 / 그의 친구들을 보기 위해
                   동사(X)   to 부정사(O)

③ 수식어 찾는 방법

문장의 핵심 요소인 주어, 동사, 목적어나 보어를 먼저 찾은 후 남은 부분이 수식어입니다.

Mr. Johnson / kept / the wine / cold / in the refrigerator.
   주어   동사   목적어   보어   수식어

Mr. Johnson은 / 보관했다 / 와인을 / 차갑게 / 냉장고에

텝스 실전 확인 문제

둘 중 알맞은 것을 고르세요.

1. I studied hard (ⓐ to impress ⓑ impress) my parents and teachers.
2. He visited the electronics store (ⓐ is located ⓑ which is located) on the corner.   정답 p.4

Point 6 | 가짜 주어 구문

주어 자리에 진짜 주어가 아니라 가짜 주어인 it이나 there가 오는 가짜 주어 구문이 있습니다. 어떤 경우인지, 어떤 형태를 갖는지 살펴보아요.

① 가짜 주어 there 구문

가짜 주어 there 구문은 'there + 동사 + 진짜 주어'의 형태로, '(진짜 주어)가 있다'라는 뜻입니다.

There / is / a swimming pool / not far from my house.   수영장이 있다 / 나의 집에서 멀지 않은 곳에
가짜 주어(There) + 동사(is) + 진짜 주어(a swimming pool)

② 가짜 주어 it 구문

주어가 길 때, 이 주어를 문장 맨 뒤로 보내고 주어 자리에는 가짜 주어 it을 씁니다.

To fill out this form / is / necessary.   이 양식에 기입하는 것은 / 필수적이다

→ It / is / necessary / to fill out this form.   필수적이다 / 이 양식에 기입하는 것은
가짜 주어   진짜 주어

➜ 긴 주어 To fill out this form을 문장 맨 뒤로 보내고 주어 자리에 가짜 주어 It을 씁니다.

사람이나 사물 등을 강조하고 싶을 때 가짜 주어 it이 that절과 함께 쓰여, 'it-that 강조구문'을 만듭니다.

Boris / dropped / the glass.   Boris는 / 떨어뜨렸다 / 유리잔을

→ It / was / Boris / that dropped the glass.   Boris였다 / 유리잔을 떨어뜨린 사람은
가짜 주어   강조하는 말

➜ 사람 Boris를 강조하기 위해 가짜 주어 It과 that 사이에 Boris를 넣습니다.

텝스 실전 확인 문제

둘 중 알맞은 것을 고르세요.

1. (ⓐ To come is essential ⓑ It is essential to come) to work on time.
2. (ⓐ There was debate ⓑ Was there debate) on corporate taxes.   정답 p.4

빈칸에 들어갈 적절한 보기를 고르세요.

01　Margaret prepared the _____ last week.
　　(a) propose　　　　　　　　(b) proposal

02　The _____ was made with the help of Dan.
　　(a) revision　　　　　　　　(b) revise

03　The chairman recognized the _____ of the new system.
　　(a) efficient　　　　　　　　(b) officiency

04　His excitement about getting the job is _____.
　　(a) understand　　　　　　　(b) understandable

05　The students _____ a lot about Spanish history.
　　(a) know　　　　　　　　　(b) to know

06　_____ the safety guidelines when swimming.
　　(a) To follow is important　　(b) It is important to follow

틀린 부분을 찾아 바르게 고치세요.

07　Ms. Wilson left work early pick up her son from school.

08　We having a drink last night at the new bar in the city.

09　There a problem was with your registration for the conference.

10　The hotel chain owners wanting to open a new resort in Athens next year.

11　The letter is a recommend for her employment.

12　Believe himself capable, Mr. Avery tried to finish the marketing report alone.

정답 p.5

HACKERS TEST

Part 1 대화에 들어갈 적절한 답을 고르세요.

01
A: I love _____ in this country.
B: Yeah, the people are so kind.

(a) lives   (b) live
(c) to live   (d) lived

02
A: Mary is _____ about the local wildlife.
B: She should be. She was born here.

(a) know   (b) knows
(c) knew   (d) knowledgeable

03
A: What are you doing today?
B: I'm going to the mall _____ a jacket and some shoes.

(a) buy   (b) to buy
(c) buys   (d) bought

Part 2 서술문에 들어갈 적절한 답을 고르세요.

04
_____ a résumé is necessary for any graduate.

(a) Improve   (b) Improved
(c) Improves   (d) Improving

05
The Renaissance was a _____ that began in the 14th century and continued for the next 300 years.

(a) has moved   (b) was moved
(c) moved   (d) movement

06
_____ the dishes in hot water is important for killing bacteria.

(a) Wash   (b) Washes
(c) Washed   (d) To wash

07
_____ at the main door, making it easy for the thieves to break in.

(a) Security guard no was there
(b) There was no security guard
(c) Was there no security guard
(d) No security guard there was

Part 3 대화에서 어법상 틀리거나 어색한 보기를 고르세요.

08
(a) A: Will you be going to the game this weekend?
(b) B: Yeah, I'm really excited about watching my favorite team play.
(c) A: Who are you going with? Anyone I know?
(d) B: I planning to take my son with me.

정답 p.5

CHAPTER 02 자동사와 타동사

기본기 다지기

자동사란?

The woman / laughed.
　　　　　　　자동사

그 여자는 / 웃었다

동사 laughed는 목적어 없이도 의미가 통합니다. 이처럼 그 자체로 의미가 통해 목적어 없이 쓰는 동사를 자동사라고 합니다.

타동사란?

She / visited / my house.
　　　　타동사　　목적어(동작의 대상)

그녀는 / 방문했다 / 나의 집을

동사 visited는 방문하는 대상인 목적어가 있어야 의미가 통합니다. 이처럼 반드시 목적어가 있어야 하는 동사를 타동사라고 합니다.

■ 자동사로는 1형식·2형식 문장을 만들어요!

자동사에는 보어나 목적어 없이 그 자체로 의미가 완전한 1형식 동사 sleep(잠자다), run(달리다) 등과, 보어를 필요로 하는 2형식 동사 become(~이 되다), seem(~인 것 같다) 등이 있습니다. 이 동사들은 각각 1형식 문장과 2형식 문장을 만듭니다.

주어 + 1형식 동사
The cat / slept. 고양이는 / 잤다
　주어　　자동사

주어 + 2형식 동사 + 보어
My daughter / became / a doctor. 내 딸은 / 되었다 / 의사가
　　주어　　　자동사　　　보어

Check-Up 다음 중 빈칸에 알맞은 것은 무엇일까요?

The little boy _____ happy. 그 어린 소년은 행복해 보인다.
ⓐ sleeps　　　ⓑ seems

→ 빈칸 뒤에 보어 happy가 있습니다.

정답 ⓑ

■ 타동사로는 3형식·4형식·5형식 문장을 만들어요!

타동사는 목적어 1개를 필요로 하는 3형식 동사 buy(~을 사다), like(~을 좋아하다), 목적어 2개를 필요로 하는 4형식 동사 give(~에게 ~을 주다), offer(~에게 ~을 제공하다), 그리고 목적어와 보어를 필요로 하는 5형식 동사 call(~을 −라고 부르다), make(~을 −하게 하다) 등이 있습니다. 이 동사들은 각각 3형식, 4형식, 5형식 문장을 만듭니다.

주어 + 3형식 동사 + 목적어
They / bought / gifts. 그들은 / 샀다 / 선물을
주어   타동사   목적어

주어 + 4형식 동사 + 간접 목적어 + 직접 목적어
Julie / gave / her friend / a book. Julie는 / 주었다 / 그녀의 친구에게 / 책을
주어   타동사   간접 목적어   직접 목적어

주어 + 5형식 동사 + 목적어 + 보어
My friends / call / me / Charlie. 내 친구들은 / 부른다 / 나를 / Charlie라고
주어   타동사 목적어 보어

Check-Up : 다음 중 빈칸에 알맞은 것은 무엇일까요?

My friends _____ shopping. 나의 친구들은 쇼핑을 좋아한다.
ⓐ like   ⓑ run

→ 빈칸 뒤에 목적어 shopping이 있습니다.   정답 ⓐ

Point 1 | 자동사와 타동사 구별

자동사와 타동사는 동사 뒤에 목적어가 올 수 있는지 여부에 따라 구별됩니다. 이에 대해 자세히 살펴보아요.

① 타동사

타동사는 반드시 목적어를 가집니다.

The company / hired. [×]
　　　　　　　타동사

The company / hired / more workers. [○] 회사는 / 고용했다 / 더 많은 직원을
　　　　　　　타동사　　목적어

② 자동사

자동사는 목적어를 가진 수 없습니다. 단, 자동사 뒤에 전치사를 쓰면 복석어가 올 수 있습니다.

Julia / looked / her picture. [×]
　　　　자동사

Julia / looked / at her picture. [○] Julia는 / 보았다 / 그녀의 사진을
　　　자동사　전치사　목적어

③ 혼동하기 쉬운 자동사와 타동사

의미가 비슷하여 혼동하기 쉬운 자동사와 타동사를 구분하여 알아둡니다.

의미	자동사 + 전치사	타동사
말하다	talk to / about ~와/~에 대해 이야기하다 speak to / about ~에게/~에 대해 말하다	tell ~에게 말하다 explain ~에 대해 설명하다
답하다	respond to ~에 답하다	answer ~에 답하다

The professor / (~~talked~~, talked about) physics. 교수는 / 물리학에 대해 이야기했다
　　　　　　　　　　　　　　　목적어

→ talked는 자동사이므로 바로 목적어 physics를 가질 수 없고 전치사 about이 반드시 필요합니다.

The teacher / (~~told to~~, told) the students / to open their books.
　　　　　　　　　　　　　　목적어

선생님은 / 말했다 / 학생들에게 / 그들의 책을 펴라고

→ told는 타동사이므로 바로 목적어 the students를 갖습니다. 전치사 to를 쓰면 틀립니다.

[텝스 실전 확인 문제]

둘 중 알맞은 것을 고르세요.

1. We (ⓐ respond to ⓑ respond) questions within three days.
2. The manager (ⓐ explained ⓑ explained about) the new proposal.

정답 p.7

Point 2 | 4형식 동사와 5형식 동사

2개의 목적어를 갖는 4형식 동사와 목적어와 목적격 보어를 갖는 5형식 동사에 대해 자세히 살펴보아요.

① 4형식 동사

4형식 동사는 2개의 목적어를 가지며, '간접 목적어(~에게) + 직접 목적어(~을/를)' 순서로 옵니다.

send ~에게 –을 보내다	offer ~에게 –을 제공하다	give ~에게 –을 주다

Simon / sent / his mother / flowers. Simon은 / 보냈다 / 그의 어머니께 / 꽃을
　　　　4형식 동사　　간접 목적어　　직접 목적어

② 5형식 동사

5형식 동사는 목적어와 목적격 보어를 가지며, '목적어 + 목적격 보어' 순서로 옵니다.

call ~를 –라고 부르다	make ~를 –하게 만들다	consider ~를 –라고 생각하다

The students / call / their professor / Steve. 그 학생들은 / 부른다 / 그들의 교수님을 / Steve라고
　　　　　　5형식 동사　　목적어　　목적격 보어

텝스 실전 확인 문제

둘 중 알맞은 것을 고르세요.

1. The little girl's story (ⓐ made me happy ⓑ made happy me).
2. Mr. Edwards (ⓐ offered Michael help ⓑ offered help Michael).

정답 p.7

빈칸에 들어갈 적절한 보기를 고르세요.

01 Scholars _____ of the 20th century.

(a) call Einstein the smartest scientist   (b) call the smartest scientist Einstein

02 Freddie _____ candies out of the jar in the kitchen.

(a) took   (b) took for

03 The senator _____ economics for almost an hour.

(a) spoke   (b) spoke about

04 The manager _____ during the interview.

(a) made the applicant nervous   (b) made nervous the applicant

05 Mr. Kim _____ candidates for the position of CEO.

(a) saw to   (b) saw

06 The president _____ a report published in a national newspaper.

(a) responded to   (b) responded

틀린 부분을 찾아 바르게 고치세요.

07 The students usually bring on lunches to school.

08 Office workers sit their computer desks for long periods of time.

09 The students know with the rules of punctuation very well.

10 Artist Jackson Pollock painted of the walls by throwing paint at them.

11 The coach considers a talented player Norman because he keeps improving.

12 The pharmaceutical company sent letters its customers about the new medicine.

정답 p.8

Part 1 대화에 들어갈 적절한 답을 고르세요.

01 A: Good morning. Could I _____ please?
B: Sure. I'll go and find her. Just wait for a moment.

(a) to talk Sarah   (b) talk to Sarah
(c) talk Sarah to   (d) talk Sarah

02 A: Why don't we _____ Eddie?
B: Good idea. Let's go downtown after work.

(a) buy a present for
(b) buy for a present
(c) a present buy for
(d) for a present buy

03 A: Why is everyone so excited?
B: Haven't you heard? The company will _____.

(a) give a bonus everyone this year
(b) everyone this year give a bonus
(c) give everyone a bonus this year
(d) give this year a bonus everyone

04 A: Were you pleased with the new project?
B: Yes, I'm happy it was a big _____.

(a) success   (b) succeed
(c) succeeded   (d) successfully

Part 2 서술문에 들어갈 적절한 답을 고르세요.

05 To draw big crowds, concert organizers _____ on group tickets.

(a) offer fans big discounts
(b) to fans big discounts offer
(c) offer to fans big discounts
(d) offer big discounts fans

06 When Christine asked what was wrong with her report, the _____.

(a) problem the manager to her explained
(b) problem to her the teacher explained
(c) manager explained to the problem her
(d) manager explained the problem to her

Part 3 대화 또는 지문에서 어법상 틀리거나 어색한 보기를 고르세요.

07 (a) A: How was the game last night? I heard we won.
(b) B: It was good, but there were too many people.
(c) A: Did you get on a seat, at least?
(d) B: We had to stand for the entire game.

08 (a) Redi was a scientist who lived in Italy in the 17th century. (b) In addition, Redi was a poet, and he became known for his work *Bacchus in Tuscany*. (c) However, it was his work as a scientist that he is best remembered for. (d) His studied of insects helped convince people that maggots did not generate from meat.

정답 p.8

기본기 다지기

수 일치란?

A student / studies / English. 한 학생은 / 공부한다 / 영어를
단수 주어   단수 동사

Students / study / English. 학생들은 / 공부한다 / 영어를
복수 주어   복수 동사

주어가 단수인 A student이면 동사도 단수인 studies를 쓰고, 주어가 복수인 Students이면 동사도 복수인 study를 씁니다. 이처럼, 주어의 수에 따라 동사의 수를 일치시키는 것을 수 일치라고 합니다.

■ 단수 주어와 복수 주어에 대해 알아보아요!

단수 주어로 취급되는 것들에는 하나의 사람이나 사물, 그리고 셀 수 없는 명사가 있습니다. 이 때, 하나의 사람이나 사물 앞에는 a / an이 붙으며 셀 수 없는 명사에는 a / an이 붙지 않습니다. 복수 주어로 취급되는 것들에는 둘 이상의 사람이나 사물이 있으며 뒤에 (e)s가 붙습니다.

단수 주어	하나의 사람 / 사물	a book, an engineer
	셀 수 없는 명사	air, math
복수 주어	둘 이상의 사람 / 사물	books, engineers

A book / is / on the desk. 책 한 권이 / 책상 위에 있다
단수 주어

The engineers / found / the solution. 그 엔지니어들은 / 찾았다 / 해결책을
복수 주어

Check-Up 다음 중 단수 주어로 취급되는 것은 무엇일까요?

ⓐ desks 책상들   ⓑ a fan 선풍기   ⓒ sisters 자매들

→ 단수 주어로 취급되는 것들에는 하나의 사람이나 사물이 주어인 경우가 포함되며 이 때 앞에 관사 a/an을 붙여요.   정답 ⓑ

단수 동사와 복수 동사에 대해 알아보아요!

단수 동사는 단수 주어가 나올 때 쓰는 동사로 동사원형에 (e)s를 붙인 3인칭 단수형을 쓰고, 복수 동사는 복수 주어가 나올 때 쓰는 동사로 동사원형 그대로 씁니다. 그러나 단수 동사와 복수 동사의 구분은 현재형일 때만 해당되고, 과거형의 경우는 동일합니다.

단수 동사	3인칭 단수형	sells	goes
복수 동사	동사원형	sell	go

Daniel / sells / furniture. Daniel은 / 판다 / 가구를
단수 주어   단수 동사

The students / go / to the gym / every day. 학생들은 / 간다 / 체육관에 / 매일
복수 주어   복수 동사

Check-Up 다음 중 빈칸에 알맞은 것은 무엇일까요?

The girls _____ ice cream. 그 소녀들은 아이스크림을 좋아한다.
ⓐ likes   ⓑ like

→ 복수 동사는 동사원형을 그대로 써요.   정답 ⓑ

단수 주어로 취급되어 단수 동사와 함께 쓰이는 것과 복수 주어로 취급되어 복수 동사와 함께 쓰이는 것에는 어떤 것들이 있는지 살펴보아요.

① 단수 주어와 단수 동사의 수 일치

단수 가산 명사, 불가산 명사는 단수 주어로 취급되어 뒤에 단수 동사가 와야 합니다.

단수 가산 명사 **The <u>project</u> / <u>seems</u> / very successful.** 그 프로젝트는 / 보인다 / 매우 성공적인 것처럼
　　　　　　　단수 가산 명사　단수 동사

불가산 명사 **<u>Music</u> / <u>makes</u> / me / feel good.** 음악은 / 만든다 / 나를 / 기분 좋게
　　　　　불가산 명사　단수 동사

동명사, to 부정사, 명사절도 단수 주어로 취급되어 뒤에 단수 동사가 와야 합니다.

동명사 **<u>Reading books</u> / <u>is</u> / my hobby.** 책을 읽는 것은 / 나의 취미이다
　　　　　동명사　　　단수 동사

to 부정사 **<u>To order the item</u> / <u>requires</u> / a credit card.** 그 상품을 주문하는 것은 / 요구한다 / 신용 카드를
　　　　　to 부정사　　　단수 동사

명사절 **<u>That Erin got the job</u> / <u>is</u> / great news.** Erin이 취업을 했다는 것은 / 좋은 소식이다
　　　　　명사절　　　　단수 동사

② 복수 주어와 복수 동사의 수 일치

복수 가산 명사는 복수 주어이므로 뒤에 복수 동사가 와야 합니다.

복수 가산 명사 **<u>The letters</u> / <u>are</u> / in your mailbox.** 그 편지들은 / 너의 우편함에 있다
　　　　　복수 가산 명사　복수 동사

텝스 실전 확인 문제

둘 중 알맞은 것을 고르세요.

1. They (ⓐ was discussing ⓑ were discussing) upcoming tests at school.
2. Paul (ⓐ run ⓑ runs) in the park every morning.

정답 p.11

Point 2 | 주어와 동사 사이에 수식어가 온 경우의 수 일치

주어와 동사 사이에 수식어가 온 경우, 주어에 동사의 수를 어떻게 일치시키면 되는지 자세히 살펴보아요.

1. 수식어가 온 경우 주어와 동사의 수 일치

주어와 동사 사이에 수식어가 온 경우, 수식어는 주어와 동사의 수 일치에 영향을 주지 않습니다.

A magazine / for writers / (were, was) launched / yesterday.
　단수 주어　　　수식어　　　복수 동사 (X) 단수 동사 (O)
잡지가 / 작가들을 위한 / 출시되었다 / 어제

The architects / designing the building / (needs, need) / more time.
　복수 주어　　　　　수식어　　　　단수 동사 (X) 복수 동사 (O)
건축가들은 / 그 건물을 설계하는 / 필요로 한다 / 더 많은 시간을

A client / who called earlier / (want, wants) / you / to call her back.
단수 주어　　　수식어　　　복수 동사 (X) 단수 동사 (O)
고객은 / 이전에 전화했던 / 원한다 / 당신이 / 그녀에게 다시 전화해 주기를

The day / to register for classes / (are, is) / on Monday.
단수 주어　　　수식어　　　복수 동사 (X) 단수 동사 (O)
날은 / 수업에 등록해야 할 / 월요일이다

텝스 실전 확인 문제

둘 중 알맞은 것을 고르세요.

1. The managers from the department (ⓐ were ⓑ was) all present at the meeting.
2. The train going to Islip (ⓐ make ⓑ makes) stops at Woodslide and Hicksville.
정답 p.11

주어가 and로 연결되어 있는지, or로 연결되어 있는지에 따라 뒤에 오는 동사의 수가 달라집니다. 이에 대해 자세히 살펴보아요.

① **주어가 and로 연결된 경우의 주어와 동사의 수 일치**

주어가 접속사 and로 연결되어 있으면 복수 주어로 취급되므로 뒤에 복수 동사가 와야 합니다.

Matt / and / Laura / (~~lives~~, live) / close / to campus.   Matt / 그리고 / Laura는 / 산다 / 가까이 / 캠퍼스에
　　복수 주어　　　　단수 동사(X) 복수 동사(O)

② **주어가 or로 연결된 경우의 주어와 동사의 수 일치**

주어가 or로 연결되어 있을 때 or 다음에 나온 명사가 단수면 단수 동사가, 복수면 복수 동사가 와야 합니다.

French fries / or / a salad / (~~are served~~, is served) / with all meals.
　　　　　　　　　　단수 명사　　　복수 동사(X)　　　단수 동사(O)

감자 튀김 / 또는 / 샐러드가 / 제공된다 / 모든 식사와 함께

The professor / or / the students / (~~reserves~~, reserve) / the lecture hall.
　　　　　　　　　　　복수 명사　　　단수 동사(X)　　복수 동사(O)

교수 / 또는 / 학생들은 / 예약한다 / 강당을

┌ **텝스 실전 확인 문제** ┐

둘 중 알맞은 것을 고르세요.

1. The new employees and the manager (ⓐ spends ⓑ spend) a lot of time doing research.
2. Jeans or leather (ⓐ suit ⓑ suits) him well.　　　　　　　　　　　　　정답 p.11

Point 4 | 주어가 수량 표현을 포함한 경우의 수 일치

주어가 포함하고 있는 수량 표현에 따라 뒤에 오는 동사의 수가 달라집니다. 이에 대해 자세히 살펴보아요.

① '단수 / 복수 수량 표현' 주어와 동사의 수 일치

주어가 단수 취급하는 수량 표현을 포함한 경우에는 단수 동사가, 복수 취급하는 수량 표현을 포함한 경우에는 복수 동사가 와야 합니다.

단수 취급하는 수량 표현	each + 단수 명사 각각의 ~ one of + 명사 ~중 하나	every + 단수 명사 모든 ~ the number of + 명사 ~의 수
복수 취급하는 수량 표현	many + 복수 명사 많은 ~ few + 복수 명사 소수의 ~	several + 복수 명사 여러 개의 ~ a number of + 복수 명사 많은 ~

Each member / (~~support~~, supports) / the idea. 각각의 구성원이 / 지지한다 / 그 아이디어를
Each + 단수 명사   복수 동사 (X)   단수 동사 (O)

Many people / (~~applies~~, apply) / to this company. 많은 사람들이 / 지원한다 / 이 회사에
Many + 복수 명사   단수 동사 (X)   복수 동사 (O)

② 'all / some / any + of + the 명사' 주어와 동사의 수 일치

'all / some / any + of + the 명사'가 주어인 경우에는 the 다음에 온 명사가 단수면 단수 동사가, 복수면 복수 동사가 와야 합니다.

Some of the food / (~~were~~, was) placed / on a special dish. 그 음식의 일부가 / 놓였다 / 특별한 접시에
단수 명사 복수 동사 (X) 단수 동사 (O)

All of the athletes / (~~wants~~, want) / to win a gold medal. 그 운동 선수들 모두는 / 원한다 / 금메달을 따기를
복수 명사   단수 동사 (X) 복수 동사 (O)

[텝스 실전 확인 문제]

둘 중 알맞은 것을 고르세요.

1. One of the poems in the book (ⓐis ⓑare) about stars.
2. All of the curtains (ⓐlooks ⓑlook) great in the living room.

정답 p.11

빈칸에 들어갈 적절한 보기를 고르세요.

01 Cake or doughnuts _____ provided at the meeting.
(a) are   (b) is

02 The women _____ the swimming class on Fridays.
(a) attends   (b) attend

03 Few children _____ waiting for the results of their exams.
(a) was   (b) were

04 The workers at Naco Inc. _____ to charity every month.
(a) donates   (b) donate

05 The office worker _____ using his cell phone to make a call.
(a) was   (b) were

06 Some of the smaller stores _____ only cash payments.
(a) accept   (b) accepts

틀린 부분을 찾아 바르게 고치세요.

07 A number of zoos has endangered animals from around the world.

08 The politician and the economist disagrees over plans for property development.

09 Study results show that most Americans drinks three cups of coffee a day.

10 The singers in the upcoming Broadway musical practices for several hours daily.

11 Rain fall heavily in Seattle during the summer.

12 In winter, bears lives in caves or underground holes.

정답 p.11

Part 1 대화에 들어갈 적절한 답을 고르세요.

01 A: What is wrong with your bicycle?
B: It _____ a strange noise when I ride it.

(a) makes
(b) make
(c) to make
(d) are making

02 A: Did you look at the articles yet?
B: Yes I did. I'll give _____.

(a) my report you in the afternoon
(b) you my report in the afternoon
(c) in the afternoon my report you
(d) you in the afternoon my report

Part 2 서술문에 들어갈 적절한 답을 고르세요.

03 Many students _____ to live in dormitories because they are located on the university campus.

(a) prefer
(b) prefers
(c) preferring
(d) to prefer

04 Last year, my twin sister and I _____ studying hard to get into university.

(a) is
(b) am
(c) was
(d) were

05 The prices of the clothes on sale _____ the discount.

(a) including
(b) to include
(c) include
(d) includes

06 With an increasing amount of information available from various sources, the number of newspaper subscribers _____.

(a) fall
(b) is falling
(c) falling
(d) are falling

07 _____ that got him the promotion to manager.

(a) It was Rob's work ethic
(b) Work ethic was it
(c) Rob's work was it ethic
(d) Rob's work ethic was it

Part 3 지문에서 어법상 틀리거나 어색한 보기를 고르세요.

08 (a) In a recent survey, a number of married men was asked how much housework they do. (b) Each man was given a list of chores and was asked to put an X next to those that he did regularly. (c) The organizers of the survey found that most of the men who completed the survey took out the trash regularly. (d) They also found that the task with the fewest Xs was doing the dishes.

정답 p.12

CHAPTER
04
시제

기본기 다지기

시제란?

He / stayed / in a hotel.
　　　과거
그는 / 머물렀다 / 호텔에서

He / will stay / in a hotel.
　　　미래
그는 / 머무를 것이다 / 호텔에서

첫 문장에서 stayed는 과거의 일을, 두 번째 문장에서 will stay는 미래에 일어날 일에 대해 말하고 있습니다. 이처럼 ed나 will 등이 붙어 어떤 행동이나 사건이 일어나는 시간을 표현할 수 있는데 이를 시제라고 합니다.

시제의 종류는?

단순 시제	현재
	과거
	미래
진행 시제	현재진행
	과거진행
	미래진행
완료 시제	현재완료
	과거완료
	미래완료

■ 단순 시제에 대해 알아보아요!

특정한 시간에 발생한 일이나 상태를 나타내는 시제로, 다음과 같이 세 가지로 나뉩니다.

현재	동사원형 + (e)s	Tom / works / at a bank. Tom은 / 일한다 / 은행에서
과거	동사원형 + ed 또는 불규칙 과거	Tom / worked / at a bank / last year. Tom은 / 일했다 / 은행에서 / 작년에
미래	will + 동사원형	Tom / will work / at a bank / next year. Tom은 / 일할 것이다 / 은행에서 / 내년에

Check-Up 다음 중 밑줄 친 동사의 시제는 무엇일까요?

The movie <u>started</u> 30 minutes ago. 그 영화는 30분 전에 시작했다.

ⓐ 현재　　　ⓑ 과거　　　ⓒ 미래

→ 과거 시제를 나타내기 위해서는 동사원형에 ed를 붙여요.

정답 ⓑ

🔲 진행 시제에 대해 알아보아요!

기준이 되는 시점에서 어떤 행동이나 사건이 계속 진행 중임을 나타내는 시제로, 다음과 같이 세 가지로 나뉩니다.

현재진행	am / is / are + ing	The children / are watching / TV / at home / now. 아이들은 / 보고 있다 / TV를 / 집에서 / 지금
과거진행	was / were + ing	The children / were watching / TV / at home / yesterday. 아이들은 / 보고 있었다 / TV를 / 집에서 / 어제
미래진행	will be + ing	The children / will be watching / TV / at home / tomorrow. 아이들은 / 보고 있을 것이다 / TV를 / 집에서 / 내일

Check-Up 다음 중 현재진행 시제를 표현한 문장은 무엇일까요?

ⓐ Rio is moving chairs.   Rio는 의자를 옮기고 있다.
ⓑ I returned the hat to my sister.   나는 모자를 내 여동생에게 돌려줬다.

→ 현재진행 시제는 지금 행동이 계속 진행 중임을 나타내며 'am / is / are + ing'를 써요.   정답 ⓐ

🔲 완료 시제에 대해 알아보아요!

기준이 되는 시점보다 앞선 시점부터 발생한 일이나 상태가 기준 시점까지 계속됨을 나타내는 시제로, 다음과 같이 세 가지로 나뉩니다.

현재완료	have / has + p.p.	I / have stayed / here / for a week. 나는 / 머물고 있다 / 이곳에서 / 일주일간
과거완료	had + p.p.	I / had stayed / here / for a week. 나는 / 머물렀다 / 이곳에서 / 일주일간
미래완료	will have + p.p.	I / will have stayed / here / for a week / by tomorrow. 나는 / 머문 것이 될 것이다 / 이곳에서 / 일주일간 / 내일이면

Check-Up 괄호 안의 동사를 현재완료 시제로 바꾸어 문장을 완성하세요.

Mary _____ (move) to a new home.   Mary는 새 집으로 이사했다.

→ 현재완료 시제의 형태는 'have / has + p.p.'에요.   정답 has moved

Point 1 | 현재/과거/미래

현재, 과거, 미래 시제가 각각 어떤 상황에서 쓰이는지, 그리고 그 시제와 주로 함께 쓰이는 표현들은 무엇인지 살펴보아요.

① 현재

반복되는 일이나 습관, 일반적인 사실을 표현할 때 씁니다. 특히 다음은 현재 시제와 함께 자주 쓰이므로 알아 둡니다.

every + 시간 표현 ~마다   usually 보통

반복되는 일   We / play / soccer / every weekend. 우리는 / 한다 / 축구를 / 주말마다
                현재

일반적인 사실   Lots of exercise / leads / to weight loss. 많은 운동은 / 이끈다 / 체중 감량으로
                     현재

② 과거

이미 끝난 과거의 동작이나 상태, 역사적인 사실을 표현할 때 씁니다. 특히 다음은 과거 시제와 함께 자주 쓰이므로 알아 둡니다.

already 이미   in + 과거연도 ~에   시간 표현 + ago ~ 전에   last + 시간 표현 지난 ~에

과거의 동작   Yoga class / started / already. 요가 수업은 / 시작했다 / 이미
                 과거

역사적인 사실   Lincoln / became / president / in 1861. Lincoln은 / 되었다 / 대통령이 / 1861년에
              과거

③ 미래

미래의 상황에 대한 예상이나 의지를 표현할 때 씁니다. 특히 다음은 미래 시제와 함께 자주 쓰이므로 알아둡니다.

tomorrow 내일   by + 미래 시간 표현 ~까지   until + 미래 시간 표현 ~까지   next + 시간 표현 다음 ~에

미래의 상황 예상 It / will rain / tomorrow. 비가 내릴 것이다 / 내일
               미래

미래에 대한 의지 We / will study / until 6 p.m. 우리는 / 공부할 것이다 / 오후 6시까지
               미래

텝스 실전 확인 문제

둘 중 알맞은 것을 고르세요.

1. The kids (ⓐ will usually take ⓑ usually take) the bus to school.

2. The journalists (ⓐ interviewed ⓑ will interview) you tomorrow.

정답 p.14

현재진행, 과거진행, 미래진행 시제가 각각 어떤 상황에서 쓰이는지, 그리고 그 시제와 주로 함께 쓰이는 표현들이 무엇인지 살펴보아요.

① 현재진행(am / are / is + -ing)

현재 진행 중인 일이나 동작 등을 표현할 때 씁니다. 특히 now(지금), right now(바로 지금)는 현재진행 시제와 자주 쓰이므로 알아 둡니다.

The chef / is preparing / dessert / now. 주방장은 / 준비하고 있다 / 디저트를 / 지금
　　　　　　현재진행

② 과거진행(was / were + -ing)

과거 특정한 시점에 진행되고 있었던 일이나 동작 등을 표현할 때 씁니다. 주로 과거 시점을 나타내는 시간 표현이 함께 나옵니다.

I / was reading / a book / when he called me. 나는 / 읽고 있었다 / 책을 / 그가 내게 전화했을 때
　　　과거진행

③ 미래진행(will be + -ing)

미래 특정한 시점에 진행되고 있을 일이나 동작 등을 표현할 때 씁니다. 주로 미래 시점을 나타내는 시간 표현이 함께 나옵니다.

I / will be working / at 2 p.m. tomorrow. 나는 / 일하고 있을 것이다 / 내일 오후 2시에
　　　미래진행

텝스 실전 확인 문제

둘 중 알맞은 것을 고르세요.

1. The train (ⓐ arrived ⓑ is arriving) at the station right now.
2. The band (ⓐ will be playing ⓑ plays) at this time next week. 　　　정답 p.15

Point 3 | 현재완료 / 과거완료 / 미래완료

현재완료, 과거완료, 미래완료 시제가 각각 어떤 상황에서 쓰이는지, 그리고 그 시제와 주로 함께 쓰이는 표현들이 무엇인지 살펴보아요.

① 현재완료(have / has + p.p.)

과거에 발생한 일이나 상태가 현재까지 계속되고 있는 것을 표현할 때 씁니다. 특히 다음의 표현은 현재완료 시제와 함께 자주 쓰이므로 알아 둡니다.

for + 시간 표현 ~동안	since + 과거 시간 표현 ~이래로	over + 시간 표현 ~동안

I / have been sick / for two days. 나는 / 아팠다 / 이틀 동안
　　　현재완료

② 과거완료(had + p.p.)

과거의 어떤 시점을 기준으로 그 보다 더 앞선 시간에 발생된 일을 표현할 때 씁니다.

The meeting / had started / before he arrived. 회의가 / 시작되었다 / 그가 도착하기 전에
　　　　　　　과거완료

③ 미래완료(will have + p.p.)

현재나 과거에 발생한 동작이 미래의 어떤 시점까지 완료될 것임을 표현할 때 씁니다. 특히 다음의 표현은 미래완료 시제와 함께 자주 쓰이므로 알아 둡니다.

by next + 시간 표현 다음 ~까지	by the end of + 시간 표현 ~말까지	next + 시간 표현 다음 ~에

By next Friday, / Sue / will have finished / the paper. 다음 금요일까지 / Sue는 / 끝내게 될 것이다 / 그 논문을
　　　　　　　　　　　미래완료

텝스 실전 확인 문제

둘 중 알맞은 것을 고르세요.

1. Mr. Connelly (ⓐ has won ⓑ wins) six tournaments since 2003.
2. By next month, Adrian (ⓐ will have studied ⓑ had studied) in Mexico for six years. 정답 p.15

Point 4 | 주절과 종속절의 시제 일치

주절과 종속절로 이루어진 문장의 경우, 주절의 시제에 따라 종속절에 올 수 있는 시제와 올 수 없는 시제가 정해져 있습니다. 이에 대해 자세히 살펴보아요.

① **주절의 시제가 현재일 경우의 시제 일치**

주절의 시제가 현재일 경우, 종속절에는 현재, 과거, 미래 시제가 올 수 있습니다.

They / walk / to school / because they live nearby. 그들은 / 걸어간다 / 학교에 / 근처에 살기 때문에
　　　주절(현재)　　　　　　　　　종속절(현재)

He / wonders / if he made the right decision. 그는 / 궁금해한다 / 그가 옳은 결정을 내렸는지
　　주절(현재)　　　　종속절(과거)

I / think / I will finish the project by the deadline. 나는 / 생각한다 / 최종 기한까지 프로젝트를 끝낼 것이라고
주절(현재)　　　　종속절(미래)

② **주절의 시제가 과거일 경우의 시제 일치**

주절의 시제가 과거일 경우, 종속절에는 과거나 과거완료 시제가 올 수 있습니다.

The student / wanted / to know / what the teacher (~~will say~~, said).
　　　　　주절(과거)　　　　　　　　　　　　　미래(X)　　과거(O)
그 학생은 / 원했다 / 알기를 / 선생님이 뭐라고 말했는지

Irene / said / that she (~~buys~~, had bought) the camera online.
　주절(과거)　　　　　현재(X)　　과거완료(O)
Irene은 / 말했다 / 그녀가 온라인으로 카메라를 샀었다고

┌─ **텝스 실전 확인 문제** ─┐

둘 중 알맞은 것을 고르세요.

1. Several students worked at the restaurant that (ⓐ has served ⓑ served) Japanese food.
2. I bought the leather jacket that I (ⓐ will see ⓑ had seen) in the magazine.　　　정답 p.15

HACKERS PRACTICE

빈칸에 들어갈 적절한 보기를 고르세요.

01 The engineers _____ a lot of coffee every morning.

(a) drink   (b) had drunk

02 Our legal team _____ your contract now.

(a) reviewed   (b) is reviewing

03 My brother told me that the new subway line _____.

(a) opens   (b) opened

04 The researcher _____ his report by the end of tomorrow.

(a) completed   (b) will have completed

05 The professor _____ a speech when his phone rang.

(a) wrote   (b) was writing

06 Carrie _____ three different magazines over the last two years.

(a) has edited   (b) edits

틀린 부분을 찾아 바르게 고치세요.

07 Diane was visiting her friend tomorrow afternoon.

08 Penny will meet her boyfriend's parents already.

09 Scott recognized Ashley at once, because he sees her before.

10 The two cities of Madrid and Brussels campaigned to host the Olympics since October.

11 Toronto's population is growing last year, according to statistics.

12 The electronics store had extended its sale into next week.

정답 p.15

Part 1 대화에 들어갈 적절한 답을 고르세요.

01 A: Are you coming with us tomorrow?
 B: I haven't decided yet.
 _____ you tomorrow morning.

 (a) I tell (b) I have told
 (c) I had told (d) I will tell

02 A: I'm sorry. Am I interrupting you?
 B: No, not at all. I _____ my e-mail.

 (a) was just checking
 (b) will be just checking
 (c) had just checked
 (d) will just have checked

03 A: What does the staff think of the sick day rule?
 B: All of us _____ that the policy should change.

 (a) was agreeing (b) agree
 (c) agrees (d) has agreed

Part 2 서술문에 들어갈 적절한 답을 고르세요.

04 The runner heard that his competitor _____ the event.

 (a) won (b) wins
 (c) has won (d) will win

05 By the end of next year, the company _____ its 10th anniversary.

 (a) celebrated
 (b) is celebrating
 (c) had celebrated
 (d) will be celebrating

06 Before she entered graduate school, Alice _____ two part-time jobs.

 (a) works (b) will work
 (c) is working (d) had worked

Part 3 대화 또는 지문에서 어법상 틀리거나 어색한 보기를 고르세요.

07 (a) A: Are you going to see the new Picasso exhibit?
 (b) B: Yeah, I am planning to see it this weekend.
 (c) A: Me, too. I had been busy for a month.
 (d) B: Then let's go together.

08 (a) Psychologists disagree as to whether violent video games are harmful to children. (b) On the one hand, video games are only simulations that don't affect young people's daily lives. (c) However, kids tend to imitate the behavior they see. (d) Recent studies indicate that images of aggression seen during childhood usually led to adult violence.

정답 p.16

기본기 다지기

능동태란?

A clerk / checked / the tickets.
사무원은 / 검사했다 / 표를

주어 A clerk은 표를 검사하는 행위의 주체입니다. 이처럼 주어가 행위의 주체가 되는 것을 능동태라고 합니다.

수동태란?

The tickets / were checked / by a clerk.
표는 / 검사됐다 / 사무원에 의해

주어 The tickets는 사무원에 의해 검사된다는 의미입니다. 이처럼 주어가 다른 대상으로부터 행위를 당하는 것을 수동태라고 합니다.

■ 수동태의 형태에 대해 알아보아요!

수동태 문장의 기본적인 동사 형태는 'be 동사 + p.p.'입니다. 여기서 be 동사의 형태는 시제와 주어의 수에 따라 달라진다는 것에 주의하세요.

현재 수동태 과거 수동태 미래 수동태	am/is/are + p.p. was/were + p.p. will be + p.p.	is used 사용된다 was used 사용되었다 will be used 사용될 것이다
현재진행 수동태 과거진행 수동태	am/is/are + being + p.p. was/were + being + p.p.	is being used 사용되는 중이다 was being used 사용되는 중이었다
현재완료 수동태 과거완료 수동태 미래완료 수동태	has/have + been + p.p. had + been + p.p. will have been + p.p.	have been used 사용되어왔다 had been used 사용되었었다 will have been used 사용될 것이다

The book / was used / in the history class. 그 책은 / 사용되었다 / 역사 수업에서
$\underset{\text{be 동사 + p.p.}}{\underline{\quad\quad\quad}}$

Check-Up 다음 빈칸에 알맞은 것은 무엇일까요?

The mail _____ by Michael. 편지는 Michael에 의해 수령되었다.

ⓐ received   ⓑ was received

→ 편지가 Michael에 의해 수령된 것이므로 수동형인 'be 동사 + p.p.'가 와야 해요.

정답 ⓑ

■ 능동태 문장을 수동태 문장으로 어떻게 바꾸는지 알아보아요!

능동태 문장을 수동태 문장으로 바꿀 때에는 능동태 문장의 목적어가 수동태 문장의 주어가 되고, 능동태 문장의 동사는 주어의 수와 시제에 맞게 'be 동사 + p.p.'로 바뀝니다. 이 때, 동사는 반드시 목적어가 있는 타동사여야 합니다. (arrive(도착하다), occur(일어나다)와 같은 자동사는 목적어를 갖지 않기 때문에 수동태로 바꿀 수 없습니다.)

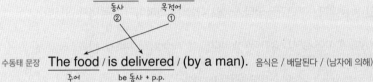

능동태 문장 A man / delivers / the food. 남자는 / 배달한다 / 음식을
                        동사   목적어
                        ②   ①

수동태 문장 The food / is delivered / (by a man). 음식은 / 배달된다 / (남자에 의해)
                   주어   be 동사 + p.p.

① 능동태 문장의 목적어 the food를 수동태 문장의 주어 자리에 놓습니다.

② 능동태 문장의 동사 delivers를 주어 The food의 수와 시제에 맞게 'be 동사 + p.p.'인 is delivered로 바꿉니다.

참고 능동태 문장의 주어 A man은 by a man으로 바꾸어 수동태 문장 맨 뒤에 놓거나 생략합니다.

Check-Up : 다음 빈칸에 알맞은 것은 무엇일까요?

능동태 문장 She broke a window. 그녀는 창문을 깼다.
수동태 문장 _____ was broken. 창문이 깨졌다.
             ⓐ A window   ⓑ She

→ 능동태 문장에서의 목적어 a window가 수동태 문장에서는 주어 자리에 와야 해요.   정답 ⓐ

Point 1 | 능동태와 수동태 구별

동사 자리에 능동태가 와야 하는지 수동태가 와야 하는지 구별하기 위한 방법이 있습니다. 이에 대해 자세히 살펴보아요.

① 의미에 따른 능동태·수동태 구별

'주어가 ~하다'라는 의미이면 능동태가, '주어가 ~되다 / ~해지다'라는 의미이면 수동태가 옵니다.

능동태 Mr. Smith / (~~was bought~~, bought) / a new watch.   Mr. Smith가 / 구입했다 / 새 시계를
                    수동태 (X)   능동태 (O)

   → 'Mr. Smith가 구입했다'라는 의미가 되어야 하므로 능동태 bought가 와야 합니다.

수동태 The office / (~~cleaned~~, was cleaned).   사무실이 / 청소되었다
               능동태 (X)   수동태 (O)

   → '사무실이 청소되었다'라는 의미가 되어야 하므로 수동태 was cleaned가 와야 합니다.

② 동사 뒤의 목적어 유무에 따른 능동태·수동태 구별

동사 뒤에 목적어가 있으면 능동태가, 목적어가 없으면 수동태가 옵니다.

능동태 Chefs / (~~were prepared~~, prepared) / delicious dishes.   주방장들은 / 준비했다 / 맛있는 요리들을
           수동태 (X)   능동태 (O)   목적어

수동태 The work / (~~completed~~, was completed) / at 4 p.m.   그 일은 / 완료되었다 / 오후 4시에
            능동태 (X)   수동태 (O)

텝스 실전 확인 문제

둘 중 알맞은 것을 고르세요.

1. The children (ⓐ were watched ⓑ watched) TV.
2. His house (ⓐ built ⓑ was built) in 1984.

정답 p.18

Point 2 | 4형식·5형식 동사의 수동태

목적어를 2개 갖는 4형식 동사, 그리고 목적어와 목적격 보어를 갖는 5형식 동사가 수동태로 바뀔 때 어떤 형태가 되는지 살펴보아요.

① 4형식 동사의 수동태

4형식 동사가 수동태로 바뀔 때 간접 목적어(~에게)가 주어로 가면, 수동태 동사 뒤에는 직접 목적어(~을)가 남습니다.

능동태   Susan / gave / the manager / presents.   Susan은 / 주었다 / 부장에게 / 선물을
                                 능동태 동사   간접 목적어 (~에게)   직접 목적어 (~을)

간접 목적어가 주어로 간 수동태   The manager / was given / presents.   부장은 / 주어졌다(받았다) / 선물을
                                       주어   수동태 동사   직접 목적어 (~을)

4형식 동사가 수동태로 바뀔 때 직접 목적어(~을)가 주어로 가면, 수동태 동사 뒤에는 간접 목적어(~에게)가 남고, 그 앞에 전치사를 써야 합니다.

능동태   Susan / gave / the coworkers / presents.   Susan은 / 주었다 / 동료들에게 / 선물을
                                 능동태 동사   간접 목적어 (~에게)   직접 목적어 (~을)

직접 목적어가 주어로 간 수동태   Presents / were given / to the coworkers.   선물은 / 주어졌다 / 동료들에게
                                    주어   수동태 동사   전치사 + 간접 목적어 (~에게)

② 5형식 동사의 수동태

5형식 동사가 수동태로 바뀔 때, 수동태 동사 뒤에는 목적격 보어가 남습니다.

능동태   He / considers / Roger / intelligent.   그는 / 여긴다 / Roger를 / 총명하다고
                 능동태 동사   목적어   목적격 보어

수동태   Roger / is considered / intelligent.   Roger는 / 여겨진다 / 총명하다고
         주어   수동태 동사   목적격 보어

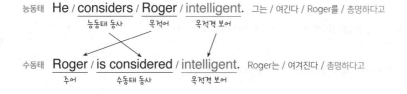

텝스 실전 확인 문제

둘 중 알맞은 것을 고르세요.

1. The company was offered (ⓐ to a good deal ⓑ a good deal).
2. Her cat (ⓐ named ⓑ was named) Kitty.

정답 p.18

빈칸에 들어갈 적절한 보기를 고르세요.

01   Many environmentally-friendly cars _____ last month.
(a) were sold   (b) sold

02   The book _____ a masterpiece by a number of readers.
(a) called   (b) was called

03   The band _____ to London a week ago.
(a) went   (b) was gone

04   The employees _____ to use the newly developed software.
(a) advised   (b) are advised

05   The students _____ to study drama as their major.
(a) chose   (b) were chosen

06   The professional cyclist _____ his bike when he fell yesterday.
(a) was damaged   (b) damaged

틀린 부분을 찾아 바르게 고치세요.

07   I can assure you that your package will deliver early next week.

08   The students were arrived at the station at 6 p.m.

09   Teamwork considered a key factor for success.

10   The morning flight to Beijing delayed due to a technical problem.

11   The manager position offered to Mr. Park, but he declined.

12   A library for local people will build by the city next month.

정답 p.18

Part 1 대화에 들어갈 적절한 답을 고르세요.

01 A: I'm Bob's friend, Greg. I've heard so much about you.

B: _____ to finally meet you.

(a) I am delighted
(b) I delight
(c) I am delighting
(d) I was delighted

02 A: Do you know where the hospital is?

B: I think that _____ down the street from the post office.

(a) it is located
(b) it locates
(c) it was locating
(d) it is being located

03 A: Mark said he's not happy with his room assignment.

B: That's because he _____ the room with no windows.

(a) was given   (b) gives
(c) is giving   (d) had given

Part 2 서술문에 들어갈 적절한 답을 고르세요.

04 San Francisco _____ one of the greatest cities in the world.

(a) is considered   (b) considered
(c) considers   (d) has considered

05 The shop _____ in business for 20 years next week.

(a) is being   (b) was being
(c) will have been (d) had been

06 Over the last few years, many language software programs _____ developed that help language learners.

(a) will be   (b) had been
(c) have been   (d) will have been

Part 3 대화 또는 지문에서 어법상 틀리거나 어색한 보기를 고르세요.

07 (a) A: Do you think that Hoopers University will be a good school for me?

(b) B: I'm not sure. Why don't you visit it next week?

(c) A: I just want to get your opinion first.

(d) B: Take a look inside yourself, since you know what kind of school you are looked for.

08 (a) The Great Famine of Ireland in the late 1800s killed more than 25 percent of the country's population. (b) It was occurred because of a potato disease that destroyed their main source of food. (c) Without potatoes, many people could not feed themselves. (d) The effects of this famine are still felt in Ireland today.

정답 p.19

기본기 다지기

조동사란?

I / play / the violin. 나는 / 연주한다 / 바이올린을

I / <u>can</u> play / the violin. 나는 / 연주할 수 있다 / 바이올린을
  조동사

'연주한다'라는 의미의 동사 play 앞에 조동사 can(~할 수 있다)이 오면 '연주할 수 있다'는 뜻이 만들어집니다. 이처럼 동사를 도와주는 말을 조동사라고 합니다.

조동사의 종류는?

조동사 ┌ have, be, do
       └ can, will, may, must, should

■ 조동사의 형태에 대해 알아보아요!

조동사는 다음과 같이 현재형과 과거형이 다릅니다.

조동사	현재형	과거형
have be do	have / has am / is / are do / does	had was / were did
can will may must should	can will may must should	could would might must should

I / <u>am</u> / a radio announcer. 나는 / 라디오 아나운서이다
  현재

I / <u>was</u> / a radio announcer. 나는 / 라디오 아나운서였다
  과거

Check-Up   조동사 do의 과거형은 무엇일까요?

ⓐ does   ⓑ did

→ 조동사 do의 과거형은 did예요.

정답 ⓑ

조동사 have, be, do의 역할에 대해 알아보아요!

조동사 have, be, do는 시제, 태, 부정 등을 나타냅니다.

I / have bought / a new car. 난 / 샀다 / 새 차를
<u>have + p.p. = 완료 시제</u>

This house / was sold. 이 집은 / 팔렸다
<u>be + p.p. = 수동태</u>

They / do not know / Michael. 그들은 / 알지 못한다 / Michael을
<u>do + not + 동사 = 부정</u>

Check-Up   다음 밑줄 친 것 중 조동사는 무엇일까요?

They <u>have</u> <u>used</u> the new program. 그들은 새 프로그램을 사용했다.
   ⓐ   ⓑ

→ 조동사에는 시제를 나타내는 have가 있어요.   정답 ⓐ

조동사 can, will, may, must, should의 역할에 대해 알아보아요!

조동사 can, will, may, must, should는 동사에 부가적인 의미를 더합니다.

Tom / can fix the printer. Tom은 / 고칠 수 있다 / 그 프린터기를
  <u>~할 수 있다</u>

Check-Up   다음 밑줄 친 것 중 조동사는 무엇일까요?

I <u>will</u> <u>travel</u> to New York. 나는 New York으로 여행할 것이다.
 ⓐ   ⓑ

→ 조동사에는 부가적인 의미를 더하는 will이 있어요.   정답 ⓐ

조동사 다음에 오는 동사의 형태는 정해져 있습니다. 어떤 형태가 올 수 있는지 자세히 살펴보아요.

① 조동사 + 동사원형

조동사 can, will, may, must, should 뒤에는 반드시 동사원형이 옵니다.

My sister / **may** (~~applying~~, apply) / to a university.　내 여동생은 / 지원할지도 모른다 / 대학교에
　　　　　　　　동사 + ing (X)　동사원형 (O)

다음과 같이 조동사처럼 쓰이는 표현들 뒤에도 동사원형이 옵니다.

be going to ~할 것이다	be able to ~할 수 있다	had better ~하는 게 좋겠다
need to ~해야 한다	have to ~해야 한다	used to ~하곤 했다

You / <u>need to</u> (~~slept~~, sleep).　당신은 / 자야만 합니다
　　　　　　과거 동사 (X) 동사원형 (O)

② (should +) 동사원형

제안·의무·요청을 나타내는 동사나 형용사가 주절에 나오면, 종속절에 'should + 동사원형'이 옵니다. 이 때, should는 생략될 수 있습니다.

동사	suggest 제안하다	require 요구하다	demand 요구하다	request 요청하다
형용사	imperative 필수적인	necessary 필수적인	important 중요한	crucial 결정적인

I / <u>suggest</u> / that you (~~are~~, be) on time / in the future.　나는 / 제안한다 / 당신이 정시에 올 것을 / 앞으로
　　　　　　　　동사의 현재형 (X) 동사원형 (O)

[텝스 실전 확인 문제]

둘 중 알맞은 것을 고르세요.

1. Ms. Brent will (ⓐ work ⓑ working) at the office today.
2. It is important that you (ⓐ are ⓑ be) smartly dressed for interviews.　　　정답 p.21

Point 2 | 조동사 have · be · do

조동사 have, be, do가 시제, 태, 부정 등을 표현하기 위하여 각각 어떤 형태를 취하는지 자세히 살펴보아요.

① have

조동사 have는 p.p. 앞에 쓰여 완료시제(have + p.p.)를 만듭니다.

The children / have taken / the swimming class. 아이들은 / 수강한 적이 있다 / 그 수영 강좌를
　　　　　　　　have　　p.p.

② be

조동사 be는 -ing 앞에 쓰여 진행시제(be + -ing)를 만듭니다.

I / am talking / to my wife. 난 / 말하고 있다 / 내 아내에게
　　 be　 -ing

조동사 be는 p.p. 앞에 쓰여 수동태(be + p.p.)를 만듭니다.

The documents / were found / under Mr. Davis's desk. 서류들은 / 발견되었다 / Mr. Davis의 책상 밑에서
　　　　　　　　　be　　p.p.

③ do

조동사 do는 일반동사의 부정문을 만들며, 'do / does / did + not + 동사원형'으로 옵니다.

We / do not go / to the beach / often. 우리는 / 가지 않는다 / 해변에 / 자주
　　 do　not 동사원형

조동사 do는 일반동사의 의문문을 만들며, 'do / does / did + 주어 + 동사원형'으로 옵니다.

Does your family like / living in the suburbs? 당신의 가족은 좋아하나요 / 교외에서 사는 것을
　do　　 주어　　 동사원형

[텝스 실전 확인 문제]

둘 중 알맞은 것을 고르세요.

1. My children (ⓐ are ⓑ do) not spend much time outdoors.
2. The orchestra (ⓐ does ⓑ has) visited this city before.　　　　　　정답 p.22

조동사 can, will, may, must, should가 각각 동사에 어떤 부가적인 의미를 더하는지 자세히 살펴보아요.

① can

can은 능력(~할 수 있다), 허가(~해도 된다), 가능성(~일 수 있다)의 의미를 더합니다.

능력   Fraser / can sing / well.   Fraser는 / 노래를 할 수 있다 / 잘

허가   You / can leave / the office / early today.   당신은 / 나가셔도 됩니다 / 사무실에서 / 오늘 일찍

가능성   You / can get / discounts / on your room rates.   당신은 / 받을 수 있다 / 할인을 / 당신의 객실료에

② will

will은 미래(~할 것이다), 의지(~할 것이다, ~하겠다)의 의미를 더합니다.

미래   Mr. Smith / will stay / in a downtown hotel.   Mr. Smith는 / 머물 것이다 / 도심지의 호텔에서

의지   Even though it rains, / I / will visit / my mother.   비가 오지만 / 나는 / 방문할 것이다 / 엄마를

③ may

may는 불확실한 추측(~할지도 모른다), 허가(~해도 된다)의 의미를 더합니다.

불확실한 추측   Matt / may need / a new coat / soon.   Matt은 / 필요로 할지도 모른다 / 새 코트를 / 곧

허가   Visitors / may park / for two hours.   방문객들은 / 주차해도 된다 / 두 시간 동안

④ must

must는 의무(~해야 한다), 강한 확신(~함에 틀림없다)의 의미를 더합니다.

의무   The students / must finish / this report.   그 학생들은 / 끝내야 한다 / 이 보고서를

강한 확신   Sarah / must be playing / outside.   Sarah는 / 놀고 있음이 틀림없다 / 밖에서

⑤ should

should는 제안(~해야 한다)의 의미를 더합니다.

Dan / should exercise / to improve his health.   Dan은 / 운동해야 한다 / 그의 건강을 향상시키기 위해

[텝스 실전 확인 문제]

둘 중 알맞은 것을 고르세요.

1. People with the flu (ⓐ should ⓑ could) rest and take medicines.
2. If you want, you (ⓐ can ⓑ will) borrow the book from me.

정답 p.22

Point 4 | 조동사 + have p.p.

조동사 could, should, must가 have p.p.와 함께 쓰여 각각 어떤 의미를 만드는지 자세히 살펴보아요.

① 조동사 + have p.p.

조동사 could, should, must와 have p.p.가 함께 쓰인 표현을 알아둡니다.

could have p.p. ~할 수도 있었다(그런데 하지 않았다)	could not have p.p. ~했을 리가 없다
should have p.p. ~했어야 했다(그런데 하지 않았다)	should not have p.p. ~하지 말았어야 했다(그런데 했다)
must have p.p. ~였음에 틀림없다	must not have p.p. ~가 아니었음에 틀림없다

David / could not have done / his homework / yet. David는 / 했을 리가 없다 / 그의 숙제를 / 아직
→ could not은 have done과 함께 쓰여 'David는 아직 그의 숙제를 했을 리가 없다'는 의미를 나타냅니다.

They / should have tried / to help their coworkers. 그들은 / 노력했어야 했다 / 그들의 동료를 돕기 위해
→ should는 have tried와 함께 쓰여 '그들은 그들의 동료를 돕기 위해 노력했어야 했다'는 의미를 나타냅니다.

The team / must have done / a lot of research. 그 팀은 / 했음에 틀림없다 / 많은 조사를
→ must는 have done과 함께 쓰여 '그 팀은 많은 조사를 했음에 틀림없다'는 의미를 나타냅니다.

[텝스 실전 확인 문제]

둘 중 알맞은 것을 고르세요.

1. Since he is an honest man, he (ⓐ couldn't ⓑ shouldn't) have lied.

2. Nathan (ⓐ should ⓑ may) have asked me before he took my pen.

정답 p.22

빈칸에 들어갈 적절한 보기를 고르세요.

01 The teacher told the students that they should _____ before the exam.
  (a) reviewing   (b) review

02 Workers _____ smoke in the office.
  (a) can't   (b) needn't

03 Mrs. Robinson may _____ working from home next month.
  (a) starting   (b) start

04 The letters _____ mailed yesterday morning.
  (a) were   (b) did

05 My friends _____ to the cinema regularly.
  (a) do go not   (b) do not go

06 David _____ have worked on the weekend, but he was sick.
  (a) must   (b) should

틀린 부분을 찾아 바르게 고치세요.

07 John does living in Los Angeles, where he was born and raised.

08 The doctor told the parents that their children might take the pills once a day.

09 The medical checkup requires that the patient eats nothing for 24 hours.

10 Mr. Fredericks think does not that the employees need to work late tonight.

11 Starting next year, the company will providing free coupons for the customers.

12 Richard should not have passed the exam without the support of his family.

정답 p.22

Part 1 대화에 들어갈 적절한 답을 고르세요.

01 A: I can't find my red sweater anywhere.
B: When _____ you see it last?

(a) was   (b) did
(c) has   (d) have

02 A: I called Jane three times, but she didn't answer.
B: She worked late last night, so she must _____.

(a) sleeping   (b) was sleeping
(c) be sleeping   (d) were sleeping

03 A: Is that Alice across the street?
B: It _____ be. She has longer hair than that.

(a) can't   (b) mustn't
(c) shouldn't   (d) didn't

04 A: How did the dog run away?
B: She just _____ over the gate and took off.

(a) jumped   (b) jumps
(c) jumping   (d) had jumped

Part 2 서술문에 들어갈 적절한 답을 고르세요.

05 It is imperative that applicants _____ their details before the deadline.

(a) submit   (b) submits
(c) be submitted   (d) will submit

06 Ms. Andrews was supposed to bring a friend, but she _____ alone.

(a) was arrived   (b) arrives
(c) arrived   (d) to arrive

07 The event _____ have been successful without the direction of its coordinator.

(a) could not   (b) should not
(c) must not   (d) need not

Part 3 대화에서 어법상 틀리거나 어색한 보기를 고르세요.

08 (a) A: Hello. I'd like to request a brochure on your programs.
(b) B: OK, Sandra handles the mailings.
(c) A: It is important that she'll send me one this week.
(d) B: Sure, I'll give her your request.

가정법

기본기 다지기

가정법이란?

If Jenny asked Smith, / he / would help / her.
만일 Jenny가 Smith에게 요청한다면 / 그는 / 도와줄 텐데 / 그녀를

위 문장은 현재 Jenny가 Smith에게 요청하지는 않았지만, 요청을 하기만 하면 그가 그녀를 도와줄 것이라고 상상하여 말하고 있습니다. 이처럼 사실과 반대되는 것을 상상하거나 가정하여 표현하는 것을 가정법이라고 합니다.

가정법의 종류는?

가정법 ┬ 가정법 과거
      ├ 가정법 과거완료
      └ 가정법 미래

■ 가정법 과거에 대해 알아보아요!

'만일 Sid가 레슨을 받는다면, 노래를 더 잘할 수 있을 텐데'라는 말은 Sid가 노래를 잘하지 못하는 현재의 상황에 대한 안타까움을 나타낸 것입니다. 이와 같이 현재의 상황을 반대로 가정하여 표현할 때 쓰는 것을 가정법 과거라고 합니다.

If Sid took lessons, / he / could sing / better.
만일 Sid가 레슨을 받는다면 / 그는 / 노래를 할 수 있을 텐데 / 더 잘

Check-Up 다음 문장의 의미로 알맞은 것은 무엇일까요?

If I had enough money, I would take a trip. 내가 충분한 돈이 있다면, 난 여행을 갈 텐데.

ⓐ 충분한 돈이 있다.   ⓑ 충분한 돈이 없다.

→ 가정법 과거는 현재 사실을 반대로 가정하여 표현하는 것이므로 '충분한 돈이 없다'라는 의미에요.   정답 ⓑ

■ 가정법 과거완료에 대해 알아보아요!

'만일 Mary가 공부를 더 열심히 했더라면, 시험에 합격할 수 있었을 텐데'라는 말은 Mary가 공부를 열심히 하지 않아서 시험에 합격하지 못했던 과거의 일에 대한 아쉬움이나 후회를 나타낸 것입니다. 이와 같이 과거에 이미 일어난 일을 반대로 가정하여 표현할 때 쓰는 것을 가정법 과거완료라고 합니다.

If Mary had studied harder, / she / could have passed / the exam.
만일 Mary가 공부를 더 열심히 했더라면 / 그녀는 / 합격할 수 있었을 텐데 / 시험에

Check-Up   다음 문장의 의미로 알맞은 것은 무엇일까요?

If Jane had come to the party, it would have been more fun.
Jane이 파티에 왔더라면, 더 재미있었을 텐데.

ⓐ Jane은 파티에 왔었다.   ⓑ Jane은 파티에 오지 않았었다.

→ 가정법 과거완료는 과거 사실을 반대로 가정하여 표현하는 것이므로 'Jane은 파티에 오지 않았었다'라는 의미에요.   정답 ⓑ

■ 가정법 미래에 대해 알아보아요!

'혹시라도 누군가 더 많은 음식을 필요로 한다면, 또 다른 요리를 주문할 것이다'라는 말은 누군가 더 많은 음식을 필요로 할 가능성이 거의 없는 미래의 일을 나타낸 것입니다. 이와 같이 실현 가능성이 희박한 일을 표현하거나 현재나 미래의 일에 대해 강한 의심을 표현할 때 쓰는 것을 가정법 미래라고 합니다.

If anyone should need more food, / we / will order / another dish.
혹시라도 누군가 음식을 더 필요로 한다면 / 우리는 / 주문할 것이다 / 또 다른 요리를

Check-Up   다음 문장의 의미로 알맞은 것은 무엇일까요?

If Richard should win, we will celebrate his victory.
혹시라도 Richard가 이긴다면, 우리는 그의 승리를 축하할 것이다.

ⓐ Richard는 이기지 않을 것이다.   ⓑ Richard는 반드시 이길 것이다.

→ 가정법 미래는 현재나 미래의 일에 대해 강한 의심을 표현할 때 쓰는 것이므로 'Richard는 이기지 않을 것이다'라는 의미에요.

정답 ⓐ

Point 1 | 가정법 과거

현재의 상황을 반대로 가정하는 가정법 과거의 형태는 정해져 있습니다. 이에 대해 자세히 살펴보아요.

① 가정법 과거

가정법 과거는 현재 사실을 반대로 가정하여, 현재 상황에 대한 안타까움을 나타낼 때 쓰며, 그 형태는 다음 과 같습니다.

> If + 주어 + 과거 동사 (be 동사는 were) ~, 주어 + would / should / could / might + 동사원형 ~
>   If절 (만일 ~라면)   주절 (~할 텐데)

If Fred visited Hanna, / she / would be happy.   만일 Fred가 Hanna를 방문한다면 / 그녀는 / 행복할 텐데
→ Fred가 Hanna를 방문하지 않는 현재 상황에 대한 안타까움을 나타내기 위해 가정법 과거를 씁니다.

② if가 생략된 가정법 과거

가정법 과거에서 if가 생략될 때, if절의 동사 were가 주어 앞으로 옵니다.

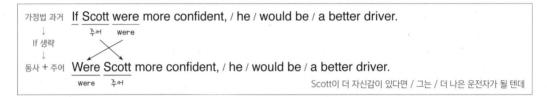

Were more teachers hired, / the class sizes / (~~are~~, would be) smaller.
                                         동사 (X)   would + 동사원형 (O)

만일 더 많은 교사가 고용된다면 / 학급 규모는 / 줄어들 텐데
→ If more teachers were hired에서 If가 생략되고 동사 were가 주어 앞으로 왔으므로 would be를 씁니다.

[텝스 실전 확인 문제]

둘 중 알맞은 것을 고르세요.

1. If she (ⓐ will be ⓑ were) available, she would join us for dinner.
2. Were he a little taller, he (ⓐ plays ⓑ would play) basketball.   정답 p.25

Point 2 | 가정법 과거완료

과거의 상황을 반대로 가정하는 가정법 과거완료의 형태는 정해져 있습니다. 이에 대해 자세히 살펴보아요.

① 가정법 과거완료

가정법 과거완료는 과거 사실을 반대로 가정하여 과거 상황에 대한 아쉬움이나 후회를 나타낼 때 쓰며, 그 형태는 다음과 같습니다.

> If + 주어 + had + p.p. ~, 주어 + would / should / could / might + have + p.p. ~
>   If절 (만일 ~했더라면)   주절 (~했을 텐데)

If Mr. Wilkins had won the lottery, / he / would have been very rich.
만일 Mr. Wilkins가 복권에 당첨되었더라면 / 그는 / 매우 부유해졌을 텐데
→ Mr. Wilkins가 복권에 당첨되지 못했던 과거 상황에 대한 아쉬움을 나타내기 위해 가정법 과거완료를 씁니다.

② if가 생략된 가정법 과거완료

가정법 과거 완료에서 if가 생략될 때, if절의 동사 had가 주어 앞으로 옵니다.

> 가정법 과거완료   If Barbara had run, / she / could have caught / the robber.
>   ↓   주어   had p.p.
>   If 생략
>   ↓
> had + 주어 + p.p.   Had Barbara run, / she / could have caught / the robber.
>   had   주어   p.p.   만일 Barbara가 뛰었더라면 / 그녀는 / 잡을 수 있었을 텐데 / 그 강도를

Had I been hungry, / I / (~~might eat~~, might have eaten) / something.
               동사원형 (X)   have p.p. (O)
만일 내가 배고팠더라면 / 나는 / 먹었을 텐데 / 무언가를
→ If I had been hungry에서 If가 생략되고 동사 had가 주어 앞으로 왔으므로 might have eaten을 씁니다.

┌ 텝스 실전 확인 문제 ┐

둘 중 알맞은 것을 고르세요.

1. If she (ⓐ had waited ⓑ will wait), she could have seen the show.
2. Had the speaker talked slower, it (ⓐ would be ⓑ would have been) easier to listen.

정답 p.25

Point 3 | 가정법 미래

일어날 가능성이 거의 없는 미래의 상황을 가정하는 가정법 미래의 형태는 정해져 있습니다. 이에 대해 자세히 살펴보아요.

① 가정법 미래

가정법 미래는 일어날 가능성이 적거나 거의 없는 미래의 상황을 가정할 때 쓰며, 그 형태는 다음과 같습니다.

> If + 주어 + should + 동사원형 ~, 주어 + will / can / may / would / should / could / might + 동사원형 ~
>   If절 (혹시라도 ~한다면)   주절 (~할 것이다)
>
> If + 주어 + were to + 동사원형 ~, 주어 + would / should / could / might + 동사원형 ~
>   If절 (혹시라도 ~한다면)   주절 (~할 것이다)

If the train should stop suddenly, / I / would be / very shocked.
혹시라도 그 열차가 갑자기 멈춘다면 / 나는 / 매우 놀랄 것이다

→ 기차가 갑자기 멈출 수 있다는 일어날 가능성이 적은 미래의 상황을 표현하기 위해 가정법 미래를 씁니다.

If the sun were to disappear, / all living things / would die.
혹시라도 태양이 사라진다면 / 모든 생물은 / 죽을 것이다

→ 태양이 사라진다는 일어날 가능성이 거의 없는 미래의 상황을 가정하기 위해 가정법 미래를 씁니다.

② if가 생략된 가정법 미래

가정법 미래에서 if가 생략될 때, if절의 조동사 should가 앞으로 옵니다.

> 가정법 미래   If time should allow, / I / will visit / your office.
>   ↓   주어 should 동사원형
>   If 생략
>   ↓
> Should + 주어 + 동사원형 Should time allow, / I / will visit / your office.
>   should 주어 동사원형   혹시라도 시간이 허락한다면 / 나는 / 방문할 텐데 / 당신의 사무실을

Should Lauren start the work again, / she / (~~has~~, would have) less time / to study.
                                              동사 (X)   would + 동사원형 (O)

혹시라도 Lauren이 다시 그 일을 시작한다면 / 그녀는 / 시간이 더 없을 것이다 / 공부할

→ If Lauren should start the work again에서 If가 생략되고 조동사 should가 앞으로 왔으므로 would have를 씁니다.

┌─ **텝스 실전 확인 문제** ─

둘 중 알맞은 것을 고르세요.

1. (ⓐ Should ⓑ Might) she get a taxi, she could be on time to her appointment.
2. If the store (ⓐ were to ⓑ could) move downtown, it might have more customers.   정답 p.25

└────────────────────────

Point 4 | 가정법 관련 표현

if를 사용하지 않으면서도 가정법 문장의 의미를 나타내는 표현들이 있습니다. 이에 대해 자세히 살펴보아요.

① if가 생략된 가정법 관용 표현

if가 생략된 가정법의 관용적 표현을 알아둡니다.

가정법 과거	Were it not for ~, 주어 + would/should/could/might + 동사원형 ~가 없다면, ~할 텐데
가정법 과거완료	Had it not been for ~, 주어 + would/should/could/might + have p.p. ~가 없었더라면, ~할 텐데

Were it not for **my cold,** / I / <u>would be</u> / **feeling good.** 내 감기가 없다면 / 난 / 기분이 좋을 텐데

주어 would + 동사원형

Had it not been for **my cold,** / I / <u>would have been</u> / **feeling good.**

주어　　 would + have p.p.

내 감기가 없었더라면 / 난 / 기분이 좋았을 텐데

② I wish 가정법

I wish로 시작하는 가정법 표현을 알아둡니다.

가정법 과거	I wish + 주어 + 과거 동사 ~하면 좋을 텐데
가정법 과거완료	I wish + 주어 + had p.p. ~했다면 좋을 텐데

I wish / <u>I knew</u> **Spanish.** 좋을 텐데 / 내가 스페인어를 안다면

주어 과거동사

I wish / <u>I had known</u> **Spanish.** 좋을 텐데 / 내가 스페인어를 알았다면

주어　 had p.p.

텝스 실전 확인 문제

둘 중 알맞은 것을 고르세요.

1. I wish I (ⓐ exercise ⓑ had exercised) more when I was younger.

2. Were it not for the traffic on Highway 12, I (ⓐ will take ⓑ would take) that route.　　정답 p.25

빈칸에 들어갈 적절한 보기를 고르세요.

01 Were it not for the wind, the weather _____ nice.
(a) will be   (b) would be

02 If the rainfall _____ stop, the repairmen will be able to work quicker.
(a) may   (b) should

03 If this applicant were more experienced, we _____ him.
(a) employed   (b) would employ

04 If the bank had not closed, she _____ the money.
(a) sent   (b) could have sent

05 If my mother _____ here to see this ceremony, she might have been happy.
(a) had been   (b) were

06 If the sales _____ good, we would expand our business.
(a) were   (b) will be

틀린 부분을 찾아 바르게 고치세요.

07 If Annie had wanted to go to a concert, her father would give her the ticket.

08 Had it not been for Harry, the product launch would fail.

09 Had the South won the Civil War, America could allow slavery for much longer.

10 If Miss Evans has applied for the manager position, she might have got the job.

11 If the Italian restaurant were to close, many people should have been upset.

12 I wish I will see the movie *Green Giant* when it was still playing in theaters.

정답 p.25

HACKERS TEST

Part 1 대화에 들어갈 적절한 답을 고르세요.

01 A: Why did you choose to go to this school?

B: _____ to study here if it hadn't been for the excellent research department.

(a) I wouldn't have chosen
(b) Wouldn't I have choose
(c) Wouldn't I choose
(d) I won't have chosen

02 A: I don't like riding the subway home after work.

B: Neither do I. It _____ too busy during rush hour.

(a) is   (b) are
(c) were   (d) has been

03 A: How did the meeting go?

B: It _____ better had I prepared more.

(a) would been   (b) would have been
(c) had been   (d) will have been

Part 2 서술문에 들어갈 적절한 답을 고르세요.

04 If she _____ the part-time job, Sally could afford to buy a car.

(a) were   (b) has
(c) was   (d) had

05 _____ any problems processing your order, a customer service agent will get in touch with you.

(a) If we had   (b) Were we having
(c) We should have   (d) Should we have

06 A number of the products listed on the Web site _____ out of stock.

(a) are   (b) is
(c) was being   (d) has been

Part 3 대화 또는 지문에서 어법상 틀리거나 어색한 보기를 고르세요.

07 (a) A: I wish I can attend the training seminar this weekend.
(b) B: Yeah, it would be nice if you could join us.
(c) A: I'll be missing a lot of great talks and discussions.
(d) B: Don't worry. I will take notes for you.

08 (a) Our main competitors have seen a fairly dramatic decline in sales this year. (b) Were it not for their strong sales on the Internet, our market share has been as large as theirs. (c) As it is, they still hold a slight advantage over us. (d) However, we enjoy success in emerging markets, such as Asia.

정답 p.26

기본기 다지기

to 부정사란?

Brian / decided / <u>to work</u>. Brian은 / 결정했다 / 일할 것을
         명사 역할

Brian / has / a plan / <u>to work</u>. Brian은 / 가지고 있다 / 계획을 / 일할
              형용사 역할

Brian / went / to the office / <u>to work</u>. Brian은 / 갔다 / 사무실로 / 일하기 위해
              부사 역할

동사 work(일하다)가 to work(일할 것, 일할, 일하기 위해)로 바뀌면 문장에서 동사의 역할이 아닌 다른 역할을 할 수 있습니다. 이처럼 동사 앞에 to가 붙어 문장 속에서 명사, 형용사, 부사 등 여러 역할을 하는 것을 to 부정사라고 합니다.

☐ to 부정사의 형태에 대해 알아보아요!

to 부정사의 기본 형태는 'to + 동사원형'입니다. to 부정사의 부정형을 만들 때는 to 부정사 바로 앞에 not을 붙입니다.

Bill / wanted / <u>to wait</u> for him. Bill은 / 원했다 / 그를 기다리기를
        to + 동사원형

Bill / wanted / not <u>to wait</u> for him. Bill은 / 원했다 / 그를 기다리지 않기를
             to 부정사

Check-Up　　다음 동사를 to 부정사로 바꾸어 보세요.

Lauren called ＿＿＿＿＿＿ (reserve) a table at a restaurant.
Lauren은 식당에 테이블을 예약하기 위해 전화를 했다.

→ to 부정사의 형태는 'to + 동사원형'이에요.

정답 to reserve

■ to 부정사는 동사의 성질을 가지고 있어요!

to 부정사는 동사의 역할을 하지는 않지만 여전히 동사의 성질을 가지고 있습니다. 즉, to like the movie처럼 to 부정사 뒤에 목적어를 가질 수도 있고, to be a pianist처럼 보어를 가질 수도 있습니다. 또한, to sing occasionally처럼 부사의 꾸밈을 받기도 합니다. 이렇게 to 부정사는 동사의 성질을 여전히 가지고 있으므로 동사에 준한다는 의미로 준동사라고 합니다. (to 부정사 이외에 동명사와 분사도 준동사에 속합니다.)

The children / seem / to like the movie. 아이들은 / 보인다 / 그 영화를 좋아하는 것처럼
                         to 부정사   목적어

My son / hopes / to be a pianist. 나의 아들은 / 바란다 / 피아니스트가 되기를
                   to 부정사   보어

Susan / loves / to sing occasionally. Susan은 / 좋아한다 / 가끔 노래하는 것을
                  to 부정사   부사

Check-Up 다음 밑줄 친 것 중 to 부정사는 무엇일까요?

The coach <u>decided</u> <u>to take</u> a break. 코치는 휴식을 취하기로 결정했다.
            ⓐ   ⓑ

→ to 부정사는 동사처럼 뒤에 목적어가 오지만 동사의 역할을 하지는 않아요.   정답 ⓑ

Point 1 | to 부정사 자리

문장에서 to 부정사가 올 수 있는 자리는 정해져 있습니다. 어떤 자리에 올 수 있는지에 대해 자세히 살펴보아요.

① to 부정사가 오는 자리

to 부정사는 문장에서 주어, 목적어, 보어, 수식어 자리에 옵니다.

주어 자리   <u>To stay at home</u> / is / her plan.   집에 있는 것이 / 그녀의 계획이다
                   주어

목적어 자리   She / chose / <u>to stay at home</u>.   그녀는 / 선택했다 / 집에 있는 것을
                           목적어

보어 자리   Her plan / is / <u>to stay at home</u>.   그녀의 계획은 / 집에 있는 것이다
                         보어

수식어 자리   She / took a sick day / <u>to stay at home</u>.   그녀는 / 병가를 냈다 / 집에 있기 위해
                                     수식어

② to 부정사 자리에 올 수 없는 것

to 부정사가 와야 하는 자리에 동사는 올 수 없습니다.

We / want / (~~buy~~, to buy) a house.   우리는 / 원한다 / 집을 구입하기를
                동사 (X)   to 부정사 (O)

> **텝스 실전 확인 문제**
>
> 둘 중 알맞은 것을 고르세요.
>
> **1.** (ⓐ To prepare   ⓑ Prepare) for the meeting requires research.
> **2.** He traveled (ⓐ learn   ⓑ to learn) about other cultures.   정답 p.28

Point 2 | to 부정사의 역할

문장에서 명사, 형용사, 부사 역할을 하는 to 부정사에 대해 자세히 살펴보고, 각각의 의미를 살펴보아요.

1 명사 역할

to 부정사는 명사처럼 주어, 목적어, 보어 역할을 하며, '~하는 것, ~하기'로 해석합니다.

주어 역할   <u>To write a novel</u> / is not / an easy task.   소설을 쓰는 것은 / 쉬운 일이 아니다
               주어

목적어 역할   Terry / wishes / <u>to contact</u> / with Ms. Wendell.   Terry는 / 바란다 / 연락하기를 / Ms. Wendell과
                      목적어

보어 역할   Lucy's hobby / is / <u>to collect</u> stamps.   Lucy의 취미는 / 우표를 수집하는 것이다
                  보어

2 형용사 역할

to 부정사는 형용사처럼 명사 뒤에서 명사를 수식하며, '~해야 할, ~할'로 해석합니다.

명사 수식   Tim / has / important <u>people</u> / to meet.   Tim은 / 있다 / 중요한 사람들이 / 만나야 할
                     명사

3 부사 역할

to 부정사는 부사처럼 문장의 앞이나 동사 뒤에서 문장이나 동사를 수식하며, '~하기 위해서'로 해석합니다.

문장 수식   To submit the report in time, / <u>we will do our best.</u>
                                       문장

          보고서를 제시간에 제출하기 위해서 / 우리는 최선을 다할 것이다

동사 수식   Robin / <u>works</u> / to make money for college.   Robin은 / 일한다 / 대학 등록금을 마련하기 위해서
             동사

[템스 실전 확인 문제]

둘 중 알맞은 것을 고르세요.

1. Martin has a plan (ⓐ sell ⓑ to sell) his computer.
2. The company's goal is (ⓐ improve ⓑ to improve) the quality of its service.   정답 p.29

Point 3 | to 부정사를 취하는 동사·명사·형용사

어떤 동사, 명사, 형용사는 뒤에 to 부정사를 취합니다. 이러한 동사, 명사, 형용사에는 어떤 것들이 있는지 자세히 살펴 보아요.

① 동사 + 목적어(to 부정사)

to 부정사를 목적어로 취하는 동사들을 주의해서 알아둡니다.

decide to ~하기로 결정하다	choose to ~하기로 선택하다	promise to ~하기를 약속하다	afford to ~할 수 있다
wish to ~하기를 바라다	want to ~하기를 원하다	fail to ~하지 못하다	offer to ~하기를 제안하다

The manager / decided / to attend the seminar. 관리자는 / 결정했다 / 그 세미나에 참석하기로

② 동사 + 목적어 + 목적격 보어(to 부정사)

to 부정사를 목적격 보어로 취하는 동사들을 주의해서 알아둡니다.

expect 목 to ~가 -하기를 기대하다	ask 목 to ~에게 -해 줄 것을 부탁하다	cause 목 to ~가 -하게 하다
allow 목 to ~가 -하게 두다	advise 목 to ~에게 -할 것을 권하다	remind 목 to ~에게 -할 것을 상기시키다

The company / expects / its employees / to perform well. 회사는 / 기대한다 / 직원들이 / 잘 일하기를

목적어

③ 명사 + to 부정사

to 부정사를 취하는 명사들을 주의해서 알아둡니다.

plan to ~할 계획	ability to ~할 능력	chance to ~할 기회	effort to ~하려는 노력

My boss / has / a plan / to expand his business. 나의 상사는 / 가지고 있다 / 계획을 / 그의 사업을 확장할

④ 형용사 + to 부정사

to 부정사를 취하는 형용사들을 주의해서 알아둡니다.

be about to 막 ~하려 하다	be able to ~할 수 있다	be likely to ~할 것 같다	be willing to 기꺼이 ~하다

The movie / is / about to start. 영화는 / 막 시작하려 한다

텝스 실전 확인 문제

둘 중 알맞은 것을 고르세요.

1. This company wants (ⓐ to have ⓑ have) bigger offices.
2. He asked the client (ⓐ arrive ⓑ to arrive) at the office by 8 a.m.

정답 p.29

Point 4 | 원형 부정사를 목적격 보어로 취하는 동사

어떤 동사들은 뒤에 목적격 보어로 원형 부정사(to 없이 동사원형만 남은 것)를 취합니다. 이에 대해 자세히 살펴보아요.

① make, have, let + 목적어 + 원형 부정사

make, have, let을 쓸 때 '목적어가 ~하게 하다'라는 능동의 의미이면 목적격 보어로 원형 부정사가 옵니다.

The professor / made / the students / (t̶o̶ ̶r̶e̶a̶d̶, read) the book. 그 교수는 / 했다 / 학생들이 / 책을 읽게
to 부정사 (X) 원형 부정사 (O)

→ '학생들이 책을 읽게 하다'라는 능동의 의미이므로 원형 부정사인 read가 와야 합니다.

make, have, let을 쓸 때 '목적어가 ~되게 하다'라는 수동의 의미이면 목적격 보어로 p.p.가 옵니다.

The man / had / the pizza / (d̶e̶l̶i̶v̶e̶r̶, delivered). 그 남자는 / 했다 / 피자가 / 배달되게
원형 부정사 (X) p.p. (O)

→ '피자가 배달되게 하다'라는 수동의 의미이므로 p.p.인 delivered가 와야 합니다.

② help + 목적어 + 원형 부정사 / to 부정사

help는 원형 부정사와 to 부정사를 모두 목적격 보어로 취할 수 있습니다.

The teacher / helped / the student / (to) find the answer. 선생님은 / 도왔다 / 학생들이 / 답을 찾는 것을
→ help는 원형 부정사 find나 to 부정사 to find를 목적격 보어로 취할 수 있습니다.

③ hear, see, watch + 목적어 + 원형 부정사 / 현재분사

hear, see, watch는 원형 부정사와 현재분사를 모두 목적격 보어로 취할 수 있습니다.

Jane / heard / her neighbors / argue. Jane은 / 들었다 / 그녀의 이웃들이 / 말다툼하는 것을

Jane / heard / her neighbors / arguing. Jane은 / 들었다 / 그녀의 이웃들이 / 말다툼하고 있는 것을

텝스 실전 확인 문제

둘 중 알맞은 것을 고르세요.

1. The manager made the new employees (ⓐ attend ⓑ to attend) the seminar.
2. The crowd watched the performers (ⓐ to dance ⓑ dance) in the street.   정답 p.29

빈칸에 들어갈 적절한 보기를 고르세요.

01 The student was about _____ why he was late to class.
(a) explain   (b) to explain

02 _____ such a big project will take a great deal of effort.
(a) To finish   (b) Finish

03 The senior manager had his assistant _____ his letter to the post office.
(a) to take   (b) take

04 Mark was willing _____ the broken air conditioner.
(a) fixing   (b) to fix

05 The company posted an advertisement _____ more technicians.
(a) hire   (b) to hire

06 I heard her _____ a song with Phillip on the stage.
(a) to sing   (b) sing

틀린 부분을 찾아 바르게 고치세요.

07 Dan borrowed the car drive his son to the hospital.

08 Nobody had a chance proofreading the article before it was handed in.

09 The university expects students maintain excellent grades.

10 Few families can afford live in Franklin due to the expensive real estate.

11 The factory supervisor made everyone registering for the safety course on machine operation.

12 Parents want to see their children to walk by the age of 11 months.

정답 p.29

Part 1 대화에 들어갈 적절한 답을 고르세요.

01 A: We lost a lot of customers last year.
B: _____ that from happening this year, we must work a lot harder.

(a) Stop
(b) Stopped
(c) To stop
(d) Has stopped

02 A: We are ready to interview the candidates now.
B: OK. I'll go and ask _____.

(a) them to come in
(b) them in come
(c) come in to them
(d) them come in to

03 A: Has your family ever visited Hawaii?
B: Yes. _____ there a year ago.

(a) We traveled
(b) We will have traveled
(c) We have traveled
(d) We had traveled

Part 2 서술문에 들어갈 적절한 답을 고르세요.

04 The teacher offered _____ by giving extra classes to students after school.

(a) helping
(b) to help
(c) for helping
(d) helped

05 In the survey, students were asked if they wanted _____ alone or in groups.

(a) study
(b) studies
(c) studied
(d) to study

06 You can have your new television _____ at no extra cost if you order today.

(a) install
(b) to install
(c) installing
(d) installed

Part 3 대화 또는 지문에서 어법상 틀리거나 어색한 보기를 고르세요.

07 (a) A: I'm not going to have time to eat dinner before the movie.
(b) B: How about eating afterwards then?
(c) A: I won't be able sleep if I eat that late.
(d) B: Then we can just have a light snack before the show.

08 (a) By studying DNA, scientists can determine who is likely to develop certain diseases. (b) Genetic links to illnesses such as cancer are determined in a person's genes. (c) New technologies make it possible to identify this. (d) Laboratory researchers are estimated that most diseases will be detectable by 2030.

정답 p.30

CHAPTER 09 동명사

기본기 다지기

동명사란?

Edward / likes / singing. Edward는 / 좋아한다 / 노래하는 것을
                명사 역할

동사 sing(노래하다)이 singing(노래하는 것)으로 바뀌어 문장에서 명사 역할을 합니다. 이처럼 동사 뒤에 ing가 붙어 문장 속에서 명사 역할을 하는 것을 동명사라고 합니다.

▣ 동명사의 형태에 대해 알아보아요!

동명사의 기본 형태는 '동사원형 + ing'입니다. 동명사의 부정형을 만들 때는 동명사 바로 앞에 not을 붙입니다.

Ms. Lawrence / prefers / living / in the city. Ms. Lawrence는 / 선호한다 / 사는 것을 / 도시에
                          동사 + ing

Ms. Lawrence / prefers / not living / in the city. Ms. Lawrence는 / 선호한다 / 살지 않는 것을 / 도시에
                              동명사

Check-Up   다음 동사를 동명사로 바꾸어 보세요.

Tara finished _____ (clean) the house. Tara는 집 청소하는 것을 끝냈다.

→ 동명사의 형태는 '동사원형 + ing'에요.

정답 cleaning

동명사는 여전히 동사의 성질을 가지고 있어요!

동명사는 동사의 역할을 하지는 않지만 여전히 동사의 성질을 가지고 있습니다. 즉, Watching a movie처럼 동명사 뒤에 목적어를 가질 수도 있고, Becoming a teacher처럼 보어를 가질 수도 있습니다. 또한, exercising regularly처럼 부사의 꾸밈을 받기도 합니다.

Watching a movie / is / my plan / for tomorrow. 영화를 보는 것은 / 나의 계획이다 / 내일을 위한
동명사   목적어

Becoming a teacher / is / Michael's goal. 선생님이 되는 것은 / Michael의 목표이다
동명사   보어

Susan / will keep / exercising / regularly. Susan은 / 계속할 것이다 / 운동하는 것을 / 규칙적으로
동명사   부사

Check-Up 다음 밑줄 친 것 중 동명사는 무엇일까요?

Gary suggested hiring a consultant. Gary는 컨설턴트를 고용할 것을 제안했다.
       ⓐ   ⓑ

→ 동명사는 동사처럼 뒤에 목적어가 오지만 동사의 역할을 하지는 않아요.   정답 ⓑ

동명사가 명사와 어떻게 다른지 알아보아요!

동명사는 목적어를 가질 수 있지만, 명사는 목적어를 가질 수 없습니다. 또한 동명사 앞에는 관사를 쓸 수 없지만, 명사 앞에는 관사를 쓸 수 있습니다.

Fred / will stop / drinking coffee. Fred는 / 멈출 것이다 / 커피를 마시는 것을
동명사   목적어

They / visited / the museum / in the afternoon. 그들은 / 방문했다 / 그 박물관을 / 오후에
관사   명사

Check-Up 다음 중 빈칸에 들어갈 알맞은 것은 무엇일까요?

Steve enjoyed _____ the play. Steve는 연극을 공연하는 것을 즐겼다.
ⓐ performance   ⓑ performing

→ 빈칸 뒤에 목적어 the play가 있으므로 빈칸에는 목적어를 가질 수 있는 동명사가 와야 해요.   정답 ⓑ

Point 1 | 동명사 자리

문장에서 동명사가 올 수 있는 자리는 정해져 있습니다. 어떤 자리에 올 수 있는지 자세히 살펴보아요.

① 동명사가 오는 자리

동명사는 명사 역할을 하므로 명사처럼 주어, 목적어, 보어 자리와 전치사 바로 뒤에 옵니다.

주어 자리   <u>Swimming</u> / is / a popular sport / in many countries.   수영하는 것은 / 인기 있는 스포츠다 / 많은 나라에서
                  주어

목적어 자리   Roberta / loves / <u>traveling abroad</u>.   Roberta는 / 좋아한다 / 해외여행하는 것을
                             목적어

보어 자리   My hobby / is / <u>playing basketball</u>.   내 취미는 / 농구를 하는 것이다
                        보어

전치사 뒤   He / is / famous / <u>for</u> writing poetry.   그는 / 유명하다 / 시를 쓰는 것으로
                         전치사

② 동명사 자리에 올 수 없는 것

동명사가 와야 하는 자리에 동사는 올 수 없습니다.

(~~Dance~~, Dancing) / is / a good way / to relieve stress.   춤추는 것은 / 좋은 방법이다 / 스트레스를 푸는
동사(X)   동명사(O)

텝스 실전 확인 문제

둘 중 알맞은 것을 고르세요.

1. David should avoid (ⓐ sleep ⓑ sleeping) late in the morning.
2. (ⓐ Reading ⓑ Read) novels is one of my favorite ways to relax.   정답 p.32

Point 2 | 동명사를 취하는 동사

동명사를 목적어로 취하는 동사와, 동명사와 to 부정사를 모두 목적어로 취할 수 있는 동사가 있습니다. 이러한 동사에는 어떤 것들이 있는지 자세히 살펴보아요.

① 동사 + 동명사

동명사를 목적어로 취하는 동사들을 주의해서 알아둡니다.

quit -ing ~을 그만두다	suggest -ing ~을 제안하다	enjoy -ing ~을 즐기다
finish -ing ~을 끝내다	consider -ing ~을 고려하다	keep -ing ~을 계속하다
avoid -ing ~을 피하다	allow -ing ~을 허락하다	mind -ing ~을 꺼리다

Mandy / will quit / working at the restaurant.   Mandy는 / 그만둘 것이다 / 식당에서 일하는 것을

② 동사 + 동명사 / to 부정사

목적어로 동명사를 취할 때와 to 부정사를 취할 때 의미가 같은 동사와 다른 동사를 구분해서 알아둡니다.

동명사/to 부정사를 취할 때 의미가 같은 동사			
begin 시작하다	start 시작하다	prefer 선호하다	like 좋아하다

Our team / began / planning a new project.   우리 팀은 / 시작했다 / 새 프로젝트를 계획하는 것을
= Our team / began / to plan a new project.

동명사/to 부정사를 취할 때 의미가 다른 동사	
┌ remember -ing ~했던 것을 기억하다	┌ forget -ing ~했던 것을 잊다
└ remember to ~해야 한다는 것을 기억하다	└ forget to ~할 것을 잊다
┌ try -ing (시험 삼아) ~해보다	┌ stop -ing ~하는 것을 그만두다
└ try to ~하려고 노력하다	└ stop to ~하기 위해 멈추다

Ken / remembered / sending the letter to his parents.   Ken은 / 기억했다 / 편지를 그의 부모님께 보냈던 것을

Ken / remembered / to send the letter to his parents.   Ken은 / 기억했다 / 편지를 그의 부모님께 보내야 한다는 것을

텝스 실전 확인 문제

둘 중 알맞은 것을 고르세요.

1. On Monday, we will start (ⓐ study ⓑ studying) American history.
2. Matt suggests (ⓐ using ⓑ to use) different teaching methods.

정답 p.32

빈칸에 들어갈 적절한 보기를 고르세요.

01 _____ a new language is difficult.

(a) Learn　　　　　　　　(b) Learning

02 Would you mind _____ me the salt please?

(a) passing　　　　　　　(b) pass

03 The university will begin _____ applicants for the assistant positions.

(a) interview　　　　　　(b) interviewing

04 The travelers enjoy _____ journals about their trip.

(a) to write　　　　　　　(b) writing

05 Mary is known for _____ good grades in math.

(a) getting　　　　　　　(b) get

06 I remember _____ a letter to the manager yesterday.

(a) to send　　　　　　　(b) sending

틀린 부분을 찾아 바르게 고치세요.

07 The beaver is a mammal that builds dams by gather wood.

08 It is important to start read about the new developments.

09 Most elderly people prefer live in rural areas.

10 Take multi vitamins helps vegetarians to ensure proper nutrition.

11 The first step in developing a healthier lifestyle is to stop eat processed foods.

12 The third lane that was added to Highway 88 was made for commute to work.

정답 p.32

Part 1 대화에 들어갈 적절한 답을 고르세요.

01 A: Do you feel like going to the park?
B: Sure. _____ outside is always fun.

(a) Plays
(b) Played
(c) Playing
(d) Has played

02 A: Did you go fishing with your friends?
B: Yes, I got over my cold, so I decided _____ with some friends.

(a) go
(b) goes
(c) to go
(d) going

03 A: Which team do you think will make it to the finals?
B: The Gophers. They just keep _____.

(a) wins
(b) to win
(c) having won
(d) winning

Part 2 서술문에 들어갈 적절한 답을 고르세요.

04 One of the best exercises for your health is _____.

(a) jog
(b) jogs
(c) jogging
(d) has jogged

05 None of the buildings in the city allow _____ indoors.

(a) smoke
(b) to smoke
(c) to smoking
(d) smoking

06 If the bus _____ on time, he would not have been late for his interview.

(a) has arrived
(b) were arriving
(c) will arrive
(d) had arrived

07 Marketing professionals are good at _____ the needs of the public.

(a) interpret
(b) interpreted
(c) interpreting
(d) to interpret

Part 3 대화에서 어법상 틀리거나 어색한 보기를 고르세요.

08 (a) A: You seem more awake than you were this morning.
(b) B: Yeah, I feel much more alert now.
(c) A: Did you take a walk or something?
(d) B: Actually, have a cup of coffee was all I did.

정답 p.33

기본기 다지기

분사란?

<u>exciting</u> news 신나는 소식
형용사 역할

<u>excited</u> people 신난 사람들
형용사 역할

동사 excite(신나다)는 exciting(신나는)과 excited(신난)로 바뀌어 명사를 수식하는 형용사 역할을 합니다. 이처럼 동사에 ing나 ed가 붙어 문장 속에서 형용사 역할을 하는 것을 분사라고 합니다.

■ 분사의 형태에 대해 알아보아요!

분사에는 현재분사와 과거분사가 있으며 형태가 서로 다릅니다. 현재분사는 '동사원형 + ing'이고 능동의 의미를 나타냅니다. 과거분사는 '동사원형 + ed'이며 수동의 의미를 나타냅니다.

현재분사	동사원형 + ing	~하는 (능동)
과거분사	동사원형 + ed 또는 불규칙 형태	~된, ~해진 (수동)

The story / was / about a <u>singing</u> bird. 그 이야기는 / 노래하는 새에 관한 것이었다
　　　　　　　　　　현재분사 (능동의 의미)

They / took / the <u>collected</u> money / to the charity. 그들은 / 가져갔다 / 모여진 돈을 / 자선 단체에
　　　　　　　　과거분사 (수동의 의미)

Check-Up　　다음 동사를 분사로 바꾸어 보세요.

　　　　　Angela welcomed the _____ (visit) guests. Angela는 방문하는 손님들을 환영했다.

　　　→ 능동의 의미를 나타내는 현재분사의 형태는 동사원형 + ing예요.　　　　　　　　　정답 visiting

■ 분사는 여전히 동사의 성질을 가지고 있어요!

분사는 동사의 역할을 하지는 않지만 여전히 동사의 성질을 가지고 있습니다. 즉, editing the newspaper처럼 분사 뒤에 목적어나 보어를 가질 수도 있고, laughing loudly처럼 부사의 꾸밈을 받기도 합니다.

I / know / the woman / <u>editing</u> the newspaper. 나는 / 안다 / 여자를 / 신문을 편집하는
                         분사   목적어

The girls / <u>laughing loudly</u> / are / my friends. 소녀들은 / 크게 웃고 있는 / 나의 친구들이다
          분사   부사

Check-Up

다음 밑줄 친 것 중 분사는 무엇일까요?

The seminar <u>seems</u> to be helpful for students <u>studying</u> math.
            ⓐ   ⓑ

그 세미나는 수학을 공부하는 학생들에게 도움이 되는 것 같다.

→ 분사 뒤에는 동사처럼 목적어가 오지만 동사의 역할을 하지는 않아요.　　　　　　　정답 ⓑ

■ 분사구문은 무엇인지 알아보아요!

분사를 이용해서 긴 부사절을 간단한 구로 만든 것을 분사구문이라고 합니다. 분사구문은 문장 내에서 부사절의 역할을 하며, 문장의 앞이나 뒤에 옵니다.

<u>Opening next month</u>, / the restaurant / will serve / Indian food.
    분사 구문

다음 달에 문을 연 후에 / 그 식당은 / 제공할 것이다 / 인도 음식을

Check-Up

다음 중 빈칸에 알맞은 것은 무엇일까요?

_____ the temple, visitors will see many wall paintings.

절에 들어가면, 방문객들은 많은 벽화를 볼 것이다.

ⓐ Enter　　　ⓑ Entering

→ 분사구문은 분사를 이용해서 부사절을 간단한 구로 만든 것으로, 주로 문장의 앞이나 뒤에 와요.　　　정답 ⓑ

Point 1 | 분사 자리

문장에서 분사가 올 수 있는 자리는 정해져 있습니다. 어떤 자리에 올 수 있는지 자세히 살펴보아요.

① 분사가 오는 자리

분사는 형용사 역할을 하므로 형용사처럼 명사 앞이나 뒤, 보어 자리에 옵니다.

명사 앞   Sue / heard / interesting <u>stories</u> / from her father.   Sue는 / 들었다 / 재미있는 이야기를 / 그녀의 아버지로부터
명사

명사 뒤   <u>The novel</u> / written by Joyce / is / very long.   그 소설은 / Joyce에 의해 쓰여진 / 매우 길다
명사

보어 자리   The result of the test / was / <u>satisfying</u>.   시험의 결과는 / 만족스러웠다
보어

② 분사 자리에 올 수 없는 것

분사가 와야 하는 자리에 동사는 올 수 없습니다.

Mr. Brown / was / (please, pleased) / to receive the award.   Mr. Brown은 / 기뻤다 / 상을 받아서
동사 (X)   분사 (O)

텝스 실전 확인 문제

둘 중 알맞은 것을 고르세요.

1. That woman (ⓐ giving   ⓑ give) the lecture is my sister.
2. The spokesperson read a (ⓐ prepared   ⓑ prepare) speech.   정답 p.35

Point 2 | 분사구문의 형태

분사구문은 어떠한 형태인지 자세히 살펴보아요.

① 분사구문의 형태

분사구문은 '(접속사 +) 분사'의 형태입니다. 이것은 '부사절 접속사 + 주어 + 동사 ~'로 되어 있는 부사절을 축약하여 '(접속사 +) 분사'의 형태로 바꾼 것입니다.

부사절 접속사 생략 (단, 접속사를 생략했을 때 의미가 모호해질 경우에는 접속사를 그대로 남겨둔다)	~~While~~ I walked home, / I / met / my uncle. 부사절 접속사
↓	
부사절 주어 생략 (부사절의 주어와 주절의 주어가 일치하면 생략하고 일치하지 않으면 그대로 남겨둔다)	~~While I~~ walked home, / I / met / my uncle. 주어
↓	
부사절 동사의 원형에 ing	~~While I~~ walked home, / I / met / my uncle. └→ walk + ing
분사구문	Walking home, / I / met / my uncle. 분사 집으로 걸어가다가 / 나는 / 만났다 / 삼촌을

~~When she~~ left the house, / Ms. Simon / turned off / all the lights.
└→ leave + ing = leaving

→ Leaving the house, / Ms. Simon / turned off / all the lights. 집에서 나올 때 / Ms. Simon은 / 껐다 / 모든 조명을
분사

~~Because they~~ were asked to help by their colleagues, / the two men / worked / late.
└→ be + ing = being

→ (Being) Asked to help by their colleagues, / the two men / worked / late.
분사
그들의 동료에게 도움을 요청받기 때문에 / 그 두 남자는 / 일했다 / 늦게

→ 분사구문 맨 앞에 Being이 올 경우, Being은 생략되고 Asked가 남습니다.

텝스 실전 확인 문제

둘 중 알맞은 것을 고르세요.

1. (ⓐ She was tired ⓑ Tired) from the long trip, she didn't want to go shopping.
2. (ⓐ Removing ⓑ After remove) his hat, the man sat down at the table. 정답 p.35

분사구문이 문장 내에서 하는 역할에 대해 자세히 살펴보아요.

① 분사구문의 역할

분사구문은 시간, 이유, 조건 등을 나타내는 부사절 역할을 합니다.

시간 <u>Leaving the theater</u>, / Tom / went / home. 극장을 나온 후에 / Tom은 / 갔다 / 집에
    = After he left the theater

이유 <u>Feeling tired</u>, / I / went / to sleep / early. 피곤했기 때문에 / 나는 / 갔다 / 자러 / 일찍
    = Because I felt tired

조건 <u>Looking to the right</u>, / you / will see / a museum. 오른편을 보시면 / 당신은 / 보시게 됩니다 / 박물관을
    = If you look to the right

② 분사구문 자리에 올 수 없는 것

분사구문의 분사가 와야 하는 자리에 동사는 올 수 없습니다.

(A̶n̶n̶o̶y̶, Annoyed) by the service, / we / complained / to the manager.
  동사 (X)   분사 (O)

서비스에 화가 나서 / 우리는 / 불평했다 지배인에게

텝스 실전 확인 문제

둘 중 알맞은 것을 고르세요.

1. (ⓐ Walk ⓑ Walking) along the sidewalk, I tripped over a loose brick.
2. (ⓐ Finished ⓑ Finish) with dinner, I stood up to wash the dishes.

정답 p.35

Point 4 | 현재분사 vs. 과거분사

현재분사가 와야 하는지 과거분사가 와야 하는지 구별하기 위한 방법이 있습니다. 이에 대해 자세히 살펴보아요.

① 분사의 경우 현재분사 / 과거분사 구별

분사의 꾸밈을 받는 명사와 분사가, 능동의 의미인 '~하는 (명사)'로 해석되면 현재분사를, 수동의 의미인 '~된, ~해진 (명사)'로 해석되면 과거분사를 씁니다.

People / (attended, attending) the conference / will receive / a badge.
   명사   과거분사 (X)   현재분사 (O)

사람들은 / 회의에 참석하는 / 받을 것이다 / 배지를

→ 명사 People과 분사가 능동의 의미인 '회의에 참석하는 사람들'로 해석되므로 현재분사 attending이 와야 합니다.

The flowers / (displaying, displayed) / at the wedding / were / beautiful.
    명사   현재분사 (X)   과거분사 (O)

꽃들은 / 진열된 / 결혼식에 / 아름다웠다

→ 명사 flowers와 분사가 수동의 의미인 '진열된 꽃들'로 해석되므로 과거분사 displayed가 와야 합니다.

② 분사구문의 경우 현재분사 / 과거분사 구별

주절의 주어와 분사구문이, 능동의 의미인 '(주어가) ~하다'로 해석되면 현재분사, 수동의 의미인 '(주어가) ~되다'로 해석되면 과거분사를 씁니다.

(Checked, Checking) my wallet, / I / noticed / that I lost my business card.
  과거분사 (X)   현재분사 (O)   주절의 주어

나의 지갑을 확인한 후 / 나는 / 알아차렸다 / 내 명함을 잃어버렸다는 것을

→ 주절의 주어 I와 분사구문이 능동의 의미인 '내가 지갑을 확인하다'로 해석되므로 현재분사 Checking이 와야 합니다.

(Taking, Taken) in Paris, / this photo / is / my favorite.
  현재분사 (X)   과거분사 (O)   주절의 주어

파리에서 찍혔기 때문에 / 이 사진은 / 내가 가장 좋아하는 것이다

→ 주절의 주어 this photo와 분사구문이 수동의 의미인 '이 사진이 찍혔다'로 해석되므로 과거분사 Taken이 와야 합니다.

GRAMMAR CH 10 해커스 탭스 BASIC READING

> **텝스 실전 확인 문제**
>
> 둘 중 알맞은 것을 고르세요.
>
> **1.** The man (ⓐ come ⓑ coming) down the stairs is the governor.
> **2.** (ⓐ Trained ⓑ Training) by the manager, the new employees will be given tasks.　　정답 p.36

빈칸에 들어갈 적절한 보기를 고르세요.

01   The man _____ the red tie is an artist.
(a) wear   (b) wearing

02   _____ in Canada, I have become used to cold weather.
(a) Raised   (b) Raising

03   _____ with her brother, she was more diligent.
(a) Comparing   (b) Compared

04   The _____ equipment was sent back to the manufacturer for replacement.
(a) damaged   (b) damaging

05   _____ at the hotel, I confirmed my room reservation with the receptionist.
(a) Arrive   (b) Arriving

06   This store is famous, _____ nearly 50 years ago.
(a) founded   (b) founding

틀린 부분을 찾아 바르게 고치세요.

07   You should not use your breaking arm.

08   The hotel attracted more customers, added several new shops.

09   It was surprised news that he was promoted to general manager.

10   The movie *Frozen Time* is based on characters create by author Jack Miles.

11   Had little money, Robert can't buy a new camera.

12   A passed pedestrian stopped to give money to a homeless woman on the street.

정답 p.36

HACKERS TEST

Part 1 대화에 들어갈 적절한 답을 고르세요.

01 A: Did you take notes in class?
B: Yeah. The topics _____ in the lecture weren't included in the book.

(a) discuss (b) discussing
(c) discussed (d) discusses

02 A: Have you decided to watch the movie?
B: _____ your positive opinion of it, I want to see it.

(a) I hear (b) Hearing
(c) Have heard (d) To be heard

03 A: I finally found a new job!
B: That's great! It makes me happy _____.

(a) to see you cheerful
(b) to see cheerful you
(c) cheerful seen you
(d) you seeing cheerful

Part 2 서술문에 들어갈 적절한 답을 고르세요.

04 There are many residents _____ trouble with their Internet connection because of the storm.

(a) having (b) have
(c) had (d) will have

05 The government increased the budget _____ for health spending last year.

(a) to use (b) uses
(c) using (d) used

06 The company expanded its work force last year, _____ productivity by 20 percent this year.

(a) improving (b) improved
(c) it improved (d) improve

07 _____ properly by trained chefs, puffer fish can be made safe to eat.

(a) Prepared (b) Prepares
(c) Preparing (d) To prepare

Part 3 대화에서 어법상 틀리거나 어색한 보기를 고르세요.

08 (a) A: You're really late. I was getting quite worried.
(b) B: Sorry. Driving down the highway, my car broke down.
(c) A: Well, I'm just glad you made it here safely.
(d) B: Yeah. Luckily, a traffic officer helped me out.

정답 p.37

기본기 다지기

명사와 관사란?

My brother / gave / the book / to me.
　　　명사　　　　관사　명사

니의 오빠는 / 주었다 / 그 책을 / 나에게

brother, book처럼 사람이나 사물의 이름을 나타내는 말을 명사라고 합니다. 그리고 the처럼 명사 앞에 쓰여서 명사의 의미를 한정하는 말을 관사라고 합니다.

명사와 관사의 종류는?

■ 명사에는 가산 명사와 불가산 명사가 있어요!

가산 명사는 pen, building처럼 개수를 셀 수 있는 명사이고, 불가산 명사는 cotton, anger처럼 개수를 셀 수 없는 명사입니다.

가산 명사(= 셀 수 있는 명사)	일반적인 사물이나 사람	building 건물　　pen 펜　　man 남자
불가산 명사 (= 셀 수 없는 명사)	지명이나 인명	Los Angeles　　　　Brian
	형태가 잘 분리되지 않는 것	cotton 솜　　gas 가스　　soup 수프
	추상적인 개념	anger 노여움　　love 사랑　　art 예술

The buildings / were designed / by Mr. Brown.　건물들은 / 설계되었다 / Mr. Brown에 의해
　　가산 명사

My mother / wanted / to purchase cotton.　나의 엄마는 / 원했다 / 솜을 구입하기를
　　　　　　　　　　　　　　불가산 명사

Check-Up　다음 중 불가산 명사는 무엇일까요?

ⓐ art 예술　　ⓑ chair 의자　　ⓒ manager 부장

→ art는 셀 수 없는 것으로 불가산 명사에요.

정답 ⓐ

가산 명사에는 단수 명사와 복수 명사가 있어요!

가산 명사는 명사가 오직 하나임을 나타내는 단수 명사와 명사가 둘 이상 있음을 나타내는 복수 명사로 나뉩니다.

단수 명사	a man	a pen	a building	a book
복수 명사	men	pens	buildings	books

<u>A man</u> / is reading / a book / in the park. 한 남자가 / 읽고 있다 / 한 권의 책을 / 공원에서
단수 명사

I / found / <u>pens</u> / on the desk. 나는 / 찾았다 / 펜들을 / 책상 위에서
복수 명사

Check-Up 다음 중 복수 명사는 무엇일까요?

I watched a <u>movie</u> with my <u>friends</u>. 나는 내 친구들과 영화 한 편을 봤다.
　　　　　　ⓐ　　　　　　　ⓑ

→ 복수 명사는 둘 이상을 나타내요.　　　　　　　　　　　　　　　　　　　　정답 ⓑ

관사에는 부정관사와 정관사가 있어요!

부정관사 a/an은 명사 앞에서 정해지지 않은 하나를 나타내고, 정관사 the는 명사 앞에서 이미 언급되었거나 정해진 것을 나타냅니다.

There is <u>a spoon</u> / on the table. 하나의 숟가락이 있다 / 테이블 위에
　　　　부정관사　명사

Mr. Williams / opened / <u>the book</u> / he bought / yesterday. Mr. Williams는 / 폈다 / 그 책을 / 그가 산 / 어제
　　　　　　　　　　정관사　명사

Check-Up 다음 중 부정관사는 무엇일까요?

The president will buy <u>a</u> car on Saturday. 그 사장은 토요일에 차를 한 대 살 것이다.
ⓐ　　　　　　　　　　ⓑ

→ 부정관사의 형태는 a 또는 an이에요.　　　　　　　　　　　　　　　　　정답 ⓑ

명사가 올 수 있는 자리는 정해져 있습니다. 어떤 자리에 명사가 올 수 있는지 자세히 살펴보아요.

① 명사가 오는 자리

명사는 주어, 목적어, 보어 자리에 옵니다.

주어 자리	**The bags / are / small and light.** 그 가방들은 / 작고 가볍다
목적어 자리	**Wendy / dropped / a pencil.** Wendy는 / 떨어뜨렸다 / 연필을
보어 자리	**My daughter / is / a writer.** 내 딸은 / 작가다

명사는 주로 관사, 소유격, 형용사 뒤에 옵니다.

관사 뒤	**The man / sat / beside a stranger.** 그 남자는 / 앉았다 / 낯선 사람 옆에
	관사
소유격 뒤	**She / was satisfied / with my reports.** 그녀는 / 만족했다 / 나의 보고서에
	소유격
형용사 뒤	**This hotel / is / the ideal place / for a holiday.** 이 호텔은 / 이상적인 장소이다 / 휴가를 위한
	형용사

② 명사 자리에 올 수 없는 것

명사 자리에 동사는 올 수 없습니다.

I / explained / the (differ, difference) / between the two classes. 나는 / 설명했다 / 차이를 / 그 두 수업 간의
관사   동사 (X)   명사 (O)

[텝스 실전 확인 문제]

둘 중 알맞은 것을 고르세요.

1. The committee has finally made a (ⓐ decide ⓑ decision).
2. The (ⓐ manager ⓑ manage) wanted to see his presentation.

정답 p.39

Point 2 | 가산 명사와 불가산 명사

가산 명사인지 불가산 명사인지에 따라, 관사를 쓸 수 있는지 없는지, (e)s를 붙일 수 있는지 없는지가 달라집니다. 이에 대해 자세히 살펴보아요.

1 가산 명사

가산 명사는 셀 수 있는 명사이므로 단수인지 복수인지를 반드시 표시해줘야 합니다. 단수일 때는 명사 앞에 관사 a / an을 쓰고, 복수일 때는 명사 뒤에 (e)s를 꼭 붙여야 합니다.

a/an + 가산   I / borrowed / (~~camera~~, a camera) / from my friend.   나는 / 빌렸다 / 카메라 한 대를 / 나의 친구로부터

가산 + (e)s   He / grew up / in (~~city~~, cities).   그는 / 자랐다 / 도시들에서

2 불가산 명사

불가산 명사는 셀 수 없는 명사이므로 앞에 관사 a / an을 쓰거나, 뒤에 (e)s를 붙일 수 없습니다.

a/an + 불가산   He / has / (~~an information~~, information) / about traveling.   그는 / 갖고 있다 / 정보를 / 여행에 대한

불가산 + (e)s   Mr. Hay / seeks / (~~advices~~, advice) / from experts.   Mr. Hay는 / 구한다 / 조언을 / 전문가들로부터

3 혼동하기 쉬운 가산 명사 · 불가산 명사

셀 수 없는 것처럼 보이는 가산 명사와 셀 수 있는 것처럼 보이는 불가산 명사를 잘 구별해야 합니다.

가산 명사	excuse 변명	disaster 재해; 실패	price 가격
불가산 명사	luggage 수하물, 짐 information 정보	baggage 수하물, 짐 trouble 곤란	equipment 장비 advice 조언

Paul / made / (~~excuse~~, excuses) / for his lateness.   Paul은 / 했다 / 변명을 / 그의 지각에 대한

The flight attendant / did not bring / (~~a luggage~~, luggage).   그 승무원은 / 가지고 오지 않았다 / 수하물을

텝스 실전 확인 문제

둘 중 알맞은 것을 고르세요.

1. I heard the sound of (ⓐ train ⓑ a train) approaching.
2. Peter was looking for (ⓐ information ⓑ informations) about plants.   정답 p.39

부정관사 a/an이 어떤 자리에 올 수 있는지 살펴보고, 부정관사를 사용한 표현도 익혀보아요.

① 부정관사가 오는 자리

부정관사 a / an은 단수 가산 명사 앞에만 오며, 복수 가산 명사나 불가산 명사 앞에는 올 수 없습니다.

a/an + 단수 가산　My father / has / (~~book~~, a book) / to read.　아빠는 / 가지고 있다 / 책을 / 읽을

a/an + 복수 가산　My father / has / (~~a books~~, books) / to read.　아빠는 / 가지고 있다 / 책들을 / 읽을

a/an + 불가산　My father / has / (~~a baggage~~, baggage) / in his car.　아빠는 / 가지고 있다 / 짐을 / 그의 차에

② 부정관사 관련 관용 표현

부정관사를 포함하는 관용 표현을 알아둡니다.

> Let's take a walk. 산책하자.
> That's a shame! 정말 안타깝다!
> It's not a big deal. 별일 아니야.
> Can I ask you a favor? 부탁 좀 해도 될까요?

[텝스 실전 확인 문제]

둘 중 알맞은 것을 고르세요.

1. The girls like watching programs about (ⓐ animals ⓑ an animals).
2. The printer is not working now, but it's not (ⓐ a ⓑ the) big deal.　　정답 p.39

Point 4 | 정관사 the

정관사 the가 어떤 자리에 올 수 있는지 살펴보고, 정관사를 사용한 표현도 익혀보아요.

① 정관사가 오는 자리

정관사 the는 단수 가산 명사, 복수 가산 명사, 불가산 명사 모두의 앞에 올 수 있습니다.

the + 단수 가산　**The children / want / to keep the puppy.**　아이들은 / 원한다 / 그 강아지를 기르길
　　　　　　　　　　　　　　　　　　　　　　 단수 가산 명사

the + 복수 가산　**Jane / used / the knife / to slice the carrots.**　Jane은 / 사용했다 / 칼을 / 그 당근들을 썰기 위해
　　　　　　　　　　　　　　　　　　　　　 복수 가산 명사

the + 불가산　**His roommate / drank / the milk.**　그의 룸메이트는 / 마셨다 / 그 우유를
　　　　　　　　　　　　　　　　　　 불가산 명사

② 정관사와 함께 쓰이는 표현

정관사와 함께 쓰이는 표현을 알아둡니다.

the same 명사 똑같은 ~	**The twins / have / the same hair color.** 그 쌍둥이는 / 갖고 있다 / 똑같은 머리 색을
by the 단위/수량표현 ~ 단위로	**The employees / are paid / by the day.** 직원들은 / 지급받는다 / 하루 단위로
the 서수 + 명사 ~ 번째	**It / was / the first victory / for the team.** 그것은 / 첫 번째 승리였다 / 그 팀에게는

③ 정관사 관련 관용 표현

정관사를 포함하는 관용 표현을 알아둡니다.

That's the case. 사실은 그렇다.
I'm on the phone. 나는 통화 중이야.
What's the problem? 무슨 일이야?
Do you have the time? 몇 시입니까?

[텝스 실전 확인 문제]

둘 중 알맞은 것을 고르세요.

1. This is (ⓐ a third ⓑ the third) time I've been to this restaurant.
2. Mary is busy right now because she is on (ⓐ a ⓑ the) phone.

정답 p.39

빈칸에 들어갈 적절한 보기를 고르세요.

01 This piece of music was written for _____.
(a) an instruments (b) instruments

02 The interviewer agreed to reschedule the _____.
(a) appointment (b) appoint

03 Many children often have _____ in school.
(a) a trouble (b) trouble

04 Plato was _____ who lived at the same time as Socrates and Aristotle.
(a) philosopher (b) a philosopher

05 You can always rely on your family to give you plenty of _____.
(a) advices (b) advice

06 My sister and I have always had _____ taste in clothes.
(a) a same (b) the same

틀린 부분을 찾아 바르게 고치세요.

07 The construct of the Taj Mahal took over 20 years to finish.

08 Day-care centers are popular among a parents who work full-time.

09 My friend asked me to help find her luggages.

10 The fans will think it is a tragedies if their team doesn't win the championship.

11 Brian visited the headquarters located in London for a second time.

12 The sea captain looked out to see a dark rain clouds forming over the horizon.

정답 p.39

Part 1 대화에 들어갈 적절한 답을 고르세요.

01 A: Where can I put these suitcases?
B: You can store _____ under your seat.

(a) baggage   (b) baggages
(c) a baggage   (d) the baggages

02 A: The football team lost every game this season.
B: Really? That's _____!

(a) shame   (b) a shame
(c) the shame   (d) one shame

03 A: Did you hear that Linda won the award?
B: No, but it sounds like _____ news.

(a) interest   (b) interested
(c) interesting   (d) to interest

04 A: How was your journey down the Amazon river?
B: The entire trip was _____.

(a) disaster   (b) a disaster
(c) a disasters   (d) some disaster

Part 2 서술문에 들어갈 적절한 답을 고르세요.

05 The teacher asked the students _____ their books on the desks.

(a) places   (b) to place
(c) placing   (d) be placing

06 The store on the corner sells _____ for home and office use.

(a) an equipment
(b) equipment
(c) an equipments
(d) all equipments

07 Thanksgiving is on _____ fourth Thursday of November.

(a) a   (b) the
(c) one   (d) this

Part 3 지문에서 어법상 틀리거나 어색한 보기를 고르세요.

08 (a) People have different responses to pain depending on their gender. (b) This was the conclusion reached by researchers after conducting a study on pain reactions among people. (c) They noticed that men and women showed activity in different parts of the brain whenever pain was introduced. (d) The informations gathered from this research may influence the way people are medicated.

정답 p.40

기본기 다지기

대명사란?

Erica / lost / her keys.
　　　　　대명사

Erica는 / 잃어버렸다 / 그녀의 열쇠들을

Erica라는 명사를 다시 쓰지 않기 위해 her라는 표현을 썼습니다. 이처럼 앞에 쓴 명사의 반복을 피하기 위해 앞에 나온 명사를 대신해서 쓰는 말을 대명사라고 합니다.

대명사의 종류는?

대명사 ── 인칭대명사
　　　 ── 지시대명사
　　　 ── 부정대명사

■ 인칭대명사에 대해 알아보아요!

인칭대명사는 '그', '그녀', '당신'처럼 사람을 가리키는 대명사로 인칭, 성, 수, 격에 따라 형태가 달라집니다. 그리고 인칭대명사에는 '소유격 + 명사'를 대신하는 소유대명사와 self(selves)가 붙는 재귀대명사가 포함됩니다.

인칭/성/수	격		주격 (~은/는, ~이/가)	소유격 (~의)	목적격 (~을/를, ~에게)	소유대명사 (~의 것)	재귀대명사 (~ 자신)
1인칭	단수(나)		I	my	me	mine	myself
	복수(우리)		We	our	us	ours	ourselves
2인칭	단수(당신)		you	your	you	yours	yourself
	복수(당신들)		you	your	you	yours	yourselves
3인칭	단수	남성(그)	he	his	him	his	himself
		여성(그녀)	she	her	her	hers	herself
		사물(그것)	it	its	it	–	itself
	복수(그들, 그것들)		they	their	them	theirs	themselves

참고 　인칭이란 말하는 사람이 나인지, 나의 말을 듣는 상대방인지 나와 상대방을 제외한 제3자인지를 가리키는 것이고, 성은 남성인지 여성인지를, 수는 단수인지 복수인지를 가리키는 말입니다. 그리고 격은 문장 내에서 대명사가 하는 역할을 가리키는 말로 주격, 소유격, 목적격으로 나뉩니다.

Check-Up　다음 중 우리말과 인칭대명사가 바르게 연결된 것은?

ⓐ 그는 – she　　　ⓑ 우리는 – we

→ '그는'은 남성을 가리키고, she는 여성을 가리켜요.　　　　　　　　　정답 ⓑ

■ 지시대명사에 대해 알아보아요!

지시대명사는 '이것', '저것'처럼 사람이나 사물을 가리킬 때 쓰는 대명사입니다. 가까이 있는 사물이나 사람을 가리킬 때는 this/these, 멀리 있는 사물이나 사람을 가리킬 때는 that/those를 씁니다. (이러한 지시대명사는 뒤에 나온 명사를 수식하는 지시형용사로도 사용합니다.)

| this/these | 이것, 이 사람/이것들, 이 사람들 |
| that/those | 저것, 저 사람/저것들, 저 사람들 |

<u>This</u> / is / my suitcase.　이것은 / 내 여행 가방이다
지시대명사

<u>Those</u> <u>computers</u> / are / quite old.　저 컴퓨터들은 / 꽤 오래되었다
지시형용사　　명사

Check-Up　다음 우리말과 지시대명사를 바르게 연결하세요.

1. 저것　　　　　　ⓐ these
2. 이 사람들　　　　ⓑ that

→ '저것'을 의미하는 지시대명사는 that, '이 사람들'을 의미하는 지시대명사는 these예요.　　정답 1.ⓑ 2.ⓐ

■ 부정대명사에 대해 알아보아요!

부정대명사는 '어떠한 사람', '어떠한 것'처럼 정확한 수나 양을 알 수 없어서 막연하게 말할 때 쓰는 대명사입니다. 즉, 부정대명사의 '부정'은 '아니다'라는 뜻이 아니라 '정확히 정할 수 없다'는 뜻입니다. (이러한 부정대명사는 뒤에 나온 명사를 수식하는 부정형용사로도 사용합니다.)

| some 몇몇, 약간 | any 어떠한, 몇몇의 |
| another 또 다른 하나 | other 다른 몇몇 |

<u>Some</u> of the food / was / pretty good.　몇몇 음식은 / 꽤 만족스러웠다
부정대명사

I / have / <u>other</u> <u>classes</u> / on Thursday.　나는 / 있다 / 다른 몇몇 수업들이 / 목요일에
부정형용사　명사

Check-Up　다음 우리말과 부정대명사를 바르게 연결하세요.

1. another　　　ⓐ 몇몇
2. some　　　　ⓑ 또 다른 하나

→ '또 다른 하나'를 의미하는 부정대명사는 another, '몇몇'을 의미하는 부정대명사는 some이에요.　　정답 1.ⓑ 2.ⓐ

인칭대명사가 격에 따라 어떤 자리에 오는지 자세히 살펴보아요.

① 인칭대명사의 격에 따라 오는 자리

인칭대명사의 주격은 주어 자리, 목적격은 목적어 자리, 소유격은 명사 앞에 옵니다.

주격	<u>They</u> / went on a walk. 그들은 / 산책을 했다
	주어 자리
목적격	The teacher / gave / <u>us</u> / homework. 그 선생님은 / 주었다 / 우리에게 / 숙제를
	목적어 자리
소유격	<u>Our</u> office / is / big. 우리의 사무실은 / 크다
	명사

② 소유대명사

소유대명사는 '~의 것'으로 해석하며 주어, 목적어, 보어 자리에 옵니다.

주어 자리	My hair / is / red. <u>Hers</u> / is / brown. 나의 머리카락은 / 빨간색이다 그녀의 것은 / 갈색이다
	주어 자리 (=Her hair)
목적어 자리	I / packed / my bag / and / packed / <u>yours</u> / too. 난 / 쌌다 / 내 짐을 / 그리고 / 쌌다 / 너의 것을 / 역시
	목적어 자리 (=your bag)
보어 자리	The seat / by the window / is / <u>his</u>. 좌석은 / 창가의 / 그의 것이다
	보어 자리 (=his seat)

③ 재귀대명사

재귀대명사는 주어와 목적어가 같은 것을 가리킬 때 목적어 자리에 옵니다. 또한, 주어나 목적어를 강조하기 위해 재귀대명사를 쓰기도 하는데 이 때는 생략 가능합니다. 때로는 전치사와 어울려 특정 표현으로도 쓰입니다.

주어 = 목적어	<u>Daniel</u> / introduced / <u>himself</u> / to the new employees. Daniel은 / 소개했다 / 그 자신을 / 신입 사원들에게
	주어　　　　　　　　목적어 (=Daniel)
강조	<u>We</u> / <u>ourselves</u> / must take care / of our health. 우리는 / 우리 자신을 / 돌봐야 한다 / 우리의 건강을
	주어　　주어 강조
특정 표현	I / baked / a cake / <u>by myself</u>. 나는 / 구웠다 / 케이크를 / 혼자서
	by oneself (혼자서)

［ 텝스 실전 확인 문제 ］

둘 중 알맞은 것을 고르세요.

1. (ⓐ Her　ⓑ She) prepared a dinner for the guests.
2. He (ⓐ his　ⓑ himself) has asked to meet with the school principal.

정답 p.42

Point 2 | 지시대명사 / 지시형용사

지시대명사와 지시형용사가 어떻게 쓰이는지, 그리고 어떤 자리에 올 수 있는지 자세히 살펴보아요.

① 지시대명사 that / those

지시대명사 that / those는 앞에 나온 명사를 대신해서 쓰이며, 반드시 뒤에서 꾸밈을 받습니다. that은 단수 명사를, those는 복수 명사를 대신합니다.

that   China's population / is / greater / than that of the US.   중국의 인구는 / 더 많다 / 미국의 것보다
              (= population)

those   Our strategies / are superior / to those of our rivals.   우리의 전략은 / 우수하다 / 경쟁사의 것들보다
                (= strategies)

those는 '~한 사람들'이란 의미로도 쓰이며, 반드시 뒤에서 꾸밈을 받습니다.

Those / applying for the job / should send / résumés.   사람들은 / 그 직책에 지원하는 / 보내야 한다 / 이력서를

② 지시형용사 this / these, that / those

지시형용사 this / these는 '이 ~'로, that / those는 '저 ~'로 해석하며 명사 앞에 옵니다. 이 때 this와 that은 단수 명사 앞에, these와 those는 복수 명사 앞에 옵니다.

this + 단수 명사   This computer / is / new.   이 컴퓨터는 / 새 것이다
                      단수 명사

that + 단수 명사   That coat / belongs / to my mother.   저 코트는 / 소유물이다 / 내 엄마의
                      단수 명사

these + 복수 명사   These vegetables / are / organic.   이 야채들은 / 유기농이다
                        복수 명사

those + 복수 명사   Those cookies / look / delicious.   저 과자들은 / 보인다 / 맛있게
                        복수 명사

텝스 실전 확인 문제

둘 중 알맞은 것을 고르세요.

1. Her dress is more expensive than (ⓐ that ⓑ those) of her friend.

2. (ⓐ These ⓑ This) cupcakes were made by my cousin.

정답 p.42

Point 3 | 부정대명사 / 부정형용사

부정대명사와 부정형용사가 어떻게 쓰이는지, 그리고 어떤 자리에 올 수 있는지 자세히 살펴보아요.

① some / any

some은 '몇몇(의), 약간(의)'을 의미하며 주로 긍정문에 쓰이고, any는 '어떠한, 몇몇(의), 누구든'을 의미하며 주로 부정문, 의문문, 조건문에 쓰입니다.

긍정문   Some of the books / are available / for sale.   그 책들 중 몇몇은 / 가능하다 / 판매가

부정문   I / don't want / to hear / any more excuses.   나는 / 원하지 않는다 / 듣기를 / 어떠한 다른 변명도

의문문   Have you read / any of these books?   당신은 읽어 본 적 있나요 / 이 책 중에 몇 권을

조건문   If / any of you / have questions, / call / me.   만약 / 여러분들 중 누구든 / 질문이 있으시면 / 전화하십시오 / 제게

② one(s) / another / other(s)

one(s)은 앞에 나온 명사를 대신해서 쓰입니다. 이 때, one은 단수 명사를, ones는 복수 명사를 대신합니다.

This party / is more fun / than the last one.   이 파티는 / 더 재미있다 / 지난 파티보다
(= party)

another는 '(이미 언급된 것 이외의) 또 다른 하나'를 의미하며 단수 명사 앞에 오거나 단수 명사를 대신해서 쓰입니다.

The CEO / has / another meeting / today.   그 CEO는 / 있다 / 또 다른 회의가 / 오늘
단수 명사

Since he liked the toy, / I / bought / him / another.   그가 그 장난감을 좋아해서 / 나는 / 사줬다 / 그에게 / 또 다른 것을
(= toy)

other와 others는 '(이미 언급된 것 이외의) 다른 몇몇'을 의미합니다. 이 때, other는 복수 명사 앞에 오고, others는 복수 명사를 대신해서 쓰입니다.

Let me know / if you have other suggestions.   알려주십시오 / 만약 당신이 다른 몇몇 제안들이 있다면
복수 명사

Social people / like / working / with others.   사교적인 사람들은 / 좋아한다 / 일하는 것을 / 다른 사람들과
(= other people)

텝스 실전 확인 문제

둘 중 알맞은 것을 고르세요.

1. Mother bought another (ⓐ boxes   ⓑ box) of cornflakes.
2. She doesn't have (ⓐ any   ⓑ some) idea what to do.

정답 p.42

Point 4 | 대명사와 명사의 일치

대명사는 앞에 나온 명사와 수, 성, 인칭을 일치시켜야 합니다. 이에 대해 자세히 살펴보아요.

① 대명사와 명사의 수 일치

명사가 단수이면 대명사도 단수, 명사가 복수이면 대명사도 복수여야 합니다.

The <u>company</u> / gave / (~~their~~, its) employees / bonuses. 그 회사는 / 주었다 / 그것의 직원들에게 / 보너스를
　　단수　　　　　　　복수(X) 단수(O)

The <u>children</u> / played / by (~~itself~~, themselves). 아이들은 / 놀았다 / 그들 스스로
　　복수　　　　　　　단수(X)   복수(O)

② 대명사와 명사의 성 일치

명사가 남성이면 대명사도 남성인 he, his, him, himself여야 하고, 여성이면 대명사도 여성인 she, her, herself여야 합니다. 또한 대명사가 받는 명사가 중성이면 대명사도 중성인 it, its, itself여야 합니다.

<u>Mr. Edwards</u> / will talk / about (~~her~~, his) new book. Mr. Edwards는 / 이야기할 것이다 / 그의 새 책에 대해
　　남성　　　　　　　　　　여성(X) 남성(O)

My <u>sister</u> / spent (~~his~~, her) vacation / in Greece. 나의 여동생은 / 보냈다 / 그녀의 휴가를 / 그리스에서
　　여성　　　　남성(X) 여성(O)

The <u>company</u> / opened / (~~her~~, its) overseas branch. 그 회사는 / 열었다 / 그것의 해외 지점을
　　중성　　　　　　　　여성(X) 중성(O)

③ 대명사와 명사의 인칭 일치

명사가 1인칭이면 대명사도 1인칭, 2인칭이면 대명사도 2인칭, 3인칭이면 대명사도 3인칭이어야 합니다.

<u>I</u> / started / (~~your~~, my) own business. 나는 / 시작했다 / 나의 소유의 사업을
1인칭　　　　　 2인칭(X) 1인칭(O)

<u>You</u> / should find / (~~himself~~, yourself) / a new apartment. 너는 / 찾아봐야 한다 / 너 스스로 / 새 아파트를
2인칭　　　　　　　　 3인칭(X)   2인칭(O)

<u>She</u> / has to take care / of (~~myself~~, herself). 그녀는 / 돌봐야만 한다 / 그녀 스스로를
3인칭　　　　　　　　　　　 1인칭(X) 3인칭(O)

텝스 실전 확인 문제

둘 중 알맞은 것을 고르세요.

1. Good students make (ⓐ its ⓑ their) parents proud.
2. Jennifer left (ⓐ her ⓑ his) glasses at home.

정답 p.43

빈칸에 들어갈 적절한 보기를 고르세요.

01 _____ essay is about the effects of climate change.
(a) These   (b) This

02 _____ can leave a message at the front desk.
(a) You   (b) Your

03 Our products are better than _____ of competing manufacturers.
(a) those   (b) that

04 The sales manager received _____ complaints from clients.
(a) some   (b) any

05 My aunt found _____ locked out of the house.
(a) itself   (b) herself

06 The town will celebrate _____ anniversary tomorrow.
(a) its   (b) their

틀린 부분을 찾아 바르게 고치세요.

07 My sister lost hers bracelet at a friend's birthday party.

08 The man asked myself whether he should find a new job.

09 Please prepare another plates at the table for our guest.

10 I really enjoyed watching those program on TV about animals in the desert.

11 If you don't have any other question, then the interview is over.

12 The discovery of fire allowed humans to cook its food before eating it.

정답 p.43

HACKERS **TEST**

해커스 탭스 BASIC READING

Part 1 대화에 들어갈 적절한 답을 고르세요.

01 A: I need to order a birthday cake.
B: Great! There are a variety of different _____ to pick from.

(a) this   (b) them
(c) ones   (d) those

02 A: I don't have a dog at home.
B: I don't keep _____ pets either.

(a) any   (b) each
(c) some   (d) every

03 A: Did you deliver the packages?
B: Yes. I left _____ with the receptionist.

(a) one   (b) them
(c) that   (d) each

04 A: Why won't you let me have a beer?
B: Because _____ beer is not good for you.

(a) drink   (b) drank
(c) drinking   (d) drinks

Part 2 서술문에 들어갈 적절한 답을 고르세요.

05 People getting regular exercise handle stress better than _____ getting none at all.

(a) one   (b) those
(c) theirs   (d) another

06 It takes hard work to build a strong friendship between you and _____.

(a) another person
(b) another people
(c) other person
(d) other

07 The retired mayor was proud to have a street named after _____.

(a) it   (b) he
(c) him   (d) his

Part 3 지문에서 어법상 틀리거나 어색한 보기를 고르세요.

08 (a) People around the world have begun to openly criticize the US's policy on trade with Cuba. (b) South Americans feel unjustly punished by the US for having economic interests in Cuba. (c) The Europeans believe that the US's policy hurts international trade. (d) Truly, a change in US policy would be satisfied news to many.

Chapter 12 대명사 **125**

GRAMMAR

CH **12**

해커스 탭스 BASIC READING

형용사와 부사

기본기 다지기

형용사란?

a <u>big</u> hat 큰 모자
형용사

The hat / is / <u>big</u>. 모자가 / 크다
형용사

단순히 '모자'라고 말하는 것보다 '큰 모자' 또는 '모자가 크다'라고 말하면 사물의 모습을 구체적으로 표현할 수 있습니다. 이처럼 명사의 모양이나 상태, 성질 등을 설명하는 말을 형용사라고 합니다.

부사란?

The woman / runs / <u>quickly</u>.
부사

그 여자는 / 달린다 / 빨리

'달린다'보다 '빨리 달린다'가 여자가 달리는 모습을 더 구체적으로 표현합니다. 이처럼 동사 등을 수식하여 의미를 풍부하게 하거나 강조하는 말을 부사라고 합니다.

🔲 형용사의 역할에 대해서 알아보아요!

형용사는 크게 두 가지 역할을 합니다. a pretty girl에서처럼 명사 girl을 앞에서 꾸며주기도 하고, The girl is pretty에서처럼 동사 is 뒤에서 주어 the girl의 성질이나 상태를 설명해 주기도 합니다.

a <u>pretty</u> <u>girl</u> 예쁜 소녀
형용사

The girl / is / <u>pretty</u>. 그 소녀는 / 예쁘다
형용사

Check-Up 다음 중 형용사 expensive가 꾸며주는 것은 무엇일까요?

This <u>is</u> an expensive <u>computer</u>. 이것은 비싼 컴퓨터이다.
   ⓐ   ⓑ

→ 형용사는 명사를 꾸며줘요.

정답 ⓑ

■ 부사의 역할에 대해 알아보아요!

부사는 extremely talented처럼 형용사를 꾸며주기도 하고, greatly improved처럼 동사를 꾸며주거나 surprisingly fast처럼 다른 부사를 꾸며줍니다. 또한, Usually, she works at home처럼 문장 전체를 꾸며주기도 합니다.

an <u>extremely</u> <u>talented</u> man 매우 재능 있는 남자
부사 ↗형용사

Our sales / <u>greatly</u> / <u>improved</u>. 우리의 판매량이 / 크게 / 증가했다
부사 ↗동사

He / drives / <u>surprisingly</u> / <u>fast</u>. 그는 / 운전한다 / 놀랄 만큼 / 빠르게
부사 ↗부사

<u>Usually</u>, / <u>she works at home</u>. 보통 / 그녀는 집에서 일한다
부사 문장

Check-Up 다음 중 부사 easily가 꾸며주는 것은 무엇일까요?

<u>Sam</u> easily <u>solved</u> the problem. Sam은 그 문제를 쉽게 풀었다.
ⓐ ⓑ

→ 부사는 동사를 꾸며줘요. 정답 ⓑ

Point 1 | 형용사 자리

형용사가 올 수 있는 자리는 정해져 있습니다. 어떤 자리에 형용사가 올 수 있는지 자세히 살펴보아요.

① 형용사가 오는 자리

형용사는 주로 명사 앞이나 보어 자리에 옵니다.

명사 앞 Jane / made / a speech / about dangerous animals. Jane은 / 했다 / 연설을 / 위험한 동물들에 대한
                                                    명사

보어 자리 My sister / is / tall. 나의 여동생은 / 키가 크다
                      보어

② 형용사 자리에 올 수 없는 것

형용사 자리에 부사, 동사는 올 수 없습니다.

I / am looking forward / to your (quickly, quick) response. 저는 / 기다리고 있어요 / 당신의 빠른 응답을
                          부사 (X)   형용사 (O) 명사

The performance / was / (create, creative). 그 공연은 / 창의적이었다
                  동사 (X)   형용사 (O)

[텝스 실전 확인 문제]

둘 중 알맞은 것을 고르세요.

1. He makes the (ⓐ finally ⓑ final) decision on key issues.
2. The assistant is (ⓐ responsible ⓑ respond) for booking the appointments. 정답 p.46

Point 2 | 수량 표현 형용사

뒤에 나온 명사가 가산인지 불가산인지에 따라 쓸 수 있는 수량 표현 형용사가 달라집니다. 이에 대해 자세히 살펴보아요.

① 가산 명사 앞에 쓰는 수량 표현 형용사

가산 명사인 단수 명사, 복수 명사와 함께 쓰이는 수량 표현 형용사를 알아둡니다.

단수 명사 앞		복수 명사 앞	
each 각각의	every 모든	many 많은	several 몇몇의
one 하나의	a / an 하나의	few 거의 없는	a few 적은
another 또 다른	either 어느 한쪽의	numerous 많은	a number of 많은

(~~Many~~, Each) card / was made of / plastic. 각각의 카드는 / 만들어졌다 / 플라스틱으로
　　　　　　　　단수 명사

(~~Another~~, Several) towns / were hit / by heavy rain. 몇몇의 도시들은 / 덮쳐졌다 / 폭우에 의해
　　　　　　　　복수 명사

② 불가산 명사 앞에 쓰는 수량 표현 형용사

불가산 명사와 함께 쓰이는 수량 표현 형용사를 알아둡니다.

much 많은	less 더 적은	little 거의 없는	a little 적은

The project / requires / (~~many~~, much) time. 그 프로젝트는 / 필요로 한다 / 많은 시간을
　　　　　　　　　　불가산 명사

③ 가산·불가산 명사 앞에 모두 쓸 수 있는 수량 표현 형용사

가산 명사와 불가산 명사와 함께 모두 쓰일 수 있는 수량 표현 형용사를 알아둡니다.

most 대부분의	some 얼마간의, 몇몇의	more 더 많은	other 다른	all 모든

Most people / attended / the workshop. 대부분의 사람들은 / 참가했다 / 그 워크숍에
　　　가산 명사

The boy / spilled / some water / on his computer. 그 소년은 / 쏟았다 / 얼마간의 물을 / 그의 컴퓨터에
　　　　　　　　　　불가산 명사

[텝스 실전 확인 문제]

둘 중 알맞은 것을 고르세요.

1. There is (ⓐ a few ⓑ a little) information available about the subject.
2. Make sure you complete (ⓐ less ⓑ every) item on the survey.

정답 p.46

부사가 올 수 있는 자리는 정해져 있습니다. 어떤 자리에 부사가 올 수 있는지 자세히 살펴보아요.

1 부사가 오는 자리

부사는 꾸밈을 받는 형용사, 부사, 동사 또는 문장 앞에 옵니다. 단, 동사를 수식하는 경우에는 동사 뒤에 올 수 있습니다.

형용사 앞   The lecture / was / unexpectedly short.   그 강의는 / 예상외로 짧았다
                                   형용사

부사 앞   He / looked / at the painting / very closely.   그는 / 보았다 / 그 그림을 / 매우 유심히
                                       부사

동사 앞   The assistant / politely / left / the room.   그 조수는 / 공손히 / 나갔다 / 그 방을
                                 동사

동사 뒤   I / dressed / warmly / for the cold weather.   나는 / 옷을 입었다 / 따뜻하게 / 추운 날씨에 대비하여
                     동사

문장 앞   Fortunately, / I / was not late / for the meeting.   다행히도 / 나는 / 늦지 않았다 / 회의에
                                     문장

2 부사 자리에 올 수 없는 것

부사 자리에 형용사, 명사, 동사는 올 수 없습니다.

The team / (final, finally) / started / to win some games.   그 팀은 / 마침내 / 시작했다 / 몇몇 경기에서 이기기
                 형용사 (X) 부사 (O)   동사

Our neighborhood / is / (peace, peacefully) quiet.   우리 동네는 / 평화롭게 조용하다
                     명사 (X)   부사 (O)   형용사

(Calm, Calmly), the students / listened / to the teacher.   침착하게 / 학생들은 / 귀를 기울였다 / 선생님에게
  동사(X)   부사(O)   문장

텝스 실전 확인 문제

둘 중 알맞은 것을 고르세요.

1. The waiter (ⓐ high ⓑ highly) recommended that we try this dish.
2. I am (ⓐ extremely ⓑ extreme) proud of my achievement.   정답 p.46

Point 4 | 강조 부사와 빈도 부사

부사에는 형용사나 부사의 의미를 강조하는 강조 부사와 얼마나 일이 자주 발생하는지를 표현하는 빈도 부사가 있습니다. 이에 대해 자세히 살펴보아요.

① 강조 부사

강조 부사는 '매우', '너무' 등의 의미로 형용사, 부사를 앞에서 강조합니다.

very 매우	**much** 너무, 많이	**even** ~조차, 심지어 ~까지도
too (부정적 의미로) 너무	**so** (긍정적·부정적 의미로) 매우, 너무	**much/even/still/far** (비교급 앞에서) 훨씬

형용사 앞   The boy / was / very happy.   그 소년은 / 매우 행복했다
                                 형용사

부사 앞   The children / sang / too loudly.   아이들은 / 노래했다 / 너무 크게
                                         부사

② 빈도 부사

빈도 부사는 얼마나 자주 일이 발생하는지를 나타내며, 보통 일반 동사 앞, 또는 be 동사나 조동사 뒤에 옵니다.

always 항상	**often** 자주	**usually** 보통	**sometimes** 때때로	**never** 결코 ~않다

일반 동사 앞   My friends / always / help / me.   나의 친구들은 / 항상 / 도와준다 / 나를
                                   일반 동사

be 동사 뒤   David / is / usually / busy.   David은 / 보통 / 바쁘다
                    be 동사

조동사 뒤   You / should never tell / a lie.   너는 / 절대 하면 안 된다 / 거짓말을
                   조동사

텝스 실전 확인 문제

둘 중 알맞은 것을 고르세요.

1. He found studying English (ⓐ very interesting   ⓑ interesting very).

2. My parents (ⓐ took often me   ⓑ often took me) to the park when I was young.   정답 p.46

빈칸에 들어갈 적절한 보기를 고르세요.

01 My music teacher is an _____ talented violinist.
    (a) incredible   (b) incredibly

02 _____ bats feed on fruits rather than insects.
    (a) Many   (b) Much

03 The coach was _____ in selecting players for the team.
    (a) careful   (b) carefully

04 _____, students are going to universities overseas.
    (a) Increase   (b) Increasingly

05 The professor made _____ comments on the paper.
    (a) help   (b) helpful

06 People _____ if they are feeling sleepy.
    (a) should never drive   (b) should drive never

틀린 부분을 찾아 바르게 고치세요.

07 The planet Venus is visibly from Earth without the aid of a telescope.

08 The pie had a light very filling that was delicious.

09 There is normally few traffic after ten o'clock in the morning.

10 The dolphin is a high intelligent marine animal with a well-developed social system.

11 The survey showed that a typically customer spends $50 on every visit to the store.

12 The children go sometimes to the public library when they have homework to do.

정답 p.46

Part 1 대화에 들어갈 적절한 답을 고르세요.

01 A: Do you listen to rock music?
B: Yes, but there are very _____ bands that I like.

(a) little
(b) few
(c) much
(d) less

02 A: Would you like some soda?
B: Yes. I'm _____ thirsty.

(a) many
(b) quite
(c) even
(d) some

03 A: Listen, I might be a little late.
B: That's OK. I don't mind _____.

(a) waits
(b) waiting
(c) to wait
(d) to be waiting

Part 2 서술문에 들어갈 적절한 답을 고르세요.

04 New employees _____ six weeks of training before they work at the head office.

(a) must take usually
(b) must usually take
(c) take must usually
(d) take usually must

05 As part of the hotel's renovation, every room will be redesigned with _____.

(a) completely furnishings new
(b) furnishings new completely
(c) completely new furnishings
(d) new completely furnishings

06 We learned in science class that _____ objects are made up of matter.

(a) all
(b) either
(c) much
(d) each

Part 3 대화 또는 지문에서 어법상 틀리거나 어색한 보기를 고르세요.

07 (a) A: Mr. Burdon was angrily with Liz, wasn't he?
(b) B: Yes, he was unhappy that she had missed the deadline for the report.
(c) A: How did Liz react?
(d) B: Oh, she's fine now. She was able to finish the report in a hurry.

08 (a) The College of Art is accepting applications for its annual exchange program. (b) The program includes two months of intensive art studies in a major European city. (c) Destinations this year include the cities of Barcelona, Brussels, Vienna, and Cologne. (d) The college dean will be holding a brief talk in the auditorium for students interesting in the program.

정답 p.47

기본기 다지기

전치사란?

on the box 상자 위에
전치사

the box(상자) 앞에 on(~ 위에)이 와서 '상자 위에'라는 장소를 나타내는 의미가 됩니다. 이와 같이 명사나 대명사 앞에서 장소, 시간, 위치 등을 나타내는 것을 전치사라고 합니다.

전치사의 종류는?

전치사 ─┬─ 시간 전치사
        ├─ 장소 전치사
        ├─ 위치 전치사
        ├─ 방향 전치사
        └─ 기타 전치사

■ 전치사에는 어떤 것들이 있는지 알아보아요!

전치사는 의미에 따라 at(~에)과 같이 시간을 나타내는 전치사, in(~에서)과 같이 장소를 나타내는 전치사, between (~사이에)과 같이 위치를 나타내는 전치사, to(~로)와 같이 방향을 나타내는 전치사로 나눌 수 있습니다. 그 외에 목적, 이유 등을 나타내는 전치사도 있습니다.

The lecture / will begin / at 11 a.m. 그 강의는 / 시작할 것이다 / 오전 11시에
                                  시간

I / saw / an exhibit / in the museum. 나는 / 보았다 / 전시회를 / 박물관에서
                          장소

Check-Up 다음 빈칸에 알맞은 전치사는 어느 것일까요?

Bags are checked _____ the airport lobby. 가방들은 공항 로비에서 검사된다.

ⓐ in   ⓑ to

→ 빈칸 뒤에 the airport lobby라는 장소가 나왔어요.

정답 ⓐ

■ 전치사구에 대해 알아보아요!

전치사구는 for several years, from her 등과 같은 '전치사 + 명사(구)' 혹은 '전치사 + 대명사'를 일컫는 말입니다.
이런 전치사구는 문장에서 수식어 역할을 하며, 문장의 앞, 중간, 뒤에 올 수 있습니다.

<u>For several years,</u> / he / worked / in a factory. 수년 동안 / 그는 / 일했다 / 공장에서
　　　전치사구

A postcard / <u>from her</u> / arrived / today. 엽서는 / 그녀로부터의 / 도착했다 / 오늘
　　　　전치사구

I / had dinner / <u>at the restaurant</u>. 나는 / 저녁을 먹었다 / 식당에서
　　　　　　전치사구

Check-Up　　　다음 중 전치사구는 무엇일까요?

ⓐ **between** 사이에　　　ⓑ **forest** 숲　　　ⓒ **on the street** 거리에서

→ 전치사와 명사가 함께 있는 것이 전치사구에요.　　　　　　　　　　　　　　정답 ⓒ

전치사가 올 수 있는 자리, 그리고 전치사 다음에 올 수 있는 것은 정해져 있습니다. 이에 대해 자세히 살펴보아요.

① 전치사가 오는 자리

전치사는 명사나 대명사 앞에 옵니다.

명사 앞   The tourists / came / from Russia.   관광객들은 / 왔다 / 러시아에서
                                   명사

대명사 앞   That letter / was written / by me.   저 편지는 / 쓰였다 / 나에 의해
                                     대명사

② 전치사 뒤에 올 수 없는 것

전치사 뒤에 형용사나 동사는 올 수 없습니다.

The child / is / full / of / (curious, curiosity).   그 아이는 / 가득 차있다 / 호기심으로
                        형용사(X)   명사(O)

The professor / lectured / about (memorize, memory).   그 교수는 / 강의했다 / 기억력에 대해
                             동사(X)   명사(O)

텝스 실전 확인 문제

둘 중 알맞은 것을 고르세요.

1. The articles were submitted for (ⓐ correct ⓑ correction).
2. Space tourism is moving closer to (ⓐ realize ⓑ reality).   정답 p.49

Point 2 | 시간 전치사

시간을 나타내는 전치사의 종류와 각각의 의미 및 쓰임에 대해 자세히 살펴보아요.

① at, on, in

at, on, in은 모두 '~(때)에'로 해석되지만, at은 시각 앞에, on은 날짜·요일 앞에, in은 연도·월·계절 앞에 옵니다.

at 시각·시점 앞	at seven o'clock 7시에	at the end of the month 월말에	
on 날짜·요일·특정한 날 앞	on July 2 7월 2일에	on Thursday 목요일에	on Christmas 크리스마스에
in 연도·월·계절 오전/오후/저녁 앞	in 2012 2012년에 in the morning 오전에	in February 2월에 in the afternoon 오후에	in summer 여름에 in the evening 저녁에

② for, during

for와 during은 모두 '~ 동안에'로 해석되지만, for는 며칠이나 몇 년 등과 같이 기간을 나타내는 숫자 앞에, during은 휴가나 방학 등과 같이 특정 기간을 나타내는 표현 앞에 옵니다.

for + 기간 (숫자)　The road / was closed / for five days. 그 길은 / 폐쇄되었다 / 5일 동안
　　　　　　　　　　　　　　　　　　기간 (숫자)

during + 특정기간　They / traveled / to Taiwan / during their vacation. 그들은 / 여행 갔다 / 대만으로 / 방학 동안
　　　　　　　　　　　　　　　　　　　　　　　　　특정 기간

③ until, by

until과 by는 모두 '~까지'로 해석되지만, until은 상황이 계속되다가 그 시점에 종료되는 것을 나타내고, by는 마감이나 기한을 나타낼 때 씁니다.

The restaurant / will be open / until 9 p.m. 그 식당은 / 열릴 것이다 / 오후 9시까지
→ 식당이 열려 있는 상황이 계속되다가 오후 9시에 종료되는 것을 나타내므로 전치사 until이 왔습니다.

The package / must be delivered / by tomorrow. 그 소포는 / 배달되어야만 한다 / 내일까지
→ 내일까지 소포가 배달되어야만 한다는 기한을 나타내므로 전치사 by가 왔습니다.

텝스 실전 확인 문제

둘 중 알맞은 것을 고르세요.

1. Latin dance classes start (ⓐ until ⓑ at) 10 a.m.
2. Mr. Lawrence has stopped smoking (ⓐ for ⓑ during) a month.

정답 p.49

장소, 위치, 방향을 나타내는 전치사의 종류와 각각의 의미 및 쓰임에 대해 자세히 살펴보아요.

① 장소 전치사 at, on, in

at, on, in은 모두 '~(곳)에'로 해석되지만, at은 특정 지점 앞에, on은 표면 위에, in은 공간 내의 장소 앞에 옵니다.

at 특정 지점	at the corner 코너에서	at the book store 서점에서
on 표면 위	on the sofa 소파 위에	on the desk 책상 위에
in 공간 내의 장소	in China 중국에	in the city 도시에

② 위치 전치사 between, among

between과 among은 모두 '~ 사이에'로 해석되지만, between은 둘 사이를 나타낼 때, among은 셋 이상 사이를 나타낼 때 씁니다.

The car / is parked / between two trucks. 그 차는 / 주차되어 있다 / 두 트럭 사이에
둘 사이

The girls / are playing / among the trees. 소녀들은 / 놀고 있다 / 나무들 사이에서
셋 이상 사이

③ 방향 전치사 from, to

from은 '~로부터, ~에서', to는 '~에게, ~로'의 의미로 씁니다.

I / received / a job offer / from Telecom. 나는 / 받았다 / 일자리 제안을 / Telecom사로부터

Marie / gave / the report / to her supervisor. Marie는 / 주었다 / 보고서를 / 그녀의 상사에게

텝스 실전 확인 문제

둘 중 알맞은 것을 고르세요.

1. My younger sister is living (ⓐ at ⓑ in) New York.
2. The parking lot is located (ⓐ between ⓑ among) the two buildings.

정답 p.50

Point 4 | 기타 전치사

시간, 장소, 위치, 방향 전치사 외에도, for(~을 위해), about(~에 관하여) 등 다양한 의미를 가진 전치사들이 있습니다. 어떤 것들이 있는지 살펴보아요.

① for

for는 '~을 위해, ~에 비해서'의 의미로 쓰입니다.

We / went / to a restaurant / for dinner. 우리는 / 갔다 / 식당에 / 저녁을 위해

The weather / is / unusually warm / for September. 날씨는 / 이상하게 따뜻하다 / 9월인 것에 비해서

② about

about은 '~에 관하여'라는 의미로 쓰입니다.

The television show / is / about dinosaurs. 그 텔레비전 쇼는 / 공룡에 관한 것이다

③ by

by는 '~에 의해, ~을 타고, ~만큼'의 의미로 쓰입니다.

Decisions / are made / by a committee. 결정은 / 내려진다 / 위원회에 의해

Most tourists / travel / to Cuba / by plane. 대부분의 관광객들은 / 여행한다 / 쿠바로 / 비행기를 타고

Prices of goods / have increased / by 10 percent. 상품의 가격은 / 증가했다 / 10퍼센트만큼

④ despite

despite은 '~에도 불구하고'라는 의미로 쓰입니다.

We / went / outside / despite the rain. 우리는 / 갔다 / 밖에 / 비에도 불구하고

텝스 실전 확인 문제

둘 중 알맞은 것을 고르세요.

1. The budget was approved (ⓐ to ⓑ by) the director.
2. The students asked questions (ⓐ about ⓑ despite) a field trip.

정답 p.50

빈칸에 들어갈 적절한 보기를 고르세요.

01 The company was able to lower its cost of _____.
(a) produce   (b) production

02 Hotel rates are cheaper _____ December.
(a) in   (b) at

03 I sent a message _____ the manager.
(a) to   (b) on

04 Nowadays, very few people watch television shows about _____.
(a) historical   (b) history

05 Dr. Starks advised his patient to take the medicine _____ two weeks.
(a) for   (b) during

06 A car will be waiting to pick you up _____ the station when you arrive.
(a) on   (b) at

틀린 부분을 찾아 바르게 고치세요.

07 It takes motorists about an hour to get to work for rush hour.

08 On the heavy traffic, they arrived on time.

09 People come from all over the world to live and work at America.

10 According to a study, diabetes has become more common between young children.

11 The company revised its return policy in respond to several customer complaints.

12 All the students must hand in their final book reports about Wednesday morning.

정답 p.50

HACKERS TEST

Part 1 대화에 들어갈 적절한 답을 고르세요.

01 A: Did Ben tell you he won?
B: No. He didn't say anything
_____ it.

(a) from   (b) about
(c) to   (d) in

02 A: Did a package arrive for me?
B: Yes, it's _____ your table.

(a) on   (b) in
(c) among   (d) with

03 A: Sam's five-year-old daughter plays the piano well.
B: She's very talented _____ her age.

(a) in   (b) to
(c) of   (d) for

04 A: Did you find out what happened?
B: No, I've heard _____ news about it.

(a) few   (b) fewer
(c) little   (d) least

Part 2 서술문에 들어갈 적절한 답을 고르세요.

05 Management decided to extend the special offer on printers _____ the end of the month.

(a) by   (b) on
(c) about   (d) until

06 The woman was surprised to find a gift
_____.

(a) paper blue wrapped in
(b) wrapped in blue paper
(c) in wrapped blue paper
(d) blue paper wrapped in

07 Oil prices in Europe decreased _____ 15 percent in May due to excess supplies.

(a) by   (b) over
(c) at   (d) until

Part 3 지문에서 어법상 틀리거나 어색한 보기를 고르세요.

08 (a) Scientists believe that the average human lifespan could increase rapidly over the coming decades. (b) Thirty years ago, our parents normally lived to be around 65 years of age. (c) Our generation can expect to live to around 70 to 80 years. (d) However, with advances in medical technology, and a health lifestyle, our children could live to be 100.

GRAMMAR

CH 14

해커스 텝스 BASIC READING

정답 p.51

기본기 다지기

등위접속사란?

I / met / Jeremy and Alice / for lunch.
　　　　　　등위접속사 and

나는 / 만났다 / Jeremy와 Alice를 / 점심 식사를 위해

and는 Jeremy와 Alice라는 명사를 연결하고 있습니다. and와 같이 단어와 단어, 구와 구, 또는 절과 절을 이어주는 접속사를 등위접속사라고 합니다.

상관접속사란?

I / will study / both Japanese and Chinese.
　　　　　　　상관접속사 both ~ and ~

나는 / 공부할 것이다 / 일본어와 중국어 둘 다

both ~ and ~는 Japanese와 Chinese라는 명사를 연결하고 있습니다. both와 and와 같이 서로 짝을 이루어 써야 하는 접속사를 상관접속사라고 합니다.

🔲 등위접속사에 대해 알아보아요!

등위접속사는 단어와 단어, 구와 구, 절과 절을 대등하게 연결합니다.

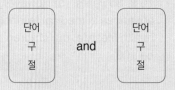

She / sells / apples and bananas. 그녀는 / 판다 / 사과와 바나나를
　　　　　　단어 (명사)　　단어 (명사)

Mary / likes / taking a walk / and Paul / likes / climbing a mountain.
　　　　　　절　　　　　　　　　　　　　　　　절

Mary는 / 좋아한다 / 산책하는 것을 / 그리고 / Paul은 / 좋아한다 / 산에 오르는 것을

Check-Up 다음 밑줄 친 것 중 등위접속사는 무엇일까요?

My father always has bacon and eggs for breakfast.
　　　　　　　　　ⓐ　　　　　　ⓑ

나의 아버지는 아침으로 항상 베이컨과 달걀을 드신다.

→ 등위접속사 and는 bacon이라는 단어와 eggs라는 단어를 대등하게 연결해요.

정답 ⓑ

상관접속사에 대해 알아보아요!

상관접속사는 서로 짝을 이루어 단어와 단어, 구와 구, 절과 절을 대등하게 연결합니다.

both	단어 구 절	and	단어 구 절

The new beverage / is / both cheap and healthy. 새 음료는 / 저렴하고 / 건강에 좋다
                        단어(형용사)   단어(형용사)

Both making noise and using cell phones / are not allowed.
          구   구

소음을 내는 것과 휴대전화를 사용하는 것 둘 다 / 허용되지 않는다

Check-Up

다음 빈칸에 알맞은 것은 무엇일까요?

I enjoy _____ collecting stamps and painting pictures.
나는 우표를 수집하는 것과 그림을 그리는 것 둘 다 즐긴다.

ⓐ by   ⓑ both

→ 상관접속사 both ~ and ~는 서로 짝을 이루어 collecting stamps와 painting pictures를 대등하게 연결해요.   정답 ⓑ

등위접속사에는 어떤 것들이 있으며, 문맥에 따라 어떤 등위접속사를 써야 하는지 자세히 살펴보아요.

① 등위접속사의 종류

등위접속사에는 다음과 같은 종류가 있습니다.

and 그리고	or 또는	but 그러나	yet 그러나	so 그래서

The meeting / will be held / in an hour / or / at 5 p.m. 회의는 / 열릴 것이다 / 1시간 후에 / 또는 / 오후 5시에

Maggie / likes / opera, / but / I / prefer / jazz. Maggie는 / 좋아한다 / 오페라를 / 그러나 / 나는 / 선호한다 / 재즈를

② 등위접속사의 쓰임

등위접속사는 문맥에 맞는 것을 써야 합니다.

The store / sells / chairs (but, and) desks. 그 상점은 / 판다 / 의자와 책상을
→ '의자와 책상을 판다'라고 해석하는 것이 자연스러우므로 '그리고'를 의미하는 and를 써야 합니다.

My wife / made / dinner, / (yet, so) / I / washed the dishes.
나의 아내는 / 만들었다 / 저녁을 / 그래서 / 나는 / 설거지를 했다
→ '아내가 저녁을 만들어서 나는 설거지를 했다'라고 해석하는 것이 자연스러우므로 '그래서'를 의미하는 so를 써야 합니다.

텝스 실전 확인 문제

둘 중 알맞은 것을 고르세요.

1. Green (ⓐ so ⓑ or) yellow paint would look perfect on that wall.
2. Michael (ⓐ yet ⓑ and) Sarah will attend the meeting.

정답 p.53

상관접속사에는 어떤 것들이 있으며, 어떻게 짝을 이루어 쓰이는지 자세히 살펴보아요.

① 상관접속사의 종류

상관접속사에는 다음과 같은 종류가 있습니다.

both A and B A와 B 둘 다	either A or B A 또는 B 중 하나
neither A nor B A도 B도 아닌	not only A but (also) B A뿐만 아니라 B도(= B as well as A)

We / serve / both coffee and tea. 우리는 / 제공합니다 / 커피와 차 둘 다를

I / will hold / the party / either on Saturday or on Sunday.
나는 / 열 것이다 / 그 파티를 / 토요일 또는 일요일 중 하루에

② 상관접속사의 쓰임

상관접속사는 서로 짝이 맞는 것을 써야 합니다.

The water / is / (~~either~~, neither) hot nor cold. 그 물은 / 뜨겁지도 차갑지도 않다
→ nor와 짝이 맞는 neither를 써야 합니다.

The speech / was / not only interesting (~~nor~~, but) informative.
그 연설은 / 재미있었을 뿐만 아니라 유익하기도 했다
→ not only와 짝이 맞는 but을 써야 합니다.

GRAMMAR

CH 15

해커스 탭스 BASIC READING

┌─ 텝스 실전 확인 문제 ─┐

둘 중 알맞은 것을 고르세요.

1. The movie was (ⓐ neither ⓑ either) funny nor exciting.
2. She not only passed the test (ⓐ nor ⓑ but) got the highest score.　　　　　정답 p.53

빈칸에 들어갈 적절한 보기를 고르세요.

01 You can dress formally _____ casually for the event.
  (a) yet   (b) or

02 The client couldn't come, _____ the meeting was canceled.
  (a) so   (b) nor

03 _____ Dan or Mark will be singing at the wedding.
  (a) Both   (b) Either

04 The meal we had was _____ delicious but also inexpensive.
  (a) as well as   (b) not only

05 We had a nice time on our vacation, _____ it was too short.
  (a) but   (b) or

06 Running _____ lifting weights are good for your health.
  (a) and   (b) so

틀린 부분을 찾아 바르게 고치세요.

07 Do you want to go straight to the party yet should we eat first?

08 I left several messages for the managers so never heard back from them.

09 Regular exercise is good not only for the body or also for the mind.

10 The program has many new features, but you may download it from our Web site.

11 Critics thought the author's new book was both interesting nor well-written.

12 Either eating the right food and getting enough sleep can give you energy.

정답 p.53

Part 1 대화에 들어갈 적절한 답을 고르세요.

01 A: Is that the watch your father gave you?
   B: Yeah, it's old, _____ it still works.

   (a) so   (b) and
   (c) but   (d) then

02 A: Do you need _____ more items from this section?
   B: No, thanks. I'm good.

   (a) any   (b) those
   (c) much   (d) another

03 A: Why don't you smoke anymore?
   B: I was having breathing problems, _____ I quit.

   (a) or   (b) so
   (c) yet   (d) either

04 A: Did you go out last night with the people from your office?
   B: No, I worked late _____ was very tired.

   (a) but   (b) and
   (c) both   (d) yet

Part 2 서술문에 들어갈 적절한 답을 고르세요.

05 In the Hawaiian language, the greeting "aloha" can be understood as _____.

   (a) either hello or goodbye
   (b) hello either but goodbye
   (c) hello or goodbye either
   (d) hello or either goodbye

06 In the year 2022, the Islamic holy month will begin _____ August 22.

   (a) to   (b) on
   (c) at   (d) in

07 Singapore is a small country, _____ it is among the richest in the world.

   (a) so   (b) and
   (c) yet   (d) because

Part 3 대화에서 어법상 틀리거나 어색한 보기를 고르세요.

08 (a) A: Have you met my friend Chelsea yet?
   (b) B: Hmm... Is she the girl with short, brown hair?
   (c) A: Actually, Chelsea has red hair but she is very tall.
   (d) B: Oh, then I don't think I know her.

정답 p.54

기본기 다지기

명사절이란?

The team / expected / that they would win. 그 팀은 / 예상했다 / 그들이 이길 것을
　　　　　　　　　명사절

동사 expected의 목적어 자리에 that they would win이라는 절이 왔습니다. 이와 같이 명사가 와야 하는 자리에 온 절을 명사절이라고 합니다.

📓 명사절의 형태에 대해 알아보아요!

명사절의 형태는 '명사절 접속사 (+ 주어) + 동사 ~'입니다.

I / reviewed / what we learned / yesterday. 나는 / 복습했다 / 우리가 배운 것을 / 어제
　　　　　　　명사절 접속사 (what) + 주어 (we) + 동사 (learned) = 명사절

What is right / isn't / important. 무엇이 맞는지는 / 중요하지 않다
명사절 접속사 (what) + 동사 (is) ~ = 명사절

Check-Up 다음 중 명사절은 무엇일까요?

Many people think that cars should use less fuel.
　　　　　　　ⓐ　　　　　　　　ⓑ
많은 사람들은 차가 연료를 적게 사용해야 한다고 생각한다.

→ '명사절 접속사 + 주어 + 동사 ~'로 이루어진 절이 명사절이에요.

정답 ⓑ

■ 명사절 접속사의 종류에 대해 알아보아요!

명사절을 이끄는 명사절 접속사는 의미에 따라 크게 네 가지로 나뉩니다.

that	~한 것		
whether / if	~인지 아닌지		
의문사	what 무엇이 ~하는지	who 누가 ~하는지	when 언제 ~하는지
복합관계대명사	whoever ~하는 누구든	whatever ~하는 무엇이든	

The editor / worried / <u>that</u> the deadline was too tight. 편집자는 / 걱정했다 / 마감일이 너무 빠듯한 것을
　　　　　　　　　　명사절 접속사

The director / knows / <u>what</u> has to be done. 그 감독은 / 안다 / 무엇이 행해져야 하는지
　　　　　　　　　명사절 접속사

Check-Up 우리말과 명사절 접속사를 바르게 연결하세요.

1. ~인지 아닌지　　ⓐ that
2. ~한 것　　　　　ⓑ whether

→ '~인지 아닌지'를 의미하는 접속사는 whether, '~한 것'을 의미하는 접속사는 that이에요.　　　　정답 1.ⓑ 2.ⓐ

Point 1 | 명사절 자리

명사절이 올 수 있는 자리는 정해져 있습니다. 명사절이 어떤 자리에 올 수 있는지 자세히 살펴보아요.

① 명사절이 오는 자리

명사절은 문장에서 명사 역할을 하므로 명사처럼 주어, 목적어, 보어 자리와 전치사 뒤에 옵니다.

주어 자리 <u>How we can solve the problem</u> / isn't clear. 어떻게 그 문제를 해결할 수 있는지는 / 명확하지 않다
　　　　　　　　　　주어

목적어 자리 We / hope / <u>that you had a pleasant flight.</u> 저희는 / 바랍니다 / 여러분이 기분 좋은 비행을 하셨기를
　　　　　　　　　　　　목적어

보어 자리 The problem / is / <u>who will bring the car tomorrow.</u> 문제는 / 누가 내일 차를 가져올 것인지다
　　　　　　　　　　　　　　보어

전치사 뒤 I / am / proud / of <u>what my son did.</u> 나는 / 자랑스럽게 생각한다 / 나의 아들이 한 것에 대해
　　　　　　　　전치사

② 명사절 접속사 자리에 올 수 없는 것

명사절을 이끄는 명사절 접속사 자리에 대명사는 올 수 없습니다.

(It, Whether) the book will sell well / depends / on its reviews.
대명사 (X) 명사절 접속사 (O)

그 책이 잘 팔릴지 아닐지는 / 달려 있다 / 그 책의 평론에

→ 문장의 주어 자리에 온 절 the book will sell well을 이끄는 명사절 접속사 자리에는 대명사 It이 아닌 명사절 접속사 Whether가 와야 합니다.

> **텝스 실전 확인 문제**
>
> 둘 중 알맞은 것을 고르세요.
>
> **1.** I don't know (ⓐ this ⓑ if) I can handle the problem.
> **2.** Brian heard (ⓐ that ⓑ it) his daughter passed the exam.
>
> 정답 p.56

Point 2 | 명사절 접속사 1: that·if/whether

명사절 접속사 that·if/whether는 어떤 의미를 가지고 있으며, 어떤 경우에 쓰이는지 자세히 살펴보아요.

① that

명사절 접속사 that이 이끄는 명사절은 확실한 사실을 전달할 때 쓰며 '~한 것'이라고 해석됩니다.

That <u>the computer is still not working</u> / is / a problem. 그 컴퓨터가 아직도 작동되지 않는 것이 / 문제이다
확실한 사실(그 컴퓨터가 아직도 작동되지 않는 것)

I / heard / that <u>the concert is sold out.</u> 나는 / 들었다 / 그 콘서트가 매진된 것을
확실한 사실(그 콘서트가 매진된 것)

② if/whether

명사절 접속사 if나 whether가 이끄는 명사절은 불확실한 사실을 전달할 때 쓰며 '~인지 아닌지'라고 해석됩니다.

He / wonders / if <u>the CEO will attend the party.</u> 그는 / 궁금해한다 / 최고 경영자가 그 파티에 참석할 것인지 아닌지
불확실한 사실(최고 경영자가 그 파티에 참석할 것인지 아닌지)

We / asked / whether <u>the table was on sale.</u> 우리는 / 물어봤다 / 그 테이블이 할인이 되는지 아닌지
불확실한 사실(그 테이블이 할인이 되는지 아닌지)

'whether or not'은 쓸 수 있지만 'if or not'은 쓸 수 없습니다.

I / want / to know / (if, ~~whether~~) <u>or not</u> it will rain tomorrow. 나는 / 원한다 / 알기를 / 내일 비가 내릴지 아닐지

텝스 실전 확인 문제

둘 중 알맞은 것을 고르세요.

1. The board of directors is deciding (ⓐ whether ⓑ if) or not they will reopen the store.

2. Susan knows (ⓐ that ⓑ if) you will come to the party. 정답 p.56

명사절 접속사인 의문사와 복합관계대명사에는 어떤 것들이 있으며, 어떤 의미를 가지고 있는지 자세히 살펴보아요.

① 의문사

명사절을 이끄는 의문사를 의미에 따라 구분하여 알아둡니다.

who 누가 ~하는지	how 어떻게 ~하는지	when 언제 ~하는지	what 무엇이(을) ~하는지, ~한 것
where 어디서 ~하는지	why 왜 ~하는지	which 어느 것이(을) ~하는지	

(~~What~~, Who) will be the new manager / is / uncertain.   누가 새 부장이 될지는 / 확실하지 않다
→ '누가 새 부장이 될지'로 해석하는 것이 자연스러우므로 '누가 ~하는지'를 의미하는 Who가 와야 합니다.

I / wondered / (~~which~~, how) he made the decision.   나는 / 궁금했다 / 어떻게 그가 그 결정을 내렸는지
→ '어떻게 그가 그 결정을 내렸는지'로 해석하는 것이 자연스러우므로 '어떻게 ~하는지'를 의미하는 how가 와야 합니다.

② 복합관계대명사

명사절을 이끄는 복합관계대명사를 의미에 따라 구분하여 알아둡니다.

who(m)ever ~하는 누구든	whatever ~하는 무엇이든	whichever ~하는 어느 것 / 사람이든

(~~Whatever~~, Whoever) made this song / is / a genius.   이 노래를 만든 사람은 누구든 / 천재다
→ '이 노래를 만든 사람은 누구든'으로 해석하는 것이 자연스러우므로 '~하는 누구든'을 의미하는 Whoever가 와야 합니다.

The team / does / (~~whoever~~, whatever) their leaders say.   그 팀은 / 한다 / 그들의 리더들이 말하는 것은 무엇이든
→ '그들의 리더들이 말하는 것은 무엇이든'으로 해석하는 것이 자연스러우므로 '~하는 무엇이든'을 의미하는 whatever가
와야 합니다.

텝스 실전 확인 문제

둘 중 알맞은 것을 고르세요.

1. A customer is asking (ⓐ which ⓑ where) the manager can be found.
2. (ⓐ Whoever ⓑ Whatever) was left of the food was stored in the refrigerator.   정답 p.56

Point 4 | what vs. that

명사절 접속사 what과 that은 모두 '~한 것'이라고 해석되어 구별하기가 쉽지 않습니다. 둘을 어떻게 구별해야 하는지 자세히 살펴보아요.

① 명사절 접속사 what과 that 구별

what은 주어, 보어, 목적어와 같은 필수 성분이 빠진 불완전한 절을 이끕니다.

(~~That~~, What) <u>is</u> <u>important</u> to him / is / his health. 그에게 중요한 것은 / 그의 건강이다
       동사   보어

→ 명사절에 동사 is와 보어 important만 있고 주어가 빠졌으므로 불완전한 절을 이끄는 명사절 접속사 What이 와야 합니다.

This / is / the summary / of (~~that~~, what) <u>we</u> <u>discussed</u>. 이것은 / 요약본이다 / 우리가 토론한 것의
                                   주어   동사

→ 명사절에 주어 we와 동사 discussed만 있고 목적어가 빠졌으므로 불완전한 절을 이끄는 명사절 접속사 what이 와야 합니다.

that은 필수 성분을 모두 갖춘 완전한 절을 이끕니다.

Mr. Evans / announced / (~~what~~, that) <u>he</u> <u>will lead</u> <u>a campaign</u>.
                                 주어   동사   목적어

Mr. Evans는 / 발표했다 / 그가 캠페인을 이끌 것을

→ 명사절에 주어 he, 동사 will lead, 목적어 a campaign이 모두 갖추어져 있으므로, 완전한 절을 이끄는 명사절 접속사 that이 와야 합니다.

텝스 실전 확인 문제

둘 중 알맞은 것을 고르세요.

1. Heavy traffic is (ⓐ what ⓑ that) bothers motorists most.
2. We hope (ⓐ what ⓑ that) you have a great vacation.

정답 p.56

HACKERS PRACTICE

빈칸에 들어갈 적절한 보기를 고르세요.

01 The engineer determined _____ construction should begin.
(a) these   (b) where

02 _____ he is not reliable is obvious.
(a) That   (b) What

03 _____ decorated your home deserves praise for their elegant taste.
(a) Whatever   (b) Whoever

04 I want to know _____ the treatment is safe.
(a) if   (b) that

05 The lawyers are wondering _____ the judge will decide on the case.
(a) who   (b) when

06 The director explained _____ Mr. Davis left so early.
(a) which   (b) why

틀린 부분을 찾아 바르게 고치세요.

07 The customer asked me which the event will be held.

08 Indicate on the form why or not you have traveled outside the country.

09 Mr. Campbell hasn't decided who he would retire from the company.

10 The students understand what their grades are important for the future.

11 I was asked that the difference between management and leadership was.

12 First prize will be given to whichever finishes with the highest score.

정답 p.56

Part 1 대화에 들어갈 적절한 답을 고르세요.

01 A: The printer in the office doesn't seem to work.
B: Let me see _____.

(a) if I can fix
(b) if I can fix it
(c) I can fix
(d) I can fix it

02 A: Isn't this a good program?
B: Yes, it's well-made, _____ I'm learning a lot.

(a) on
(b) that
(c) so
(d) for

03 A: Can I invite coworkers to join the seminar?
B: It's open to _____ is interested.

(a) whoever
(b) what
(c) that
(d) whichever

04 A: What did you enjoy most at the auto show?
B: _____ test drives was great.

(a) That the car companies allowing
(b) That the car companies allowed
(c) The car companies allowing that
(d) The car companies allowed

Part 2 서술문에 들어갈 적절한 답을 고르세요.

05 _____ stock prices went up means the economy is improving.

(a) Once
(b) As
(c) That
(d) They

06 Before you go grocery shopping, it's a good idea to write down _____ you want to buy.

(a) whoever
(b) that
(c) what
(d) whose

07 Because of manufacturing delays, it _____ that the product launch should be moved to April.

(a) deciding
(b) decide
(c) was decided
(d) decides

Part 3 지문에서 어법상 틀리거나 어색한 보기를 고르세요.

08 (a) The Maldives is the world's lowest country with an average elevation of just 1.5 meters above sea level. (b) Experts fear it could disappear within a century if global warming continues to raise sea levels. (c) The Maldives would have been underwater already it had not been for the construction of a seawall. (d) Still, the country needs to do more to reduce the effects of climate change.

정답 p.57

기본기 다지기

부사절이란?

We / will go / home / <u>because it is getting late</u>.   우리는 / 갈 것이다 / 집에 / 늦어지고 있기 때문에
부사절

문장에서 주절은 We will go home입니다. 뒤에 있는 because it is getting late는 우리가 집에 가야 하는 이유를 나타내며 주절을 꾸며주고 있습니다. 이와 같이 주절을 꾸며 주면서 이유, 시간, 조건 등의 부가적인 정보를 제공해주는 절을 부사절이라고 합니다.

부사절의 형태에 대해 알아보아요!

부사절의 형태는 '부사절 접속사 + 주어 + 동사 ~'입니다.

The computer store / is / open / though it is a holiday.
부사절 접속사 (though) + 주어 (it) + 동사 (is) ~ = 부사절

그 컴퓨터 가게는 / 문을 연다 / 비록 휴일일지라도

Check-Up   다음 중 부사절은 무엇일까요?

<u>The birds fly south</u> <u>when the air gets cold.</u>   대기가 차가워질 때 새들은 남쪽으로 날아간다.
ⓐ   ⓑ

→ '부사절 접속사 + 주어 + 동사 ~'로 이루어진 절이 부사절이에요.   정답 ⓑ

■ 부사절 접속사의 종류에 대해 알아보아요!

부사절 접속사는 의미에 따라 크게 시간 접속사, 조건 접속사, 양보 접속사, 이유 접속사, 결과 및 목적 접속사 등으로 나뉩니다.

종류	부사절 접속사		
시간	before ~하기 전에 until ~할 때까지	after ~한 후에 while ~하는 동안	when ~할 때 since ~한 이래로
조건	if 만약 ~라면	unless 만약 ~이 아니라면	once 일단 ~하면
양보	although 비록 ~하지만 even if 비록 ~할지라도	even though 비록 ~하지만 while ~한 반면에	though 비록 ~하지만
이유	because ~하기 때문에	since ~하기 때문에	
결과	so that (~해서 그 결과) -하다	so / such ~ that 매우 ~해서 -하다	
목적	so that ~하기 위해		

Keep / walking / <u>until</u> you see a tall glass building.　계속 / 걸으세요 / 당신이 높은 유리 건물을 볼 때까지
　　　　　　　　　부사절 접속사 (시간)

Tom / went / to China / <u>because</u> he wanted to see the Great Wall.
　　　　　　　　　　　　　부사절 접속사 (이유)

Tom은 / 갔다 / 중국에 / 만리장성을 보길 원했기 때문에

Check-Up 다음 중 빈칸에 알맞은 것은 무엇일까요?

I can get you tickets _____ you wish to see the show.
만약 네가 그 쇼를 보길 원하면 나는 네게 표를 줄 수 있다.

ⓐ if　　　ⓑ although

→ '만약 네가 그 쇼를 보길 원하면 나는 네게 표를 줄 수 있다'가 더 자연스러워요.　　　정답 ⓐ

부사절이 올 수 있는 자리는 정해져 있습니다. 부사절이 어떤 자리에 올 수 있는지 자세히 살펴보아요.

① 부사절이 오는 자리

부사절은 문장에서 주절의 앞이나 뒤에 옵니다. 주절의 앞에 올 때는 부사절 뒤에 쉼표(,)를 반드시 붙입니다.

주절 앞 <u>Even if you are busy,</u> / <u>try</u> / to exercise. 비록 바쁠지라도 / 노력하세요 / 운동을 하도록
           부사절   주절

주절 뒤 <u>The restaurant</u> / <u>is closed</u> / <u>until it is rebuilt.</u> 그 식당은 / 폐쇄된다 / 그것이 재건축될 때까지
           주절   부사절

② 부사절 접속사 자리에 올 수 없는 것

부사절을 이끄는 부사절 접속사 자리에 부사는 올 수 없습니다.

(~~Instead~~, Although) I'm busy, / I / can help / you. 제가 비록 바쁘지만 / 저는 / 도울 수 있어요 / 당신을
부사 (X) 부사절 접속사 (O)

→ 부사절 I'm busy를 이끄는 부사절 접속사 자리에는 부사 Instead가 아닌 부사절 접속사 Although가 와야 합니다.

┌─ 텝스 실전 확인 문제 ─

둘 중 알맞은 것을 고르세요.

1. Please wait (ⓐ still ⓑ while) we find you a table.

2. The customer used his credit card (ⓐ therefore ⓑ because) he didn't bring any cash.

정답 p.59

Point 2 | 부사절 접속사 1: 시간·조건

시간과 조건을 나타내는 부사절 접속사는 그 의미에 맞게 써야 합니다. 이에 대해 자세히 살펴보아요.

① 시간 접속사

시간을 나타내는 부사절 접속사를 의미에 따라 구분하여 알아둡니다.

before ~하기 전에	after ~한 후에	when ~할 때
until ~할 때까지	while ~하는 동안	since ~한 이래로

Daniel / reads / a book / (after, before) he goes to bed. Daniel은 / 읽는다 / 책을 / 그가 잠자리에 들기 전에

→ 부사절을 '그가 잠자리에 들기 전에'로 해석하는 것이 자연스러우므로 '~하기 전에'를 의미하는 before가 와야 합니다.

② 조건 접속사

조건을 나타내는 부사절 접속사를 의미에 따라 구분하여 알아둡니다.

if 만약 ~하다면	unless 만약 ~하지 않는다면	once 일단 ~하면	as long as ~하는 한

(Unless, If) you have this shirt in a big size, / I / would like / to buy it.
만약 큰 사이즈 셔츠가 있다면 / 나는 / 하고 싶다 / 그것을 사는 것을

→ 부사절을 '만약 큰 사이즈 셔츠가 있다면'으로 해석하는 것이 자연스러우므로 '만약 ~하다면'을 의미하는 If가 와야 합니다.

텝스 실전 확인 문제

둘 중 알맞은 것을 고르세요.

1. The president met with her (ⓐ since ⓑ after) he returned from lunch.
2. Construction will start (ⓐ once ⓑ until) the weather gets warmer.

정답 p.60

양보, 이유, 결과와 목적을 나타내는 부사절 접속사는 그 의미에 맞게 써야 합니다. 이에 대해 자세히 살펴보아요.

① 양보 접속사

양보를 나타내는 부사절 접속사를 의미에 따라 구분하여 알아둡니다.

although / though / even though / even if 비록 ~하지만	while ~한 반면에

The book / was / interesting, (~~after~~, although) it was too long. 그 책은 / 흥미로웠다 / 비록 너무 길었지만
→ 부사절을 '비록 너무 길었지만'으로 해석하는 것이 자연스러우므로 '비록 ~하지만'을 의미하는 although가 와야 합니다.

② 이유 접속사

이유를 나타내는 부사절 접속사를 의미에 따라 구분하여 알아둡니다.

because ~하기 때문에	since ~하기 때문에

The library / is / quiet / (~~once~~, because) it is not exam week. 도서관은 / 조용하다 / 시험 주간이 아니기 때문에
→ 부사절을 '시험 주간이 아니기 때문에'로 해석하는 것이 자연스러우므로 '~하기 때문에'를 의미하는 because가 와야 합니다.

③ 결과와 목적 접속사

결과와 목적을 나타내는 부사절 접속사를 의미에 따라 구분하여 알아둡니다.

결과	so that (~해서 그 결과) -하다	so / such ~ that 매우 ~해서 -하다
목적	so that ~하기 위해	

I / was / so tired / (~~once~~, that) I couldn't continue working. 나는 / 매우 피곤해서 / 일을 계속할 수 없었다
→ '매우 피곤해서 일을 계속할 수 없었다'로 해석하는 것이 자연스러우므로 so와 짝을 이루어 '~해서 -하다'를 의미하는 부사절 접속사 that이 와야 합니다.

Frank / bought / a bicycle / (if, so that) he could exercise. Frank는 / 샀다 / 자전거를 / 그가 운동을 하기 위해
→ 부사절을 '그가 운동을 하기 위해'로 해석하는 것이 자연스러우므로 '~하기 위해'를 의미하는 부사절 접속사 so that이 와야 합니다.

텝스 실전 확인 문제

둘 중 알맞은 것을 고르세요.

1. The maid cleans the house (ⓐ before ⓑ even if) it isn't dirty.
2. I left home early (ⓐ though ⓑ so that) I wouldn't be late.

정답 p.60

Point 4 | 부사절 접속사 3: 복합관계대명사와 복합관계부사 〰

부사절 접속사인 복합관계대명사와 복합관계부사는 그 의미에 맞게 써야 합니다. 이에 대해 자세히 살펴보아요.

① 복합관계대명사

복합관계대명사를 의미에 따라 구분하여 알아둡니다.

> whatever 무엇이 / 무엇을 ~하든 상관없이   who(m)ever 누가 / 누구를 ~하든 상관없이
> whichever 어느 것이 / 어느 것을 ~하든 상관없이

(~~Whichever~~, Whoever) works late this week, / they / will get / a day off / next week.
누가 이번 주에 야근을 하든 상관없이 / 그들은 / 받을 것이다 / 하루 휴가를 / 다음 주에

→ 부사절을 '누가 야근을 하든 상관없이'로 해석하는 것이 자연스러우므로 '누가 ~하든 상관없이'를 의미하는 Whoever가 와야 합니다.

② 복합관계부사

복합관계부사를 의미에 따라 구분하여 알아둡니다.

> whenever 언제 ~하든 상관없이   wherever 어디를 / 어디에 ~하든 상관없이   however 어떻게 ~하든 상관없이

(~~However~~, Whenever) you have a moment, / I'd like / to discuss a matter with you.
당신이 언제 시간이 있든 상관없이 / 나는 하고 싶다 / 그 문제에 대해 당신과 토론을

→ 부사절을 '당신이 언제 시간이 있든 상관없이'로 해석하는 것이 자연스러우므로 '언제 ~하든 상관없이'를 의미하는 Whenever가 와야 합니다.

텝스 실전 확인 문제

둘 중 알맞은 것을 고르세요.

1. You can choose (ⓐ whoever ⓑ whichever) dessert you like.
2. Stop by our house (ⓐ whatever ⓑ whenever) you are in the neighborhood.   정답 p.60

빈칸에 들어갈 적절한 보기를 고르세요.

01 They took the stairs _____ the elevator was broken.
(a) therefore (b) because

02 Scott and I went to the park _____ we left the office.
(a) after (b) unless

03 Call for directions _____ you have trouble getting here.
(a) since (b) if

04 I heard the movie is good _____ I haven't seen it yet.
(a) because (b) although

05 Our hotel will provide _____ you may need.
(a) whatever (b) whoever

06 I wore my coat _____ I wouldn't catch a cold.
(a) after (b) so that

틀린 부분을 찾아 바르게 고치세요.

07 Try counting in your head until you lie in bed to fall asleep faster.

08 The career center will assist whichever needs help finding work.

09 Tourists like Tokyo unless it has great shopping and nightlife.

10 Rugby is a popular sport in Australia, since it isn't well-known in the US.

11 The insurance company provides a number to call whoever there is an emergency.

12 A shuttle bus from the airport to our hotel is available although you want it.

정답 p.60

HACKERS TEST

해커스 텝스 BASIC READING

Part 1 대화에 들어갈 적절한 답을 고르세요.

01 A: That is quite a long book you are
reading!
B: It will take weeks _____ I finish
it.

(a) before   (b) after
(c) since   (d) when

02 A: I'm not sure if this spaghetti will be
good.
B: We will eat it, _____ it tastes.

(a) whichever   (b) however
(c) whoever   (d) whomever

03 A: How was the short film you saw?
B: It was interesting, _____ it was
a bit too long.

(a) or   (b) so
(c) though   (d) once

04 A: Is there a place I can put my coat?
B: You can put it down _____ you
want.

(a) wherever   (b) whatever
(c) whenever   (d) whichever

Part 2 서술문에 들어갈 적절한 답을 고르세요.

05 Visitors are not allowed in the library
_____ they have a guest pass.

(a) so   (b) yet
(c) whereas   (d) unless

06 The teacher didn't notice in time
_____ Sandy was having trouble
in class.

(a) but   (b) as
(c) yet   (d) that

07 _____ the ancient sculpture is
restored, it will be donated to the national
museum.

(a) Once   (b) For
(c) Until   (d) That

Part 3 대화에서 어법상 틀리거나 어색한 보기를 고르세요.

08 (a) A: Did you notice the tie I bought
Mark?
(b) B: Yeah, I saw him wearing it when
he came to work.
(c) A: Well, what did you think?
(d) B: It looks very nicely on him.

GRAMMAR

CH 17

해커스 텝스 BASIC READING

정답 p.61

Chapter 17 부사절   **163**

기본기 다지기

관계절이란?

The CEO / has / an assistant / who speaks Spanish. 그 최고 경영자는 / 있다 / 조수가 / 스페인어를 구사하는
명사   관계절

who speaks Spanish라는 절이 assistant를 꾸며주고 있습니다. who speaks Spanish와 같이 명사를 꾸며주는 형용사
역할을 하는 절을 관계절이라고 합니다.

관계절의 형태에 대해 알아보아요!

관계절의 형태는 '관계대명사 (+ 주어) + 동사 ~', '관계부사 + 주어 + 동사 ~'입니다.

December / is / the month / when the store is most busy. 12월은 / 달이다 / 가게가 가장 바쁜
관계사 (when) + 주어 (the store) + 동사 (is) ~ = 관계절

Kerry / is / the woman / who lives next door. Kerry는 / 여자다 / 옆집에 사는
관계사 (who) + 동사 (lives) ~ = 관계절

Check-Up   다음 중 관계절은 무엇일까요?

I know the man who won the lottery. 나는 복권에 당첨된 남자를 안다.
    ⓐ   ⓑ

→ '관계사 (+ 주어) + 동사 ~'로 이루어진 절이 관계절이에요.

정답 ⓑ

관계절을 만드는 방법에 대해 알아보아요!

두 문장에서 같은 것을 가리키는 공통 명사를 찾아, 그 중 하나를 관계사로 바꾸어 한 문장으로 만듭니다. 이때 관계사는, 바꾸기 전 문장의 명사를 대신하는 대명사 역할을 하면서 두 문장을 연결하는 접속사 역할을 합니다.

The clothes are in the <u>package</u>. + <u>It</u> was delivered. 옷들은 소포 안에 있다. + 그것은 배달되었다.

(두 문장에서 package와 It은 같은 것을 가리킵니다.)

The clothes are in the <u>package</u> <u>which</u> was delivered. 옷들은 배달된 소포 안에 있다.
                           명사   관계사

(명사 It을 대신하면서 두 문장을 연결하는 관계사로 바꿉니다.)

Check-Up   빈칸에 알맞은 것은 무엇일까요?

I bought my skirt at the store _____ is located on Market Road.
나는 Market가에 위치해 있는 가게에서 나의 치마를 샀다.

ⓐ which   ⓑ it

→ 두 문장을 하나로 연결하는 접속사 역할을 하면서 대명사 역할을 할 수 있는 관계사가 와야 해요.   정답 ⓐ

관계사에는 관계대명사와 관계부사가 있어요!

관계대명사는 꾸밈을 받는 명사가 사람, 사물, 동물인지에 따라, 그리고 주격, 목적격, 소유격으로 쓰이는지에 따라 다른 것을 씁니다. 관계부사는 꾸밈을 받는 명사가 시간, 장소, 방법, 이유인지에 따라 다른 것을 씁니다.

	꾸밈을 받는 명사 격	주격	목적격	소유격
관계대명사	사람	who	who / whom	whose
	사물, 동물	which	which	whose / of which
	사람, 사물, 동물	that	that	–
관계부사	시간 / 장소 / 방법 / 이유	when / where / how / why		

I / have / <u>a friend</u> / <u>who</u> lives near my house. 나는 / 있다 / 친구가 / 나의 집 가까이에 사는
           명사 (사람)   관계대명사 (주격)

He / moved to China / <u>in 1981</u> / <u>when</u> I was born. 그는 / 중국으로 이사갔다 / 1981년에 / 내가 태어났을 때
                  명사 (시간)   관계부사

Check-Up   빈칸에 알맞은 것은 무엇일까요?

She liked the doll _____ her father gave her. 그녀는 그녀의 아버지가 준 인형을 좋아했다.

ⓐ they   ⓑ which

→ 꾸밈을 받는 명사가 사물인 doll이에요.   정답 ⓑ

Point 1 | 관계절 자리

관계절이 올 수 있는 자리는 정해져 있습니다. 관계절이 어떤 자리에 올 수 있는지 자세히 살펴보아요.

① 관계절이 오는 자리

관계절은 수식하는 명사 뒤에 옵니다.

I / liked / the <u>professor</u> / who teaches marketing.   나는 / 좋아했다 / 그 교수님을 / 마케팅을 가르치는

　　　　　　명사

The <u>cafeteria</u> / where the staff eats lunch / will be remodeled.

　　　명사

구내 식당은 / 직원들이 점심을 먹는 / 개조될 것이다

② 관계사 자리에 올 수 없는 것

관계절을 이끄는 관계사 자리에 대명사는 올 수 없습니다.

He / collects / <u>stamps</u> / (them, that) he finds in different countries.

　　　　　　　명사　　　대명사 (X) 관계사 (O)

그는 / 수집한다 / 우표를 / 다른 나라에서 찾은

→ 명사 stamps를 꾸며주는 절 he finds in different countries를 이끄는 관계사 자리에는 관계사 that이 와야 합니다.

텝스 실전 확인 문제

둘 중 알맞은 것을 고르세요.

1. The people (ⓐ they ⓑ who) came here this morning are my friends.
2. We can eat the ice cream (ⓐ which ⓑ it) Sarah brought for dessert.

정답 p.63

Point 2 | 관계대명사

여러가지 관계대명사를 어떻게 구별해서 쓰는지 자세히 살펴보아요.

① who / which 구별

관계절 앞에 나온 명사가 사람일 때는 관계대명사 who, 사물일 때는 which를 씁니다.

They / gave / gifts / to the guests / who attended the reception.

사람

그들은 / 줬다 / 선물을 / 손님들에게 / 환영회에 참석한

The toys / which have been placed on the shelf / belong to Tom.

사물

그 장난감들은 / 선반에 놓여있던 / Tom의 것이다

② 주격 / 목적격 / 소유격 구별

관계절 안에 주어가 없으면 주격 관계대명사 who / which / that을 씁니다.

I / hired / the applicant / who had experiences / in this area. 나는 / 고용했다 / 지원자를 / 경험이 있는 / 이 분야에

동사   목적어

→ 관계절 안에 동사 had와 목적어 experiences만 있고 주어가 없으므로 주격 관계대명사 who를 씁니다.

관계절 안에 목적어가 없으면 목적격 관계대명사 who(m) / which / that을 쓰며, 이 때 목적격 관계대명사
는 생략 가능합니다.

The man / whom Sally interviewed / was / Mr. Parker. 남자는 / Sally가 인터뷰한 / Mr. Parker였다

주어   동사

→ 관계절 안에 주어 Sally와 동사 interviewed만 있고 목적어가 없으므로 목적격 관계대명사 whom을 씁니다.

관계대명사 바로 뒤에 명사가 오고 '~의'로 해석되면 소유격 관계대명사 whose / of which를 씁니다.

The scholarship / goes / to students / whose grades are highest.

명사

장학금은 / 간다 / 학생들에게 / 그들의 학점이 가장 높은

→ 관계대명사 바로 뒤에 명사 grades가 왔고 '~의 학점'으로 해석되므로 소유격 관계대명사 whose를 씁니다.

텝스 실전 확인 문제

둘 중 알맞은 것을 고르세요.

1. They are the new employees (ⓐ whom ⓑ whose) you will train.
2. We will meet at the bus stop (ⓐ which ⓑ who) is near the park.

정답 p.63

관계대명사 바로 앞에 전치사가 오는 경우가 있습니다. 어떤 경우인지 자세히 살펴보아요.

① '전치사 + 관계대명사'의 형태

두 문장에서 공통되는 명사가 뒷문장에서 전치사 다음에 있는 경우, 공통되는 명사를 관계대명사로 바꾼 후 전치사를 관계사 앞으로 보낼 수 있습니다.

It / is / the book. + We / talked / about the book. 그것은 / 책이다 + 우리는 / 이야기했다 / 그 책에 대해
　　　공통 명사　　　　　　　　　전치사　　공통 명사

(두 문장에서 공통되는 명사는 the book입니다.)

⬇

It / is / the book which we talked about.
　　　　　　관계대명사

(뒷문장에서 공통되는 명사 the book을 관계대명사 which로 바꿉니다.)

⬇

It / is / the book / about which we talked. 그것은 / 책이다 / 우리가 이야기했던
　　　　　　　　전치사 + 관계대명사

(전치사 about을 관계사 앞으로 보냅니다.)

② '전치사 + 관계대명사'의 전치사

'전치사 + 관계대명사'에서 전치사는, 관계절의 동사와 전치사가 함께 어떻게 해석되는지에 따라 다른 것을 씁니다.

This / is / the house / (~~about~~, in) which I live. 이곳은 / 집이다 / 내가 사는
　　　　　　　　　　　　　　　　　　　동사

→ 관계절의 동사 live와 전치사 in이 함께 '~에 살다'라는 의미가 되어야 자연스러우므로 in이 와야 합니다.

The manager / considered / Tom's opinion / (~~about~~, with) which I agreed.
　　　　　　　　　　　　　　　　　　　　　　　　　　　　　　동사

부장은 / 고려했다 / Tom의 의견을 / 내가 동의한

→ 관계절의 동사 agreed와 전치사 with가 함께 '~에 동의하다'라는 의미가 되어야 자연스러우므로 with가 와야 합니다.

텝스 실전 확인 문제

둘 중 알맞은 것을 고르세요.

1. She got up from the couch (ⓐ from ⓑ on) which she was sitting.
2. My friends came to the restaurant (ⓐ at ⓑ during) which I work.

정답 p.63

Point 4 | 관계부사

여러 가지 관계부사를 어떻게 구별해서 쓰는지, 그리고 관계부사와 관계대명사를 어떻게 구별해서 쓰는지 자세히 살펴 보아요.

① 관계부사 when / where / why / how 구별

관계절 앞에 나온 명사가 시간을 나타내면 when을 씁니다.

It / was / Friday morning / (~~where~~, when) we had the meeting. 금요일 아침이었다 / 우리가 회의를 했던 때는
　　　　　　　시간

관계절 앞에 나온 명사가 장소를 나타내면 where를 씁니다.

We / went / to the restaurant / (~~why~~, where) a band plays music. 우리는 / 갔다 / 식당에 / 밴드가 음악을 연주하는
　　　　　　　　　　장소

관계절 앞에 나온 명사가 이유를 나타내면 why를 씁니다.

I / want / to know the reason / (~~when~~, why) the paper isn't ready. 나는 / 원한다 / 이유를 알기를 / 논문이 준비 안 된
　　　　　　　　　이유

관계절 앞에 나온 명사가 방법을 나타내면 how를 씁니다. 이때, 관계절 앞에 나온 명사가 the way일 경우 the way와 how 중 하나는 반드시 생략합니다.

He / told / me / (~~the way how~~, how) he found the wallet. 그는 / 말했다 / 나에게 / 그가 어떻게 지갑을 찾았는지
I / liked / (~~the way how~~, the way) she gave the speech.   나는 / 좋았다 / 그녀가 연설하던 방법이

② 관계부사와 관계대명사 구별

관계부사 뒤에는 주어, 목적어, 보어 등 필수 성분을 모두 갖춘 완전한 절이 오는 반면, 관계대명사 뒤에는 필수성분을 모두 갖추지 않은 불완전한 절이 옵니다.

The store / (~~which~~, where) we bought milk / is closed. 가게는 / 우리가 우유를 구입한 / 닫았다
　　　　관계대명사 (X) 관계부사 (O) 주어 (we) + 동사 (bought) + 목적어 (milk) = 완전한 절

We / welcome / candidates / (~~when~~, who) have experiences in international trade.
　　　　　　　　　　　　관계부사 (X) 관계대명사 (O) 동사 (have) + 목적어 (experiences) = 주어가 빠진 불완전한 절
우리는 / 환영한다 / 지원자들을 / 국제 무역 경력이 있는

텝스 실전 확인 문제

둘 중 알맞은 것을 고르세요.

1. My mother grew up at a time (ⓐ which ⓑ when) nobody had air-conditioning.
2. Jim spoke with the woman (ⓐ who ⓑ why) owns the house.　　　　　정답 p.63

빈칸에 들어갈 적절한 보기를 고르세요.

01 I have two brothers _____ are doctors.
   (a) who   (b) we

02 The couple has announced the date _____ they plan to marry.
   (a) which   (b) when

03 Please return the books _____ you borrowed from the library.
   (a) whom   (b) which

04 She knows the artist _____ created the sculpture.
   (a) that   (b) he

05 I received a prize _____ the value was $50.
   (a) of which   (b) which

06 Only the guests _____ the host had invited stayed over.
   (a) when   (b) whom

틀린 부분을 찾아 바르게 고치세요.

07 Most colleges offer programs who help graduates find work.

08 The dining table this is made of hardwood costs $600.

09 I'm watching a dog who owner is out of town.

10 Despite all our knowledge, there are things why no one can explain.

11 The professor explained the reason how the student failed the class.

12 Job applicants should ensure that their skills match the jobs in which they apply.

정답 p.63

HACKERS TEST

해커스 텝스 BASIC READING

Part 1 대화에 들어갈 적절한 답을 고르세요.

01 A: Have you met her before?
B: Yes. She's the girl _____ lent me this book.

(a) who   (b) whose
(c) whom   (d) what

02 A: How do you know them?
B: They're people _____ I work.

(a) what   (b) whose
(c) of which   (d) with whom

03 A: Is he a classmate of yours?
B: Yeah. He's the one _____ notes I borrowed in chemistry.

(a) who   (b) whose
(c) that   (d) which

04 A: I thought you were still on vacation.
B: I was, _____ my trip was cut short.

(a) so   (b) and
(c) but   (d) or

Part 2 서술문에 들어갈 적절한 답을 고르세요.

05 Feldville is the kind of small town _____ everybody knows each other.

(a) that   (b) what
(c) which   (d) where

06 Doctors recommend plenty of exercise for people _____.

(a) poor habits of eating have
(b) that have poor eating habits
(c) poor having that habits of eating
(d) that of poor eating habits have

Part 3 대화 또는 지문에서 어법상 틀리거나 어색한 보기를 고르세요.

07 (a) A: Carl is inviting us to the movies tomorrow.
(b) B: Isn't he the one who likes watching horror films?
(c) A: Yes, he is. So will you be able to join us?
(d) B: I can't. I have plans who I already made for tomorrow.

08 (a) Antoni Gaudi was a Spanish architect who was famous for his unique designs. (b) While Gaudi completed many projects in his lifetime, several remain unfinished. (c) A fine example of his unfinished works are the Church of the Sacred Family. (d) Construction on the building began in 1882, but it is not scheduled for completion until the year 2026.

정답 p.64

Chapter 18 관계절 **171**

기본기 다지기

어순이란?

Andrew / bought / a red car. Andrew는 / 샀다 / 빨간 차를
　주어　　　동사　　　목적어

이 문장은 '주어 + 동사 + 목적어' 순서로 쓰인 바른 문장입니다. 이처럼 문장 성분이나 품사들이 일정한 순서대로 나열되어
야 바른 문장이 되는데, 이때의 일정한 순서를 어순이라고 합니다.

📱 문장의 종류에 따라 어순이 다릅니다!

문장은 크게 평서문, 명령문, 의문문, 감탄문으로 나누어집니다. 각 문장의 종류마다 문장 성분이나 품사들이 오는 순서,
즉 어순이 다릅니다.

Erica / lives / in California. (평서문) Erica는 / 산다 / 캘리포니아에
　주어　　동사

Clean / your room. (명령문) 청소해라 / 너의 방을
　동사

Can you install / the new software? (의문문) 당신은 설치할 수 있나요 / 새 소프트웨어를
조동사 주어 동사

How beautiful / the sky / is! (감탄문) 참으로 아름답구나 / 하늘이
how　형용사　　주어　　동사

Check-Up　다음 문장의 종류는 무엇일까요?

I locked the front door. 나는 정문을 잠갔다.

ⓐ 평서문　　　ⓑ 명령문　　　ⓒ 의문문　　　ⓓ 감탄문

→ 평서문의 어순은 주어와 동사로 시작합니다.

정답 ⓐ

■ 수식을 할 때에는 일정한 순서가 있습니다!

수식하는 말은 수식을 받는 말을 바로 앞이나 뒤에서 수식합니다.

The employee / has / a good attitude. 그 직원은 / 가지고 있다 / 좋은 태도를
　　　　　수식하는 말　　　　수식 받는 말

The book / on the table / is / mine. 그 책은 / 탁자 위에 있는 / 내 것이다
수식 받는 말　　수식하는 말

Check-Up　　다음 중 빈칸에 들어갈 적절한 말은 무엇일까요?

He painted a _____. 그는 아름다운 그림을 그렸다.

ⓐ beautiful picture　　　ⓑ picture beautiful

→ 수식하는 말인 beautiful은 수식 받는 말 바로 앞에 와야 해요.　　　　정답 ⓐ

Point 1 | 평서문·명령문의 어순

평서문과 명령문의 어순에 대해 자세히 살펴보아요.

① 평서문의 어순

평서문은 문장의 다섯 가지 형식에 따라 문장 성분이 오는 순서가 다릅니다.

| 1형식: 주어 + 동사 | The bell / rang. 종이 / 울렸다 |

The bell / rang. 종이 / 울렸다
주어 / 동사

2형식: 주어 + 동사 + 보어
They / are / friends. 그들은 / 친구다
주어 동사 보어

3형식: 주어 + 동사 + 목적어
She / drove / the car. 그녀는 / 운전했다 / 그 차를
주어 동사 목적어

4형식: 주어 + 동사 + 간접 목적어 + 직접 목적어
She / taught / them / Spanish. 그녀는 / 가르쳤다 / 그들에게 / 스페인어를
주어 동사 간접 목적어 직접 목적어

5형식: 주어 + 동사 + 목적어 + 목적격 보어
I / consider / him / family. 나는 / 생각한다 / 그를 / 가족이라고
주어 동사 목적어 목적격 보어

② 평서문의 부정문 어순

평서문에 조동사가 있는 경우, 부정문은 '조동사 + not + 동사원형'의 순서로 옵니다.

The store / will not open / tonight. 그 상점은 / 열지 않을 것이다 / 오늘 밤
조동사 + not + 동사원형

평서문에 일반동사가 있는 경우, 부정문은 'do / does / did + not + 동사원형'의 순서로 옵니다.

Janice / did not come / to the party. Janice는 / 오지 않았다 / 파티에
did + not + 동사원형

③ 명령문의 어순

명령문은 주어 없이 동사원형으로 시작합니다.

Finish / your homework. 끝내라 / 너의 숙제를
동사원형

텝스 실전 확인 문제

둘 중 알맞은 것을 고르세요.

1. (ⓐ I do not want to work ⓑ I want not to work) for that company because of their low salary.

2. When security stopped the car, (ⓐ the driver showed his ID ⓑ his ID the driver showed) to the guard.

정답 p.66

Point 2 | 의문문의 어순

의문문과 간접 의문문의 어순에 대해 자세히 살펴보아요.

① 의문문의 어순

조동사가 있는 의문문은 '(의문사 +) 조동사 + 주어 + 동사' 순서로 옵니다.

Where / does / Jessie / work? 어디에서 / Jessie는 / 일하나요
의문사　조동사　주어　동사

Can you bring / me / some water? 당신은 가져다줄 수 있나요 / 저에게 / 약간의 물을
조동사 주어 동사

조동사가 없는 의문문은 '(의문사 +) 동사 + 주어' 순서로 옵니다.

Where / is / the post office? 어디에 / 있나요 / 우체국은
의문사　동사　주어

Is / Sarah / an artist? Sarah는 / 예술가인가요
동사　주어

② 간접 의문문의 어순

간접 의문문은 직접 질문하지 않고 다른 문장 안에 포함되어 간접적으로 질문하는 의문문으로 '의문사 + 주어 + 동사' 순서로 옵니다.

The students / asked / where the lecture hall is. 학생들은 / 물었다 / 어디에 강당이 있는지
의문사 (where) + 주어 (the lecture hall) + 동사 (is)

[텝스 실전 확인 문제]

둘 중 알맞은 것을 고르세요.

1. (ⓐ What should we do ⓑ Should we do what) with the stack of old newspapers?
2. The teacher wanted to know (ⓐ what the question was ⓑ what was the question). 정답 p.67

Point 3 | 감탄문의 어순

how로 시작하는 감탄문과 what으로 시작하는 감탄문의 어순에 대해 자세히 살펴보아요.

① How 감탄문의 어순

How를 쓰는 감탄문은 'How + 형용사 / 부사 + 주어 + 동사' 순서로 옵니다.

<u>How</u> <u>exciting</u> / <u>the trip</u> / <u>will be</u>! 참 신날 것 같구나 / 그 여행은
　How　　형용사　　　주어　　　동사

<u>How</u> <u>beautifully</u> / <u>she</u> <u>sings</u>! 얼마나 아름답게 / 그녀는 노래하는지
　How　　부사　　　주어　　동사

② What 감탄문의 어순

What을 쓰는 감탄문은 'What (+ a / an) + 형용사 + 명사 + 주어 + 동사' 순서로 옵니다.

<u>What</u> <u>a</u> <u>great</u> <u>house</u> / <u>you</u> / <u>have</u>! 너무 좋은 집이군요 / 당신이 / 가진 집은
　What　a　형용사　명사　　주어　　동사

<u>What</u> <u>bright</u> <u>eyes</u> / <u>you</u> / <u>have</u>! 참 빛나는 눈이군요 / 당신이 / 가진 눈은
　What　형용사　명사　　주어　　동사

텝스 실전 확인 문제

둘 중 알맞은 것을 고르세요.

1. (ⓐ What a wonderful day ⓑ What day a wonderful) it was when we graduated from high school!

2. (ⓐ Quickly how ⓑ How quickly) the package arrived!

정답 p.67

Point 4 | 명사를 수식하는 요소들의 어순

여러 요소가 명사를 수식하는 경우 그 요소들이 오는 순서가 정해져 있습니다. 어떤 순서로 오는지 살펴보아요.

① (부사 +) 형용사 + 명사

부사, 형용사가 명사를 수식할 때에는 '(부사 +) 형용사 + 명사' 순서로 옵니다.

부사 + 형용사 + 명사   She / asked / very easy questions.   그녀는 / 물었다 / 매우 쉬운 질문들을

                          부사   형용사   명사

형용사 + 명사   The director / made / interesting movies.   그 감독은 / 만들었다 / 흥미로운 영화들을

                                   형용사   명사

② 관사 / 소유격 / 지시형용사 (+ 부사) + 형용사 + 명사

관사 / 소유격 / 지시형용사가 부사, 형용사와 함께 명사를 수식할 때에는 '관사 / 소유격 / 지시형용사 (+ 부사) + 형용사 + 명사' 순서로 옵니다.

관사 (+ 부사) + 형용사 + 명사   They / climbed / a very high mountain.   그들은 / 등반했다 / 매우 높은 산을

                                   관사 부사   형용사   명사

소유격 (+ 부사) + 형용사 + 명사   He / washed / his dirty car.   그는 / 씻었다 / 그의 더러운 차를

                                   소유격 형용사 명사

지시형용사 (+ 부사) + 형용사 + 명사   You / should buy / that elegant dress.   너는 / 사야 한다 / 저 우아한 드레스를

                                   지시형용사 형용사   명사

[텝스 실전 확인 문제]

둘 중 알맞은 것을 고르세요.

1. The movers had a difficult time carrying (ⓐ the cabinet large ⓑ the large cabinet) up the stairs.

2. Jeff was rewarded with a prize for (ⓐ his highly successful invention ⓑ his invention highly successful).

정답 p.67

빈칸에 들어갈 적절한 보기를 고르세요.

01 My wife sent me _____ as an anniversary present.

(a) this very elegant watch   (b) this watch very elegant

02 Please _____ some milk at the store on your way home.

(a) remember to buy   (b) to remember buy

03 _____ a costume to the Halloween party this year?

(a) Are wearing you   (h) Are you wearing

04 _____ it is from the top of this mountain!

(a) What an amazing view   (b) What a view amazing

05 I asked _____ for his vacation.

(a) where he went   (b) where went he

06 _____ do if I lose my passport while I'm in a foreign country?

(a) What I should   (b) What should I

틀린 부분을 찾아 바르게 고치세요.

07 Engineers worked quickly to figure out what was the problem.

08 A good team leader is happy to give support team members.

09 Some people do not read books many and prefer activities such as sports or movies.

10 People are advised to make exercise a part of daily their routine.

11 How Mr. Brown slowly spoke at the conference this morning!

12 Most cable TV customers do watch not over half of the channels that they pay for.

정답 p.67

Part 1 대화에 들어갈 적절한 답을 고르세요.

01 A: What did your boyfriend say about your new dress?
B: He told _____.

(a) to me too short it was
(b) me that was it too short
(c) me that it was too short
(d) to me that it was short too

02 A: The deadline for our report isn't until two weeks from now.
B: I wonder _____ to delay the deadline.
(a) what can I do   (b) can I do what
(c) what I can do   (d) do I can what

03 A: How much will you pay for _____?
B: I'd be willing to give you $100.

(a) my used computer
(b) computer my used
(c) used my computer
(d) my computer used

Part 2 서술문에 들어갈 적절한 답을 고르세요.

04 _____ to book us a hotel room that is so close to the event!

(a) How thoughtful of she
(b) How thoughtful was she
(c) How she was thoughtful
(d) How thoughtful she was

05 She _____ when she went out on her date.

(a) forgot to bring her phone
(b) forgot to her phone bring
(c) brought her phone forgot to
(d) to forgot brought her phone

06 The firefighters made _____ to enter the burning building from above.

(a) a decision brave   (b) bravely a decide
(c) a brave decision   (d) a decide bravely

Part 3 대화 또는 지문에서 어법상 틀리거나 어색한 보기를 고르세요.

07 (a) A: I'm glad I started my own business.
(b) B: Why do you say that?
(c) A: Well, it's hard work, but I'm making more money.
(d) B: I heard the same thing from a friend whose has his own business as well.

08 (a) The Romans built the city of Londinium in AD 43 at an ideal location near the River Thames. (b) The Romans used the city as a base from which to control the rest of Britain. (c) For nearly 500 years, the Romans were successful at fighting off invading armies. (d) But in AD 407, where the Roman Empire was in decline, Germanic tribes finally succeeded in forcing the Romans out.

정답 p.68

기본기 다지기

비교 구문이란?

Jason / is / taller / than Ashley.
Jason은 / 키가 크다 / Ashley보다

Jason / is / the tallest boy / in this class.
Jason은 / 가장 키가 큰 소년이다 / 이 반에서

'Jason은 Ashley보다 키가 크다', 'Jason은 이 반에서 가장 키가 큰 소년이다'에서와 같이 둘 혹은 셋 이상의 대상을 서로 견주어 비교하는 구문을 비교 구문이라고 합니다.

비교 구문의 종류는?

```
          ┌ 원급
비교 구문 ─┼ 비교급
          └ 최상급
```

📓 세 가지 비교 구문에 대해 알아보아요!

비교 구문에는 비교하는 두 대상이 동등함을 나타낼 때 쓰는 원급, 두 개의 비교 대상 중 하나가 더 우월할 때 쓰는 비교급, 그리고 셋 이상의 비교 대상 중 하나가 가장 뛰어날 때 쓰는 최상급이 있습니다.

비교 구문	형태	의미	예
원급 구문	as 원급 as	~만큼 -한	as big as
비교급 구문	비교급 + than	~보다 -한	bigger than
최상급 구문	the + 최상급 (단, 부사의 최상급 앞에는 the를 쓰지 않습니다.)	가장 -한	the biggest

This sofa / is / as big as / the old one. 이 소파는 / 크다 / 옛날 것만큼

This sofa / is / bigger / than the old one. 이 소파는 / 크다 / 옛날 것보다

This sofa / is / the biggest / in the store. 이 소파는 / 가장 큰 것이다 / 이 가게에서

Check-Up 다음 중 비교급 구문은 어느 것일까요?

ⓐ Sarah runs as fast as Matt. Sarah는 Matt만큼 빨리 달린다.
ⓑ Sarah runs faster than Matt. Sarah는 Matt보다 빨리 달린다.
→ 두 개의 비교 대상 중 하나가 더 우월할 때 비교급을 써요.

정답 ⓑ

■ 비교급과 최상급 만드는 방법을 알아보아요!

비교급과 최상급은 형용사와 부사의 형태를 변화시켜서 만듭니다. 이때, 규칙 변화와 불규칙 변화가 있습니다.

규칙 변화			
비교급	1음절	뒤에 (e)r을 붙인다.	long → longer
	2음절 이상	앞에 more를 붙인다.	famous → more famous
최상급	1음절	뒤에 (e)st를 붙인다.	long → longest
	2음절 이상	앞에 most를 붙인다.	famous → most famous

불규칙 변화		
원급	비교급	최상급
good / well 좋은	better 더 좋은	best 가장 좋은
bad 나쁜 many / much 많은 little 적은	worse 더 나쁜 more 더 많은 less 더 적은	worst 가장 나쁜 most 가장 많은 least 가장 적은

The game / lasted / longer / than three hours. 그 게임은 / 지속되었다 / 더 오래 / 3시간보다

My mom / makes / the best pie / in town. 나의 엄마는 / 만든다 / 최고의 파이를 / 시내에서

Check-Up : 다음 중 맞는 것은 어느 것일까요?

My situation was _____ than hers. 나의 상황은 그녀의 상황보다 더 나빴다.

ⓐ badder   ⓑ worse

→ 원급 bad의 비교급은 불규칙 변화에요.   정답 ⓑ

Point 1 | 원급·비교급·최상급

원급, 비교급, 최상급이 쓰인 구문이 어떤 형태를 갖고 있으며, 어떤 의미를 가지는지 자세히 살펴보아요.

① 원급

원급 구문의 형태는 'as + 형용사 / 부사의 원급 + as'이며 '~만큼 -한'이라고 해석됩니다.

That car / is going / as (faster, fast) as / my car. 저 차는 / 가고 있다 / 빨리 / 나의 차만큼
                           비교급 (X) 원급 (O)

② 비교급

비교급 구문의 형태는 '형용사 / 부사의 비교급 + than'이며 '~보다 -한'이라고 해석됩니다.

The student / talked / (loudly, more loudly) / than the teacher. 그 학생은 / 말했다 / 더 크게 / 선생님보다
                         원급 (X)   비교급 (O)

'훨씬 더'라는 의미로 비교급을 강조하는 부사에는 far, still, even, much가 있습니다.

The professor's explanation / was / far clearer / than the book's.
                                          비교급

교수의 설명은 / 훨씬 더 / 명확했다 / 책의 설명보다

③ 최상급

최상급 구문의 형태는 'the + 형용사 / 부사의 최상급 + of ~ / in ~ / that절'이며 '~에서 가장 -한'이라고 해석됩니다. 이때, 부사의 최상급 앞에는 the를 쓰지 않습니다.

They / are / the (wealthier, wealthiest) family / in the city. 그들은 / 가장 부유한 가족이다 / 도시에서
                   비교급 (X)   최상급 (O)

Pete / works / (the hardest, hardest) / in the office. Pete은 / 일한다 / 가장 열심히 / 사무실에서
                 the + 부사의 최상급 (X) 부사의 최상급 (O)

'단연코'라는 의미로 최상급을 강조하는 부사는 by far, quite이 있습니다.

Saturday / is / by far / the most crowded day / of the week. 토요일은 / 단연코 / 가장 붐비는 날이다 / 주 중에서
                             최상급

텝스 실전 확인 문제

둘 중 알맞은 것을 고르세요.

1. Her performance this year was (ⓐ good ⓑ better) than last year's.
2. She has (ⓐ the smaller ⓑ the smallest) house in the neighborhood.

정답 p.70

Point 2 | 비교 구문을 포함한 표현

원급, 비교급, 최상급을 포함하여 관용적으로 자주 쓰이는 표현들이 있습니다. 어떤 것들이 있는지 자세히 살펴보아요.

① 원급을 포함한 표현

원급을 포함한 표현을 알아둡니다.

> as quickly as possible 가능한 한 빨리(= as soon as possible)
> as ~ as can be 더없이 ~한

Please / respond / as quickly as possible. 부디 / 답해주시기 바랍니다 / 가능한 한 빨리

Her performance / was / as good as can be. 그녀의 연기는 / 더없이 좋았다

② 비교급을 포함한 표현

비교급을 포함한 표현을 알아둡니다.

> the + 비교급 + 주어 + 동사, the + 비교급 + 주어 + 동사 더 ~할수록, 더 -하다

The more / you / give, / the more / you / receive. 더 많이 / 네가 / 줄수록 / 더 많이 / 너는 / 받는다

③ 최상급을 포함한 표현

최상급을 포함한 표현을 알아둡니다.

> one of the + 최상급 가장 ~한 -중 하나
> the world's + 최상급 세계에서 가장 ~한

She / is / one of the most talented dancers / in the area. 그녀는 / 가장 재능 있는 댄서 중 한 명이다 / 그 지역에서

They / sell / the world's finest wine. 그들은 / 판다 / 세계에서 가장 훌륭한 와인을

⌈ 텝스 실전 확인 문제 ⌉

둘 중 알맞은 것을 고르세요.

1. The woman hoped that the police would come (ⓐ as possible as quickly ⓑ as quickly as possible).

2. The less we drive our cars, (ⓐ the clean ⓑ the cleaner) the air will be. 정답 p.70

빈칸에 들어갈 적절한 보기를 고르세요.

01 This maple syrup tastes _____ than that of the leading brand.
    (a) sweet   (b) sweeter

02 Her apple pie is _____ dessert that I have ever tasted.
    (a) the most delicious   (b) as delicious as

03 I don't know anybody else who laughs as _____ as Elsa.
    (a) more loudly   (b) loudly

04 The people with us today are among the world's _____ scientists.
    (a) smart   (b) smartest

05 Because I changed my light bulbs, my electric bill is _____ lower than it used to be.
    (a) much   (b) many

06 They are entering the room _____ can be in order not to wake the children.
    (a) as quietly as   (b) as quietly than

틀린 부분을 찾아 바르게 고치세요.

07 Greatest artists in the country perform at the annual event.

08 The more nutrition there is in the soil, the fast plants grow.

09 The new chef at the restaurant is as famous the previous one.

10 The ticket registration office is busy at noon than at any other time.

11 The boy thinks that soccer is more popular rather than basketball.

12 Math was quite the harder subject that I took in high school.

정답 p.71

Part 1 대화에 들어갈 적절한 답을 고르세요.

01 A: These chairs are so weak! I just broke another one.
B: I guess we shouldn't _____.

(a) more cheap in the store have bought furniture
(b) have bought the furniture in the store cheaper
(c) have bought the cheapest furniture in the store
(d) the cheapest furniture have bought most in the store

02 A: Some students rent apartments outside the campus.
B: Really? I wonder _____ it.

(a) they can afford
(b) can they afford
(c) how can they afford
(d) how they can afford

03 A: I've seen better horror movies before.
B: Yeah, this one was _____ *Cemetery Park*.

(a) more boring than
(b) more as boring than
(c) boring rather than more
(d) as boring more than

Part 2 서술문에 들어갈 적절한 답을 고르세요.

04 Turn on the heater before you take a shower, or the water will be _____.

(a) as ice as cold   (b) as ice cold as
(c) as cold ice as   (d) as cold as ice

05 Speaking clearly and directly is _____ of a good public speaker.

(a) most useful one of skills
(b) one of the most useful skills
(c) one most useful of the skills
(d) the most one of skills useful

06 _____ about a problem, the better prepared you are to deal with it.

(a) As you are knowledgeable more
(b) As you knowledgeable the more
(c) The more knowledgeable you are
(d) The more knowledgeable are you

Part 3 대화 또는 지문에서 어법상 틀리거나 어색한 보기를 고르세요.

07 (a) A: This is a beautiful wedding!
(b) B: I know. Sheryl is an excellent wedding planner.
(c) A: I'd like her to plan my wedding. Can you tell to me her number?
(d) B: Of course. I'm sure she will be happy to help you.

08 (a) The Burj Dubai currently holds the record for the tallest structure in the world. (b) Completed in 2010, the building stands at 2,684 feet. (c) This is six hundred feet tallest than the KVLY-TV mast in North Dakota, the United States. (d) The Burj also has the distinction of having the world's highest elevator installation.

정답 p.71

기본기 다지기

생략·대용이란?

Greg / arrived / home / after Vicky arrived
home. Greg은 / 도착했다 / 집에 / Vicky가 집에 도착한 후에

→ Greg / arrived / home / after Vicky.
Greg은 / 도착했다 / 집에 / Vicky 후에

→ Greg / arrived / home / after Vicky did so.
Greg은 / 도착했다 / 집에 / Vicky가 그렇게 한 후에

arrived home(집에 도착했다)이라는 말을 반복하지 않기 위해 두 번째 문장처럼 반복되는 말을 삭제할 수 있는데, 이를 생략이라고 합니다. 또한, 세 번째 문장처럼 반복되는 말 대신 did so(그렇게 했다)를 사용할 수 있는데, 이를 대용이라고 합니다.

도치란?

He / is / never scared. 그는 / 절대 겁먹지 않는다
주어 동사

Never / is / he scared. 절대 / 그는 겁먹지 않는다
동사 주어

He is never scared(그는 절대 겁먹지 않는다)에서 never (절대)를 강조하기 위해 문장의 앞으로 보내면, 주어 He와 동사 is의 순서가 바뀌는데, 이를 도치라고 합니다.

■ 생략하는 방법을 알아보아요!

생략을 할 때는 반복되는 말을 지웁니다.

I / received the message, / before / Tom / received the message.
나는 / 그 메시지를 받았다 / Tom이 / 그 메시지를 받기 전에

→ I / received the message, / before Tom. 나는 / 메시지를 받았다 / Tom 전에
received the message가 생략됨

Check-Up : 다음 문장을 바르게 생략한 것은 무엇일까요?

Jennifer came to the party, after her husband came to the party.
Jennifer는 그녀의 남편이 파티에 온 후에 파티에 왔다.

ⓐ Jennifer came to the party, after her husband came to.

ⓑ Jennifer came to the party, after her husband.

→ 반복되는 말을 지우는 것이 생략입니다.   정답 ⓑ

📗 대용하는 방법을 알아보아요!

대용을 할 때는 반복되는 말 대신 so와 같은 단어를 사용합니다.

The president / says / that we need more staff, / but / I / don't think / that we need more staff.

사장은 / 말한다 / 우리가 직원이 더 필요하다고 / 그러나 / 나는 / 생각하지 않는다 / 우리가 직원이 더 필요하다고

→ The president / says / that we need more staff, / but / I / don't think / so.

사장은 / 말한다 / 우리가 직원이 더 필요하다고 / 그러나 / 나는 / 생각하지 않는다 / 그렇게

Check-Up   다음 중 맞는 것은 무엇일까요?

Jill feels that it's too expensive, but I don't think _____.

Jill은 그것이 너무 비싸다고 느끼지만, 나는 그렇게 생각하지 않는다.

ⓐ so   ⓑ that

→ 대용을 할 때 반복되는 말 대신 so를 사용할 수 있습니다.   정답 ⓐ

📗 도치하는 방법을 알아보아요!

도치를 할 때는 강조하고자 하는 말을 문장 맨 앞으로 보낸 후, 주어와 동사의 순서를 바꿉니다.

Our grandmother / is / rarely sick.   우리 할머니는 / 좀처럼 앓지 않으신다
　　주어　　　　동사

→ Rarely / is our grandmother / sick.   좀처럼 / 우리 할머니는 / 앓지 않으신다
　강조된 말 동사　　주어

Check-Up   둘 중 맞는 것은 무엇일까요?

I have never seen a painting more colorful than this.   나는 이것보다 더 다채로운 그림을 본 적이 없다.

→ (ⓐ Never have I ⓑ Never I have) seen a painting more colorful than this.

→ 강조하고자 하는 말이 문장 맨 앞으로 오면, 주어와 동사의 순서가 바뀌어요.   정답 ⓐ

Point 1 | 동사와 to 부정사의 생략·대용

동사나 to 부정사가 반복되는 경우, 반복되는 말을 생략하거나 반복을 피하기 위해 다른 말로 대용을 합니다. 이에 대해 자세히 살펴보아요.

① 동사의 생략

조동사 뒤에서 앞에 나온 말이 반복되면, 조동사까지만 쓰고 반복되는 말은 생략합니다.

A: Do you <u>know / how to fix this computer</u>? 당신은 아시나요 / 어떻게 이 컴퓨터를 고치는지

B: No, / I <u>don't</u> <u>know / how to fix this computer</u>. 아니요 / 저는 / 알지 못해요 / 어떻게 이 컴퓨터를 고치는지
 　　　　조동사　　　　　　　반복되는 말

→ No, / I / <u>don't</u>. 아니요 / 저는 / 몰라요
 　　　　조동사

➔ 조동사 don't 뒤에서 앞에 나온 know how to fix this computer가 반복되므로, don't까지만 쓰고 나머지는 생략합니다.

② 동사의 대용

일반 동사 이하에서 앞에 나온 말이 반복되면, 동사는 do / does / did로, 동사 뒤에 나오는 말은 so로 대신합니다. 이때 so는 생략할 수 있습니다.

They / <u>joined</u> / <u>the gym</u> / because their friends <u>joined the gym</u>.
 　　　　　　　　　　　　　　　　　　　　　　반복되는 말

그들은 / 가입했다 / 체육관에 / 그들의 친구들이 체육관에 가입했기 때문에

→ They / <u>joined</u> / <u>the gym</u> / because their friends did (so).
 　　그들은 / 가입했다 / 체육관에 / 그들의 친구들이 그렇게 했기 때문에

➔ because절의 주어 their friends 다음의 일반 동사 joined 이하에서 앞에 나온 joined the gym이 반복되므로, 동사 joined 는 did로, 동사 뒤에 나오는 the gym은 so로 대신합니다. 이때, so는 생략할 수 있습니다.

③ to 부정사의 대용

to 부정사의 to 뒤에서 앞에 나온 말이 반복되면 to로 대신합니다.

A: Let's <u>go running</u>. 달리기하러 가자.

B: Because of my bad knee, / I'm not able / <u>to</u> <u>go running</u>. 아픈 무릎 때문에 / 난 할 수 없어 / 달리기하러 가는 것을
 　　　　　　　　　　　　　　　to 부정사의 to　　반복되는 말

→ Because of my bad knee, / I'm not able <u>to</u>. 아픈 무릎 때문에 / 난 그걸 할 수 없어
➔ to 부정사 to go running의 to 뒤에서 앞에 나온 go running이 반복되므로 to로 대신합니다.

┌─ 텝스 실전 확인 문제 ─┐

둘 중 알맞은 것을 고르세요.

1. I thought the package included a hotel, but it (ⓐ didn't include   ⓑ didn't).
2. One of my friends joined the astronomy club because I (ⓐ did   ⓑ joined so). 정답 p.74

Point 2 | 절의 대용

절이 반복되는 경우 반복을 피하기 위해 다른 말로 대용을 합니다. 이에 대해 자세히 살펴보아요.

① 절 대용

hope, think 등의 동사 뒤에서 앞에 나온 말이 that절로 반복될 때, that절이 긍정문이면 so로, 부정문이면 not으로 대신합니다.

A: Will he win / the game? 그는 이길까요 / 그 경기에서

B: I / hope / that he will win the game. 저는 / 바라요 / 그가 경기에서 이기길
　　　　　　　　　긍정문

　　→ I / hope / so. 저는 / 바라요 / 그러기를

→ hope 뒤의 that절에서 앞에 나온 he will win the game이 긍정문인 that절로 반복되므로, so로 대신합니다.

A: Will he win / the game? 그는 이길까요 / 그 경기에서

B: I / hope / that he will not win the game. 저는 / 바라요 / 그가 경기에서 이기지 않기를
　　　　　　　　　부정문

　　→ I / hope / not. 저는 / 바라요 / 그러지 않기를

→ hope 뒤의 that절에서 앞에 나온 he will not win the game이 부정문인 that절로 반복되므로, not으로 대신합니다.

┌─ **텝스 실전 확인 문제** ─┐

둘 중 알맞은 것을 고르세요.

1. He thinks that the performance is great, but I don't think (ⓐ so ⓑ it).

2. John expects it to rain tomorrow, but I hope (ⓐ not ⓑ it will). 　　　　정답 p.74

부정을 나타내는 부사나 제한을 나타내는 부사가 강조되어 문장의 맨 앞으로 오면, 그 뒤의 주어와 조동사는 도치됩니다. 이에 대해 자세히 살펴보아요.

① 부정을 나타내는 부사(구) + 조동사 + 주어 + 동사

부사 hardly, scarcely, never, nor와 같은 부정을 나타내는 부사(구)가 강조되어 절의 맨 앞에 나올 때, 주어와 조동사는 도치되어 '부정을 나타내는 부사(구) + 조동사 + 주어 + 동사'의 어순이 됩니다.

<u>They</u> <u>will</u> <u>hardly</u> <u>see</u> / their son / when he goes to college.
　주어　조동사　부사　동사

→ <u>Hardly</u> <u>they</u> <u>will</u> <u>see</u> / their son / when he goes to college. [×]
　　부사　주어　조동사　동사

→ <u>Hardly</u> <u>will</u> <u>they</u> <u>see</u> / their son / when he goes to college. [○]
　　부사　조동사　주어　동사

　그들은 거의 못 볼 것이다 / 그들의 아들을 / 그가 대학을 가면

→ 부정을 나타내는 부사 hardly가 강조되어 절의 맨 앞에 나왔으므로 주어 they와 조동사 will이 도치되어 Hardly will they see의 순서로 와야 합니다.

② 제한을 나타내는 부사(구) + 조동사 + 주어 + 동사

only와 같은 제한을 나타내는 부사(구)가 강조되어 절의 맨 앞에 나올 때, 주어와 조동사는 도치되어 '제한을 나타내는 부사(구) + 조동사 + 주어 + 동사'의 어순이 됩니다.

<u>You</u> <u>can</u> <u>have</u> ice cream <u>only after dinner</u>.
　주어　조동사　동사　　　　　　　부사구

→ <u>Only after dinner</u> <u>you</u> <u>can</u> <u>have</u> ice cream. [×]
　　부사구　　　주어　조동사　동사

→ <u>Only after dinner</u> / <u>can</u> <u>you</u> <u>have</u> / ice cream. [○] 오직 저녁 식사 후에만 / 너는 먹을 수 있다 / 아이스크림을
　　부사구　　　　조동사　주어　동사

→ 제한을 나타내는 부사구 only after dinner가 강조되어 절의 맨 앞에 나왔으므로 주어 you와 조동사 can이 도치되어 Only after dinner can you have의 순서로 와야 합니다.

텝스 실전 확인 문제

둘 중 알맞은 것을 고르세요.

1. Only after getting a passport (ⓐ people can travel ⓑ can people travel) to other countries.
2. When Steve started the company, hardly (ⓐ guessed he ⓑ did he guess) how successful it would be.

정답 p.74

Point 4 | 조동사 도치 2: so / neither

긍정문과 부정문에 대해 '~ 역시 그렇다'고 대답하기 위해 so와 neither를 쓰는 경우에도 주어와 조동사는 도치됩니다.
이에 대해 자세히 살펴보아요.

1 So + 조동사 + 주어

긍정문에 대해 '~ 역시 그렇다'고 대답할 때, so가 절의 맨 앞에 오면 주어와 조동사는 도치되어 'So + 조동사
+ 주어'의 어순이 됩니다.

A: I / can play / the guitar. 나는 / 연주할 수 있어 / 기타를

B: <u>So I can.</u> [×]
  So 주어 조동사

  <u>So can I.</u> [○] 나도 역시 그래.
  So 조동사 주어

→ 긍정문 I can play the guitar에 대해 '나도 역시 그렇다'라고 대답하면서 so가 절의 맨 앞에 왔으므로 주어 I와 조동사 can이
도치되어 So can I의 순서로 와야 합니다.

2 Neither + 조동사 + 주어

부정문에 대해 '~ 역시 그렇다'고 대답할 때, neither가 절의 맨 앞에 오면 주어와 조동사는 도치되어 'Neither
+ 조동사 + 주어'의 어순이 됩니다.

A: I / didn't go / to the ceremony. 나는 / 가지 않았어 / 기념식에

B: <u>Neither I did.</u> [×]
  Neither 주어 조동사

  <u>Neither did I.</u> [○] 나도 역시 그래.
  Neither 조동사 주어

→ 부정문 I didn't go to the ceremony에 대해 '나도 역시 그렇다'라고 대답하면서 neither가 절의 맨 앞에 왔으므로 주어
I와 조동사 did가 도치되어 Neither did I의 순서로 와야 합니다.

텝스 실전 확인 문제

둘 중 알맞은 것을 고르세요.

1. David knew how smart Sarah was and (ⓐ so did I ⓑ so I did).
2. He can't believe we finished the assignment and (ⓐ neither I can ⓑ neither can I). 정답 p.74

빈칸에 들어갈 적절한 보기를 고르세요.

01   Simon likes to collect stamps as a hobby, and _____.
(a) so I do   (b) so do I

02   I took part in the school play because my classmates _____.
(a) did   (b) did participate

03   Scarcely _____ that Sam was promoted to vice president.
(a) could Peter believe   (b) Peter could believe

04   Brian finished the report, but Tom _____.
(a) didn't   (b) didn't finished

05   Paul wanted to live in Bermuda, but I _____.
(a) didn't want   (b) didn't want to.

06   Only this morning _____ home from her business trip.
(a) did she arrive   (b) she arrived

틀린 부분을 찾아 바르게 고치세요.

07   Scott bought a computer before his sister did buy.

08   I'd like to have a car, but I won't be able until I get a raise.

09   I believe that this book is a bestseller, but my friends don't believe.

10   Susan has not traveled outside the country, and so has Andrea.

11   Vegans never eat meat, nor they eat animal products such as milk or cheese.

12   Bob says it's more convenient to take the subway than a taxi, but I don't so think.

정답 p.74

Part 1 대화에 들어갈 적절한 답을 고르세요.

01 A: How did you get a refund?
B: Only after complaining _____ my money.

(a) they returned
(b) returned they
(c) they did return
(d) did they return

02 A: Did you know that snakes don't have ears?
B: Yes, and _____.

(a) turtles don't also
(b) turtles don't too
(c) neither do turtles
(d) turtles do neither

03 A: My father likes to go fishing in his spare time.
B: My father _____ too.

(a) likes   (b) does
(c) likes to   (d) does to

Part 2 서술문에 들어갈 적절한 답을 고르세요.

04 _____ with the same client that he met last time.

(a) An appointment Mr. Anderson had
(b) Mr. Anderson had an appointment
(c) Mr. Anderson an appointment had
(d) Had Mr. Anderson an appointment

05 Lisa had to participate in the class debate even though she did not _____.

(a) wish   (b) wish it
(c) wish to   (d) wish to do

06 Based on a survey, many consider the quality of patient care at Wellan Clinic to be _____ in the state.

(a) better than that of other hospitals
(b) better than of other hospitals
(c) other hospitals better than that
(d) that better than of other hospitals

Part 3 대화 또는 지문에서 어법상 틀리거나 어색한 보기를 고르세요.

07 (a) A: So, what did you think of the winter in Alaska?
(b) B: Never I have felt that cold in my life.
(c) A: Well, I told you to wear a thick jacket to keep you warm.
(d) B: I did, but I guess I needed a thicker one.

08 (a) The Suez Canal for Egypt is a manmade waterway that connects the Mediterranean Sea to the Red Sea. (b) The canal allows ships to travel between Europe and Asia without having to go around the continent of Africa. (c) Since the canal was built in the nineteenth century, many countries have fought for control of the canal. (d) Today, it is open to ships from all nations.

정답 p.75

혼자 하기 어렵고
막막할 땐?

해커스텝스(HackersTEPS.com)에서
스타강사의 무료 동영상강의 보기!

해커스 텝스 BASIC READING

READING COMPREHENSION

01 빈칸에 문장의 일부·전체 넣기(Part 1)

> **빈칸에 문장의 일부 넣기** 유형은 지문에 제시된 빈칸에 지문의 내용이 자연스럽게 연결될 수 있는 알맞은 보기를 골라 넣는 유형입니다. Part 1의 10문제 중 1번부터 8번까지 8문제가 나옵니다.

질문 유형

빈칸에 문장의 일부 넣기 유형에서 빈칸은 지문의 처음, 중간, 또는 마지막에 옵니다. 이 중, 빈칸이 지문 마지막에 온 문제가 가장 많이 나옵니다.

문제 풀이 Step

Step 1 **빈칸이 있는 문장을 읽고 빈칸에 무엇을 넣을지 예상하기**

먼저 빈칸이 있는 문장을 읽고, 빈칸에 무엇을 넣을지 예상해봅니다.

Scientists believe _____.
과학자들은 _____라고 믿는다.

빈칸이 있는 문장에 'Scientists believe(과학자들은 ~라고 믿는다)'가 있죠? 그럼 빈칸에 무엇을 넣어야 할까요? 바로, 과학자들이 믿는 것이 무엇인지를 넣어야 한다는 것을 예상할 수 있습니다.

Step 2 **지문을 읽으면서 지문의 중심 내용이나 흐름 파악하기**

빈칸이 지문의 처음에 있는 경우

빈칸에 중심 내용이 들어가는 경우가 많습니다. 따라서 뒤에 이어지는 세부 내용을 읽고 지문의 중심 내용을 파악합니다.

빈칸이 지문의 중간에 있는 경우

지문의 흐름에 맞는 내용이 들어가는 경우가 많습니다. 따라서 빈칸 앞뒤 흐름을 파악합니다.

빈칸이 지문의 마지막에 있는 경우

빈칸에 주로 중심 내용이 들어가며, 지문의 흐름에 맞는 내용이 들어가기도 합니다. 따라서 지문의 중심 내용이 잘 드러난 지문의 처음 한 두 문장을 주의 깊게 읽은 후, 전체 지문의 흐름을 파악합니다.

Step 3 **빈칸에 가장 적절한 보기 고르기**

빈칸에 넣어 문맥에 가장 자연스러운 보기를 정답으로 고릅니다.

문제 풀이 Step 적용

최초의 시계는 이집트에서 만들어졌다. 낮에는 해시계라고 불리는 특별한 시계가 사용되었다. 초기의 해시계는 다양한 길이의 그림자들을 만드는 높은 탑이었다. 오전과 저녁에는 그림자가 길었다. 한낮에는 그림자의 길이가 상당히 짧았다. 밤에는 별의 위치를 통해 사람들은 시간을 알 수 있었다. 이러한 방법을 사용해서 이집트 사람들은 _____.

(a) 그림자 길이를 바꿀 수 있었다
(b) 언제나 시간을 알았다
(c) 새 계절이 언제 시작되는지 알았다
(d) 밤낮으로 일했다

The first clocks were made in Egypt. During the day, special clocks called sundials were used. Early sundials were tall towers that made shadows of different lengths. If it was early or late in the day, the shadow was long. In the middle of the day, the shadow was quite short. At night, people could tell the time based on the location of stars. Using these tools, people from Egypt _____.

(a) could change the shadow lengths
(b) always knew what time it was
(c) learned when a new season started
(d) worked during the night and day

Step 2 지문의 중심 내용이나 흐름 파악하기

Step 1 빈칸에 무엇을 넣을지 예상하기

Step 3 빈칸에 적절한 보기 고르기

Step 1 빈칸이 있는 문장 Using these tools, people from Egypt ____(이러한 방법을 사용해서 이집트 사람들은 ____)를 통해 빈칸에 이집트 사람들이 앞에서 언급한 방법을 사용해서 무엇을 했는지를 넣어야 한다는 것을 예상할 수 있습니다.

Step 2 빈칸이 지문의 마지막에 있으면 그 안에 주로 중심 내용이 들어가므로 지문의 중심 내용을 파악합니다. 지문의 앞부분, 뒷부분에서 최초의 시계는 이집트에서 만들어졌고, 이집트 사람들이 낮에는 해시계를 통해, 밤에는 별의 위치를 통해 시간을 알았다고 했으므로 '이집트 사람들은 언제나 시간을 알았다'가 중심 내용임을 알 수 있습니다.

Step 3 빈칸에 넣었을 때 '이집트 사람들은 언제나 시간을 알았다'라고 하여 자연스럽게 연결되는 보기 (b)를 정답으로 고릅니다.

HACKERS **PRACTICE**

문장 해석 연습 – 주어

텝스 독해에는 길이가 길어서 해석하기 어려운 주어가 자주 나와요. 이런 긴 주어들을 어떻게 해석하는지 알아볼까요?

01 what절이 주어인 경우

What she needs / is a good friend.

위 문장에서 주어는 What she needs입니다. 이처럼 what절(what + 주어 + 동사 ~)이 주어이면 주어가 동사하는 것은이라고 해석합니다. 따라서 위 문장은 '그녀가 필요로 하는 것은 좋은 친구이다'라고 해석합니다.

✓ 주어진 문장을 올바르게 해석한 보기를 고르세요.

> What researchers found were sixth-century oil paintings of several Buddhist scenes.

① 연구원들은 불교의 내용이 6세기의 유화에서 발견된다는 것을 찾아냈다.
② 연구원들이 찾은 것은 불교의 내용을 담은 6세기의 유화들이었다.

02 whether절이 주어인 경우

Whether he failed the test / is uncertain.

위 문장에서 주어는 Whether he failed the test입니다. 이처럼 whether절(whether + 주어 + 동사 ~)이 주어이면 주어가 동사하는지 아닌지는이라고 해석합니다. 따라서 위 문장은 '그가 시험에 떨어졌는지 아닌지는 확실하지 않다'라고 해석합니다.

✓ 주어진 문장을 올바르게 해석한 보기를 고르세요.

> Whether your health insurance will cover treatment should be the least of your concerns.

① 당신의 건강 보험이 치료 비용을 보상해줄지 아닐지는 당신의 가장 최소한의 걱정거리여야 합니다.
② 당신이 건강 보험을 가지고 있든 아니든, 당신이 최소한으로 걱정할 만큼의 치료 비용이 나올 것입니다.

03 가짜 주어 it과 진짜 주어 that절이 쓰인 경우

It / is amazing / **that birds are able to fly so easily.**

위 문장에서 주어는 It이 아니라 that birds are able to fly so easily입니다. 주어가 길어서 뒤로 간 경우이지요. 이때 사용하는 It을 가짜 주어라고 하고, that birds are able to fly so easily를 진짜 주어라고 합니다. 이런 진짜 주어 that절(that + 주어 + 동사 ~)은 주어가 동사하는 것은이라고 해석합니다. 따라서 위 문장은 '**새들이 그렇게 쉽게 나는 것은 놀랍다**'라고 해석합니다.

✅ 주어진 문장을 올바르게 해석한 보기를 고르세요.

It was observed that 60 percent of all homes in the city actually gained value.

① 그것이 관측되었기에 그 도시의 모든 가구의 60퍼센트는 실제로 가격이 올랐다.

② 그 도시 모든 가구의 60퍼센트가 실제로 가격이 올랐다는 것이 관측되었다.

지문을 읽고 빈칸에 알맞은 보기를 고르세요.

04

Having a large credit card balance is not a serious problem, since _____
_____. If a customer is having difficulty paying the debt, credit
card companies are willing to make special arrangements. Many companies will offer
a discount on the interest that has accumulated if a cardholder agrees to pay off the
card's entire balance. Thus, if you are behind on your credit card payments, contact
your credit card company and see if they can assist you.

(a) help is available to cardholders
(b) payments can be briefly delayed

05

The department of education has started a new program called Smart Start that
_____. Over one million copies of popular children's
books have been ordered and given to local schools. Students are being asked to read
one new book a week, and what they read will be tested for comprehension by their
teachers. If they read a new book and pass the test every week of the school year, they
will receive a coupon to go to an amusement park for free.

(a) urges children to read often
(b) will increase the sales of kids' books

06

Dear Ms. Lee,

I regret to inform you that you must change your order. We are currently out of stock
of the jeans in the color you selected. We will not ship your order until you choose
a replacement product. Therefore, it is important that you log on to our Web site to

_____.

Regards,
John Starks
Jazzy Jeans

(a) provide us with your shipping information
(b) adjust your clothing order

07

Genealogy, the study of one's family history, is practiced in cultures throughout the world. Genealogy helps connect those living to their ancestors. Families that are linked to royalty can often trace their family history hundreds of years back. African American families can trace their family histories with the help of publicly available slave records. Ultimately, genealogy _____.

(a) connects families to their pasts
(b) is an important tool for historians

08

Let's face it: if you or your children are sick, whether your health insurance will cover treatment should be the least of your concerns. That's why Blue Dog Medical is your best choice. Our rates are competitive and we cover all clinic visits and surgical procedures without exception. Call Blue Dog Medical today if you're interested in _____.

(a) receiving a free medical checkup at our office
(b) being covered by a reliable insurance policy

01

> Steve Fossett was one of the world's greatest adventurers. One of his first feats was to cross the Pacific Ocean in a hot air balloon. It was even more amazing that he did it alone. Several years later, _____. Without any other companions, he piloted a 10-story balloon around the entire world in 14 days, finally landing in Australia.

(a) he accomplished something more impressive
(b) he improved his skill with hot air balloons
(c) his trip across the Pacific Ocean was repeated
(d) his balloon was found in the ocean

02

> A recent study done by cancer researchers reveals that _____ _____. Prostate cancer rates were at their highest in the 1980s, before the government educated the public about the dangers of the disease. Because men are now more aware of risk factors for the cancer, rates have declined. Overall, 10 percent fewer cases are reported every year and the death rate has dropped by nearly 20 percent. These figures prove that increased public awareness of prevention methods has made a difference.

(a) prostate cancer is easier to detect
(b) prostate cancer tests are not effective
(c) prostate cancer rates are getting lower
(d) prostate cancer is no longer a serious issue

03

> The Sydney Power Company would like to remind all customers to _____ _____. As we've already informed you, electric service to your neighborhood will be interrupted from 9 a.m. until 11 p.m. tomorrow. Maintenance personnel will be completing repairs on damaged power lines. During this time, it will be impossible to use things like lamps and other light fixtures. Be certain that you've made arrangements to limit the inconvenience this may cause.

(a) lower the amount of electricity you use at home
(b) prepare candles and flashlights to use in the dark
(c) evacuate your homes immediately following the loss of power
(d) stay away from downed power lines in your neighborhood

04

> When talking about the nationwide drop in housing prices, most people assume that every city in the country has been affected. However, the case of Boulder, Colorado _____. Economists compared Boulder property prices from the second quarter of last year and this year. Over that period, it was observed that 60 percent of all homes in the city actually gained value. High-quality schools, beautiful scenery, and a growth in local job opportunities are three key factors said to be fueling continued demand.

(a) is a perfect example of this downward price trend
(b) proves this to be an incorrect assumption
(c) needs to be studied more in depth by homeowners
(d) is one that economists are unable to explain

05

The neighborhood safety committee is responsible for keeping our homes safe. As a way of reaching that goal, we have bought carbon monoxide detectors for everyone's houses. Carbon monoxide is a colorless and odorless gas that is fatal if inhaled in large amounts. It is particularly prevalent during the winter months, when windows are kept closed and gas heaters or fireplaces are used in a house. The neighborhood safety committee hopes _____.

(a) the area we live in will stay free of house fires
(b) you to stay warm in the winter
(c) your home will remain safe from the gas
(d) we can all help keep our neighborhood clean

06

Cactuses _____. Most of them have long leaves in order to reduce their surface area. This helps the plants lose less water. The plants also have spikes or hairs, which stop air circulation near the plant. They also reduce moisture loss. The roots of a cactus spread out very wide and not very deep. Widely spread roots are an adaptation that gives the cactus access to the most water possible.

(a) are designed to retain water
(b) are found in large and dry forests
(c) are home to many desert animals
(d) need lots of space for growth

07

The *Buddhas of Bamyan* in Afghanistan were statues that had been carved into the side of a mountain in the sixth century. When they were destroyed by Afghanistan's government in 2001, people were outraged. However, some good came from their loss. Over 50 previously unknown caves that had been covered by the statues were exposed. Inside, what researchers found were sixth-century oil paintings of several Buddhist scenes. The earliest evidence of oil painting was thought to be from fourteenth-century Europe. The finding, on the other hand, _____ _____.

(a) confirms that many early Europeans were Buddhist
(b) proves that the technique spread to Afghanistan
(c) predicts earlier oil paintings will be found in Afghanistan
(d) shows that oil painting was used earlier in Afghanistan

08

A report from the Federal Transportation Bureau states that _____ _____. A big reason for their increased responsibility is the recent toughening of airport safety standards. Personnel must now spend half their time making sure passengers follow all of the new rules. Apart from this, they must still inspect bags and operate metal detectors as they normally do. The hard work and long hours of the job mean most airport security personnel only stay at the job for six months on average.

(a) airport security personnel are quitting because they are overworked
(b) airports are more secure than they were before the new safety standards
(c) lines are longer than they ever have been at the nation's airports
(d) jobs in the security department at airports are tough to get

CHAPTER 02 빈칸에 연결어 넣기(Part 1)

> **빈칸에 연결어 넣기** 유형은 지문의 중간이나 마지막에 제시된 빈칸에 앞 뒤 내용을 자연스럽게 연결하는 알맞은 보기를 골라 넣는 유형입니다. Part 1의 10문제 중 9부터 10번까지 2문제가 나옵니다.

질문 유형

빈칸에 연결어 넣기 유형에서 빈칸은 주로 지문의 중간이나 마지막에 오며, 다양한 종류의 연결어가 골고루 나옵니다.

문제 풀이 Step

Step 1 빈칸 앞뒤 문장을 읽고 문장들 사이의 관계 파악하기

빈칸 앞뒤의 문장을 읽고, 두 문장의 관계를 파악합니다.

John arrived at the interview in jeans. _____, everyone else was wearing a suit.

John은 면접에 청바지를 입고 왔다. _____, 다른 모든 사람들은 정장을 입고 왔다.

빈칸 앞에 John arrived at the interview in jeans(John은 면접에 청바지를 입고 왔다)라는 내용이 나오고, 빈칸 뒤에 everyone else was wearing a suit(다른 모든 사람들은 정장을 입고 왔다)라는 앞의 문장과 반대되는 내용이 나오죠? 그럼 이 두 문장은 어떤 관계일까요? 서로 내용이 달라서 대비를 이루는 대조 관계입니다.

Step 2 빈칸 앞뒤 문장의 관계를 가장 자연스럽게 나타내는 연결어 고르기

두 문장을 자연스럽게 연결할 수 있는 연결어를 보기에서 정답으로 고릅니다. 위 두 문장의 경우, 대조를 나타내는 연결어를 선택합니다.

연결어 넣기 문제에서 자주 등장하는 연결어

문장간의 관계	연결어 종류		
대조	in contrast 대조적으로	conversely 대조적으로	instead 그 대신
결론·요약	thus 그러므로	consequently 따라서	in conclusion 결론적으로
원인과 결과	because 왜냐하면	since 왜냐하면	as a result 그 결과
예시	for instance 예를 들어	for example 예를 들어	to illustrate 예를 들어
부연	what is more 게다가	furthermore 게다가	in addition 게다가

문제 풀이 Step 적용

만약 당신의 자동차에 새는 부분이 있다면, 그 원인을 확인할 수 있는 쉬운 방법이 있습니다. 자동차가 가동되는 동안 마분지 한 장을 자동차 아래에 댑니다. 액체의 색깔은 어느 부위가 새고 있을 수도 있다는 것을 당신에게 알려줄 것입니다. _____, 오일은 검은색, 냉각제는 녹색이고, 브레이크액은 옅은 갈색입니다. 이는 당신이 새는 곳의 근원을 알도록 도와줄 것입니다.

(a) 게다가
(b) 예를 들어
(c) 대조적으로
(d) 그러므로

If your car has a leak, there is an easy way to identify the source. Place a piece of cardboard under your car while it is running. **The color of the fluid will inform you of where the leak might be.** _____, oil is black, coolant is green, and brake fluid is light brown. This will help you to see the source of the leak.

(a) In addition
(b) For instance
(c) In contrast
(d) Thus

Step 1
빈칸 앞뒤 문장들 사이의 관계 파악하기

Step 2
문장의 관계를 가장 자연스럽게 나타내는 연결어 고르기

Step 1 빈칸 앞에는 액체의 색깔을 통해 어느 부위가 새고 있는지를 알 수 있다는 내용이 나오고, 빈칸 뒤에는 오일은 검은색, 냉각제는 녹색이고, 브레이크액은 옅은 갈색이라는 구체적인 예시가 나옵니다.

Step 2 두 문장의 관계를 가장 자연스럽게 나타내는 연결어인 예시를 나타내는 **(b) For instance**(예를 들어)를 정답으로 고릅니다.

문장 해석 연습 – 동사

텝스 독해에는 해석하기 까다로운 동사가 나와요. 이런 동사들을 어떻게 해석하는지 알아볼까요?

01 동사가 전치사와 함께 쓰인 경우

Police / **compared** / the woman's photo / **with** the security video.

위 문장에서 동사는 compared입니다. 이 문장에서 동사 compared는 전치사 with와 함께 compare A with B의 형태로 쓰여, A를 B와 비교하다라고 해석합니다. 띠리서 위 문장은 '경찰관은 그 여성의 사진을 보안 비디오와 비교했다'라고 해석합니다. 텝스에서 자주 나오는 전치사와 함께 쓰인 동사와 그 의미를 익혀둡시다.

inform A of B A에게 B를 알리다   warn A of B A에게 B를 경고하다

provide A with B A에게 B를 제공하다   compare A with B A를 B와 비교하다

replace A with B A를 B로 교체하다   prevent A from B A를 B하지 못하게 하다

✅ 주어진 문장을 올바르게 해석한 보기를 고르세요.

> Newspapers constantly provide us with stories about the arguments between the president and lawmakers.

① 신문은 우리에게 대통령과 국회의원들 사이의 논쟁에 대한 기사를 끊임없이 제공한다.

② 우리는 신문에 대통령과 국회의원들 사이의 논쟁에 대한 기사거리를 끊임없이 제공한다.

02 be given / be taught가 동사인 경우

Harry / **was given** / many presents / for his birthday.

위 문장에서 동사는 was given입니다. 일반적으로 'be + p.p.'는 '~되다'라고 해석합니다. 그러나 give(주다), teach(가르쳐 주다) 등과 같이 '주다'라는 뜻의 동사가 be given / be taught로 쓰인 경우 '~ 되다'가 아니라 '받다', '배우다'와 같이 원래의 뜻과는 반대로 해석합니다. 따라서 위 문장은 'Harry는 그의 생일에 많은 선물을 **받았다**'라고 해석합니다.

✅ 주어진 문장을 올바르게 해석한 보기를 고르세요.

> French children are taught the appropriate uses of honorific speech at a young age.

프랑스 아이들은 어릴 때 경어체의 적절한 사용법을   ① 배운다.
② 가르치게 된다.

03 be said / be thought / be considered가 동사인 경우

Harvard / **is said** / to be the world's best university.

위 문장에서 동사는 is said이며, 그 뒤에는 to be the ~ university가 왔습니다. say(말하다), think(생각하다), consider(생각하다)와 같이 '~라고 말하다/생각하다'라는 뜻의 동사가 be said/be thought/be considered로 쓰인 경우 그 뒤에는 주로 to 부정사가 오며, be said는 '~라고 말해지다', be thought, be considered는 '~라고 여겨지다'로 해석합니다. 따라서 위 문장은 'Harvard는 세계에서 가장 좋은 대학교라고 **말해진다**'라고 해석합니다.

✅ 주어진 문장을 올바르게 해석한 보기를 고르세요.

The Staph bacterium is considered to be the first to have become resistant to antibiotics.

Staph 박테리아는
① 사람들이 처음 항생제가 제작되었다고 여기는 박테리아이다.
② 항생제에 저항력이 있는 최초의 박테리아라고 여겨진다.

지문을 읽고 빈칸에 알맞은 보기를 고르세요.

04

Psychologist John Watson did a famous experiment with a boy named Albert. Watson let the boy play with a small, white rat. Albert grew to like the rat. But then Watson started making a loud, scary noise whenever Albert was given the rat. As he kept doing this, Albert would become scared when he saw the rat, even without the noise. _____, Albert was afraid whenever he saw anything white and furry.

(a) As a result
(b) Instead

05

Train travel in the United States is unpopular due to ticket prices and speed. For instance, a discount flight between Boston and Washington, DC, costs around $150 and takes an hour. _____, the train takes seven hours and costs 30 to 40 percent more. It is clear why train travel is not popular.

(a) In contrast
(b) Nonetheless

06

On February 12, 1994, thieves broke into the National Gallery in Oslo, Norway. They stole Edward Munch's *The Scream*. Norwegian police worked with the British police, the international experts at cases of art theft, to track down the thieves. _____, the thieves were found and brought to trial. However, the thieves never went to jail. The case was dismissed because the British special agents who caught them had entered Norway illegally.

(a) In the end
(b) In conclusion

07

Newspapers constantly provide us with stories about the arguments between the president and lawmakers. The two branches of government are under the control of opposing political parties. This has caused much debate between the sides, consisting mainly of threats and insults. Silly arguments have prevented positive change from happening. _____, both sides will need to put aside their differences and cooperate to help the country.

(a) Consequently
(b) Furthermore

08

Nobody likes carrying around bulky, inconvenient hardcovers. That is why iTexts has decided to offer electronic copies of university textbooks that can be used on laptops. _____, we offer titles from all major publishers and our prices are as much as 80 percent less than those of bookstores. Make your life easier. Visit iTexts.com today.

(a) At any rate
(b) What is more

정답 p.87

01

Honorific speech is a feature of some languages that typically identifies the relationship between the speaker and the listener. In French, for instance, two different second-person pronouns are used: one for casual encounters and the other for formal situations. French children are taught the appropriate uses of honorific speech at a young age. _____, children are scolded if they use casual language when talking with someone older.

(a) Still
(b) However
(c) Nevertheless
(d) For example

02

The overuse of antibiotics — special medicines that treat bacterial infections — can cause a problem called antibiotic resistance. It occurs when the bacteria adapt to an antibiotic. If resistance develops, the drug is no longer effective. This happens because doctors prescribe antibiotics too easily to patients with minor conditions. _____, to prevent resistance, doctors must not prescribe antibiotics in unnecessary cases.

(a) Thus
(b) Likewise
(c) Otherwise
(d) Yet

03

Marcel Duchamp was famous for making strange art. Apart from his unique paintings, Duchamp also created sculptures and presented everyday objects he called "readymades" as art. One of his more famous pieces was an upside-down urinal he named *Fountain*. His work was groundbreaking and his fans wanted to see more. _____, those who didn't appreciate his work thought it had no place in the art world.

(a) Conversely
(b) Indeed
(c) Rather
(d) Incidentally

04

Sightings of World War II soldiers by Pacific islands tribespeople led to the creation of "cargo cults." Tribe members thought the soldiers were gods because of the advanced equipment they carried. Instead of warning fellow tribespeople of the outsiders' presence, the island's tribal leaders embraced the soldiers. The soldiers tried to persuade the tribespeople that they were not gods. _____, the soldiers and their "cargo" are still worshipped by many tribes.

(a) In contrast to
(b) In accordance with
(c) Nevertheless
(d) To illustrate

정답 p.90

03 어색한 문장 골라내기(Part 2)

> **어색한 문장 골라내기** 유형은 지문에 있는 네 개의 보기 문장 중 전체 흐름과 어울리지 않는 하나의 문장을 골라내는 유형입니다. Part 2의 2문제 모두 이 유형입니다.

질문 유형

어색한 문장 골라내기 유형은 지문의 첫 문장 뒤에 나오는 (a), (b), (c), (d) 네 개의 보기 문장 중, 지문의 첫 문장과 관계가 없는 보기를 골라내는 문제입니다.

문제 풀이 Step

Step 1 **첫 문장의 내용 정확히 파악하기**

지문의 첫 문장은 대부분 주제문이며, 이 주제문과 관련 없는 보기가 정답인 경우가 많습니다. 따라서 첫 문장의 내용을 정확히 파악해 둡니다.

Step 2 **첫 문장과 관련이 없는 문장을 정답으로 고르기**

보기 중에서 첫 문장과 관련이 없는 문장을 정답으로 고릅니다. 이 때, 정답에는 첫 문장에 나온 단어, 바로 앞 문장에 나온 단어, 또는 지문의 주제와 연관된 단어가 나와서 다른 문장들과 잘 어울리는 것처럼 혼동하게 하는 경우가 많으므로 이에 주의하세요.

Step 3 **선택한 보기를 제외한 지문이 자연스러운지 확인하기**

선택한 보기를 제외하고 지문을 읽으면서, 글의 흐름이 자연스러운지 확인해 봅니다.

문제 풀이 Step 적용

대나무는 여러 가지 다양한 쓰임새가 있는 식물이다. (a) 대나무의 어린 가지는 많은 아시아 국가에서 요리의 일부로 쓰인다. (b) 대나무는 하루에 거의 60센티미터가 자랄 수도 있다. (c) 대나무 집은 아시아 태평양과 아메리카 지역에서 일반적이다. (d) 고대 중국과 인도의 의학에서는, 호흡 곤란이 대나무 안쪽에서 얻어낸 밀랍 같은 액체로 치료되었다.

Bamboo is a plant that has many different uses. (a) The young shoots of bamboo are a part of the cuisine of many Asian countries. (b) The plant can grow nearly 60 centimeters in a day. (c) Bamboo homes are common in parts of the Asia-Pacific and the Americas. (d) In ancient Chinese and Indian medicine, breathing problems were treated with a waxy liquid found inside the plant.

Step 1
첫 문장의 내용 정확히 파악하기

Step 2
첫 문장과 관련이 없는 문장을 정답으로 고르기

Step 3
선택한 보기를 제외한 지문이 자연스러운지 확인하기

Step 1 첫 문장이 '대나무는 여러 쓰임새가 있는 식물이다'라는 내용임을 파악합니다.

Step 2 첫 문장이 대나무는 여러 쓰임새가 있다는 내용인데 (b)는 '대나무가 하루에 자랄 수 있는 길이'에 대한 내용이므로 첫 문장과 관련이 없음을 알 수 있습니다.

Step 3 보기 (b)를 제외하고 지문을 읽으면, 대나무의 여러 쓰임새에 대해 설명하는 내용이 되어 지문이 자연스러움을 확인할 수 있습니다.

HACKERS **PRACTICE**

문장 해석 연습 - 동사나 문장 전체를 꾸미는 수식어

텝스 독해에는 동사나 문장 전체를 수식하는 다양한 형태의 수식어가 나와요. 이 수식어들을 어떻게 해석하는지 알아볼까요?

01 to 부정사가 동사의 수식어인 경우

> Ellen / strived / **to get a good grade**.
>
> 이 문장에서 to get a good grade는 동사 strived를 꾸며주는 수식어입니다. to 부정사가 명사를 꾸며주는 경우에는 '~하는', '~할'로 해석하는데, 그렇게 하면 'Ellen은 좋은 점수를 받는 노력을 했다'가 되어 해석이 자연스럽지 않습니다. 이것은 to get이 명사 a good grade가 아닌 동사 strived를 수식하기 때문이지요. 이처럼 to 부정사가 동사의 수식어인 경우 '~하기 위해'라고 해석합니다. 따라서 이 문장은 'Ellen은 **좋은 점수를 얻기 위해** 노력했다'라고 해석합니다.

⊘ 주어진 문장을 올바르게 해석한 보기를 고르세요.

> Elephants use their long teeth, called tusks, to mark their territory.

① 코끼리들은 그들의 영역을 표시하기 위해 엄니라고 불리는 긴 이빨을 사용한다.

② 엄니라고 불리는 긴 이빨을 사용하게 되면서 코끼리들은 영역을 표시하게 되었다.

02 '접속사 + 분사구문'이 문장 전체의 수식어인 경우

> **After turning off the lights,** / Jane / locked / the door.
>
> 이 문장에서 After turning off the lights는 콤마 뒤에 있는 문장 전체를 꾸며주는 수식어입니다. 이처럼 접속사 + 분사구문이 문장 전체를 꾸며주는 수식어인 경우, 접속사에 따라 '~한 후에(after)', '~할 때(when)', '~하면서(while)' 등으로 해석합니다. 따라서 이 문장은 '**불을 끈 후에**, Jane은 문을 잠갔다'라고 해석합니다.

⊘ 주어진 문장을 올바르게 해석한 보기를 고르세요.

> After developing abstract thought, humans truly became modern.

① 추상적인 사고를 발달시킨 후에, 인간은   진정으로 현대적이 되었다.

② 후에 발달된 추상적인 사고를 가진 사람들은

03 분사구문이 문장 전체의 수식어인 경우

Seeing the completed project, / Tony / felt / proud / of his hard work.

이 문장에서 Seeing the completed project는 콤마 뒤에 있는 문장 전체를 꾸며주는 수식어입니다. 이처럼 분사구문이 접속사 없이 완전한 문장 앞에서 수식어로 쓰이기도 하는데, 이렇게 분사구문이 문장 전체를 꾸며주는 수식어인 경우, 문맥에 따라 '~할 때', '~한 후에', '~했기 때문에', '~하면' 등으로 해석합니다. 따라서 이 문장은 '**완성된 프로젝트를 보았을 때**, Tony는 그의 노고가 자랑스러웠다'라고 해석합니다.

✔ 주어진 문장을 올바르게 해석한 보기를 고르세요.

> Crossing the Atlantic Ocean, Chirstopher Columbus arrived in the New World in 1492.

① 대서양을 건넌 후에, Christopher Columbus는 1492년 신세계에 도착했다.

② 대서양을 횡단한 것은 Christopher Columbus의 1492년 신세계 도착에 도움이 되었다.

다음 중 지문의 흐름에 맞지 않는 것을 고르세요.

04

Learn how to invest wisely by reading Investing Today. (a) Our analysts will give you the latest information about the hottest stocks. (b) Information about foreign markets is included in every issue. (c) We also interview CEOs from leading companies in their fields. (d) NASDAQ and NYSE are the two main stock markets in the US.

05

Homo habilis is the first human species thought to have used tools. (a) For over two million years, humans have been using stone to chop food items. (b) Later humans used flint to create hand axes. (c) After developing abstract thought, humans truly became modern. (d) It wasn't until more recent times that humans started creating items from animal hides and bones.

06

Male animals with horns employ them for a variety of reasons. (a) Animals like wildebeests often use horns when feeding to dig through soil or strip tree bark. (b) Goats use their horns in head butting contests with other males to establish their position in a group. (c) Elephants use their long teeth, called tusks, to mark their territory. (d) Deer have an elaborate set of spiky, connected horns called antlers that males use to attract females.

07

Scuba diving technology has advanced over time. (a) The first scuba divers used diving bells, or bottomless containers, that created an underwater air pocket. (b) Diving helmets later appeared, which provided a constant supply of surface air. (c) It wasn't until the late 1800s that decompression sickness and other diving hazards were discovered. (d) Recently, the development of air regulators has allowed divers to breathe from an underwater source.

08

The Reggio Emilia approach to learning is popular in kindergarten classrooms. (a) The philosophy says that children must be in control of their own learning. (b) The children are asked to complete long-term projects in academic areas they enjoy. (c) Traditional teaching methods are criticized by modern educators. (d) When studying something of interest, children are more intellectually engaged and will retain a greater amount of information.

정답 p.92

01

Lighting is an important consideration when taking photographs. (a) The perfect amount of light creates a perfect contrast between your subject and the background. (b) In areas that are too bright, a photo will appear too white and colors will fade. (c) When working on fashion shoots and portraits, professional photographers mainly use digital equipment. (d) If an area is too dark, the elements of a photo may appear out of focus.

02

Before the Great London Fire of 1666, professional fire departments did not exist in England. (a) The first fire departments were started by insurance companies to protect clients' property. (b) Firefighters wear special outfits that prevent injuries from heat and burns. (c) At the time, firefighters did not respond to uninsured structures when they caught on fire, which led to enormous damage. (d) Because of that, the public wanted greater protection, so London began offering a government-run service for everyone.

03

The idea of conquering Mount Everest appeals to many climbers. (a) The first climb was attempted by George Mallory, via the North Face route. (b) The route used by Mallory in 1921 is much more difficult than a southern approach. (c) Edmund Hillary and Tenzing Norgay finally succeeded in reaching the top of the mountain in 1952. (d) Going the entire way without supplemental oxygen, Reinhold Messner was the first person to climb Everest solo.

04

Noam Chomsky insists that humans have a natural ability for language. (a) Chomsky explained that children learn languages quickly because they innately understand grammar. (b) He has also published several works that display his understanding of politics. (c) His theory of generative grammar overtook the popular behaviorist view of language learning. (d) Whereas Chomsky considered grammar an instinct, behaviorists believed that grammar had to be learned.

정답 p.95

중심 내용 문제는 지문에서 전달하고자 하는 중심 내용을 가장 잘 표현한 보기를 정답으로 고르는 유형입니다. Part 3 의 13문제 중 4문제가 나오고, Part 4의 10문제 중 2~3문제가 나옵니다.

질문 유형

중심 내용 문제는 다음과 같이 mainly about, main topic, main idea, best title, purpose 등을 사용하여 묻습니다.

What is the passage **mainly about**? 지문은 주로 무엇에 관한 내용인가?
What is the **main topic** of ○○○? ○○○에 대한 주제는 무엇인가?
What is the **main idea** of the advertisement? 광고의 요지는 무엇인가?
What is the **main idea** about ○○○ according to the passage? 지문에 따르면 ○○○의 요지는 무엇인가?
What is the **main idea** of the 2nd paragraph of the passage? 지문 2번째 단락의 요지는 무엇인가?
What is the **best title** for the passage? 지문의 제목으로 가장 적절한 것은 무엇인가?
What is the **purpose** of this letter? 이 편지의 목적은 무엇인가?

문제 풀이 Step

Step 1 지문을 읽으며 중심 내용 파악하기

글쓴이가 말하고 싶어하는 가장 핵심적인 내용, 즉 중심 내용은 Part 3의 경우 지문의 처음이나 마지막에 나오거나, 앞과 마지막 모두에 나옵니다. 따라서 지문을 읽을 때 처음과 마지막을 특히 집중해서 읽습니다. Part 4의 경우 주로 첫 번째 단락의 앞부분, 마지막 부분 혹은 지문 전체에 걸쳐 나옵니다. Part 4에서는 간혹 두 번째 단락에만 해당되는 중심 내용을 묻기도 합니다.

Step 2 파악한 중심 내용을 가장 잘 나타낸 보기를 정답으로 고르기

지문의 중심 내용을 가장 잘 나타낸 보기를 정답으로 고릅니다. 지문의 일부만을 다루거나, 지문에 언급되지 않은 보기가 함정으로 나오므로, 이런 보기를 정답으로 혼동하지 않도록 주의합니다.

문제 풀이 Step 적용

실버 시티의 경찰서장인 John Cole이 어제 해임되었다. Cole은 지역 범죄단체의 우두머리들로부터 수만 달러의 돈을 받은 것으로 여겨졌다. 그 대가로, 그는 경찰들에게 범죄단체 일원들이 마약을 파는 것을 보아도 체포하지 말라고 분부했다. 주민들은 오랫동안 그들이 사는 지역에서 마약을 없애고 싶어했다. 이제 그들은 Cole의 해임으로 인해서 그것이 가능할 것이라고 믿는다.

John Cole, the Silver City police chief, was fired yesterday. It is thought that Cole received tens of thousands of dollars from local gang leaders. In return, he told officers not to arrest gang members seen selling drugs. Residents have long wanted to rid their neighborhood of drugs. They now believe they can because of Cole's firing.

Step 1
지문의 중심 내용 파악하기

Q: 뉴스 기사는 주로 무엇에 관한 내용인가?

(a) 범죄단체의 세력
(b) 지역 주민들의 요구
(c) 해임된 경찰서장
(d) 실버 시티의 마약 문제

Q: What is the news report mainly about?

(a) The power of criminal gangs
(b) The desires of local residents
(c) The police chief getting fired
(d) The drug problem in Silver City

Step 2
중심 내용을 가장 잘 나타낸 보기를 정답으로 고르기

Step 1 지문 처음에서 John Cole, the Silver City police chief, was fired yesterday(실버 시티의 경찰서장인 John Cole이 어제 해임되었다)라고 하고, 이어서 경찰서장 해임에 대해 자세히 설명하고 있습니다. 따라서, '실버 시티의 경찰서장 John Cole의 해임'이 지문의 중심 내용인 것을 알 수 있습니다.

Step 2 지문 전체의 중심 내용을 '해임된 경찰서장'이라고 바르게 표현한 (c) The police chief getting fired를 정답으로 고릅니다.
(a) '범죄단체의 세력'은 지문에서 언급되지 않았으므로 오답입니다.
(b) '지역 주민들의 요구'는 지문의 일부만을 다뤘으므로 오답입니다.
(d) '실버 시티의 마약 문제'는 지문의 일부만을 다뤘으므로 오답입니다.

HACKERS **PRACTICE**

문장 해석 연습 – 목적어

텝스 독해에는 다양한 형태의 목적어가 나와요. 이런 목적어들을 어떻게 해석하는지 알아볼까요?

01 to 부정사가 목적어인 경우

Company employees / hope / **to create** / a popular advertising campaign.

위 문장에서 목적어는 to create입니다. 이처럼 to 부정사가 목적어인 경우, '~하는 것을', '~하기를'이라고 해석합니다. 따라서 위 문장은 '회사 직원들은 인기 있는 광고 캠페인을 **제작하기를** 희망한다'라고 해석합니다. 마찬가지로 동명사도 '~하는 것을', '~하기를'이라는 뜻의 목적어가 될 수 있습니다. 따라서 'She enjoys jogging'은 '그녀는 조깅하는 것을 즐긴다'라고 해석합니다.

✅ 주어진 문장을 올바르게 해석한 보기를 고르세요.

> Many countries have refused to sign it despite the dangers of landmines to citizens.

많은 국가들은
① 국민들에게 지뢰가 미치는 위험에도 불구하고 그것에 서명하는 것을 거부했다.
② 국민들에게 지뢰의 위험성을 알리는 것을 거부하고 그것에 서명했다.

02 4형식 동사 + 간접 목적어 + 직접 목적어가 쓰인 경우

The professor / **gave** / **the student** / **a good grade**.

위 문장에서 목적어는 the student와 a good grade입니다. 이 문장에서 두 개의 목적어는 4형식 동사 gave와 함께 give + 간접 목적어 + 직접 목적어의 형태로 쓰여 '간접 목적어에게 직접 목적어를 주다'라는 의미가 됩니다. 따라서 위 문장은 '교수는 그 학생에게 좋은 성적을 주었다'라고 해석합니다. 다음에 제시된 텝스에서 자주 나오는 4형식 동사와 그 의미를 익혀둡시다.

give A B A에게 B를 주다   offer A B A에게 B를 제공해주다
teach A B A에게 B를 가르쳐주다   tell A B A에게 B를 말해주다

✅ 주어진 문장을 올바르게 해석한 보기를 고르세요.

> Rich parents want schools that offer children a quality education.

부유한 부모들은
① 아이들에게 양질의 교육을 제공하는 학교를 원한다.
② 양질의 아이들이 다니고, 양질의 교육을 제공하는 학교를 원한다.

03 that절이 목적어인 경우

The parents / thought / **that their children should do more chores**.

위 문장에서 목적어는 that their children should do more chores입니다. 이처럼 that절(that + 주어 + 동사)이 목적어인 경우 '주어가 동사하다는 것을', '주어가 동사하다고'로 해석합니다. 따라서 위 문장은 '부모들은 그들의 자녀가 더 많은 집안일을 **해야 한다고 생각했다**'라고 해석합니다.

⊘ 주어진 문장을 올바르게 해석한 보기를 고르세요.

Most people believe that the style originated with the Mohawk tribe in North America.

대부분의 사람들은 ① 모호크 족이 그 스타일을 시작하여 북미의 부족에 전했다고 믿는다.

② 그 스타일이 북미의 모호크 족에게서 유래했다고 믿는다.

다음 중 질문에 알맞은 것을 고르세요.

04

> There is a link between housing prices and local school quality. Rich parents want schools that offer children a quality education. Thus, they choose neighborhoods with the best schools. This correlation has been observed in poor urban areas as well. In any case, homes near good schools have higher prices.

Q: What is the main idea of the passage?

(a) Opinions of public schools vary between neighborhoods.
(b) Houses are more expensive near good schools.

05

> Landmines — small bomb-like devices used to injure enemies — often continue to remain in areas where battles have been fought. People are seriously hurt or killed when they accidentally step on them. Mines have been responsible for over one million civilian injuries and deaths over the last 35 years. A bill was proposed in 1998 to stop the use of these devices. However, many countries have refused to sign it despite the dangers of landmines to citizens.

Q: What is the best title for the passage?

(a) Problems Leading to War
(b) The Dangers of Landmines

06

> If you want to publish a book, Bookworm can help. Just send us your edited book in an electronic format. Within 24 hours, customers will be able to purchase copies of it from our Web site. We assure that all orders will be printed and delivered within three to five days. Contact us today.

Q: What is the advertisement mainly about?

(a) A book publishing service
(b) A new online bookstore

07

According to an old story, marathons were created during an ancient war between Persia and Greece. After the Greeks won a battle in a city called Marathon, a messenger was sent. He ran a distance of 42 kilometers to Athens in order to tell Greek leaders the news. This legend became the basis of the modern marathon, which was first run at the 1896 Olympics.

Q: What is the passage mainly about?

(a) The history of the marathon
(b) The naming of a Greek city

08

Thomas Paine's political essay *Common Sense* explained the view of Americans before declaring their independence from Britain. Americans felt that Britain only ruled the United States for its own benefit. They considered it absurd that a small island could rule over most of a continent. These views were explained in Paine's popular document. Paine argued that if Britain were in fact America's mother country, it would be a shame how poorly she treated her child.

Q: What is the main idea about *Common Sense* according to the passage?

(a) It shows Americans' dislike for British rule.
(b) It defends Britain against American criticism.

정답 p.97

01

Before the introduction of cloud computing, universities and corporations often used supercomputers. Supercomputers are custom-built machines that are much more powerful than regular PCs. Due to their large size, they are very expensive to manufacture. Recently, similar results have been achieved much more cheaply with cloud computing. Cloud computing utilizes thousands of cheap PCs linked together to process data.

Q: What is the main topic of the passage?

(a) The benefits of using supercomputers
(b) The introduction of networking to the computer industry
(c) The technological needs of large organizations
(d) The change from supercomputers to cloud computing

02

The Mohawk is a type of hairstyle that features shaved sides of the head and hair in the middle. Most people believe that the style originated with the Mohawk tribe in North America. This legend was based on an incorrect report by early French explorers. They had confused the Wyandot natives they had encountered for Mohawks. Although it is misleading, the term is still used to describe this unique hairstyle.

Q: What is the passage mainly about?

(a) Hairstyles worn by Native American groups
(b) The longtime popularity of the Mohawk hairstyle
(c) A deceptive name for a unique hairstyle
(d) An early report of the first Mohawk hairstyle

03

Dear Mr. Pineda,

I've been very impressed with the quality of work Pineda Landscaping has done over the past two months. However, there's a small problem. So far, your crew has only been mowing my lawn and removing weeds. I made it clear that I also needed the flowers watered and the bushes kept neat. Please meet with me to discuss what needs to be done.

Sincerely,
Shirley Pauls

Q: What is the purpose of the letter?

(a) To discuss extending a landscaping contract
(b) To request additional work be done
(c) To compliment workers on their job
(d) To describe changes to a customer's yard

04

According to yesterday's newspaper, the government is canceling National Public Radio broadcasting. The station is known for its coverage of fine art. Without NPR, only news, sports, and pop music will be heard on the radio. What other stations play symphonies, operas, and give airtime to up-and-coming artists to discuss their work? There are less essential programs that the government can cut.

Q: What is the main idea of the passage?

(a) National Public Radio must not be canceled.
(b) Radio stations do not have much programming variety.
(c) Government budget cuts are not that critical.
(d) The government should only cut some of NPR's programs.

05

Cat owners must deal with the constant clawing of kittens. Often, owners get so frustrated that they hit the animals. However, this is an ineffective way to teach cats proper behavior. A cat will often think the owner is play fighting and not get the message. Instead of hitting it, try to play more with the cat. Playing with it will tire the kitten out and it won't have the energy to scratch things. Eventually, the cat will stop scratching.

Q: What is the main idea about kittens according to the passage?

(a) They scratch things as a form of play fighting.
(b) Physical punishment can't stop them from scratching.
(c) Playing with them will make the owner happy.
(d) Hitting them will prevent the learning of bad habits.

06~07

The highly prolific British artist Damien Hirst first achieved fame with a work entitled *The Physical Impossibility of Death in the Mind of Someone Living.* It is probably the most well-known piece in his vast collection of work and is today considered an iconic example of British art. The piece consists of a once-living shark enclosed in a tank filled with blue-green formaldehyde. The shark, its jaws open, appears to be suspended in water. The result is visually striking, though not everyone is impressed.

Hirst's supporters were pleased with the attention the shark received. They thought it brought art to a wider audience. However, some critics ridiculed it, and said that Hirst should not be taken seriously. When the shark sold for more than $8 million, some saw validation of the artist's genius. Others dismissed the sale as absurd. For instance, a British newspaper declared that Hirst makes "barbarians of us all".

06. Q: What is the main idea about Damien Hirst according to the passage?

(a) He was once considered an era's most popular British artist.
(b) He was inspired to become an artist while working for a newspaper.
(c) His artwork was controversial because he used live animals.
(d) His work has generated mixed reactions from the public.

07. Q: Which of the following is correct about Hirst?

(a) His canvases tend to contain green and blue tones.
(b) His artwork is often criticized as lacking mass appeal.
(c) He has produced a large number of artistic creations.
(d) His supporters have funded much of his creative output.

정답 p.101

육하원칙 문제(Part 3&4)

육하원칙 문제는 무엇을, 누가, 언제, 왜 등 지문의 세부 내용을 묻는 질문에 가장 알맞은 보기를 정답으로 선택하는 문제입니다. Part 3의 13문제 중 중반에 1~2문제가 나오고, Part 4의 10문제 중 2~3문제가 나옵니다.

질문 유형

육하원칙 문제는 다음과 같이 What, When, Which 등의 의문사를 사용하여 묻습니다.

What is special about diamonds according to the passage? 지문에 따르면 다이아몬드의 특별한 점은 무엇인가?
When did the first Europeans arrive in North America? 초창기 유럽인들이 북미에 도착한 것은 언제인가?
Which product is believed to be the most efficient? 가장 효율적이라고 생각되는 것은 어떤 제품인가?

문제 풀이 Step

Step 1 질문에서 의문사를 확인하고 키워드 찾기

육하원칙 문제는 지문에서 정답의 단서가 되는 부분을 빨리 찾는 것이 중요합니다. 그러기 위해서는 질문에서 의문사를 확인한 후, 정답의 단서를 찾는 데 도움이 되는 핵심 단어나 구인 키워드를 찾아야 합니다.

질문 **What** does the company do with **broken computers**? 회사는 고장 난 컴퓨터들로 무엇을 하는가?
       질문의 키워드

위 질문의 의문사는 What, 키워드는 broken computers입니다.

Step 2 지문에서 질문의 키워드와 정답의 단서 찾기

질문의 키워드를 그대로 언급했거나 바꾸어 표현한 부분을 지문에서 찾고, 그 주변에서 정답의 단서를 찾습니다.

질문 What does the company do with **broken computers**? 회사는 고장 난 컴퓨터들로 무엇을 하는가?
       질문의 키워드

지문 It sends **defective computers** to the repair shop. 그것은 결함이 있는 컴퓨터들을 수리점에 보낸다.
       질문의 키워드를 바꾸어 표현한 부분

질문의 키워드 broken computers(고장 난 컴퓨터들)를 바꾸어 표현한 지문의 defective computers(결함이 있는 컴퓨터들) 주변에서 정답의 단서를 찾습니다. '그것은 결함이 있는 컴퓨터들을 수리점에 보낸다'에 '수리점에 보낸다'는 정답의 단서가 있네요.

Step 3 정답의 단서와 내용이 일치하는 보기를 정답으로 고르기

지문에서 찾은 정답의 단서와 보기를 비교하면서, 단서와 내용이 일치하는 보기를 정답으로 고릅니다.

지문 It **sends** defective computers **to the repair shop**. 그것은 결함이 있는 컴퓨터들을 수리점에 보낸다.
       정답의 단서   정답의 단서
보기 Send them to the repair shop. 수리점에 보낸다.

지문에서 찾은 정답의 단서인 '수리점에 보낸다'와 내용이 일치하는 보기 'Send them to the repair shop(수리점에 보낸다)'을 정답으로 고릅니다.

문제 풀이 Step 적용

우편물이 어떻게 배달되는지 궁금한 적이 있었나요? 미국에서는 우체통에서 수거된 편지들은 큰 상자에 담겨 지역의 처리 및 배송 센터로 보내집니다. 바로 이곳에서 지역의 우체국으로 배송하기 위해 기계가 편지를 분류합니다. 기계는 각 봉투의 주소를 스캔하고 바코드를 찍습니다. 판독이 어려운 주소가 적힌 편지들은 사람들이 그것을 검사할 필요가 있습니다. 편지가 분류되고 우체국으로 배달된 다음에는 우체부들이 가정과 회사에 그것을 배송합니다.

Have you ever wondered how mail is delivered? In the US, **letters collected from mailboxes are put into bins and sent to regional Processing and Distribution Centers. It is here that machines sort the mail** for delivery to local post offices. The machines scan the addresses on each envelope and print a bar code on them. Letters with unreadable addresses require humans to examine them. After mail is sorted and delivered to post offices, carriers deliver it to homes and businesses.

Step 2
지문에서 질문의 키워드와 정답의 단서 찾기

Step 1
질문에서 의문사를 확인하고 키워드 찾기

Q: 지문에 따르면, 편지가 분류되는 곳은 어디인가?

(a) 가정과 회사에서
(b) 처리 및 배송 센터에서
(c) 우체통의 상자에서
(d) 지역 우체국에서

Q: According to the passage, **where are letters sorted?**

(a) At homes and businesses
(b) In Processing and Distribution Centers
(c) In bins at mailboxes
(d) At local post offices

Step 3
정답의 단서와 내용이 일치하는 정답 고르기

Step 1 질문에서 의문사를 확인하고 키워드를 찾습니다. 의문사는 where(어디에서), 키워드는 letters sorted(편지가 분류되는)입니다.

Step 2 질문의 키워드인 letters sorted가 바뀌어 표현된 sort the mail 주변에서 정답의 단서를 찾습니다. letters ~ sent to regional Processing and Distribution Centers. It is here that machines sort the mail에서 편지가 분류되는 곳은 Processing and Distribution Centers 라는 것을 알 수 있습니다.

Step 3 정답의 단서와 일치하는 보기인 (b) In Processing and Distribution Centers를 정답으로 고릅니다.

문장 해석 연습 - 보어

텝스 독해에는 다양한 형태의 보어가 나와요. 이런 보어들을 어떻게 해석하는지 알아볼까요?

01 that절이 보어인 경우

> Kate's idea / is / **that we should rent a car**.
>
> 위 문장에서 보어는 that we should rent a car입니다. 이처럼 that절(that + 주어 + 동사)이 보어인 경우, '주어가 동사하다는 것'으로 해석합니다. 따라서 위 문장은 'Kate의 아이디어는 **우리가 자동차를 빌려야 한다는 것** 이다'라고 해석합니다.

⊘ 주어진 문장을 올바르게 해석한 보기를 고르세요.

> The main reason for paralegals' common use in law offices is that they free up the time of the lawyers.

① 법률 사무소에서 변호사 보조원들을 일반적으로 활용하는 주된 이유는 그들이 변호사들의 시간을 자유롭게 하기 때문이다.

② 법률 사무소에서 변호사 보조원들을 일반적으로 활용하는 주된 이유는 그들이 변호사들보다 한가하기 때문이다.

02 동사원형이 보어인 경우

> Professors / had / their assistants / **help** / the students.
>
> 위 문장에서 help는 목적어인 their assistants를 설명해주는 보어입니다. 이처럼 동사원형이 보어인 경우, '목적어가 ~하게', '목적어가 ~하는 것'으로 해석합니다. 따라서 위 문장은 '교수들은 **그들의 조교들이 학생들을 돕게** 했다'라고 해석합니다. 주로 '~하게 하다, ~하게 시키다'의 의미를 가진 have, make, let이나 '보다, 듣다' 등 감각에 관련된 see, watch, hear 등의 동사가 쓰인 경우 목적어 다음에 동사원형이 옵니다.

⊘ 주어진 문장을 올바르게 해석한 보기를 고르세요.

> If Canada lets Québec become independent, federalists fear the negative economic consequences and reduction in multiculturalism it would bring to the country.

① 만약 캐나다가 퀘백이 독립하게 한다면, 연방주의자들은 그것이 나라에 가져올 부정적인 경제 결과와 다문화주의의 감소를 우려한다.

② 만약 캐나다가 독립하는 것을 퀘백이 허용한다면, 연방주의자들은 그것이 나라에 가져올 부정적인 경제 결과와 다문화주의의 감소를 우려한다.

03 to 부정사가 보어인 경우

The celebrity / did not wish / his name / **to appear** in the article.

위 문장에서 to appear는 목적어인 his name을 설명해주는 보어입니다. 이처럼 to 부정사가 보어인 경우, '목적어가 ~하기', '목적어가 ~하는 것'으로 해석합니다. 따라서 위 문장은 '그 유명인사는 **그의 이름이** 기사에 **등장하는 것을** 원하지 않았다'라고 해석합니다.

✅ 주어진 문장을 올바르게 해석해 보세요.

Stone wanted Gecko to represent pure greed.

Stone은
① Gecko가 순전한 탐욕을 상징하기를 원했다.
② Gecko가 필요해서 순수하게 욕심을 드러냈다.

다음 중 질문에 알맞은 것을 고르세요.

04

> Stadium Bar and Grill will undergo repairs over the next two weeks. We will be completely closed this Monday and Tuesday, but our bar will open on Wednesday. The kitchen will open next Monday, but it will only serve snacks and sandwiches. All work should be finished by next Wednesday. Thank you for stopping by Stadium Bar and Grill.

Q: When will the repairs be completed by?

(a) Next Monday
(b) Next Wednesday

05

> Anger between Israel and several Arab states led to the Six-Day War in 1967. On June 5, the Israeli air force destroyed all of Egypt's military airplanes. Jordan also fought, but it lost badly in the few battles it participated in. By June 9, both Jordan and Egypt had given up. The war ended the next day when Syria stopped fighting against Israel. Israel's army was too strong for them.

Q: Why did Syria quit fighting?

(a) Jordan and Egypt no longer supported the country's army.
(b) The Syrian military could not compete with the Israeli army.

06

> At gas stations, customers see signs advertising various grades of fuel. At the minimum, a gas station will offer both regular and premium fuels for cars, and maybe one or two others. The difference between them is their octane level. Most cars use low-octane fuel, but those with advanced engines need high-octane fuels. High-octane fuels can be compressed more. This allows an engine to produce more power.

Q: What is the advantage of high-octane fuel according to the passage?

(a) It can be compressed to save on fuel usage.
(b) It results in more power produced by engines.

07

Oliver Stone's film *Wall Street* shows the self-centered attitude of many people during the 1980s. The most memorable character from the film is Gordon Gecko. Stone wanted Gecko to represent pure greed. All Gecko wanted was unlimited wealth and power. However, many viewers mistakenly viewed Gecko as a hero and started to believe that greed is good.

Q: What is Gordon Gecko depicted as in the film?

(a) A modern hero following his dreams
(b) A selfish individual who desired riches

08

Police arrested two local youths suspected of damaging the property of star basketball player Rasheed Hamilton. Hamilton arrived at his home and found a hate-filled message painted on his driveway. Fortunately, security cameras captured the license plate number of the car the suspects arrived in. Police were then able to find the youths, whose names are being withheld because they are minors.

Q: What information are the police refusing to release?

(a) The message written in the driveway
(b) The identity of the two suspects

정답 p.105

01

> Residents of Québec hold two competing views of the province's relationship with Canada. Federalists want Québec to remain a part of Canada. On the other side, sovereigntists believe the French-speaking province is so unique that it should be independent. They fear that Québec's voice will be overpowered by the English-speaking provinces. If Canada lets Québec become independent, federalists fear the negative economic consequences and reduction in multiculturalism it would bring to the country.

Q: According to the passage, what do some Québec residents think of the other provinces?

(a) They are key to the continued economic success of Québec.
(b) They are too different from Québec to be part of the same country.
(c) They should create a stronger relationship with Québec.
(d) They should be more multicultural and inclusive of French speakers.

02

> In two decades, energy use will have changed completely. Currently, coal-based power is used to generate half of the country's electricity. Natural gas and nuclear power are each responsible for around 20 percent. In 2030, while demand for nuclear power will remain constant, wind power will be the leading source of electricity. Solar power will cover 15 percent of energy needs, and the use of coal and natural gas will have largely decreased.

Q: How will energy usage change by 2030?

(a) Nuclear power will not be utilized.
(b) Coal power will no longer be used.
(c) Wind power will be the most common.
(d) Solar power will be growing the fastest.

03~04

---

http://www.jerseyinquirer.com

The Jersey Inquirer

Editorial: Lower Taxes Needed for Economic Growth

💬 **Readers' comments**

Johnny95 8 hour(s) ago

You seem delighted about the potential benefits of lower taxes. However, I think the policy is a weak attempt to appease voters and may eventually cause harm to society. Not only will lower taxes reduce the amount of innovation in the private sector, but they may also impede economic growth. The core technologies currently powering every advanced country in the world were originally funded by taxpayer dollars. For example, the first digital computer and the Internet were created by a public university and government funded research projects, respectively.

I'm not a proponent of higher taxes. But it's alarming when newspaper articles such as yours fail to assess the benefits of government programs. The short-term savings resulting from lower taxes would mostly benefit the rich and would hardly be of help to society in the long term.

---

03. Q: Why does the reader think taxes are beneficial to society?

(a) They improve the level of support given to disadvantaged members of society.
(b) They are used to pay for new advances that improve people's lives.
(c) They make it possible to keep voters properly informed.
(d) They are essential for developing regulations for various industries.

04. Q: Which of the following is correct according to the passage?

(a) Natural resources are the most essential factor for economic growth.
(b) Public universities have made few efforts to promote research.
(c) The Internet has changed the way that news articles are written.
(d) Tax decreases will mainly result in benefits for wealthy individuals.

정답 p.109

Correct 문제(Part 3&4)

Correct 문제는 지문의 내용과 일치하는 보기를 정답으로 선택하는 문제입니다. Part 3의 13문제 중 중반에 4~6문제가 나오고, Part 4의 10문제 중 2~4문제가 나옵니다.

질문 유형

Correct 문제는 다음과 같이 주로 correct를 사용하여 묻습니다.

Which (of the following) is **correct** according to the passage? (다음 중) 지문의 내용과 일치하는 것은?

Which is **correct** about ○○○ according to the passage? 지문의 ○○○에 대한 내용과 일치하는 것은?

문제 풀이 Step

Step 1 **지문을 빠르게 읽으며 지문의 내용 간략하게 파악하기**

Correct 문제의 정답은 지문의 중심 내용과 관련된 경우가 많습니다. 따라서 전체 지문을 빠르게 읽으면서 무엇에 대한 내용인지 간략하게 파악합니다.

Step 2 **각 보기와 지문의 내용 확인하기**

각 보기의 키워드를 그대로 언급했거나 바꾸어 표현한 부분을 지문에서 찾아 내용이 일치하는지 확인합니다.

보기 **The pill** is not meant to be used daily by patients. 그 알약은 환자들에 의해서 매일 복용되어서는 안 된다.
      보기의 키워드

지문 Patients should avoid taking **the medicine** every day. 환자들은 그 약을 매일 복용하는 것을 피해야 한다.
                          보기의 키워드가 바뀌어 표현된 부분

위 보기의 키워드 'The pill(그 알약)'은 지문에서 'the medicine(그 약)'으로 바꾸어 표현되었습니다.

Step 3 **내용이 일치하는 보기를 정답으로 고르기**

지문의 내용과 일치하는 보기를 정답으로 고릅니다.

(c)더 많은 사람들이 케이블 텔레비전과 인터넷을 그들의 뉴스의 출처로 삼아감에 따라, 신문은 구독자를 잃어가고 있다. 게다가, 신문은 낭비적이다. 신문을 생산하기 위해서는 많은 양의 종이와 잉크가 필요하다. 사람들이 신문을 외면하고 있기 때문에, (a)출판업자들은 손해를 보고 있고, 직원들을 해고하고 있다.

(c)Newspapers are losing subscribers as more people use cable TV and the Internet as their news sources. Moreover, newspapers are wasteful. They require high quantities of paper and ink to produce. Because people are turning away from newspapers, (a)publishers are losing money and laying off staff.

Step 1 지문 내용 파악하기

Q: 다음 중 기사의 내용과 일치하는 것은?

(a) 신문사에서 더 많은 직원을 필요로 한다.

(b) 신문을 재활용하는 것은 출판업자들이 돈을 절약하도록 도울 것이다.

ⓒ 신문은 뉴스 출처로서 인기가 줄어들고 있다.

(d) 케이블 텔레비전 뉴스 방송국은 적은 수의 직원들을 고용한다.

Q: Which of the following is correct according to the article?

(a) More staff are needed at newspaper publishers.

Step 2 각 보기와 지문 내용 확인하기

(b) Recycling newspapers will help publishers save money.

ⓒ Newspapers are becoming a less popular source of news.

Step 3 내용이 일치하는 보기 정답으로 고르기

(d) Cable TV news stations employ few workers.

Step 1 지문을 빠르게 읽고 지문이 '신문이 뉴스 출처로서의 입지를 잃어간다'는 내용임을 파악합니다.

Step 2 (c)의 키워드 'source of news(뉴스의 출처)'가 바뀌어 표현된 'news sources(뉴스 출처)' 주변의 내용을 살펴보면 신문이 구독자를 잃어가고 있다는 것을 알 수 있습니다.

Step 3 지문의 내용과 일치하는 보기 (c)를 정답으로 고릅니다.

(a) 지문에서 신문사들이 직원들을 해고하고 있다고 했으므로 '신문사에서 더 많은 직원을 필요로 한다'는 지문의 내용과 다릅니다.

(b) 지문에서 신문을 재활용하는 것에 대해서는 언급되지 않았습니다.

(d) 지문에서 케이블 텔레비전 뉴스 방송국이 더 적은 수의 직원을 고용한다는 것은 언급되지 않았습니다.

HACKERS PRACTICE

문장 해석 연습 - 명사를 꾸며주는 수식어 1

텝스 독해에는 명사를 꾸며주는 다양한 형태의 수식어가 나와요. 이 수식어들을 어떻게 해석하는지 알아볼까요?

01 현재분사가 수식어인 경우

Harold / greeted / the man / **walking a dog**.

위 문장에서 walking a dog는 명사인 man을 꾸며주는 수식어입니다. 이처럼 현재분사가 명사를 꾸며주는 수식어인 경우 '~하는', '~하고 있는'으로 해석합니다. 따라서 위 문장은 'Harold는 **개를 산책시키는** 그 남자와 인사했다'라고 해석합니다.

✅ 주어진 문장을 올바르게 해석한 보기를 고르세요.

Internet providers opposing this practice want to create two classes of data.

① 이 관행에 반대하는 인터넷 공급업자들은
② 인터넷 공급업자들은 이러한 관행에 대해 반대하기 위해

두 개의 데이터 등급을 만들기를 원한다.

02 과거분사가 수식어인 경우

The people / **injured in the accident** / are / at the hospital.

위 문장에서 injured in the accident는 명사인 people을 꾸며주는 수식어입니다. 이처럼 과거분사가 명사를 꾸며주는 수식어인 경우 '~된', '~해진'으로 해석합니다. 따라서 위 문장은 '**사고로 부상을 입은** 사람들은 병원에 있다'라고 해석합니다.

✅ 주어진 문장을 올바르게 해석한 보기를 고르세요.

Washington, DC, is full of monuments named after famous people.

워싱턴 DC에는
① 유명한 사람들의 이름을 따서 명명된 기념비가 많다.
② 기념비가 많은데 그것들의 명칭은 유명한 사람들이 지었다.

03 to 부정사가 수식어인 경우

People / have / a right / **to keep their privacy**.

위 문장에서 to keep their privacy는 명사인 right를 꾸며주는 수식어입니다. 이처럼 to 부정사가 명사를 꾸며주는 수식어인 경우 '~할', '~하는'으로 해석합니다. 따라서 위 문장은 '사람들은 **그들의 사생활을 지킬** 권리가 있다'라고 해석합니다.

✓ 주어진 문장을 올바르게 해석한 보기를 고르세요.

The product also includes several other features to help you enjoy the outdoors.

그 제품은
① 당신이 야외 활동을 즐기는 것을 도울 몇몇 다른 기능 또한 포함하고 있습니다.
② 다른 야외 활동의 여러 즐거움을 당신이 느끼도록 도울 것입니다.

다음 중 질문에 알맞은 것을 고르세요.

04

> Mike Perham, a 17-year-old boy from Britain, completed a solo sailing trip around the world today. Perham is the youngest sailor ever to complete the trip alone. He originally had a plan to make the trip unaided. However, problems with the boat forced him to make several stops to get help.

Q: What is correct about Perham according to the article?

(a) He intended to make the trip without any assistance.
(b) He is the youngest person to complete the trip with no help.

05

> Do you want to attend an Ivy League university? Ivory Tower can help. We advise our clients on which high school classes to take. Moreover, we prepare them for interviews and essays. Our consultants have graduated from Ivy League schools and know exactly which approaches work. Call Ivory Tower today.

Q: Which is correct about Ivory Tower according to the passage?

(a) Its consultants work in university admissions departments.
(b) Its employees attended Ivy League universities.

06

> Icelandic cows are in danger of extinction, but many Icelandic people want to prevent it. Cows were brought to Iceland from Norway around AD 1000. But now, economists think Icelandic cows should be replaced by Swedish cows. According to economists, cows raised in Sweden produce more milk for farmers.

Q: Which of the following is correct according to the passage?

(a) Cows are now less necessary to Iceland's farmers.
(b) Cows arrived in Iceland from another country.

07

What distinguishes hamburgers from one another is the type of beef patty used. Fast-food hamburgers have thin, frozen patties to keep costs down. On the other hand, pub-style burger patties are handmade from ground beef and much thicker. A type of burger called a "slider" is served in some regions, with a paper-thin, miniature patty. It is steamed along with onions and served with pickles on a bun. Several sliders are meant to be eaten in a single helping.

Q: Which of the following is correct according to the passage?

(a) Sliders are a different size than typical burgers.
(b) Sliders have a thicker patty than pub-style burgers.

08

Sierra Leone is a leading diamond-producing country. Yet most of the people who live there are in poverty. Diamond miners in the country make a flat monthly wage of US $30. They only receive a small commission of a few dollars per diamond found. The gems mined by these people are then sold, usually by foreign mine owners. Even small diamonds can be sold for well over a thousand dollars.

Q: Which of the following is correct about Sierra Leone's diamond miners according to the passage?

(a) They receive extra money for each diamond they discover.
(b) They come from other countries to find work in mines.

정답 p.112

01

> Argentina's economic collapse in 2001 was caused by two major events. Firstly, the country's credit rating was lowered by international rating agencies. This caused investors to pull their money from banks. The second event occurred when Argentine president de la Rua put tight limits on withdrawals from banks. As a result, many businesses that couldn't access much-needed funds failed. The protests that followed de la Rua's decision to limit withdrawals forced him to resign.

Q: Which of the following is correct according to the passage?

(a) President de la Rua's policies caused Argentina's credit rating to drop.
(b) President de la Rua's law limiting withdrawals was met with anger.
(c) Argentina's currency became stronger as a result of banking legislation.
(d) Argentina's banks were able to keep enough money to prevent collapse.

02

> As people get older, their sense of smell starts to deteriorate. In fact, a recent study has shown that over two-thirds of those aged 80 or older have trouble with their sense of smell. Doctors believe that, as people get older, the number of nerves controlling smell receptors declines. This has serious health effects, because it causes people to eat more sugar and salt. This happens because a weak sense of smell makes it hard to taste.

Q: Which of the following is correct according to the passage?

(a) The loss of smell increases one's appetite.
(b) Sense of smell begins to decline at age 80.
(c) The ability to taste worsens in early adulthood.
(d) Tasting gets harder with a poor sense of smell.

03

Go Farther with the HX3 Sports Watch, a Trusty Companion!

Whether you're hiking mountain trails or scuba diving, the HX3 sports watch by Sheidling has you covered! The HX3 features:
• A built-in GPS navigation system and compass
• A thermometer and real-time weather alerts
• A graphic display that indicates water pressure and heart rate
• A scratch-resistant face with a durable titanium band

What's more, the HX3's watchband is adjustable to accommodate both male and female adventurers. And for a limited time, this ultimate high-performance watch is available exclusively at Lepoire Department Store for only $295. Act now while supplies last!

Q: Which of the following is correct about the HX3 according to the passage?

(a) Its exterior is designed to be long-lasting.

(b) It cannot be used underwater.

(c) It has features that predict the weather.

(d) It is the third watch in Sheidling's adventure series.

04

Maurice Ravel and Claude Debussy were the two most well-known French composers of the early 1900s. Despite a long friendship, outspoken fans of each composer publicly criticized the other's work and caused the two to grow apart. Although both composers were considered Impressionists and shared many influences, fans saw them differently. Fans of Debussy claimed Ravel composed without emotion, while Ravel's fans claimed Debussy's work was too chaotic.

Q: Which of the following is correct?

(a) Musical differences caused Ravel and Debussy to grow apart.
(b) Ravel and Debussy were the ones who created Impressionism.
(c) Debussy felt Ravel needed to add emotion to his pieces.
(d) Ravel's supporters did not appreciate Debussy's music.

05

Many people are starting to question whether government taxes on unhealthy products are too high. For instance, in Canada, taxes make up nearly 70 percent of the total price of tobacco products. Officials say the taxes pay the cost of public health treatment resulting from smoking-related illnesses. Using similar reasoning, some countries are proposing a tax on sugary sodas. This is because higher obesity and diabetes rates are linked to high soda consumption.

Q: Which of the following is correct according to the passage?

(a) Governments are trying to make health care cheaper.
(b) Canada is the only country that heavily taxes tobacco.
(c) A tax on sugar-containing products has been passed.
(d) Soda is a contributor to cases of obesity and diabetes.

06~07

> **David**   2:11 p.m.
>
> Hey Sally!
> How's it going? I was disappointed that you weren't at the company dinner last Friday. The steakhouse we went to was amazing. I heard that you had a very bad cold. How are you feeling? Anyway, some coworkers and I decided to take a day trip to the coast next week. Would you like to join? It should be sunny that day. Plus, I'd like to tell you my thoughts about devising a new vacuum cleaner.

> **Sally**   2:31 p.m.
>
> Hi, David.
> Yeah, I heard that everyone had a great time at the dinner last week. I'm feeling better now because I've been taking medication. Going to the coast sounds like fun. Actually, I haven't been to the beach in ages, so I'm really looking forward to it. And we can talk about your product ideas then.

06. Q: What is the main topic of the conversation?

   (a) A change in location for an upcoming company dinner

   (b) A plan to take a group trip to the seashore

   (c) Some menu items served at a restaurant on a seasonal basis

   (d) A medical professional's advice for recovering from an illness

07. Q: What is correct about David according to the conversation?

   (a) He was unable to attend a recent work gathering.

   (b) He owns some property next to a popular resort.

   (c) He is thinking about creating a new electrical appliance.

   (d) He has not used any of his vacation time this year.

정답 p.115

CHAPTER 07 추론 문제(Part 3&4)

추론 문제는 지문에 직접 언급되지는 않았지만 지문을 통해 유추할 수 있는 내용을 정답으로 선택하는 문제입니다. Part 3의 13문제 중 후반에 3문제가 나오고, Part 4의 10문제 중 2~3문제가 나옵니다.

질문 유형

추론 문제는 다음과 같이 infer를 사용한 문제가 가장 많이 나오고, infer를 사용하지 않은 문제의 경우 most likely 등을 사용하여 묻습니다.

infer를 사용한 유형

What can be **inferred** from the passage? 지문에서 추론할 수 있는 것은 무엇인가?

What can be **inferred** about ○○○ according to the passage?
지문에 따르면 ○○○에 대하여 추론할 수 있는 것은 무엇인가?

infer를 사용하지 않은 유형

Which of the following statement is the writer **most likely** to agree with?
다음 중 글쓴이가 가장 동의할 것 같은 내용은 무엇인가?

Which opinion is the writer **most likely** to agree with?
글쓴이가 가장 동의할 것 같은 의견은 무엇인가?

문제 풀이 Step

Step 1 **지문을 빠르게 읽으며 지문 전체의 내용 확인하기**

추론 문제는 전체 내용을 이해해야만 알맞은 답을 고를 수 있는 경우가 많습니다. 따라서 지문 전체를 읽으며 중심 내용을 파악합니다.

Step 2 **가장 잘 추론한 보기를 정답으로 고르기**

지문의 내용을 바탕으로 가장 잘 추론한 보기를 정답으로 고릅니다.

문제 풀이 Step 적용

Rogers Corporation사는 직원들끼리의 카풀을 권장하는 프로그램을 다음 달부터 시행할 예정입니다. 우리는 혼자서 자동차를 운전하고 다니지 않음으로써 지구를 도울 수 있습니다. 다른 직원들과 카풀로 출퇴근하는 사람들은 매달 80달러의 보너스를 받게 될 것입니다. 경제적 이익 외에도, 카풀은 동료 직원들간의 관계를 돈독하게 하는 것을 도울 것입니다.

Rogers Corporation will begin a program next month to encourage carpooling among employees. We can help the earth by not driving passenger cars alone. Those who carpool to work with other employees will receive an $80 bonus each month. Apart from the financial benefit, carpooling will also help you build relationships with fellow employees.

Step 1 지문 내용 파악하기

Q: 지문에서 추론할 수 있는 것은 무엇인가?

(a) 직원들은 회사에서 보수를 잘 받는다.
(b) Rogers Corporation사는 오염에 많은 원인이 된다.
ⓒ Rogers Corporation사의 직원들은 카풀을 더 많이 하기 시작할 것이다.
(d) Rogers Corporation사는 제한된 주차공간이 있다.

Q: What can be inferred from the passage?

(a) Employees are well paid by the company.
(b) Rogers Corporation contributes heavily to pollution.
ⓒ Employees at Rogers Corporation will start carpooling more.
(d) Rogers Corporation has limited parking space for vehicles.

Step 2 가장 잘 추론한 보기 정답으로 고르기

Step 1 지문에서 추론할 수 있는 내용을 묻는 문제이므로 지문 전체의 내용을 파악합니다. 회사에서 직원들에게 카풀하여 출근하는 것을 권하고 있음을 알 수 있습니다.

Step 2 지문의 내용을 바탕으로 Rogers Corporation사의 직원들은 카풀을 더 많이 하기 시작할 것임을 추론할 수 있으므로 (c)가 정답입니다.
(a)의 경우 지문을 통해 회사에서 보수를 잘 받는지는 추론할 수 없습니다.
(b)의 경우 지문을 통해 Rogers Corporation사가 오염에 많은 원인이 되는 회사인지는 추론할 수 없습니다.
(d)의 경우 지문을 통해 Rogers Corporation사가 제한된 주차공간이 있는지는 추론할 수 없습니다.

HACKERS **PRACTICE**

문장 해석 연습 – 명사를 꾸며주는 수식어 2

텝스 독해에는 관계절이 명사를 수식하는 경우가 자주 나와요. 이런 길이가 긴 수식어는 어떻게 해석하는지 알아볼까요?

01 '주격 관계대명사 (who / that / which) + 동사' 형태의 관계절이 명사의 수식어인 경우

A nomad / is / a person / **who moves from place to place**.

이 문장에서 who moves from place to place는 명사인 person을 꾸며주는 수식어입니다. 이처럼 주격 관계대명사 (who/that/which) + 동사 형태의 관계절이 명사의 수식어인 경우 '동사하는', '동사한'으로 해석합니다. 따라서 이 문장은 '유목민은 **한 장소에서 다른 장소로 이동하는** 사람이다'라고 해석합니다.

◇ 주어진 문장을 올바르게 해석한 보기를 고르세요.

The medical profession should change the rules that are in use to prevent unnecessary casualties.

전문 의료진들은　① 불필요한 사상자가 발생하는 것을 막기 위해 일반적으로 행해지고 있는 그 규정을 바꾸어야 한다.
　　　　　　　② 그 규정을 바꿔야 하는데, 어떤 것들은 불필요한 피해자를 줄이기 위해 사용되고 있다.

02 '목적격 관계대명사 (that / which) + 주어 + 동사' 형태의 관계절이 명사의 수식어인 경우

Renee / bought / the CD / **that her friend suggested**.

이 문장에서 that her friend suggested는 명사인 CD를 꾸며주는 수식어입니다. 이처럼 목적격 관계대명사 (that/which) + 주어 + 동사 형태의 관계절이 명사의 수식어인 경우 '주어가 동사한', '주어가 동사하는'으로 해석합니다. 따라서 이 문장은 'Renee는 **그녀의 친구가 추천한** CD를 구매했다'라고 해석합니다. that, which는 생략되기도 하지만 해석에는 영향을 주지 않습니다.

◇ 주어진 문장을 올바르게 해석한 보기를 고르세요.

Winemakers value the grapes that noble rot has affected.

포도주 양조업자들은　① 귀부병에 감염된 포도를 높이 평가한다.
　　　　　　　　② 귀한 포도들이 귀부병의 영향을 받게 한다.

03 '관계부사(when / where) + 주어 + 동사' 형태의 관계절이 명사를 수식하는 경우

August / is / the time / **when Sam can take a vacation**.

이 문장에서 when Sam can take a vacation은 명사인 time을 꾸며주는 수식어입니다. 이처럼 관계부사 (when / where) + 주어 + 동사 형태의 관계절이 명사의 수식어인 경우 '주어가 동사하는'으로 해석합니다. 따라서 이 문장은 '8월은 Sam이 휴가를 얻을 수 있는 시간이다'라고 해석합니다.

⊘ 주어진 문장을 올바르게 해석한 보기를 고르세요.

Its name comes from the name of the town where company founder Fredrik Idestam opened a paper mill.

그것의 명칭은

① 그 도시의 이름에서 비롯되었는데, 그곳에서 Fredrik Idestam의 제지 공장 설립 여부가 공개되었다.

② 회사의 설립자인 Fredrik Idestam이 제지 공장을 열었던 마을의 이름에서 비롯되었다.

다음 중 질문에 알맞은 것을 고르세요.

04

Ancient societies used sticks to clean their teeth. Later, in the 1400s, people living in China developed the first toothbrush using pig hair. Pig hair was rough, though, and scratched people's teeth. The first toothbrush using nylon was made in 1938. It became popular because it hurt teeth less.

Q: What can be inferred from the passage?

(a) Nylon toothbrushes are softer than ones made of pig hair.
(b) People in modern societies clean their teeth less often.

05

Golf courses can have an impact on the environment where they are located. To maintain the grass, dangerous amounts of fertilizers are used. Excessive watering also lowers the amount of locally available water. Although few people regularly play golf, everyone must live with the effects of chemical and water usage on golf courses.

Q: Which opinion is the writer most likely to agree with?

(a) The rich are responsible for environmental problems.
(b) Golf course maintenance harms the environment.

06

In any major city, you can find a variety of big and small cinemas. Despite having so many choices, a majority of moviegoers go to large cinemas to catch the latest Hollywood films. They miss out on the interesting foreign and independent films that are found at small art houses. These art house films have many qualities that make them unique.

Q: What would most likely be discussed next?

(a) Characteristics of movies shown at small theaters
(b) The reason for the appeal of Hollywood films

07

Every year, the Chinese Olympic program recruits hundreds of children. Parents who allow their children to leave home for training receive a monthly payment from the government. These children focus on their given sport up to 10 hours a day, so a school education is not a top priority. Only a few of these children will go on to achieve success, either at the national level or in the Olympics. The rest are forced to return to their hometowns.

Q: What can be inferred from the passage?

(a) Children involved in Olympic training enjoy their lifestyles.
(b) Only the best athletes continue in the training program.

08

Nokia, once a leading manufacturer of cellular telephones, is the most famous company in Finland. Its name comes from the name of the town where company founder Fredrik Idestam opened a paper mill. The company diversified and started making rubber in the town as well. Then in the 1970s, the company began developing cell phones. Its rapid success in this field led the company to focus only on phones. It sold off its other, unrelated businesses.

Q: What can be inferred about Nokia from the passage?

(a) It no longer operates the paper mill in the town of Nokia.
(b) Its paper and rubber factories were unable to make a profit.

정답 p.120

01

Noble rot is an infection on the skin of damp wine grapes caused by the Botrytis fungus. Surprisingly, winemakers value the grapes that noble rot has affected because they have a sweet and complex flavor. They were first used when some German winemakers waited too long to pick their grapes in moist conditions. The grapes were covered in the fungus, but once dried out they made more delicious wine. Nowadays, winemakers in Australia and California import Botrytis to create sweet dessert wines.

Q: What can be inferred from the passage?

(a) Some winemakers intentionally cause noble rot.
(b) Noble rot destroys food crops other than grapes.
(c) Noble rot only affects certain varieties of wine grape.
(d) The most expensive wines use grapes with noble rot.

02

In recent years, body mass index has become a common way to determine obesity, although it is far from accurate. BMI is calculated by dividing someone's weight by the square of their height. This figure is used by doctors to assess health risks. Insurance companies also use it to determine their rates. However, the BMI calculation inflates the scores of individuals who have large amounts of muscle mass, like athletes and young people. This is because muscle is heavier than fat.

Q: What can be inferred about BMI according to the passage?

(a) It can falsely detect obesity in some groups.
(b) It assumes that short people are generally obese.
(c) It is a statistic created to assess muscle mass.
(d) It has been increasing among the general population.

03

The recent earthquake in our country highlighted the shortage of blood our hospitals face. The current policy is to keep a small supply of blood on hand. I thought hospitals were misguided in trying to solicit blood donations during the disaster. It takes around two days for donated blood to be prepared for use. Most victims need to be treated in the hours immediately after a disaster, however. The medical profession should change the rules that are in use to prevent unnecessary casualties.

Q: Which of the following statement is the writer most likely to agree with?

(a) More blood needs to be collected on a regular basis.
(b) People do not donate enough blood when there's a disaster.
(c) Hospitals should hire more employees in case of disasters.
(d) Doctors should treat disaster victims over a longer period.

04

Gamelan Automotive has issued a recall of floor mats in all its sedans manufactured since 2006. The mats are believed to have caused several crashes. Company officials say a supplier made the mats, which were longer than the design specified. The extra length of the floor mats causes them to become caught underneath the area where the pedals are located. The drivers are then unable to slow down their vehicles. Gamelan expects to replace up to three million of the mats.

Q: What can be inferred from the passage?

(a) Floor mats will not be included in future models.
(b) Gamelan's cars will lose their popularity with customers.
(c) Standard-length mats do not pose similar dangers.
(d) The supplier in question will not be used again.

05

A major political issue in America is the public display of the Ten Commandments, a set of Christian and Jewish laws from ancient times. The controversy was started by Christian leaders. These individuals wished to display the document in front of courthouses and city halls. They argued that its ideas are an important part of the country's legal system. Some civic groups are opposed to the Commandments' display. Their opinion is supported by the US Constitution, which promotes the separation of church and state.

Q: What can be inferred from the passage?

(a) Some religious groups want the Ten Commandments to be law.
(b) Christians are very influential within the United States government.
(c) The display of the Ten Commandments may violate the Constitution.
(d) Civic groups don't agree with the practice of religion.

06~07

Amazing Science Weekly

Ice Age Humans Knew How to Dress

In 2000, evidence of clothing woven from plant fibers was uncovered in central Europe. More than 80 fossil prints of different plant-derived clothes were found, many in styles that had never been seen before. The items shed new light on the types of clothing worn by humans during the Ice Age.

Based on ancient burial sites, archeologists formerly believed that furs and other animal products were used exclusively for clothing during the Ice Age. The fossil prints suggest otherwise. The thinness of the plant fiber cloths would have been impractical for cold weather. This indicates that they were worn in the summer as an alternative to heavy fur. Other details suggest they were commonly worn by people of higher status in a group. This new evidence adds significantly to our understanding of early Ice Age cultures.

---

06. Q: What is correct according to the passage?

(a) Entire outfits made from plant materials were found intact by archeologists.
(b) The newly discovered items were made from plants that no longer exist.
(c) People who wore fur clothing had higher status than others.
(d) Fossil prints of various clothes made from plants were discovered.

07. Q: What can be inferred from the passage?

(a) Extremely cold temperatures killed many animals in central Europe.
(b) Remains of animal skins have been discovered in Ice Age graves.
(c) Fossils were formed in central Europe due to the movement of glaciers.
(d) Human beings today continue to wear clothing made from plant fibers.

정답 p.123

광고는 상품이나 서비스에 대한 정보를 주며 구매를 유도하는 글로, 상점/제품, 관광지/관광 상품, 구인 광고 등이 나옵니다.

🔵 기출 토픽

상점/제품 광고	중고차, 옷가게 등의 상점 광고/서적, 전자 제품 및 식품 광고 등
관광지/관광 상품 광고	해변에 위치한 호텔이나 리조트 광고/여행사 광고 등
구인 광고	IT 회사의 직원 채용, 펜팔을 구하는 광고 등

🔵 지문의 흐름

광고는 소비자의 관심을 불러 일으키는 말과 함께 광고 대상을 소개합니다. 그 후, 광고 상품이나 서비스의 장점 및 특징에 대한 내용이 나오고, 광고하는 제품의 이용 및 구매를 촉구하거나 광고 내용을 강조하는 말로 마무리됩니다.

믿을 만한 데이터 백업 서비스가 필요하신가요? DataSaver가 도와드리겠습니다.	Do you need a reliable data backup service? DataSaver can help.	관심 유발/ 광고 대상 소개
DataSaver 소프트웨어를 다운 받고, 백업하고자 하는 파일을 선택하기만 하면 됩니다. 소프트웨어가 자동으로 파일의 내용을 저희 온라인 서버에 복사할 것입니다. 저장 공간 이용 요금은 1기가바이트당 10센트이고 귀하의 데이터를 철저히 안전하게 보관할 것입니다.	Just download the DataSaver software and select the files you'd like backed up. The software will automatically copy the contents of the files to our online server. Storage space costs 10 cents per gigabyte and will keep your data completely secure.	세부 내용 (광고 대상의 장점 및 특징)
DataSaver는 _____ 가장 저렴한 수단입니다.	DataSaver is the cheapest way _____.	이용 및 구매 촉구/ 광고 내용 강조
(a) 당신의 컴퓨터를 청소하기 위한 ⓑ 당신의 데이터를 안전하게 보관하기 　위한 (c) 고장 난 기계를 수리하기 위한 (d) 복사를 하기 위한	(a) to clean up your computer ⓑ to keep your data safe (c) to repair a broken machine (d) to make photocopies	

해설　빈칸이 있는 문장을 통해 DataSaver가 무엇을 하기에 가장 저렴한 방법인지를 빈칸에 넣어야 한다는 것을 예상할 수 있습니다. 지문의 광고 대상을 소개하는 부분에서 데이터 백업 서비스를 소개하고 있고, 세부 내용에서 '귀하의 데이터를 철저히 안전하게 보관할 것'이라고 하였으므로 '당신의 데이터를 안전하게 보관하기 위해'라고 한 (b)가 정답입니다.

정답　(b)

기출 어휘

광고에 출제된 어휘를 익혀두면 지문을 정확히 이해하는 데 도움이 되므로 반드시 외워두세요.

상점/제품 광고

□ attention	관심	□ inventory	재고
□ expense	비용	□ merchandise	상품
□ display	진열대	□ receipt	영수증
□ discounted price	할인가	□ wholesale price	도매 가격
□ free delivery	무료 배송	□ purchase	구매하다

관광지/관광 상품 광고

□ insurance	보험	□ be located in	~에 위치하다
□ itinerary	여행 일정	□ explore	탐험하다
□ resort	리조트	□ feature	특색으로 하다
□ tour guide	관광 가이드	□ furnished	가구가 완비된
□ tourist attraction	관광 명소	□ luxurious	고급스러운

구인 광고

□ application	지원, 신청	□ qualification	지원 자격
□ experience	경력	□ salary	급여
□ candidate	지원자	□ possess	소유하다
□ reference letter	추천서	□ seek	찾다
□ résumé	이력서	□ competent	능력 있는

HACKERS PRACTICE

다음 중 빈칸에 알맞은 것을 고르세요.

01

The publishers of the Credit Sense credit card guide know that choosing a credit card can be difficult. We know it's more than just finding the one with the lowest interest rate. At Credit Sense, we point out cards with the lowest annual fees. Moreover, we make sure to explain the benefits offered by different cards like discounts at certain stores or cheaper rates on air and train travel. Credit Sense is the key to _____ _____.

(a) finding the right credit card for you
(b) paying off your consumer debt

02

The HitTrax digital media player is packed with amazing features. Using onboard wireless technology, it can be connected to your computer, the Internet, and other HitTrax devices in order to exchange music. _____, the HitTrax possesses an extended battery life of 16 hours per charge and a flawless design that's sure to attract your attention. Purchase a HitTrax at your local electronics store.

(a) Even so
(b) What's more

다음 중 질문에 알맞은 것을 고르세요.

03

The freshest fruits and vegetables in town can be found at the Hastings Farmers Market. Every Saturday from 6 a.m. until noon, local farmers bring their produce and sell it directly to customers. Because there's no middleman, you'll get fresh fruits straight from the farm at wholesale price. Buy over $20 worth of items and you'll receive free delivery to your home.

Q: What is the advertisement mainly about?

(a) A place to buy fresh local food products
(b) The supermarket located on Hastings Farm

04

Satisfy your sweet tooth at Patty's Pastries! We use traditional French and German recipes that have been passed down for generations. This ensures that our homemade baked goods have the same fantastic flavor as they do in Europe. For pastry fans who are worried about nutrition, we have gluten-free and low-fat pastries along with our regular ones. If you buy a dozen or more baked goods, you'll get them for 30 percent cheaper than the individual price. Visit Patty's Pastries today.

Q: Which of the following is correct about Patty's Pastries according to the advertisement?

(a) It offers a discount for frequent buyers.

(b) Its items are based on traditional recipes.

05

Looking for a new boat? Boat Arena is the largest new sailboat and yacht dealer in the area. Spring is here, so all of our remaining merchandise must be sold to make room for the newest models. To clear this massive inventory, we're having a sale on all of last year's models. Boats will be sold at discount prices until every single one is gone. Visit Boat Arena on Maple Road.

Q: What can be inferred about Boat Arena according to the passage?

(a) It has not been selling boats lately.

(b) It will soon receive new boat models.

정답 p.129

Part 1 다음 중 빈칸에 알맞은 것을 고르세요.

01

> Want a program that will help you _____? Then tune into Driving Change. The show features a "Car of the Week" segment where we highlight the most environmentally friendly vehicles being sold. On the show, people looking to buy a green car can also learn about the technology used in the vehicle, like biodiesel and solar energy converters. Listen to the show every Thursday at 9 p.m.

(a) make your car better for the environment
(b) repair your car at the lowest cost
(c) figure out which automobile to purchase
(d) learn more about modern electric cars

Part 2 다음 중 지문의 흐름에 맞지 않은 것을 고르세요.

02

> The Stone Springs Resort is located in the village of Sanur on the island of Bali.
> (a) Bali is a primarily Hindu island in the middle of Muslim Indonesia. (b) Located on the island's southern coast, the resort features 10 fully furnished traditional bungalows.
> (c) Daily tours in our air-conditioned tour bus are offered for guests wishing to explore the treasures of Bali further. (d) Experience the fabulous natural environment and luxurious accommodations at Stone Springs.

Part 3 다음 중 질문에 알맞은 것을 고르세요.

03

> The city of Barcelona has several tremendous sites that can be seen in a single day. Start out in the Gothic Quarter, which is home to several 500-year-old buildings. From here, you can walk toward the mountains for a gorgeous view of the city. Stop at a local paella restaurant for lunch, and then take the entire afternoon to wander around near the Placa de Catalunya. Be sure to view Antonio Gaudi's magnificent architecture, including Parc Guell.

Q: What is the passage mainly about?

(a) A short sightseeing itinerary for Barcelona
(b) Barcelona's traditional building designs
(c) The best sites to photograph in Barcelona
(d) Barcelona's most famous landmarks

04

Sales Representatives Needed

Realize your potential with AcuteMark, a leading telemarketing firm!

Application Requirements:
- Bachelor's degree
- Minimum of three years' sales experience
- Excellent communication skills
- Scanned copies of reference letter(s) from previous employer(s)

*Preference will be given to applicants familiar with the computer program TelMarket Suite 4.0.

Working Hours: Monday to Friday, 8:00 a.m. – 5:00 p.m.
Salary: $14/hour plus generous commission fees

Prospective candidates must visit www.acutemark.com to submit requested digital documents. Mailed applications will not be accepted.

Q: Which of the following is NOT an essential requirement for applicants?

(a) Software proficiency
(b) University diploma
(c) A sales background
(d) A written recommendation

정답 p.131

기사는 새로운 소식이나 사건을 전달하는 글로, 경제, 환경, 보건·복지, 사건·사고 기사 등이 나옵니다.

기출 토픽

경제 기사	자금난으로 인한 직원 해고, 외국 농산물 유입으로 인한 가격 경쟁 등을 다룬 경제 기사
환경 기사	야생 동물 보호 대책, 국가의 기후 변화 대처 방안 등을 다룬 환경 기사
보건·복지 기사	약물 중독자 증가의 심각성, 저소득층을 위한 프로그램 등을 다룬 보건·복지 기사
사건·사고 기사	주택가에 발생한 화재, 불법 이주민 밀입국자 처벌 등을 다룬 사건·사고 기사

지문의 흐름

기사는 지문 앞부분에 새로운 사건 및 소식을 소개한 후, 세부 내용을 전달합니다.

주 상원은 금일 _____ 법안을 통과시켰습니다.	The State Senate passed a law today _____.	사건 및 소식 소개
그 법은 1월 1일부터 효력이 발생되나, 개인 가정에서의 흡연은 여전히 허용될 것입니다. 가장 큰 충격은 기존에 흡연 허용 여부를 소유주들이 자유롭게 결정할 수 있었던, 바와 식당에서 느끼게 될 것입니다. 정부 건물은 이미 2003년 이래로 흡연 금지 대상이었습니다.	The law will go into effect January 1, but smoking will still be allowed in private homes. The biggest impact will be felt in bars and restaurants, where owners were previously free to decide whether or not smoking was allowed. Government buildings have already been subject to a smoking ban since 2003.	세부 내용
(a) 지역 식음료 관련 법을 개정하는 ⓑ 공공장소에서 실내 흡연을 금하는 (c) 담배 판매를 불법으로 규정하는 (d) 실외 흡연을 폐지하는	(a) changing local food and drink laws ⓑ banning indoor smoking in public places (c) making the sale of cigarettes illegal (d) putting an end to smoking outdoors	

해설 빈칸이 있는 문장을 통해 빈칸에 주 상원이 어떤 법안을 통과시켰는지를 넣어야 한다는 것을 예상할 수 있습니다. 세부 내용을 언급한 부분에서 가정을 제외한 곳에서 흡연이 금지될 것이고, 흡연이 금지되는 장소의 예로 바와 식당과 같은 공공장소를 들고 있으므로, '공공장소에서 실내 흡연을 금하는'이라고 한 (b)가 정답입니다.

정답 (b)

기출 어휘

기사에 출제된 어휘를 익혀두면 지문을 정확히 이해하는 데 도움이 되므로 반드시 외워두세요.

경제 기사

□ budget	예산	□ production	생산
□ consumer	소비자	□ prosperity	번영, 번창
□ distributor	유통업자	□ trade barrier	무역 장벽
□ funding	자금, 융자	□ import	수입하다
□ goods	제품	□ bankrupt	파산한
□ manufacturer	제조업체	□ overseas	해외의

환경 기사

□ carbon emissions	탄소 배출량	□ natural resources	천연 자원
□ climate change	기후 변화	□ wildlife	야생 동물
□ ecosystem	생태계	□ combat	싸우다
□ environment	환경	□ conserve	보존하다
□ pollution	오염	□ recycle	재활용하다

보건·복지 기사

□ clinic	병원	□ prescription	처방
□ drug addiction	약물 중독	□ treatment	치료
□ medication	투약, 약물	□ ensure	보장하다
□ nutrition	영양	□ prevent	예방하다

사건·사고 기사

□ blaze	화재	□ investigate	조사하다
□ injury	상해	□ sentence	형벌을 받다
□ victim	희생자	□ suffer	고통 받다
□ arrest	검거; 체포하다	□ illegal	불법의

다음 중 빈칸에 알맞은 것을 고르세요.

01

> Students at Concordia University are protesting against _____.
> They worry the decision may force many of their classmates to stop attending. In response to the concerns, the state government will provide emergency loans to students to cover the increased tuition costs. The protesting students argue that they will still need to pay back the money eventually and do not wish to go into further debt as students.

(a) the lack of available student loans
(b) the school's tuition rate increase

02

> Thousands of people will come to the town of Frankenmuth, Michigan, for next week's Bavarian Festival. The event gives visitors a chance to see what Germany offers without needing to book a ticket to Europe. They can hear German being spoken, eat sauerkraut and kielbasa, do traditional dances, and purchase traditional arts and crafts. The festival is only held once a year, so it is a rare opportunity to _____ _____.

(a) experience German culture
(b) meet tourists from overseas

다음 중 지문의 흐름에 맞지 않는 것을 고르세요.

03

> The Hope Diamond, one of the world's most famous gems, is about to get a new look. (a) The diamond is being included in a special necklace to celebrate the 50th anniversary of its donation to the Smithsonian Museum. (b) The 45-karat blue diamond was donated to the museum by jeweler Harry Winston. (c) Three designs for a necklace featuring the diamond are currently being voted on. (d) The winning jewelry design will become part of the Hope Diamond display at the Smithsonian Museum for an entire year.

다음 중 질문에 알맞은 것을 고르세요.

04

Japan's Prime Minister Yukio Hatoyama has announced the goal of reducing the country's carbon emissions by 25 percent before 2020. This has been welcomed by environmental groups worldwide, but many leaders in other countries are uncomfortable with Hatoyama's statement. That is because Hatoyama wants to reach an agreement with them to match his country's efforts at the climate change conference next year. Japan's goal puts pressure on them to take larger steps to combat pollution, which would mean spending billions of dollars to meet standards.

Q: What is the passage mainly about?

(a) An upcoming climate change conference world leaders will attend
(b) Japan's announcement regarding its effort to reduce pollution

05

The department of immigration has increased the number of officers patrolling along the Arizona border. The decision follows last month's arrest of 450 illegal Mexican immigrants, who were found working on farms in the state. Nearly 300 of those arrested have already been given one-year prison sentences for using false identity documents. The hope is that harsh penalties and increased border patrol will stop the flow of illegal workers.

Q: Which of the following is correct according to the passage?

(a) The illegal immigrants who were caught had expired passports.
(b) Border patrols have been strengthened in Arizona.

정답 p.134

Part 1 다음 중 빈칸에 알맞은 것을 고르세요.

01

The editorial staff of the Dalton Tribune believes that the national trade board should lower taxes on imported products. Getting rid of trade barriers will attract overseas distributors to sell products in our country. Although the arrival of competitively priced foreign goods threatens local manufacturers, low-priced foreign products will make consumers happy by lowering their shopping bills. Thus, the editorial staff's opinion is that _____.

(a) taxes on foreign goods should be decreased
(b) local companies should sell more goods abroad
(c) the national trade board must be punished
(d) stores should try to keep their customers pleased

Part 3 다음 중 질문에 알맞은 것을 고르세요.

02

Starting in July, Doctors Abroad will begin promoting the use of nutritional supplements among pregnant Pakistani women. Statistics show that Pakistani women don't take enough vitamins during pregnancy. If a pregnant mother does not get enough vitamins, problems with the baby are more likely to develop. Doctors Abroad will be handing out vitamin supplements at women's clinics in many cities. The group hopes to lower the rate of birth defects by over 50 percent.

Q: What can be inferred from the passage?

(a) Pakistan does not have a good medical system.
(b) Birth defects are a problem for pregnant women in Pakistan.
(c) Pregnant women eat more than usual.
(d) Doctors Abroad is a manufacturer of nutritional supplements.

Part 4 다음 중 각 질문에 알맞은 것을 고르세요.

03~04

Djoudj National Park in Senegal has introduced thousands of weevils into the park. Weevils are small, plant-eating insects. They have been let loose in the park as a measure against an overgrowth of Salvinia molesta. Salvinia molesta, or giant salvinia, is an invasive weed that grows quickly and can spread over a large area in a matter of weeks. As it spreads, the weed deprives native plants of nutrients and growing space.

In Djoudj National Park, Salvinia molesta had proliferated to the point of threatening animals that depend on the nature area. The native plants at Djoudj National Park constitute an important part of the diet of local wildlife. They also provide nourishment to hundreds of species of migrating birds. Recognizing the need to protect the plants from Salvinia molesta, the park's maintenance committee authorized the purchase of the weevils. They hope this action will preserve the plants that sustain animals in the park.

03. Q: What is the news report mainly about?

    (a) A plan to get rid of an unwanted plant species

    (b) A strategy to control the number of a park's animals

    (c) A discussion about the visitor management policies of a national park

    (d) A proposal to establish a committee to protect the environment

04. Q: Why is it important to save the native plants of Djoudj National Park?

    (a) They serve as food for birds that visit the area.

    (b) They provide a source of income for nearby communities.

    (c) Some of them cannot be found in other habitats.

    (d) They are used to make several types of traditional medicine.

정답 p.137

편지는 글쓴이가 상대방에게 용건을 전달하는 글로, 통보/요청, 감사/안부/축하, 사과/불만 편지 등이 나옵니다.

기출 토픽

통보/요청 편지	고용 종료, 대출금 미납 등 통보/구직 희망, 제품 환불 요청 편지 등
감사/안부/축하 편지	고객의 꾸준한 성원에 감사/가족, 친구에게 보내는 안부/목표 달성 축하 편지 등
사과/불만 편지	초대에 응하지 못한 것에 대한 사과/호텔 서비스, 잘못된 기사에 대한 불만 편지 등

지문의 흐름

편지는 지문 앞부분에 편지를 받는 이를 언급한 뒤, 편지를 쓴 배경 및 목적, 세부 내용, 맺음말 순으로 나오고, 보낸 이를 마지막으로 언급하며 끝납니다.

Allen 코치님께,	Dear Coach Allen,	받는 이
시립 농구 챔피언십에서 우승하시게 된 것을 축하드립니다.	I want to congratulate you on winning the city basketball championship.	편지를 쓴 배경 및 목적
감독님께서는 시즌 초반에 팀의 목표는 챔피언십이라고 말씀하셨습니다. 그 목표를 달성하시다니 대단하십니다. 이를 축하하기 위해, 학교 대강당에서 팀을 위한 기념식을 갖고자 합니다. 날짜와 시간은 곧 정해질 것입니다.	You stated at the beginning of the season that your team's goal was the championship. It is great that you were able to achieve your goal. To celebrate, we would like to hold a ceremony for your team in the school auditorium. A date and time will be determined shortly.	세부 내용
전교생과 교직원은 _____.	The entire school _____.	맺음말
Diane Waters 교장 드림	Sincerely, Principal Diane Waters	보낸 이

(a) 매우 열심히 일했습니다	(a) has worked very hard
(b) 당신을 자랑스럽게 생각합니다	(b) is proud of you
(c) 당신에게 행운을 빕니다	(c) wishes you good luck
(d) 더 열심히 공부해야 합니다	(d) must study harder

해설 빈칸이 있는 문장을 통해 빈칸에 전교생들과 교직원들이 무엇을 하는지를 넣어야 한다는 것을 예상할 수 있습니다. 지문 앞부분의 편지 목적에서 시립 농구 챔피언십에서 우승한 것을 축하한다고 하면서, 세부 내용에서 이를 축하하기 위해 학교 대강당에서 기념식을 가지려고 한다고 했으므로 '전교생과 교직원은 당신을 자랑스럽게 생각합니다'라고 한 (b)가 정답입니다.

정답 (b)

🔵 기출 어휘

편지에 출제된 어휘를 익혀두면 지문을 정확히 이해하는 데 도움이 되므로 반드시 외워두세요.

통보/요청 편지

☐ decision	결정	☐ expect	바라다, 기대하다
☐ formal notice	공식적인 공지	☐ inform	알리다
☐ response	응답	☐ request	요청하다
☐ advise	권하다	☐ shortly	즉시

감사/안부/축하 편지

☐ accomplishment	성취	☐ celebrate	기념하다, 축하하다
☐ ceremony	의식	☐ go well	잘 되다
☐ congratulation	축하	☐ recognize	표창하다, 감사하다
☐ achieve	성취하다	☐ dedicated	헌신한
☐ admire	감탄하다	☐ impressed	감명받은
☐ appreciate	감사하다	☐ touched	감동된

사과/불만 편지

☐ complain	불평하다	☐ reimburse	배상하다
☐ despair	절망하다	☐ defective	결함 있는
☐ disagree	반대하다	☐ disappointed	실망한
☐ refund	환불하다	☐ dissatisfied	불만족스러운
☐ settle	해결하다	☐ unless	~하지 않으면

다음 중 빈칸에 알맞은 것을 고르세요.

01

> Dear Helpful Helen,
>
> What can a shy person do to make new friends? I've just moved to Hawaii. I enjoy the wonderful scenery here and the exotic culture, but I need a social life as well. _____ when people tell me I should join a club for single people or try starting a conversation with a stranger. Doing those things makes me nervous. Do you have any advice?
>
> Shy in Hawaii

(a) I am thankful
(b) It doesn't help me

02

> Dear Ramona,
>
> How is your trip? I am so jealous that you are at the beach. Your dog is doing fine here, but there was a small problem last night. There was a bad storm going on outside, and we had locked the dog in the guest bedroom. The dog started barking and finally woke Frank and me up. Once we opened the door, the dog ran into our bedroom and slept silently in our bed. I guess he's afraid of storms and wants company. If it storms again, we'll be sure to _____.
>
> Joey

(a) let the dog sleep in our bedroom
(b) stay awake all night checking on the dog

다음 중 질문에 알맞은 것을 고르세요.

03

> Dear Mr. Gomez,
>
> I am writing to confirm that you've granted me two weeks of temporary leave, beginning June 26. I must finalize a rental car and hotel reservations this evening for my family vacation. To do this, I must be certain I have that time off work. Without a final decision, I'll have to cancel the trip. Please contact me as soon as possible.
>
> Denise Driscoll

Q: What is the letter mainly about?

(a) Hotel and car reservations
(b) A previous request for time off work

04

Dear Manager,

I am a frequent guest at your hotel, and I booked a stay last week. I typically enjoy your establishment, but there was a problem this time. The room was filled with bugs, which I saw crawling in the bathroom and under the bed. I was shocked that a five-star hotel like yours would have bugs. Instead of moving to another room, I requested a refund and left the hotel. Unless something is done about the problem, I will not be returning.

Respectfully,
Pam Tobias

Q: What is the purpose of this letter?

(a) To request a refund for a canceled reservation
(b) To inform management about a bug problem

05

Dear Mr. Brown,

Please be reminded that your car lease payment has been overdue for 45 days. If we do not receive the money you owe by April 19, you will be in default. At that point, we will have no choice but to exercise our right to take your car. The lease agreement clearly states that meeting monthly payments is the customer's obligation. We insist on enforcing the contract.

Sincerely,
Jenny Bivens
PD Motors

Q: Which of the following is correct according to the letter?

(a) PD Motors wants the matter settled in 45 days.
(b) PD Motors will take the car if lease payments remain unpaid.

정답 p.140

HACKERS **TEST**

Part 1 다음 중 빈칸에 알맞은 것을 고르세요.

01

Dear Mr. Levine,

I didn't appreciate your recent article about the harm that labor unions do. Your comments are misinformed. During the recent economic downturn, human resources departments in all companies have been terminating workers. At some companies, workers are being fired without any advance notice and with no time to find another job. Labor unions help prevent this while protecting workers' rights. I disagree with your _____.

(a) harmful actions towards workers
(b) inaccurate employment statistics
(c) uninteresting articles about politics
(d) incorrect criticisms of such groups

Part 3 다음 중 질문에 알맞은 것을 고르세요.

02

Dear conference attendees,

Tomorrow is our first day of management seminars. The opening speech will be given by Dr. James McGovern at 9 a.m. in the Emerald Ballroom. It should last about one hour. After this, delegates will break into small groups to participate in team-building exercises. A lunch break will occur from noon to 1 p.m. Lastly, Sandy O'Brien of ARC Accounting will discuss the financial responsibilities of upper-level managers like yourselves. Her talk will be held from 1 p.m. to 3 p.m. in Conference Room G. You will be free to go afterward.

Sincerely,
John Stafford

Q: Which is correct according to the letter?

(a) The seminars will end tomorrow.
(b) All talks will be held in the Emerald Ballroom.
(c) The final discussion will end at 3 p.m.
(d) The attendees want to become accountants.

Part 4 다음 중 각 질문에 알맞은 것을 고르세요.

03~04

To whom it may concern:

I have given up waiting to receive my computer monitor back from your company. On September 22, I sent my model RS-232 monitor to your repair center because the screen had stopped working. However, no one has contacted me about the progress of the repairs since acknowledging receipt of the monitor. And it has been over a month! This is highly unprofessional, and I am so tired of waiting.

Please refund me the $199 that I paid for the monitor at PlugIt Electronics. I will not accept a gift certificate or replacement item. I would also like to be compensated for the $32 that it cost me to send you the monitor. I have enclosed my bank account information. I hope this matter can be settled as soon as possible.

Sincerely,
Derek Mitchell

---

03. Q: What is the purpose of the letter?

(a) To learn the price of a computer repair service
(b) To determine the closest repair center in a city
(c) To demand reimbursement of expenses related to some equipment
(d) To request a set of directions for adjusting a screen

04. Q: What can be inferred from the passage?

(a) The company notified the writer about the arrival of a delivery.
(b) The RS-232 computer monitor is no longer being made.
(c) The writer unsuccessfully tried to repair a product himself.
(d) The company paid the shipping fee for a package in advance.

정답 p.143

CHAPTER 11 학술문 Ⅰ - 인문학

인문학 관련 지문은 역사, 예술, 문학, 언어, 종교, 철학 등 다양한 주제를 골고루 다룹니다.

➤ 기출 토픽

역사	농경을 시작한 신석기 혁명, 고대 이집트 문명, 로마 제국 등
예술	돌에 그림을 그린 록아트(Rock Art), 다다이즘, 피아니스트 쇼스타코비치의 일생 등
문학	탐정 소설의 전개 방법, 현대 일본 문학의 특징, 유명한 작가 마크 트웨인의 업적 등
언어	소멸 위기에 놓인 언어, 독창적인 어보리진어 등
종교	엄격한 중세 시대의 기독교, 부활을 믿는 힌두교 등
철학	이성을 중시한 아리스토텔레스의 가르침 등

➤ 기출 어휘

인문학 관련 지문에 출제된 어휘를 익혀두면 문제를 풀 때 지문을 정확히 이해할 수 있으므로 꼭 외워두세요.

역사 (History)

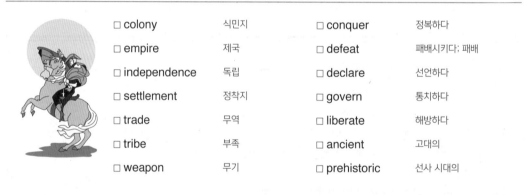

□ colony	식민지	□ conquer	정복하다
□ empire	제국	□ defeat	패배시키다; 패배
□ independence	독립	□ declare	선언하다
□ settlement	정착지	□ govern	통치하다
□ trade	무역	□ liberate	해방하다
□ tribe	부족	□ ancient	고대의
□ weapon	무기	□ prehistoric	선사 시대의

예술 (Art)

□ appreciation	감상	□ creativity	창의성
□ architecture	건축	□ depiction	묘사
□ artwork	예술 작품	□ sculpture	조각품
□ art movement	예술 운동	□ subject	(그림 등의) 모델, 피사체
□ composer	작곡가	□ style	양식

문학 (Literature)

□ genre	장르	□ theme	주제
□ character	등장 인물	□ cover	다루다
□ literary critic	문학 비평가	□ publish	출간하다
□ prose	산문	□ translate	번역하다
□ metaphor	은유	□ profoundly	심오하게

언어 (Language)

□ language	언어	□ contemporary	현대의
□ mother tongue	모국어	□ linguistic	언어의
□ reflect	반영하다	□ native	모국어의

종교 (Religion)

□ astrology	점성학	□ sin	죄를 짓다
□ deity	신	□ worship	숭배하다
□ religion	종교	□ moral	도덕적인
□ soul	영혼	□ rigid	엄격한

철학 (Philosophy)

□ philosopher	철학가	□ teachings	가르침
□ reason	이성	□ practice	실천하다; 준수하다
□ idea	사상	□ Greek	그리스인의

다음 중 빈칸에 알맞은 것을 고르세요.

01

Ancient Egyptians were unique in their _____. Because their religion stated that humans could have a life after death, Egyptians tried to keep dead bodies undamaged. So bodies being buried were wrapped in cloth in a process called mummification. All organs were removed in a religious ceremony except for the heart. It was kept inside the body because Egyptians believed the soul was within it.

(a) religious customs regarding the dead
(b) beliefs about the role of the human heart

02

As with art and architecture, Roman writers _____.
Seneca was the most famous Roman playwright. However, Seneca's play, Phaedra, was merely a translated version of the Greek play Hippolytus. Literary critics also point out similarities between the comedy works that Greeks and Romans published. Plautus and Terrence, the two most important Roman comedy writers, wrote works that strongly reflected those written by Greek writer Menander.

(a) were not as talented as the Greeks
(b) took their ideas from the Greeks

다음 중 질문에 알맞은 것을 고르세요.

03

The discovery of agriculture allowed society to develop. Before humans learned to grow crops, they had to hunt and gather food. Therefore, maintaining a large society was impossible. As tribes grew larger, they started running out of animals and plants to eat. Agriculture changed this, because it created a constant food supply. With food needs met, society could develop.

Q: What is the best title for the passage?

(a) The Development of Modern Agriculture
(b) Agriculture Helped in Forming Society

04

South Africa is reviewing a hundred years of black cultural history. Until the 1990s, the government's apartheid policy kept white and black South Africans separate. White culture became the dominant culture, and black literature, art, and thought were ignored. Since then, blacks have won their struggle against apartheid and were liberated from its unjust laws. Now a bigger effort is being made to integrate black cultures into the country's cultural history.

Q: What is the main idea about South Africa according to the passage?

(a) Its apartheid policy has led to difficult race relations.
(b) It is paying more attention to black culture from its past.

05

Alexander Calder is known for his unique style of sculpture. In the US, Calder put on circus-style shows using wire sculptures that he controlled. Later in his career, he invented a form of hanging sculpture called the mobile. Calder would eventually go on to create large, abstract pieces from metal and wooden surfaces. His artwork is still on display in cities worldwide, as many pieces were made to honor historical events.

Q: Which of the following is correct about Calder?

(a) He used to perform with his sculptures.
(b) He was the person who invented abstract sculpture.

정답 p.146

Part 1 다음 중 빈칸에 알맞은 것을 고르세요.

01

Indonesia regained its independence in 1950 after 300 years of colonial rule. The Dutch empire governed over trading posts they set up in Indonesia in the 1600s. By the early 1900s, Dutch control stretched across every major island in the region. During World War II, the islands were conquered and ruled by Japan. After Japan's defeat in 1945, Indonesia declared its independence. This event meant that, at long last, Indonesia _____.

(a) won a war they fought against the Dutch
(b) became a part of the Japanese empire
(c) was free from rule by a foreign power
(d) would be protected by its own national army

Part 2 다음 중 지문의 흐름에 맞지 않는 것을 고르세요.

02

The moral teachings of philosopher Immanuel Kant are based upon the "categorical imperative". (a) For Kant, the categorical imperative was the rule that must be followed when choosing an action. (b) It states that people must act in the way they wish everyone else to act. (c) Kant disagreed with democracy, arguing that government plays a part in taking away freedom. (d) He felt humans are free to act as long as they follow the categorical imperative.

Part 3 다음 중 질문에 알맞은 것을 고르세요.

03

> *The Girl With the Pearl Earring* is a highly successful novel written by Tracy Chevalier. It follows the story of a young girl who is forced to work as a maid to help her family escape poverty. She works at the house of a famous Dutch artist and becomes the subject of a painting. Chevalier's book was based on a character from a famous Vermeer painting by the same name. The girl in the painting inspired Chevalier, and she wanted to show what the girl's life was like.

Q: Which of the following is correct according to the passage?

(a) Chevalier modeled for a new version of the painting.
(b) Vermeer's painting is based on a historical tale.
(c) The girl became a painter to escape life as a maid.
(d) The book describes the life of someone in a painting.

04

> The international use of French is declining. Just a couple of generations ago, French was a necessary language to learn for international politics and business. Even in the fields of fashion and food, French was the common tongue. Authors and intellectuals all knew how to speak French as well. These days, however, English has developed into the linguistic medium used between people from different cultures. There are fewer students of French as a result, which is unfortunate.

Q: Which opinion is the writer most likely to agree with?

(a) French is easier to learn for international students than English.
(b) French continues to be an important international language.
(c) French should be learned by a greater number of students.
(d) French is the language best used to describe culture.

정답 p.149

학술문 Ⅱ - 사회 과학/자연 과학

> **사회 과학** 관련 지문은 경제, 법, 사회 문화 등의 주제를, **자연 과학** 관련 지문은 의학, 생물, 지구과학, 환경 등의 다양한 주제를 다룹니다.

🔾 기출 토픽

경제	자유 시장 경제, 가격 변화가 경제에 미치는 영향 등
법	처벌 제도, 저작권법, 사형 제도 등
사회 문화	소를 먹지 않는 인도 문화, 도시화에 따라 증가하는 범죄율 등
의학	콜레라, 면역 결핍 바이러스, 비만 연구, 영양소 섭취와 질병의 상관 관계 등
생물	접착력 있는 발을 가진 파리, 아프리카 꿀벌, 고양이의 진화 패턴 등
지구과학	태양계 행성들의 위성, 화성에서의 물의 존재 등
환경	지구 온난화로 인한 해안선 변화, 멸종 위기에 처한 동물, 자연 서식지 감소 등

🔾 기출 어휘

사회 과학 및 자연 과학 관련 지문에 출제된 어휘를 익혀두면 문제를 풀 때 지문을 정확히 이해할 수 있으므로 꼭 외워두세요.

경제 (Economics)

☐ consumption	소비	☐ retailer	소매상
☐ development	개발	☐ spending	소비
☐ free market	자유 시장	☐ supplier	공급자
☐ income	수입	☐ trade price	도매 가격
☐ low income	저소득	☐ economic	경제의

법 (Law)

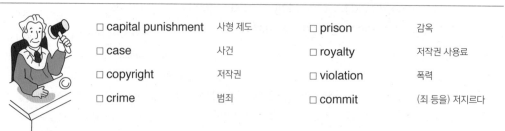

☐ capital punishment	사형 제도	☐ prison	감옥
☐ case	사건	☐ royalty	저작권 사용료
☐ copyright	저작권	☐ violation	폭력
☐ crime	범죄	☐ commit	(죄 등을) 저지르다

사회 문화 (Social Culture)

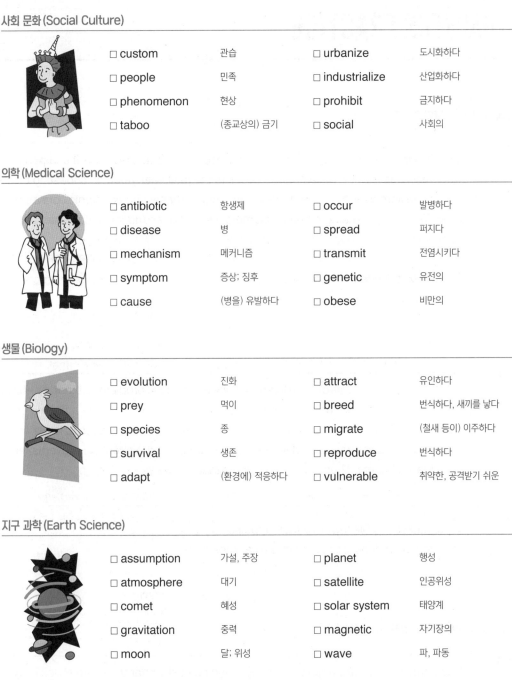

☐ custom	관습	☐ urbanize	도시화하다
☐ people	민족	☐ industrialize	산업화하다
☐ phenomenon	현상	☐ prohibit	금지하다
☐ taboo	(종교상의) 금기	☐ social	사회의

의학 (Medical Science)

☐ antibiotic	항생제	☐ occur	발병하다
☐ disease	병	☐ spread	퍼지다
☐ mechanism	메커니즘	☐ transmit	전염시키다
☐ symptom	증상; 징후	☐ genetic	유전의
☐ cause	(병을) 유발하다	☐ obese	비만의

생물 (Biology)

☐ evolution	진화	☐ attract	유인하다
☐ prey	먹이	☐ breed	번식하다, 새끼를 낳다
☐ species	종	☐ migrate	(철새 등이) 이주하다
☐ survival	생존	☐ reproduce	번식하다
☐ adapt	(환경에) 적응하다	☐ vulnerable	취약한, 공격받기 쉬운

지구 과학 (Earth Science)

☐ assumption	가설, 주장	☐ planet	행성
☐ atmosphere	대기	☐ satellite	인공위성
☐ comet	혜성	☐ solar system	태양계
☐ gravitation	중력	☐ magnetic	자기장의
☐ moon	달; 위성	☐ wave	파, 파동

환경 (Environment)

☐ coastal line	해안선	☐ natural habitat	자연 서식지
☐ global warming	지구 온난화	☐ extinct	멸종하다

다음 중 빈칸에 알맞은 것을 고르세요.

01

Despite being given directly to consumers, income tax cuts also benefit companies. After receiving an income tax refund check in the mail, many people choose to buy an expensive item they couldn't afford before. This increases the economic consumption level. The extra spending of the consumers also provides money to suppliers and retailers of goods. Thus, _____.

(a) income tax rates should not be lowered
(b) tax cuts help both consumers and companies

02

According to doctor Jeffrey Friedman, obesity is a genetic problem and not a behavioral one in many cases. A high percentage of overweight people have low amounts of a certain chemical, leptin. Leptin is a chemical mechanism the body uses to lower appetite. People with regular amounts of leptin stay slim because the chemical prevents them from feeling hungry. These findings suggest that the obese _____ _____.

(a) can have trouble lowering their appetite
(b) need to produce less of the chemical substance

다음 중 질문에 알맞은 것을 고르세요.

03

The northern lights are a glow occurring in the night sky near the North Pole. They are caused by the sun. The sun sends magnetic waves through the solar system. When they approach Earth, the gravitational force of the planet pulls some of them into its atmosphere. As soon as the solar waves hit Earth's atmosphere, they cause light to appear in the sky. This effect is known as the northern lights.

Q: What is the passage mainly about?

(a) Gravity's role in making sunlight
(b) An explanation of the northern lights

04

A species of fish, the steelhead trout, is becoming extinct because of land development. Trout migrate to the same streams every year to breed, but these areas are vulnerable to logging and construction activity. It's hard for steelheads to reproduce when breeding areas are destroyed. A lack of reproduction means decreasing steelhead populations.

Q: Which of the following is correct about steelhead trout according to the passage?

(a) They lay eggs in heavily wooded locations.
(b) They return to the same area to reproduce.

05

Social customs aren't followed on the Internet as they are in real life. Discussion is anonymous, so it is more open and free of taboos. Sometimes people go too far, however. Studies from psychologists at the University of Pittsburgh have found that arguments were more common on the Internet. Only 13 percent of those surveyed were in a face-to-face verbal confrontation with a stranger last year. Over the same period, 42 percent had been in an online argument with someone they didn't know.

Q: What can be inferred from the passage?

(a) The number of real-life arguments between strangers is increasing.
(b) People are more aggressive when their identity is unknown.

정답 p.152

Part 1 다음 중 빈칸에 알맞은 것을 고르세요.

01

Legal in 35 states, the death penalty is meant to prevent people from committing serious crimes. However, opposition to the death penalty is strong, and many people believe that capital punishment should be illegal, arguing that it doesn't lower crime rates. Also, because of the lengthy appeals process, the costs involved in carrying out a death sentence are actually higher than when someone is given life in prison. Based on these reasons, _____.

(a) capital punishment is only given to murderers
(b) the death penalty is effective at stopping crime
(c) more lawyers must be hired to try legal cases
(d) many people want the death penalty to end

Part 3 다음 중 질문에 알맞은 것을 고르세요.

02

Scientists are excited about possibly using spider webs to develop a new material. When scientists tested the protein spiders use to make webs, they found it was five times stronger than steel, yet lighter than cotton. It is also very flexible and has properties similar to rubber. For now, biologists are trying to find a way to mass produce the proteins using the DNA found in spider webs. If this becomes possible, the spider web-like material can be used to create stronger, lighter objects.

Q: What is the main idea of the passage?

(a) Spider webs are strong and flexible for catching prey.
(b) Scientists have learned how spiders make their webs.
(c) Spider web proteins may be used to create a new substance.
(d) Scientists are able to modify the properties of spider webs.

Part 4 다음 중 각 질문에 알맞은 것을 고르세요.

03~04

A long time ago, getting married in China was a complicated process. Typically, an unmarried boy's parents would start by searching for a bride. Once they had found someone suitable, they would confer with an astrologer. The astrologer's job was to check the birthdates of the potential bride and groom. If the birthdates were compatible, the astrologer would declare that a marriage could happen. At this point, the groom's family would send gifts to the bride's family. And if the gifts are accepted, preparations will begin for a wedding ceremony.

This process has largely changed in modern China. For instance, a law was introduced to abolish the practice of arranging marriages. However, this did not eliminate the practice entirely. Individuals today are generally free to choose their own partners, but parents may still exert a strong influence. Women, in particular, are pressured to choose marriage partners who offer social and economic advantages.

03. Q: Which of the following is correct according to the passage?

    (a) Weddings were held on specific dates to invite good luck.
    (b) An astrologer looked into the birthdates of a boy and a girl.
    (c) The astrologer was the person who married young couples.
    (d) Expensive gifts were given to ensure a long and stable union.

04. Q: Which statement would the writer most likely agree with?

    (a) The young generation has abandoned the traditions of its elders.
    (b) Chinese women have increasingly sought to gain their independence.
    (c) The involvement of parents in modern Chinese marriages has diminished only slightly.
    (d) Attitudes toward marriage in China have brought about new laws.

정답 p.155

시험에 나올 문제를 미리
풀어보고 싶을 땐?

해커스텝스(HackersTEPS.com)에서
텝스 적중예상특강 보기!

해커스 텝스 BASIC READING

VOCABULARY

'동사 + 명사' 짝표현

01 **play a role** 역할을 하다
Sleep **plays a** big **role** in reducing stress.
수면은 스트레스를 완화하는데 큰 역할을 한다.

02 **ring a bell** 초인종을 울리다
Eric **rang a bell**, but no one answered.
Eric이 초인종을 울렸지만, 아무도 응답하지 않았다.

03 **make an appointment** 예약을 하다
The assistant **made an appointment** for Todd.
그 조수는 Todd를 위해 예약을 했다.

04 **lose weight** 살을 빼다
Debbie plans to **lose weight** by exercising at the gym.
Debbie는 헬스장에서 운동함으로써 살을 뺄 계획이다.

05 **cause inconvenience** 불편을 초래하다
The road repairs **cause** pedestrians **inconvenience**.
도로 수리는 보행자에게 불편을 초래한다.

06 **impose a standard** 기준을 부과하다
Schools **impose** behavioral **standards** for students to follow.
학교는 학생들이 따를 수 있는 행동 기준을 부과한다.

07 **issue a credit card** 신용 카드를 발급하다
Banks **issue credit cards** each year.
은행은 매년 신용 카드를 발급한다.

08 **make a fortune** 재산을 모으다
Mr. Lee **made a fortune** in the stock market.
Mr. Lee는 주식 시장에서 재산을 모았다.

09 **survive the accident** 사고에서 살아남다
One passenger **survived the** car **accident**.
승객 한 명이 그 자동차 사고에서 살아남았다.

10 **miss the chance** 기회를 놓치다
Ben **missed the chance** to lead the team.
Ben은 그 팀을 이끌 수 있는 기회를 놓쳤다.

11 **take precautions** 예방 조치를 취하다, 사전 대책을 세우다
Take precautions against the common flu.
일반 독감에 대해 예방 조치를 취하세요.

12 **skip class** 수업을 빠지다
Arnold **skipped classes** to finish a term paper.
Arnold는 학기말 보고서를 끝마치기 위해 수업을 빠졌다.

13 **deliver a message** 메시지를 전달하다
E-mail is often used to **deliver messages**.
이메일은 송송 메시지를 진달하기 위해 사용된다.

14 **raise funds** 기금을 조성하다
The organization **raised funds** for a charity.
그 기관은 한 자선 단체를 위해 기금을 조성했다.

15 **shoot a film** 영화를 촬영하다
The director **shot the film** in various countries.
감독은 그 영화를 다양한 나라에서 촬영했다.

16 **audit classes** 수업을 청강하다
The dean checks requests to **audit classes**.
그 학장은 수업을 청강하는 것에 대한 요청들을 검토한다.

17 **evade question** 질문을 회피하다
The politician kept **evading** our **questions**.
정치가는 계속해서 우리의 질문을 회피했다.

18 **disclose a source** 출처를 밝히다
The reporter refused to **disclose the source**.
그 보도기자는 출처를 밝히기를 거부했다.

19 **admire the scenery** 경치를 바라보다
Visitors **admired the scenery** in the park.
방문객들은 공원에서 경치를 바라보았다.

20 **run a test** 검사하다
He has to **run a test**.
그는 검사를 해야 한다.

Part 1 대화에 들어갈 적절한 답을 고르세요.

01 A: Hi, may I see Dr. Hall on Monday?
B: I'm afraid not, but you can make a(n) _____ for Tuesday.

(a) appointment   (b) standard
(c) deal   (d) contract

02 A: This is the fourth time you've _____ class.
B: I'm sorry. I've been feeling ill.

(a) passed   (b) skipped
(c) rejected   (d) removed

03 A: I hope to have my own business someday and make a _____.
B: I think a lot of people have the same dream.

(a) pile   (b) prize
(c) treasure   (d) fortune

04 A: Who did you interview for your article?
B: I'm afraid I can't _____ my source.

(a) trace   (b) disclose
(c) change   (d) admire

Part 2 서술문에 들어갈 적절한 답을 고르세요.

05 Please accept our apologies for any inconvenience _____ by the Internet service interruption.

(a) resulted   (b) caused
(c) imposed   (d) expected

06 Government policy now discourages card companies from _____ credit cards to students.

(a) producing   (b) issuing
(c) auditing   (d) selecting

07 Mothers are advised to take _____ by storing medications in a locked cabinet.

(a) exceptions   (b) omissions
(c) precautions   (d) professions

08 Management asked Mr. Hoyt to _____ a message to the company's new trainees.

(a) transfer   (b) appeal
(c) deliver   (d) invite

09 Several relief agencies raised _____ to assist tornado victims in Florida.

(a) concerns   (b) trusts
(c) earnings   (d) funds

10 Key officials in government tend to _____ questions on sensitive subjects.

(a) evade   (b) reply
(c) control   (d) polish

정답 p.158

VOCABULARY   DAY 01   해커스 텝스 BASIC READING

DAY 02 '형용사 + 명사' 짝표현

01 adverse effect 부정적인 영향, 역효과
Fast food has **adverse effects** on the body.
패스트푸드는 신체에 부정적인 영향을 미친다.

02 connecting flight (항공기의) 연결편
Mr. Ho has a **connecting flight** to Chicago.
Mr. Ho는 시카고행 연결편을 타야 한다.

03 final destination 최종 목적지
It took a day to reach our **final destination**.
우리의 최종 목적지에 도달하는데 하루가 걸렸다.

04 economic crisis 경제 위기
Leadership is needed during an **economic crisis**.
경제 위기 동안에는 지도력이 필요하다.

05 flexible schedule 유동적인 일정
The library operates on a **flexible schedule**.
도서관은 유동적인 일정으로 운영된다.

06 full name 성명
Please write your **full name**.
귀하의 성명을 기입해 주십시오.

07 harsh realities 가혹한 현실
Students face **harsh realities** after graduation.
학생들은 졸업 후 가혹한 현실에 직면하게 된다.

08 high standards 높은 수준
Top universities maintain **high standards** in education.
일류 대학들은 높은 교육 수준을 유지한다.

09 standing ovation 기립 박수
James received a **standing ovation** after giving his speech.
James는 연설을 한 후에 기립 박수를 받았다.

10 sharp dresser 옷을 잘 입는 사람
The man in the new suit is a **sharp dresser**.
새 정장을 입고 있는 그 남자는 옷을 잘 입는 사람이다.

11 tough subject 어려운 과목
Physics and chemistry are **tough subjects**.
물리와 화학은 어려운 과목이다.

12 common interest 공통 관심사
Hiking is a **common interest** of our group.
하이킹은 우리 그룹의 공통 관심사이다.

13 drastic change 급격한 변화
A **drastic change** in weight can cause stress.
체중의 급격한 변화는 스트레스를 유발할 수 있다.

14 total distance 총 거리
The **total distance** to the hotel is one mile.
호텔까지의 총 거리는 1마일이다.

15 exquisite food 아주 훌륭한 음식
The restaurant serves expensive but **exquisite food**.
그 식당은 비싸지만 아주 훌륭한 음식을 제공한다.

16 mechanical problem 기계적 결함
The printer has a **mechanical problem**.
인쇄기에 기계적 결함이 있다.

17 marital status 결혼 여부
Applicants must indicate their **marital status** on the form.
지원자들은 양식에 결혼 여부를 표시해야 합니다.

18 personal information 개인정보
Passwords help protect **personal information**.
비밀번호는 개인정보를 보호하도록 돕는다.

19 outside line 외선
Dial nine for an **outside line**.
외선을 이용하시려면 9번을 눌러주십시오.

20 common practice 일반적 관행
Evaluating staff is a **common practice** at companies.
직원을 평가하는 것은 회사의 일반적 관행이다.

Part 1 대화에 들어갈 적절한 답을 고르세요.

01 A: Slow down, Jenny. I can't keep up.
B: If we don't hurry, we'll miss our
_____ flight to Bali.

(a) coordinating   (b) attaching
(c) joining   (d) connecting

02 A: Why do you start work at 10 a.m.
instead of 9 a.m.?
B: It's because I'm on a(n) _____
schedule.

(a) elastic   (b) combined
(c) flexible   (d) inactive

03 A: How much gas should I buy?
B: That would depend on the
_____ distance you'll be
driving.

(a) grand   (b) large
(c) super   (d) total

04 A: The restaurant has a top European
chef.
B: Then I guess we can expect
_____ food.

(a) tough   (b) elite
(c) exquisite   (d) precious

05 A: Why hasn't Christopher left for work?
B: His car has a mechanical _____.

(a) problem   (b) move
(c) twist   (d) start

Part 2 서술문에 들어갈 적절한 답을 고르세요.

06 Violence in school has _____
effects on the mental state of children.

(a) alternate   (b) miniature
(c) adverse   (d) economic

07 Volunteer workers often face the
_____ realities of poor housing
and medical care.

(a) harsh   (b) virtual
(c) vague   (d) modern

08 The government has plans to ensure a
high _____ of health services for
the elderly.

(a) scope   (b) standard
(c) domain   (d) destination

09 The seminar will be held for people
whose _____ interests include
cityscape photography.

(a) partial   (b) whole
(c) common   (d) minor

10 _____ changes in climate have
had an enormous impact on global
ecosystems.

(a) Final   (b) Drastic
(c) Reasonable   (d) Personal

정답 p.160

VOCABULARY

DAY 02

해커스 팁스 BASIC READING

01 **night shift** 야간 근무조
Half of the workers are on the **night shift**.
근로자의 절반이 야간 근무조이다.

02 **chance meeting** 우연한 만남
We were reunited after a **chance meeting**.
우리는 우연한 만남 이후에 다시 모였다.

03 **expiration date** 유통기한
The milk's **expiration date** was yesterday.
그 우유의 유통기한은 어제였다.

04 **government funding** 정부 지원금
Government funding paid for these laptops.
정부 지원금으로 이 노트북들의 비용을 지불했다.

05 **literacy rate** 식자율(읽고 쓸 줄 아는 사람들의 비율)
India's **literacy rate** is about 66 percent.
인도의 식자율은 약 66퍼센트이다.

06 **energy source** 에너지원
The sun is a renewable **energy source**.
태양은 재생 가능한 에너지원이다.

07 **quarter earnings** 분기 수익
Quarter earnings dropped markedly.
분기 수익이 현저하게 떨어졌다.

08 **warranty period** 보증 기간
The lamp's **warranty period** is for a full year.
그 전등의 보증 기간은 1년이다.

09 **nail clipper** 손톱깎이
This **nail clipper** doesn't cut very well.
이 손톱깎이는 잘 깎이지 않는다.

10 **lunch break** 점심 시간
Staff members are on **lunch break**.
직원들은 점심 시간 중이다.

11 **electricity bill** 전기세
Russell paid his **electricity bill** on time.
Russell은 제때에 전기세를 납부했다.

12 **sales volume** 판매량
Our **sales volume** increases every winter.
우리의 판매량은 매년 겨울 증가한다.

13 **gift certificate** 상품권
New customers get a $10 **gift certificate**.
신규 고객은 10달러의 상품권을 얻는다.

14 **aisle seat** 통로쪽 좌석
A majority of travelers prefer **aisle seats**.
다수의 여행자들이 통로쪽 좌석을 선호한다.

15 **delivery charge** 배송비
The **delivery charge** came to $57.
배송비는 57달러가 나왔다.

16 **drug overdose** 약물 과다 복용
The pop icon died from a **drug overdose**.
그 대중 스타는 약물 과다 복용으로 숨졌다.

17 **job prospects** 취업 전망
Today's graduates have good **job prospects**.
오늘날 졸업생들은 좋은 취업 전망을 가지고 있다.

18 **speed limit** 제한 속도
The **speed limit** is 65 miles per hour.
제한 속도는 시간당 65마일이다.

19 **complaint department** 불만 접수 부서
The **complaint department** assists customers.
불만 접수 부서는 고객들을 돕는다.

20 **leg room** 다리를 뻗는 공간
In economy class, the seats have no **leg room**.
이코노미 클래스에는, 좌석에 다리를 뻗는 공간이 없다.

Part 1 대화에 들어갈 적절한 답을 고르세요.

01 A: I saw you with Sally last night. Are you dating?
B: That was just a(n) _____ meeting.

(a) occasion   (b) expiration
(c) chance   (d) privacy

02 A: Could I speak to Ms. Davis?
B: I'm sorry, but she's on lunch _____ now.

(a) session   (b) break
(c) span   (d) point

03 A: I ordered books from the US, but the delivery _____ was so steep!
B: That's why I stopped buying from overseas.

(a) count   (b) balance
(c) money   (d) charge

04 A: The newspaper says people can't find work.
B: I know. Job _____ are so poor nowadays.

(a) criteria   (b) prospects
(c) arrangements   (d) promises

05 A: Business class is double the price of economy class.
B: That's the price you pay for leg _____.

(a) circle   (b) room
(c) desk   (d) place

Part 2 서술문에 들어갈 적절한 답을 고르세요.

06 Government _____ for national programs comes from tax revenues.

(a) profits   (b) volume
(c) funding   (d) material

07 Educational groups are working hard to increase the literacy _____ in rural areas.

(a) rate   (b) unit
(c) demand   (d) gift

08 Solar energy is being considered as a potential energy _____ to meet America's growing electricity needs.

(a) design   (b) deposit
(c) crisis   (d) source

09 The _____ period is for six months, but we will service the product for a year.

(a) certificate   (b) warranty
(c) authority   (d) evidence

10 Drug _____ sometimes occur when people misread directions on labels.

(a) overdose   (b) discomfort
(c) barrier   (d) shift

정답 p.162

01 **help oneself to** ~을 마음껏 먹다
Please **help yourself to** the refreshments.
다과를 마음껏 드십시오.

02 **slip one's mind** 생각나지 않다, 잊어버리다
My classmate's first name **slipped my mind**.
같은 반 친구의 이름이 생각나지 않았다.

03 **hit the spot** 만족스럽다
The chicken soup at lunch **hit the spot**!
점심 식사에서의 그 치킨 수프는 만족스러웠어!

04 **pour cold water** 찬물을 끼얹다
She **poured cold water** on my leisure plans.
그녀는 나의 여가 계획에 찬물을 끼얹었다.

05 **be not on speaking terms** 말을 건네는 사이가 아니다
My sister and I **are not on speaking terms**.
내 여동생과 나는 서로 말을 건네는 사이가 아니다.

06 **treat oneself to** ~을 즐기다
You ought to **treat yourself to** a massage.
당신은 큰맘 먹고 마사지 한 번 정도는 즐겨야 한다.

07 **in charge of** ~을 담당하고 있는
Suzanne is **in charge of** customer relations.
Suzanne은 고객 관리를 담당하고 있다.

08 **under the weather** 몸 상태가 좋지 않아
Zoey's been **under the weather** all week.
Zoey는 한 주 내내 몸 상태가 좋지 않았다.

09 **at one's convenience** 편리한 때에
You may visit Mr. Cole **at your convenience**.
당신이 편리한 때에 Mr. Cole을 방문해도 좋습니다.

10 **come to one's senses** 정신을 차리다
Come to your senses and get a job!
정신 차리고 취업하세요!

11 **fall short of** 미치지 못하다, 부족하다
Profits sometimes **fall short of** the monthly target.
수익은 때때로 월별 목표에 미치지 못한다.

12 **make it up to** ~을 보상하다
Let's **make it up to** Pat for missing his party.
그의 파티에 가지 못한 것에 대해 Pat에게 보상하도록 해요.

13 **get the hang of** ~의 요령을 터득하다, 이해하다
Brian can't **get the hang of** taking good pictures.
Brian은 좋은 사진을 찍는 것에 대한 요령을 터득할 수 없다.

14 **be one's own boss** 누구의 지배도 받지 않다
Everyone wants to **be his or her own boss**.
모든 사람들은 누구의 지배도 받고 싶어 하지 않는다.

15 **gain the upper hand** 우위에 서다
His rival quickly **gained the upper hand**.
그의 경쟁자는 재빨리 우위에 섰다.

16 **sit on the fence** 형세를 관망하다, 중립을 지키다
Some people **sit on the fence** and stay neutral.
어떤 사람들은 형세를 관망하며 중립을 지킨다.

17 **across the board** 전면적으로, 전역에 걸쳐
The pay raise was applied **across the board**.
임금 인상이 전면적으로 적용되었다.

18 **fall out of favor with** ~의 인기를 잃다
The actor **fell out of favor with** his fans.
그 배우는 그의 팬의 인기를 잃었다.

19 **hit the roof** 벌컥 화내다
Paul **hit the roof** when Jane lost his laptop.
Paul은 Jane이 그의 노트북을 잃어버렸을 때 벌컥 화를 냈다.

20 **go to the trouble** 번거로움을 감수하다, 수고를 하다
Don't **go to the trouble** of cooking a meal.
식사 준비로 번거로움을 감수하지 마세요.

Part 1 대화에 들어갈 적절한 답을 고르세요.

01 A: Did you bring the clothes to the cleaners?
B: I guess it _____. Sorry about that.

(a) missed the mark
(b) sat on the fence
(c) slipped my mind
(d) delivered the goods

02 A: Last night's dessert was delicious!
B: Yes, that blueberry pie really _____.

(a) held my tongue
(b) came to my senses
(c) turned my stomach
(d) hit the spot

03 A: Why are you being so nice to me?
B: I want to _____ you for not being able to visit you when you were sick.

(a) make it up to
(b) get the hang of
(c) break a leg for
(d) lend an ear to

04 A: Bob and Cassie seem uncomfortable with each other.
B: It's because they're not on _____ terms.

(a) speaking
(b) expressing
(c) transferring
(d) converting

05 A: What happened to you, Roy? You look really tired.
B: I was _____ the past week.

(a) over the top
(b) up in the air
(c) under the weather
(d) across the board

06 A: Do you still want to teach math after graduation?
B: No, my low grades in math _____ on my plans.

(a) gave the green light
(b) poured cold water
(c) passed the hat
(d) hit the roof

Part 2 서술문에 들어갈 적절한 답을 고르세요.

07 The guests were told to _____ themselves to the food on the buffet tables.

(a) supply   (b) help
(c) settle   (d) control

08 My mother went to the _____ of buying a book that I needed for an important class.

(a) struggle   (b) trouble
(c) pressure   (d) kindness

09 The new employee was a novice, but her creativity helped her _____ the upper hand.

(a) make   (b) thrive
(c) gain   (d) raise

10 If you're overworked, _____ yourself to a day at the Blue Waves Spa.

(a) teach   (b) treat
(c) have   (d) fancy

정답 p.165

VOCABULARY DAY 04 해커스 텝스 BASIC READING

01 Hold the line. 전화를 끊지 말고 기다리세요.

A: Hi. Is Mary in?
B: Please **hold the line** while I check.

A: 안녕하세요. Mary와 통화할 수 있나요?
B: 확인하는 동안 전화를 끊지 말고 기다려 주세요.

02 Thanks for asking. 물어봐 줘서 고마워요.

A: Are you feeling OK now?
B: I'm recovering well. **Thanks for asking**.

A: 지금은 몸이 괜찮나요?
B: 많이 나아지고 있어요. 물어봐 줘서 고마워요.

03 Thanks for the offer. 호의는 감사합니다.

A: Would you like a sandwich?
B: **Thanks for the offer**, but I've already eaten.

A: 샌드위치 드실래요?
B: 호의는 감사하지만, 전 벌써 먹었어요.

04 This is my treat. 제가 내는 거예요.

A: Could I get you a drink?
B: I'll get you one. **This is my treat**.

A: 음료수 사드릴까요?
B: 제가 사드릴게요. 제가 내는 거예요.

05 I don't have the faintest idea. 저는 전혀 모르겠어요.

A: When is the company picnic?
B: **I don't have the faintest idea**.

A: 회사 야유회 가는 날이 언제죠?
B: 저는 전혀 모르겠어요.

06 I have other plans. 다른 계획이 있어요.

A: Would you like to go to the theater with me?
B: I'd love to, but **I have other plans**.

A: 저랑 영화관 가실래요?
B: 그러고 싶지만, 다른 계획이 있어요.

07 What a pity! 정말 안됐네요, 정말 유감이네요!

A: Larry's laptop was stolen.
B: **What a pity!**

A: Larry의 노트북이 도둑 맞았어요.
B: 정말 안 됐네요!

08 That works for me. (저는) 좋아요.

A: Can we meet on Monday?
B: Sure. **That works for me**.

A: 월요일에 만날래요?
B: 물론이죠. 저는 좋아요.

09 There's no hurry. 서두를 필요 없어요.

A: The shuttle bus is about to leave.
B: **There's no hurry.** Let's catch the next one.

A: 셔틀버스가 곧 떠나려고 해요.
B: 서두를 필요 없어요. 다음 것을 타요.

10 Go for it. 어서 해봐.

A: Should I join the soccer team?
B: Sure! **Go for it!**

A: 축구팀에 들어가야 할까요?
B: 그럼요! 어서 해보세요!

11 Let's keep in touch. 연락하고 지내요.

A: I would like to see you again.
B: Why not? **Let's keep in touch**.

A: 다시 뵙고 싶어요.
B: 안 될 게 뭐 있어요? 연락하고 지내요.

12 I didn't mean to. 그럴 생각은 아니었어요.

A: He said I was getting fat.
B: I'm sure **he didn't mean to** hurt your feelings.

A: 그가 나보고 살찌는 것 같대요.
B: 당신에게 상처 줄 생각은 아니었을 거예요.

13 What a coincidence! 우연의 일치네요!

A: Matt's in the same class we enrolled in.
B: **What a coincidence!**

A: 우리가 등록한 강좌를 Matt도 수강하더라고요.
B: 우연의 일치네요!

14 Give my best wishes. 안부 전해주세요.

A: Tell your wife I said goodbye.
B: I will. **Give my best wishes** to your wife, too.

A: 부인께 안녕히 계시라고 전해주세요.
B: 그럴게요. 당신의 부인께도 안부 전해주세요.

15 I'll do my best. 최선을 다할게요.

A: I want you to finish the analysis by Monday.
B: OK. **I'll do my best**.

A: 저는 당신이 그 분석을 월요일까지 끝내줬으면 해요.
B: 네. 최선을 다할게요.

16 Hang in there. 버텨보세요.

A: I'll never get used to working in an office.
B: It's hard for some people. **Hang in there!**

A: 저는 사무실에서 일하는 데 결코 적응할 수 없을 것 같아요.
B: 그런 게 힘든 사람도 있지요. 버텨보세요!

Part 1 대화에 들어갈 적절한 답을 고르세요.

01　A: I probably won't ever see you again.
　　　B: Hey, don't look so sad. Let's
　　　　 _____ in touch.

　　　(a) put　　　　　　(b) keep
　　　(c) have　　　　　 (d) take

02　A: Is Charles Bedford getting married?
　　　B: I don't have the _____ idea.

　　　(a) broadest　　　 (b) faintest
　　　(c) clearest　　　　(d) palest

03　A: I can edit your essay for you.
　　　B: Thanks for the _____, but I
　　　　 already handed it in.

　　　(a) request　　　　(b) offer
　　　(c) treat　　　　　 (d) present

04　A: I heard you fell off your bike. Are you
　　　　 OK?
　　　B: I was in pain for a while, but I'm OK
　　　　 now. Thanks for _____.

　　　(a) asking　　　　　(b) telling
　　　(c) saying　　　　　(d) acting

05　A: Why don't you join us at the beach
　　　　 tomorrow?
　　　B: That sounds good, but I have other
　　　　 _____.

　　　(a) terms　　　　　(b) groups
　　　(c) ways　　　　　 (d) plans

06　A: I didn't get the job I wanted. They
　　　　 chose the other guy.
　　　B: What a _____!

　　　(a) fate　　　　　　(b) pity
　　　(c) chance　　　　 (d) pride

07　A: The symposium was postponed. Will
　　　　 that be a problem for you?
　　　B: Actually, that _____ for me.

　　　(a) works　　　　　(b) does
　　　(c) begins　　　　 (d) plans

08　A: Hello? May I speak to Gary?
　　　B: Could you _____ the line for a
　　　　 second? I'll see if he's in.

　　　(a) phone　　　　　(b) ring
　　　(c) hold　　　　　　(d) call

09　A: Well, it'll be a year before we meet
　　　　 again.
　　　B: I know! Give my best _____ to
　　　　 Hal.

　　　(a) hellos　　　　　(b) laughs
　　　(c) wishes　　　　 (d) times

10　A: I want to drop the class. It's tougher
　　　　 than I originally thought.
　　　B: Just _____.

　　　(a) get into hot water
　　　(b) hang in there
　　　(c) ask for trouble
　　　(d) knock your socks off

정답 p.167

VOCABULARY **DAY 05** 해커스 텝스 BASIC READING

DAY 06 구동사

01 look after 돌보다
Stan is old enough to **look after** himself.
Stan은 스스로를 돌볼 수 있을 정도로 나이가 들었다.

02 get along 잘 지내다
George **gets along** with everyone at the office.
George는 사무실의 모든 사람들과 잘 지낸다.

03 run out of 다 써버리다
He **ran out of** ink during the test.
그는 시험 보는 동안 잉크를 다 써버렸다.

04 turn in 제출하다
Turn in your reports by Monday morning.
월요일 아침까지 당신의 보고서를 제출하세요.

05 work out 풀리다
His venture with a friend did not **work out**.
친구와 함께 한 그의 모험적 사업은 잘 풀리지 않았다.

06 come down with 병에 걸리다
Kevin **came down with** the flu.
Kevin은 독감에 걸렸다.

07 come over ~에게 일어나다
I don't know what **came over** her at the camp.
나는 캠프에서 그녀에게 무슨 일이 일어났는지 모른다.

08 get across 이해시키다
The speaker couldn't **get** his point **across** to the audience.
연설자는 관객들에게 그의 요점을 이해시키지 못했다.

09 pick up 습득하다
Trainees **pick up** skills by observing their mentors.
훈련생들은 그들의 스승을 관찰함으로써 기술을 습득한다.

10 pay off 성과를 내다
The investment **paid off** considerably.
그 투자는 꽤 성과를 냈다.

11 bring up (문제 등을) 꺼내다, 제기하다
Don't **bring up** something that's not on the agenda.
안건에 없는 문제는 꺼내지 마세요.

12 figure out 이해하다
No one could **figure out** why Denny quit his job.
Denny가 일을 왜 그만뒀는지 아무도 이해할 수 없었다.

13 dwell on 깊이 생각하다
Liz has the habit of **dwelling on** mistakes.
Liz는 실수에 대해서 깊이 생각하는 습관이 있다.

14 chip in (선물 등을 위해) 각자의 몫을 내다
Let's all **chip in** for Ann's goodbye present.
Ann의 송별 선물을 위해서 모두 각자의 몫을 내도록 해요.

15 blow up 화내다
Mel **blew up** at me for no reason.
Mel은 이유 없이 나에게 화냈다.

16 be tied up 바쁘다
Mr. Blass will **be tied up** in court today.
Mr. Blass는 오늘 법정에서 바쁠 것이다.

17 date back to ~까지 거슬러 올라가다
This painting **dates back to** the previous century.
이 그림은 이전 세기까지 거슬러 올라간다.

18 pull through 극복하다
The firm **pulled through** a financial crisis.
그 회사는 재정적 위기를 극복했다.

19 sort out 해결하다
Blake has to **sort out** his visa problem.
Blake는 그의 비자 문제를 해결해야 한다.

20 rely on 기대하다
We can **rely on** Dave to finish the annual report.
우리는 Dave가 연간 보고서를 끝낼 것을 기대할 수 있다.

Part 1 대화에 들어갈 적절한 답을 고르세요.

01 A: Is there any vanilla ice cream in the freezer?
B: I think we've _____ it.
(a) kept up with   (b) come over
(c) run out of   (d) dropped out of

02 A: What happened to that business Jeff set up?
B: Unfortunately, it didn't _____.
(a) turn in   (b) light up
(c) pay back   (d) work out

03 A: How did your presentation go?
B: Not too well. My classmates couldn't understand what I was trying to _____.
(a) chip in   (b) get across
(c) speak up   (d) fill out

04 A: Hey, your grades went up!
B: Yes, all that late night studying _____.
(a) paid off   (b) risen up
(c) picked up   (d) dipped in

05 A: Does Lena know she wasn't promoted?
B: Not yet. I don't know how to _____ the bad news.
(a) catch up   (b) get along
(c) fall back   (d) bring up

06 A: I can't believe I forgot my part during the drama.
B: It wasn't so bad. Don't _____ on it.
(a) hang   (b) dwell
(c) connect   (d) blow

07 A: Isn't Fred joining us?
B: Probably not. He's _____ in the chemistry lab.
(a) set down   (b) shut off
(c) tied up   (d) lived on

08 A: I heard you won't be going to Greece because of a money problem.
B: Yeah, I need to _____ my finances.
(a) switch off   (b) sort out
(c) figure out   (d) write down

Part 2 서술문에 들어갈 적절한 답을 고르세요.

09 Mentors are expected to _____ the training needs of the new employees.
(a) look after   (b) make up
(c) see about   (d) watch out

10 The trains may be crowded, but you can _____ on them for punctuality.
(a) rely   (b) insist
(c) direct   (d) impose

정답 p.169

VOCABULARY   DAY 06   해커스 텝스 BASIC READING

01 establish [istǽbliʃ] 설립하다
Many monopolies were **established** in the 1800s.
많은 전매 회사가 1800년대에 설립되었다.

02 expect [ikspékt] (~가 올 것을) 기대하다, 기다리다
Kayla didn't **expect** to see David in the gym.
Kayla는 체육관에서 David를 보리라고 기대하지 않았다.

03 improve [imprúːv] 향상시키다, 개선하다
The workshop will **improve** your writing skills.
그 워크숍은 당신의 작문 실력을 향상시켜줄 것이나.

04 include [inklúːd] 포함하다
Batteries are **included** with the device.
건전지는 장치에 포함되어 있다.

05 remind [rimáind] 상기시키다, 일깨우다
Residents are **reminded** to pay their bills.
거주자들은 청구서를 지불해야 한다는 사실이 상기된다.

06 remove [rimúːv] 제거하다
Tattoos cannot be completely **removed**.
문신은 완전히 제거될 수 없다.

07 adjust [ədʒʌ́st] 적응하다
Mike is **adjusting** to his new school.
Mike는 새 학교에 적응하는 중이다.

08 afford [əfɔ́ːrd] ~할 여유가 있다
The Jones family cannot **afford** a trip to Europe.
Jones씨네 가족은 유럽 여행을 할 여유가 없다.

09 assist [əsíst] 돕다, 원조하다
The organization **assists** new immigrants.
그 기관은 새로운 이민자들을 돕는다.

10 confess [kənfés] 자백하다
The boy **confessed** to breaking the window.
소년은 창문을 깨뜨렸다는 것을 자백했다.

11 expose [ikspóuz] 드러내다
Mr. Cain's corrupt practices were **exposed**.
Mr. Cain의 부정한 음모가 드러났다.

12 replace [ripléis] 대체하다
Butter can be **replaced** with olive oil.
버터는 올리브유로 대체될 수 있다.

13 ban [bæn] 금지하다
Lighters are **banned** on the plane.
기내에는 라이터 반입이 금지되어 있다.

14 forecast [fɔ́ːrkæst] 예보하다, 예측하다
The weatherman **forecasts** snow for tonight.
일기 예보자가 오늘밤 눈이 올 것이라고 예보했다.

15 prohibit [prouhíbit] 금지하다
Schools **prohibit** cell phone use in classes.
학교는 교실 내 휴대전화 사용을 금지한다.

16 redeem [ridíːm] 교환하다, 상환하다
Jennifer **redeemed** her voucher for a free coffee.
Jennifer는 그녀의 상품권을 무료 커피로 교환했다.

17 suit [sjuːt] (일 등이) 형편에 알맞다
The new schedule **suits** the team members.
새로운 일정은 팀원들의 형편에 알맞다.

18 voice [vɔis] (의견, 감정 등을) 표현하다
Citizens **voice** their opinion by voting.
시민들은 투표로 그들의 의견을 표현한다.

19 head [hed] 나아가다, 향하다
Adam will **head** straight for class after work.
Adam은 퇴근 후 곧장 수업을 들으러 나갈 것이다.

20 curb [kəːrb] 억제하다, 제한하다
Highway officials want to **curb** accidents.
고속도로 관계자들은 사고 발생을 억제하고자 한다.

Part 1 대화에 들어갈 적절한 답을 고르세요.

01 A: Did I miss anything important in class?
B: Not really, but the professor _____ you in his office tomorrow.

(a) welcomes   (b) greets
(c) expects   (d) grabs

02 A: Is everything on sale?
B: No. Only items on the second and third floors are _____.

(a) represented   (b) maintained
(c) improved   (d) included

03 A: Don't forget to buy bread and eggs.
B: Maybe you'd better _____ me after I finish work.

(a) demand   (b) remind
(c) furnish   (d) memorize

04 A: The new employee looks nervous.
B: He's been having trouble _____ to the office.

(a) continuing   (b) applying
(c) adjusting   (d) progressing

05 A: Can we talk about your team's ideas at 2 p.m.?
B: Sure! That time _____ me.

(a) does   (b) sets
(c) suits   (d) fits

Part 2 서술문에 들어갈 적절한 답을 고르세요.

06 Sir Walter Raleigh _____ a colony on Roanoke Island, but it failed for lack of funds.

(a) mentored   (b) established
(c) identified   (d) recruited

07 Bill Gates' foundation has helped hundreds of students who could not _____ to go to university.

(a) prepare   (b) achieve
(c) afford   (d) invest

08 The man _____ that he broke into the gym late in the evening to steal sports gear.

(a) challenged   (b) prohibited
(c) pronounced   (d) confessed

09 If you are short of milk, water can _____ the milk in some pancake recipes.

(a) replace   (b) remove
(c) separate   (d) import

10 Employees _____ their dissatisfaction through union representatives.

(a) concern   (b) voice
(c) comment   (d) head

VOCABULARY **DAY 07** 해커스 텝스 BASIC READING

동사 어휘(2)

01 apply [əplái] (약 등을) 바르다, 붙이다
Apply this cream to dry skin.
이 크림을 건조한 피부에 바르시오.

02 carry [kǽri] (물품을) 팔다
This health store does not **carry** diet pills.
이 건강보조식품 상점은 다이어트 알약을 팔지 않는다.

03 lengthen [léŋkθən] 연장하다
During the summer, Indigo Fashion **lengthens** its business hours.
여름 동안, Indigo Fashion은 냅부 시간을 연장힌다.

04 adopt [ədápt] 채택하다
A new standard on car fumes was **adopted**.
자동차 가스에 대한 새로운 기준이 채택되었다.

05 deserve [dizə́ːrv] ~할 자격이 있다
Roy **deserves** a promotion at work.
Roy는 직장에서 승진할 자격이 있다.

06 appear [əpíər] (신문 등에) 실리다
His poem **appeared** on the newspaper.
그의 시는 신문에 실렸다.

07 convert [kənvə́ːrt] 전환하다
The couch can be **converted** to a small bed.
그 소파는 작은 침대로 전환될 수 있다.

08 withdraw [wiðdrɔ́ː] 물러나다, 물러서다
The senator **withdrew** from the presidential election.
그 상원의원은 대통령 선거에서 물러났다.

09 disclose [disklóuz] 밝히다, 폭로하다
The judge asked the witness to **disclose** the facts.
판사는 목격자에게 사실을 밝힐 것을 요청했다.

10 overtake [òuvərtéik] 추월하다; 따라잡다
The car was **overtaken** by a speeding bus.
그 자동차는 과속하는 한 버스에 의해 추월당했다.

11 inquire [inkwáiər] 문의하다
We'd like to **inquire** about your services.
우리는 당신의 서비스에 대해 문의하고 싶습니다.

12 transmit [trænsmít] 보내다, 전송하다
Transmit payments through your bank.
납입금을 당신의 은행을 통해 보내시오.

13 illustrate [íləstrèit] 설명하다
The book **illustrates** the effects of war.
그 책은 전쟁의 결과에 대해 설명하고 있다.

14 retire [ritáiər] 은퇴하다
Dale plans to **retire** at the age of 70.
Dale은 70세에 은퇴할 계획이다.

15 vacate [véikeit] (집, 건물 등을) 비우다
Vacate the building during a fire drill.
소방 훈련 중에는 건물을 비우시오.

16 cite [sait] 언급하다
Make sure to **cite** references in your paper.
귀하의 보고서에 참고문헌을 반드시 언급하세요.

17 destroy [distrɔ́i] 파괴하다
The fire **destroyed** a historical theater.
그 화재는 한 역사적인 극장을 파괴했다.

18 discipline [dísəplin] 훈육하다, 훈련하다
Some parents need help in **disciplining** children.
어떤 부모들은 아이들을 훈육하는데 있어 도움을 필요로 한다.

19 forgive [fərgív] 용서하다
Doug **forgave** a friend for losing his book.
Doug는 그의 책을 잃어버린 것에 대해 친구를 용서했다.

20 deplete [diplíːt] 고갈시키다
Industries have **depleted** the region's resources.
산업들은 그 지역의 자원들을 고갈시켰다.

Part 1 대화에 들어갈 적절한 답을 고르세요.

01 A: Do you have a size 10 in women's shoes?
B: I'm sorry, but we don't _____ that size.

(a) carry   (b) wear
(c) pile   (d) deal

02 A: What sport is the most famous in town?
B: Hockey used to, but soccer has _____ it.

(a) overlapped   (b) overtaken
(c) overturned   (d) overextended

03 A: I'm really sorry I didn't show up yesterday.
B: Don't worry. I'll _____ you this time.

(a) accept   (b) convert
(c) forgive   (d) follow

Part 2 서술문에 들어갈 적절한 답을 고르세요.

04 Media corporations have _____ a strategy of being involved in both broadcasting and publishing.

(a) disciplined   (b) caused
(c) adopted   (d) confessed

05 An article on wildflowers _____ in the May issue of *Botany Journal*.

(a) happened   (b) appeared
(c) destroyed   (d) inquired

06 The soccer player _____ from the game after injuring his knee during practice.

(a) suspended   (b) loosen
(c) continued   (d) withdrew

07 New technology has made it possible for the data to be _____ by the sound.

(a) entered   (b) secured
(c) transmitted   (d) pressed

08 Losing one's job during an economic crisis _____ the importance of having a backup plan.

(a) satisfies   (b) illustrates
(c) rewards   (d) vacates

09 When Mr. Reed reached the age of 65, he decided it was time for him to _____.

(a) apply   (b) finish
(c) retire   (d) appear

10 Overhunting _____ the sea mammals of Alaska so greatly that very few were left by 1910.

(a) depleted   (b) involved
(c) protected   (d) settled

정답 p.174

동사 어휘(3)

01 **appraise** [əpréiz] 감정하다, 평가하다
Let's have this diamond ring **appraised**.
이 다이아몬드 반지를 감정받아보자.

02 **celebrate** [séləbrèit] 축하하다
Christmas is **celebrated** in most countries.
크리스마스는 대부분의 나라에서 축하된다.

03 **limit** [límit] 제한하다
You need to **limit** the amount of TV you watch.
당신은 텔레비전 시청하는 시간을 제한해야 한다.

04 **accompany** [əkʌ́mpəni] 동행하다
Tour guides **accompany** visitors around the palace.
여행 가이드는 궁전 이곳저곳에서 방문객들과 동행한다.

05 **contribute** [kəntríbuːt] 원인이 되다
Working overtime may **contribute** to fatigue.
초과 근무를 하는 것은 피로의 원인이 될지도 모른다.

06 **appoint** [əpɔ́int] 임명하다
The CEO **appointed** a new head of the office.
최고 경영자는 사무실의 새 책임자를 임명했다.

07 **counter** [káuntər] 맞서다
The military will **counter** any move by the enemy.
군대는 적의 어떠한 움직임에도 맞설 것이다.

08 **declare** [diklέər] 신고하다
Passengers must **declare** jewelry at customs.
승객들은 보석류를 세관에 신고해야 한다.

09 **neglect** [niglékt] 소홀히 하다
Do not **neglect** to take your medicine.
약을 복용하는 것을 소홀히 하지 마세요.

10 **weigh** [wei] 무게가 나가다
Karen **weighs** five kilos more than Judy does.
Karen은 Judy보다 5킬로 더 무게가 나간다.

11 **bother** [báðər] 귀찮게 하다
Paul **bothered** me with many questions.
Paul은 많은 질문들로 나를 귀찮게 했다.

12 **describe** [diskráib] 설명하다
Students **describe** the class as fast-paced.
학생들은 그 수업이 매우 빨리 지나갔다고 설명한다.

13 **occupy** [ákjupài] (장소를) 차지하다
The seat is **occupied**.
그 자리는 찼습니다.

14 **occur** [əkə́ːr] 발생하다
The tsunami **occurred** in the morning.
오전에 쓰나미가 발생했다.

15 **provide** [prəváid] 제공하다
Old documents **provide** historical information.
오래된 문서는 역사적 정보를 제공한다.

16 **purchase** [pə́ːrtʃəs] 구매하다
She wrote a check to **purchase** a sofa.
그녀는 소파를 구매하기 위해 수표를 썼다.

17 **stretch** [stretʃ] 쭉 펴다
Stretch your arms and legs every hour.
매시간 당신의 팔과 다리를 쭉 펴세요.

18 **discover** [diskʌ́ər] 발견하다
The North Pole was **discovered** by Robert Peary.
북극은 Robert Peary에 의해 발견되었다.

19 **handle** [hǽndl] 처리하다
The staff can **handle** the workload.
그 직원은 업무량을 처리할 수 있다.

20 **fluctuate** [flʌ́ktʃuèit] 변동하다
The dollar exchange rate **fluctuates** every day.
달러 환율은 매일 변동한다.

HACKERS TEST

Part 1 대화에 들어갈 적절한 답을 고르세요.

01 A: I wonder how valuable this necklace is.
B: Why don't you have it _____?

(a) resolved   (b) appraised
(c) measured   (d) credited

02 A: Do I have to tell customs that this wine is a gift?
B: You probably won't have to _____ it.

(a) recognize   (b) defend
(c) declare   (d) celebrate

03 A: Look at how fat Sam's become!
B: Really? He _____ only a few more kilos than the last time we saw him.

(a) occupies   (b) weighs
(c) provides   (d) compares

04 A: Dad, can I have some candy now, please?
B: Don't _____ me about it now. I'll get you some later.

(a) bother   (b) fool
(c) neglect   (d) describe

05 A: My back hurts.
B: You need to get up and _____ your body.

(a) step   (b) urge
(c) jump   (d) stretch

06 A: You have so many things to manage during the campaign.
B: Don't worry. I can _____ them.

(a) supply   (b) purchase
(c) tolerate   (d) handle

07 A: Have you heard the news? Our boss resigned.
B: Really? I wonder who will be _____ as the new manager.

(a) appointed   (b) discovered
(c) appeared   (d) replaced

Part 2 서술문에 들어갈 적절한 답을 고르세요.

08 The economic crisis has forced companies to _____ the number of people they hire.

(a) limit   (b) cite
(c) shorten   (d) process

09 Lifestyle and aging are two factors that may _____ to high blood pressure.

(a) proceed   (b) accustom
(c) contribute   (d) react

10 The crash of a comet into the Vitim River is believed to have _____ on September 25, 2002.

(a) advanced   (b) occurred
(c) transmitted   (d) convened

정답 p.176

동사 어휘(4)

01 court [kɔːrt] (남을) 끌어들이다, 꾀다
The fliers were designed to **court** voters.
그 전단지들은 투표자들을 끌어들이기 위해 계획되었다.

02 induce [indjúːs] 유발하다, 유도하다
The medicine is known to **induce** sleepiness.
그 약은 졸음을 유발하는 것으로 알려져 있다.

03 inherit [inhérit] 물려받다, 이어받다
Linda **inherited** her blue eyes from her mother.
Linda는 그녀의 어머니로부터 그녀의 파란 눈을 물려받았다

04 continue [kəntínjuː] 계속되다
Repairs on the road **continued** for another day.
그 도로에 대한 수리작업이 하루 더 계속되었다.

05 feature [fíːtʃer] ~을 특집으로 하다
The magazine **featured** information on the flu.
그 잡지는 독감에 대한 정보를 특집으로 다루었다.

06 interpret [intə́ːrprit] 해석하다
The critics **interpreted** the story differently.
비평가들은 그 이야기를 다르게 해석했다.

07 interrupt [intərʌ́pt] 방해하다, 중단시키다
He **interrupted** the speaker with a question.
그는 질문으로 그 연설자를 방해했다.

08 flourish [flə́ːriʃ] (동식물이) 잘 자라다, 번성하다
The plant will **flourish** with a little water.
그 식물은 약간의 물로 잘 자랄 것이다.

09 accept [æksépt] 받다, 받아들이다
The restaurant **accepts** credit cards.
그 식당은 신용카드를 받는다.

10 distinguish [distíŋgwiʃ] 구별하다, 구분하다
Some people cannot **distinguish** certain colors.
어떤 사람들은 특정 색들을 구별하지 못한다.

11 donate [dóuneit] 기부하다, 기증하다
Mr. Hall **donated** all his old books to the library.
Mr. Hall은 그의 오래된 책을 모두 도서관에 기부했다.

12 receive [risíːv] 인정하다, 받아들이다
The novel by Harry Mills was well **received**.
Harry Mills의 그 소설은 충분히 인정받았다.

13 revise [riváiz] 수정하다, 개정하다
The book was **revised** twice before publication.
그 책은 출판 전에 두 번 수정되었다.

14 stock [stɑk] 비축하다, 저장하다
The store is **stocked** with good merchandise.
그 상점에는 좋은 물건들이 비축되어 있다.

15 pursue [pərsúː] (일, 연구 등에) 종사하다; 추구하다
Mark wants to **pursue** a career in medicine.
Mark는 의료 업종에 종사하기를 원한다.

16 ignore [ignɔ́ːr] 무시하다
Don't **ignore** your body's warning signs.
당신의 몸의 경고 신호를 무시하지 마세요.

17 negotiate [nigóuʃièit] 협상하다, 교섭하다
The union will **negotiate** for higher wages.
그 조합은 더 높은 임금을 위해 협상할 것이다.

18 owe [ou] 빚지고 있다
Simon **owes** everyone some money.
Simon은 모두에게 어느 정도의 돈을 빚지고 있다.

19 migrate [máigreit] 이동하다, 이주하다
Animals **migrate** south during the winter.
동물들은 겨울 동안 남쪽으로 이동한다.

20 contain [kəntéin] 수용하다, 담다
The dam cannot **contain** all the water.
그 댐은 모든 물을 수용할 수 없다.

Part 1 대화에 들어갈 적절한 답을 고르세요.

01 A: I thought the novel was joyful.
B: I _____ it differently. It was depressing for me.

(a) revised   (b) interpreted
(c) impressed   (d) adapted

02 A: I guess I came in at the wrong time.
B: It's OK. You aren't _____ anything.

(a) preventing   (b) unlocking
(c) interrupting   (d) slicing

03 A: Gustav was an excellent conductor.
B: Yes, but his musical works were not well _____ by his peers.

(a) fulfilled   (b) pleased
(c) received   (d) proposed

04 A: I don't have time to get my tooth checked.
B: You'll be sorry if you _____ a toothache.

(a) expose   (b) contain
(c) ignore   (d) dismiss

05 A: How long will the workers be on strike?
B: Until the managers agree to _____.

(a) originate   (b) imitate
(c) anticipate   (d) negotiate

Part 2 서술문에 들어갈 적절한 답을 고르세요.

06 To increase enrollment, universities _____ high school students by offering them benefits.

(a) owe   (b) court
(c) try   (d) join

07 The musical *Dance Forever* _____ for another week at the La Mancha Theater.

(a) remains   (b) widens
(c) continues   (d) contains

08 The recent issue _____ an article on one man's experiences with an African tribe.

(a) centers   (b) extends
(c) illustrates   (d) features

09 What _____ wild cats from house cats is their ability to live in a competitive environment.

(a) parts   (b) distinguishes
(c) compares   (d) appoints

10 Students today _____ degrees that will ensure them a job even in difficult economic times.

(a) recognize   (b) employ
(c) pursue   (d) realize

정답 p.178

01 **require** [rikwáier] 요구하다
The rule **requires** workers to wear safety gear.
그 규칙은 근로자들이 안전 장비를 착용할 것을 요구한다.

02 **achieve** [ətʃíːv] 획득하다, 달성하다
Pat **achieved** high scores in science class.
Pat은 과학 수업에서 높은 점수를 획득했다.

03 **promote** [prəmóut] 장려하다
The cafeteria is **promoting** healthier meals.
그 구내 식당은 더 건강에 좋은 식사를 장려한다.

04 **recognize** [rékəgnàiz] 알아보다, 인지하다
No one **recognized** Dan at the party.
아무도 파티에서 Dan을 알아보지 못했다.

05 **relieve** [rilíːv] 안도하게 하다, 안심하게 하다
Tony was **relieved** that the test was over.
Tony는 시험이 끝난 것에 대해 안도했다.

06 **compile** [kəmpáil] 수집하다
The data was **compiled** over the past year.
그 자료는 지난 한 해 동안 수집되었다.

07 **revive** [riváiv] 되살리다
The lifeguard **revived** the drowning victim.
안전 요원은 익사하는 희생자를 되살렸다.

08 **panic** [pǽnik] 공포에 떨다
Don't **panic** if you get lost in a strange place.
낯선 곳에서 길을 잃어도 공포에 떨지 마세요.

09 **regret** [rigrét] 후회하다
If you eat that cake, you'll **regret** it.
만약 저 케익을 먹는다면, 당신은 후회할 거예요.

10 **confirm** [kənfə́ːrm] 확인하다
Confirm your appointment by e-mail.
이메일로 당신의 예약을 확인해 주세요.

11 **lack** [læk] 부족하다
Ted **lacks** the ability to cook a meal.
Ted는 식사를 만드는 재능이 부족하다.

12 **perform** [pərfɔ́ːrm] 공연하다
The singer **performs** with a band.
그 가수는 밴드와 함께 공연한다.

13 **admit** [ədmít] (사람, 사물을) 들이다
Eve was **admitted** to the X-ray room for testing.
Eve는 검사를 위해 X-ray실로 들여보내졌다.

14 **beat** [biːt] 이기다
Hal can **beat** David at chess.
Hal은 체스에서 David를 이길 수 있다.

15 **complain** [kəmpléin] 불평하다
Lucy keeps **complaining** about the noise.
Lucy는 소음에 대해 계속 불평한다.

16 **embrace** [imbréis] 받아들이다
Immigrants must **embrace** a new culture.
이민자들은 새로운 문화를 받아들여야 한다.

17 **grant** [grænt] 주다
Al was recently **granted** vacation leave.
Al은 최근에 휴가를 받았다.

18 **suspect** [səspékt] 의심하다
Vince **suspects** that the jacket was overpriced.
Vince는 재킷의 값이 너무 비싸게 매겨졌다고 의심한다.

19 **compensate** [kámpənsèit] 보상하다
Personal expenses will not be **compensated**.
개인 경비는 보상되지 않을 것이다.

20 **confront** [kənfrʌ́nt] ~와 대면하다
We **confronted** Jan about telling our secrets.
우리는 우리의 비밀을 말한 것에 대해 Jan과 대면했다.

Part 1 대화에 들어갈 적절한 답을 고르세요.

01 A: The doctor says there's nothing wrong with me.
B: That's great! I'm so _____.

(a) settled
(b) realized
(c) relieved
(d) bothered

02 A: How come you never raise your hand in class?
B: I _____ at the thought of speaking in public.

(a) insist
(b) lack
(c) panic
(d) defend

03 A: This hotel room isn't very clean and the furniture is old-fashioned.
B: It's not that bad. Stop _____.

(a) complaining
(b) rejecting
(c) declaring
(d) damaging

Part 2 서술문에 들어갈 적절한 답을 고르세요.

04 A law that _____ drug manufacturers to keep medications free of unnecessary vitamins is needed.

(a) supplies
(b) requires
(c) achieves
(d) judges

05 High schools raised funds to _____ programs that encourage community spirit.

(a) notice
(b) cancel
(c) convince
(d) promote

06 The editors _____ essays on women in the working world and printed them in one book.

(a) retailed
(b) compiled
(c) transferred
(d) performed

07 The patient could not be _____, although the doctors worked for hours to save him.

(a) revived
(b) embraced
(c) granted
(d) expelled

08 The investors _____ providing funds for the business after it failed.

(a) collected
(b) regretted
(c) recognized
(d) managed

09 The visitors were _____ into the building after they presented their identification.

(a) admitted
(b) processed
(c) prepared
(d) handled

10 The professor _____ the students about copying from others on the final exam.

(a) confirmed
(b) compensated
(c) imposed
(d) confronted

정답 p.181

01 **copy** [kápi] (책·잡지의) 부, 권
Not all books sell a million **copies**.
모든 책들이 백만 부가 팔리는 것은 아니다.

02 **persistence** [pərsístəns] 끈기, 고집
Harold managed to make the deal due to his **persistence**.
Harold는 그의 끈기 때문에 거래를 성사시키는 데 성공했다.

03 **facility** [fəsíləti] 시설, 설비
The houses have modern **facilities**.
그 집들은 현대적인 시설을 가지고 있다.

04 **version** [və́ːrʒən] 버전, 각색, 번안
The first **version** of the song was better.
그 노래의 첫 번째 버전이 더 나았다.

05 **ideal** [aidíːəl] 이상적인 것, 이상
Many movies make peace an **ideal**.
많은 영화가 평화를 이상적인 것으로 나타낸다.

06 **candidate** [kǽndidèit] 지원자
Only qualified **candidates** can apply.
오직 자격 있는 지원자만 지원할 수 있다.

07 **engineering** [èndʒəníːriŋ] 공학
He has a degree in **engineering**.
그는 공학 학위를 갖고 있다.

08 **promotion** [prəmóuʃən] 판촉
The company's **promotion** will target teenagers.
그 회사의 판촉은 10대를 목표로 삼을 것이다.

09 **species** [spíːʃiːz] (분류 상의) 종
New frog **species** were found on the island.
신종 개구리가 그 섬에서 발견되었다.

10 **initiative** [iníʃiətiv] 솔선, 주도
Kim has the **initiative** to work without supervision.
Kim은 감독 없이도 일하는 솔선함이 있다.

11 **portrayal** [pɔːrtréiəl] 묘사
The book's **portrayal** of Africa was realistic.
그 책의 아프리카에 대한 묘사는 사실적이었다

12 **benefit** [bénəfit] 복리 후생
Some consider **benefits** as important as wages.
어떤 사람들은 임금만큼이나 복리 후생을 중요하게 여긴다.

13 **itinerary** [aitínərèri] 여행 일정
The travel agent sent us the **itinerary**.
그 여행사 직원은 우리에게 여행 일정을 부냈다.

14 **justice** [dʒʌ́stis] 정의
Courts stand for **justice**.
법원은 정의를 표방한다.

15 **consequence** [kánsəkwèns] 결과
Lying can have serious **consequences**.
거짓말하는 것은 심각한 결과를 초래할 수 있다.

16 **position** [pəzíʃən] 직위
A higher **position** at work means a better salary.
직장에서의 높은 직위는 더 많은 봉급을 의미한다.

17 **advantage** [ədvǽntidʒ] 유리한 점, 강점
Kyle has the **advantage** of work experience.
Kyle는 직장 경력 면에서 유리한 점이 있다.

18 **credit** [krédit] 외상, 신용 대출
Shoppers buy most things on **credit**.
구매자들은 대부분의 물건을 외상으로 산다.

19 **criticism** [krítisìzəm] 비난, 비평
Criticism of actors includes their personal life.
배우들에 대한 비난에는 그들의 사생활이 포함된다.

20 **landmark** [lǽndmàːrk] 명소
The bridge is a famous **landmark** in the city.
그 다리는 그 도시에서 유명한 명소이다.

HACKERS TEST

Part 1 대화에 들어갈 적절한 답을 고르세요.

01 A: I want a place that has a modern kitchen.
B: I'd like modern kitchen _____ as well.

(a) methods   (b) facilities
(c) structures   (d) deposits

02 A: I'm really surprised at what robots can do today.
B: Me, too. The _____ keeps improving.

(a) engineering   (b) promotion
(c) examination   (d) proceeding

03 A: Did Nick make the manual for the trainees even before asked?
B: Yes, he did. He has a lot of _____.

(a) initiative   (b) benefit
(c) reliance   (d) royalty

04 A: Do you know which cities are included in the package tour?
B: Here, take a look at the _____.

(a) approach   (b) itinerary
(c) advantage   (d) portrayal

05 A: Can we afford to get a new car this year?
B: We can always buy it on _____.

(a) credit   (b) offer
(c) certificate   (d) security

06 A: Let's meet where we can easily find each other.
B: How about the water fountain? It's a well-known _____.

(a) foundation   (b) signal
(c) landmark   (d) agency

Part 2 서술문에 들어갈 적절한 답을 고르세요.

07 The best-selling book in history is the Bible, with about six billion _____ sold.

(a) sections   (b) verses
(c) copies   (d) issues

08 The program describes Mahatma Gandhi's _____ of a world where violence does not exist.

(a) attitude   (b) version
(c) ideal   (d) judgment

09 The _____ of heavy drinking include dangerous behavior and various health problems.

(a) arguments   (b) functions
(c) justices   (d) consequences

10 Mr. Carter's _____ in the bank gives him access to the vault where the money is kept.

(a) branch   (b) form
(c) position   (d) state

정답 p.183

VOCABULARY DAY **12** 해커스 텝스 BASIC READING

01 **seat** [siːt] 좌석
Tom reserved a **seat** for New York.
Tom은 뉴욕행 좌석을 예약했다.

02 **turn** [təːrn] 차례, 순서
It's Anna's **turn** to take out the garbage.
Anna가 쓰레기를 내다 놓을 차례이다.

03 **burden** [bə́ːrdən] 부담, 짐
Washing dishes every day is a **burden**.
매일 설거지를 하는 것은 부담이다.

04 **vacancy** [véikənsi] 빈방, 빈자리
There are no hotel **vacancies** at this time.
이맘때 호텔에는 빈방이 없다.

05 **debt** [det] 빚
Bill was in **debt** after he bought a car.
Bill은 차를 구입한 후 빚을 지게 되었다.

06 **plot** [plɑt] 줄거리, 이야기의 전개
The book's **plot** is exciting.
그 책의 줄거리는 흥미롭다.

07 **struggle** [strʌ́gl] 노력
Life is a daily **struggle** for survival.
인생은 생존을 위한 매일매일의 노력이다.

08 **process** [prɑ́ses] 과정, 절차
The water cycle is a constant **process**.
물의 순환은 끊임없는 과정이다.

09 **product** [prɑ́dəkt] 제품
Glo is a **product** for cleaning floors.
Glo는 바닥 청소를 위한 제품이다.

10 **protection** [prətékʃən] 보호
For your **protection**, wear a helmet.
당신을 보호하기 위해, 헬멧을 착용하세요.

11 **vote** [vout] 표
Honest candidates get our **vote**.
정직한 후보자들이 우리의 표를 얻는다.

12 **advent** [ǽdvent] 도래, 출현
The **advent** of the holiday season brings joy.
휴가 시즌의 도래는 즐거움을 가져다 준다.

13 **comfort** [kʌ́mfərt] 안락함, 편안함
Dormitory residents miss the **comfort** of home.
기숙사에서 사는 사람들은 집의 안락함을 그리워한다.

14 **operation** [ɑ̀pəréiʃən] 수술
The patient had an **operation**.
그 환자는 수술을 받았다.

15 **refugee** [rèfjudʒíː] 난민
The number of **refugees** increases during wartime.
전시에는 난민의 수가 증가한다.

16 **strategy** [strǽtidʒi] 전략
Different **strategies** are used to sell products.
제품을 팔기 위해서 갖가지 전략들이 이용된다.

17 **receptionist** [risépʃənist] 접수원
The **receptionist** schedules the caller's appointment.
그 접수원은 발신자의 예약 일정을 잡는다.

18 **cancelation** [kæ̀nsəléiʃən] 취소
The **cancelation** allowed Mr. Lim to book a flight.
그 취소건으로 Mr. Lim은 비행기를 예약할 수 있었다.

19 **fusion** [fjúːʒən] 통합, 융합, 융해
The chef is known for his **fusion** of flavors.
그 주방장은 맛을 통합하는 것으로 알려져 있다.

20 **existence** [igzístəns] 존재
Biologists confirmed the **existence** of a new species of bat.
생물학자들은 박쥐의 새로운 종의 존재를 확인했다.

HACKERS TEST

Part 1 대화에 들어갈 적절한 답을 고르세요.

01 A: I'd like to make a reservation for Tokyo on December 26.
B: Let me check if any _____ are available.

(a) places   (b) seats
(c) spaces   (d) dates

02 A: Why are you leaving so early for work this morning?
B: It's my _____ to do the car pool.

(a) turn   (b) order
(c) load   (d) function

03 A: That candidate amazes me. I really like him.
B: Me, too. He'll definitely get my _____.

(a) desire   (b) note
(c) vote   (d) pace

04 A: I heard your brother is having surgery.
B: It's a minor _____ on his ankle.

(a) strategy   (b) landmark
(c) operation   (d) direction

05 A: Would it be possible for me to see Dr. West today?
B: Only if there's a _____. I'm sorry.

(a) booking   (b) receptionist
(c) cancelation   (d) denial

06 A: I've heard of blending jazz and rock, but not jazz and hip-hop.
B: A lot of jazz bands today play a _____ of different styles.

(a) benefit   (b) connection
(c) scramble   (d) fusion

Part 2 서술문에 들어갈 적절한 답을 고르세요.

07 Louis bought many expensive clothes and now has a large _____ to pay off.

(a) debt   (b) effect
(c) point   (d) burden

08 Critics question the writing skills of *Twilight*'s author Ms. Meyer, but agree that the novel's _____ is entertaining.

(a) activity   (b) plot
(c) advent   (d) center

09 People spend plenty of money to stay young, but nothing can stop the _____ of aging.

(a) duty   (b) work
(c) stress   (d) process

10 Traveling to other places is a pleasure, but people always seek the _____ of home.

(a) values   (b) conditions
(c) positions   (d) comforts

정답 p.185

01 **charge** [tʃɑːrdʒ] 요금
No other **charges** will be added to your bill.
어떠한 다른 요금도 당신의 청구서에 더해지지 않을 것이다.

02 **inhabitant** [inhǽbitənt] 거주자
Most **inhabitants** lived near the river.
대부분의 거주자들은 강 근처에 살았다.

03 **staple** [stéipl] 주식
Rice is a **staple** of the Asian diet.
쌀은 아시아 식단의 주식이다.

04 **tension** [ténʃən] 긴장
Talking is a good way to relieve **tension**.
대화는 긴장을 완화하는 좋은 방법이다.

05 **support** [səpɔ́ːrt] 지지
Employees value their supervisor's **support**.
직원들은 그들 관리자의 지지를 높이 평가한다.

06 **layover** [léiòuvər] 경유
We will have a brief **layover** in Los Angeles.
우리는 로스앤젤레스를 잠시 경유할 것입니다.

07 **portion** [pɔ́ːrʃən] 일부분
A **portion** of the book will be translated.
그 책의 일부분이 번역될 것이다.

08 **quest** [kwest] 탐색
The explorer went on a **quest** for lost treasure.
그 탐험가는 잃어버린 보물에 대한 탐색을 떠났다.

09 **outbreak** [áutbrèik] 발발
Cleanliness can prevent an **outbreak** of food poisoning.
청결함이 식중독의 발발을 예방할 수 있다.

10 **treatment** [tríːtmənt] 치료
Many cannot afford **treatments** for cancer.
많은 사람들은 암 치료 비용을 지불할 여유가 없다.

11 **companion** [kəmpǽnjən] 동료
Pets are good **companions** for those living alone.
애완 동물은 혼자 사는 사람들을 위한 좋은 동료이다.

12 **display** [displéi] 전시
The paintings will be on **display** for a week.
그 그림들은 일주일 동안 전시될 것이다.

13 **legacy** [légəsi] 유산
The Olympic Games are the **legacy** of Greece.
올림픽 게임은 그리스의 유산이다.

14 **mileage** [máilidʒ] 연비
Japanese-made cars have the highest **mileage**.
일제 자동차는 가장 높은 연비를 가지고 있다.

15 **source** [sɔːrs] 출처
No one knows the **source** of the rumor.
아무도 그 소문의 출처를 모른다.

16 **extension** [iksténʃən] (기간의) 연장
The staff needs an **extension** to finish the report.
그 직원은 보고서를 끝내기 위한 기간 연장을 필요로 한다.

17 **slope** [sloup] 경사
The hiker fell down a steep **slope**.
그 도보 여행자는 가파른 경사에서 떨어졌다.

18 **inspection** [inspékʃən] 점검, 조사
An **inspection** of the factory took place yesterday.
어제 공장 점검이 이루어졌다.

19 **symptom** [símptəm] 증상
Some sicknesses do not have any **symptoms**.
몇몇 질병들은 아무런 증상도 가지고 있지 않다.

20 **component** [kəmpóunənt] 구성 요소
Grammar is a **component** of language learning.
문법은 언어 학습의 구성 요소이다.

Part 1 대화에 들어갈 적절한 답을 고르세요.

01 A: Isn't this a four-hour flight?
B: It will take longer because of the
_____ in Hong Kong.

(a) layover   (b) interruption
(c) intermission   (d) mileage

02 A: Why is everyone being given masks at
the office?
B: They want to prevent a(n) _____
of disease.

(a) explosion   (b) treatment
(c) process   (d) outbreak

03 A: I'd like to stay longer, but my visa
expires soon.
B: Why not get a(n) _____?

(a) extension   (b) operation
(c) recharge   (d) delay

Part 2 서술문에 들어갈 적절한 답을 고르세요.

04 The latest population count shows that
New York City has more than 8.2 million
_____.

(a) clients   (b) inhabitants
(c) settlements   (d) outcomes

05 Root vegetables such as potatoes are
_____ in many South American
countries.

(a) stacks   (b) brakes
(c) staples   (d) brands

06 Earl felt sick after eating a large
_____ of apple pie at Thanksgiving
dinner.

(a) bundle   (b) portion
(c) angle   (d) corner

07 People cope more easily with difficulties
when they have a _____.

(a) replacement   (b) participant
(c) companion   (d) receiver

08 The Dead Sea Scrolls, which were found
in a cave about 50 years ago, were on
_____ at the museum.

(a) period   (b) display
(c) public   (d) product

09 People who are not familiar with the
_____ of serious diseases often
ignore warning signals.

(a) symptoms   (b) senses
(c) responses   (d) comforts

10 Lectures and laboratory assignments are
the two main _____ of the course.

(a) strategies   (b) plots
(c) components   (d) outlines

정답 p.187

VOCABULARY

DAY 14

해커스 텝스 BASIC READING

01 agenda [ədʒéndə] 의제, 안건
The strike is on the **agenda** for the meeting.
그 파업이 회의의 의제이다.

11 premises [prémis] 건물
No animals are allowed on the **premises**.
어떤 동물도 이 건물에서는 허락되지 않는다.

02 condolence [kəndóuləns] 애도
Please accept my deepest **condolences**.
깊은 애도를 표하는 바입니다.

12 exaggeration [igzædʒəréiʃən] 과장
Not everything in the ad is an **exaggeration**.
그 광고에 있는 모든 것이 과장은 아니다.

03 drizzle [drízl] 가랑비
A **drizzle** is refreshing to plants.
가랑비는 식물들을 산뜻하게 한다.

13 exhibition [èksəbíʃən] 전시
There's an **exhibition** of statues at the museum.
박물관에서 조각상 전시가 있다.

04 craft [kræft] 공예
Rachel wants to improve her skills in **crafts**.
Rachel은 공예에서 그녀의 기술을 향상시키기를 원한다.

14 content [kántent] 내용물
The X-ray machine checks the **contents** of packages.
엑스레이 기계가 짐의 내용물들을 검사한다.

05 expense [ikspéns] 비용
Reduce **expenses** to avoid going into debt.
빚지는 것을 피하기 위해서 비용을 줄이세요.

15 instinct [ínstiŋkt] 본능
Birds migrate south by **instinct**.
새들은 본능적으로 남쪽으로 이주한다.

06 level [lévəl] 층
Parking is available on the top **level**.
주차는 가장 높은 층에서 가능합니다.

16 phase [feiz] 현상, 양상
Greg's obsession with cars is just a **phase**.
자동차에 대한 Greg의 집착은 단지 하나의 현상일 뿐이다.

07 hygiene [háidʒi:n] 위생
Hygiene is important at hospitals.
병원에서 위생은 중요하다.

17 recollection [rèkəlékʃən] 기억
The victim has no **recollection** of the crime.
그 희생자는 범죄에 대한 기억이 없다.

08 posture [pástʃər] 자세
Sitting straight improves one's **posture**.
곧게 앉는 것은 자세를 향상시켜 준다.

18 remain [riméin] 잔해, 잔재
Scientists found the **remains** of a mammoth.
과학자들은 맘모스의 잔해를 발견했다.

09 spectator [spékteitər] 관중
The **spectators** applauded the winning team.
관중들은 승리한 팀에게 박수 갈채를 보냈다.

19 compensation [kàmpənséiʃən] 보상
Employees receive **compensation** for overtime.
종업원들은 초과 근무에 대한 보상을 받는다.

10 concern [kənsə́rn] 걱정거리, 우려
Global warming is a major **concern** for world leaders.
지구 온난화는 세계 지도자들에게 주요 걱정거리이다.

20 illustration [ìləstréiʃən] 삽화
The book's **illustrations** were fantastic.
그 책의 삽화는 환상적이었다.

Part 1 대화에 들어갈 적절한 답을 고르세요.

01 A: Oh no! It's raining! I left my umbrella at home.
B: No need to worry. It's nothing but a _____.

(a) snowfall   (b) typhoon
(c) drizzle   (d) drench

02 A: Hi. Do you know where the cafeteria is?
B: It's in the basement on the lowest _____.

(a) level   (b) display
(c) degree   (d) surface

03 A: Can I smoke here?
B: I'm sorry, but smoking is not allowed on the _____.

(a) location   (b) premises
(c) neighborhood (d) area

04 A: Pete said thousands of people applied for the job.
B: That's a(n) _____. Only a hundred submitted applications.

(a) promotion   (b) exaggeration
(c) elevation   (d) exhibition

05 A: I can't believe that my cat ate a dead mouse.
B: It's just following its _____.

(a) destiny   (b) instinct
(c) tradition   (d) symptom

06 A: Do you know where the Empire State building is?
B: If my _____ is correct, it's around the corner.

(a) profession   (b) comprehension
(c) extension   (d) recollection

Part 2 서술문에 들어갈 적절한 답을 고르세요.

07 The _____ for the environmental conference includes a discussion on managing energy resources.

(a) beginning   (b) agenda
(c) preface   (d) connection

08 Good _____ can assist blood circulation and help one breathe better.

(a) nature   (b) feature
(c) stature   (d) posture

09 The World Cup soccer games draw the greatest number of _____ of any sports game.

(a) sitters   (b) members
(c) managers   (d) spectators

10 New technology is available to artists who produce _____ for books and magazines.

(a) copyrights   (b) tensions
(c) illustrations (d) explanations

정답 p.189

VOCABULARY   DAY 15   해커스 텝스 BASIC READING

01 **available** [əvéiləbl] 시간이 있는; 이용 가능한
The doctor is **available** now.
의사는 지금 시간이 있다.

02 **bland** [blænd] 풍미 없는, 개성 없는
The food Mike cooked today was **bland**.
Mike가 오늘 해준 요리는 풍미가 없었다.

03 **convenient** [kənví:njənt] 편리한
Transportation in the city is **convenient**.
도시의 교통은 편리하다.

04 **critical** [krítikəl] 비판적인
Ben is **critical** about work in the office.
Ben은 사무실의 일에 대해 비판적이다.

05 **optional** [ápʃənəl] 선택 가능한
Getting a flu shot is **optional**.
독감 주사를 맞는 것은 선택 가능하다.

06 **familiar** [fəmíljər] 익숙한
I'm not **familiar** with computer software.
나는 컴퓨터 소프트웨어에 익숙하지 않다.

07 **lethal** [lí:θəl] 치명적인
A cobra's bite is **lethal**.
코브라에게 물리는 것은 치명적이다.

08 **accomplished** [əkámpliʃt] 뛰어난
Maya is an **accomplished** violinist.
Maya는 뛰어난 바이올린 연주가이다.

09 **immune** [imjú:n] 면역이 된
Some people are **immune** to the disease.
몇몇 사람들은 그 병에 면역이 되어 있다.

10 **concrete** [kánkri:t] 구체적인, 명확한
Companies take **concrete** steps to increase profit.
기업은 수익을 증가시키기 위해 구체적인 조치를 취한다.

11 **sufficient** [səfíʃənt] 충분한
Growing children need **sufficient** nutrition.
성장하는 아이들은 충분한 영양물 섭취가 필요하다.

12 **opposite** [ápəzit] 반대의
The building is in the **opposite** direction.
그 건물은 반대 방향에 있다.

13 **superior** [sju:pí:əriər] 최상의, 우수한
The store gives customers **superior** service.
그 가게는 고객에게 최상의 서비스를 제공한다.

14 **frustrating** [frʌ́streitiŋ] 힘 빠지는, 좌절하게 하는
Doing a jigsaw puzzle can be **frustrating**.
직소 퍼즐을 하는 것은 힘빠지는 일일 수 있다.

15 **brilliant** [bríljənt] 총명한
The new student is quite **brilliant**.
새로운 학생은 꽤 총명하다.

16 **responsible** [rispánsəbl] 책임이 있는
Fay is **responsible** for inviting the guests.
Fay는 손님을 초대할 책임이 있다.

17 **immediately** [imí:diətli] 즉시, 곧
Mr. So must see Helen **immediately**.
Mr. So는 Helen을 즉시 만나야만 한다.

18 **incorrectly** [ìnkəréktli] 틀리게
The clerk calculated the figures **incorrectly**.
그 점원은 숫자를 틀리게 계산했다.

19 **personally** [pə́:rsənəli] 직접, 몸소
Sue apologized to Hal **personally**.
Sue는 Hal에게 직접 사과했다.

20 **separately** [sépəritli] 각자, 따로
The group agreed to pay for meals **separately**.
그 단체는 식사를 각자 계산하는데 동의했다.

Part 1 대화에 들어갈 적절한 답을 고르세요.

01 A: You can reach any part of the city through the subway.
B: That's really _____.

(a) critical   (b) clear
(c) simple   (d) convenient

02 A: Do we have to enroll in a geometry class?
B: No. It's _____ for students majoring in art.

(a) beneficial   (b) optional
(c) selective   (d) impossible

03 A: Does this road lead to the airport?
B: No. You're going in the _____ direction.

(a) contrary   (b) opposite
(c) forward   (d) previous

04 A: It's really hard to learn a new language.
B: Yes, it's _____, but don't give up!

(a) frustrating   (b) sufficient
(c) delightful   (d) protective

05 A: I'm impressed with the new employee's intelligence!
B: Yes, me too. He's quite _____.

(a) brilliant   (b) active
(c) handsome   (d) awkward

06 A: There's something wrong with the budget.
B: I may have entered the numbers _____.

(a) immediately   (b) accidentally
(c) uncertainly   (d) incorrectly

07 A: Did you come all the way to New York just to see me?
B: I wanted to wish you a happy birthday _____.

(a) presently   (b) personally
(c) habitually   (d) separately

Part 2 서술문에 들어갈 적절한 답을 고르세요.

08 The new cook's soup was so _____ that the customers complained about its lack of flavor.

(a) chilled   (b) colorless
(c) bland   (d) dense

09 Gilles Vonsattel, a(n) _____ pianist from Switzerland, can play entire piano pieces from memory.

(a) accomplished   (b) particular
(c) authorized   (d) regular

10 _____ evidence is needed for the judge to solve the case about the fire.

(a) Lethal   (b) Concrete
(c) Unknown   (d) Shocking

정답 p.192

01 **due** [dju:] (지불 등의) 기일이 된
Your book reports are **due** on Monday.
당신의 책 보고서 제출 기일은 월요일입니다.

02 **outgoing** [áutgòuiŋ] 외향적인
Ross has an **outgoing** personality.
Ross는 외향적인 성격을 가지고 있다.

03 **prolific** [proulífik] (작가가) 다작의
In college, Val was a **prolific** poet.
대학에서, Val은 다작 시인이었다.

04 **eligible** [élidʒəbl] 자격이 있는
All employees are **eligible** for the free class.
모든 직원은 무료 강의를 들을 자격이 있다.

05 **punctual** [pʌ́ŋktʃuəl] (시간 등을) 엄수하는
Train the new workers to be **punctual**.
새로운 노동자들이 시간을 엄수하도록 훈련 시키세요.

06 **hospitable** [háspitəbl] 호의적인
Mrs. Adams is **hospitable** to all visitors.
Mrs. Adams는 모든 방문객들에게 호의적이다.

07 **additional** [ədíʃənəl] 추가적인
You can get **additional** information online.
당신은 온라인으로 추가적인 정보를 얻을 수 있습니다.

08 **poor** [puər] (능력 등이) 뒤떨어진, 서투른
Mark is **poor** in almost all his subjects.
Mark는 그의 거의 모든 과목에서 뒤떨어진다.

09 **fragile** [frǽdʒəl] 깨지기 쉬운, 약한
Crystal glassware is very **fragile**.
크리스털 유리 제품은 매우 깨지기 쉽다.

10 **unconscious** [ʌnkánʃəs] 의식이 없는
Jess has been **unconscious** since she fell.
Jess는 넘어진 이후로 의식이 없다.

11 **certain** [sə́ːrtən] 확신하는
Scientists are not **certain** why hair turns gray.
과학자들은 머리카락이 왜 회색으로 변하는지 확신하지 못한다.

12 **underlying** [ʌ̀ndərláiiŋ] 근본적인, 기초적인
The boss's **underlying** concern is product sales.
그 사장의 근본적인 관심사는 제품 판매이다.

13 **ultimate** [ʌ́ltəmit] 궁극적인
The show's **ultimate** goal is to make people laugh.
그 쇼의 궁극적인 목표는 사람들을 웃게 만드는 것이다.

14 **crucial** [krúːʃəl] 아주 중대한, 결정적인
A proper suit is **crucial** for an interview.
단정한 정장 한 벌은 면접에 있어 아주 중대하다.

15 **definite** [défənit] 확실한, 명확한
Jay has **definite** ideas about his vacation.
Jay는 그의 휴가에 관해 확실한 생각을 가지고 있다.

16 **predictable** [pridíktəbl] 새로운 게 없는, 예상할 수 있는
Evan's routine on weekdays is **predictable**.
Evan의 주중 일과는 새로운 게 없다.

17 **marginally** [máːrdʒənəli] 조금만, 근소하게
Some remedies for pain are only **marginally** helpful.
몇몇 통증 치료법들은 오직 조금만 도움이 된다.

18 **awfully** [ɔ́ːfəli] 몹시, 대단히
It's **awfully** cold today.
오늘 날씨가 몹시 춥군요.

19 **abruptly** [əbrʌ́ptli] 갑자기, 불쑥
The interview ended **abruptly**.
인터뷰는 갑자기 끝났다.

20 **clearly** [klíərli] 명확히, 확실히
Without her glasses, May can't see **clearly**.
May는 그녀의 안경 없이는 명확히 볼 수 없다.

HACKERS TEST

Part 1 대화에 들어갈 적절한 답을 고르세요.

01 A: This woman I read about has written hundreds of essays.
B: Amazing! She's truly _____.

(a) abundant   (b) prolific
(c) punctual   (d) plentiful

02 A: Can we get Frank to do the presentation on market trends?
B: But he's _____ at speaking.

(a) blank   (b) certain
(c) crucial   (d) poor

03 A: Can Ellen help out with decorating the gym?
B: She hasn't given me a(n) _____ answer.

(a) original   (b) definite
(c) additional   (d) flexible

04 A: I've been waiting for over half an hour!
B: I have no excuse. I'm _____ sorry.

(a) awfully   (b) surprisingly
(c) fearfully   (d) shockingly

05 A: I can't see what the sign says. How about you?
B: I'm not able to read it _____, either.

(a) closely   (b) firmly
(c) greatly   (d) clearly

Part 2 서술문에 들어갈 적절한 답을 고르세요.

06 Children who are _____ are more likely to make friends and do well academically.

(a) fragile   (b) personal
(c) outgoing   (d) critical

07 Environmentalists think the _____ cause of forest destruction is human activity.

(a) ignorant   (b) underlying
(c) thoughtless   (d) hesitant

08 World leaders agree that the _____ goal in the Middle East is peace.

(a) ultimate   (b) unconscious
(c) permanent   (d) generous

09 Agricultural chemicals are only _____ helpful in raising agricultural production.

(a) uncertainly   (b) incorrectly
(c) marginally   (d) virtually

10 People who _____ stop smoking may have symptoms like headaches.

(a) officially   (b) abruptly
(c) separately   (d) continuously

정답 p.194

DAY 18 형용사 / 부사 어휘(3)

01 related [riléitid] 친척의
Everyone thought Joy and Meg were **related**.
모두들 Joy와 Meg가 친척이라고 생각했다.

02 reliable [riláiəbl] 믿을 수 있는
Rina is not a **reliable** babysitter.
Rina는 믿을 수 있는 보모가 아니다.

03 scared [skɛərd] 무서워하는, 겁나는
Earl is **scared** to swim in the ocean.
Earl은 바다에서 수영하는 것을 무서워한다.

04 superficial [sjùːpərfíʃəl] (상처 등이) 얕은, 피상적인
The boy had a **superficial** cut on his knee.
그 소년은 무릎에 얕은 상처를 가지고 있었다.

05 current [kɔ́ːrənt] 현재의; 통용되는
The magazine's **current** issue is now on sale.
그 잡지의 최근 호는 할인 판매 중이다.

06 suited [sjúːtid] 적합한
Tony is **suited** for the life of a musician.
Tony는 음악가의 삶에 적합하다.

07 unreachable [ʌnríːtʃəbl] 연락이 되지 않는
James is **unreachable** on weekends.
James는 주말에 연락이 되지 않는다.

08 nervous [nɔ́ːrvəs] 긴장한, 초조한
Bill becomes **nervous** before a presentation.
Bill은 발표 전이면 긴장한다.

09 modest [mádist] 겸손한
Jose is **modest** about his good looks.
Jose는 그의 멋진 외모에 대해 겸손하다.

10 arrogant [ǽrəgənt] 거만한, 오만한
Fame tends to make people **arrogant**.
명성은 사람들을 거만하게 만드는 경향이 있다.

11 knowledgeable [nálidʒəbl] 박식한, 아는 것이 많은
Ken is **knowledgeable** about insects.
Ken은 곤충에 대해 박식하다.

12 ignorant [ígnərənt] 무지한, 무식한
Some companies are **ignorant** about labor laws.
어떤 회사들은 노동법에 무지하다.

13 legible [lédʒəbl] 읽기 쉬운
Lisa's handwriting is **legible**.
Lisa의 글씨는 읽기 쉽다.

14 diverse [daivɔ́ːrs] 다양한
The speakers had **diverse** opinions about war.
연설자들은 전쟁에 대해 다양한 의견을 가지고 있었다.

15 strategic [strətíːdʒik] 전략적인
Eric has a **strategic** method for raising funds.
Eric은 기금을 모으는 전략적인 방법을 가지고 있다.

16 hostile [hàstəl] 적대적인, 적개심을 품은
The soldiers were **hostile** to the prisoners.
군인들은 죄수들에게 적대적이었다.

17 genuine [dʒénjuin] 진품의, 진짜의
The pearl Beth is wearing is **genuine**.
Beth가 착용하고 있는 진주는 진품이다.

18 eventually [ivéntʃuəli] 결국
CEO Bennet **eventually** announced her retirement.
최고 경영자인 Bennet은 결국 그녀의 은퇴를 발표했다.

19 easily [íːzəli] 쉽게
Roses can be **easily** grown in small pots.
장미는 작은 화분에서 쉽게 길러질 수 있다.

20 effortlessly [éfərtlisli] 힘들이지 않고, 쉽게
The singer sang **effortlessly** at the concert.
그 가수는 음악회에서 힘들이지 않고 노래를 불렀다.

HACKERS TEST

Part 1 대화에 들어갈 적절한 답을 고르세요.

01 A: You and Carl look so much alike. Is he your brother?
B: No. We aren't _____ at all.

(a) reliable   (b) devoted
(c) related   (d) dependent

02 A: You have to let Dad know you failed the entrance exam.
B: I'm too _____ to tell him.

(a) scared   (b) firm
(c) modest   (d) difficult

03 A: Did you know that Andy will start work as a reporter tomorrow?
B: Really? But he's not _____ for the job.

(a) suited   (b) resolved
(c) affected   (d) relaxed

04 A: I don't know why Karen regards herself a great artist.
B: She's just too _____.

(a) satisfied   (b) arrogant
(c) humble   (d) fragile

05 A: Is Ryan coming with us or not?
B: I don't know. He changes his mind _____.

(a) easily   (b) specially
(c) nicely   (d) clearly

Part 2 서술문에 들어갈 적절한 답을 고르세요.

06 A politician's insights on world events must be in-depth, not _____.

(a) optional   (b) accidental
(c) internal   (d) superficial

07 The famous violinist gets _____ before every performance and needs time to calm down.

(a) ignorant   (b) critical
(c) bored   (d) nervous

08 The manufacturer needs a marketing manager who is _____ about the automobile industry.

(a) memorable   (b) unmistakable
(c) knowledgeable   (d) unreachable

09 Experts can take documents damaged by fire or water and make them _____.

(a) legible   (b) unconscious
(c) adequate   (d) genuine

10 Countries that are _____ to foreigners are dangerous places to visit.

(a) diverse   (b) hostile
(c) strategic   (d) intense

VOCABULARY DAY 18 해커스 텝스 BASIC READING

정답 p.196

DAY 19 의미상 혼동하기 쉬운 어휘

01 lend 빌려주다 : **borrow** 빌리다

lend는 상대방에게 돈을 빌려주는 것을 말하며, borrow는 상대방으로부터 돈을 빌리는 것을 말한다.

Sharon never **lends** money to friends.
Sharon은 친구에게 절대 돈을 빌려 주지 않는다.

June **borrowed** a book from the library.
June은 도서관에서 책을 빌렸다.

02 route 길 : **track** 철로

route는 한 장소에서 다른 장소로 이동할 때 사용하는 길을 말하며, track은 기차가 다니는 길을 말한다.

Mr. Cox took another **route** to avoid traffic.
Mr. Cox는 교통량을 피하기 위해 다른 길을 택했다.

Many trains pass along this **track** each day.
많은 기차들은 이 철로를 매일 지나간다.

03 perform 연주(연기)하다 : **conduct** 수행하다

perform은 음악을 연주하거나 배역 등을 연기하는 것을 말하며, conduct는 업무 등을 수행하는 것을 말한다.

The orchestra **performed** a symphony.
오케스트라는 교향곡을 연주했다.

The police are **conducting** an investigation.
경찰은 조사를 수행하고 있는 중이다.

04 previous 이전의 : **former** 전임의

previous는 시간이나 업무적으로 바로 이전에 일어났던 것을 말하며, former는 직장, 직위 등을 한 때 가지고 있었던 것을 말한다.

Ken can't come due to a **previous** engagement.
Ken은 이전의 약속 때문에 못 온다.

Bill asked a **former** teacher for advice.
Bill은 전임 선생님에게 충고를 구했다.

05 connect (전화를) 연결하다 : **link** 연합하다

connect는 전화 등을 연결해 주는 것을 말하며, link는 두 개체 사이의 관계를 연결하는 것을 말한다.

Please **connect** me with Mr. Jones.
Mr. Jones를 연결해주세요.

The merger will **link** two big transport firms.
그 합병은 큰 두 개의 운송회사를 연합할 것이다.

06 inquire 문의하다 : **question** 질문하다

inquire는 정보 등에 대해 물어보는 것을 말하며, question은 불확실하거나 미심쩍은 부분에 대해 묻는 것을 말한다.

Many students **inquire** about scholarships.
많은 학생들이 장학금에 대해 문의한다.

The teacher **questioned** Andy about his project.
선생님은 그의 프로젝트에 대해 Andy에게 질문했다.

07 hold 개최하다 : **occur** 발생하다

hold는 행사 등이 개최되는 것을 말하며, occur는 일이나 사건 등이 발생하는 것을 말한다.

The first marathon was **held** in Athens.
최초의 마라톤은 아테네에서 개최되었다.

The accident **occurred** at Times Square.
그 사고는 타임스 광장에서 발생했다.

08 trust 신뢰하다 : **believe** 믿다

trust는 상대방이 정직함을 믿는 것을 말하고, believe는 누군가가 한 말이나 어떤 현상이 사실이라고 받아들이는 것을 말한다.

No one **trusts** Annie.
아무도 Annie를 신뢰하지 않는다.

Aaron cannot **believe** that the staff quit.
Aaron은 그 직원이 그만 뒀다는 것을 믿을 수 없다.

09 replace 교체하다 : **substitute** 대용하다

replace는 기존의 것을 새로운 것으로 바꾸는 것을 말하고, substitute는 어떤 것 대신에 다른 것을 임시로 사용하는 것을 말한다.

The old books were **replaced** with new ones.
낡은 책들은 새 책들로 교체되었다.

The drink **substitutes** a sweetener for sugar.
그 음료는 감미료를 설탕 대용으로 쓴다.

10 view 전망 : **sight** 풍경, 광경

view는 창문이나 높은 곳에서 내려다 보이는 전망을 말하고, sight는 사람이 보고 있는 풍경을 말한다.

The building has a nice **view**.
그 건물은 좋은 전망을 가지고 있다.

The **sight** of the garden is beautiful.
정원의 풍경은 아름답다.

Part 1 대화에 들어갈 적절한 답을 고르세요.

01 A: Internet-Com. How may I help you?
   B: I'd like to _____ about the services you offer.

   (a) inquire   (b) question
   (c) employ   (d) arrange

02 A: We're not going to get there on time. There's too much traffic.
   B: Let's look for a different _____.

   (a) track   (b) route
   (c) curb   (d) plot

03 A: Could I look at your book for a minute? I left mine at home.
   B: Sorry, I can't _____ it to you. I'm using it.

   (a) owe   (b) borrow
   (c) lend   (d) buy

04 A: First Savings Bank. May I help you?
   B: Can you _____ me to Mr. Barnes' office?

   (a) attach   (b) join
   (c) link   (d) connect

05 A: Do you think we could tell Bert about the surprise party for Paul?
   B: Sure! He can be _____.

   (a) accepted   (b) declared
   (c) trusted   (d) believed

06 A: How about going with me to that new restaurant?
   B: Sorry, but I have a _____ appointment.

   (a) previous   (b) former
   (c) superior   (d) latest

Part 2 서술문에 들어갈 적절한 답을 고르세요.

07 Nutritionists agree that bottled fruit juice cannot _____ for fresh fruit.

   (a) substitute   (b) replace
   (c) change   (d) market

08 The actor has the skill and experience to _____ major roles on Broadway.

   (a) conduct   (b) include
   (c) perform   (d) control

09 The first Science Fiction Convention was _____ in New York City.

   (a) occurred   (b) held
   (c) stood   (d) taken

10 The Seaside Tower has an excellent _____ of the ocean.

   (a) view   (b) look
   (c) sight   (d) vision

정답 p.198

형태상 혼동하기 쉬운 어휘

-tribute

01 **attribute** [ətríbjuːt] ~의 탓으로 돌리다, ~의 덕분이라고 하다
Dave **attributed** his anxiety to the coming test.
Dave는 그의 불안을 다가오는 시험의 탓으로 돌렸다.

02 **contribute** [kəntríbjuːt] 기부하다
The firm will **contribute** a sum to charity.
그 회사는 전액을 자선 단체에 기부할 것이다.

-duce

03 **deduce** [didʲúːs] 추론하다, 유래를 찾다
The police **deduced** that the thief was an employee.
경찰은 도둑은 직원이었을 거라고 추론했다.

04 **reduce** [ridʲúːs] 줄이다, 삭감하다
The employer wants to **reduce** costs.
고용주는 비용을 줄이기 원한다.

-ceed

05 **exceed** [iksíːd] 초과하다, 넘다
Students cannot **exceed** the test's time limit.
학생들은 시험의 시간 제한을 초과할 수 없다.

06 **succeed** [səksíːd] 계승하다
The prince **succeeded** his father to the throne.
그 왕자는 아버지를 계승하여 왕위에 올랐다.

-vate

07 **elevate** [éləvèit] 높이다, 올리다
Elevating the shelves makes the room look better.
선반을 높이는 것은 방을 더 나아보이게 한다.

08 **alleviate** [əlíːvièit] 완화시키다, 덜다
The medication can **alleviate** muscle pains.
그 약은 근육통을 완화시킬 수 있다.

-vise

09 **improvise** [ímprəvàiz] 즉석에서 하다(짓다, 연주하다)
Some actors **improvise** lines during practice.
어떤 배우들은 연습 중에 대사를 즉석에서 짓는다.

10 **supervise** [sʲúːpərvàiz] 지도하다, 감독하다
Trainees must be **supervised** at all times.
훈련생들은 언제나 지도받아야만 한다.

-ble

11 **audible** [ɔ́ːdəbl] 들리는
The radio in the room was barely **audible**.
방에 있는 라디오는 거의 들리지 않았다.

12 **visible** [vízəbl] 보이는, 볼 수 있는
Stars are **visible** on a clear night.
별은 맑은 밤에 보인다.

13 **feasible** [fíːzəbl] 실행 가능한, 실행할 수 있는
Mark's advertising project is **feasible**.
Mark의 광고 기획은 실행 가능하다.

Part 1 대화에 들어갈 적절한 답을 고르세요.

01 A: My report is a bit long.
B: The professor said it shouldn't
_____ five pages.

(a) define   (b) exceed
(c) achieve   (d) succeed

02 A: I tripped and hurt my ankle yesterday.
It's so painful.
B: _____ your leg will ease the
pain.

(a) Withdrawing   (b) Elevating
(c) Calming   (d) Alleviating

03 A: Did you say you can't finish the paper
by Monday?
B: That's right. It's just not _____.

(a) flexible   (b) feasible
(c) available   (d) credible

Part 2 서술문에 들어갈 적절한 답을 고르세요.

04 Queen Elizabeth refused to marry,
causing England to be worried over who
would _____ her and rule the
country.

(a) succeed   (b) exceed
(c) perform   (d) oversee

05 The community _____ $5,000 to a
group that helps victims of natural
disasters.

(a) approved   (b) substituted
(c) transferred   (d) contributed

06 Nina always _____ her quick and
lively intelligence to her mother's genes.

(a) attributed   (b) consented
(c) distributed   (d) described

07 From the remarks of the students, school
officials _____ that some of them
fought in self-defense.

(a) reduced   (b) mastered
(c) handled   (d) deduced

08 Most speakers cannot _____ a
speech and usually prepare their ideas
beforehand.

(a) renovate   (b) imitate
(c) revise   (d) improvise

09 The music playing in the hotel lobby is so
soft that it is barely _____.

(a) audible   (b) definite
(c) traceable   (d) considerate

10 Some seamen cannot use the North Star
to guide them at night because it is
_____ only in the northern
hemisphere.

(a) credible   (b) visible
(c) readable   (d) reliable

정답 p.201

텝스 초보 필수 학습서

해커스 텝스 BASIC READING

개정 2판 12쇄 발행 2024년 8월 5일
개정 2판 1쇄 발행 2018년 5월 4일

지은이	David Cho │ 언어학 박사, 前 UCLA 교수
펴낸곳	(주)해커스 어학연구소
펴낸이	해커스 어학연구소 출판팀

주소	서울특별시 서초구 강남대로61길 23 (주)해커스 어학연구소
고객센터	02-537-5000
교재 관련 문의	publishing@hackers.com
동영상강의	HackersIngang.com

ISBN	978-89-6542-253-2 (13740)
Serial Number	02-12-01

텝스 전문 포털, 해커스텝스
HackersTEPS.com

해커스텝스

· 본 교재 **무료 동영상강의**
· 매달 업데이트 되는 **무료 텝스 적중예상특강**
· 매일 실전 텝스 문제 및 **텝스 단어시험지 자동 생성기** 등 무료 학습 콘텐츠

외국어인강 1위, 해커스인강
HackersIngang.com

해커스인강

· 텝스 최신 출제경향을 반영한 **온라인 실전모의고사**
· 텝스 시험에 나올 어휘를 정리한 **단어암기장 및 단어암기 MP3**
· 해커스 스타강사의 **본 교재 인강**

[외국어인강 1위] 헤럴드 선정 2018 대학생 선호브랜드 대상 '대학생이 선정한 외국어인강' 부문 1위

1위 해커스의 노하우가 담긴
해커스텝스 무료 학습 자료

1
매일 업데이트되는 텝스 실전문제로 시험 대비
매일 텝스 풀기

2
14년 연속 베스트셀러 1위 해커스텝스의 비법 수록
텝스 리딩 무료강의

3
1위 해커스 스타 강사진의
텝스 적중예상특강으로 고득점 달성
텝스 적중예상특강

청해 **강로사**   문법 **설미연**   독해 **손승미**

4
텝스 **필수 기출 어휘** 학습
매일 텝스 어휘

5
텝스 최신 기출 어휘를 꼼꼼하게 복습
해커스 텝스 기출 보카 TEST

더 많은 텝스 무료자료는   해커스텝스   검색   에서 확인하세요.   해커스텝스 바로가기 ▶

해커스 텝스

BASIC READING

해설집

정답·해석·해설

해커스 어학연구소

해커스 텝스 BASIC READING

BASIC READING

해설집

정답·해석·해설

해커스 어학연구소

01 (a)	02 (b)	03 (b)	04 (a)	05 (a)	06 (c)	07 (c)	08 (c)

01

A: I didn't know it would be so cold in New York!
B: Yes, and unfortunately, I didn't bring my heavy jacket.

A: 뉴욕이 이렇게 추울지 몰랐어요!
B: 그래요, 그리고 유감스럽게도, 저는 두꺼운 재킷을 가져오지 않았어요.

해설 '두꺼운 재킷을 가져오지 않았다'는 의미가 되어야 자연스러우므로 **(a) heavy**(두꺼운)가 정답입니다. **(b) layered**는 '층을 이룬'이라는 의미로 문맥상 어색합니다.

02

A: Would you like to come to my place for coffee?
B: I'm studying for a test. Maybe another time.

A: 커피 마시러 저희 집에 오실래요?
B: 저는 시험 공부를 하고 있어요. 아마 나중에요.

해설 '아마 나중에 갈 수 있을 것이다'라는 의미가 되어야 자연스러우므로 빈칸 앞의 **another**(또 하나의)와 어울려 '나중에'라는 의미를 만드는 **(b) time**(때, 시간)이 정답입니다. **(a) moment**는 매우 짧은 순간을 가리키므로 정답이 아닙니다.

03

Last Saturday, Daniel went to a movie after doing four hours of homework.

지난 토요일에 Daniel은 4시간 동안 숙제를 한 뒤 영화를 보러 갔다.

해설 주어 Daniel 뒤에 동사 자리가 비어 있고, Last Saturday(지난 토요일)라는 과거를 나타내는 표현이 있으므로 과거 동사 **(b) went**(갔다)가 정답입니다.

04

A: I'm not sure which hat to buy.
B: It's hard to decide. They all look good.

A: 어떤 모자를 사야할 지 모르겠어요.
B: 결정하기 힘드네요. 그것들 모두 좋아 보여요.

해설 '어떤 모자를 사야할 지 결정하기 힘들다'는 의미가 되어야 자연스러우므로 **(a) decide**(결정하다)가 정답입니다.

05

ⓐ The ancient Chinese was believed(→ believed) nature consists of energy. (b) They thought positive energy brings good luck to people. (c) They developed a set of ways to attract positive energy. (d) These techniques are known as feng shui.

ⓐ 고대 중국인들은 자연은 에너지로 구성되어있다고 믿었다. (b) 그들은 긍정적인 에너지가 사람들에게 행운을 가져다 준다고 생각했다. (c) 그들은 긍정적인 에너지를 끌 수 있는 방법을 개발했다. (d) 이 기술은 feng shui라고 알려져 있다.

해설 (a)에서 '고대 중국인들은 자연은 에너지로 구성되어 있다고 믿어졌다'는 수동의 의미가 아닌 '고대 중국인들은 자연은 에너지로 구성되어 있다고 믿었다'는 능동의 의미여야 하므로 수동태인 was believed가 쓰이면 틀립니다. 따라서 수동태 동사 **was believed**는 능동태 동사 believed로 바뀌어야 맞습니다.

06

Henry Ford was a successful businessman. (a) His assembly line shortened the time it took his employees to build cars. (b) Ford paid his workers double the average wage, which encouraged employees to do their jobs well. ⓒ Ford had many enemies because of his strong political views. (d) His loyal employees got their friends and families to buy Ford vehicles.

Henry Ford는 성공한 사업가였다. (a) 그의 조립 라인은 직원들이 차를 만드는 데 걸리는 시간을 단축했다. (b) Ford는 근로자들에게 보통 임금의 두 배를 지급했고, 그것이 근로자들이 일을 잘하도록 장려했다. ⓒ Ford는 강경한 정치적 견해 때문에 적이 많았다. (d) 그의 충성스러운 직원들은 그들의 친구와 가족이 Ford 자동차를 사게 했다.

해설 지문 흐름상 어색한 문장을 고르는 문제입니다. (a), (b), (d) 모두 Henry Ford의 사업가로서의 탁월한 면모를 보여주는 내용인데, (c)의 'Ford는 강경한 정치적 견해 때문에 적이 많았다'라는 내용으로 지문의 흐름과는 맞지 않으므로 **(c)**가 정답입니다.

07

Shin splints can cause sore shins in runners and athletes. Muscle overuse is a common reason. Failing to stretch one's calves enough also leads to this condition. Those with flat feet are more likely to develop shin splints because it puts more pressure to on the shin bones.

정강이 외골증은 달리기 선수와 운동 선수의 정강이를 아프게 할 수 있다. 근육 과다 사용이 일반적인 원인이다. 종아리를 충분히 스트레칭하지 않는 것 또한 이 상태에 이르게 한다. 평발은 정강이 뼈에 더 큰 압력을 주기 때문에 평발을 가진 사람들은 정강이 외골증이 더 잘 발병한다.

Q: 지문은 주로 무엇에 관한 내용인가?

(a) 정강이 외골증이 동작에 주는 영향
(b) 운동선수들이 흔하게 직면할 수 있는 위험
(c) 정강이 외골증의 원인

해설 지문의 주제를 묻는 질문입니다. 지문 전체에서 근육 과다 사용, 종아리를 충분히 스트레칭하지 않는 것, 평발이 정강이 외골증이 발병하는 원인이라고 설명하고 있습니다. 따라서 '정강이 외골증의 원인'이라는 (c)가 정답입니다.

08

Gateway Manor has two- and three-bedroom apartments available for rent. Monthly rent for two-bedroom units starts at just $650. Leases are for a minimum of 12 months, and a refundable security deposit of $1000 is due at lease signing. For leases in excess of one year, rent is discounted 5 percent.

Gateway Manor에는 침실 두 개나 세 개 짜리의 임대 가능한 아파트가 있습니다. 침실 두 개 짜리 방의 월세는 겨우 650달러에서 시작합니다. 임대 기간은 최소 12개월이며, 1000달러의 반환 보증금은 임대 계약서 서명 시 지불해야 합니다. 일 년을 초과하여 임대를 하실 경우, 집세가 5퍼센트 할인됩니다.

Q: 지문의 내용과 일치하는 것은?

(a) 모든 침실 두 개 짜리 방은 모두 가격이 같다.
(b) 보증금 지불 여부는 선택 가능하다.
(c) 더 오래 머무는 사람들은 임대료를 적게 낸다.

해설 지문의 내용과 일치하는 것을 묻는 문제입니다. 지문의 끝에서 일 년을 초과하여 임대할 경우, 집세가 5퍼센트 할인된다'고 했으므로 '더 오래 머무는 사람들은 임대료를 적게 낸다'라는 내용의 (c)가 정답입니다.

GRAMMAR

CHAPTER 01 주어·동사 / 목적어·보어 / 수식어

텝스 실전 확인 문제

POINT 1 주어 자리   1. ⓑ   2. ⓑ   p. 36

1. Reading / is / my favorite activity. 읽기는 / 내가 매우 좋아하는 활동이다
2. Differences / make / life / interesting. 차이는 / 만든다 / 인생을 / 흥미롭게

어휘 1. favorite[féivərit] 매우 좋아하는   2. difference[dífərəns] 차이 interesting[íntərəstiŋ] 흥미로운

POINT 2 동사 자리   1. ⓐ   2. ⓑ   p. 37

1. My children / love / playing video games / after school. 나의 아이들은 / 좋아한다 / 비디오 게임 하는 것을 / 방과후에
2. The students / will take / the exam / next Tuesday. 그 학생들은 / 볼 것이다 / 그 시험을 / 다음 주 화요일에

어휘 1. after school 방과 후에   2. exam[igzǽm] 시험

POINT 3 목적어 자리   1. ⓑ   2. ⓐ   p. 38

1. The executive / welcomed / the suggestion / made by the team. 그 임원은 / 기꺼이 받아들였다 / 제안을 / 그 팀이 한
2. He / stopped / collecting / old coins. 그는 / 그만두었다 / 수집하는 것을 / 오래된 동전을

어휘 1. executive[igzékjutiv] 임원 welcome[wélkəm] (제안 등을) 기꺼이 받아들이다 suggestion[səgdʒéstʃən] 제안
     2. collect[kəlékt] 수집하다

POINT 4 보어 자리   1. ⓑ   2. ⓑ   p. 39

1. The roses / on the desk / smelled / sweet. 그 장미는 / 책상 위에 있는 / 향이 났다 / 감미로운
2. The meeting / was / a discussion / about upcoming events. 그 회의는 / 토론이었다 / 다가올 행사에 관한

어휘 1. rose[rouz] 장미 sweet[swiːt] 감미로운, 단   2. discussion[diskʌ́ʃən] 토론 upcoming[ʌ́pkʌ̀miŋ] 다가오는 event[ivént] 행사

POINT 5 수식어 자리   1. ⓐ   2. ⓑ   p. 40

1. I / studied / hard / to impress / my parents and teachers. 나는 / 공부했다 / 열심히 / 깊은 인상을 주기 위해 / 부모님과 선생님들께
2. He / visited / the electronics store / which is located / on the corner. 그는 / 방문했다 / 전자제품 가게를 / 위치해 있는 / 코너에

어휘 1. impress[imprés] 깊은 인상을 주다, 감명을 주다   2. visit[vízit] 방문하다 electronics[ilektrániks] 전자 제품

POINT 6 가짜 주어 구문   1. ⓑ   2. ⓐ   p. 41

1. It / is / essential / to come to work / on time. 필수적이다 / 출근하는 것은 / 제시간에
2. There / was / debate / on corporate taxes. 논쟁이 있었다 / 법인세에 대해서

어휘 1. essential[isénʃəl] 필수적인, 가장 중요한   2. debate[dibéit] 논쟁; 논쟁하다 corporate tax 법인세

HACKERS PRACTICE

---

01 (b)　　**02** (a)　　**03** (b)　　**04** (b)　　**05** (a)　　**06** (b)　　**07** pick up → to pick up

08 having → had　　**09** a problem was → was a problem　　**10** wanting → want

11 recommend → recommendation　　**12** Believe → Believing

---

01 Margaret / prepared / the proposal / last week.
Margaret은 / 준비했다 / 그 제안서를 / 지난주에

02 The revision / was made / with the help of Dan.
그 개정은 / 되었다 / Dan의 도움으로

03 The chairman / recognized / the efficiency / of the new system.
사장은 / 인정했다 / 효율성을 / 새 시스템의

04 His excitement / about getting the job / is / understandable.
그의 흥분은 / 취직에 대한 / 이해할 만하다

05 The students / know / a lot / about Spanish history.
그 학생들은 / 안다 / 많은 것을 / 스페인 역사에 대해

06 It / is / important / to follow the safety guidelines / when swimming.
중요하다 / 안전 수칙을 따르는 것은 / 수영을 할 때

07 Ms. Wilson / left / work / early / to pick up her son from school.
Ms. Wilson은 / 떠났다 / 회사를 / 일찍 / 학교에서 그녀의 아들을 태우기 위해

08 We / had / a drink / last night / at the new bar / in the city.
우리는 / 마셨다 / 술을 / 지난밤에 / 새로운 바에서 / 도시에 있는

09 There / was / a problem / with your registration / for the conference.
문제가 있었습니다 / 당신의 등록에 대해 / 그 회의에 대한

10 The hotel chain owners / want / to open a new resort / in Athens / next year.
호텔 체인점의 소유자들은 / 원한다 / 새 리조트를 열기를 / 아테네에서 / 내년에

11 The letter / is / a recommendation / for her employment.
그 편지는 / 추천장이다 / 그녀의 일자리를 위한

12 Believing himself capable, / Mr. Avery / tried / to finish the marketing report / alone.
그 자신이 유능하다고 믿었기 때문에 / Mr. Avery는 / 노력했다 / 마케팅 보고서를 끝내려고 / 혼자서

어휘 **01** prepare[pripɛ́ər] 준비하다　proposal[prəpóuzəl] 제안서　　**02** revision[rivíʒən] 개정
03 chairman[tʃɛ́ərmən] 사장　efficiency[ifíʃənsi] 효율성　　**04** understandable[ʌ̀ndərstǽndəbl] 이해할 수 있는
05 history[hístəri] 역사　　**06** safety[séifti] 안전　　**07** leave[liːv] 떠나다, 출발하다　pick up 태우다　　**08** have a drink 술을 마시다
09 registration[rèdʒistréiʃən] 등록　conference[kánfərəns] 회의　　**10** chain[tʃein] 체인점, 연쇄　resort[rizɔ́ːrt] 리조트, 휴양지
11 recommendation[rèkəməndéiʃən] 추천장　employment[implɔ́imənt] 일자리　　**12** believe[bilíːv] 믿다　report[ripɔ́ːrt] 보고서

HACKERS TEST

---

01 (c)　　**02** (d)　　**03** (b)　　**04** (d)　　**05** (d)　　**06** (d)　　**07** (b)　　**08** (d) planning → plan / am planning

Chapter 01 주어 · 동사 / 목적어 · 보어 / 수식어　**5**

01 목적어 자리 채우기

A: I / love / to live / in this country. 　　저는 　좋아요　사는 것이　　　이 나라에서 B: Yeah, / the people / are / so kind. 　　맞아요　　사람들이　　　　무척 친절해요	A: 저는 이 나라에서 사는 것이 좋아요. B: 맞아요, 사람들이 무척 친절해요.

해설　동사 love 다음에 목적어 자리가 비어 있습니다. 보기 중 목적어 자리에 올 수 있는 to 부정사 (c) to live가 정답입니다.

어휘　country[kʌ́ntri] 나라

02 보어 자리 채우기

A: Mary / is / knowledgeable / about the local wildlife. 　　Mary는　　　식견이 있어요　　　　지역 야생 생물에 대해 B: She / should be. She / was born / here. 　　그녀는　그럴 거예요 그녀는　태어났어요　여기서	A: Mary는 지역 야생 생물에 대해 식견이 있어요. B: 그럴 거예요. 그녀는 여기서 태어났거든요.

해설　동사 is 다음에 보어 자리가 비어 있습니다. 보기 중 보어 자리에 올 수 있는 형용사 (d) knowledgeable이 정답입니다.

어휘　local[lóukəl] 지역의　wildlife[wáildlàif] 야생 생물　born[bɔ:rn] 태어난

03 수식어 자리 채우기

A: What are you doing / today? 　　당신은 무엇을 할 건가요　　오늘 B: I'm going / to the mall / to buy a jacket and some shoes. 　　저는 갈 거예요　쇼핑몰에　　　　재킷과 신발 몇 켤레를 사기 위해	A: 당신은 오늘 무엇을 할 건가요? B: 저는 재킷과 신발 몇 켤레를 사기 위해 쇼핑몰에 갈 거예요.

해설　주어 I, 동사 am going이 있는 완전한 문장이므로 빈칸은 수식어 자리입니다. 보기 중 수식어 자리에 올 수 있는 to 부정사 (b) to buy가 정답입니다.

어휘　mall[mɔ:l] 쇼핑몰

04 주어 자리 채우기

Improving a résumé / is / necessary / for any graduate. 　이력서를 향상시키는 것은　　필수적이다　졸업생 누구에게나	이력서를 향상시키는 것은 졸업생 누구에게나 필수적이다.

해설　동사 is 앞에 주어 자리가 비어 있습니다. 보기 중 주어 자리에 올 수 있는 동명사 (d) Improving이 정답입니다.

어휘　improve[imprú:v] 향상시키다　résumé[rézumèi] 이력서　graduate[grǽdʒuət] 졸업생; 졸업하다

05 보어 자리 채우기

The Renaissance / was / a movement / that began / in the 　르네상스는　　　　운동이었다　　　시작된 14th century / and / continued / for the next 300 years. 　14세기에　　그리고　지속된　　다음 300년 동안	르네상스는 14세기에 시작되어 다음 300년 동안 지속된 운동이었다.

해설　동사 was 다음에 보어 자리가 비어 있습니다. 보기 중 보어 자리에 올 수 있는 명사 (d) movement가 정답입니다.

어휘　movement[mú:vmənt] 운동　begin[bigín] 시작되다　century[séntʃəri] 세기　continue[kəntínju:] 지속하다, 계속하다

06 주어 자리 채우기

To wash the dishes / in hot water / is / important / for 　설거지를 하는 것은　　뜨거운 물에　　　중요하다 killing bacteria. 　세균을 죽이는 데에	뜨거운 물에 설거지를 하는 것은 세균을 죽이는 데에 중요하다.

해설 동사 is 앞에 주어 자리가 비어 있습니다. 보기 중 주어 자리에 올 수 있는 to 부정사 (d) To wash가 정답입니다.

어휘 wash the dishes 설거지하다   important[impɔ́ːrtənt] 중요한   bacteria[bæktíːəriə] 세균

07 가짜 주어 자리 채우기

There was no security guard / at the main door, / making 경비원이 없었다 중앙 현관에 그래서 쉽게 했다 it easy / for the thieves / to break in. 도둑들이 침입하는 것을	중앙 현관에 경비원이 없어서, 도둑들이 침입하는 것을 쉽게 했다.

해설 문장에 수식어인 전치사구 at the main door와 분사구문 making ~ in만 있으므로 빈칸은 수식어가 아닌 주어, 동사, 목적어나 보어의 자리입니다. 그리고 모든 보기에 there, 동사 was, 명사구 security guard가 있으므로, 가짜 주어 there 구문을 만들어야 한다는 것을 알 수 있습니다. 따라서 가짜 주어 there 구문의 형태인 'There + 동사 + 진짜 주어'로 이루어진 (b) There was no security guard 가 정답입니다.

어휘 thief[θiːf] 도둑   break in 침입하다

08 동사 자리에 '동사 + ing'가 와서 틀린 문장 찾기

(a) A: Will you be going / to the game / this weekend? 당신은 갈 예정인가요 그 경기에 이번 주말에 (b) B: Yeah, / I'm really excited / about watching my favorite 네 정말 흥분되요요 제가 가장 좋아하는 팀이 경기하는 것을 본다는 것에 team play. (c) A: Who / are you going with? Anyone / I know? 누구와 당신은 함께 가나요 누군가인가요 제가 아는 (d) B: I / planning(→ plan / am planning) / to take my son with me. 저는 계획이에요 제 아들을 데리고 갈	(a) A: 당신은 이번 주말에 그 경기에 갈 예정인가요? (b) B: 네, 제가 가장 좋아하는 팀이 경기하는 걸 본다는 것에 정말 흥분되네요. (c) A: 누구와 함께 가나요? 제가 아는 사람인가요? (d) B: 저는 제 아들을 데리고 갈 계획이에요.

해설 (d)에 주어 I 다음 동사 자리에 '동사 + ing' 형태인 planning이 와서 틀립니다. 동사 자리에는 '동사 + ing'는 올 수 없고 동사만 올 수 있으므로 '동사 + ing'인 planning은 동사 plan으로 바뀌거나 주어 I 다음에 동사 am을 넣어주어야 맞습니다.

어휘 weekend[wíːkènd] 주말   excited[iksáitid] 흥분된   favorite[féivərit] 매우 좋아하는   plan[plæn] 계획하다

CHAPTER 02 자동사와 타동사

텝스 실전 확인 문제

POINT 1 자동사와 타동사 구별 1. ⓐ 2. ⓐ	p.46

1. We / respond / to questions / within three days. 우리는 / 답한다 / 질문에 / 3일 내로
2. The manager / explained / the new proposal. 그 부장은 / 설명했다 / 새 제안서에 대해

어휘 1. respond[rispánd] 답하다   2. manager[mǽnidʒər] 부장   proposal[prəpóuzəl] 제안서

POINT 2 4형식 동사와 5형식 동사 1. ⓐ 2. ⓐ	p.47

1. The little girl's story / made / me / happy. 그 작은 소녀의 이야기가 / 만들었다 / 나를 / 행복하게
2. Mr. Edwards / offered / Michael / help. Mr. Edwards가 / 주었다 / Michael에게 / 도움을

어휘 1. little[lítl] 작은   happy[hǽpi] 행복한   2. offer[ɔ́ːfər] 주다, 제공하다   help[help] 도움; 돕다

01 (a) **02** (a) **03** (b) **04** (a) **05** (b) **06** (a) **07** bring on → bring **08** sit → sit at

09 know with → know **10** painted of → painted

11 a talented player Norman → Norman a talented player **12** letters its customers → its customers letters

01 Scholars / call / Einstein / the smartest scientist / of the 20th century.
학자들은 / 부른다 / 아인슈타인을 / 가장 똑똑한 과학자라고 / 20세기의

02 Freddie / took / candies / out of the jar / in the kitchen.
Freddie는 / 꺼냈다 / 사탕을 / 단지에서 / 부엌에 있는

03 The senator / spoke / about economics / for almost an hour.
그 상원 의원은 / 말했다 / 경제학에 대해 / 거의 한 시간 동안

04 The manager / made / the applicant / nervous / during the interview.
부장은 / 만들었다 / 그 지원자를 / 긴장하게 / 면접 중에

05 Mr. Kim / saw / candidates / for the position of CEO.
Mr. Kim은 / 봤다 / 후보자들을 / CEO직을 위한

06 The president / responded / to a report / published / in a national newspaper.
대통령은 / 응답했다 / 보도에 / 발표된 / 국립 신문에

07 The students / usually / bring / lunches / to school.
그 학생들은 / 보통 / 가져온다 / 점심을 / 학교에

08 Office workers / sit / at their computer desks / for long periods of time.
회사원들은 / 앉는다 / 그들의 컴퓨터 책상에 / 오랜 시간 동안

09 The students / know / the rules of punctuation / very well.
그 학생들은 / 안다 / 구두법을 / 매우 잘

10 Artist Jackson Pollock / painted / the walls / by throwing paint / at them.
예술가 Jackson Pollock은 / 그림을 그렸다 / 벽에 / 물감을 내던져서 / 벽에

11 The coach / considers / Norman / a talented player / because he keeps improving.
그 코치는 / 여긴다 / Norman을 / 재능 있는 선수라고 / 그는 계속 나아지고 있기 때문에

12 The pharmaceutical company / sent / its customers / letters / about the new medicine.
그 제약 회사는 / 보냈다 / 소비자들에게 / 편지를 / 신약에 대한

어휘 **01** scholar[skálər] 학자   **02** jar[dʒɑːr] 단지, 항아리   **03** senator[sénətər] 상원 의원 economics[ìːkənámiks] 경제학
04 applicant[ǽpləkənt] 지원자 nervous[nə́ːrvəs] 긴장한   **05** candidate[kǽndidèit] 후보자 position[pəzíʃən] 직, 지위, 신분
06 respond[rispánd] 응답하다, 대답하다 report[ripɔ́ːrt] 보도 publish[pʌ̀bliʃ] 발표하다, 발행하다 national[nǽʃənəl] 국립의, 국가의
07 bring[briŋ] 가져오다   **09** punctuation[pʌ̀ŋktuéiʃən] 구두
11 consider[kənsídər] 여기다 talented[tǽləntid] 재능 있는 improve[imprúːv] 나아지다, 개선되다
12 pharmaceutical[fὰːrməsjúːtikəl] 제약의, 약학의 customer[kʌ́stəmər] 소비자, 고객 medicine[médisin] 약

01 (b) **02** (a) **03** (c) **04** (a) **05** (a) **06** (d) **07** (c) get on → get

08 (d) studied → study

01 '자동사 + 전치사 + 목적어' 채우기

A: Good morning. Could I talk to Sarah / please? 좋은 아침입니다　　Sarah와 통화할 수 있을까요　　부디 B: Sure. I'll go / and find / her. Just wait / for a moment. 그럼요 제가 갈게요 그리고 찾아볼게요 그녀를 기다려주세요　　잠시 동안	A: 좋은 아침입니다. Sarah와 통화할 수 있을까요? B: 그럼요. 제가 가서 그녀를 찾아볼게요. 잠시만 기다려 주세요.

해설　주어 I 다음에 동사 자리가 비어 있습니다. 따라서 보기 중 동사로 시작된 (b), (c), (d)가 정답의 후보입니다. 보기의 동사 talk은 자동사이므로 목적어 Sarah를 갖기 위해서는 전치사가 필요합니다. 따라서 '자동사 + 전치사 + 목적어' 형태의 (b) talk to Sarah가 정답입니다.

어휘　find[faind] 찾다　for a moment 잠시 동안

02 '타동사 + 목적어' 채우기

A: Why don't we / buy a present for Eddie? 　　　어때요　　　　Eddie를 위한 선물을 사는 게 B: Good idea. Let's go / downtown / after work. 좋은 생각이에요　갑시다　중심가에　　퇴근 후	A: Eddie를 위한 선물을 사는 게 어때요? B: 좋은 생각이에요. 퇴근 후 중심가에 갑시다.

해설　주어 we 다음에 동사 자리가 비어 있습니다. 따라서 보기 중 동사로 시작된 (a)와 (b)가 정답의 후보입니다. 보기의 동사 buy는 타동사이므로 목적어 a present를 바로 뒤에 가집니다. 따라서 '타동사 + 목적어' 형태인 buy a present를 포함한 (a) buy a present for가 정답입니다.

03 '4형식 동사 + 간접 목적어 + 직접 목적어' 채우기

A: Why / is everyone so excited? 　왜　　모든 사람들이 이렇게 흥분했나요 B: Haven't you heard? The company / will give everyone a 　　못 들었나요　　　　　회사는　　올해 전 직원에게 보너스를 줄 예정이에요 bonus this year.	A: 왜 모든 사람들이 이렇게 흥분했나요? B: 못 들었나요? 회사는 올해 전 직원에게 보너스를 줄 예정이에요.

해설　주어 The company와 조동사 will 다음에 동사 자리가 비어 있습니다. 따라서 보기 중 동사로 시작된 (a), (c), (d)가 정답의 후보입니다. 동사 give는 4형식 동사로 목적어 2개를 가지며, '4형식 동사 + 간접 목적어(~에게) + 직접 목적어(~를)' 순서로 옵니다. 따라서 동사 give, 간접 목적어 everyone, 직접 목적어 a bonus가 순서대로 온 (c) give everyone a bonus this year가 정답입니다.

어휘　excited[iksáitid] 흥분된　company[kʌ́mpəni] 회사　bonus[bóunəs] 보너스, 상여금

04 보어 자리 채우기

A: Were you pleased / with the new project? 　　　만족하셨나요　　　　새로운 프로젝트에 B: Yes, / I'm happy / it / was / a big success. 　네　저는 행복합니다 그것이　　큰 성공을 거두어서	A: 새로운 프로젝트에 만족하셨나요? B: 네, 전 그것이 큰 성공을 거두어서 행복합니다.

해설　동사 was 다음에 보어 자리가 비어 있습니다. 보기 중 보어 자리에 올 수 있는 것은 명사인 (a) success입니다.

어휘　pleased[pli:zd] 만족스러운　project[prádʒekt] 프로젝트　success[səksés] 성공

05 '4형식 동사 + 간접 목적어 + 직접 목적어' 채우기

To draw big crowds, / concert organizers / offer fans big 많은 관객을 끌기 위해　　　　콘서트 주최자들은　　　팬들에게 많은 할인을 제공한다 discounts / on group tickets. 　　　　　　단체 표에	많은 관객을 끌기 위해, 콘서트 주최자들은 팬들에게 단체 표에 많은 할인을 제공한다.

해설　주어 concert organizers 다음에 동사 자리가 비어 있습니다. 따라서 보기 중 동사로 시작된 (a), (c), (d)가 정답의 후보입니다. 동사 offer는 4형식 동사로 목적어를 2개 가지며, '4형식 동사 + 간접 목적어(~에게) + 직접 목적어(~을)' 순서로 옵니다. 따라서 동사 offer, 간접 목적어 fans, 직접 목적어 big discounts가 순서대로 온 (a) offer fans big discounts가 정답입니다.

어휘 draw[drɔː] 끌다 organizer[ɔ́ːrɡənàizər] 주최자, 조직자 group[gruːp] 단체 ticket[tíkit] 표, 입장권

06 '주어 + 타동사 + 목적어' 채우기

When Christine asked what was wrong with her report, / Christine이 그녀의 보고서에 무슨 문제가 있는지 물었을 때 the manager explained the problem to her. 부장은 그녀에게 그 문제에 대해 설명했다	Christine이 그녀의 보고서에 무슨 문제가 있는지 물었을 때, 부장은 그녀에게 그 문제에 대해 설명했다.

해설 수식어 When Christine ~ with her report 다음에 나오는 주절에 관사 the만 있고 주어, 동사 등의 자리가 비어 있습니다. 모든 보기에 쓰인 동사 explain은 타동사이므로 목적어 the problem를 바로 뒤에 가집니다. 따라서 '타동사 + 목적어' 형태를 포함한 (d) manager explained the problem to her가 정답입니다.

어휘 report[ripɔ́ːrt] 보고서 manager[mǽnidʒər] 부장 explain[ikspléin] ~에 대해 설명하다 problem[prɑ́bləm] 문제

07 타동사와 목적어 사이에 전치사가 와서 틀린 문장 찾기

(a) A: How was the game / last night? I heard / we won. 경기는 어땠나요 어젯밤의 저는 들었어요 우리가 이겼다고 (b) B: It was good, / but / there were too many people. 그것은 훌륭했어요 하지만 사람이 너무 많았어요 (c) A: Did you get on(→ get) / a seat, / at least? 당신은 구했나요 좌석을 적어도 (d) B: We had to stand / for the entire game. 우리는 서 있어야 했어요 경기 내내	(a) A: 어젯밤의 경기는 어땠나요? 우리가 이겼다고 들었어요. (b) B: 경기는 훌륭했지만, 사람이 너무 많았어요. (c) A: 적어도 좌석은 구했나요? (d) B: 우리는 경기 내내 서 있어야 했어요.

해설 (c)에서 동사 get은 타동사로 뒤에 전치사 on이 오면 틀립니다. 타동사는 전치사 없이 바로 목적어를 가지므로 get on은 on을 삭제하고 get으로 바뀌어야 맞습니다.

어휘 game[geim] 경기 seat[siːt] 좌석 at least 적어도 stand[stænd] 서 있다 entire[intáiər] 전체의

08 주어 자리에 동사가 와서 틀린 문장 찾기

(a) Redi / was / a scientist / who lived in Italy in the 17th Redi는 과학자였다 17세기에 이탈리아에서 살았던 century. (b) In addition, / Redi / was / a poet, / and / he / 게다가 Redi는 시인이었다 그리고 그는 became known / for his work *Bacchus in Tuscany*. (c) However, / 알려졌다 'Bacchus in Tuscany'라는 작품으로 그러나 it / was / his work / as a scientist / that he is best remembered 그의 연구였다 과학자로서의 그가 가장 기억에 남겨지는 것은 for. (d) His studied(→ study) / of insects / helped / convince / 그의 연구는 곤충에 대한 도왔다 확신시키는 것을 people / that maggots did not generate from meat. 사람들에게 구더기는 고기에서 생기는 것이 아니라는 것을	(a) Redi는 17세기에 이탈리아에서 살았던 과학자였다. (b) 게다가, Redi는 시인이었고, 'Bacchus in Tuscany'라는 작품으로 알려졌다. (c) 그러나, 그가 가장 기억에 남겨지는 것은 과학자로서의 그의 연구였다. (d) 곤충에 대한 그의 연구는 사람들에게 구더기가 고기에서 생기는 것이 아니라는 것을 확신시키는 것을 도왔다.

해설 (d)에서 주어 자리에 동사 studied가 오면 틀립니다. 주어 자리에는 명사가 올 수 있으므로 동사 studied는 명사 study로 바뀌어야 맞습니다.

어휘 century[séntʃəri] 세기 poet[póuit] 시인 work[wəːrk] 작품; 연구 study[stʌ́di] 연구 insect[ínsekt] 곤충 convince[kənvíns] 확신시키다 maggot[mǽɡət] 구더기 generate[dʒénərèit] 생겨나다

텝스 실전 확인 문제

| POINT 1 단수·복수로 취급되는 주어와 동사의 수 일치 | 1. ⓑ | 2. ⓑ | p.52 |

1. They / were discussing / upcoming tests / at school. 그들은 / 논의하고 있었다 / 다가오는 시험에 대해 / 학교에서

2. Paul / runs / in the park / every morning. Paul은 / 달린다 / 공원에서 / 매일 아침

어휘 **1.** discuss[diskʌ́s] 논의하다 upcoming[ʌ́pkʌ̀miŋ] 다가오는   **2.** park[pɑːrk] 공원

| POINT 2 주어와 동사 사이에 수식어가 온 경우의 수 일치 | 1. ⓐ | 2. ⓑ | p.53 |

1. The managers / from the department / were / all present / at the meeting. 부장들은 / 그 부서의 / 모두 참석했다 / 회의에

2. The train / going to Islip / makes / stops / at Woodslide and Hicksville.
열차는 / Islip으로 가는 / 멈춘다 / Woodslide와 Hicksville역에서

어휘 **1.** manager[mǽnidʒər] 부장 department[dipáːrtmənt] 부서 present[préznt] 참석한   **2.** make a stop 멈추다

| POINT 3 주어가 and나 or로 연결된 경우의 수 일치 | 1. ⓑ | 2. ⓑ | p.54 |

1. The new employees / and / the manager / spend / a lot of time / doing research.
그 신입 사원들은 / 그리고 / 부장은 / 보낸다 / 많은 시간을 / 연구를 하면서

2. Jeans / or / leather / suits / him / well. 진 / 또는 / 가죽제품은 / 어울린다 / 그에게 / 잘

어휘 **1.** spend[spend] (시간을) 보내다, 지내다 research[ríːsəːrtʃ] 연구; 연구하다   **2.** leather[léðər] 가죽제품

| POINT 4 주어가 수량 표현을 포함한 경우의 수 일치 | 1. ⓐ | 2. ⓑ | p.55 |

1. One of the poems / in the book / is / about stars. 시 중 하나는 / 책에 있는 / 별에 관한 것이다

2. All of the curtains / look / great / in the living room. 모든 커튼은 / 어울린다 / 잘 / 거실에

어휘 **1.** poem[póuəm] 시 book[buk] 책   **2.** look great 잘 어울리다 living room 거실

HACKERS PRACTICE

p.56

| **01** (a) | **02** (b) | **03** (b) | **04** (b) | **05** (a) | **06** (a) | **07** has → have |

08 disagrees → disagree   **09** drinks → drink   **10** practices → practice 또는 singers → singer

11 fall → falls 또는 Rain → Rains   **12** lives → live 또는 bears → a bear/the bear

01 Cake or doughnuts / are provided / at the meeting.
케이크나 도넛은 / 제공된다 / 그 회의에서

02 The women / attend / the swimming class / on Fridays.
그 여자들은 / 참석한다 / 수영 수업에 / 금요일마다

03 Few children / were waiting / for the results / of their exams.
소수의 아이들은 / 기다리고 있었다 / 결과를 / 그들의 시험의

04 The workers / at Naco Inc. / donate / to charity / every month.
직원들은 / Naco사의 / 기부한다 / 자선 단체에 / 매월

05 The office worker / was using / his cell phone / to make a call.
그 사무실 직원은 / 사용하고 있었다 / 휴대 전화를 / 전화를 걸기 위해

06 Some of the smaller stores / accept / only / cash payments.
몇몇의 더 작은 상점들은 / 받는다 / 오직 / 현금 지불을

07 A number of zoos / have / endangered animals / from around the world.
많은 동물원들은 / 보유하고 있다 / 멸종 위기에 처한 동물들을 / 전 세계의

08 The politician and the economist / disagree / over plans / for property development.
정치인과 경제학자는 / 동의하지 않는다 / 계획에 관해서 / 토지 개발에 대한

09 Study results / show / that most Americans drink three cups of coffee a day.
연구 결과는 / 나타낸다 / 대다수의 미국인들이 하루에 세 잔의 커피를 마신다고

10 The singers / in the upcoming Broadway musical / practice / for several hours daily.
가수들은 / 다가오는 브로드웨이 뮤지컬의 / 연습한다 / 매일 몇 시간씩

The singer / in the upcoming Broadway musical / practices / for several hours daily.
그 가수는 / 다가오는 브로드웨이 뮤지컬의 / 연습한다 / 매일 몇 시간씩

11 Rain / falls / heavily / in Seattle / during the Summer.
비가 / 내린다 / 많이 / 시애틀에 / 여름에

Rains / fall / heavily / in Seattle / during the Summer.
비가 / 내린다 / 많이 / 시애틀에 / 여름에

12 In winter, / bears / live / in caves / or underground holes.
겨울에 / 곰들은 / 산다 / 동굴에 / 아니면 지하 굴에

In winter, / a bear / lives / in caves / or underground holes.
겨울에 / 곰은 / 산다 / 동굴에 / 아니면 지하 굴에

어휘 **01 doughnut**[dóunət] 도넛 **provide**[prəváid] 제공하다 **meeting**[míːtiŋ] 회의 **02 attend**[əténd] 참석하다 **class**[klæs] 수업
03 result[rizʌ́lt] 결과 **exam**[igzǽm] 시험 **04 donate**[dóuneit] 기부하다 **charity**[tʃǽrəti] 자선 단체
05 office[ɔ́ːfis] 사무실 **worker**[wə́ːrkər] 직원 **cell phone** 휴대 전화 **make a call** 전화를 걸다
06 store[stɔːr] 상점 **accept**[əksépt] 받다 **payment**[péimənt] 지불 **07 a number of** 많은 **endangered**[indéindʒərd] 멸종 위기에 처한
08 politician[pὰlitíʃən] 정치인 **economist**[ikánəmist] 경제학자 **property**[prápərti] 토지 **development**[divéləpmənt] 개발
09 study[stʌ́di] 연구, 조사 **show**[ʃou] 나타내다, 증명하다, 보이다
10 upcoming[ʌ́pkʌ̀miŋ] 다가오는 **practice**[prǽktis] 연습하다, 실행하다
11 fall[fɔːl] 내리다 **heavily**[hévili] 많이; 몹시 **during**[djúːəriŋ] ~동안
12 cave[kéiv] 동굴 **underground**[ʌ̀ndərgráund] 지하의 **hole**[houl] 굴

HACKERS TEST

p.57

| **01** (a) | **02** (b) | **03** (a) | **04** (d) | **05** (c) | **06** (b) | **07** (a) | **08** (a) was asked → were asked |

01 주어에 수 일치하는 동사 채우기

| A: What / is / wrong / with your bicycle?
　　무엇이　　문제인가요　　　당신의 자전거에

B: It / makes / a strange noise / when I ride it.
　　그것은 냅니다　　이상한 소리를　　제가 그것을 탈 때 | A: 당신의 자전거에 무엇이 문제인가요?
B: 그것을 탈 때 이상한 소리가 납니다. |

해설 주어 다음에 동사 자리가 비어 있습니다. 주어 It이 단수이므로 단수 동사 **(a) makes**가 정답입니다.

어휘 **bicycle**[báisikl] 자전거 **strange**[streindʒ] 이상한 **noise**[nɔiz] (특히 불쾌한) 소리 **ride**[raid] 타다

02 '4형식 동사 + 간접 목적어 + 직접 목적어' 채우기

A: Did you look / at the articles / yet? 　당신은 보셨나요　　기사들을　　벌써 B: Yes / I did. I'll give / you my report in the afternoon. 　네　봤어요 제가 드릴게요　　오후에 당신에게 제 보고서를	A: 당신은 벌써 기사들을 보셨나요? B: 네, 봤어요. 제가 오후에 당신에게 제 보고서를 드릴게요.

해설　동사 give 다음에 목적어 자리가 비어 있습니다. 따라서 보기 중 목적어로 시작된 (a), (b), (d)가 정답의 후보입니다. 동사 give는 4형식 동사로 목적어를 2개 가지며, '4형식 동사 + 간접 목적어(~에게) + 직접 목적어(~을)' 순서로 옵니다. 따라서, 간접 목적어 you와 직접 목적어 my report가 순서대로 온 (b) you my report in the afternoon이 정답입니다.

어휘　article[áːrtikl] 기사　report[ripɔ́ːrt] 보고서　afternoon[æ̀ftərnúːn] 오후

03 주어에 수 일치하는 동사 채우기

Many students / prefer / to live in dormitories / because / 　많은 학생들은　선호한다　　기숙사에 사는 것을　　왜냐하면 they / are located / on the university campus. 그것들이　위치하기 때문에　　대학 교정에	기숙사가 대학 교정에 위치하기 때문에 많은 학생들은 기숙사에 사는 것을 선호한다.

해설　주어 다음에 동사 자리가 비어 있습니다. 주어 Many students가 복수이므로 복수 동사 (a) prefer가 정답입니다.

어휘　prefer[prifə́ːr] 선호하다　dormitory[dɔ́ːrmitɔ̀ri] 기숙사　locate[lóukeit] 위치하다　campus[kǽmpəs] 교정

04 접속사로 연결된 주어에 수 일치하는 동사 채우기

Last year, / my twin sister and I / were studying hard / to 　작년에　　내 쌍둥이 여동생과 나는　　열심히 공부하고 있었다 get into university. 대학에 들어가기 위해	작년에, 내 쌍둥이 여동생과 나는 대학에 들어가기 위해 열심히 공부하고 있었다.

해설　주어 다음에 동사 자리가 비어 있습니다. and로 연결된 주어인 my twin sister and I는 복수 주어로 취급되어 뒤에 복수 동사가 와야 하므로 복수 동사 (d) were가 정답입니다.

어휘　twin[twin] 쌍둥이　study[stʌ́di] 공부하다　get into ~에 들어가다　university[jùːnəvə́ːrsəti] 대학

05 주어와 동사 사이에 수식어가 온 경우 주어에 수 일치하는 동사 채우기

The prices / of the clothes / on sale / include / the discount. 　가격은　　그 옷의　　세일하는　포함한다　　할인가를	세일하는 그 옷의 가격은 할인가를 포함한다.

해설　주어 다음에 동사 자리가 비어 있습니다. 빈칸 앞의 The prices of the clothes on sale 중 of the clothes on sale은 주어를 꾸며주는 수식어로, 수 일치에 영향을 주지 않으므로 주어의 수를 확인합니다. 주어 The prices는 복수이므로 복수 동사인 (c) include가 정답입니다.

어휘　price[prais] 가격　clothes[klouz] 옷　on sale 세일하는　include[inklúːd] 포함하다　discount[dískaunt] 할인액; 할인하다

06 수량 표현을 포함한 주어에 수 일치하는 동사 채우기

With an increasing amount of information available / from various 　이용할 수 있는 정보량의 증가로 인해　　　　　다양한 출처에서 sources, / the number of newspaper subscribers / is falling. 　　　　신문 구독자의 수는　　　　감소하고 있다	다양한 출처에서 이용할 수 있는 정보량의 증가로 인해 신문 구독자의 수는 감소하고 있다.

해설　주어 다음에 동사 자리가 비어 있습니다. 단수 취급하는 수량 표현 the number of가 주어에 쓰였으므로 단수 동사 (b) is falling이 정답입니다.

어휘　increase[inkríːs] 증가하다　information[ìnfərméiʃən] 정보　available[əvéiləbl] 이용할 수 있는　newspaper[njúːzpèipər] 신문　subscriber[səbskráibər] 구독자

07 'it – that 강조구문' 채우기

It was Rob's work ethic / that got him the promotion / to 　　Rob의 근면함이었다　　　　　그를 승진하게 한 것은 manager. 부장으로	Rob을 부장으로 승진하게 한 것은 그의 근면함이었다.

해설　문장에 that절만 있고 주어와 동사 자리가 비어 있습니다. 문맥으로 보아 work ethic을 강조하여 'Rob을 지배인으로 승진하게 한 것은 그의 근면함이었다'라는 의미가 되어야 함을 알 수 있습니다. 이처럼 특정 대상을 강조하는 문장을 만들기 위해서는 'it-that 강조구문'을 쓰며 가짜 주어 It과 that 사이에 강조하는 말이 와야 합니다. 따라서 It과 that 사이에 work ethic이 온 (a) It was Rob's work ethic이 정답입니다.

어휘　work ethic (윤리관으로서의) 근면　promotion[prəmóuʃən] 승진

08 주어에 수 일치하지 않은 동사가 와서 틀린 문장 찾기

(a) In a recent survey, / a number of married men / 　　최근의 한 조사에서　　　　　많은 기혼 남성들은 was asked(→ were asked) / how much housework they do. 　질문 받았다　　　　　　　그들이 얼마만큼의 집안일을 하는지 (b) Each man / was given / a list of chores / and / was 　각각의 남자들은　받았다　　가사일의 목록을　그리고 asked / to put an X next to those that he did regularly. 부탁을 받았다　　그가 정기적으로 하는 일의 옆에 X를 표시해 달라는 (c) The organizers of the survey / found / that most of the men / 　　그 조사의 주최자들은　　　　　발견했다　　남자들 중 대부분이 who completed the survey / took out / the trash / regularly. 　조사를 완료한　　　　　버렸다는 것을　쓰레기를　정기적으로 (d) They / also / found / that the task with the fewest Xs / 　그들은　또한　발견했다　　가장 적게 X 표시된 일은 was / doing the dishes. 　설거지하는 것임을	(a) 최근의 한 조사에서, 많은 기혼 남성들은 그들이 얼마만큼의 집안일을 하는지 질문 받았다.(b) 각각의 남자들은 가사일의 목록을 받고, 정기적으로 하는 일 옆에 X를 표시해 달라는 부탁을 받았다. (c) 그 조사의 주최자들은 조사를 완료한 남자들 중 대부분이 쓰레기를 정기적으로 버렸다는 것을 발견했다. (d) 그들은 또한 가장 적게 X 표시된 일은 설거지하는 것임을 발견했다.

해설　(a)에서 복수 취급하는 수량 표현 a number of가 주어에 쓰였는데, 단수 동사 was asked가 와서 틀립니다. 따라서 단수 동사 was asked는 복수 동사 were asked로 바뀌어야 맞습니다.

어휘　recent[rí:sənt] 최근의　housework[háuswə̀ːrk] 집안일　chore[tʃɔːr] 가사일　regularly[régjulərli] 정기적으로
　　complete[kəmplíːt] 완료하다　trash[træʃ] 쓰레기　do the dishes 설거지하다

CHAPTER 04　시제

텝스 실전 확인 문제

POINT 1　현재 / 과거 / 미래　**1.** ⓑ　**2.** ⓑ	p.60

1. The kids / usually take / the bus / to school.　그 아이들은 / 보통 타고 간다 / 버스를 / 학교에

2. The journalists / will interview / you / tomorrow.　그 보도 기자들은 / 인터뷰할 것이다 / 당신을 / 내일

어휘　**1.** kid[kid] 아이　**2.** journalist[dʒə́ːrnəlist] 보도 기자, 저널리스트　interview[íntərvjùː] 인터뷰하다, 회견하다

POINT 2 현재진행/과거진행/미래진행   1. ⓑ   2. ⓐ   p.61

1. The train / is arriving / at the station / right now. 그 기차는 / 도착하고 있다 / 역에 / 바로 지금

2. The band / will be playing / at this time next week. 그 악단은 / 연주하고 있을 것이다 / 다음 주 이 시간에

어휘 **1.** right[rait] 바로   **2.** band[bænd] 악단, 밴드

POINT 3 현재완료/과거완료/미래완료   1. ⓐ   2. ⓐ   p.62

1. Mr. Connelly / has won / six tournaments / since 2003.

Mr. Connelly는 / 우승해 오고 있다 / 여섯 개의 토너먼트에서 / 2003년 이래

2. By next month, / Adrian / will have studied / in Mexico / for six years.

다음 달이면 / Adrian은 / 공부한 것이 될 것이다 / 멕시코에서 / 6년 동안

어휘 **1.** tournament[túərnəmənt] 토너먼트, 승자 진출전   **2.** month[mʌnθ] 달, 월

POINT 4 주절과 종속절의 시제 일치   1. ⓑ   2. ⓑ   p.63

1. Several students / worked / at the restaurant / that served Japanese food.

몇몇 학생들은 / 일했다 / 식당에서 / 일식을 제공하는

2. I / bought / the leather jacket / that I had seen in the magazine.

나는 / 샀다 / 가죽 자켓을 / 내가 잡지에서 보았던

어휘 **2.** leather[léðər] 가죽   magazine[mæɡəzíːn] 잡지

HACKERS PRACTICE   p.64

01 (a)   **02** (b)   **03** (b)   **04** (b)   **05** (b)   **06** (a)   **07** was visiting → will visit / will be visiting

08 will meet → met / has met   **09** sees → saw / had seen   **10** campaigned → have campaigned

11 is growing → grew   **12** had extended → will extend

01 The engineers / drink / a lot of coffee / every morning.

그 기술자들은 / 마신다 / 많은 커피를 / 아침마다

02 Our legal team / is reviewing / your contract / now.

우리의 법률팀은 / 검토하고 있다 / 당신의 계약서를 / 지금

03 My brother / told / me / that the new subway line opened.

나의 남동생은 / 말했다 / 내게 / 새로운 지하철 노선이 개통되었다고

04 The researcher / will have completed / his report / by the end of tomorrow.

그 연구자는 / 완성하게 될 것이다 / 그의 보고서를 / 내일이 끝날 즈음

05 The professor / was writing / a speech / when his phone rang.

그 교수는 / 쓰고 있었다 / 연설사를 / 그의 전화가 울렸을 때

06 Carrie / has edited / three different magazines / over the last two years.

Carrie는 / 편집해오고 있다 / 세 개의 다른 잡지들을 / 지난 2년 동안

07 Diane / will visit / her friend / tomorrow afternoon.

Diane은 / 방문할 것이다 / 그녀의 친구를 / 내일 오후에

08 Penny / met / her boyfriend's parents / already.

Penny는 / 뵀다 / 그녀의 남자친구의 부모님을 / 이미

09 Scott / recognized / Ashley / at once, / because he saw her before.

Scott은 / 알아보았다 / Ashley를 / 즉시 / 전에 그가 그녀를 봤기 때문에

10 The two cities / of Madrid and Brussels / have campaigned / to host the Olympics / since October.

두 도시는 / 마드리드와 브뤼셀이라는 / 유세를 해 왔다 / 올림픽을 개최하겠다고 / 10월 이래로

11 Toronto's population / grew / last year, / according to statistics.

토론토의 인구는 / 증가했다 / 작년에 / 통계에 따르면

12 The electronics store / will extend / its sale / into next week.

그 전자 제품 상점은 / 연장할 것이다 / 특매를 / 다음 주까지

어휘 **02** legal[líːgəl] 법률의 **contract**[kántrækt] 계약서 **04** complete[kəmplíːt] 완성하다 **05** ring[riŋ] (방울·종 등이) 울리다
09 recognize[rékəgnàiz] 알아보다 **at once** 즉시 **10** campaign[kæmpéin] 유세하다 **host**[houst] 개최하다
11 population[pàpjuléiʃən] 인구 **according to** ~에 따르면 **statistics**[stətístiks] 통계
12 electronics[ilèktrániks] 전자 제품 **extend**[iksténd] 연장하다

HACKERS TEST

p.65

01 (d) **02** (a) **03** (b) **04** (a) **05** (d) **06** (d) **07** (c) had been → have been **08** (d) led → lead

01 적절한 시제의 동사 채우기: 미래

A: Are you coming / with us / tomorrow? 　　당신은 갈 건가요　　우리와 함께　　내일 B: I / haven't decided / yet. I will tell / you / tomorrow morning. 　저는　 결정하지 않았어요　 아직 제가 말씀드릴게요 당신께　　내일 아침에	A: 당신은 내일 우리와 함께 갈 건가요? B: 저는 아직 결정하지 않았어요. 제가 내일 아침에 말씀드릴게요.

해설 보기가 모두 주어 I와 시제가 다른 동사로 이루어져 있으므로 적절한 시제의 동사를 묻는 문제임을 알 수 있습니다. A가 B에게 내일 같이 갈 것인지 묻자 B가 미래 시점인 내일 아침(tomorrow morning)에 말해주겠다고 했으므로 B가 '말해 줄' 시점은 미래입니다. 따라서 미래 시제 **(d) I will tell**이 정답입니다.

어휘 decide[disáid] 결정하다

02 적절한 시제의 동사 채우기: 과거진행

A: I'm sorry. Am I interrupting / you? 　실례합니다　　제가 방해하고 있나요　　당신을 B: No, / not at all. I / was just checking / my e-mail. 　아니요　 전혀요　 저는　 그냥 확인하고 있었어요　 제 이메일을	A: 실례합니다. 제가 당신을 방해하고 있나요? B: 아니요, 전혀요. 저는 그냥 제 이메일을 확인하고 있었어요.

해설 주어 I 다음에 동사 자리가 비어 있습니다. A가 말을 건 시점에 B는 '이메일을 확인하던 중'이었으므로 과거진행 시제 **(a) was just checking**이 정답입니다.

어휘 interrupt[ìntərápt] 방해하다, 훼방 놓다

03 수량 표현을 포함한 주어에 수 일치하는 동사 채우기

A: What does the staff think / of the sick day rule? 　　직원들은 어떻게 생각하나요　　　　병가 규정에 대해 B: All of us / agree / that the policy should change. 　저희 모두는　 동의해요　　그 정책이 바뀌어야 한다는 데	A: 직원들은 병가 규정에 대해 어떻게 생각하나요? B: 저희 모두는 그 정책이 바뀌어야 한다는 데 동의해요.

해설 주어 All of us 다음에 동사 자리가 비어 있습니다. All of 뒤에 복수 명사 us가 쓰였으므로 복수 동사 **(b) agree**가 정답입니다.

어휘 policy[páləsi] 정책

04 적절한 시제의 동사 채우기: 과거

The runner / heard / that his competitor won the event. 그 달리기 선수는　들었다　　　그의 경쟁자가 그 경기에서 우승했다고	그 달리기 선수는 그의 경쟁자가 그 경기에서 우승했다고 들었다.

해설　종속절인 that절의 주어 his competitor 다음에 동사 자리가 비어 있습니다. 주절의 동사 자리에 과거 시제 heard가 쓰였으므로 주절의 시제가 과거일 경우, 종속절에 올 수 있는 과거 시제 (a) won이 정답입니다.

어휘　competitor[kəmpétitər] 경쟁자　event[ivént] 경기; 행사

05 적절한 시제의 동사 채우기: 미래진행

By the end of next year, / the company / will be celebrating / 내년 말이면　　　　　　　　회사는　　　　축하하고 있을 것이다 its 10th anniversary. 그것의 열 번째 기념일을	내년 말이면, 회사는 열 번째 기념일을 축하하고 있을 것이다.

해설　주어 the company 다음에 동사 자리가 비어 있습니다. 'by the end of + 시간 표현'인 by the end of next year는 미래 시점을 나타내는 시간 표현으로 미래 진행과 함께 쓰이는 표현이고 '회사는 축하하고 있을 것이다'는 의미가 되어야 하므로 미래진행 시제 (d) will be celebrating이 정답입니다.

어휘　anniversary[æ̀nəvə́:rsəri] 기념일

06 적절한 시제의 동사 채우기: 과거완료

Before she entered graduate school, / Alice / had worked / 그녀가 대학원에 들어가기 전에　　　　　Alice는　　　일했었다 two part-time jobs. 두 개의 아르바이트를	Alice는 대학원에 들어가기 전에 두 개의 아르바이트를 했었다.

해설　주어 Alice 다음에 동사 자리가 비어 있습니다. Alice가 대학원에 들어갔던 과거 시점보다 더 앞선 시간에 아르바이트를 했던 것이므로 과거완료 시제 (d) had worked가 정답입니다.

어휘　enter[éntər] 들어가다　graduate school 대학원　part-time job 아르바이트

07 현재완료 시제 자리에 과거완료 시제가 와서 틀린 문장 찾기

(a) A: Are you going to see / the new Picasso exhibit? 　　　　　당신은 볼 건가요　　　　　새로운 피카소 전시를 (b) B: Yeah, / I / am planning / to see it / this weekend. 　　　네　　전　계획하고 있어요　그것을 보려고　이번 주말에 (c) A: Me, too. I had been(→ have been) / busy / for a month. 　　저도 그래요　　　저는 바빴어요　　　　　　　한 달 동안 (d) B: Then / let's go / together. 　　　그럼　　　가요　　　함께	(a) A: 당신은 새로운 피카소 전시를 볼 건가요? (b) B: 네, 전 이번 주말에 그것을 보려고 계획하고 있어요. (c) A: 저도 그래요. 저는 한 달 동안 바빴어요. (d) B: 그럼 함께 가요.

해설　(c)에서 I ~ for a month는 문맥상 '한 달 전부터 지금까지 계속 바빴다'는 의미가 되어야 하므로 과거완료 had been이 오면 틀립니다. had been은, 과거의 상태가 현재까지 계속되고 있는 것을 표현하는 현재완료 시제 have been으로 바뀌어야 맞습니다.

어휘　exhibit[igzíbit] 전시　plan[plæn] 계획하다

08 현재 시제 자리에 과거 시제가 와서 틀린 문장 찾기

(a) Psychologists / disagree / as to whether violent video 　　심리학자들은　　동의하지 않는다　　　폭력적인 비디오 게임이 games / are harmful to children. (b) On the one hand, / 　　　아이들에게 해로울지에 관해　　　　　한편으로	(a) 심리학자들은 폭력적인 비디오 게임이 아이들에게 해로울지에 관해 동의하지 않는다. (b) 한편으로, 비디오 게임은 젊은이들의 일상 생활에 영향을 주지 않는 시뮬레이션일 뿐이다. (c) 그러나 아이들은 그들

video games / are / only simulations / that don't affect young
비디오 게임은   시뮬레이션일 뿐이다 젊은이들의 일상 생활에 영향을 주지 않는

people's daily lives. (c) However, / kids / tend to imitate / the
그러나   아이들은 모방하는 경향이 있다

behavior they see. (d) Recent studies / indicate / that images
그들이 보는 행동을   최근의 연구는   나타낸다

of aggression seen during childhood / usually led(→ lead) to
아동기에 보여진 폭력적인 이미지는   대개 성인 폭력의 원인이 된다는 것을

adult violence.

이 보는 행동을 모방하는 경향이 있다. (d) 최근의 연구는 아동기에 본 폭력적인 이미지는 대개 성인 폭력의 원인이 된다는 것을 나타낸다.

해설 (d)에서 usually는 현재 시제와 함께 자주 쓰이는 표현이므로 과거 시제 led가 오면 틀립니다. led는 현재 시제 lead로 바뀌어야 맞습니다.

어휘 as to ~에 관해 tend[tend] 경향이 있다 imitate[ímitèit] 모방하다 aggression[əgréʃən] 폭력 violence[váiələns] 폭력

---

05 능동태와 수동태

텝스 실전 확인 문제

POINT 1 능동태와 수동태 구별   1. ⓑ   2. ⓑ   p.68

1. The children / watched / TV. 아이들은 / 시청했다 / TV를
2. His house / was built / in 1984. 그의 집은 / 지어졌다 / 1984년에

어휘 1. watch[wɑtʃ] 시청하다   02 build[bild] 짓다

POINT 2 4형식·5형식 동사의 수동태   1. ⓑ   2. ⓑ   p.69

1. The company / was offered / a good deal. 회사는 / 제공받았다 / 좋은 조건의 거래를
2. Her cat / was named / Kitty. 그녀의 고양이는 / 불렸다 / Kitty라고

어휘 1. offer[ɔ́ːfər] 제공하다, 주다   02 name[neim] ~를 -라고 부르다

HACKERS PRACTICE   p.70

01 (a)   **02** (b)   **03** (a)   **04** (b)   **05** (a)   **06** (b)   **07** will deliver → will be delivered

08 were arrived → arrived   **09** considered → is considered   **10** delayed → was delayed

11 offered → was offered/had been offered   **12** will build → will be built

01 Many environmentally-friendly cars / were sold / last month.
많은 친환경적인 자동차가 / 팔렸다 / 지난달에

02 The book / was called / a masterpiece / by a number of readers.
그 책은 / 불렸다 / 명작으로 / 다수의 독자들에 의해

18 텝스 온라인 실전모의고사 HackersIngang.com

03 The band / went / to London / a week ago.
그 악단은 / 갔다 / 런던에 / 일주일 전에

04 The employees / are advised / to use the newly developed software.
직원들은 / 권해진다 / 새로 개발된 소프트웨어를 사용하도록

05 The students / chose / to study drama / as their major.
학생들은 / 선택했다 / 희곡을 공부하는 것을 / 그들의 전공 과목으로

06 The professional cyclist / damaged / his bike / when he fell / yesterday.
전문 자전거선수는 / 손상시켰다 / 그의 자전거를 / 그가 넘어졌을 때 / 어제

07 I / can assure / you / that your package will be delivered / early next week.
저는 / 보증할 수 있습니다 / 귀하께 / 귀하의 소포가 배달될 것임을 / 다음 주 초에

08 The students / arrived / at the station / at 6 p.m.
그 학생들은 / 도착했다 / 역에 / 오후 6시에

09 Teamwork / is considered / a key factor / for success.
팀워크는 / 간주된다 / 핵심 요소라고 / 성공을 위한

10 The morning flight / to Beijing / was delayed / due to a technical problem.
오전 비행기는 / 베이징행 / 지연되었다 / 기술적인 문제 때문에

11 The manager position / was offered / to Mr. Park, / but / he / declined.
부장직이 / 제의되었다 / Mr. Park에게 / 하지만 / 그는 / 거절했다

12 A library / for local people / will be built / by the city / next month.
도서관은 / 지역 주민들을 위한 / 지어질 것이다 / 시에 의해 / 다음 달에

어휘 01 environmentally-friendly 친환경적인   02 masterpiece[mǽstərpì:s] 명작, 걸작   a number of 다수의   03 band[bænd] 악단, 밴드
04 newly[njú:li] 새로   develop[divéləp] 개발하다   05 drama[drá:mə] 희곡   major[méidʒər] 전공 과목
06 professional[prəféʃənəl] 전문적인   damage[dǽmidʒ] 손상시키다
07 assure[əʃúər] 보증하다   package[pǽkidʒ] 소포   deliver[dilívər] 배달하다   08 station[stéiʃən] 역
09 teamwork[tí:mwə̀:rk] 팀워크   consider[kənsídər] 간주하다, 여기다   factor[fǽktər] 요소
10 due to ~때문에   technical[téknikəl] 기술적인   11 position[pəzíʃən] 직   offer[ɔ́:fər] 제의하다   decline[dikláin] 거절하다
12 library[láibrèri] 도서관   local[lóukəl] 지역의

HACKERS TEST

p.71

01 (a)   **02** (a)   **03** (a)   **04** (a)   **05** (c)   **06** (c)   **07** (d) are looked for → are looking for

08 (b) was occurred → occurred

01 능동태 / 수동태 구별하여 채우기

A: I'm / Bob's friend, Greg. I've heard / so much / about you.	A: 저는 Bob의 친구 Greg이에요. 당신에 대해 얘기
저는 Bob의 친구 Greg이에요 얘기 들었어요 정말 많이 당신에 대해	정말 많이 들었어요.
B: I am delighted / to finally meet / you.	B: 마침내 만나 뵙게 되어서 매우 기쁘네요.
저는 매우 기쁘네요 마침내 만나 뵙게 되어서 당신을	

해설 문장에 주어와 동사 자리가 비어 있습니다. 빈칸 뒤에 목적어가 없으므로 수동태인 (a)와 (d)가 정답의 후보입니다. B가 '만나 뵙게 되어서 매우 기쁘다'라고 했으므로 기쁨을 느끼는 시점은 현재입니다. 따라서 현재 시제 (a) I am delighted가 정답입니다.

어휘 delight[diláit] 매우 기쁘게 하다

02 능동태 / 수동태 구별하여 채우기

A: Do you know / where the hospital is? 당신은 아시나요 병원이 어디에 있는지 B: I / think / that it is located down the street from the post office. 저는 생각해요 그것이 우체국으로부터 길을 따라가면 있다고	A: 병원이 어디에 있는지 아세요? B: 우체국으로부터 길을 따라가면 있는 것 같아요.

해설   that절에서 주어와 동사 자리가 비어 있습니다. 빈칸 뒤에 목적어가 없으므로 수동태인 (a)와 (d)가 정답의 후보입니다. '우체국으로부터 길을 따라가면 있다'고 일반적인 사실을 말했으므로 현재 시제가 쓰인 (a) it is located가 정답입니다.

03 4형식 동사의 능동태 / 수동태 구별하여 채우기

A: Mark / said / he's not happy / with his room assignment. Mark는 말했어요 그는 만족하지 않는다고 그의 방 배정에 B: That's / because he was given the room with no windows. 그것은 그에게 창문 없는 방이 주어졌기 때문이에요	A: Mark는 그의 방 배정에 만족하지 않는다고 말했어요. B: 그것은 그에게 창문 없는 방이 주어졌기 때문이에요.

해설   because절에서 주어 he 다음에 동사 자리가 비어 있습니다. 문맥상 '그가 방을 주다'가 아니라 '그에게 방이 주어졌다'는 수동의 의미가 되어야 하므로, 보기 중 수동태가 쓰인 (a) was given이 정답입니다. 참고로, 이 문장은 4형식 문장인 ~ gave him the room에서 간접 목적어 him이 주어 자리로 가면서, 동사 gave가 수동태 동사 was given으로 바뀌고, 수동태 동사 뒤에 직접 목적어 the room이 남은 형태입니다.

어휘   assignment[əsáinmənt] 배정, 할당

04 5형식 동사의 능동태 / 수동태 구별하여 채우기

San Francisco / is considered / one of the greatest cities / in 샌프란시스코는 여겨진다 가장 큰 도시들 중 하나라고 the world. 세계에서	샌프란시스코는 세계에서 가장 큰 도시들 중 하나라고 여겨진다.

해설   주어 San Francisco 다음에 동사 자리가 비어 있습니다. 보기의 동사 consider는 5형식 동사로 목적어와 목적격 보어를 갖는데, 빈칸 뒤에는 목적격 보어 one만 있으므로 목적어가 주어로 간 수동태 문장임을 알 수 있습니다. 따라서 보기 중 수동태가 쓰인 (a) is considered가 정답입니다.

05 적절한 시제의 동사 채우기: 미래완료

The shop / will have been in business / for 20 years / 그 가게는 사업에 종사한 것이 된다 20년째 next week. 다음 주면	다음 주면 그 가게는 20년째 사업에 종사한 것이 된다.

해설   주어 The shop 다음에 동사 자리가 비어 있습니다. 'next week(다음 주)'라는 미래 시점이 되면 사업에 종사한 기간이 20년째가 되어 있을 것이라는 의미가 되어야 하므로 빈칸에는 미래완료가 와야 합니다. 따라서 미래완료 시제 (c) will have been이 정답입니다.

어휘   shop[ʃɑp] 가게, 상점   be in business 사업에 종사하다

06 적절한 시제의 동사 채우기: 현재완료

Over the last few years, / many language software programs / 지난 몇 년 동안 많은 언어 소프트웨어 프로그램이 have been developed / that help language learners. 개발되었다 언어 학습자를 돕는	지난 몇 년 동안 언어 학습자를 돕는 많은 언어 소프트웨어 프로그램이 개발되었다.

해설   주어 many language software programs 다음에 동사 자리가 비어 있습니다. 'over + 시간 표현'인 Over the last few years는 현재완료와 함께 쓰이는 표현이므로 현재완료 시제 (c) have been이 정답입니다.

어휘   language[lǽŋgwidʒ] 언어   develop[divéləp] 개발하다   learner[lə́:rnər] 학습자, 배우는 사람

07 능동태 대신 수동태를 사용하여 틀린 문장 찾기

(a) A: Do you think / that Hoopers University will be a good
　　　당신은 생각하나요　　　　Hoopers 대학교가 저에게 맞는 학교라고
　　school for me?

(b) B: I'm / not sure. Why don't you visit / it / next week?
　　　전　잘 모르겠어요　　방문해 보는 것이 어때요　그곳에　다음 주에

(c) A: I / just want / to get / your opinion / first.
　　　저는　그저 원해요　듣기를　당신의 의견을　우선

(d) B: Take a look / inside yourself, / since you know / what
　　　숙고해보세요　　당신 자신에 대해　　당신이 알고 있으니까요
　　kind of school you are looked for(→ are looking for).
　　　　　　　당신이 어떤 종류의 학교를 찾고 있는지는

(a) A: Hoopers 대학교가 저한테 맞는 학교라고 생각하세요?
(b) B: 전 잘 모르겠어요. 다음 주에 학교에 방문해 보는 것이 어때요?
(c) A: 우선 당신 의견을 들어보고 싶어요.
(d) B: 당신이 어떤 종류의 학교를 찾고 있는지는 당신이 잘 알테니 스스로에 대해 숙고해보세요.

해설　(d)에서 '당신이 어떤 학교를 찾고 있는지'라는 능동의 의미가 되어야 하므로 수동태인 are looked for가 오면 틀립니다. are looked for 는 능동태 are looking for로 바뀌어야 맞습니다.

어휘　good[gud] 알맞는, 유익한　visit[vízit] 방문하다　opinion[əpínjən] 의견　first[fəːrst] 우선

08 자동사를 수동태로 사용하여 틀린 문장 찾기

(a) The Great Famine / of Ireland / in the late 1800s / killed /
　　　大기근이　　　　아일랜드의　　　1800년대 후반에　　인명을 앗아갔다
more than 25 percent / of the country's population. (b) It /
　　25퍼센트 이상을　　　　나라 인구의　　　　　　그것은
was occurred(→ occurred) / because of a potato disease /
　　　일어났다　　　　　　　감자병 때문에
that destroyed their main source of food. (c) Without potatoes, /
　　　그들의 주된 식량공급원을 파괴한　　　　　　감자가 없으면
many people / could not feed / themselves. (d) The effects /
　　많은 사람들은　음식을 먹일 수 없었다　그들 자신에게　　영향은
of this famine / are still felt / in Ireland / today.
　　이 기근의　　여전히 느껴진다　아일랜드에서　오늘날

(a) 1800년대 후반에 일어난 아일랜드의 대기근이 나라 인구 25퍼센트 이상의 인명을 앗아갔다. (b) 대기근은 아일랜드 사람들의 주된 식량공급원을 파괴한 감자병 때문에 일어났다. (c) 감자가 없으면, 많은 사람들은 음식을 먹을 수 없었다. (d) 이 기근의 영향은 오늘날 아일랜드에서도 여전히 느껴진다.

해설　(b)에서 자동사 occur가 수동태 were occurred로 쓰이면 틀립니다. 자동사는 능동태로만 쓰일 수 있으므로, 수동태 were occurred 는 능동태 occurred로 바뀌어야 맞습니다.

어휘　famine[fǽmin] 기근, 굶주림　kill[kil] 목숨을 앗아가다　population[pὰpjuléiʃən] 인구　disease[dizíːz] 병, 질병
　　destroy[distrɔ́i] 파괴하다, 멸하다　source[sɔːrs] 원천　feed[fiːd] 음식을 먹이다

CHAPTER **06** 조동사

텝스 실전 확인 문제

POINT 1 조동사 + 동사원형　1. ⓐ　2. ⓑ　　　　　p.74

1. Ms. Brent / will work / at the office / today. Ms. Brent는 / 일할 것이다 / 사무실에서 / 오늘
2. It / is / important / that you be smartly dressed / for interviews. 중요하다 / 당신이 옷을 말쑥하게 입는 것은 / 면접을 위해

어휘　**2.** smartly[smάːrtli] 말쑥하게　dressed[drest] 옷을 입은

1. My children / do not spend / much time / outdoors. 나의 아이들은 / 보내지 않는다 / 많은 시간을 / 야외에서

2. The orchestra / has visited / this city / before. 그 관현악단은 / 방문한 적이 있다 / 이 도시를 / 전에

어휘 **1.** spend[spend] (때를) 보내다 outdoors[àutdɔ́ːrz] 야외에서, 옥외에서   **2.** orchestra[ɔ́ːrkistrə] 관현악단 visit[vízit] 방문하다

1. People with the flu / should rest / and / take / medicines. 독감에 걸린 사람들은 / 쉬어야 한다 / 그리고 / 먹어야 한다 / 약을

2. If you want, / you / can borrow / the book / from me. 만약 당신이 원한다면 / 당신은 / 빌릴 수 있습니다 / 그 책을 / 나에게

어휘 **1.** flu[fluː] 독감, 유행성 감기 rest[rest] 쉬다   **2.** borrow[bárou] 빌리다

1. Since he is an honest man, / he / couldn't have lied. 그는 정직한 남자이기 때문에 / 그는 / 거짓말 했을 리가 없다

2. Nathan / should have asked / me / before he took my pen. Nathan은 / 물어봤어야 했다 / 나에게 / 그가 내 펜을 가져가기 전에

어휘 **1** honest[ánist] 정직한 lie[lai] 거짓말하다   **2.** ask[æsk] 묻다, 요구하다

HACKERS PRACTICE

01 (b) **02** (a) **03** (b) **04** (a) **05** (b) **06** (b) **07** does → is/was/has been

08 might → may/can/could/would/must/should **09** eats → eat

10 think does not → does not think **11** providing → provide/be providing **12** should → could

01 The teacher / told / the students / that they should review / before the exam.
선생님은 / 말했다 / 학생들에게 / 그들은 복습을 해야 한다고 / 시험 전에

02 Workers / can't smoke / in the office.
직원들은 / 담배를 피울 수 없다 / 사무실에서

03 Mrs. Robinson / may start / working / from home / next month.
Mrs. Robinson은 / 시작할지도 모른다 / 일하는 것을 / 집에서 / 다음 달에

04 The letters / were mailed / yesterday morning.
편지들은 / 우편으로 보내졌다 / 어제 아침에

05 My friends / do not go / to the cinema / regularly.
나의 친구들은 / 가지 않는다 / 영화관에 / 정기적으로

06 David / should have worked / on the weekend, / but / he / was / sick.
David은 / 일했어야 했다 / 주말에 / 그러나 / 그는 / 아팠다

07 John / is living / in Los Angeles, / where he was born and raised.
John은 / 살고 있다 / 로스앤젤레스에 / 그가 태어나고 자란

08 The doctor / told / the parents / that their children may take the pills once a day.
의사는 / 말했다 / 부모에게 / 그들의 아이들이 하루에 한번 알약을 먹어도 된다고

09 The medical checkup / requires / that the patient eat nothing for 24 hours.
건강 검진은 / 요한다 / 환자가 24시간 동안 아무 것도 먹지 않을 것을

10 Mr. Fredericks / does not think / that the employees need to work late tonight.
Mr. Fredericks는 / 생각하지 않는다 / 직원들이 오늘밤 늦게까지 근무해야 할 필요가 있다고

11 Starting next year, / the company / will provide / free coupons / for the customers.
내년부터 / 회사는 / 제공할 것입니다 / 무료 쿠폰을 / 고객들에게

12 Richard / could not have passed / the exam / without the support of his family.
Richard는 / 합격했을 리 없다 / 시험에 / 그의 가족의 후원이 없었다면

어휘 **01** review[rivjú:] 복습하다 **exam**[igzǽm] 시험 **02** smoke[smouk] 담배를 피우다 **03** work[wəːrk] 일하다
04 letter[létər] 편지 **mail**[meil] 우편으로 보내다 **05** cinema[sínəmə] 영화관 **regularly**[régjulərli] 정기적으로
06 weekend[wíːkènd] 주말 **07** live[liːv] 살다 **08** take[teik] 복용하다, 먹다 **pill**[pil] 알약
09 require[rikwáiər] 요하다; 필요로 하다 **patient**[péiʃənt] 환자 **10** employee[implɔ́iíː] 직원
11 provide[prəváid] 제공하다 **customer**[kʌ́stəmər] 고객 **12** pass[pæs] 합격하다 **support**[səpɔ́ːrt] 후원, 지지

HACKERS TEST

01 (b)	**02** (c)	**03** (a)	**04** (a)	**05** (a)	**06** (c)	**07** (a)	**08** (c) she'll send → she send

01 적절한 조동사 채우기

A: I / can't find / my red sweater / anywhere. 저는 찾을 수가 없어요 제 빨간색 스웨터를 어디서도 B: When / did you see / it / last? 언제 당신은 보았나요 그것을 마지막으로	A: 저는 제 빨간색 스웨터를 어디서도 찾을 수가 없어요. B: 당신은 언제 그것을 마지막으로 보았나요?

해설 '당신은 언제 그것을 마지막으로 보았나요?'라는 의문문에 일반동사 see가 왔으므로, 일반동사의 의문문을 만드는 do 조동사 (b) did가 정답입니다.

어휘 **last**[læst] 마지막으로; 맨 나중에

02 조동사 뒤 동사원형 채우기

A: I / called / Jane / three times, / but / she / didn't answer. 저는 전화했어요 Jane에게 세 번 그러나 그녀는 받지 않았어요 B: She / worked / late / last night, / so / she / must be sleeping. 그녀는 일했어요 늦게까지 어젯밤 그래서 그녀는 자고 있는 게 틀림없어요	A: 저는 Jane에게 세 번 전화했는데, 그녀는 받지 않았어요. B: 그녀는 어젯밤 늦게까지 일해서, 자고 있는 게 틀림없어요.

해설 조동사 must 다음에는 동사원형이 와야 하므로 동사원형 be로 시작된 (c) be sleeping이 정답입니다.

03 적절한 조동사 채우기

A: Is that Alice / across the street? Alice인가요 길 건너편에 B: It / can't be. She / has / longer hair / than that. 그럴 리가 없어요 그녀는 가지고 있어요 더 긴 머리를 저것보다	A: 길 건너편에 있는 사람이 Alice인가요? B: 그럴 리가 없어요. 그녀는 저것보다 더 긴 머리를 가지고 있어요.

해설 문맥상 빈칸은 '그럴 리가 없다'라는 '가능성'의 의미가 되어야 하므로 '~할 리가 없다'를 뜻하는 조동사 (a) can't가 정답입니다.

어휘 **street**[striːt] 도로, 거리

04 적절한 시제의 동사 채우기: 과거

A: How / did the dog / run away? 어떻게 개가 도망쳤나요 B: She / just jumped / over the gate / and / took off. 개가 지금 막 뛰어넘었어요 대문을 그리고 황급히 가버렸어요	A: 어떻게 개가 도망쳤나요? B: 개가 지금 막 대문을 뛰어넘더니 황급히 가버렸어요.

해설 주어 She 다음에 동사 자리가 비어 있습니다. '어떻게 개가 도망쳤나요'라는 A의 질문에 B가 '개가 대문을 뛰어넘어 가버렸다'고 했으므

Chapter 06 조동사 **23**

GRAMMAR

해커스 텝스 BASIC READING

로 개가 대문을 뛰어넘은 시점이 과거라는 것을 알 수 있습니다. 따라서 과거 시제 (a) jumped가 정답입니다.

어휘   run away 도망가다   gate[geit] 대문, 출입문

05   의무를 나타내는 형용사가 나온 주절 뒤 종속절에 동사원형 채우기

It / is / imperative / that applicants submit their details / before the deadline. 필수적이다 지원자들이 그들에 대한 상세한 정보를 제출하는 것은 마감 시간 전에	지원자들이 마감 시간 전에 그들에 대한 상세한 정보를 제출하는 것은 필수적이다.

해설   that절의 주어 applicants 다음에 동사 자리가 비어 있습니다. 주절에 의무를 나타내는 형용사 imperative가 있으므로 종속절에는 '(should +) 동사원형'이 와야 합니다. 따라서 동사원형 (a) submit가 정답입니다.

어휘   imperative[impérətiv] 필수적인   applicant[ǽpləkənt] 지원자   submit[səbmít] 제출하다   deadline[dédlàin] 마감 시간

06   적절한 시제의 동사 채우기: 과거

Ms. Andrews / was supposed / to bring / a friend, / but / she / arrived / alone. Ms. Andrews는 되어 있었다 데려오기로 친구 한 명을 그러나 그녀는 노착했다 홀로	Ms. Andrews는 친구 한 명을 데려오기로 되어 있었으나, 그녀는 홀로 도착했다.

해설   주어 she 다음에 동사 자리가 비어 있습니다. 따라서 동사인 (a), (b), (c)가 정답의 후보입니다. 동사 arrive는 자동사여서 수동태로 바꿀 수 없으므로 (a)는 오답입니다. Ms. Andrew가 도착한 시점이 과거이므로 과거 시제 (c) arrived가 정답입니다.

어휘   be supposed to ~하기로 되어 있다   arrive[əráiv] 도착하다   alone[əlóun] 홀로

07   적절한 조동사 채우기

The event / could not have been successful / without the direction / of its coordinators. 행사는 성공적이었을 리가 없다 지시 없이는 진행자들의	행사는 진행자들의 지시 없이는 성공적이었을 리가 없다.

해설   문맥상 빈칸은 '행사는 진행자들의 지시 없이는 성공적이었을 리가 없다'라는 의미가 되어야 하므로 have p.p.와 함께 쓰여 '~했을 리가 없다'를 뜻하는 조동사 (a) could not이 정답입니다.

어휘   event[ivént] 행사, 사건   direction[dirékʃən] 지도; 관리   coordinator[kouɔ́ːrdənèitər] 진행자

08   의무를 나타내는 형용사가 나온 주절 뒤 종속절의 동사 형태가 틀린 문장 찾기

(a) A: Hello. I'd like / to request / a brochure / on your programs. 안녕하세요 저는 원해요 신청하기를 소책자를 귀사의 프로그램에 대한 (b) B: OK, / Sandra / handles / the mailings. 알겠습니다 Sandra가 취급해요 우편물을 (c) A: It is important / that she'll send(→ she send) me one / this week. 중요해요 그녀가 제게 하나를 보내주는 것이 이번 주에 (d) B: Sure, / I'll give / her / your request. 물론이죠 전해드리겠습니다 그녀에게 당신의 요청을	(a) A: 안녕하세요. 저는 귀사의 프로그램에 대한 소책자를 신청하기 원해요. (b) B: 알겠습니다, Sandra가 우편물을 취급해요. (c) A: 그녀가 제게 이번 주에 하나를 보내주는 것이 중요해요. (d) B: 물론이죠, 그녀에게 당신의 요청을 전해드리겠습니다.

해설   (c)에서 주절에 의무를 나타내는 형용사 important가 왔으므로 종속절에 미래 시제 형태인 she'll send가 오면 틀립니다. 의무를 나타내는 형용사가 나온 주절 뒤의 종속절에는 조동사 should가 생략된 동사원형이 와야 하므로, she'll send는 she send로 바뀌어야 맞습니다.

어휘   request[rikwést] 신청하다; 요청   brochure[bróuʃuər] 소책자   handle[hǽndl] 취급하다

CHAPTER 07 가정법

텝스 실전 확인 문제

POINT 1 가정법 과거   1. ⓑ   2. ⓑ   p.82

1. If she were available, / she / would join / us / for dinner. 만일 그녀가 시간이 있다면 / 그녀는 / 합류할 텐데 / 우리와 / 저녁 먹으러
2. Were he a little taller, / he / would play / basketball. 그의 키가 조금 더 컸다면 / 그는 / 할텐데 / 농구를

어휘 **1. available**[əvéiləbl] 시간이 있는, 이용할 수 있는   **2. tall**[tɔːl] 키가 큰

POINT 2 가정법 과거완료   1. ⓐ   2. ⓑ   p.83

1. If she had waited, / she / could have seen / the show. 만일 그녀가 기다렸더라면 / 그녀는 / 볼 수 있었을 텐데 / 그 쇼를
2. Had the speaker talked slower, / it / would have been easier / to listen.
만일 연설자가 더 천천히 말했더라면 / 더 쉬웠을 텐데 / 듣기가

어휘 **1. show**[ʃou] (극장, 나이트클럽, 텔레비전 등의) 쇼   **2. speaker**[spíːkər] 연설자, 화자

POINT 3 가정법 미래   1. ⓐ   2. ⓐ   p.84

1. Should she get a taxi, / she / could be / on time / to her appointment.
혹시라도 그녀가 택시를 잡는다면 / 그녀는 / 도착할 수 있다 / 시간에 맞게 / 그녀의 약속에
2. If the store were to move downtown, / it might have / more customers.
혹시라도 그 상점이 도심지로 이동한다면 / 그 상점은 가질 지도 모른다 / 더 많은 고객을

어휘 **1. on time** 시간에 맞게, 정각에   **2. downtown**[dáuntàun] 도심지로   **customer**[kʌ́stəmər] 고객

POINT 4 가정법 관련 표현   1. ⓑ   2. ⓑ   p.85

1. I wish I had exercised more / when I was younger. 운동을 더 많이 했다면 좋을 텐데 / 내가 더 어렸을 때
2. Were it not for the traffic on Highway 12, / I / would take / that route. 12번 간선도로에 교통량이 없다면 / 나는 / 갈텐데 / 그 길로

어휘 **1. exercise**[éksərsàiz] 운동하다   **2. traffic**[trǽfik] 교통량, 교통   **highway**[háiwei] 간선도로   **route**[ruːt] 길

HACKERS PRACTICE   p.86

01 (b)   **02** (b)   **03** (b)   **04** (b)   **05** (a)   **06** (a)

07 would give → would have given 또는 had wanted → wanted

08 would fail → would have failed 또는 Had it not been for → Were it not for

09 could allow → could have allowed   **10** has applied → had applied

11 should have been → should be   **12** will see → had seen/saw

01   Were it not for the wind, / the weather / would be / nice.
바람이 없다면 / 날씨가 / 좋을 텐데

02   If the rainfall should stop, / the repairmen / will be able / to work quicker.
혹시라도 비가 그친다면 / 수리공은 / 할 수 있을 것이다 / 더 빨리 일하는 것을

GRAMMAR

해커스 텝스 BASIC READING

03 If this applicant were more experienced, / we / would employ / him.
만일 이 지원자가 경험이 더 많다면 / 우리는 / 고용할 텐데 / 그를

04 If the bank had not closed, / she / could have sent / the money.
만일 은행이 문을 닫지 않았더라면 / 그녀는 / 보낼 수 있었을 텐데 / 돈을

05 If my mother had been here to see this ceremony, / she / might have been / happy.
만일 어머니가 이 의식을 보러 여기 오셨더라면 / 그녀는 / 행복해하셨을 텐데

06 If the sales were good, / we / would expand / our business.
만일 매상이 괜찮다면 / 우리는 / 확장할 텐데 / 우리 사업을

07 If Annie had wanted to go to a concert, / her father / would have given / her / the ticket.
만일 Annie가 콘서트에 가고 싶어 했더라면 / 그녀의 아버지가 / 주었을 텐데 / 그녀에게 / 입장권을

If Annie wanted to go to a concert, / her father / would give / her / the ticket.
만일 Annie가 콘서트에 가고 싶어 한다면 / 그녀의 아버지가 / 줄 텐데 / 그녀에게 / 입장권을

08 Had it not been for Harry, / the product launch / would have failed.
Harry가 없었더라면 / 제품 출시는 / 실패했을 텐데

Were it not for Harry, / the product launch / would fail.
Harry가 없다면 / 제품 출시는 / 실패할 텐데

09 Had the South won the Civil War, / America / could have allowed / slavery / for much longer.
만일 남부가 남북 전쟁에서 승리했더라면 / 미국은 / 허용했을 텐데 / 노예 제도를 / 훨씬 더 오랫동안

10 If Miss Evans had applied for the manager position, / she / might have got / the job.
만일 Miss Evans가 경영자직에 지원했더라면 / 그녀는 / 얻었을 텐데 / 그 일자리를

11 If the Italian restaurant were to close, / many people / should be / upset.
혹시라도 그 이탈리아 음식점이 문을 닫는다면 / 많은 사람들이 / 속상해할 것이다

12 I wish I had seen the movie *Green Giant* / when it was still playing in theaters.
내가 영화 'Green Giant'를 보았다면 좋을 텐데 / 그것이 영화관에서 여전히 상영되고 있었을 때

어휘 **01** weather[wéðər] 날씨 **02** rainfall[réinfɔ̀:l] 비, 강우 repairman[ripέərmæ̀n] 수리공
03 applicant[ǽpləkənt] 지원자 employ[implɔ́i] 고용하다 **04** send[send] 보내다, 부치다 **05** ceremony[sérəmòuni] 의식
06 sale[seil] 매상, 매출액 expand[ikspǽnd] 확장하다 **07** ticket[tíkit] 입장권, 표
08 product[prάdəkt] 제품 launch[lɔːntʃ] 출시 fail[feil] 실패하다 **09** allow[əláu] 허용하다, 허락하다 slavery[sléivəri] 노예 제도
10 apply for ~에 지원하다 position[pəzíʃən] 직, 직장 **11** close[klouz] (상점·극장 등이) 문을 닫다; 휴업하다
12 play[plei] 상영되다 theater[θíːətər] 극장

HACKERS TEST

p.87

01 (a) **02** (a) **03** (b) **04** (d) **05** (d) **06** (a) **07** (a) can → could

08 (b) has been → would be

01 적절한 가정법 채우기

A: Why / did you choose / to go to this school?
　　왜　　　　당신은 선택했나요　　　이 학교에 가는 것을

B: I wouldn't have chosen / to study / here / if it hadn't been for
　　저는 선택하지 않았을 거예요　공부하는 것을　여기서

the excellent research department.
우수한 연구부가 없었더라면

A: 왜 당신은 이 학교에 가는 것을 선택했나요?
B: 우수한 연구부가 없었더라면 저는 여기서 공부하는 것을 선택하지 않았을 거예요.

해설　주어와 동사 자리가 비어 있습니다. if절에 had + p.p.인 hadn't been이 왔으므로 주절에는 had + p.p.와 짝을 이루어 가정법 과거완료를 만드는 would + have + p.p.가 와야 합니다. 따라서 (a) I wouldn't have chosen이 정답입니다.

02 주어에 수 일치하는 동사 채우기

A: I / don't like / riding the subway home / after work. 저는 좋아하지 않아요 지하철 타고 집으로 가는 것을 퇴근 후에 B: Neither do I. It / is / too busy / during rush hour. 저도 그래요 너무 혼잡해요 러시아워 동안에는	A: 저는 퇴근 후에 지하철 타고 집으로 가는 것을 좋아하지 않아요. B: 저도 그래요. 러시아워 동안에는 너무 혼잡해요.

해설 주어 It 다음에 동사 자리가 비어 있습니다. 주어 It이 단수이므로 단수 동사 (a) is가 정답입니다.

어휘 ride[raid] 타다 rush hour 러시아워, (출·퇴근시의) 혼잡한 시간

03 if가 생략된 가정법 채우기

A: How / did the meeting / go? 어떻게 회의가 진행되었나요 B: It / would have been better / had I prepared more. 그것은 더 나았을 거예요 제가 더 많이 준비했더라면	A: 회의가 어떻게 진행되었나요? B: 제가 더 많이 준비했더라면 더 나았을 거예요.

해설 주어 It 다음에 동사 자리가 비어 있습니다. if가 생략된 절에 had + p.p.인 had prepared가 왔으므로 주절에는 had + p.p.와 짝을 이루어 가정법 과거완료를 만드는 would + have + p.p.가 와야 합니다. 따라서 (b) would have been이 정답입니다.

어휘 meeting[míːtiŋ] 회의 go[gou] 진행되다

04 적절한 가정법 채우기

If she had the part-time job, / Sally / could afford / to buy a car. 그녀가 아르바이트를 한다면 Sally는 여유가 있을 텐데 차를 살	아르바이트를 한다면, Sally는 차를 살 여유가 있을 텐데.

해설 If절의 주어 she 다음에 동사 자리가 비어 있습니다. 주절에 'could + 동사원형'인 could afford가 왔으므로 if절에는 'could + 동사원형'과 짝을 이루어 가정법 과거를 만드는 과거 동사가 와야 합니다. 따라서 (d) had가 정답입니다.

어휘 afford[əfɔ́ːrd] (경제적·시간적으로) 여유가 있다

05 if가 생략된 가정법 채우기

Should we have any problems processing your order, / 혹시라도 당신의 주문을 처리하는 데 어떠한 문제라도 생긴다면 a customer service agent / will get in touch / with you. 고객서비스 대표가 연락할 것입니다 당신에게	혹시라도 당신의 주문을 처리하는 데 어떠한 문제라도 생긴다면, 고객서비스 대표가 당신에게 연락할 것입니다.

해설 주절에 will get이 왔으므로 빈칸에는 'will + 동사원형'과 짝을 이루어 가정법 미래를 나타내는 if절, 즉 'if + 주어 + should + 동사원형'이 와야 한다는 것을 알 수 있습니다. should를 포함하는 보기 (c)와 (d) 중, if가 생략되고 동사 should가 앞으로 와 가정법 미래를 만드는 (d) Should we have가 정답입니다.

어휘 process[práses] 처리하다 get in touch with ~와 연락하다

06 수량 표현을 포함한 주어에 수 일치하는 동사 채우기

A number of / the products / listed on the Web site / are / 다수의 제품이 웹사이트의 목록에 올라있는 out of stock. 품절이다	웹사이트 목록에 올라있는 다수의 제품이 품절이다.

해설 주어 A number of the products 다음에 동사 자리가 비어 있습니다. 복수 취급하는 수량 표현 A number of가 주어에 쓰였으므로 복수 동사 (a) are가 정답입니다.

어휘 a number of 다수의 list[list] 목록에 올리다 out of stock 품절되어, 매진되어

07 I wish 가정법 표현이 틀린 문장 찾기

(a) A: I wish I can(→ could) attend the training seminar / this 　　　　제가 교육 세미나에 참석할 수 있다면 좋을 텐데요 　　weekend. 　　이번 주말에 (b) B: Yeah, / it / would be / nice / if you could join us. 　　그게요　　좋을 텐데요　　　　당신도 함께 갈 수 있다면 (c) A: I'll be missing / a lot of great talks / and / discussions. 　　저는 놓칠 거예요　　많은 훌륭한 강연을　　그리고　　토론을 (d) B: Don't worry. I / will take notes / for you. 　　걱정하지 마세요 제가 · 필기해둘게요　　당신을 위해	(a) A: 제가 이번 주말에 교육 세미나에 참석할 수 있 　　다면 좋을 텐데요. (b) B: 그게요, 당신도 함께 갈 수 있다면 좋을 텐 　　데요. (c) A: 서는 많은 훌륭한 강연과 토론을 놓칠 거예요. (d) B: 걱정하지 마세요. 제가 당신을 위해 필기해 　　둘게요.

해설　(a)에서 I wish 가정법이 왔으므로 'I wish + 주어' 다음에 can이 오면 틀립니다. 'I wish + 주어' 다음에는 과거 동사가 와야 하므로 can 은 could로 바뀌어야 맞습니다.

어휘　attend[əténd] 참석하다　miss[mis] 놓치다　talk[tɔ:k] 강연

08 if가 생략된 가정법 구문의 관용 표현이 틀린 문장 찾기

(a) Our main competitors / have seen / a fairly dramatic decline / 　　우리의 주요 경쟁사들이　　겪었습니다　　상당히 극적인 하락을 in sales / this year. (b) Were it not for their strong sales 매출액에서　　올해　　　　그들의 인터넷상에서의 큰 매출이 없다면 on the Internet, / our market share / has been(→ would be) 　　　　　　　　우리의 시장 점유율은　　클 것입니다 as large / as theirs. (c) As it is, / they / still hold / a slight 　　그들의 것만큼　　이대로는　　그들이　여전히 쥐고 있습니다 advantage / over us. (d) However, / we / enjoy / success / 약간의 이점을　우리보다　　그러나　　우리는 누리고 있습니다 성공을 in emerging markets, / such as Asia. 　　신흥 시장에서의　　　　아시아와 같은	(a) 우리의 주요 경쟁사들이 올해 매출액에서 상당 히 극적인 하락을 겪었습니다. (b) 그들의 인터넷상 에서의 큰 매출이 없다면, 우리의 시장 점유율은 그 들의 것만큼 클 것입니다. (c) 이대로는, 그들이 여 전히 우리보다 약간의 이점을 쥐고 있습니다. (d) 그 러나, 우리는 아시아와 같은 신흥 시장에서의 성공을 누리고 있습니다.

해설　(b)에서 if가 생략된 가정법 구문의 관용적 표현 'Were it not for ~'를 포함한 'Were it not for their strong sales on the Internet'이 왔으므로, 주절의 동사로 has been이 오면 틀립니다. Were it not for와 짝을 이루어 가정법 구문의 관용적 표현을 만드는 것은 'would + 동사원형'이므로 has been은 would be로 바뀌어야 맞습니다.

어휘　see[si:] 경험하다　fairly[féərli] 상당히　dramatic[drəmætik] 극적인　decline[dikláin] 하락; 감퇴　sale[seil] 매출액, 매상
　　　market share 시장 점유율　slight[slait] 약간의　advantage[ædvæntidʒ] 이점　emerging market 신흥 시장

CHAPTER 08　to 부정사

텝스 실전 확인 문제

POINT 1 to 부정사 자리　1. ⓐ　2. ⓑ　　　　　　　　　　　　　　　　　　　　　　p.90

1. To prepare for the meeting / requires / research. 회의 준비를 하는 것은 / 필요로 한다 / 조사를
2. He / traveled / to learn about other cultures. 그는 / 여행했다 / 다른 문화에 대해 배우기 위해

어휘　1. prepare[pripέər] 준비하다　meeting[mí:tiŋ] 회의　require[rikwáiər] 필요로 하다　research[rí:sə:rtʃ] 조사
　　　2. travel[trǽvəl] 여행하다　culture[kʌ́ltʃər] 문화

POINT 2 to 부정사의 역할   **1.** ⓑ   **2.** ⓑ   p.91

1. Martin / has / a plan / to sell his computer. Martin은 / 가지고 있다 / 계획을 / 그의 컴퓨터를 팔

2. The company's goal / is / to improve the quality of its service. 그 회사의 목표는 / 서비스의 질을 향상시키는 것이다

어휘 **1.** plan[plæn] 계획 sell[sel] 팔다   **2.** company[kʌ́mpəni] 회사 goal[goul] 목표 improve[imprúːv] 향상시키다, 증진하다

POINT 3 to 부정사를 취하는 동사·명사·형용사   **1.** ⓐ   **2.** ⓑ   p.92

1. This company / wants / to have bigger offices. 이 회사는 / 원한다 / 더 큰 사무실을 갖기를

2. He / asked / the client / to arrive at the office by 8 a.m. 그는 / 부탁했다 / 의뢰인에게 / 오전 8시까지 사무실에 도착해달라고

어휘 **1.** office[ɔ́ːfis] 사무실   **2.** client[kláiənt] 의뢰인 arrive[əráiv] 도착하다

POINT 4 원형 부정사를 목적격 보어로 취하는 동사   **1.** ⓐ   **2.** ⓑ   p.93

1. The manager / made / the new employees / attend / the seminar. 부장은 / 하게 했다 / 신입 사원들이 / 참석하게 / 세미나에

2. The crowd / watched / the performers / dance / in the street. 관중은 / 보았다 / 공연자들이 / 춤추는 것을 / 거리에서

어휘 **1.** manager[mǽnidʒər] (회사의) 부장, 과장, 국장 seminar[sémənàːr] 세미나   **2.** crowd[kraud] 관중, 관객

HACKERS PRACTICE   p.94

01 (b)   **02** (a)   **03** (b)   **04** (b)   **05** (b)   **06** (b)   **07** drive → to drive

08 proofreading → to proofread   **09** maintain → to maintain   **10** live → to live

11 registering → register   **12** to walk → walk / walking

01 The student / was / about to explain / why he was late to class.
학생은 / 막 해명하려던 참이었다 / 왜 그가 수업에 늦었는지

02 To finish such a big project / will take / a great deal of effort.
그렇게 큰 프로젝트를 끝내는 것은 / 필요로 할 것이다 / 엄청난 노력을

03 The senior manager / had / his assistant / take his letter / to the post office.
차장은 / 했다 / 그의 조수가 / 그의 편지를 갖다 주게 / 우체국에

04 Mark / was / willing / to fix the broken air conditioner.
Mark는 / 기꺼이 하려고 했다 / 고장 난 에어컨을 수리하는 것을

05 The company / posted / an advertisement / to hire more technicians.
회사는 / 게시했다 / 광고를 / 더 많은 기술자를 고용하기 위해

06 I / heard / her / sing a song / with Phillip / on the stage.
나는 / 들었다 / 그녀가 / 노래를 부르는 것을 / Phillip과 / 무대에서

07 Dan / borrowed / the car / to drive his son / to the hospital.
Dan은 / 빌렸다 / 차를 / 그의 아들을 차로 태워다 주기 위해 / 병원까지

08 Nobody / had / a chance / to proofread the article / before it was handed in.
아무에게도 / 없었다 / 기회가 / 기사를 교정볼 / 그것이 제출되기 전에

09 The university / expects / students / to maintain excellent grades.
대학은 / 기대한다 / 학생들이 / 훌륭한 성적을 유지하기를

10 Few families / can afford / to live in Franklin / due to the expensive real estate.
몇 안 되는 가족들이 / 여유가 있다 / Franklin에 살 / 비싼 부동산 가격 때문에

11 The factory supervisor / made / everyone / register for the safety course / on machine operation.
공장의 현장 주임은 / 했다 / 모든 사람들이 / 안전 교육 강좌를 등록하게 / 기계 운전에 관한

12 Parents / want / to see their children walk / by the age of 11 months.
부모들은 / 원한다 / 그들의 아이들이 걷는 것을 보기를 / 11개월 무렵에

어휘 **01** explain[ikspléin] (행위 등을) 해명하다 **late**[leit] 늦은, 지각한 **02** take[teik] (시간·노력 등을) 필요로 하다 **effort**[éfərt] 노력, 수고
03 assistant[əsístənt] 조수, 조교 **post office** 우체국 **04** fix[fiks] 수리하다, 고치다 **broken**[bróukən] (기계 등이) 고장 난, 망가진
05 post[poust] 게시하다 **advertisement**[ædvərtáizmənt] 광고 **hire**[háiər] 고용하다 **technician**[tekníʃən] 기술자
06 stage[steidʒ] 무대 **08** proofread[prú:frìːd] 교정보다 **hand in** 제출하다, 건네주다
09 expect[ikspékt] 기대하다, 예상하다 **maintain**[meintéin] 유지하다 **grade**[greid] 성적
10 afford[əfɔ́ːrd] ~할 여유가 있다 **real estate** 부동산
11 supervisor[súːpərvàizər] 현장 주임, 감독자 **operation**[àpəréiʃən] (기계 등의) 운전, 작동 **12** parent[pέərənt] 부모

HACKERS TEST   p. 95

01 (c)   **02** (a)   **03** (a)   **04** (b)   **05** (d)   **06** (d)   **07** (c) be able sleep → be able to sleep
08 (d) are estimated → estimate

01   to 부정사 자리 채우기

A: We / lost / a lot of customers / last year. 우리는 잃었어요 많은 고객들을 작년에 B: To stop that from happening this year, / we / must work / 그것이 올해에 일어나는 것을 막기 위해 우리는 일해야 해요 a lot harder. 훨씬 더 열심히	A: 우리는 작년에 많은 고객들을 잃었어요. B: 그것이 올해에 일어나는 것을 막기 위해 우리는 훨씬 더 열심히 일해야 해요.

해설 주어 we, 동사 must work가 있는 완전한 문장이므로, 빈칸은 수식어 자리입니다. 따라서 보기 중 수식어 자리에 올 수 있는 to 부정사 (c) To stop이 정답입니다.

어휘 lose[luːz] 잃다 a lot of 많은 customer[kʌ́stəmər] 고객 happen[hǽpən] 일어나다

02   to 부정사를 취하는 동사 뒤에 to 부정사 채우기

A: We / are / ready / to interview the candidates / now. 우리는 준비가 됐어요 지원자들의 면접을 볼 이제 B: OK. I'll go / and / ask them to come in. 알겠어요 제가 갈게요 그리고 그들에게 들어오라고 할게요	A: 우리는 이제 지원자들의 면접을 볼 준비가 됐어요. B: 알겠어요. 제가 가서 그들에게 들어오라고 할게요.

해설 동사 ask 뒤에 목적어 자리가 비어 있습니다. ask는 '목적어 + to 부정사(목적격 보어)'를 취하는 동사이므로 '목적어 + to 부정사' 형태를 만드는 them to come을 포함한 (a) them to come in이 정답입니다.

어휘 ready[rédi] 준비가 된 interview[íntərvjùː] 면접, 인터뷰

03   적절한 시제의 동사 채우기: 과거

A: Has your family ever visited / Hawaii? 당신의 가족은 지금까지 방문한 적이 있나요 하와이를 B: Yes. We traveled / there / a year ago. 네 우리는 여행했어요 그곳을 일 년 전에	A: 당신의 가족은 지금까지 하와이를 방문한 적이 있나요? B: 네. 우리는 그곳을 일 년 전에 여행했어요.

해설 보기가 주어 We와 서로 다른 시제의 동사로 이루어져 있으므로 적절한 시제의 동사를 묻는 문제임을 알 수 있습니다. B의 말을 통해 '일
      년 전(a year ago)'이라는 과거 시점에 그곳을 여행했음을 알 수 있으므로 과거 시제 동사가 쓰인 (a) We traveled가 정답입니다.

어휘 ever[évər] (의문문에서) 지금까지, 언젠가 visit[vízit] 방문하다

04 to 부정사를 취하는 동사 뒤에 to 부정사 채우기

The teacher / offered / to help / by giving extra classes / to	선생님은 학생들에게 방과 후에 과외 수업을 해주는
선생님은 제안했다 도와주겠다고 과외 수업을 해주는 것으로	것으로 도와주겠다고 제안했다.
students / after school.	
학생들에게 방과 후에	

해설 동사 offered 다음에 목적어 자리가 비어 있습니다. offer는 to 부정사를 목적어로 취하는 동사이므로 'offer + to 부정사' 형태를 만드는
      (b) to help가 정답입니다.

어휘 extra[ékstrə] 가외의, 규정 외의

05 to 부정사를 취하는 동사 뒤에 to 부정사 채우기

In the survey, / students / were asked / if they wanted to study /	조사에서, 학생들은 혼자서 공부하기를 원하는지 아
조사에서 학생들은 질문받았다 그들이 공부하기를 원하는지	니면 단체로 공부하기를 원하는지 질문받았다.
alone or in groups.	
혼자서 혹은 단체로	

해설 if절에서 동사 wanted 다음에 목적어 자리가 비어 있습니다. want는 to 부정사를 목적어로 취하는 동사이므로 'want + to 부정사' 형태
      를 만드는 (d) to study가 정답입니다.

어휘 survey[sə́ːrvei] 조사 alone[əlóun] 혼자서 group[gruːp] 단체

06 have의 목적격 보어 자리에 과거분사 채우기

You / can have / your new television / installed / at no extra	오늘 주문하신다면 추가 비용 없이 당신의 새 텔레비
당신은 하게 하실 수 있습니다 당신의 새 텔레비전이 설치되게 추가 비용 없이	전이 설치되게 하실 수 있습니다.
cost / if you order today.	
오늘 주문하신다면	

해설 동사 have 다음에 목적어 your new television만 있고, 목적격 보어 자리가 비어 있습니다. '텔레비전이 설치되게 하다'처럼 '목적어가
      ~되게 하다'라는 수동의 의미이면 p.p.를 목적격 보어로 취하므로 (d) installed가 정답입니다.

어휘 install[instɔ́ːl] 설치하다 extra[ékstrə] 가외의, 여분의 order[ɔ́ːrdər] 주문하다

07 to 부정사를 취하는 형용사 뒤에 동사원형이 와서 틀린 문장 찾기

(a) A: I'm not going to have time / to eat dinner /	(a) A: 저는 영화를 보기 전에 저녁을 먹을 시간이
저는 시간이 없을 거예요 저녁을 먹을	없을 거예요.
before the movie.	(b) B: 그러면 그 후에 먹는 것은 어때요?
영화를 보기 전에	(c) A: 저는 그렇게 늦게 먹으면 잘 수 없을 거예요.
(b) B: How about / eating afterwards / then?	(d) B: 그러면 우리는 영화 시작 전에 그냥 가벼운 간
어때요 그 후에 먹는 것은 그러면	식을 먹으면 되지요.
(c) A: I / won't be able sleep(→ be able to sleep) / if I eat that late.	
저는 잘 수 없을 거예요 그렇게 늦게 먹으면	
(d) B: Then / we / can just have a light snack / before the show.	
그러면 우리는 그냥 가벼운 간식을 먹으면 되지요 영화 시작 전에	

해설 (c)에서 to 부정사를 취하는 형용사 able 뒤에 동사원형 sleep이 오면 틀립니다. sleep은 to 부정사인 to sleep으로 바뀌어야 맞습니다.

어휘 afterwards[æftərwərdz] 그 후에 light[lait] 가벼운

(a) By studying DNA, / scientists / can determine / who is likely DNA를 연구함으로써　과학자들은　단정할 수 있다 to develop certain diseases. (b) Genetic links to illnesses / 어떤 사람에게 특성 질병이 발병할 것 같은지　병을 유발하는 유전자 고리는 such as cancer / are determined / in a person's genes. 암과 같은　규명된다　사람의 유전자에서 (c) New technologies / make it possible / to identify this. 새로운 과학 기술들은　가능하게 한다　이것을 식별하는 것을 (d) Laboratory researchers / are estimated(→ estimate) / 실험실 연구원들은　추정한다 that most diseases / will be detectable / by 2030. 대부분의 질병이　탐지 가능해질 것이라고　2030년쯤	(a) DNA를 연구함으로써, 과학자들은 어떤 사람에게 특정 질병이 발병할 것 같은지 단정할 수 있다. (b) 암과 같은 병을 유발하는 유전자 고리는 사람의 유전사에서 규명된다. (c) 새로운 과학 기술들은 이것을 식별하는 것을 가능하게 한다. (d) 실험실 연구원들은 2030년쯤 대부분의 질병이 탐지 가능해질 것이라고 추정한다.

해설　(d)에서 '실험실 연구원들이 that 이하의 내용을 추정된다'라는 수동의 의미가 아니라 'that 이하의 내용을 추정한다'라는 능동의 의미가 자연스러우므로 수동태 are estimated가 오면 틀립니다. 따라서 수동태 are estimated는 능동태 estimate로 바뀌어야 맞습니다.

어휘　scientist[sáiəntist] 과학자　determine[ditə́ːrmin] 단정하다, 결정하다　develop[divéləp] 발병시키다　disease[dizíːz] 질병　genetic[dʒənétik] 유전자의　illness[ílnis] 병　technology[teknάlədʒi] 과학 기술　possible[pάsəbl] 가능한　identify[aidéntɔfài] 식별하다　estimate[éstəmèit] 추정하다　detectable[ditéktəbl] 탐지 가능한

CHAPTER 09 동명사

텝스 실전 확인 문제

POINT 1 동명사 자리　1. ⓑ　2. ⓐ　p. 98

1. David / should avoid / sleeping late / in the morning.　David는 / 피해야 한다 / 늦잠 자는 것을 / 아침에
2. Reading novels / is / one of my favorite ways / to relax.　소설을 읽는 것은 / 내가 가장 좋아하는 방법들 중 하나이다 / 긴장을 푸는

어휘　1. avoid[əvɔ́id] 피하다　2. novel[nάvəl] 소설　relax[rilǽks] 긴장을 풀다

POINT 2 동명사를 취하는 동사　1. ⓑ　2. ⓐ　p. 99

1. On Monday, / we / will start / studying American history.　월요일에 / 우리는 / 시작할 것이다 / 미국 역사를 공부하는 것을
2. Matt / suggests / using different teaching methods.　Matt은 / 제안한다 / 색다른 교수법을 사용하는 것을

어휘　1. history[hístəri] 역사　2. different[dífərənt] 색다른, 독특한; 다른　teaching[tíːtʃiŋ] 교수, 교습　method[méθəd] 방법

HACKERS PRACTICE　p. 100

01 (b)　**02** (a)　**03** (b)　**04** (b)　**05** (a)　**06** (b)　**07** gather → gathering
08 read → reading/to read　**09** live → living/to live　**10** Take → Taking/To take　**11** eat → eating
12 commute → commuting

01 Learning a new language / is / difficult.
새로운 언어를 배우는 것은 / 어렵다

02 Would you mind / passing me the salt / please?
괜찮으시다면 / 제게 소금을 건네주시겠어요 / 부디

03 The university / will begin / interviewing applicants for the assistant positions.
그 대학은 / 시작할 것이다 / 조교직 지원자들의 면접을 보는 것을

04 The travelers / enjoy / writing journals about their trip.
그 여행자들은 / 즐긴다 / 그들의 여행에 대한 일지를 쓰는 것을

05 Mary / is known / for getting good grades in math.
Mary는 / 알려져 있다 / 수학에서 좋은 성적을 받는 것으로

06 I / remember / sending a letter to the manager yesterday.
나는 / 기억한다 / 어제 부장님께 편지를 보낸 것을

07 The beaver / is / a mammal / that builds dams by gathering wood.
비버는 / 포유동물이다 / 목재를 모아 댐을 세우는

08 It / is / important / to start reading about the new developments.
중요하다 / 새로운 사실에 대해서 읽기를 시작하는 것은

09 Most elderly people / prefer / living in rural areas.
대다수의 노인들은 / 선호한다 / 시골에서 사는 것을

10 Taking multi vitamins / helps / vegetarians / to ensure proper nutrition.
종합 비타민제를 복용하는 것은 / 도와준다 / 채식주의자들이 / 적절한 영양을 확보하도록

11 The first step / in developing a healthier lifestyle / is / to stop eating processed foods.
첫번째 단계는 / 더 건강한 생활 양식을 발달시키는 / 가공 식품을 그만 먹는 것이다

12 The third lane / that was added to Highway 88 / was made / for commuting to work.
세 번째 차선은 / 88 고속도로에 추가된 / 만들어졌다 / 직장 통근을 위해

어휘 **01** language[léŋgwidʒ] 언어 　**02** pass[pæs] 건네주다, 전달하다　salt[sɔːlt] 소금
03 university[jùːnəvə́ːrsəti] 대학교　applicant[ǽpləkənt] 지원자　assistant[əsístənt] 조교, 조수　position[pəzíʃən] 직, 지위, 자리
04 traveler[trǽvələr] 여행자　journal[dʒɔ́ːrnəl] 일지, 일기　trip[trip] 여행　**05** be known for ~로 알려지다　grade[greid] 성적
06 remember[rimémbər] 기억하다　**07** mammal[mǽməl] 포유동물　build[bild] 세우다　gather[gǽðər] 모으다
08 important[impɔ́ːrtənt] 중요한　development[divéləpmənt] 새로운 사실　**09** rural[rúːərəl] 시골의
10 vegetarian[vèdʒité:əriən] 채식주의자　ensure[inʃúər] 확보하다, 보증하다　proper[prápər] 적절한, 적당한
11 develop[divéləp] 발달시키다　process[práses] (식품을) 가공하다　food[fuːd] 식품
12 lane[lein] 차선, 차로　add[æd] 추가하다　commute[kəmjúːt] 통근하다, 통학하다

HACKERS TEST

p. 101

01 (c)	**02** (c)	**03** (d)	**04** (c)	**05** (d)	**06** (d)	**07** (c)	**08** (d) have → having/to have

01 동명사 자리 채우기

A: Do you / feel like going / to the park?
　　당신은　가고 싶은가요　　공원에

B: Sure. Playing outside / is / always fun.
　그럼요　실외에서 노는 것은　언제나 즐거워요

A: 당신은 공원에 가고 싶은가요?
B: 그럼요. 실외에서 노는 것은 언제나 즐거워요.

해설　동사 is 앞의 주어 자리가 비어 있습니다. 보기 중 주어 자리에 올 수 있는 것은 동명사 (c) Playing입니다.

어휘　feel like -ing ~을 하고 싶다　park[pɑːrk] 공원; 주차하다

02 to 부정사를 취하는 동사 뒤에 to 부정사 채우기

A: Did you / go fishing / with your friends? 　　당신은　　낚시하러 갔나요　　　친구들과 함께 B: Yes, / I / got over / my cold, / so / I / decided / 　　네　저는　회복했어요　감기에서　그래서　저는　결정했어요 to go / with some friends. 가기로　　몇몇 친구들과	A: 당신은 친구들과 함께 낚시하러 갔나요? B: 네, 저는 감기에서 회복해서, 몇몇 친구들과 가기로 결정했어요.

해설　동사 decided 다음에 목적어 자리가 비어 있습니다. decide는 to 부정사를 목적어로 취하는 동사이므로 'decide + to 부정사' 형태를 만드는 (c) to go가 정답입니다.

어휘　fishing[fíʃiŋ] 낚시　get over (병으로부터) 회복하다

03 동명사를 목적어로 취하는 동사 뒤에 동명사 채우기

A: Which team / do you think / will make it / to the finals? 　어떤 팀이　　당신은 생각하나요　　갈 것이라고　　결승전까지 B: The Gophers. They / just / keep winning. 　Gophers팀이요　그들은　정말　계속 이기기만 해요	A: 당신은 어떤 팀이 결승전까지 갈 것이라고 생각하나요? B: Gophers팀이요. 그들은 정말 계속 이기기만 해요.

해설　동사 keep 다음에 목적어 자리가 비어 있습니다. kecp은 동명사를 목적어로 취하는 동사이므로 동명사 (d) winning이 정답입니다.

어휘　final[fáinəl] 결승전　keep[ki:p] 계속하다

04 동명사 자리 채우기

One of the best exercises / for your health / is jogging. 　가장 좋은 운동 중 하나는　　　건강을 위한　　　조깅이다	건강을 위한 가장 좋은 운동 중 하나는 조깅이다.

해설　동사 is 뒤의 보어 자리가 비어 있습니다. 보기 중 보어 자리에 올 수 있는 것은 동명사 (c) jogging입니다.

어휘　exercise[éksərsàiz] 운동　jogging[dʒágiŋ] 조깅

05 동명사를 목적어로 취하는 동사 뒤에 동명사 채우기

None of the buildings / in the city / allow / smoking indoors. 　빌딩들 중 어떤 곳도 ~않는다　도시에 있는　허가하지　실내 흡연을	도시에 있는 빌딩들 중 어떤 곳도 실내 흡연을 허가하지 않는다.

해설　동사 allow 다음에 목적어 자리가 비어 있습니다. allow는 동명사를 목적어로 취하는 동사이므로 동명사 (d) smoking이 정답입니다.

어휘　allow[əláu] 허가하다, 허락하다　indoors[ìndɔ́:rz] 실내에서

06 적절한 가정법 채우기

If the bus had arrived on time, / he / would not have been / 만일 버스가 시간에 맞게 도착했더라면　　그는　　늦지 않았을 것이다 late / for his interview. 　늦은　　그의 면접에	만일 버스가 시간에 맞게 도착했더라면, 그는 면접에 늦지 않았을 것이다.

해설　if절의 주어 the bus 뒤에 동사 자리가 비어 있습니다. 주절에 'would + have + p.p.'인 would have been이 왔으므로 if절에는 이와 짝을 이루어 가정법 과거완료를 만드는 had + p.p.가 와야 합니다. 따라서 (d) had arrived가 정답입니다.

어휘　arrive[əráiv] 도착하다　on time 시간에 맞게　late[leit] 늦은　interview[íntərvjù:] 면접

07 동명사 자리 채우기

Marketing professionals / are / good / at interpreting the needs 마케팅 전문가들은　　　잘한다　　대중의 요구를 이해하는 것을 of the public.	마케팅 전문가들은 대중의 요구를 이해하는 것을 잘한다.

해설　전치사 at 다음이 비어 있습니다. 보기 중 전치사 뒤에 올 수 있는 동명사 (c) interpreting이 정답입니다.

어휘　professional[prəféʃənəl] 전문가　interpret[intə́ːrprit] 이해하다　needs[niːdz] 요구, 필요　public[pʌ́blik] 대중

08 주어 자리에 동사가 와서 틀린 문장 찾기

(a) A: You / seem more awake / than you were this morning. 당신은　더 깨어 있는 것처럼 보이네요　　오늘 아침에 그랬던 것보다 (b) B: Yeah, / I / feel / much more / alert / now. 네　저는 느낌이에요　훨씬 더　기민한　지금 (c) A: Did you take a walk / or / something? 당신은 산책을 했나요　혹은　무엇인가를 (d) B: Actually, / have(→ having / to have) a cup of coffee / 사실은　　　　　　　　　　커피 한 잔을 마신 것이 was / all I did. 제가 한 전부예요	(a) A: 당신은 오늘 아침보다 더 깨어 있는 것처럼 보이네요. (b) B: 네, 저는 지금 훨씬 더 기민한 느낌이에요. (c) A: 당신은 산책이나 무엇인가를 했나요? (d) B: 사실은, 커피 한 잔을 마신 것이 제가 한 전부예요.

해설　(d)에서 주어 자리에 동사 have가 오면 틀립니다. 주어 자리에 올 수 있는 것은 명사 역할을 하는 것이므로, 동사 have는 명사 역할을 하는 동명사 having이나 to부정사 to have로 바뀌어야 맞습니다.

어휘　seem[siːm] ~처럼 보이다　awake[əwéik] 깨어 있는　alert[ələ́ːrt] 기민한　take a walk 산책하다　actually[ǽktʃuəli] 사실은, 실제로

CHAPTER 10 분사

텝스 실전 확인 문제

POINT 1 분사 자리　1. ⓐ　2. ⓐ　　　　p.104

1. That woman / giving the lecture / is / my sister. 저 여자는 / 강의하는 / 내 여동생이다
2. The spokesperson / read / a prepared speech. 그 대변인은 / 읽었다 / 준비된 연설을

어휘　1. lecture[léktʃər] 강의　2. spokesperson[spóukspəːrsən] 대변인　prepared[pripɛ́ərd] 준비된　speech[spiːtʃ] 연설

POINT 2 분사구문의 형태　1. ⓑ　2. ⓐ　　　　p.105

1. Tired from the long trip, / she / didn't want / to go shopping. 긴 여행으로 지쳤기 때문에 / 그녀는 / 원하지 않았다 / 쇼핑가는 것을
2. Removing his hat, / the man / sat down / at the table. 모자를 벗은 후 / 남자는 / 앉았다 / 식탁에

어휘　1. trip[trip] 여행　2. remove[rimúːv] (모자 등을) 벗다　sit down 앉다

POINT 3 분사구문의 역할　1. ⓑ　2. ⓐ　　　　p.106

1. Walking along the sidewalk, / I / tripped / over a loose brick. 인도를 따라 걷다가 / 나는 / 넘어졌다 / 빠져있는 벽돌에 걸려
2. Finished with dinner, / I / stood up / to wash the dishes. 저녁 식사를 마친 후 / 나는 / 일어섰다 / 설거지를 하기 위해

어휘 1. sidewalk[sáidwɔ̀ːk] 인도 trip[trip] 걸려 넘어지다 loose[luːs] 매여 있지 않은 brick[brik] 벽돌
2. stand up 일어서다 wash the dishes 설거지 하다

POINT 4 현재분사 vs. 과거분사   1. ⓑ   2. ⓐ   p. 107

1. The man / coming down the stairs / is / the governor. 남자는 / 계단을 내려오는 / 주지사이다
2. Trained by the manager, / the new employees / will be given / tasks.
   부장에 의해 훈련된 후 / 신입 사원들은 / 받을 것이다 / 직무를

어휘 1. stair[stɛər] 계단 governor[gʌ́vərnər] 주지사   2. train[trein] 훈련하다 task[tæsk] 직무, 과제

HACKERS PRACTICE   p. 108

01 (b)   **02** (a)   **03** (b)   **04** (a)   **05** (b)   **06** (a)   **07** breaking → broken   **08** added → adding
09 surprised → surprising   **10** create → created   **11** Had → Having   **12** passed → passing

01 The man / wearing the red tie / is / an artist.
남자는 / 빨간색 넥타이를 한 / 예술가이다

02 Raised in Canada, / I / have become / used / to cold weather.
캐나다에서 자랐기 때문에 / 나는 / 되었다 / 익숙하게 / 추운 날씨에

03 Compared with her brother, / she / was / more diligent.
그녀의 남동생과 비교했을 때 / 그녀가 / 더 부지런했다

04 The damaged equipment / was sent back / to the manufacturer / for replacement.
손상된 장비는 / 돌려 보내졌다 / 제조 회사에 / 교환을 위해

05 Arriving at the hotel, / I / confirmed / my room reservation / with the receptionist.
호텔에 도착한 후 / 나는 / 확인했다 / 나의 객실 예약을 / 접수원에게

06 This store / is / famous, / founded / nearly 50 years ago.
이 상점은 / 유명하다 / 설립되었기 때문에 / 거의 50년 전에

07 You / should not use / your broken arm.
당신은 / 사용해서는 안 됩니다 / 부러진 팔을

08 The hotel / attracted / more customers, / adding several new shops.
그 호텔은 / 끌었다 / 더 많은 고객을 / 새로운 상점 몇 개를 추가한 후에

09 It / was / surprising news / that he was promoted to general manager.
놀라운 소식이었다 / 그가 총지배인으로 승진했다는 것은

10 The movie *Frozen Time* / is based / on characters / created / by author Jack Miles.
영화 'Frozen Time'은 / 토대로 한다 / 등장인물들을 / 창조된 / 작가 Jack Miles에 의해

11 Having little money, / Robert / can't buy / a new camera.
돈이 거의 없기 때문에 / Robert는 / 살 수 없다 / 새 카메라를

12 A passing pedestrian / stopped / to give money / to a homeless woman / on the street.
지나가던 보행자는 / 멈췄다 / 돈을 주기 위해 / 집 없는 여인에게 / 거리의

어휘 01 tie[tai] 넥타이 artist[άːrtist] 예술가   02 become used to ~에 익숙해지다 weather[wéðər] 날씨
03 compare[kəmpέər] 비교하다 diligent[díləʤənt] 부지런한
04 equipment[ikwípmənt] 장비 send back 돌려 보내다 replacement[ripléismənt] 교환
05 arrive[əráiv] 도착하다 confirm[kənfɔ́ːrm] 확인하다 reservation[rèzərvéiʃən] 예약 receptionist[risépʃənist] 접수원
06 famous[féiməs] 유명한 found[faund] 설립하다   07 arm[ɑːrm] 팔

08 attract[ətrǽkt] 끌다　several[sévərəl] 몇 개의　add[æd] 추가하다
09 news[nju:z] 소식; 뉴스　promote[prəmóut] 승진시키다　general manager 총지배인
10 character[kǽriktər] 등장인물　author[ɔ́:θər] 작가, 저자　11 little[litl] 거의 없는
12 pedestrian[pədéstriən] 보행자　homeless[hóumlis] 집 없는; 기르는 사람이 없는

HACKERS TEST

p. 109

01 (c)　02 (b)　03 (a)　04 (a)　05 (d)　06 (a)　07 (a)

08 (b) Driving → I driving / While I was driving

01 현재분사 / 과거분사 구별하여 채우기

A: Did you take notes / in class? 　당신은 필기하셨나요　수업 시간에 B: Yeah. The topics / discussed in the lecture / 　네　주제가　　강의에서 논의된 weren't included / in the book. 포함되어 있지 않았어요　책에	A: 수업 시간에 필기하셨나요? B: 네. 강의에서 논의된 주제가 책에 포함되어있지 　않았어요.

해설　명사 The topics를 수식할 수 있는 분사 (b)와 (c)가 정답의 후보입니다. 꾸밈을 받는 명사 The topics와 discuss가 수동의 의미인 '논의된 주제'로 해석되므로 과거분사 (c) discussed가 정답입니다.

어휘　topic[tápik] 주제　lecture[léktʃər] 강의　include[inklú:d] 포함하다

02 분사구문 자리 채우기

A: Have you decided / to watch the movie? 　결정했나요　　그 영화를 보기로 B: Hearing / your positive opinion of it, / I / want / to see it. 들었기 때문에　그것에 대한 당신의 긍정적인 평가를　저는 원해요　그것을 보길	A: 그 영화를 보기로 결정했나요? B: 그것에 대한 당신의 긍정적인 평가를 들으니, 그 　것을 보고 싶네요.

해설　주어 I, 동사 want, 목적어 to see it을 갖춘 완전한 문장에서, 수식어 자리에 올 수 있는 것은 분사 (b)와 to 부정사 (d)입니다. '긍정적인 평가를 들었기 때문에'라는 '이유'로 해석하는 것이 자연스러우므로 '이유'를 나타내는 분사구문을 만드는 분사 (b) Hearing이 정답입니다.

어휘　decide[disáid] 결정하다　positive[pázitiv] 긍정적인　opinion[əpínjən] 평가, 의견, 견해

03 가짜 주어 it 구문 채우기

A: I / finally / found / a new job! 　저는　마침내　구했어요　새로운 직장을 B: That's great! It / makes / me / happy / to see you cheerful. 　잘됐네요　　만드네요　저를　행복하게　당신이 기운찬 것을 보는 것이	A: 저는 마침내 새로운 직장을 구했어요! B: 잘됐네요! 당신이 기운찬 것을 보는 것이 저를 행 　복하게 하네요.

해설　가짜 주어 It 구문에서 진짜 주어 자리가 비어 있습니다. 보기 중 진짜 주어 자리에 올 수 있는 것은 to 부정사로 시작하는 (a)와 (b)입니다. to 부정사는 뒤에 목적어를 취할 수 있으므로, to see 바로 뒤에 목적어 you가 나온 (a) to see you cheerful이 정답입니다.

어휘　finally[fáinəli] 마침내　cheerful[tʃíərfəl] 기운찬

04 현재분사 / 과거분사 구별하여 채우기

There / are / many residents / having trouble with their 　　주민들이 많다　　　그들의 인터넷 연결에 문제가 있는 Internet connection / because of the storm. 　　　　　폭풍 때문에	폭풍 때문에 인터넷 연결에 문제가 있는 주민들이 많 다.

해설 가짜 주어 There, 동사 are, 진짜 주어 many residents를 갖춘 완전한 문장에서, 수식어 자리에 올 수 있는 것은 분사 (a)와 (c)입니다. 꾸밈을 받는 명사 residents와 have trouble with their Internet connection이 능동의 의미인 '인터넷 연결에 문제가 있는 주민들'로 해석되므로, 현재분사 (a) having이 정답입니다.

어휘 resident[rézidənt] 주민 connection[kənékʃən] 연결 storm[stɔːrm] 폭풍

05 현재분사 / 과거분사 구별하여 채우기

The government / increased the budget / used for health 정부는 예산을 늘렸다 보건 지출에 사용된 spending / last year. 지난 해에	지난 해에 정부는 보건 지출에 사용된 예산을 늘렸다.

해설 주어 The government, 동사 increased, 목적어 the budget을 갖춘 완전한 문장에서, 수식어 자리에 올 수 있는 것은 to 부정사 (a)와 분사 (c), (d)입니다. 꾸밈을 받는 명사 budget과 use가 수동의 의미인 '사용된 예산'으로 해석되므로, 과거분사 (d) used가 정답입니다.

어휘 government[gʌ́vərnmənt] 정부 increase[inkríːs] 늘리다 budget[bʌ́dʒit] 예산

06 현재분사구문 / 과거분사구문 구별하여 올바른 분사 채우기

The company / expanded / its work force / last year, / 회사는 확장했다 직원 수를 작년에 improving / productivity / by 20 percent / this year. 그래서 향상시켰다 생산성을 20퍼센트까지 올해	작년에 회사는 직원 수를 확장해서, 올해 생산성을 20퍼센트까지 향상시켰다.

해설 주어 The company, 동사 expanded, 목적어 its work force를 갖춘 완전한 문장에서, 수식어 자리에 올 수 있는 것은 분사 (a)와 (b)입니다. 주절의 주어 The company와 improve가 능동의 의미인 '회사가 생산성을 향상시키다'라고 해석되므로, 현재분사 (a) improving이 정답입니다.

어휘 expand[ikspǽnd] 확장하다 work force 전 직원 productivity[pròudəktívəti] 생산성

07 현재분사구문 / 과거분사구문 구별하여 올바른 분사 채우기

Prepared / properly / by trained chefs, / puffer fish / can be 준비된다면 적절하게 훈련된 요리사들에 의해 복어는 made safe to eat. 먹기 안전하게 만들어질 수 있다	훈련된 요리사들에 의해 적절하게 준비된다면, 복어는 먹기 안전하게 만들어질 수 있다.

해설 주어 puffer fish, 동사 can be made, 목적격 보어 safe를 갖춘 완전한 절에서, 수식어 자리에 올 수 있는 것은 분사 (a), (c)와 to 부정사 (d)입니다. 주절의 주어 puffer fish와 prepare가 수동의 의미인 '복어가 준비되다'라고 해석되므로, 과거분사 (a) Prepared가 정답입니다. 참고로, to 부정사를 넣으면 '적절하게 준비되기 위해서 복어가 먹기 안전하게 만들어진다'라는 어색한 의미가 됩니다.

어휘 properly[prɑ́pərli] 적절하게 chef[ʃef] 요리사 puffer fish 복어 safe[séif] 안전한

08 분사구문과 주절의 주어가 다른데 분사구문의 주어를 쓰지 않아 틀린 문장 찾기

(a) A: You're / really late. I / was / getting quite worried. 당신은 많이 늦었네요 제가 정말 걱정하고 있었어요 (b) B: Sorry. Driving(→ I driving / While I was driving) down 미안해요 차를 타고 고속도로를 가고 있을 때 the highway, / my car / broke down. 제 차가 고장이 났어요 (c) A: Well, I'm / just glad / you made it here safely. 그래요 전 그저 기뻐요 당신이 안전하게 여기 와주어서 (d) B: Yeah. Luckily, / a traffic officer / helped me out. 네 운 좋게도 교통 경찰이 절 도와주었어요	(a) A: 당신은 많이 늦었네요. 제가 정말 걱정하고 있었어요. (b) B: 미안해요. 차를 타고 고속도로를 가고 있을 때 제 차가 고장이 났어요. (c) A: 그래요, 전 당신이 안전하게 여기 와주어서 그저 기뻐요. (d) B: 네. 운 좋게도, 교통 경찰이 절 도와주었어요.

해설 (b)에서 주절의 주어는 my car입니다. 그런데 '나의 차가 운전한다'가 아니라 '내가 운전한다'는 문맥이 자연스러우므로, 분사구문 Driving down the highway의 주어는 주절의 주어인 my car가 아니라 I입니다. 이처럼 분사구문의 주어가 주절의 주어가 일치하지 않

을 때는 분사구문 앞에 주어를 써주어야 합니다. 따라서 Driving은 Driving 앞에 I가 온 I driving이나, 부사절 While I was driving으로 바뀌어야 맞습니다.

어휘 highway[háiwèi] 고속도로 break down 고장 나다

CHAPTER
11 명사와 관사

텝스 실전 확인 문제

POINT 1 명사 자리 1. ⓑ 2. ⓐ p.112

1. The committee / has finally made / a decision. 그 위원회는 / 마침내 내렸다 / 결정을
2. The manager / wanted / to see his presentation. 그 부장은 / 원했다 / 그의 발표를 보기를

어휘 1. committee[kəmíti] 위원회 2. manager[mǽnidʒər] 부장 presentation[prìːzəntéiʃən] 발표

POINT 2 가산 명사와 불가산 명사 1. ⓑ 2. ⓐ p.113

1. I / heard / the sound / of a train / approaching. 나는 / 들었다 / 소리를 / 한 기차의 / 다가오고 있는
2. Peter / was looking / for information / about plants. Peter는 / 찾고 있었다 / 정보를 / 식물에 대한

어휘 1. sound[saund] 소리 approach[əpróutʃ] 다가오다, 접근하다 2. plant[plænt] 식물

POINT 3 부정관사 a/an 1. ⓐ 2. ⓐ p.114

1. The girls / like / watching programs / about animals. 그 소녀들은 / 좋아한다 / 프로그램들을 보는 것을 / 동물들에 관한
2. The printer / is not working / now, / but / it's not a big deal. 그 프린터는 / 작동이 되지 않는다 / 지금 / 그러나 / 별일 아니다

어휘 1. animal[ǽnəməl] 동물 2. work[wəːrk] 작동하다

POINT 4 정관사 the 1. ⓑ 2. ⓑ p.115

1. This / is / the third time / I've been to this restaurant. 이번이 / 세 번째이다 / 내가 이 식당에 와 본 것은
2. Mary / is / busy / right now / because she is on the phone. Mary는 / 바쁘다 / 바로 지금 / 그녀는 통화 중이기 때문에

어휘 1. restaurant[réstərənt] 식당

HACKERS PRACTICE p.116

01 (b) **02** (a) **03** (b) **04** (b) **05** (b) **06** (b) **07** construct → construction

08 a parents → parents **09** luggages → luggage **10** tragedies → tragedy

11 a second time → the second time **12** a dark rain clouds → dark rain clouds

01 This piece of music / was written / for instruments.
이 음악 작품은 / 쓰였다 / 악기(연주)를 위해

02 The interviewer / agreed / to reschedule the appointment.
그 면접자는 / 동의했다 / 그 약속 일정을 변경하는 것에

03 Many children / often / have / trouble / in school.
많은 아이들은 / 종종 / 겪는다 / 어려움을 / 학교에서

04 Plato / was / a philosopher / who lived at the same time as Socrates and Aristotle.
플라톤은 / 철학자였다 / 소크라테스와 아리스토텔레스와 동시대에 살았던

05 You / can always rely / on your family / to give you plenty of advice.
당신은 / 항상 의존할 수 있다 / 당신의 가족에게 / 당신에게 많은 조언을 줄

06 My sister and I / have always had / the same taste / in clothes.
내 여동생과 나는 / 항상 가지고 있었다 / 같은 취향을 / 옷에 있어서

07 The construction / of the Taj Mahal / took / over 20 years / to finish.
건설은 / 타지 마할의 / 걸렸다 / 20년 넘게 / 완공되는 데

08 Day-care centers / are / popular / among parents / who work full-time.
탁아소는 / 인기 있다 / 부모들 사이에서 / 전시간제로 일하는

09 My friend / asked / me / to help find her luggage.
내 친구는 / 부탁했다 / 나에게 / 그녀가 수하물을 찾는 것을 도와주기를

10 The fans / will think / it is a tragedy / if their team doesn't win the championship.
팬들은 / 생각할 것이다 / 그것은 비극이라고 / 만약 그들의 팀이 선수권을 획득하지 못한다면

11 Brian / visited / the headquarters / located in London / for the second time.
Brian은 / 방문했다 / 본부를 / 런던에 위치한 / 두 번째로

12 The sea captain / looked out / to see dark rain clouds / forming over the horizon.
선장은 / 밖을 내다 보았다 / 먹구름을 보기 위해 / 수평선 위로 형성되는

어휘 **01** instrument[ínstrəmənt] 악기　**02** interviewer[íntərvjùːər] 면접자　reschedule[rìːskédʒuːl] 예정을 다시 세우다
03 often[ɔ́ːfən] 종종　**04** philosopher[filásəfər] 철학자　**05** rely on ~에 의존하다　plenty of 많은　advice[ədváis] 조언, 충고
06 taste[teist] 취향　**07** construction[kənstrʌ́kʃən] 건설, 공사　take[teik] (시간이) 걸리다
08 day-care center 탁아소　popular[pápjulər] 인기 있는　full-time 전시간제로　**09** ask[æsk] 부탁하다　luggage[lʌ́gidʒ] 수하물
10 tragedy[trǽdʒidi] 비극　win the championship 선수권을 획득하다
11 headquarter[hédkwɔ̀ːrtər] 본부　locate[lóukeit] 위치하다　**12** form[fɔːrm] 형성되다　horizon[həráizən] 수평선

HACKERS TEST

01 (a)	**02** (b)	**03** (c)	**04** (b)	**05** (b)	**06** (b)	**07** (b)	**08** (d) informations → information

01 가산 명사 / 불가산 명사 구별하여 채우기

A: Where / can I put / these suitcases?	A: 이 여행 가방들은 어디에 놓을 수 있나요?
어디에　놓을 수 있나요　이 여행 가방들을	B: 당신의 좌석 아래에 짐을 보관할 수 있어요.
B: You / can store / baggage / under your seat.	
당신은 보관할 수 있어요　짐을　당신의 좌석 아래에	

해설　보기의 baggage는 불가산 명사이므로, 부정관사 a/an도 쓰지 않고 (e)s도 붙이지 않은 (a) baggage가 정답입니다.

어휘　suitcase[súːtkèis] 여행 가방　store[stɔːr] 보관하다

02 부정관사 관용 표현 채우기

A: The football team / lost / every game / this season. 　　그 축구팀은　　졌어요　 모든 시합에서　　이번 시즌에 B: Really? That's a shame! 　정말이요　　정말 안타깝네요	A: 그 축구팀은 이번 시즌에 모든 시합에서 졌어요. B: 정말이요? 정말 안타깝네요!

해설 That's 다음에 와서 '정말 안타깝다'라는 의미의 관용적 표현을 만드는 (b) a shame이 정답입니다.

어휘 football[fútbɔ̀ːl] 축구 season[síːzən] 시즌

03 현재분사 / 과거분사 구별하여 채우기

A: Did you hear / that Linda won the award? 　 당신은 들었나요　　 Linda가 그 상을 받았다는 것을 B: No, / but / it / sounds / like interesting news. 　아니요 하지만 그것은　들리네요　　흥미로운 소식처럼	A: 당신은 Linda가 그 상을 받았다는 것을 들었나요? B: 아니요, 하지만 그것은 흥미로운 소식처럼 들리네요.

해설 명사 news를 앞에서 수식할 수 있는 것은 분사 (b)와 (c)입니다. 꾸밈을 받는 명사 news와 interest가 능동의 의미인 '흥미로운 소식'으로 해석되므로 현재분사 (c) interesting이 정답입니다.

어휘 sound like ~처럼 들리다

04 가산 명사 / 불가산 명사 구별하여 채우기

A: How was / your journey / down the Amazon river? 　어땠나요　　 당신의 여행은　　아마존 강으로의 B: The entire trip / was / a disaster. 　　여행 전체가　　 실패였어요	A: 아마존 강으로의 여행은 어땠나요? B: 여행 전체가 실패였어요.

해설 보기의 disaster는 가산 명사이므로, 부정관사 a를 쓴 (b) a disaster가 정답입니다.

어휘 journey[dʒə́ːrni] 여행 entire[intáiər] 전체의

05 to 부정사를 취하는 동사 뒤에 to 부정사 채우기

The teacher / asked / the students / to place their books / 　그 선생님은　요청했다　 학생들에게　　그들의 책을 둘 것을 on the desks. 　책상 위에	그 선생님은 학생들에게 그들의 책을 책상 위에 둘 것을 요청했다.

해설 동사 asked, 목적어 the students 다음에 목적격 보어 자리가 비어 있습니다. ask는 to 부정사를 목적격 보어로 취하는 동사이므로 to 부정사 (b) to place가 정답입니다.

어휘 place[pleis] 두다, 놓다

06 가산 명사 / 불가산 명사 구별하여 채우기

The store / on the corner / sells / equipment / for home and 　그 가게는　　코너에 있는　　판다　　 장비를 office use. 가정과 사무실용의	코너에 있는 그 가게는 가정과 사무실용 장비를 판다.

해설 보기의 equipment(장비)는 불가산 명사이므로, 부정관사 a/an도 쓰지 않고 (e)s도 붙이지 않은 (b) equipment가 정답입니다.

07 정관사와 함께 쓰이는 표현 채우기

Thanksgiving / is / on the fourth Thursday / of November. 　추수 감사절은　있다　 넷째 목요일에　　　11월의	추수 감사절은 11월의 넷째 목요일이다.

해설   빈칸 뒤의 서수 fourth는 'the + 서수 + 명사'처럼 정관사 the와 함께 쓰이므로 정관사 (b) the가 정답입니다.

어휘   Thanksgiving[θæŋksgíviŋ] 추수 감사절

08 가산 명사/불가산 명사 구별이 틀린 문장 찾기

(a) People / have / different responses / to pain / depending
사람들은   가지고 있다   서로 다른 반응을   통증에 대해

on their gender. (b) This / was / the conclusion / reached /
그들의 성별에 따라   이것은   결론이었다   도달된

by researchers / after conducting a study / on pain reactions /
연구원들에 의해   연구를 수행한 후에   통증 반응에 대한

among people. (c) They / noticed / that men and women /
사람들 사이에서   그들은   알아챘다   남자와 여자가

showed / activity / in different parts of the brain / whenever
보였다는 것을   활동을   두뇌의 서로 다른 부분에서

pain was introduced. (d) The informations(→ information) /
통증이 전해질 때마다   정보는

gathered / from this research / may influence / the way /
축적된   이 연구로부터   영향을 미칠지도 모른다   방식에

people are medicatod.
사람들이 의료를 받는

(a) 사람들은 성별에 따라 통증에 대해 서로 다른 반응을 가지고 있다. (b) 이것은 연구원들이 사람들 사이에서 통증 반응에 대한 연구를 수행한 후에 도달한 결론이었다. (c) 그들은 통증이 전해질 때마다 남자와 여자가 두뇌의 서로 다른 부분에서 활동을 보였다는 것을 알아챘다. (d) 이 연구로부터 축적된 정보는 사람들이 의료를 받는 방식에 영향을 미칠지도 모른다.

해설   (d)에서 명사 informations는 불가산 명사이므로 's'를 붙이면 틀립니다. informations는 information으로 바뀌어야 맞습니다.

어휘   different[dífərənt] 서로 다른   response[rispáns] 반응   pain[pein] 통증   depending on ~에 따라   gender[dʒéndər] 성별, 성
conclusion[kənklú:ʒən] 결론   reach[ri:tʃ] 도달하다   conduct[kəndʌ́kt] 수행하다   reaction[riǽkʃən] 반응
gather[gǽðər] 축적하다   influence[ínfluəns] 영향을 끼치다   medicate[médəkèit] 의료를 베풀다

CHAPTER 12 대명사

텝스 실전 확인 문제

| POINT 1 인칭대명사   1. ⓑ   2. ⓑ | p.120 |

1. She / prepared / a dinner / for the guests. 그녀는 / 준비했다 / 저녁 식사를 / 손님들을 위해
2. He / himself / has asked / to meet / with the school principal. 그는 / 그 자신이 / 요구했다 / 만날 것을 / 그 학교 교장과

어휘   1. prepare[pripέər] 준비하다   guest[gest] 손님   2. principal[prínsəpəl] 교장

| POINT 2 지시대명사/지시형용사   1. ⓐ   2. ⓐ | p.121 |

1. Her dress / is / more expensive / than that of her friend. 그녀의 드레스는 / 더 비싸다 / 그녀의 친구 것보다
2. These cupcakes / were made / by my cousin. 이 컵케이크들은 / 만들어졌다 / 나의 사촌에 의해

어휘   1. expensive[ikspénsiv] 비싼   2. cousin[kʌ́zn] 사촌

| POINT 3 부정대명사/부정형용사   1. ⓑ   2. ⓐ | p.122 |

1. Mother / bought / another box / of cornflakes. 어머니는 / 샀다 / 또 다른 하나의 상자를 / 콘플레이크의

2. She / doesn't have / any idea / what to do. 그녀는 / 가지고 있지 않다 / 아무 생각도 / 무엇을 해야 할지

어휘 **1. another**[ənʌ́ðər] 또 다른 하나의　**2. idea**[aidíːə] 생각

POINT 4 대명사와 명사의 일치　　**1.** ⓑ　**2.** ⓐ　　　　　　　　　　　　　　　　p.123

1. Good students / make / their parents / proud. 우수한 학생들은 / 만든다 / 그들의 부모들을 / 자랑스럽게
2. Jennifer / left / her glasses / at home. Jennifer는 / 두고 왔다 / 그녀의 안경을 / 집에

어휘 **1. proud**[praud] 자랑스러운　**2. leave**[liːv] 두고 오다, 남기다

HACKERS PRACTICE
p.124

01 (b)　**02** (a)　**03** (a)　**04** (a)　**05** (b)　**06** (a)　**07** hers → her　**08** myself → himself
09 another plates → another plate　　**10** those program → that program / those programs
11 question → questions　　**12** its → their

01 This essay / is / about the effects / of climate change.
이 에세이는 / 영향에 관한 것이다 / 기후 변화의

02 You / can leave / a message / at the front desk.
당신은 / 남길 수 있습니다 / 메시지를 / 프런트에

03 Our products / are / better / than those of competing manufacturers.
우리 제품들은 / 더 좋습니다 / 경쟁 제조업체의 것들보다

04 The sales manager / received / some complaints / from clients.
판매 책임자는 / 받았다 / 몇몇 불만을 / 고객들로부터

05 My aunt / found / herself / locked out of the house.
나의 이모는 / 발견했다 / 그녀 자신이 / 집 밖에서 들어가지 못하게 된 것을

06 The town / will celebrate / its anniversary / tomorrow.
그 마을은 / 거행할 것이다 / 그것의 기념일을 / 내일

07 My sister / lost / her bracelet / at a friend's birthday party.
내 누이는 / 잃어버렸다 / 그녀의 팔찌를 / 친구의 생일 파티에서

08 The man / asked / himself / whether he should find a new job.
그 남자는 / 물어 보았다 / 그 자신에게 / 그가 새로운 직장을 찾아야 하는지를

09 Please / prepare / another plate / at the table / for our guest.
부디 / 준비해주세요 / 또 하나의 접시를 / 그 테이블에 / 우리의 손님을 위해

10 I / really / enjoyed / watching that program / on TV / about animals in the desert.
나는 / 정말로 / 즐겼다 / 그 프로그램을 보는 것을 / TV에서 / 사막에 있는 동물들에 대한

11 If you don't have any other questions, / then the interview is over.
만약 당신이 어떤 다른 질문도 없다면 / 그럼 인터뷰는 끝났습니다

12 The discovery of fire / allowed / humans / to cook their food / before eating it.
불의 발견은 / 허락했다 / 인간이 / 그들의 음식을 조리하도록 / 그것을 먹기 전에

어휘 **01 essay**[ései] 에세이, 수필　**02 leave**[liːv] 남기다　**03 manufacturer**[mæ̀njufǽktʃərər] 제조업체, 제조업자
04 receive[risíːv] 받다　**complaint**[kəmpléint] 불만　**05 lock out** (열쇠를 두고 나와) 들어가지 못하게 되다
06 celebrate[séləbrèit] (의식 등을) 거행하다　**anniversary**[æ̀nəvə́ːrsəri] 기념일　**07 bracelet**[bréislit] 팔찌
09 prepare[pripέər] 준비하다　**10 desert**[dézərt] 사막　**11 question**[kwéstʃən] 질문　**12 discovery**[diskʌ́vəri] 발견

01 (c)	**02** (a)	**03** (b)	**04** (c)	**05** (b)	**06** (a)	**07** (c)	**08** (d) satisfied → satisfying

01 적절한 부정대명사 채우기

A: I / need to order / a birthday cake. 전　주문해야 해요　생일 케이크를 B: Great! There / are / a variety of different ones / to pick from. 좋아요　많은 다양한 케이크들이 있습니다　선택할 수 있는	A: 전 생일 케이크를 주문해야 해요. B: 좋아요! 선택할 수 있는 많은 다양한 케이크들이 있습니다.

해설　'다양한 생일 케이크들이 있다'는 의미가 되어야 자연스럽고 A의 말에 이미 a birthday cake이 언급되었으므로, 앞에 나온 a birthday cake를 대신하는 부정대명사 one(s)가 와야 합니다. a variety of는 복수 가산 명사 앞에 오는 수량 표현으로 복수 명사를 대신하는 (c) ones가 정답입니다.

어휘　order[ɔ́ːrdər] 주문하다　different[dífərənt] 여러 가지의

02 적절한 부정형용사 채우기

A: I / don't have / a dog / at home. 저는 가지고 있지 않아요　개를　집에 B: I / don't keep / any pets / either. 저는 키우지 않아요　어떠한 애완 동물도　역시	A: 저는 집에 개가 없어요. B: 저 역시 어떠한 애완 동물도 키우지 않아요.

해설　'어떠한 애완 동물도 키우지 않는다'는 의미가 되어야 자연스럽고 don't가 쓰인 부정문이므로, '어떠한'을 의미하면서 부정문에 쓰이는 부정형용사 (a) any가 정답입니다.

어휘　pet[pet] 애완 동물

03 격에 맞는 인칭대명사 채우기

A: Did you deliver / the packages? 당신이 배달했나요　그 소포들을 B: Yes. I / left / them / with the receptionist. 네 저는 맡겼어요 그것들을　접수원에게	A: 당신이 그 소포들을 배달했나요? B: 네. 저는 그것들을 접수원에게 맡겼어요.

해설　'소포들을 접수원에게 맡겼어요'라는 의미가 되어야 자연스러우므로 빈칸에는 복수 명사 the packages를 대신하는 복수 대명사 (b) them이 정답입니다.

어휘　deliver[dilívər] 배달하다　package[pǽkidʒ] 소포　receptionist[risépʃənist] 접수원

04 동명사 자리 채우기

A: Why / won't you let / me / have / a beer? 왜　허락하지 않는 건가요　내가　마시도록　맥주를 B: Because / drinking beer / is / not good / for you. 왜냐하면　맥주를 마시는 것은　좋지 않거든요　당신에게	A: 왜 내가 맥주를 마시도록 허락하지 않는 건가요? B: 왜냐하면 맥주를 마시는 것은 당신에게 좋지 않거든요.

해설　동사 is 앞의 주어 자리가 비어 있습니다. 보기 중 주어 자리에 올 수 있는 동명사 (c) drinking이 정답입니다.

05 적절한 지시대명사 채우기

People / getting regular exercise / handle / stress / better / 사람들은　정기적으로 운동을 하는　다룬다　스트레스를　더 잘 than those / getting none at all. 사람들보다　전혀 아무것도 하지 않는	정기적으로 운동을 하는 사람들은 전혀 아무것도 하지 않는 사람들보다 스트레스를 더 잘 다룬다.

해설 빈칸 뒤의 분사 getting none at all의 꾸밈을 받으며 '전혀 아무것도 하지 않는 사람들'이란 의미를 만드는 지시대명사 (b) those가 정답입니다.

어휘 regular[régjulər] 정기적인 exercise[éksərsàiz] 운동 handle[hǽndl] 다루다

06 적절한 부정형용사 채우기

It / takes / hard work / to build a strong friendship / between 요한다　고된 노력을　　돈독한 우정을 쌓는 것은 you and another person. 당신과 다른 사람 사이에	당신과 다른 사람 사이에 돈독한 우정을 쌓는 것은 고된 노력을 요한다.

해설 '당신과 다른 사람 사이에 우정을 쌓는 것은 고된 노력을 요한다'는 의미가 되어야 자연스러우므로, '당신 외에 또 다른 사람'을 나타내는 부정형용사 another가 포함된 (a)와 (b)가 정답의 후보입니다. another는 단수 명사 앞에 오므로 단수 명사 person이 포함된 (a) another person이 정답입니다.

어휘 build[bild] 쌓다 friendship[fréndʃip] 우정

07 격에 맞는 인칭대명사 채우기

The retired mayor / was / proud / to have a street named 그 은퇴한 시장은　　자랑스러워했다　그의 이름을 딴 거리가 있다는 것을 after him.	그 은퇴한 시장은 그의 이름을 딴 거리가 있다는 것을 자랑스러워했다.

해설 인칭대명사 중 전치사 after의 목적어 자리에 올 수 있는 목적격 (c) him이 정답입니다.

어휘 retired[ritáiərd] 은퇴한 mayor[méiər] 시장 name after ~의 이름을 따서 명명하다

08 현재분사 / 과거분사 선택이 틀린 문장 찾기

(a) People / around the world / have begun / to openly criticize 사람들은　　전 세계의　　　시작했다 the US's policy on trade with Cuba. (b) South Americans / 쿠바와의 무역에 관한 미국의 정책을 공공연히 비판하는 것을　남미 사람들은 feel / unjustly punished / by the US / for having / economic 느낀다 '부당하게 혹사당하고 있다고　미국에 의해　가지는 것에 대해　경제적 이익을 interests / in Cuba. (c) The Europeans / believe / that the US's 쿠바에서　　유럽 사람들은　　믿는다 policy hurts international trade. (d) Truly, / a change / in US 미국의 정책이 국제 무역을 손상시킨다고　실로　변화는　미국 정책의 policy / would be / satisfied(→ satisfying) news / to many. 만족스러운 소식일 것이다　많은 사람들에게	(a) 전 세계 사람들은 쿠바와의 무역에 관한 미국의 정책을 공공연히 비판하기 시작했다. (b) 남미 사람들은 쿠바에서 경제적 이익을 가지는 것에 대해 미국에 의해 부당하게 혹사당하고 있다고 느낀다. (c) 유럽 사람들은 미국의 정책이 국제 무역을 손상시킨다고 믿는다. (d) 실로, 미국 정책의 변화는 많은 사람들에게 만족스러운 소식일 것이다.

해설 (d)에서 꾸밈을 받는 명사 news와 satisfy가 능동의 의미인 '만족스럽게 하는 소식'으로 해석되므로, 과거분사 satisfied는 현재분사 satisfying으로 바뀌어야 맞습니다.

어휘 openly[óupənli] 공공연히 criticize[krítisàiz] 비판하다 policy[páləsi] 정책 unjustly[ʌndʒʌ́stli] 부당하게
punish[pʌ́niʃ] 혹사하다

텝스 실전 확인 문제

POINT 1 형용사 자리   1. ⓑ   2. ⓐ   p. 128

1. He / makes / the final decision / on key issues. 그는 / 내린다 / 최종 결정을 / 핵심 쟁점에 대한
2. The assistant / is / responsible / for booking the appointments. 비서는 / 책임이 있다 / 약속을 예약하는 것에

어휘 1. final[fáinəl] 최종의 decision[disíʒən] 결정 issue[íʃuː] 쟁점
      2. assistant[əsístənt] 비서 book[buk] 예약하다 appointment[əpɔ́intmənt] 약속

POINT 2 수량 표현 형용사   1. ⓑ   2. ⓑ   p. 129

1. There / is / a little information / available / about the subject. 있다 / 적은 정보가 / 이용 가능한 / 그 주제에 대해
2. Make sure / you complete every item / on the survey. 확실히 하세요 / 모든 항목을 작성할 것을 / 조사표에 있는

어휘 1. available[əvéiləbl] 이용 가능한 subject[sʌ́bdʒikt] 주제   2. survey[sə́ːrvei] 조사표, 조사서

POINT 3 부사 자리   1. ⓑ   2. ⓐ   p. 130

1. The waiter / highly recommended / that we try this dish. 웨이터는 / 대단히 추천했다 / 우리가 이 요리를 먹어볼 것을
2. I / am / extremely proud / of my achievement. 나는 / 매우 자랑스럽다 / 나의 성취가

어휘 1. highly[háili] 대단히 recommend[rèkəménd] 추천하다
      2. extremely[ikstríːmli] 매우, 몹시 achievement[ətʃíːvmənt] 성취, 달성

POINT 4 강조 부사와 빈도 부사   1. ⓐ   2. ⓑ   p. 131

1. He / found / studying English / very interesting. 그는 / 깨달았다 / 영어를 공부하는 것이 / 매우 흥미롭다는 것을
2. My parents / often took / me / to the park / when I was young. 나의 부모님은 / 종종 데려갔다 / 나를 / 공원에 / 내가 어렸을 때

어휘 1. find[faind] 깨닫다, 알다 interesting[íntərəstiŋ] 흥미로운   2. park[pɑːrk] 공원

HACKERS PRACTICE   p. 132

01 (b)	02 (a)	03 (a)	04 (b)	05 (b)	06 (a)	07 visibly → visible	08 light very → very light
09 few → little	10 high → highly	11 typically → typical	12 go sometimes → sometimes go				

01 My music teacher / is / an incredibly talented violinist.
나의 음악 선생님은 / 대단히 재능 있는 바이올린 연주자이다

02 Many bats / feed / on fruits / rather than insects.
많은 박쥐들은 / 먹이로 한다 / 과일을 / 곤충보다는

03 The coach / was / careful / in selecting players / for the team.
코치는 / 신중했다 / 선수들을 선발하는 데에 / 그 팀을 위한

04 Increasingly, / students / are going / to universities / overseas.
점점 / 학생들이 / 가고 있다 / 대학을 / 해외로

05 The professor / made / helpful comments / on the paper.
교수님은 / 했다 / 도움이 되는 비평을 / 논문에 대한

06 People / should never drive / if they are feeling sleepy.
사람들은 / 절대 운전하지 말아야 한다 / 만약 그들이 졸음을 느끼고 있다면

07 The planet Venus / is / visible / from Earth / without the aid of a telescope.
금성은 / 육안으로 볼 수 있다 / 지구에서 / 망원경의 도움 없이

08 The pie / had / a very light filling / that was delicious.
그 파이는 / 가지고 있었다 / 굉장히 말랑말랑한 속을 / 맛있는

09 There / is / normally / little traffic / after ten o'clock in the morning.
보통은 / 교통량이 거의 없다 / 아침 10시 이후에는

10 The dolphin / is / a highly intelligent marine animal / with a well-developed social system.
돌고래는 / 대단히 총명한 해양 동물이다 / 잘 발달한 사회 체계를 지닌

11 The survey / showed / that a typical customer spends $50 / on every visit to the store.
그 조사는 / 보여주었다 / 전형적인 소비자는 50달러를 쓴다는 것을 / 상점에 갈 때마다

12 The children / sometimes / go / to the public library / when they have homework to do.
아이들은 / 때때로 / 간다 / 공공 도서관에 / 그들이 해야 할 숙제가 있을 때

어휘 **01** incredibly[inkrédəbli] 대단히, 굉장히 talented[tǽləntid] 재능 있는 **02** feed on ~을 먹이로 하다 insect[ínsekt] 곤충
03 careful[kɛ́ərfəl] 신중한, 조심스러운 select[silékt] 선발하다, 선택하다 player[pléiər] 선수
04 increasingly[inkríːsiŋli] 점점, 더욱 더 overseas[òuvərsíːz] 해외로 **05** comment[kámənt] 비평
07 planet[plǽnit] 행성 visible[vízəbl] 육안으로 볼 수 있는 aid[eid] 도움, 원조 telescope[téləskòup] 망원경
08 light[lait] (빵이) 말랑말랑한 delicious[dilíʃəs] 맛있는 **09** normally[nɔ́ːrməli] 보통은 traffic[trǽfik] 교통량
10 dolphin[dálfin] 돌고래 intelligent[intélidʒənt] 총명한, 지적인 marine[məríːn] 해양의, 바다의 social[sóuʃəl] 사회의
11 typical[típikəl] 전형적인 customer[kʌ́stəmər] 소비자 **12** public[pʌ́blik] 공공의, 공립의 library[láibrèri] 도서관

해커스 텝스 BASIC READING

HACKERS TEST

| **01** (b) | **02** (b) | **03** (b) | **04** (b) | **05** (c) | **06** (a) | **07** (a) angrily → angry |

08 (d) interesting → interested

01 수량 표현 형용사 채우기

A: Do you listen / to rock music? 당신은 듣나요 록 음악을 B: Yes, / but / there / are / very few bands / that I like. 네 하지만 밴드들은 거의 없어요 제가 좋아하는	A: 당신은 록 음악을 듣나요? B: 네, 하지만 제가 좋아하는 밴드들은 거의 없어요.

해설 빈칸 뒤의 복수 명사 bands와 함께 쓰일 수 있는 수량 표현 형용사 **(b)** few가 정답입니다.

어휘 band[bænd] 밴드, 악단

02 적절한 강조 부사 채우기

A: Would you like / some soda? 원하시나요 음료수를 조금 B: Yes. I'm / quite thirsty. 네 저는 꽤 목말라요	A: 음료수를 조금 드시겠어요? B: 네. 저는 꽤 목말라요.

Chapter 13 형용사와 부사 **47**

해설 보기 중 빈칸 뒤의 형용사 thirsty를 꾸미는 것은 부사이므로 부사인 (b)와 (c)가 정답의 후보입니다. 문맥상 '꽤 목마른'이라는 의미가 되어야 하므로 '꽤'를 뜻하는 강조 부사 (b) quite이 정답입니다. 참고로 (c)는 비교급 앞에서 '훨씬'을 뜻하므로 문맥상 적절하지 않아 오답입니다.

어휘 thirsty[θə́ːrsti] 목마른

03 동명사를 목적어로 취하는 동사 뒤에 동명사 채우기

A: Listen, / I / might be / a little late. 　있잖아요 저는　　　　조금 늦을지도 몰라요 B: That's / OK. I / don't mind / waiting. 　그것은 괜찮아요 저는 신경 쓰지 않아요 기다리는 것을	A: 있잖아요, 저는 조금 늦을지도 몰라요. B: 그것은 괜찮아요. 저는 기다리는 것을 신경 쓰지 않아요.

해설 동사 mind 다음에 목적어 자리가 비어 있습니다. mind는 동명사를 목적어로 취하는 동사이므로 동명사 (b) waiting이 정답입니다.

어휘 listen[lisn] (감탄사적으로) 있잖아요 mind[maind] 신경 쓰다, 꺼림칙하게 생각하다

04 올바른 순서로 빈도 부사와 동사 채우기

New employees / must usually take / six weeks / of training / 　신입 사원들은　　보통 받아야 합니다　　6주를　　　교육의 before they work at the head office. 　그들이 본사에서 일하기 전에	신입 사원들은 본사에서 일하기 전에 보통 6주간의 교육을 받아야 합니다.

해설 빈도부사 usually가 조동사 must 뒤에 와서 must usually의 순서로 온 (b) must usually take가 정답입니다.

어휘 head office 본사, 본점

05 올바른 순서로 부사와 형용사 채우기

As part of the hotel's renovation, / every room / will be 　호텔 개조의 일환으로　　　　　　모든 객실은 redesigned / with completely new furnishings. 　재설계될 것입니다　　완전히 새로운 가구들로	호텔 개조의 일환으로, 모든 객실은 완전히 새로운 가구들로 재설계될 것입니다.

해설 전치사 with 다음의 명사 자리가 비어 있고 보기에 모두 부사 completely, 형용사 new, 명사 furnishings가 있습니다. 부사는 형용사 앞에서, 형용사는 명사 앞에서 수식해주므로 '부사 + 형용사 + 명사' 순서로 온 (c) completely new furnishings가 정답입니다.

어휘 redesign[rìːdizáin] 재설계하다

06 수량 표현 형용사 채우기

We / learned / in science class / that all objects are made 　우리는　배웠다　　과학 수업에서 up of matter. 모든 물체들은 물질로 구성되어 있다고	우리는 과학 수업에서 모든 물체들은 물질로 구성되어 있다고 배웠다.

해설 보기 중 빈칸 뒤의 복수 명사 objects와 함께 쓰일 수 있는 수량 표현 형용사는 가산 명사, 불가산 명사와 함께 모두 쓰일 수 있는 (a) all 입니다.

어휘 object[ábdʒikt] 물체, 물건 be made up of ~으로 구성되다

07 형용사 자리에 부사가 와서 틀린 문장 찾기

(a) A: Mr. Burdon / was / angrily(→ angry) / with Liz, / wasn't he? 　　Mr. Burdon은　　　화났었죠　　　Liz에게　　그렇지 않았나요 (b) B: Yes, / he / was / unhappy / that she had missed / 　　네　그는　언짢아했어요　　그녀가 지키지 못했다는 것에 　　　the deadline for the report. 　　　보고서의 최종 기한을　　　　　　　　　　○	(a) A: Mr. Burdon은 Liz에게 화났었죠, 그렇지 않았나요? (b) B: 네, 그는 그녀가 보고서의 최종 기한을 지키지 못했다는 것에 언짢아했어요.

(c) A: How / did Liz react?
어떻게 Liz는 반응했나요

(d) B: Oh, / she's / fine / now. She / was / able / to finish
오   그녀는 괜찮아요 이제 그녀는   할 수 있었어요

the report / in a hurry.
보고서를 끝내는 것을 급히

(c) A: Liz는 어떻게 반응했나요?

(d) B: 오, 그녀는 이제 괜찮아요. 그녀는 급히 보고서를 끝낼 수 있었어요.

해설 (a)에서 동사 was 뒤의 형용사 자리에 부사 angrily가 와서 틀립니다. 동사 was 다음의 보어 자리에 오는 것은 형용사이므로 부사 angrily는 형용사 angry로 바뀌어야 맞습니다.

어휘 miss[mis] (약속·의무 등을) 지키지 못하다 deadline[dédlàin] 최종 기한 react[riǽkt] 반응하다 in a hurry 급히

08 현재분사 / 과거분사 선택이 틀린 문장 찾기

(a) The College of Art / is accepting / applications / for its
예술 대학은   받고 있습니다   신청을

annual exchange program. (b) The program / includes / two
연간 교환 프로그램의   프로그램은   포함합니다

months of / intensive art studies / in a major European city.
두 달간의   집중적인 예술 학습을   주요 유럽 도시에서의

(c) Destinations / this year / include / the cities / of Barcelona,
목적지들은   올해의   포함합니다 도시들을

Brussels, Vienna, and Cologne. (d) The college dean /
바르셀로나, 브뤼셀, 비엔나 그리고 쾰른과 같은   대학 학장이

will be holding / a brief talk / in the auditorium / for students /
개최할 것입니다   짧막한 강연을   강당에서   학생들을 위해

interesting(→ interested) in the program.
프로그램에 흥미가 있는

(a) 예술 대학은 연간 교환 프로그램의 신청을 받고 있습니다. (b) 프로그램은 주요 유럽 도시에서의 두 달간의 집중적인 예술 학습을 포함합니다. (c) 올해의 목적지들은 바르셀로나, 브뤼셀, 비엔나 그리고 쾰른과 같은 도시들을 포함합니다. (d) 대학 학장이 프로그램에 흥미가 있는 학생들을 위해 강당에서 짧막한 강연을 개최할 것입니다.

해설 (d)에서 꾸밈을 받는 명사 students와 interest가 수동의 의미인 '흥미를 느끼게 된 학생들'로 해석되므로, 현재분사 interesting은 과거분사 interested로 바뀌어야 맞습니다.

어휘 application[æ̀pləkéiʃən] 신청, 지원 annual[ǽnjuəl] 연간의, 해마다의 intensive[inténsiv] 집중적인
destination[dèstənéiʃən] 목적지 dean[di:n] 학장 auditorium[ɔ̀:ditɔ́:riəm] 강당

CHAPTER
14 전치사

텝스 실전 확인 문제

POINT 1 전치사 자리 1. ⓑ 2. ⓑ p.136

1. The articles / were submitted / for correction. 기사들이 / 제출되었다 / 교정을 위해

2. Space tourism / is moving / closer / to reality. 우주 여행이 / 나아가고 있다 / 더 가까이 / 현실에

어휘 1. article[á:rtikl] (신문·잡지의) 기사 submit[səbmít] 제출하다 correction[kərékʃən] 교정, 수정
2. space tourism 우주 여행 close[klous] 가까운 reality[ri:ǽləti] 현실

POINT 2 시간 전치사 1. ⓑ 2. ⓐ p.137

1. Latin dance classes / start / at 10 a.m. 라틴 댄스 강습은 / 시작한다 / 오전 10시에

2. Mr. Lawrence / has stopped / smoking / for a month. Mr. Lawrence는 / 중단해왔다 / 담배 피우는 것을 / 한 달 동안

어휘 **2.** stop[stɑp] 중단하다, 멈추다

POINT 3 장소 · 위치 · 방향 전치사 **1.** ⓑ **2.** ⓐ   p.138

1. My younger sister / is living / in New York. 나의 여동생은 / 살고 있다 / 뉴욕에
2. The parking lot / is located / between the two buildings. 주차장은 / 위치해 있다 / 두 건물 사이에

어휘 **1.** live[liv] 살다 **2.** parking lot 주차장

POINT 4 기타 전치사 **1.** ⓑ **2.** ⓐ   p.139

1. The budget / was approved / by the director. 예산안은 / 승인되었다 / 이사에 의해
2. The students / asked / questions / about a field trip. 학생들은 / 물었다 / 질문을 / 견학에 대해

어휘 **1.** budget[bʌ́dʒit] 예산안 approve[əprúːv] 승인하다 **2.** field trip 견학

HACKERS PRACTICE   p.140

01 (b)	**02** (a)	**03** (a)	**04** (b)	**05** (a)	**06** (b)	**07** for → during	**08** On → Despite
09 at → in	**10** between → among		**11** respond → response		**12** about → by		

01 The company / was / able to lower / its cost of production.
회사는 / 낮출 수 있었다 / 그것의 생산 비용을

02 Hotel rates / are / cheaper / in December.
호텔 요금은 / 더 싸다 / 12월에

03 I / sent / a message / to the manager.
나는 / 보냈다 / 메시지를 / 부장에게

04 Nowadays, / very few people / watch / television shows / about history.
요즈음에는 / 극소수의 사람들이 / 시청한다 / 텔레비전 쇼를 / 역사에 대한

05 Dr. Starks / advised / his patient / to take the medicine / for two weeks.
Dr. Starks는 / 권했다 / 그의 환자에게 / 약을 복용할 것을 / 2주 동안

06 A car / will be waiting / to pick you up / at the station / when you arrive.
차 한 대가 / 대기하고 있을 것입니다 / 당신을 태우기 위해 / 역에서 / 당신이 도착하면

07 It / takes / motorists / about an hour / to get to work / during rush hour.
걸린다 / 자동차 운전자들은 / 한 시간 정도 / 직장에 도착하는 데 / 러시아워 동안에

08 Despite the heavy traffic, / they / arrived / on time.
많은 교통량에도 불구하고 / 그들은 / 도착했다 / 정시에

09 People / come / from all over the world / to live and work / in America.
사람들은 / 온다 / 전 세계에서 / 살고 일하기 위해 / 미국에서

10 According to a study, / diabetes / has become / more common / among young children.
조사에 따르면 / 당뇨병이 / 되었다 / 더욱 흔하게 / 어린 아이들 사이에서

11 The company / revised / its return policy / in response / to several customer complaints.
회사는 / 개정했다 / 회사의 환불 방침을 / 대응으로 / 몇몇의 고객 불만에 대한

12 All the students / must hand in / their final book reports / by Wednesday morning.
모든 학생들은 / 제출해야 한다 / 그들의 최종 독후감을 / 수요일 아침까지

HACKERS TEST

p. 141

01 (b)   **02** (a)   **03** (d)   **04** (c)   **05** (d)   **06** (b)   **07** (a)   **08** (d) health → healthy

01 적절한 전치사 채우기

A: Did Ben tell / you / he won? Ben이 말했나요 당신에게 그가 이겼다고 B: No. He / didn't say / anything / about it. 아뇨 그는 말하지 않았어요 아무것도 그것에 관하여	A: Ben이 이겼다고 당신에게 말했나요? B: 아뇨. 그는 그것에 관하여 아무것도 말하지 않았어요.

해설 '그것에 관하여 말하지 않았다'라는 의미가 되어야 자연스러우므로 '~에 관하여'를 뜻하는 전치사 (b) about이 정답입니다.

02 적절한 전치사 채우기

A: Did a package arrive / for me? 소포가 도착했나요 저에게 B: Yes, / it's / on your table. 네 그것은 있어요 당신의 탁자 위에	A: 저에게 소포가 도착했나요? B: 네, 그것은 당신의 탁자 위에 있어요.

해설 '소포가 탁자 위에 있다'라는 의미가 되어야 자연스러우므로 '~ 위에'를 뜻하는 전치사 (a) on이 정답입니다.

어휘 package[pǽkidʒ] 소포, 꾸러미

03 적절한 전치사 채우기

A: Sam's five-year-old daughter / plays / the piano / well. Sam의 다섯 살배기 딸은 쳐요 피아노를 잘 B: She's / very talented / for her age. 그녀는 무척 재능이 있지요 그녀의 나이에 비해서	A: Sam의 다섯 살배기 딸은 피아노를 잘 쳐요. B: 그녀는 나이에 비해서 무척 재능이 있지요.

해설 '나이에 비해서 재능이 있다'라는 의미가 되어야 자연스러우므로 '~에 비해서'를 뜻하는 전치사 (d) for가 정답입니다.

어휘 talented[tǽləntid] 재능이 있는

04 가산 명사·불가산 명사와 함께 쓰는 수량 표현 형용사 채우기

A: Did you find out / what happened? 당신은 알아냈나요 무슨 일이 일어났는지 B: No, / I've heard little news / about it. 아니요 저는 소식을 거의 듣지 못했어요 그것에 대한	A: 당신은 무슨 일이 일어났는지 알아냈나요? B: 아니요, 저는 그것에 대한 소식을 거의 듣지 못했어요.

해설 빈칸 뒤에 불가산 명사 news와 함께 쓰일 수 있는 수량 표현 형용사 (c) little이 정답입니다.

어휘 find out 알아내다

05 적절한 전치사 채우기

| Management / decided / to extend the special offer on
　경영진은　　　결정했다　　프린터 특가 판매 기간을 연장하기로

printers / until the end of the month.
　　　　　이달 말까지 | 경영진은 프린터 특가 판매 기간을 이달 말까지 연장하기로 결정했다. |

해설　특가 판매 기간이 계속되다가 이달 말에 종료된다는 의미이므로 상황이 계속되다가 종료되는 것을 나타내는 전치사 (d) until이 정답입니다. (a) by는 until과 똑같이 '~까지'로 해석하지만 마감이나 기한을 나타낼 때 쓰므로 틀립니다.

어휘　management[mǽnidʒmənt] 경영진, 회사　extend[iksténd] 연장하다, 늘이다　special offer 특가

06 분사 자리 채우기

| The woman / was surprised / to find a gift wrapped in blue
　여자는　　　　놀랐다　　　파란색 포장지로 싸인 선물을 발견하고는

paper. | 여자는 파란색 포장지로 싸인 선물을 발견하고는 놀랐다. |

해설　주어 The woman, 동사 was surprised를 갖춘 완전한 문장에서, 수식어 자리에 올 수 있는 것은 분사 (b)와 전치사구 (c)입니다. 문맥상 '파란색 포장지로 싸인 선물'이라는 뜻이 되어야 자연스러우므로 (b) wrapped in blue paper가 정답입니다.

어휘　surprised[sərpráizd] 놀란　gift[gift] 선물　wrap[ræp] 싸다, 감싸다, 두르다

07 적절한 전치사 채우기

| Oil prices / in Europe / decreased / by 15 percent / in May /
　유가가　　　유럽의　　하락했다　15퍼센트만큼　　5월에

due to excess supplies.
　초과 공급 때문에 | 초과 공급 때문에 5월에 유럽의 유가가 15퍼센트만큼 하락했다. |

해설　'15퍼센트만큼 하락했다'라는 의미가 되어야 자연스러우므로 '~만큼'을 뜻하는 전치사 (a) by가 정답입니다.

어휘　oil[ɔil] 석유, 기름　excess[iksés] 초과; 과잉

08 형용사 자리에 명사가 와서 틀린 문장 찾기

| (a) Scientists / believe / that the average human lifespan / could
　과학자들은　　믿는다　　　　인간의 평균 수명이

increase rapidly / over the coming decades. (b) Thirty years
　급속히 연장될 수 있다고　　다가올 몇십 년 동안　　　　　30년 전

ago, / our parents / normally lived / to be around 65 years of
　　　우리의 부모님들은　　보통 사셨다　　약 65세가 되실 때까지

age. (c) Our generation / can expect / to live / to around
　　　우리 세대는　　기대할 수 있다　살 것을

70 to 80 years. (d) However, / with advances in medical
약 70년에서 80년까지　　그러나　　　의학 기술의 진보로

technology, / and / a health(→ healthy) lifestyle, / our children /
　　　　　그리고　　건강한 생활 양식으로　　　우리 아이들은

could live / to be 100.
살 수 있을 것이다 100살이 될 때까지 | (a) 과학자들은 인간의 평균 수명이 다가올 몇십 년 동안 급속히 연장될 수 있다고 믿는다. (b) 30년 전, 우리의 부모님들은 보통 약 65세가 되실 때까지 사셨다. (c) 우리 세대는 약 70년에서 80년까지 살 것을 기대할 수 있다. (d) 그러나, 의학 기술의 진보와 건강한 생활 양식으로, 우리 아이들은 100살이 될 때까지 살 수 있을 것이다. |

해설　(d)에서 명사 lifestyle을 명사 health가 수식하면 틀립니다. 명사를 수식하는 것은 형용사이므로, 명사 health는 형용사 healthy로 바꾸어야 맞습니다.

어휘　average[ǽvəridʒ] 평균의　lifespan[láifspæ̀n] 수명　rapidly[rǽpidli] 급속히　around[əráund] 약
　　generation[dʒènəréiʃən] 세대　advance[ædvǽns] 진보　lifestyle[làifstáil] 생활 양식

CHAPTER 15 등위접속사와 상관접속사

텝스 실전 확인 문제

POINT 1 등위접속사   **1.** ⓑ   **2.** ⓑ   p. 144

1. Green / or / yellow paint / would look / perfect / on that wall. 녹색 / 또는 / 노란색 페인트가 / 보일 것이다 / 완벽하게 / 저 벽에
2. Michael / and / Sarah / will attend / the meeting. Michael / 그리고 / Sarah는 / 참석할 것이다 / 회의에

POINT 2 상관접속사   **1.** ⓐ   **2.** ⓑ   p. 145

1. The movie / was / neither funny nor exciting. 영화는 / 웃기지도 흥미진진하지도 않았다
2. She / not only passed the test but got the highest score. 그녀는 / 시험에 합격했을 뿐만 아니라 최고점을 받았다

어휘   **1.** funny[fʌ́ni] 웃긴, 우스운   **2.** pass[pæs] 합격하다

HACKERS PRACTICE
p. 146

01 (b)   **02** (a)   **03** (b)   **04** (b)   **05** (a)   **06** (a)   **07** yet → or   **08** so → but

09 or also → but also   **10** but → and   **11** nor → and 또는 both → neither

12 and → or 또는 Either → Both

01 You / can dress / formally / or / casually / for the event.
당신은 / 옷을 입을 수 있습니다 / 정식으로 / 혹은 / 약식으로 / 그 행사를 위해

02 The client / couldn't come, / so / the meeting / was canceled.
의뢰인은 / 올 수 없었다 / 그래서 / 회의가 / 취소되었다

03 Either Dan or Mark / will be singing / at the wedding.
Dan이나 Mark 둘 중 한 사람이 / 노래할 것이다 / 결혼식에서

04 The meal / we had / was / not only delicious but also inexpensive.
식사는 / 우리가 먹었던 / 맛이 좋았을 뿐만 아니라 비싸지도 않았다

05 We / had / a nice time / on our vacation, / but / it / was / too short.
우리는 / 보냈다 / 유쾌한 시간을 / 휴가 중에 / 그러나 / 그것은 / 너무 짧았다

06 Running and lifting weights / are / good / for your health.
달리기와 역기 들기는 / 유익하다 / 당신의 건강에

07 Do you want / to go straight to the party / or / should we eat / first?
당신은 원하나요 / 파티에 곧장 가기를 / 아니면 / 우리는 먹을까요 / 먼저

08 I / left / several messages / for the managers / but / never heard back / from them.
나는 / 남겼다 / 몇 개의 메시지를 / 그 부장들에게 / 그러나 / 한 번도 회답을 받지 못했다 / 그들에게서

09 Regular exercise / is / good / not only for the body but also for the mind.
규칙적인 운동은 / 유익하다 / 신체 뿐만 아니라 정신에도

10 The program / has / many new features, / and / you / may download / it / from our Web site.
그 프로그램은 / 가지고 있습니다 / 많은 새로운 볼거리를 / 그리고 / 당신은 / 다운로드 받아도 됩니다 / 그것을 / 저희 웹사이트에서

GRAMMAR

해커스 텝스 BASIC READING

11 Critics / thought / the author's new book / was / both interesting and well-written.
비평가들은 / 생각했다 / 그 작가의 신간이 / 흥미롭고 잘 쓰여졌다고

Critics / thought / the author's new book / was / neither interesting nor well-written.
비평가들은 / 생각했다 / 그 작가의 신간이 / 흥미롭지도 않고 잘 쓰여지지도 않았다고

12 Either eating the right food or getting enough sleep / can give / you / energy.
적절한 음식을 먹는 것과 충분한 잠을 자는 것 중 하나는 / 줄 수 있다 / 당신에게 / 기력을

Both eating the right food and getting enough sleep / can give / you / energy.
적절한 음식을 먹는 것과 충분한 잠을 자는 것 둘 다가 / 줄 수 있다 / 당신에게 / 기력을

어휘 **01** dress[dres] 옷을 입다, 옷차림을 하다 formally[fɔ́ːrməli] 정식으로 casually[kǽʒjuəli] 약식으로; 우연히
02 client[kláiənt] 의뢰인, 고객 cancel[kǽnsəl] 취소하다 **03** sing[siŋ] 노래하다 wedding[wédiŋ] 결혼식
04 meal[miːl] 식사 delicious[dilíʃəs] 맛좋은 inexpensive[ìnikspénsiv] (별로) 비싸지 않은
05 nice[nais] 유쾌한, 기분 좋은 vacation[veikéiʃən] 휴가 short[ʃɔːrt] 짧은 **06** lift[lift] 들다, 들어올리다 good[gud] 유익한
07 straight[streit] 곧장, 직접 **08** several[sévərəl] 몇 개의, 몇 번의
09 regular[régjulər] 규칙적인, 정기적인 exercise[éksərsàiz] 운동 mind[maind] 정신, 마음
10 feature[fíːtʃər] 볼거리, 특별 프로 **11** critic[krítik] 비평가 author[ɔ́ːθər] 작가, 저자 **12** right[rait] 적절한, 적당한

HACKERS TEST

01 (c)   **02** (a)   **03** (b)   **04** (b)   **05** (a)   **06** (b)   **07** (c)   **08** (c) but → and

01 적절한 등위접속사 채우기

A: Is that the watch / your father gave you? 　　그것이 시계인가요　　당신의 아버지께서 당신에게 주신 B: Yeah, / it's / old, / but / it / still works. 　　네　　이것은　오래되었어요　그렇지만 이것은 여전히 작동해요	A: 그것이 당신의 아버지께서 당신에게 주신 시계인가요? B: 네, 이것은 오래되었지만, 여전히 작동해요.

해설 문맥상 '오래되었지만, 여전히 작동한다'라는 의미가 되어야 자연스러우므로 '그러나'를 뜻하는 등위접속사 **(c) but**이 정답입니다.

어휘 old[ould] 오래된, 헌 work[wərk] 작동하다, 움직이다

02 적절한 부정형용사 채우기

A: Do you need / any more items / from this section? 　　당신은 필요신가요　어떤 다른 품목이　　이 코너에서 B: No, thanks. I'm / good. 　　아닙니다　저는　괜찮아요	A: 당신은 이 코너에서 어떤 다른 품목이 필요하신 가요? B: 아닙니다. 저는 괜찮아요.

해설 의문문이면서 문맥상 '어떤 다른 품목'이라는 의미가 되어야 하므로, 의문문에 쓰이면서 '어떤'을 뜻하는 부정형용사 **(a) any**가 정답입니다.

어휘 item[áitəm] 품목

03 적절한 등위접속사 채우기

A: Why / don't you smoke / anymore? 　　왜　　담배를 피우지 않나요　　더 이상 B: I / was having / breathing problems / so / I / quit. 　　저는　　겪었어요　　호흡 곤란을　　그래서 저는 끊었어요	A: 왜 더 이상 담배를 피우지 않나요? B: 저는 호흡 곤란을 겪어서 끊었어요.

해설 문맥상 '호흡 곤란을 겪어서 담배를 끊었다'라는 의미가 되어야 자연스러우므로 '그래서'를 뜻하는 등위접속사 **(b) so**가 정답입니다.

어휘 smoke[smouk] 담배를 피우다 anymore[ènimɔ́ːr] 더 이상, 이제는 breathing[bríːðiŋ] 호흡

54 텝스 온라인 실전모의고사 HackersIngang.com

04 적절한 등위접속사 채우기

A: Did you go out / last night / with the people / from your office? 　당신은 외출했나요　어젯밤에　　사람들과　　　당신 사무실의 B: No, / I / worked late and was very tired. 　아뇨　저는　늦게까지 일했고 몹시 피곤했어요	A: 당신은 어젯밤에 당신 사무실의 사람들과 외출했나요? B: 아뇨, 저는 늦게까지 일했고 몹시 피곤했어요

해설　문맥상 '나는 늦게까지 일했고 몹시 피곤했다'라는 의미가 되어야 자연스러우므로 '그리고'를 뜻하는 (b) and가 정답입니다.

어휘　go out 외출하다　office[ɔ́:fis] 사무실

05 적절한 상관접속사 채우기

In the Hawaiian language, / the greeting "aloha" / can be 　　하와이 말에서　　　　　'aloha'라는 인사는　　　이해될 수 있다 understood / as either hello or goodbye. 　　　'안녕하세요' 나 '안녕히 가세요' 중 하나로	하와이 말에서 'aloha'라는 인사는 '안녕하세요'나 '안녕히 가세요' 중 하나로 이해될 수 있다.

해설　보기에 모두 either와 or가 있으므로 either A or B를 순서에 맞게 쓰는 문제임을 알 수 있습니다. 따라서 either ~ or ~ 순서로 온 (a) either hello or goodbye가 정답입니다.

어휘　Hawaiian[həwáijən] 하와이의　greeting[grí:tiŋ] 인사, 인사장

06 적절한 전치사 채우기

In the year 2022, / the Islamic holy month / will begin / 　　2022년에는　　　　이슬람교의 성월이　　　시작될 것이다 on August 22. 　8월 22일에	2022년에는 이슬람교의 성월이 8월 22일에 시작될 것이다.

해설　'8월 22일에'라는 의미가 되어야 하며 빈칸 뒤에 날짜인 August 22가 있으므로, '~에'를 뜻하면서 날짜 앞에 쓸 수 있는 전치사 (b) on이 정답입니다.

어휘　Islamic[ísləmik] 이슬람교의　begin[bigín] 시작되다

07 적절한 등위접속사 채우기

Singapore / is / a small country, / yet / it / is / 　싱가포르는　작은 나라이다　　그러나 그것은 among the richest / in the world. 가장 부유한 나라 중 하나이다　세계에서	싱가포르는 작은 나라지만, 세계에서 가장 부유한 나라 중 하나이다.

해설　문맥상 '작은 나라지만, 세계에서 가장 부유한 나라 중 하나이다'라는 의미가 되어야 자연스러우므로 '그러나'를 뜻하는 등위접속사 (c) yet이 정답입니다.

08 적절하지 않은 등위접속사가 와서 틀린 문장 찾기

(a) A: Have you met / my friend Chelsea / yet? 　　　당신은 만난 적이 있나요　내 친구 Chelsea를　이미 (b) B: Hmm... Is she the girl / with short, brown hair? 　　　음...　그녀는 그 소녀인가요　짧은 갈색 머리를 가진 (c) A: Actually, / Chelsea / has / red hair / but(→ and) / she / 　　　사실　　Chelsea는 가졌어요 빨간 머리를　　그리고　　그녀는 is very tall. 매우 키가 커요 (d) B: Oh, / then / I / don't think / I know her. 　　　아,　그럼 저는 생각하지 않아요 제가 그녀를 안다고	(a) A: 당신은 내 친구 Chelsea를 이미 만난 적이 있나요? (b) B: 음... 그녀는 짧은 갈색머리를 가진 소녀인가요? (c) A: 사실, Chelsea는 빨간 머리를 가졌고 매우 키가 커요. (d) B: 아, 그럼 저는 제가 그녀를 안다고 생각하지 않아요.

해설 (c)는 '빨간 머리를 가졌고 매우 키가 크다'라는 문맥이 되어야 자연스러우므로 '그러나'를 뜻하는 등위접속사 but이 오면 어색한 의미가 되어 틀립니다. but은 '그리고'를 뜻하는 and로 바뀌어야 맞습니다.

어휘 **yet**[jét] 이미

CHAPTER 16 명사절

텝스 실전 확인 문제

POINT 1 명사절 자리　　**1.** ⓑ　　**2.** ⓐ　　　　　　　　　　　　p. 150

1. I / don't know / if I can handle the problem. 나는 / 모른다 / 내가 그 문제를 다룰 수 있을지

2. Brian / heard / that his daughter passed the exam. Brian은 / 들었다 / 그의 딸이 시험에 합격했다는 것을

어휘 **1. handle**[hǽndl] 다루다　　**2. pass the exam** 시험에 합격하다

POINT 2 명사절 접속사 1: that · if / whether　　**1.** ⓐ　　**2.** ⓐ　　　　　　p. 151

1. The board of directors / is deciding / whether or not they will reopen the store.
이사회는 / 결정하고 있다 / 그들이 다시 상점을 열지, 열지 않을지

2. Susan / knows / that you will come to the party. Susan은 / 알고 있다 / 네가 파티에 올 것을

어휘 **1. decide**[disáid] 결정하다　**reopen**[ri:óupən] 다시 열다　　**2. party**[pá:rti] 파티, 모임

POINT 3 명사절 접속사 2: 의문사 · 복합관계대명사　　**1.** ⓑ　　**2.** ⓑ　　　　p. 152

1. A customer / is asking / where the manager can be found. 한 고객이 / 묻고 있다 / 부장을 어디에서 찾을 수 있는지

2. Whatever was left of the food / was stored / in the refrigerator. 그 음식 중에 남은 것은 무엇이든 / 보관되었다 / 냉장고에

어휘 **1. manager**[mǽnidʒər] 부장　　**2. leave**[li:v] 남기다　**store**[stɔːr] 보관하다　**refrigerator**[rifrídʒərèitər] 냉장고

POINT 4 what vs. that　　**1.** ⓐ　　**2.** ⓑ　　　　　　　　　　　　　　p. 153

1. Heavy traffic / is / what bothers motorists most. 극심한 교통량은 / 자동차 운전자들을 가장 많이 괴롭히는 것이다

2. We / hope / that you have a great vacation. 우리는 / 바란다 / 당신이 휴가를 잘 보내기를

어휘 **1. traffic**[trǽfik] 교통량　**bother**[báðər] 괴롭히다, 귀찮게 하다　**motorist**[móutərist] 자동차 운전자　**most**[moust] 가장 많이
　　2. vacation[veikéiʃən] 휴가

HACKERS PRACTICE　　　　　　　　　　　　　　　　　　　　　　p. 154

01 (b)　　**02** (a)　　**03** (b)　　**04** (a)　　**05** (b)　　**06** (b)

07 which → where / when / why / how / whether / if　　**08** why or not → whether or not 또는 why

09 who → when　　**10** what → that / why　　**11** that → what　　**12** whichever → whoever

01 The engineer / determined / where construction should begin.
기사는 / 결정했다 / 어디에서 건설 공사가 시작되어야 하는지

02 That he is not reliable / is / obvious.
그가 믿을만하지 못하다는 것은 / 명백하다

03 Whoever decorated your home / deserves / praise / for their elegant taste.
누구든 당신의 집을 장식한 사람은 / 받을 만하다 / 칭찬을 / 고상한 취향에 대해

04 I / want / to know / if the treatment is safe.
나는 / 원한다 / 알기를 / 그 치료제가 안전한지 아닌지

05 The lawyers / are wondering / when the judge will decide on the case.
변호사들은 / 궁금해한다 / 언제 판사가 사건에 대해 판결할지

06 The director / explained / why Mr. Davis left so early.
감독은 / 설명했다 / 왜 Mr. Davis가 그렇게 일찍 떠났는지

07 The customer / asked / me / where the event will be held.
고객은 / 물었다 / 나에게 / 어디에서 그 행사가 열릴지

08 Indicate / on the form / whether or not you have traveled outside the country.
표시하세요 / 서식에 / 당신이 해외여행을 간 적이 있는지 없는지

Indicate / on the form / why you have traveled outside the country.
표시하세요 / 서식에 / 당신이 왜 해외여행을 갔는지

09 Mr. Campbell / hasn't decided / when he would retire from the company.
Mr. Campbell은 / 결정하지 않았다 / 언제 그가 회사에서 은퇴할지

10 The students / understand / that their grades are important for the future.
학생들은 / 이해한다 / 그들의 점수가 미래를 위해 중요하다는 것을

11 I was asked / what the difference between management and leadership was.
나는 / 질문을 받았다 / 경영과 통솔의 차이가 무엇인지

12 First prize / will be given / to whoever finishes with the highest score.
1등상은 / 주어질 것이다 / 누구든 가장 높은 득점으로 끝난 사람에게

어휘 **01** engineer[èndʒəníər] 기사 determine[ditə́ːrmin] 결정하다 construction[kənstrʌ́kʃən] 건설 공사 begin[bigín] 시작되다
02 reliable[riláiəbl] 믿을 수 있는 **03** decorate[dékərèit] 장식하다 deserve[dizə́ːrv] ~받을 만하다 elegant[éləgənt] 고상한
04 treatment[tríːtmənt] 치료제 safe[seif] 안전한, 무해한
05 lawyer[lɔ́ːjər] 변호사 judge[dʒʌdʒ] 판사 decide[disáid] 판결하다 case[keis] 사건, 판례
06 director[diréktər] 감독, 지도자 **07** customer[kʌ́stəmər] 고객 event[ivént] 행사
08 indicate[índəkèit] 표시하다, 나타내다 form[fɔːrm] 서식, 신청 용지 **09** retire[ritáiər] 은퇴하다 **10** future[fjúːtʃər] 미래
11 management[mǽnidʒmənt] 경영 leadership[líːdərʃip] 통솔 **12** score[skɔːr] 득점

HACKERS TEST
p. 155

01 (b) **02** (c) **03** (a) **04** (b) **05** (c) **06** (c) **07** (c)

08 (c) it had not been for → if it had not been for / had it not been for

01 명사절 채우기

A: The printer / in the office / doesn't seem / to work.
　프린터가　　사무실에 있는　~하는 것 같지 않아요　작동하는 것

B: Let me see / if I can fix it.
　확인해 볼게요　제가 고칠 수 있는지 아닌지

A: 사무실에 있는 프린터가 작동하는 것 같지 않아요.
B: 제가 고칠 수 있는지 아닌지 확인해볼게요.

해설 빈칸은 동사 see의 목적어 자리이고 보기에 모두 절이 와 있으므로 빈칸은 명사절 자리입니다. '제가 고칠 수 있는지 아닌지'라는 의미가 되어야 하므로 if가 포함되어 있어야 하고, '명사절 접속사 + 주어 + 동사 ~' 순서로 와야 하므로 (a)와 (b)가 정답의 후보입니다. 동사 fix 는 뒤에 반드시 목적어를 취하는 타동사이므로 목적어 it이 포함된 (b) if I can fix it이 정답입니다.

어휘 work[wəːrk] 작동하다, 움직이다   fix[fiks] 고치다, 수리하다

02 적절한 등위접속사 채우기

A: Isn't this / a good program?	A: 이것은 좋은 프로그램이 아닌가요?
이것은 아닌가요 좋은 프로그램이	B: 네, 그것은 구성이 잘 되어 있어서, 저는 많이 배
B: Yes, / it's / well-made, / so / I'm learning / a lot.	우고 있어요.
네 그것은 구성이 잘 되어 있어요 그래서 저는 배우고 있어요 많이	

해설 문맥상 '구성이 잘 되어 있어서 많이 배우고 있다'라는 의미가 되어야 자연스러우므로 '그래서'를 뜻하는 등위접속사 (c) so가 정답입니다.

어휘 well-made 구성이 잘 된, 잘 만들어진

03 적절한 명사절 접속사 채우기: 복합관계대명사

A: Can I invite / coworkers / to join the seminar?	A: 세미나에 참가하도록 동료들을 초대해도 될까요?
초대해도 될까요 동료들을 세미나에 참가하도록	B: 그것은 흥미 있는 누구에게든 열려 있어요.
B: It's / open / to whoever is interested.	
그것은 열려 있어요 흥미 있는 누구에게든	

해설 문맥상 '흥미 있는 누구에게든 열려 있다'라는 의미가 되어야 자연스러우므로 '~하는 누구든'을 뜻하는 복합관계대명사 (a) whoever가 정답입니다.

04 that이 이끄는 명사절 채우기

A: What / did you enjoy / most / at the auto show?	A: 당신은 모터쇼에서 무엇을 가장 많이 즐겼나요?
무엇을 당신은 즐겼나요 가장 많이 모터쇼에서	B: 자동차 회사들이 시승을 허락했던 것이 훌륭했
B: That the car companies allowed test drives / was / great.	어요.
자동차 회사들이 시승을 허락했던 것이 훌륭했어요	

해설 빈칸은 동사 was의 주어 자리이고 보기에 모두 절이 와 있으므로 빈칸은 명사절 자리입니다. 명사절의 형태인 '명사절 접속사 + 주어 + 동사 ~' 순서로 온 (b) That the car companies allowed가 정답입니다.

어휘 test drive 시승, 시운전   great[greit] 훌륭한, 신나는

05 적절한 명사절 접속사 채우기: that

| That stock prices went up / means / the economy is improving. | 주가가 올랐다는 것은 경제가 나아지고 있다는 것을 |
| 주가가 올랐다는 것은 의미한다 경제가 나아지고 있다는 것을 | 의미한다. |

해설 ____ stock prices went up이 동사 means의 주어 자리에 온 명사절이므로, 명사절을 이끄는 명사절 접속사 (c) That이 정답입니다.

어휘 stock[stɑk] 주식   go up 오르다   improve[imprúːv] 나아지다, 개선되다

06 what / that 구별하여 채우기

Before you go grocery shopping, / it's / a good idea / to write	식료품을 구매하러 가기 전에, 당신이 사고자 하는 것
식료품을 구매하러 가기 전에 좋은 생각이다	을 적어 보는 것은 좋은 생각이다.
down what you want to buy.	
당신이 사고자 하는 것을 적어 보는 것은	

해설 write down의 목적어 자리에 온 명사절 ____ you want to buy가 '사고자 하는 것'이라는 의미가 되어야 자연스러우므로, '~한 것'을 의미하는 (b) that과 (c) what이 정답의 후보입니다. you want to buy는 buy의 목적어가 없는 불완전한 절이므로, 불완전한 절을 이끄는 (c) what이 정답입니다.

어휘 grocery[gróusəri] 식료 잡화류

07 태에 맞는 동사 채우기

Because of manufacturing delays, / it / was decided / that 제조의 지연 때문에 　　　　　　　　　결정되었다 the product launch / should be moved to April. 제품 출시가 　　　　　　4월로 미뤄져야 한다는 것이	제조의 지연 때문에, 제품 출시가 4월로 미뤄져야 한다는 것이 결정되었다.

해설　'제품 출시가 4월로 미뤄져야 한다는 것이 결정되었다'라는 수동의 의미가 되어야 하므로 수동태 (c) was decided가 정답입니다.

어휘　manufacturing[mæ̀njufǽktʃəriŋ] 제조의　delay[diléi] 지연; 연기

08 if가 생략된 가정법 관용 구문이 틀린 것 찾기

(a) The Maldives / is / the world's lowest country / with an 몰디브는 　　　　　　　　세계에서 가장 낮은 나라이다 average elevation / of just 1.5 meters above sea level. 평균 고도로 　　　　　겨우 해발 1.5미터의 (b) Experts / fear / it could disappear / within a century / if 전문가들은 염려한다　그것이 사라질 수 있다고　1세기 안에 global warming continues to raise sea levels. (c) The Maldives / 지구 온난화가 계속되어 해수면을 상승시키면 　　　　몰디브는 would have been underwater / already / it had not been for 수면 아래에 있었을 것이다 　　　이미 (→ if it had not been for / had it not been for) the construction 방파제의 건설이 없었다면 of a seawall. (d) Still, / the country / needs / to do more / to 그럼에도 불구하고　국가는　필요가 있다　그 이상의 것을 할 reduce the effects of climate change. 기후 변화의 영향을 줄이기 위해	(a) 몰디브는 평균 고도가 겨우 해발 1.5미터인 세계에서 가장 낮은 나라이다. (b) 전문가들은 지구 온난화가 계속되어 해수면을 상승시키면 그것이 1세기 안에 사라질 수 있다고 염려한다. (c) 방파제의 건설이 없었다면 몰디브는 이미 수면 아래에 있었을 것이다. (d) 그럼에도 불구하고, 국가는 기후 변화의 영향을 줄이기 위해 그 이상의 것을 할 필요가 있다.

해설　(c)에서 it had not been for는 '~이 없었다면'을 뜻하는 가정법 의미가 되어야 하므로, 가정법을 만드는 if를 써서 if it had not been for로 바꾸거나, if를 생략하고 주어와 동사를 도치시켜 had it not been for로 바꾸어야 맞습니다.

어휘　average[ǽvəridʒ] 평균의　elevation[èləvéiʃən] 고도　above sea level 해발　century[séntʃəri] 1세기, 100년
　　　global warming 지구 온난화　construction[kənstrʌ́kʃən] 건설　seawall[síːwɔ̀ːl] 방파제　climate[kláimit] 기후의

CHAPTER
17　부사절

텝스 실전 확인 문제

POINT 1 부사절 자리　1. ⓑ　2. ⓑ	p.158

1. Please / wait / while we find you a table.　부디 / 기다려주세요 / 저희가 당신께 테이블을 찾아드릴 동안
2. The customer / used / his credit card / because he didn't bring any cash.
　그 고객은 / 사용했다 / 그의 신용카드를 / 그가 어떠한 현금도 가지고 오지 않았기 때문에

어휘　1. table[téibl] 테이블　2. customer[kʌ́stəmər] 고객　credit card 신용카드　cash[kæʃ] 현금

1. The president / met / with her / after he returned from lunch. 그 사장은 / 만났다 / 그녀와 / 그가 점심 식사에서 돌아온 후에

2. Construction / will start / once the weather gets warmer. 공사는 / 착수할 것이다 / 일단 날씨가 따뜻해지면

어휘   **1.** president[prézidənt] 사장   return[ritə́:rn] 돌아오다
      2. construction[kənstrʌ́kʃən] 공사   weather[wéðər] 날씨   warm[wɔ:rm] 따뜻한

1. The maid / cleans / the house / even if it isn't dirty. 그 가정부는 / 청소한다 / 그 집을 / 비록 집이 더럽지 않더라도

2. I / left / home / early / so that I wouldn't be late. 나는 / 나왔다 / 집을 / 일찍 / 늦지 않기 위해

어휘   **1.** maid[meid] 가정부   clean[kli:n] 청소하다   **2.** leave[li:v] 나오다   early[ə́:rli] 일찍

1. You / can choose / whichever dessert you like. 당신은 / 선택할 수 있습니다 / 당신이 좋아하는 어떤 후식이든지

2. Stop by / our house / whenever you are in the neighborhood. 들르세요 / 우리 집에 / 당신이 근처에 있을 때 언제든지

어휘   **1.** choose[tʃu:z] 선택하다   whichever[hwitʃévər] 어느 것이든지   **2.** stop by 들르다   neighborhood[néibərhùd] 근처, 이웃

HACKERS PRACTICE
p. 162

01 (b)   **02** (a)   **03** (b)   **04** (b)   **05** (a)   **06** (b)   **07** until → while

08 whichever → whoever   **09** unless → because / since

10 since → although / though / even though / even if   **11** whoever → whenever / when

12 although → if / when / whenever

01 They / took / the stairs / because the elevator was broken.
그들은 / 이용했다 / 계단을 / 엘리베이터가 고장 났기 때문에

02 Scott and I / went / to the park / after we left the office.
Scott과 나는 / 갔다 / 공원에 / 퇴근한 후

03 Call / for directions / if you have trouble getting here.
전화하세요 / 오시는 법을 묻기 위해 / 여기까지 오는데 애를 먹는다면

04 I / heard / the movie is good / although I haven't seen it yet.
나는 / 들었다 / 그 영화가 훌륭하다고 / 비록 내가 아직 그것을 보지는 못했지만

05 Our hotel / will provide / whatever you may need.
우리 호텔은 / 제공할 것입니다 / 당신이 필요한 것은 무엇이든 상관없이

06 I / wore / my coat / so that I wouldn't catch a cold.
나는 / 입었다 / 나의 코트를 / 감기에 걸리지 않기 위해

07 Try / counting / in your head / while you lie in bed / to fall asleep faster.
해보세요 / 숫자 세는 것을 / 머릿속으로 / 당신이 침대에 누워 있는 동안 / 더 빨리 잠들 수 있도록

08 The career center / will assist / whoever needs help finding work.
직업 센터는 / 도울 것입니다 / 직업을 구하는데 도움이 필요한 사람은 누구든 상관없이

09 Tourists / like / Tokyo / because it has great shopping and nightlife.
관광객들은 / 좋아한다 / 도쿄를 / 도쿄에는 멋진 쇼핑과 밤 문화가 있기 때문에

10 Rugby / is / a popular sport / in Australia, / although it isn't well-known in the US.

럭비는 / 인기 있는 스포츠이다 / 호주에서 / 비록 미국에서는 잘 알려지지 않았지만

11 The insurance company / provides / a number / to call / whenever there is an emergency.

그 보험 회사는 / 제공한다 / 번호를 / 전화할 / 언제 응급 상황이 발생하든 상관없이

12 A shuttle bus from the airport to our hotel / is / available / if you want it.

공항에서 우리 호텔까지 오는 셔틀버스는 / 이용할 수 있습니다 / 만약 당신이 원한다면

어휘 **01 stair**[stɛər] 계단 **broken**[bróukən] 고장 난 **02 park**[pɑ:rk] 공원
03 call[kɔ:l] 전화하다 **direction**[dirékʃən] 지도, 방향 **have trouble -ing** ~하느라고 애먹다
04 yet[jet] 아직 **05 whatever**[hwʌtévər] ~하는 것은 무엇이든지 **need**[ni:d] 필요하다 **06 catch a cold** 감기에 걸리다
07 count[kaunt] 수를 세다 **lay**[lei] 눕다 **08 career center** 직업 센터 **assist**[əsíst] 돕다, 원조하다
09 tourist[túərist] 관광객 **nightlife**[náitlàif] 밤 문화, 유흥 **10 popular**[pápjulər] 인기 있는
11 insurance[inʃúərəns] 보험 **provide**[prəváid] 제공하다 **12 available**[əvéiləbl] 이용할 수 있는

HACKERS TEST

01 (a) **02** (b) **03** (c) **04** (a) **05** (d) **06** (d) **07** (a) **08** (d) nicely → nice

01 적절한 부사절 접속사 채우기

A: That / is / quite a long book / you are reading!
그것은 제법 긴 책이군요 당신이 읽고 있는

B: It / will take weeks / before I finish / it.
여러 주가 걸릴 거예요 다 읽기 전까지 그것을

A: 당신 제법 긴 책을 읽고 있군요!
B: 제가 이 책을 다 읽기 전까지 여러 주가 걸릴 거예요.

해설 문맥상 '책을 다 읽기 전까지 여러 주가 걸릴 것이다'라는 의미가 되어야 자연스러우므로 '~하기 전에'를 뜻하는 부사절 접속사 **(a) before**
가 정답입니다.

어휘 **quite**[kwait] 제법 **finish**[fíniʃ] 끝내다

02 적절한 부사절 접속사 채우기: 복합관계부사

A: I'm / not sure / if this spaghetti will be good.
저는 확실하지 않아요 이 스파게티가 맛있을지

B: We / will eat / it, / however it tastes.
우리는 먹을 거예요 그것을 그것이 어떻게 맛이 나든 상관없이

A: 이 스파게티가 맛있을지 확실하지 않아요.
B: 우리는 그것이 어떻게 맛이 나든 상관없이 그것을 먹을 거예요.

해설 문맥상 '그것이 어떻게 맛이 나든 상관없이'라는 의미가 되어야 자연스러우므로 '어떻게 ~하든 상관없이'를 뜻하는 복합관계부사 **(b)
however**가 정답입니다.

어휘 **good**[gud] 맛있는, 좋은 **taste**[teist] 맛이 나다

03 적절한 부사절 접속사 채우기

A: How / was / the short film / you saw?
어땠나요 그 단편영화는 당신이 본

B: It / was / interesting, / though it was a bit too long.
그것은 흥미로웠어요 비록 조금 많이 길기는 했지만

A: 당신이 본 그 단편영화는 어땠나요?
B: 비록 조금 많이 길기는 했지만 흥미로웠어요.

해설 문맥상 '비록 조금 많이 길기는 했지만 흥미로웠다'는 의미가 되어야 자연스러우므로 '비록 ~하지만'을 뜻하는 부사절 접속사 **(c) though**
가 정답입니다.

어휘 **film**[film] 영화 **interesting**[íntəristiŋ] 흥미로운

Chapter 17 부사절 **61**

04 적절한 부사절 접속사 채우기: 복합관계부사

A: Is / there / a place / I can put my coat? 　　있나요　　　장소가　　제가 코트를 둘 수 있는 B: You / can put it down / wherever you want. 　　당신은　　　내려놓아도 돼요　　당신이 원하는 곳 어디든 상관없이	A: 제가 코트를 둘 수 있는 장소가 있나요? B: 당신이 원하는 곳 어디든 상관없이 내려놓아도 돼요.

해설　문맥상 '코트를 당신이 원하는 곳 어디든 상관없이 내려 놓아도 된다'라는 의미가 되어야 자연스러우므로 '어디에 ~하든 상관없이'를 뜻하는 복합관계부사 **(a) wherever**가 정답입니다.

어휘　**put down** ~을 내려놓다

05 적절한 부사절 접속사 채우기

Visitors / are not allowed / in the library / unless they have a 　방문객들은　　　허락되지 않는다　　　도서관에 guest pass. 만약 그들이 손님용 출입증을 가지고 있지 않다면	만약 방문객들이 손님용 출입증을 가지고 있지 않다면 도서관에 들어갈 수 없다.

해설　문맥상 '만약 출입증을 가지고 있지 않다면 도서관에 들어갈 수 없다'는 의미가 되어야 자연스러우므로 '만약 ~하지 않는다면'을 뜻하는 부사절 접속사 **(d) unless**가 정답입니다.

어휘　**allow**[əláu] 허락하다

06 명사절 접속사 자리 채우기

The teacher / didn't notice / in time / that Sandy was having 　선생님은　　　알아차리지 못했다　제시간에 trouble in class. Sandy가 수업에서 애를 먹고 있었다는 것을	선생님은 Sandy가 수업에서 애를 먹고 있었다는 것을 제시간에 알아차리지 못했다.

해설　빈칸 이하의 절 ＿＿＿ Sandy was having trouble in class는 동사 didn't notice의 목적어 자리에 있으므로 명사절을 이끄는 명사절 접속사 **(d) that**이 정답입니다.

어휘　**notice**[nóutis] 알아채다　**in time** 제시간에

07 적절한 부사절 접속사 채우기

Once the ancient sculpture is restored, / it / will be donated / 　일단 그 고대의 조각상이 복원되면　　　그것은　　기증될 것이다 to the national museum. 　　국립 박물관에	일단 그 고대의 조각상이 복원되면, 그것은 국립 박물관에 기증될 것이다.

해설　문맥상 '일단 고대의 조각상이 복원되면'이라는 의미가 되어야 자연스러우므로 '일단 ~하면'을 뜻하는 부사절 접속사 **(a) Once**가 정답입니다.

어휘　**ancient**[éinʃənt] 고대의　**sculpture**[skʌ́lptʃər] 조각상　**restore**[ristɔ́:r] 복원하다　**donate**[dóuneit] 기증하다

08 보어 자리에 부사가 와서 틀린 문장 찾기

(a) A: Did you notice / the tie I bought Mark? 　　　당신은 알아차렸나요　　내가 Mark에게 사준 넥타이를 (b) B: Yeah, / I / saw / him / wearing it / when he came to work. 　　　네　저는 봤어요 그가 그것을 하고 있는 것을　그가 출근했을 때 (c) A: Well, / what did you think? 　　　그래요　어떻게 생각했어요 (d) B: It / looks very nicely(→ nice) / on him. 　　　그것은　매우 잘 어울려요　　　그에게	(a) A: 당신은 제가 Mark에게 사준 넥타이를 알아차렸나요? (b) B: 네, 그가 출근했을 때 넥타이 한 것을 보았어요. (c) A: 그래요, 어떻게 생각했어요? (d) B: 그에게 매우 잘 어울려요.

해설 (d)에서 '~하게 보이다'라는 의미의 동사 looks의 보어 자리에 부사 nicely가 오면 틀립니다. nicely는 형용사 nice로 바뀌어야 맞습니다.

어휘 notice[nóutis] 알아채다 tie[tai] 넥타이

텝스 실전 확인 문제

POINT 1 관계절 자리   1. ⓑ   2. ⓐ   p.166

1. The people / who came here this morning / are / my friends. 사람들은 / 오늘 아침에 여기에 왔던 / 나의 친구들이다
2. We / can eat / the ice cream / which Sarah brought for dessert.
   우리는 / 먹을 수 있다 / 아이스크림을 / Sarah가 후식으로 가져온

어휘 **1.** morning[mɔ́:rniŋ] 아침   **2.** dessert[dizə́:rt] 후식

POINT 2 관계대명사   1. ⓐ   2. ⓐ   p.167

1. They / are / the new employees / whom you will train. 그들은 / 신입 사원들이다 / 당신이 교육할
2. We / will meet / at the bus stop / which is near the park. 우리는 / 만날 것이다 / 버스 정류장에서 / 공원 근처에 있는

어휘 · **1.** train[trein] 교육하다   **2.** stop[stɑp] 정류장

POINT 3 전치사 + 관계대명사   1. ⓑ   2. ⓐ   p.168

1. She / got up / from the couch / on which she was sitting. 그녀는 / 일어났다 / 소파에서 / 그녀가 앉아있던
2. My friends / came / to the restaurant / at which I work. 내 친구들은 / 왔다 / 식당에 / 내가 일하는

어휘 **1.** get up 일어나다 couch[kautʃ] 소파   **2.** restaurant[réstərənt] 식당

POINT 4 관계부사   1. ⓑ   2. ⓐ   p.169

1. My mother / grew up / at a time / when nobody had air-conditioning.
   나의 어머니께서는 / 자라셨다 / 시절에 / 아무도 에어컨을 가지고 있지 않았던
2. Jim / spoke / with the woman / who owns the house. Jim은 / 이야기 했다 / 여자와 / 그 집을 소유한

어휘 **1.** grow up 자라다 time[taim] 시절, 무렵, 때   **2.** own[oun] 소유하다

HACKERS PRACTICE   p.170

---

01 (a)   **02** (b)   **03** (b)   **04** (a)   **05** (a)   **06** (b)   **07** who → which/that   **08** this → which/that
09 who → whose/of which   **10** why → which/that   **11** how → why   **12** in which → for which/to which

---

01 I / have / two brothers / who are doctors.
    나는 / 있다 / 두 남자 형제가 / 의사인

GRAMMAR

해커스 텝스 BASIC READING

02 The couple / has announced / the date / when they plan to marry.
그 연인은 / 발표했다 / 날짜를 / 그들이 결혼하려고 계획하는

03 Please / return / the books / which you borrowed from the library.
부디 / 반납해주세요 / 책들을 / 당신이 도서관에서 빌린

04 She / knows / the artist / that created the sculpture.
그녀는 / 알고 있다 / 예술가를 / 그 조각상을 만든

05 I / received / a prize / of which the value was $50.
나는 / 받았다 / 상품을 / 50달러의 가치의

06 Only the guests / whom the host had invited / stayed over.
오직 손님들만이 / 주인이 초대했던 / 하룻밤 묵었다

07 Most colleges / offer / programs / which help graduates find work.
대부분의 대학교들은 / 세공힌디 / 프로그램을 / 졸업생들이 일자리를 구하도록 도와주는

08 The dining table / which is made of hardwood / costs $600.
그 식탁은 / 단단한 재목으로 만들어진 / 600달러이다

09 I'm watching / a dog / whose owner is out of town.
나는 지키고 있다 / 개를 / 수인이 도시를 떠난

10 Despite all our knowledge, / there / are / things / which no one can explain.
우리의 모든 지식에도 불구하고 / 일들이 있다 / 아무도 설명할 수 없는

11 The professor / explained / the reason / why the student failed the class.
교수는 / 설명했다 / 이유를 / 그 학생이 수업에 낙제한

12 Job applicants / should ensure / that their skills match the jobs / for which they apply.
구직자들은 / 확실히 해야 한다 / 그들의 기술이 어울리는지 / 지원하는 일에

어휘　**01** doctor[dάktər] 의사　**02** announce[ənáuns] 발표하다　**03** return[ritə́ːrn] 돌려주다　borrow[bárou] 빌리다
04 artist[άːrtist] 예술가　sculpture[skʌ́lptʃər] 조각상　**05** receive[risíːv] 받다　prize[praiz] 상품, 상　value[vǽljuː] 가치
06 host[houst] 주인　stay over 하룻밤 묵다　**07** offer[ɔ́ːfər] 제공하다　graduate[grǽdʒuət] 졸업생
08 dining table 식탁　**09** watch[watʃ] (가축 등을) 지키다　owner[óunər] 주인　out of town 도시를 떠나서, 시골에서
10 despite[dispáit] ~에도 불구하고　knowledge[nάlidʒ] 지식　explain[ikspléin] 설명하다　**11** fail[feil] 낙제하다
12 applicant[ǽpləkənt] 지원자　ensure[inʃúər] 확실히 하다　skill[skil] 기술, 기능　match[mætʃ] 어울리다　apply[əplái] 지원하다

HACKERS TEST

p.171

01 (a)　**02** (d)　**03** (b)　**04** (c)　**05** (d)　**06** (b)　**07** (d) who → which/that　**08** (c) are → is

01 적절한 관계대명사 채우기

A: Have you met / her / before?	A: 당신은 전에 그녀를 만난 적이 있나요?
당신은 만난 적이 있나요 그녀를 전에	B: 네. 그녀는 저에게 이 책을 빌려준 소녀예요.
B: Yes. She's / the girl / who lent me this book.	
네 그녀는 소녀입니다 저에게 이 책을 빌려준	

해설　관계절 안에 주어가 없으므로 관계절에서 주어 역할을 하는 주격 관계대명사 (a) who가 정답입니다.

어휘　lend[lend] 빌려 주다

02 '전치사 + 관계대명사' 채우기

A: How / do you know / them? 　　어떻게　　아세요　　　그들을 B: They're / people / with whom I work. 　그들은　사람이에요　저와 함께 일하고 있는	A: 그들을 어떻게 아세요? B: 그들은 저와 함께 일하고 있는 사람들이에요.

해설　관계절의 동사 work는 전치사 with와 함께 '~와 함께 일하다'라는 의미가 되어야 자연스러우므로 '~와 함께'를 의미하는 with와 관계대명사가 함께 온 (d) with whom이 정답입니다.

어휘　work[wəːrk] 일하다

03 적절한 관계대명사 채우기

A: Is he a classmate / of yours? 　그는 학급 친구인가요　　당신의 B: Yeah. He's / the one / whose notes I borrowed / in chemistry. 　네　　그가　사람이에요　제가 그 사람의 노트를 빌렸던　　화학 시간에	A: 그는 당신의 학급 친구인가요? B: 네. 그가 바로 제가 화학 시간에 노트를 빌렸던 사람이에요.

해설　빈칸 뒤에 명사 notes가 오고 '~의 노트'로 해석되므로 소유격 관계대명사 (b) whose가 정답입니다.

어휘　borrow[bárou] 빌리다　chemistry[kémistri] 화학

04 올바른 등위 접속사 채우기

A: I / thought / you / were / still on vacation. 　저는　생각했어요　당신이　　여전히 휴가 중이라고 B: I / was, / but / my trip / was / cut short. 　그랬어요　그러나　여행이　　단축되었어요	A: 저는 당신이 여전히 휴가 중이라고 생각했어요. B: 그랬지만 여행이 단축되었어요.

해설　문맥상 '휴가 중이었지만, 여행이 단축되었다'라는 의미가 되어야 자연스러우므로 '그러나'를 뜻하는 등위 접속사 (c) but이 정답입니다.

어휘　vacation[veikéiʃən] 휴가, 방학　cut short 단축하다

05 관계부사 채우기

Feldville / is / the kind of small town / where everybody 　Feldville은　　　　그런 종류의 작은 마을이다 knows each other. 모든 사람이 서로를 알고 있는	Feldville은 모든 사람이 서로를 알고 있는 그런 종류의 작은 마을이다.

해설　빈칸 뒤에 주어 everybody, 동사 knows, 목적어 each other를 모두 갖춘 완전한 절이 왔고 빈칸 앞에 나온 small town이 장소를 나타내므로 관계부사 (d) where가 정답입니다.

어휘　town[taun] 마을

06 적절한 순서로 관계절 채우기

Doctors / recommend / plenty of exercise / for people / 　의사들은　　권한다　　　많은 운동을　　　사람들에게 that have poor eating habits. 　나쁜 식사 습관을 가지고 있는	의사들은 나쁜 식사 습관을 가지고 있는 사람들에게 많은 운동을 권한다.

해설　명사 people을 수식할 수 있는 관계절 (b)와 (d) 중에서, 관계절의 형태인 '관계사 (+ 주어) + 동사 ~' 순서로 온 (b) that have poor eating habits가 정답입니다.

어휘　recommend[rèkəménd] 권하다, 추천하다　exercise[éksərsàiz] 운동　poor[puər] (질이) 나쁜

07 적절하지 않은 관계대명사가 와서 틀린 문장 찾기

(a) A: Carl / is inviting / us / to the movies / tomorrow. 　　　Carl이　초대할 거예요 우리를　　영화 관람에　　　내일	(a) A: Carl이 우리를 내일 영화 관람에 초대할거예요.
(b) B: Isn't he / the one / who likes watching horror films? 　　　그는 아니던가요 사람이　　　공포영화 보기를 좋아하는	(b) B: 그는 공포영화 보기를 좋아하는 사람이 아니던가요?
(c) A: Yes, / he / is. So / will / you / be able / to join / us? 　　　네　맞아요　자　　당신은 할 수 있나요 만나는 것을 우리를	(c) A: 네, 맞아요. 자, 당신은 우리를 만날 수 있나요?
(d) B: I can't. I / have / plans / who(→ which / that) I already 　　　그럴 수 없어요 저는 가지고 있어요 계획을 made for tomorrow. 제가 내일을 위해 이미 세운	(d) B: 그럴 수 없어요. 저는 내일을 위해 이미 세운 계획이 있어요.

해설　(d)에서 관계절 앞에 나온 명사 plans가 사물이므로, 명사가 사람일 때 쓰는 who가 오면 틀립니다. who는 명사가 사물일 때 쓰는 which나 that으로 바뀌어야 맞습니다.

08 주어에 수 일치하지 않는 동사가 와서 틀린 문장 찾기

(a) Antoni Gaudi / was / a Spanish architect / who was 　　Antoni Gaudi는　　　　　　스페인 건축가였다 famous for his unique designs. (b) While Gaudi completed 　　그의 독특한 디자인으로 유명했던 many projects in his lifetime, / several / remain / unfinished. Gaudi는 그의 일생 동안 많은 설계를 완성했지만 몇 개는　남아있다　미완성인 채 (c) A fine example of his unfinished works / are(→ is) / 　　그의 미완성 작품들 중의 한 가지 좋은 예는 the Church of the Sacred Family. (d) Construction on the 　　Sacred Family 성당이다　　　　　그 건물의 공사는 building / began / in 1882, / but / it / is / not scheduled / for 　시작되었다　1882년에　하지만　그것은　예정이 아니다 completion / until the year 2026. 　완공될　　　2026년까지는	(a) Antoni Gaudi는 독특한 디자인으로 유명했던 스페인 건축가였다. (b) Gaudi는 그의 일생 동안 많은 설계를 완성했지만, 몇 개는 미완성인 채 남아있다. (c) 그의 미완성 작품들 중 한 가지 좋은 예는 Sacred Family 성당이다. (d) 그 건물의 공사는 1882년에 시작되었지만, 2026년까지는 완공될 예정이 아니다.

해설　(c)에서 단수 주어 A fine example 뒤에 복수 동사 are가 오면 틀립니다. are는 단수 동사 is로 바뀌어야 맞습니다.

어휘　architect[ɑ́ːrkitèkt] 건축가　complete[kəmplíːt] 완성하다　remain[riméin] 남다, ~대로이다　unfinished[ʌnfíniʃt] 미완성인

CHAPTER
19 어순

텝스 실전 확인 문제

POINT 1 평서문·명령문의 어순　1. ⓐ　2. ⓐ　　　　　　　　　　　　　p.174

1. I / do not want / to work for that company / because of their low salary.
　나는 / 원하지 않는다 / 그 회사에서 일하기를 / 적은 봉급 때문에

2. When security stopped the car, / the driver / showed / his ID / to the guard.
　경비가 그 차를 멈춰 세웠을 때 / 운전사는 / 보여주었다 / 그의 신분증을 / 그 경비에게

어휘　**1.** low[lou] (값이) 적은; 싼　salary[sǽləri] 봉급, 급료　**2.** security[sikjúərəti] 경비, 보안　ID 신분증

POINT 2 의문문의 어순   1. ⓐ   2. ⓐ   p.175

1. What / should we do / with the stack of old newspapers? 어떤 것을 / 우리는 해야 합니까 / 오래된 신문 더미로

2. The teacher / wanted / to know / what the question was. 그 선생님은 / 원했다 / 알기를 / 무엇이 질문인지

어휘 1. stack[stæk] 더미

POINT 3 감탄문의 어순   1. ⓐ   2. ⓑ   p.176

1. What a wonderful day / it / was / when we graduated from high school!

참 멋진 날이었어요 / 우리가 고등학교를 졸업하던 날은

2. How quickly / the package arrived! 얼마나 빨리 / 그 소포가 도착했는지

어휘 1. graduate[grǽdʒueit] 졸업하다   2. package[pǽkidʒ] 소포   arrive[əráiv] 도착하다

POINT 4 명사를 수식하는 요소들의 어순   1. ⓑ   2. ⓐ   p.177

1. The movers / had / a difficult time / carrying the large cabinet / up the stairs.

운송업자들은 / 보냈다 / 힘든 시간을 / 큰 장식장을 나르느라 / 계단을 오르며

2. Jeff / was rewarded / with a prize / for his highly successful invention.

Jeff는 / 보상받았다 / 상으로 / 그의 대단히 성공적인 발명품에 대한

어휘 1. mover[mú:vər] (이삿짐) 운송업자   difficult[dífəkʌlt] 힘든   carry[kǽri] 나르다, 운반하다
2. reward[riwɔ́:rd] 보상하다   successful[səksésfəl] 성공적인   invention[invénʃən] 발명품

HACKERS PRACTICE   p.178

01 (a)   **02** (a)   **03** (b)   **04** (a)   **05** (a)   **06** (b)

07 what was the problem → what the problem was

08 give support team members → give team members support

09 books many → many books   **10** daily their routine → their daily routine

11 Mr. Brown slowly → slowly Mr. Brown   **12** do watch not → do not watch

01 My wife / sent / me / this very elegant watch / as an anniversary present.

내 아내는 / 보냈다 / 나에게 / 이 매우 우아한 손목 시계를 / 기념일 선물로

02 Please / remember / to buy some milk / at the store / on your way home.

부디 / 기억하세요 / 우유를 조금 사는 것을 / 상점에서 / 집에 오는 길에

03 Are you wearing / a costume / to the Halloween party / this year?

당신은 입을 건가요 / 복장을 / 핼러윈 파티에 / 올해

04 What an amazing view it is / from the top of this mountain!

참으로 굉장한 경치로구나 / 이 산의 정상에서 보니

05 I / asked / where he went for his vacation.

나는 / 물었다 / 그가 어디로 휴가를 갔는지

06 What / should I do / if I lose my passport / while I'm in a foreign country?

무엇을 / 저는 해야 하나요 / 만일 제가 제 여권을 잃어버린다면 / 제가 외국에 있는 동안

07 Engineers / worked / quickly / to figure out what the problem was.

기술자들은 / 일했다 / 신속히 / 문제가 무엇인지를 알아내려고

08 A good team leader / is / happy / to give team members support.

좋은 팀 리더는 / 기꺼이 한다 / 팀원들을 지지하는 것을

09 Some people / do not read / many books / and / prefer / activities / such as sports or movies.

어떤 사람들은 / 읽지 않는다 / 많은 책을 / 그리고 / 선호한다 / 활동을 / 스포츠나 영화와 같은

10 People / are advised / to make exercise a part of their daily routine.

사람들은 / 권해진다 / 운동을 그들의 일과의 한 부분으로 만들 것이

11 How slowly / Mr. Brown spoke / at the conference / this morning!

얼마나 느리게 / Mr. Brown이 말을 하던지 / 회의에서 / 오늘 아침에

12 Most cable TV customers / do not watch / over half of the channels / that they pay for.

대다수의 케이블 TV 시청자들은 / 시청하지 않는다 / 채널의 반 이상을 / 그들이 요금을 지불하는

어휘 **01** elegant[éligənt] 우아한 **anniversary**[ǽnəvə́ːrsəri] 기념일
02 remember[rimémbər] 기억하다 **on one's way home** 집에 오는 길에 **03** costume[kástʃuːm] (특정한) 복장
04 view[vjuː] 경치, 전망 **top**[tɑp] 정상, 꼭대기 **05** vacation[veikéiʃən] 휴가
06 passport[pǽspɔːrt] 여권 **foreign**[fɔ́ːrin] 외국의, 이국적인
07 engineer[ènʒəníər] 기술자 **work**[wəːrk] 일하다 **quickly**[kwíkli] 신속히, 빨리 **figure out** ~을 발견하다
08 support[səpɔ́ːrt] 지지 **09** activity[æktívəti] 활동 **10** advise[ədváiz] 권하다; 조언하다 **exercise**[éksərsàiz] 운동
11 conference[kánfərəns] 회의 **12** pay[pei] (임금, 대금 등을) 지불하다, 치르다

HACKERS TEST

01 (c)   **02** (c)   **03** (a)   **04** (d)   **05** (a)   **06** (c)   **07** (d) whose → who   **08** (d) where → when

01 평서문의 어순 채우기

A: What / did your boyfriend say / about your new dress? 뭐라고 당신의 남자친구가 말했나요 당신의 새 드레스에 대해서 B: He / told / me that it was too short. 그는 말했어요 저에게 그것이 너무 짧다고	A: 당신의 남자친구가 당신의 새 드레스에 대해서 뭐라고 말했나요? B: 그는 저에게 그것이 너무 짧다고 했어요.

해설 빈칸 앞의 동사 told는 4형식 동사로, 뒤에 '간접 목적어 + 직접 목적어' 순서로 옵니다. 따라서 간접 목적어 me 뒤에 직접 목적어 that절이 순서대로 온 (b)와 (c)가 정답의 후보입니다. 직접 목적어 자리에 온 that절은 명사절이고, 명사절의 형태는 '명사절 접속사 + 주어 + 동사'입니다. 따라서, 명사절 접속사 that, 주어 it, 동사 was가 순서대로 온 that it was too short을 포함한 (c) me that it was too short가 정답입니다.

어휘 dress[dres] 드레스

02 간접 의문문의 어순 채우기

A: The deadline / for our report / isn't / until two weeks / 최종 기한은 우리 보고서의 2주 뒤입니다 from now. 지금으로부터 B: I / wonder / what I can do / to delay the deadline. 저는 궁금합니다 제가 무엇을 할 수 있는지 최종 기한을 연기하기 위해	A: 우리 보고서의 최종 기한은 지금으로부터 2주 뒤입니다. B: 저는 최종 기한을 연기하기 위해 제가 무엇을 할 수 있는지 궁금합니다

해설 빈칸에는 I wonder 내에서 '제가 무엇을 할 수 있는지'를 의미하는 의문문인 간접 의문문이 옵니다. 따라서 '의문사 + 주어 + 동사' 순서로 온 (c) what I can do가 정답입니다.

어휘 deadline[dédlàin] 최종 기한 report[ripɔ́ːrt] 보고서

68 본 교재 무료 동영상강의 HackersTEPS.com

03 명사를 수식하는 요소들의 어순 채우기

A: How much / will you pay / for my used computer?
    얼마를   지불하실 건가요   제 중고 컴퓨터에
 	
 B: I'd be willing / to give you $100.
       저는 기꺼이   당신에게 100달러를 드리겠어요
	A: 제 중고 컴퓨터에 얼마를 지불하실 건가요?
	 B: 저는 기꺼이 당신에게 100달러를 드리겠어요.

해설   빈칸은 전치사 뒤 명사 자리입니다. 보기에 주어진 명사 computer를 소유격 my와 형용사 used가 수식하여 '소유격 + 형용사 + 명사' 순으로 온 (a) my used computer가 정답입니다.

어휘   willing[wíliŋ] 기꺼이 ~하는

04 감탄문의 어순 채우기

How thoughtful she was / to book us a hotel room / that
   그녀는 얼마나 사려 깊던지   우리에게 호텔 객실을 예약해주다니
 	
 is so close to the event!
   그 행사와 그렇게 가까운 곳의
	우리에게 그 행사와 그렇게 가까운 곳의 호텔 객실을 예약해주다니 그녀는 얼마나 사려 깊던지!

해설   보기가 모두 How로 시작하고 있고 문맥상 '그녀는 얼마나 사려 깊던지'라는 의미의 감탄문이 빈칸에 오는 것이 적절하므로, how 감탄문의 어순 'How + 형용사 + 주어 + 동사' 순서로 온 (d) How thoughtful she was가 정답입니다.

어휘   thoughtful[θɔ́:tfəl] 사려 깊은   book[buk] 예약하다

05 평서문의 어순 채우기

She / forgot to bring her phone / when she went out on 그녀는 전화기를 가지고 가는 것을 잊었다 그녀가 데이트하러 나갈 때 her date.	그녀는 데이트하러 나갈 때 전화기를 가지고 가는 것을 잊었다.

해설   빈칸은 주어 She 다음의 동사 자리이므로 동사로 시작된 (a), (b), (c)가 정답의 후보입니다. (a)와 (b)의 동사 forgot은 3형식 동사로 to 부정사나 동명사를 목적어로 취하므로, forgot 다음에 to 부정사(to bring~)가 온 (a) forgot to bring her phone이 정답입니다. (c)에는 2개의 동사 brought, forgot이 접속사 없이 한 절에 쓰였으므로 오답입니다.

어휘   decide[disáid] 결정하다   leave[li:v] 두고 가다; 두고 오다

06 명사를 수식하는 요소들의 어순 채우기

The firefighters / made / a brave decision / to enter the burning
     소방관들은   했다   용감한 결정을   불타는 건물에 들어가는
 	
 building / from above.
     위쪽에서부터
	소방관들은 불타는 건물에 위쪽에서부터 들어가는 용감한 결정을 했다.

해설   동사 made 다음에 목적어 자리가 비어 있습니다. 목적어 자리에 올 수 있는 것은 명사이므로 보기에 주어진 명사 decision을 관사 a와 형용사 brave가 수식하여 '관사 + 형용사 + 명사' 순으로 온 (c) a brave decision이 정답입니다.

어휘   firefighter[fáiərfàitər] 소방관   make a decision 결정하다   enter[éntər] ~에 들어가다   burning[bə́:rniŋ] 불타는

07 적절하지 않은 관계대명사가 와서 틀린 문장 찾기

(a) A: I'm / glad / I started my own business.
     저는   기뻐요   제가 제 자신의 사업을 시작해서
 	
 (b) B: Why / do you say / that?
     왜   말씀하시나요   그렇게
 	
 (c) A: Well, / it's / hard work, / but / I'm making / more money.
     글쎄요   이건   힘든 일이에요   그러나   저는 벌고 있어요   더 많은 돈을
 	
 (d) B: I / heard / the same thing / from a friend /
     저는 들었어요   같은 말을   한 친구로부터
 	
 whose(→ who) has his own business / as well.
     자기 자신의 사업을 가지고 있는   마찬가지로
	(a) A: 저는 제가 제 자신의 사업을 시작해서 기뻐요.
	 (b) B: 왜 그렇게 말씀하시나요?
	 (c) A: 글쎄요, 이건 힘든 일이지만, 저는 더 많은 돈을 벌고 있어요.
	 (d) B: 자기 자신의 사업을 가지고 있는 한 친구로부터 같은 말을 들었어요.

해설   (d)에서 관계절에 동사 has, 목적어 his own business만 있고 주어가 없으므로 소유격 관계대명사 whose가 오면 틀립니다. whose
는 주격 관계대명사 who로 바뀌어야 맞습니다.

어휘   make money 돈을 벌다

08   적절하지 않은 관계부사가 와서 틀린 문장 찾기

(a) The Romans / built / the city of Londinium / in AD 43 / at 　　　　로마인들은　　세웠다　　Londinium이라는 도시를　　서기 43년에 an ideal location / near the River Thames. (b) The Romans / 　　이상적인 위치에　　　　템스 강 근처에　　　　로마인들은 used / the city / as a base / from which to control the rest of 사용했다　그 도시를　　군사 기지로　　나머지 영국 본토를 통제하기 위한 Britain. (c) For nearly 500 years, / the Romans / were / 　　　　　거의 500년간　　　　　　로마인들은 successful / at fighting off invading armies. (d) But / 성공적이었다　　침략하는 군대를 격퇴하는 데에　　　　하지만 in AD 407, / where(→ when) the Roman Empire was in 서기 407년에　　　　로마 제국이 쇠퇴하고 있을 무렵인 decline, / Germanic tribes / finally / succeeded / in forcing 　　　　게르만 부족은　　마침내　　성공했다 the Romans out. 로마인들을 몰아내는 데	(a) 로마인들은 서기 43년에 템스 강 근처 이상적인 위치에 Londinium이라는 도시를 세웠다. (b) 로마 인들은 그 도시를 나머지 영국 본토를 통제하기 위 한 군사 기지로 사용했다. (c) 거의 500년간, 로마인 들은 침략하는 군대를 격퇴하는 데에 성공적이었다. (d) 하지만 로마 제국이 쇠퇴하고 있을 무렵인 서기 407년에, 게르만 부족은 마침내 로마인들을 몰아내 는 데 성공했다.

해설   (d)에서 관계사 앞에 온 명사 AD 407이 시간을 나타내므로, 장소를 나타내는 명사 뒤에 오는 관계부사 where를 쓰면 틀립니다. where
는 시간을 나타내는 명사 뒤에 오는 관계부사 when으로 바뀌어야 맞습니다.

어휘   ideal[aidíːəl] 이상적인   base[beis] 군사 기지   control[kəntróul] 통제하다   fight off 격퇴하다   in decline 쇠퇴하여

CHAPTER
20   비교 구문

텝스 실전 확인 문제

POINT 1 원급·비교급·최상급 1. ⓑ 2. ⓑ	p. 182

1. Her performance / this year / was / better / than last year's.   그녀의 연기는 / 올해의 / 더 좋았다 / 작년 것보다
2. She / has / the smallest house / in the neighborhood.   그녀는 / 가지고 있다 / 가장 작은 집을 / 그 근처에서

어휘   1. performance[pərfɔ́ːrməns] 연기; 공연   2. neighborhood[néibərhùd] 근처, 이웃

POINT 2 비교 구문을 포함한 표현 1. ⓑ 2. ⓑ	p. 183

1. The woman / hoped / that the police would come / as quickly as possible.
   그 여자는 / 바랐다 / 경찰이 올 것을 / 가능한 한 빨리
2. The less we drive our cars, / the cleaner the air will be.
   우리가 차를 더 적게 운전할수록 / 공기는 더 깨끗해질 것이다

어휘   1. quickly[kwíkli] 빨리

01 (b)	02 (a)	03 (b)	04 (b)	05 (a)	06 (a)	07 Greatest artists → The greatest artists

08 fast → faster   09 as famous → as famous as   10 busy → busier   11 rather than → than

12 the harder subject → the hardest subject

01 This maple syrup / tastes / sweeter / than that of the leading brand.
이 메이플 시럽은 / 맛이 난다 / 더 달콤한 / 그 손꼽히는 제품의 맛보다

02 Her apple pie / is / the most delicious dessert / that I have ever tasted.
그녀의 애플 파이는 / 가장 맛있는 디저트이다 / 내가 맛본

03 I / don't know / anybody else / who laughs / as loudly as Elsa.
나는 / 알지 못한다 / 다른 사람을 / 웃는 / Elsa만큼 큰소리로

04 The people / with us / today / are / among the world's smartest scientists.
사람들은 / 우리와 함께한 / 오늘 / 세계에서 가장 똑똑한 과학자들에 속한다

05 Because I changed my light bulbs, / my electric bill / is / much lower / than it used to be.
내가 백열 전구를 교체했기 때문에 / 내 전기 요금은 / 훨씬 낮다 / 이전의 요금보다

06 They / are entering / the room / as quietly as can be / in order not to wake the children.
그들은 / 들어가고 있다 / 방에 / 할 수 있는 한 조용히 / 아이들을 깨우지 않기 위해

07 The greatest artists / in the country / perform / at the annual event.
가장 위대한 예술가들이 / 그 나라에서 / 공연한다 / 그 연례 행사에서

08 The more nutrition there is in the soil, / the faster plants grow.
더 많은 영양이 흙 속에 있을수록 / 식물들은 더 빨리 자란다

09 The new chef / at the restaurant / is / as famous as the previous one.
새로 온 주방장은 / 그 레스토랑에 / 이전의 주방장만큼 유명하다

10 The ticket registration office / is / busier / at noon / than at any other time.
티켓 등록 사무실은 / 더 바쁘다 / 정오에 / 다른 어떤 시간보다

11 The boy / thinks / that soccer is more popular / than basketball.
그 소년은 / 생각한다 / 축구는 더 인기있다고 / 농구보다

12 Math / was / quite the hardest subject / that I took in high school.
수학은 / 단연코 가장 어려운 과목이었다 / 고등학교 때 수강한

어휘 **01** syrup[sírəp] 시럽 taste[teist] ~의 맛이 나다 leading[líːdiŋ] 손꼽히는, 일류의 brand[brænd] (상표가 나타내는) 특정 제품
02 delicious[dilíʃəs] 맛있는 **03** laugh[læf] 웃다 loudly[láudli] 큰소리로 **04** smart[smɑːrt] 똑똑한 scientist[sáiəntist] 과학자
05 light bulb 백열 전구 electric bill 전기 요금 **06** quietly[kwáiətli] 조용히 wake[weik] 깨우다
07 artist[áːrtist] 예술가 annual[ǽnjuəl] 연례의 **08** nutrition[njuːtríʃən] 영양 soil[sɔil] 흙, 토질 plant[plænt] 식물
09 chef[ʃef] 주방장 previous[príːviəs] 이전의 **10** registration[rèdʒistréiʃn] 등록
11 soccer[sɑ́kər] 축구 popular[pɑ́pjulər] 인기 있는 basketball[bǽskitbɔ̀ːl] 농구 **12** math[mæθ] 수학 subject[sʌ́bdʒikt] 과목

01 (c)	02 (d)	03 (a)	04 (d)	05 (b)	06 (c)	07 (c) to me → me	08 (c) tallest → taller

01 최상급 채우기

| A: These chairs / are / so weak! I / just broke / another one.
　　이 의자들은　　　　　너무 약해요 저는 방금 고장 냈어요　　또 하나를

B: I / guess / we / shouldn't have bought the cheapest
　저는 생각해요 우리가　가게에서 가장 저렴한 가구를 사지 말았었어야 한다고
　　furniture in the store. | A: 이 의자들은 너무 약해요! 저는 방금 또 하나를 고장냈어요.

B: 저는 우리가 가게에서 가장 저렴한 가구를 사지 말 았었어야 한다고 생각해요. |

해설　빈칸 앞에 조동사 shouldn't가 있으므로 동사로 시작하는 (b), (c)가 정답의 후보입니다. 문맥상 '가장 저렴한 가구'라는 최상급의 의미가
　　　되어야 자연스러우므로, 'the + 최상급 + 명사 + in ~' 순서의 the cheapest furniture in the store를 포함한 (c) have bought the
　　　cheapest furniture in the store가 정답입니다.

어휘　weak[wíːk] 약한, 부서지기 쉬운　break[breik] 고장 내다, 부수다

02 간접 의문문 어순 채우기

| A: Some students / rent / apartments / outside the campus.
　　몇몇 학생들은　 임대해요　 아파트를　　　　　캠퍼스 밖의

B: Really? I / wonder / how they can afford it.
　정말요 저는 궁금하네요　어떻게 그들이 그 비용을 감당하는지 | A: 몇몇 학생들은 캠퍼스 밖의 아파트를 임대해요.

B: 정말요? 어떻게 그들이 그 비용을 감당하는지 궁 금하네요. |

해설　빈칸에는 I wonder 내에서 '어떻게 그들이 감당하는지'를 의미하는 간접 의문문이 올 수 있습니다. 따라서 '의문사 + 주어 + 동사' 순서
　　　로 온 (d) how they can afford가 정답입니다.

어휘　rent[rent] 임대하다, 빌리다　apartment[əpáːrtmənt] 아파트

03 비교급 채우기

| A: I've seen / better horror movies / before.
　전 본 적이 있어요　 더 나은 공포 영화를　　　이전에

B: Yeah, / this one / was / more boring than *Cemetery Park*.
　　네　 이 영화는　　　'Cemetery Park'보다 더 지루했어요 | A: 전 더 나은 공포 영화를 이전에 본 적이 있어요.

B: 네, 이 영화는 'Cemetery Park'보다 더 지루했 어요. |

해설　보기에 모두 more ~ than이 있으므로 비교급 표현을 완성하는 문제임을 알 수 있습니다. 따라서 '형용사 / 부사의 비교급 + than' 형태
　　　의 (a) more boring than이 정답입니다.

어휘　horror[hɔ́ːrər] 공포

04 원급 채우기

| Turn on the heater / before you take a shower, / or / the
　난방 장치를 켜세요　　　 당신이 샤워를 하기 전에　　　 그러지 않으면

water / will be / as cold as ice.
　물이　 얼음만큼 차가울 거예요 | 샤워를 하기 전에 난방 장치를 켜세요. 그러지 않으면 물이 얼음만큼 차가울 거예요. |

해설　보기에 모두 as ~ as가 있으므로 원급 표현을 완성하는 문제임을 알 수 있습니다. 따라서 'as + 형용사 / 부사의 원급 + as' 형태의 (d)
　　　as cold as ice가 정답입니다.

어휘　turn on ~을 켜다　heater[híːtər] 난방 장치　take a shower 샤워하다

05 최상급 표현 채우기

| Speaking / clearly / and / directly / is one of the most useful
　말하는 것은　명확하게　그리고　직접적으로　　가장 유용한 기술 중 하나이다

skills / of a good public speaker.
　　　　　좋은 연설가의 | 명확하고 직접적으로 말하는 것은 좋은 연설가의 가 장 유용한 기술 중 하나이다. |

해설　보기에 모두 one, of, most가 있으므로 최상급 표현을 완성하는 문제임을 알 수 있습니다. 따라서 'one of the + 최상급 + 명사' 형태의
　　　(b) one of the most useful skills가 정답입니다.

어휘　clearly[klíərli] 명확하게　directly[diréktli] 직접적으로　public speaker 연설가

06 'the + 비교급 + 주어 + 동사, the + 비교급 + 주어 + 동사' 채우기

The more knowledgeable you are / about a problem, / the 당신이 더 지식이 많을수록　　　　어떤 문제에 대해 better prepared you are / to deal with it. 당신은 더 준비되어 있다　　　그것을 처리할	당신이 어떤 문제에 대해 더 지식이 많을수록, 당신은 그것을 처리할 준비가 되어 있다.

해설　빈칸 뒤에 'the + 비교급 + 주어 + 동사(the better prepared you are)' 형태가 왔으므로 'the + 비교급 + 주어 + 동사' 형태의 (c) The more knowledgeable you are가 정답입니다.

어휘　knowledgeable[nɑ́lidʒəbl] 지식이 있는, 아는 것이 많은　prepare[pripέər] 준비시키다　deal with (문제 등을) 처리하다

07 4형식 동사 뒤의 어순이 틀린 문장 찾기

(a) A: This / is / a beautiful wedding! 　　　이것은　　　아름다운 결혼식이네요 (b) B: I know. Sheryl / is / an excellent wedding planner. 　　　그러게요 Sheryl은　　　　훌륭한 웨딩 플래너예요 (c) A: I'd / like / her / to plan my wedding. Can you tell / 　　　저는 하고 싶어요　그녀가 제 결혼식을 계획하게　당신은 말해줄 수 있나요 　　to me(→ me) / her number? 　　　저에게　　　그녀의 전화번호를 (d) B: Of course. I'm / sure / she will be happy to help you. 　　　물론이죠　저는 확신해요　그녀가 기꺼이 당신을 도와줄 거라고	(a) A: 이것은 아름다운 결혼식이네요! (b) B: 그러게요. Sheryl은 훌륭한 웨딩 플래너예요. (c) A: 저는 그녀가 제 결혼식을 계획하게 하고 싶어요. 저에게 그녀의 전화번호를 말해줄 수 있나요? (d) B: 물론이죠. 저는 그녀가 기꺼이 당신을 도와줄 거라고 확신해요.

해설　(c)에서 4형식 동사 tell의 간접목적어 me 앞에 전치사 to가 나오면 틀립니다. 4형식 동사는 간접 목적어를 전치사 없이 바로 취하므로 to me는 me로 바뀌어야 맞습니다.

08 비교급 자리에 최상급이 와서 틀린 문장 찾기

(a) The Burj Dubai / currently holds / the record / for the 　　　Burj Dubai는　　　현재 보유하고 있다　　기록을 tallest structure / in the world. (b) Completed / in 2010, / 가장 높은 구조물로서의　세계에서　　　완공된　　　2010년에 the building / stands / at 2,684 feet. (c) This / is / six hundred 그 건물은　서 있다　2,684피트의 높이로　이것은 feet tallest(→ taller) / than the KVLY-TV mast / in North 육백 피트나 더 높다　　　KVLY-TV 철탑보다 Dakota, the United States. (d) The Burj / also has the distinction / 미국 노스다코타주에 있는　　　　　Burj는　　　　특징도 있다 of having / the world's highest elevator installation. 가지고 있다는　세계에서 가장 높은 엘리베이터 시설을	(a) Burj Dubai는 현재 세계에서 가장 높은 구조물로서의 기록을 보유하고 있다. (b) 2010년에 완공된 그 건물은 2,684피트의 높이로 섰다. (c) 이것은 미국 노스다코타주에 있는 KVLY-TV 철탑보다 육백 피트나 더 높다. (d) Burj는 세계에서 가장 높은 엘리베이터 시설을 가지고 있다는 특징도 있다.

해설　(c)에서 비교급 구문의 than과 최상급 구문의 tallest가 함께 쓰이면 틀립니다. 문맥상 'KVLY-TV철탑보다 육백 피트나 더 높다'라는 비교급 구문의 의미가 되어야 자연스러우므로 최상급 tallest는 비교급 taller로 바뀌어야 맞습니다.

어휘　currently[kə́:rəntli] 현재　complete[kəmplíːt] 완료하다　distinction[distíŋkʃən] 특징　installation[ìnstəléiʃən] 시설

텝스 실전 확인 문제

POINT 1 동사와 to 부정사의 생략·대용   **1.** ⓑ   **2.** ⓐ   p. 188

1. I / thought / the package included a hotel, / but / it / didn't.
나는 / 생각했다 / 그 패키지가 호텔을 포함한다고 / 그러나 / 그것은 / 그렇지 않았다

2. One of my friends / joined / the astronomy club / because I did.
나의 친구들 중 한 명은 / 가입했다 / 천문학 동아리에 / 내가 그랬기 때문에

어휘   **1.** include[inklúːd] 포함하다   **2.** join[dʒɔin] 가입하다   astronomy[əstránəmi] 천문학

POINT 2 절의 대용   **1.** ⓐ   **2.** ⓐ   p. 189

1. He / thinks / that the performance is great, / but / I / don't think / so.
그는 / 생각한다 / 그 연수는 훌륭하다고 / 그러나 / 나는 / 생각하지 않는다 / 그렇게

2. John / expects / it / to rain / tomorrow, / but / I / hope not.
John은 / 기대한다 / 비가 오기를 / 내일 / 그러나 / 나는 / 바라지 않는다

어휘   **1.** performance[pərfɔ́ːrməns] 연주   **2.** expect[ikspékt] 기대하다

POINT 3 조동사 도치 1: 부정·제한의 부사구   **1.** ⓑ   **2.** ⓑ   p. 190

1. Only after getting a passport / can people travel / to other countries.
여권을 얻은 후에야 / 사람들은 여행할 수 있다 / 다른 나라를

2. When Steve started the company, / hardly did he guess / how successful it would be.
Steve가 그 회사를 설립했을 때 / 그는 거의 짐작하지 못했다 / 그것이 얼마나 성공적일지

어휘   **1.** passport[pǽspɔːrt] 여권   **2.** start[stɑːrt] 설립하다   company[kʌ́mpəni] 회사

POINT 4 조동사 도치 2: so/neither   **1.** ⓐ   **2.** ⓑ   p. 191

1. David / knew / how smart Sarah was / and / so did I.
David는 / 알았다 / 얼마나 Sarah가 영리했는지 / 그리고 / 나도 역시 그랬다

2. He / can't believe / we finished the assignment / and / neither can I.
그는 / 믿지 못한다 / 우리가 과제를 끝냈다는 것을 / 그리고 / 나도 역시 그렇다

어휘   **1.** smart[smɑːrt] 영리한   **2.** finish[fíniʃ] 끝내다   assignment[əsáinmənt] 과제

HACKERS PRACTICE   p. 192

01 (b)   **02** (a)   **03** (a)   **04** (a)   **05** (b)   **06** (a)   **07** did buy → did   **08** able → able to

09 don't believe → don't   **10** so → neither 또는 has not traveled → has traveled

11 nor they eat → nor do they eat   **12** so think → think so

01   Simon / likes / to collect stamps / as a hobby, / and / so do I.
Simon은 / 좋아한다 / 우표를 수집하는 것을 / 취미로 / 그리고 / 나도 그러하다

02 I / took part / in the school play / because my classmates did.
나는 / 참가했다 / 학교 연극에 / 단지 내 학급 친구들이 했기 때문에

03 Scarcely could Peter believe / that Sam was promoted to vice president.
Peter는 거의 믿지 못했다 / Sam이 부사장으로 승진했다는 것을

04 Brian / finished / the report, / but / Tom / didn't.
Brian은 / 끝냈다 / 보고서를 / 그러나 / Tom은 / 그러지 못했다

05 Paul / wanted / to live in Bermuda, / but / I / didn't want to.
Paul은 / 원했다 / 버뮤다에서 살기를 / 하지만 / 나는 / 원하지 않았다

06 Only this morning / did she arrive / home / from her business trip.
오늘 아침에야 / 그녀는 도착했다 / 집에 / 그녀의 출장으로부터

07 Scott / bought / a computer / before his sister did.
Scott은 / 샀다 / 컴퓨터를 / 그의 여동생이 하기 전에

08 I'd like / to have a car, / but / I / won't be able to / until I get a raise.
나는 원한다 / 차를 갖기를 / 그러나 / 나는 / 그럴 수 없을 것이다 / 내 월급이 오를 때까지

09 I / believe / that this book is a bestseller, / but / my friends / don't.
나는 / 믿는다 / 이 책이 베스트셀러라고 / 그러나 / 내 친구들은 / 그러지 않는다

10 Susan / has not traveled / outside the country, / and / neither has Andrea.
Susan은 / 여행한 적이 없다 / 나라 밖을 / 그리고 / Andrea 역시 그렇다

Susan / has traveled / outside the country, / and / so has Andrea.
Susan은 / 여행한 적이 있다 / 나라 밖을 / 그리고 / Andrea 역시 그렇다

11 Vegans / never eat / meat, / nor do they eat animal products / such as milk or cheese.
절대 채식주의자들은 / 결코 먹지 않는다 / 고기를 / 그들은 동물성 식품 또한 먹지 않는다 / 우유나 치즈와 같은

12 Bob / says / it's more convenient / to take the subway / than a taxi, / but / I / don't think so.
Bob은 / 말한다 / 더 편리하다고 / 지하철을 타는 것이 / 택시를 타는 것보다 / 하지만 / 나는 / 그렇게 생각하지 않는다

어휘 **01** collect[kəlékt] 수집하다   stamp[stæmp] 우표   **02** take part in ~에 참가하다   classmate[klǽsmèit] 학급 친구
03 promote[prəmóut] 승진시키다   vice president 부사장   **04** finish[fíniʃ] 끝내다   report[ripɔ́:rt] 보고서   **06** business trip 출장
08 get a raise 봉급이 오르다   **09** bestseller[béstsèlər] 베스트셀러   **10** travel[trǽvəl] 여행하다
11 vegan[védʒən] 절대 채식주의자   animal[ǽnəməl] 동물성의   **12** convenient[kənví:njənt] 편리한   subway[sʌ́bwèi] 지하철

HACKERS TEST
p.193

01 (d)	**02** (c)	**03** (b)	**04** (b)	**05** (c)	**06** (a)	**07** (b) I have → have I	**08** (a) for → in

01 '제한을 나타내는 부사구 + 조동사 + 주어 + 동사' 도치 구문 채우기

A: How / did you get / a refund? 　　어떻게　　당신은 받았나요　　　환불을	A: 당신은 어떻게 환불을 받았나요?
B: Only after complaining / did they return / my money. 　　불평을 한 후에야　　　　그들은 돌려줬어요　　제 돈을	B: 불평을 한 후에야 그들은 제 돈을 돌려줬어요.

해설   제한을 나타내는 부사구 Only after complaining이 맨 앞에 나왔으므로 '조동사 + 주어 + 동사' 순서로 온 (d) did they return 이 정답입니다.

어휘   refund[rífʌnd] 환불   complain[kəmpléin] 불평하다

A: Did you know / that snakes don't have ears? 　　당신은 알고 있었나요　　뱀이 귀가 없다는 것을	A: 당신은 뱀이 귀가 없다는 것을 알고 있었나요?
B: Yes, / and / neither do turtles. 　　네　　그리고　　거북이 역시 그래요	B: 네, 그리고 거북이 역시 그래요.

해설　A의 '뱀이 귀가 없다는 것을 알고 있었나요'라는 부정 의문문에 대해 '거북이 역시 그렇다'고 대답하는 말이 빈칸에 와야 자연스러우므로 'neither + 조동사 + 주어' 순서로 온 (c) neither do turtles가 정답입니다.

어휘　turtle[tə́ːrtl] 거북이

03 반복어구 생략하고 조동사 채우기

A: My father / likes / to go fishing / in his spare time. 　　저희 아버지는 좋아하세요 낚시하러 가는 것을　　여가 시간에	A: 저희 아버지는 여가 시간에 낚시하러 가는 것을 좋아하세요.
B: My father / does / too. 　　저희 아버지도 그러세요 역시	B: 저희 아버지도 역시 그러세요.

해설　빈칸에는 '저희 아버지도 낚시하러 가는 것을 좋아해요'라는 의미가 되어야 자연스러우므로 빈칸에 들어갈 말을 완성하면 likes to go fishing이 됩니다. 일반 동사 likes 이하에 A에서 나온 말이 반복되므로, 동사 likes는 does로 대신하고 to go fishing은 생략합니다. 따라서 반복되는 동사 likes 대신 사용되는 (b) does가 정답입니다.

어휘　go fishing 낚시하러 가다　spare time 여가 시간

04 평서문 어순 채우기

Mr. Anderson had an appointment / with the same client / 　　Mr. Anderson은 약속이 있었다　　　　　동일한 의뢰인과의 that he met last time. 　　지난번에 그가 만났던	Mr. Anderson은 지난번에 그가 만났던 동일한 의뢰인과의 약속이 있었다.

해설　평서문은 '주어 + 동사'로 시작하므로 주어 Mr. Anderson과 동사 had가 순서대로 온 (b) Mr. Anderson had an appointment가 정답입니다.

어휘　appointment[əpɔ́intmənt] 약속, 예약　client[kláiənt] (변호사 등의) 의뢰인

05 to 부정사를 대신하는 to 채우기

Lisa / had to participate / in the class debate / even though 　Lisa는　　참여해야 했다　　　학급 토론에 she did not wish to. 　그녀가 바라지 않았는데도 불구하고	Lisa는 바라지 않았는데도 불구하고 학급 토론에 참여해야 했다.

해설　모든 보기에 온 wish를 빈칸에 넣어 '그녀가 학급 토론에 참여하는 것을 바라지 않았는데도 불구하고'라는 의미가 되려면, wish 다음에 오는 to 부정사의 to 뒤에서 participate in the class debate가 반복되는데, 이 때 반복되는 말을 to로 대신한 (c) wish to가 정답입니다.

어휘　debate[dibéit] 토론

06 비교급 채우기

Based on a survey, / many / consider / the quality of patient 　한 조사에 의하면　　많은 이들은 여긴다　　　병간호의 질이 care / at Wellan Clinic / to be better than that of other hospitals / 　Wellan 병원에서의　　　　다른 병원들의 그것보다 더 낫다고 in the state. 　그 주에 있는	한 조사에 의하면, 많은 이들은 Wellan 병원에서의 병간호의 질이 그 주에 있는 다른 병원들보다 더 낫다고 여긴다.

해설 문맥상 '병간호의 질이 다른 병원보다 더 낫다'라는 의미가 되어야 자연스러우므로 비교급 better than으로 시작하는 (a)와 (b)가 정답의 후보입니다. (b)는 '다른 병원의 보다 더 나은'이라는 어색한 의미이므로 틀리고, '다른 병원의 품질(that)보다 더 나은'을 뜻하는 (a)가 정답입니다.

어휘 survey[sə́ːrvei] 조사 quality[kwɑ́ləti] 질

07 '부정을 나타내는 부사 + 조동사 + 주어' 도치 구문 채우기

(a) A: So, / what did you think / of the winter / in Alaska? 　　자　　어떻게 생각하셨나요　　겨울에 대해　　알래스카에서의 (b) B: Never I have(→ have I) felt / that cold / in my life. 　　저는 결코 느껴본 적이 없어요　　그러한 추위를　제 인생에서 (c) A: Well, / I / told / you / to wear a thick jacket / to keep you 　　저런 제가 말했잖아요 당신에게 두꺼운 재킷을 입으라고　보온을 위해 　　warm. (d) B: I / did, / but / I / guess / I needed a thicker one. 　　저는 그렇게 했어요 하지만 저는 생각해요 더 두꺼운 재킷이 필요했다고	(a) A: 자, 알래스카의 겨울에 대해 당신은 어떻게 생각하셨나요? (b) B: 저는 제 인생에서 그러한 추위를 결코 느껴본 적이 없어요. (c) A: 저런, 제가 보온을 위해 두꺼운 재킷을 입으라고 당신에게 말했잖아요. (d) B: 그렇게 했어요. 하지만 저는 더 두꺼운 재킷이 필요했다고 생각해요.

해설 (b)에서 부정을 나타내는 부사 Never가 절의 맨 앞에 나왔으므로 '주어 + 동사' 어순인 I have는 틀립니다. 주어와 동사가 도치되어 '동사 + 주어'인 have I로 바뀌어야 맞습니다.

어휘 thick[θik] 두꺼운

08 적절하지 않은 전치사가 와서 틀린 문장 찾기

(a) The Suez Canal for(→ in) Egypt / is / a manmade waterway / 　　이집트에 있는 수에즈 운하　　인공 수로이다 that connects the Mediterranean Sea to the Red Sea. 　　지중해와 홍해를 연결하는 (b) The canal / allows / ships / to travel / between Europe 　그 운하는　하도록 한다　배들이　이동을　유럽과 아시아 사이를 and Asia / without having to go around / the continent of 　　　　돌아가야 할 필요 없이　　아프리카 대륙을 Africa. (c) Since the canal was built in the nineteenth century, / 　　　　19세기에 그 운하가 지어진 이래 many countries / have fought / for control / of the canal. 　많은 국가들이　　싸워왔다　지배권을 위해　그 운하의 (d) Today, / it / is / open / to ships / from all nations. 　오늘날 그것은 개방되어 있다 배들에게 전 세계에서 오는	(a) 이집트에 있는 수에즈 운하는 지중해와 홍해를 연결하는 인공 수로이다. (b) 그 운하는 배들이 아프리카 대륙을 돌아가야 할 필요 없이 유럽과 아시아 사이를 이동하도록 한다. (c) 19세기에 그 운하가 지어진 이래, 많은 국가들이 그 운하의 지배권을 놓고 싸워왔다. (d) 오늘날, 그것은 전 세계에서 오는 배들에게 개방되어 있다.

해설 (a)에서 '이집트에 있는 수에즈 운하'라는 의미가 되어야 하므로 전치사 '~을 위해'를 뜻하는 for를 쓰면 틀립니다. for는 '~에'를 뜻하는 장소 전치사 in으로 바뀌어야 맞습니다.

어휘 canal[kənǽl] 운하, 인공 수로 manmade[mǽnmèid] 인공의 waterway[wɔ́ːtərwèi] 수로 travel[trǽvəl] 이동하다, 가다
go around 돌다, 돌아다니다

READING COMPREHENSION

HACKERS PRACTICE

p. 198

01 ② **02** ① **03** ② **04** (a) **05** (a) **06** (b) **07** (a) **08** (b)

01

What researchers found / were sixth-century oil paintings / 연구원들이 찾은 것은　　　　　　　6세기의 유화들이었다 of several Buddhist scenes. 불교의 내용을 담은	연구원들이 찾은 것은 불교의 내용을 담은 6세기의 유화들이었다.

어휘 Buddhist[búːdist] 불교의

02

Whether your health insurance will cover treatment / 당신의 건강 보험이 치료 비용을 보상해줄지 아닐지는 should be the least of your concerns. 당신의 가장 최소한의 걱정거리여야 합니다	당신의 건강 보험이 치료 비용을 보상해줄지 아닐지는 당신의 가장 최소한의 걱정거리여야 합니다.

어휘 insurance[inʃúərəns] 보험　treatment[tríːtmənt] 치료

03

It was observed / that 60 percent of all homes in the city / 관측되었다　　　　　　그 도시 모든 가구의 60퍼센트가 actually gained value. 실제로 가격이 올랐다는 것이	그 도시 모든 가구의 60퍼센트가 실제로 가격이 올랐다는 것이 관측되었다.

어휘 observe[əbzə́ːrv] 관측하다, 관찰하다　actually[ǽktʃuəli] 실제로　gain[gein] 오르다, 얻다

주제: 카드 소지자들의 대금 상환을 돕기 위한 신용 카드사의 제도

04

Having a large credit card balance / is not a serious problem, / 많은 신용 카드 대금이 있다는 것은　　　　심각한 문제가 아닙니다 since _____. If a customer is ~이므로　　　　　　　　　　　　　만약 고객이 곤란을 겪고 있다면 having difficulty / paying the debt, / credit card companies are 　　　　　　빚을 갚는 데　　　신용 카드 회사은 기꺼이 willing / to make special arrangements. Many companies will 특약을 해줄 것입니다　　　　많은 회사가 할인을 제공할 것입니다 offer a discount / on the interest that has accumulated / if a 　　　　　　　　축적된 이자에 대한 cardholder agrees / to pay off the card's entire balance. Thus, / 신용 카드를 발급받은 사람이 동의한다면　카드 대금을 전부 갚겠다는 데　그러므로 if you are behind / on your credit card payments, / contact your 연체되었다면　　　　　당신의 신용 카드 대금이　　　　　○	신용 카드 대금이 많이 나왔다는 것은 _____ _____이므로 심각한 문제가 아닙니다. 만약 고객이 빚을 갚는 데 곤란을 겪고 있다면, 신용 카드 회사들은 기꺼이 특약을 해줄 것입니다. 많은 회사가 신용 카드를 발급받은 사람이 카드 대금을 전부 갚겠다는 데 동의하면 축적된 이자에 대한 할인을 제공할 것입니다. 그러므로, 당신의 신용 카드 대금이 연체되었다면, 신용 카드 회사에 연락해서 그들이 당신을 도와줄 수 있는지 확인해보세요.

credit card company / and see if they can assist you.
당신의 신용 카드 회사에 연락하세요   그리고 그들이 당신을 도울 수 있는지 확인해보세요

ⓐ help is available to cardholders
(b) payments can be briefly delayed

ⓐ 신용 카드를 발급받은 사람들이 도움을 받을 수 있으므로
(b) 지불을 잠시 연기할 수 있으므로

해설   지문 처음의 빈칸을 채우는 문제입니다. 빈칸이 있는 문장 Having a large credit card balance is not a serious problem, since ____(신용 카드 대금이 많이 나왔다는 것은 ___이므로 심각한 문제가 아니다)를 통해 빈칸에 신용 카드 대금이 많이 나와도 심각한 문제가 되지 않는 이유를 넣어야 한다는 것을 예상할 수 있습니다. 지문의 앞부분에서 만약 고객이 빚을 갚는 데 곤란을 겪고 있다면 카드 회사가 기꺼이 특약을 해줄 것이라고 했으므로 '신용 카드를 발급받은 사람들이 도움을 받을 수 있으므로'라고 한 (a)가 정답입니다.

어휘   credit card 신용 카드   serious[síəriəs] 심각한, 중대한   debt[dét] 빚, 채무   be willing to 기꺼이 ~하다
accumulate[əkjú:mjulèit] 축적하다, 모으다   cardholder[ká:rdhòuldər] 신용 카드를 발급받은 사람   assist[əsíst] 돕다

주제: Smart Start라는 독서 권장 프로그램

05

The department of education / has started a new program /
교육부는   새로운 프로그램을 시작했다

called Smart Start / that _____.
Smart Start라는

Over one million copies / of popular children's books / have
백만 권이 넘는   인기 아동 서적이

been ordered / and given to local schools. Students are being
주문되었다   그리고 지역 학교에 제공되었다   학생들은 요구되고 있다

asked / to read one new book a week, / and what they read /
일주일에 새로운 책 한 권을 읽을 것이   또한 그들이 읽은 것은

will be tested for comprehension / by their teachers. If they
이해 여부 확인을 위해 테스트 될 것이다   선생님에 의해

read a new book / and pass the test / every week of the school
만약 학생들이 새로운 책을 읽고 테스트에 통과한다면   해당 학년 동안 매주

year, / they will receive / a coupon / to go to an amusement
             그들은 받게 된다   쿠폰을   놀이동산에 입장할 수 있는

park / for free.
      무료로

ⓐ urges children to read often
(b) will increase the sales of kids' books

교육부는 Smart Start라는 _____ 새로운 프로그램을 시작했다. 백만 권이 넘는 인기 아동 서적이 주문되어 지역 학교에 제공되었다. 학생들은 일주일에 새로운 책 한 권을 읽을 것이 요구되며, 선생님은 학생들이 읽은 것을 이해했는지 테스트할 것이다. 만약 해당 학년 동안 매주 새로운 책을 읽고 테스트에 통과한다면, 학생들은 놀이동산에 무료로 입장할 수 있는 쿠폰을 받게 된다.

ⓐ 아이들에게 독서를 자주 하도록 권하는
(b) 아동 서적의 판매량을 늘려줄

해설   지문 처음의 빈칸을 채우는 문제입니다. 빈칸이 있는 문장 The department of education has started a new program called Smart Start that ____(교육부는 Smart Start라는 ___ 새로운 프로그램을 시작했다)를 통해 빈칸에 Smart Start라는 프로그램이 어떤 것인지를 넣어야 한다는 것을 예상할 수 있습니다. 지문에서 학생들이 일주일에 책 한 권씩을 읽고 선생님들은 아이들이 읽은 것을 이해했는지 테스트할 것이며, 해당 학년 동안 매주 테스트에 통과한 학생들은 쿠폰을 받는다고 했으므로 '아이들에게 독서를 자주 하도록 권하는'이라고 한 (a)가 정답입니다.

어휘   department of education 교육부   copy[kápi] (책이나 잡지의) 권, 부   popular[pápjulər] 인기 있는, 대중적인
order[ɔ́:rdər] 주문하다   local[lóukəl] 지방의   ask[æsk] 요구하다, 청하다   test[tést] 테스트하다; 테스트   school year 학년
coupon[kú:pɑn] 쿠폰, 상품권   amusement park 놀이동산   for free 무료로   urge[ə́:rdʒ] 권하다; 격려하다
increase[inkrí:s] 늘리다   sales[seilz] 판매량, 매출액

주제: 주문품을 교체할 것을 요청

06

Dear Ms. Lee,

I regret to inform you / that you must change your order.
알리게 되어 유감스럽습니다   고객님께서 주문을 수정하셔야 한다는 것을

We are currently out of stock / of the jeans / in the color you
현재 재고가 없습니다   청바지의   고객님께서 선택한 색상의 ❍

Ms. Lee께,
고객님께서 주문을 수정하셔야 한다는 것을 알리게 되어 유감스럽습니다. 현재 고객님께서 선택하신 색상의 청바지 재고가 없습니다. 대체 상품을 선택하시기 전까지는 주문품을 보내지 않겠습니다. 그러므로,

selected. We will not ship your order / until you choose / a
주문품을 보내지 않겠습니다   고객님께서 선택하기 전까지는

replacement product. Therefore, / it is important / that you log
대체 상품을   그러므로   중요합니다

on to our Web site / to _____.
저희 웹사이트에 접속해서

Regards,

John Starks

Jazzy Jeans

(a) provide us with your shipping information

(b) adjust your clothing order

저희 웹사이트에 접속해서 _____ 중요
합니다.

John Starks 드림

Jazzy Jeans사

(a) 당신의 배송 정보를 저희에게 제공하시는 것이

(b) 의류 주문을 수정하시는 것이

해설 지문 마지막의 빈칸을 채우는 문제입니다. 빈칸이 있는 문장 Therefore, it is important that you log on to our Web site to ____
(그러므로, 저희 웹사이트에 접속해서 ___ 중요합니다)를 통해 빈칸에 편지를 읽는 사람이 웹사이트에 접속해서 해야 하는 것이 무엇인지를 넣어
야 한다는 것을 예상할 수 있습니다. 지문에서 고객이 선택한 색상의 청바지의 재고가 없어 대체 상품을 선택하기 전까지는 주문품을 보내
지 않겠다고 했으므로 '의류 주문을 수정하시는 것이'라고 한 (b)가 정답입니다.

어휘 regret[rigrét] 유감으로 생각하다 inform[infɔ́ːrm] 알리다, 통지하다 order[ɔ́ːrdər] 주문, 주문품
currently[kə́ːrəntli] 현재는, 지금은 out of stock 재고가 없는, 품절인 select[silékt] 선택하다, 고르다 ship[ʃip] 보내다, 수송하다
replacement[ripléismənt] 대체, 교환 log on 접속하다 provide[prəváid] 제공하다 shipping information 배송 정보
adjust[ədʒʌ́st] 수정하다, 바로잡다

주제: 가문의 가족사를 알려주는 계통 조사

07 Genealogy, / the study of one's family history, / is practiced /
    계통 조사는   한 가문의 역사에 대한 조사인   행해진다

in cultures throughout the world. Genealogy helps connect /
전 세계 문화권에서   계통 조사는 연결하도록 돕는다

those living / to their ancestors. Families that are linked to
살아있는 사람들을   그들의 조상들과   왕족과 연계된 가문은

royalty / can often trace / their family history / hundreds of
종종 밝혀낼 수 있다   그들의 가족사를   수백 년을 거슬러 올라가

years back. African American families / can trace their family
아프리카계 미국인 가문은   그들의 가족사를 밝혀낼 수 있다

histories / with the help of publicly available slave records.
공개적으로 이용할 수 있는 노예 기록의 도움으로

Ultimately, / genealogy _____.
궁극적으로   계통 조사는

(a) connects families to their pasts

(b) is an important tool for historians

한 가문의 역사에 대한 조사인 계통 조사는 전 세계
문화권에서 행해진다. 계통 조사는 살아있는 사람들
과 그들의 조상들을 연결해준다. 왕족과 연계된 가
문은 종종 수백 년을 거슬러 올라가 그들의 가족사
를 밝혀낼 수 있다. 아프리카계 미국인 가문은 공개
적으로 이용할 수 있는 노예 기록의 도움으로 그들
의 가족사를 밝혀낼 수 있다. 궁극적으로, 계통 조사
는 _____.

(a) 가문과 가문의 역사를 연결해준다

(b) 역사가들에게 중요한 도구이다

해설 지문 마지막의 빈칸을 채우는 문제입니다. 빈칸이 있는 문장 Ultimately, genealogy ____(궁극적으로, 계통 조사는 ___)를 통해 빈칸에 계
통 조사가 궁극적으로 무엇인지에 대한 내용을 넣어야 한다는 것을 예상할 수 있습니다. 지문의 앞부분에서 계통 조사가 살아있는 사람과
조상을 연결해준다고 했으므로 '가문과 가문의 역사를 연결해준다'라고 한 (a)가 정답입니다.

어휘 genealogy[dʒiːniǽlədʒi] 계통 조사, 계도학 study[stʌ́di] 조사, 연구 family[fǽməli] 가문, 가족 practice[prǽktis] 행하다
connect A to B A를 B와 연결하다 ancestor[ǽnsestər] 조상, 선조 linked[liŋkt] 연결된 trace[treis] (원인, 출처 등을) 밝혀내다
with the help of ~의 도움으로 publicly[pʌ́blikli] 공개적으로 slave[sleiv] 노예 ultimately[ʌ́ltəmətli] 궁극적으로
tool[tuːl] 도구 historian[histɔ́ːriən] 역사가

08

Let's face it: / if you or your children are sick, / whether your
현실을 직시합시다   만약 당신 또는 당신의 자녀가 아프다면

health insurance will cover treatment / should be the least of
당신의 건강 보험이 치료 비용을 보상해줄지 아닐지는   당신의 가장 최소한의 걱정거리여야 합니다

your concerns. That's why / Blue Dog Medical is your best
그래서   Blue Dog Medical이 최선의 선택입니다

choice. Our rates are competitive / and we cover / all clinic
저희의 요금은 경쟁력이 있으며   우리는 부담합니다

visits and surgical procedures / without exception.
병원에 다니는 비용과 외과 수술 비용 전체를   예외 없이

Call Blue Dog Medical today / if you're interested in
Blue Dog Medical로 오늘 전화주세요   ~에 관심이 있다면

_____.

(a) receiving a free medical checkup at our office
(b) being covered by a reliable insurance policy

현실을 직시합시다. 만약 당신 또는 당신의 자녀가 아프다면, 당신의 건강 보험이 치료 비용을 보상해줄 지 아닐지는 당신의 가장 최소한의 걱정거리여야 합니다. 그래서 Blue Dog Medical이 최선의 선택입니다. 저희 요금은 경쟁력이 있으며 병원에 다니시는 비용과 외과 수술 비용 전체를 예외 없이 부담합니다. _____에 관심이 있다면 Blue Dog Medical로 지금 전화주세요.

(a) 우리 의원에서 무료 건강 진단을 받는 것
(b) 믿을 수 있는 보험 정책에 의해 보장 받는 것

해설 지문 마지막의 빈칸을 채우는 문제입니다. 빈칸이 있는 문장 Call Blue Dog Medical today if you're interested in ___(___에 관심이 있다면 Blue Dog Medical로 오늘 전화주세요)을 통해 빈칸에 무엇에 관심이 있으면 Blue Dog Medical로 전화해야 하는지를 넣어야 한다는 것을 예상할 수 있습니다. 지문의 뒷부분에서 Blue Dog Medical이 병원에 다니는 비용과 외과 수술 비용 전체를 예외 없이 부담 한다고 했으므로 '믿을 수 있는 보험 정책에 의해 보장 받는 것'이라고 한 (b)가 정답입니다.

어휘 face[feis] 직시하다   health insurance 건강 보험   cover[kʌ́vər] 보상하다, 부담하다   treatment[trí:tmənt] 치료, 취급
concern[kənsə́:rn] 걱정   rate[reit] 요금, 비용   competitive[kəmpétətiv] 경쟁력 있는, 경쟁의   clinic[klínik] 병원, 진료소
surgical procedure (외과) 수술   without exception 예외 없이   be interested in ~에 관심이 있다   checkup[tʃékʌ̀p] 건강 진단
reliable[riláiəbl] 믿을 수 있는   policy[páləsi] 정책; 방침

HACKERS TEST

p.202

01 (a)	02 (c)	03 (b)	04 (b)	05 (c)	06 (a)	07 (d)	08 (a)

01

Steve Fossett / was one of the world's greatest adventurers.
Steve Fossett은   세계에서 가장 훌륭한 모험가 중 한 사람이었다

One of his first feats / was to cross the Pacific Ocean / in a hot
그의 최초의 업적 중 하나는   태평양을 횡단했던 것이었다   열기구를 타고

air balloon. It was even more amazing / that he did it alone.
훨씬 더 놀랄 만한 사실이었다   그가 그것을 홀로 했다는 것은

Several years later, / _____.
몇 년 뒤

Without any other companions, / he piloted a 10-story balloon /
아무런 동료도 없이   그는 10층 높이의 열기구를 조종하였다

around the entire world / in 14 days, / finally landing /
전 세계를   14일 후에   마침내 상륙했다

in Australia.
호주에

(a) he accomplished something more impressive
(b) he improved his skill with hot air balloons
(c) his trip across the Pacific Ocean was repeated
(d) his balloon was found in the ocean

Steve Fossett은 세계에서 가장 훌륭한 모험가 중 한 사람이었다. 그의 최초의 업적 중 하나는 열기구를 타고 태평양을 횡단했던 것이었다. 그가 홀로 그 일을 해냈다는 것은 훨씬 더 놀랄 만한 사실이었다. 몇 년 뒤, _____. 아무런 동료도 없이, 그는 14일 후에 10층 높이의 열기구를 조종하여 완전히 전 세계를 다녔으며, 마침내 호주에 상륙했다.

(a) 그는 더욱 인상적인 일을 성취했다
(b) 그는 열기구에 관한 기술을 향상시켰다
(c) 그는 태평양을 횡단하는 것을 되풀이했다
(d) 바다에서 그의 열기구가 발견되었다

해설 　지문 중간의 빈칸을 채우는 문제입니다. 빈칸이 있는 문장 Several years later, _____ (몇 년 뒤, ___)를 통해 빈칸에 몇 년 뒤에 무슨 일이 일어났는지를 넣어야 한다는 것을 예상할 수 있습니다. 지문에서 Steve Fossett의 최초 업적 중 하나인 열기구를 타고 태평양을 횡단한 내용이 나오고, 빈칸 뒷문장에서 그가 열기구를 조종하여 전 세계를 다녔다고 했으므로 '그는 더욱 인상적인 일을 성취했'라고 한 (a)가 정답입니다.

어휘 　adventurer[ədvéntʃərər] 모험가　feat[fiːt] 업적, 위업　cross[krɔːs] 횡단하다, 건너다　the Pacific Ocean 태평양
hot air balloon 열기구　alone[əlóun] 홀로, 외로이　companion[kəmpǽnjən] 동료　pilot[páilət] 조종하여 가다, 다니다
story[stɔ́ːri] (건물의) 층　entire[intáiər] 전체의　land[lænd] 상륙하다, 내리다　accomplish[əkámpliʃ] 성취하다, 해내다
impressive[imprésiv] 인상적인, 감동적인　improve[imprúːv] 향상시키다　repeat[ripíːt] 되풀이하다, 반복하다

주제: 감소하는 추세의 전립선암 발병률

02

A recent study / done by cancer researchers / reveals that
　최근의 연구는　　　　　　암 연구진이 실시한　　　　　　드러낸다

_____. Prostate cancer rates /
　　　　　　　　　　　　　　　　　　　　전립선암 발병률은

were at their highest / in the 1980s, / before the government
　가장 높았다　　　　　1980년대에　　　정부가 대중에게 교육하기 전인

educated the public / about the dangers of the disease. Because
　　　　　　　　　　그 병의 위험성에 대해

men are now more aware / of risk factors for the cancer, /
　남성들이 이제 더 잘 알고 있기 때문에　　　암을 일으키는 위험 인자들을

rates have declined. Overall, / 10 percent fewer cases are
　발병률이 하락했다　　전반적으로　　10퍼센트 더 적은 사례가 보고된다

reported / every year / and the death rate has dropped / by
　　　　　매년　　　　　　또한 사망률도 떨어졌다

nearly 20 percent. These figures prove / that increased public
　거의 20퍼센트까지　　이러한 수치는 입증한다　예방법에 대한 높아진 대중의 인식이

awareness of prevention methods / has made a difference.
　　　　　　　　　　　　　　　효과가 있었다는 것을

(a) prostate cancer is easier to detect
(b) prostate cancer tests are not effective
(c) prostate cancer rates are getting lower
(d) prostate cancer is no longer a serious issue

암 연구진이 실시한 최근의 연구는 _____ 라는 것을 드러낸다. 전립선암 발병률은 정부가 대중에게 그 병의 위험성에 대해 교육하기 전인 1980년대에 가장 높았다. 이제 남성들이 암을 일으키는 위험 인자들을 더 잘 알고 있기 때문에, 발병률이 하락했다. 전반적으로, 매년 10퍼센트 더 적은 발병 사례가 보고되며 사망률도 거의 20퍼센트까지 떨어졌다. 이러한 수치는 예방법에 대한 높아진 대중의 인식이 효과가 있었다는 것을 입증한다.

(a) 전립선암은 발견하기가 더 쉽다
(b) 전립선암 검사는 효과가 없다
(c) 전립선암 발병률이 감소하는 추세이다
(d) 전립선암은 더 이상 심각한 문제가 아니다

해설 　지문 처음의 빈칸을 채우는 문제입니다. 빈칸이 있는 문장 A recent study done by cancer researchers reveals that ___ (암 연구진이 실시한 최근의 연구는 ___라는 사실을 드러낸다)을 통해 빈칸에 암 연구진이 실시한 최근의 연구로 어떤 것이 드러났는지를 넣어야 한다는 것을 예상할 수 있습니다. 지문에서 전립선암 발병률은 1980년대에 가장 높았으나 이제는 매년 10퍼센트 더 적은 발병 사례가 보고된다고 했으므로 '전립선암 발병률이 감소하는 추세이다'라고 한 (c)가 정답입니다.

어휘 　recent[ríːsnt] 최근의　reveal[rivíːl] 드러내다, 밝히다　prostate cancer 전립선암　educate[édʒukèit] 교육하다
public[pʌ́blik] 대중; 일반 대중의　be aware of ~을 알다　risk factor 위험 인자　decline[dikláin] 하락하다, 떨어지다
overall[óuvərɔ̀ːl] 전반적으로, 종합적으로　case[keis] 사례, 환자　drop[drɑp] 떨어지다　figure[fígjər] 수, 값
prove[pruːv] 입증하다, 증명하다　awareness[əwɛ́ərnis] 인식, 자각　prevention method 예방법
make a difference 효과가 있다　detect[ditékt] 발견하다, 탐지하다　effective[iféktiv] 효과가 있는, 효과적인
serious[síːəriəs] 심각한　issue[íʃuː] 문제, 쟁점

주제: 전기 공급 일시 중단과 어둠에 대비할 것을 알림

03

The Sydney Power Company / would like to remind all
　Sydney Power사는　　　　　모든 고객 여러분께 상기시켜 드리고자 합니다

customers to _____. As we've already
　　　　　　　　　　　　　　　　　　　저희가 이미 통지해 드린 바와 같이

informed you, / electric service to your neighborhood /
　　　　　　　주민 여러분들 지역으로의 전기 공급이

Sydney Power사는 _____ 을 모든 고객 여러분께 상기시켜 드리고자 합니다. 저희가 이미 통지해 드린 바와 같이, 주민 여러분들 지역으로의 전기 공급이 내일 오전 9시부터 오후 11시까지 중단될 것입니다. 정비공이 손상된 송전선의 수리를 완료할 것입니다. 이 시간 동안 램프와 같은 물건과 다른 조명

will be interrupted / from 9 a.m. until 11 p.m. tomorrow.
중단될 것입니다 　　　　내일 오전 9시부터 오후 11시까지

Maintenance personnel will be completing repairs / on
정비공이 수리를 완료할 것입니다

damaged power lines. During this time, / it will be impossible /
손상된 송전선의 　　　이 시간 동안 　　　불가능할 것입니다

to use things like lamps and other light fixtures. Be certain /
램프와 같은 물건과 다른 조명 기구를 사용하는 것은 　　확인하시기 바랍니다

that you've made arrangements / to limit the inconvenience
준비를 하셨다는 것을 　　　　이것이 야기할 불편을 제한하기 위한

this may cause.

(a) lower the amount of electricity you use at home
(b) prepare candles and flashlights to use in the dark
(c) evacuate your homes immediately following the loss of power
(d) stay away from downed power lines in your neighborhood

기구를 사용하는 것은 불가능할 것입니다. 이것이 야기할 불편을 제한하기 위한 준비를 하셨는지 확인하시기 바랍니다.

(a) 가정에서 사용하는 전기를 줄이라는 것
(b) 어둠 속에서 사용할 초와 손전등을 준비하라는 것
(c) 전기가 끊어지면 즉시 집을 비우라는 것
(d) 동네의 고장난 송전선으로부터 멀리 떨어져 있으라는 것

해설　지문 처음의 빈칸을 채우는 문제입니다. 빈칸이 있는 문장 The Sydney Power Company would like to remind all customers to ___(Sydney Power사는 ___을 모든 고객 여러분께 상기시켜 드리고자 합니다)를 통해 빈칸에 Sydney Power사가 고객들에게 상기시켜 주고자 하는 것이 무엇인지를 넣어야 한다는 것을 예상할 수 있습니다. 지문의 뒷부분에서 전기 공급이 중단되는 동안 램프와 같은 물건과 다른 조명 기구를 사용할 수 없다고 하며 이것이 야기할 불편을 제한하기 위한 준비를 했는지 확인하라고 했으므로 '어둠 속에서 사용할 초와 손전등을 준비하라는 것'이라고 한 (b)가 정답입니다.

어휘　neighborhood[néibərhùd] 지역　interrupt[ìntərʌ́pt] 중단하다　maintenance[méintənəns] 정비, 보수 관리
personnel[pə̀ːrsənél] (총) 직원; 사람들　complete[kəmplíːt] 완료하다, 끝내다　repair[ripɛ́ər] 수리　damaged[dǽmidʒd] 손상된
power line 송전선　light fixture 조명 기구　limit[límit] 제한하다　inconvenience[ìnkənvíːnjəns] 불편
flashlight[flǽʃlàit] 손전등　evacuate[ivǽkjuèit] (장소, 집 등을) 비우다, 떠나다; 피난하다　loss[lɔːs] 상실, 손실
power[páuər] 전기, 전력　stay away from ~에서 떨어져 있다

주제: 전국적인 주택가격 하락에도 불구하고 집값이 오른 볼더 시

04

When talking about / the nationwide drop in housing prices, /
이야기할 때 　　　전국적인 주택가격 하락에 대해

most people assume / that every city in the country has been
대부분의 사람들은 생각한다 　　그 나라에 있는 모든 도시가 영향을 받았을 거라고

affected. However, / the case of Boulder, Colorado _____
그러나 　　콜로라도주 볼더 시의 경우는

_____. Economists / compared
　　　　　　　　　　　　경제학자들은

Boulder property prices / from the second quarter of last year
볼더 시 부동산 가격을 비교했다 　　　작년과 올해의 2사분기

and this year. Over that period, / it was observed / that 60
　　　　　그 기간 동안 　　　관찰되었다

percent of all homes in the city / actually gained value.
그 도시 모든 가구의 60퍼센트가 　　실제로 가격이 올랐다는 것이

High-quality schools, beautiful scenery and a growth in local job
우수한 학교와 아름다운 풍경, 그리고 지역 내 취직 기회의 증가가

opportunities / are three key factors / said to be fueling
　　　　세 가지 핵심 요소이다

continued demand.
꾸준한 수요를 부채질한다고 일컬어지는

전국적인 주택가격 하락에 대해 이야기할 때, 대부분의 사람들은 그 나라에 있는 모든 도시가 영향을 받았을 거라고 생각한다. 그러나 콜로라도주 볼더 시의 경우는 _____. 경제학자들은 작년과 올해의 2사분기 볼더 시 부동산 가격을 비교했다. 그 기간 동안 그 도시 모든 가구의 60퍼센트가 실제로 가격이 올랐다는 것이 관찰되었다. 우수한 학교와 아름다운 풍경, 그리고 지역 내 취직 기회의 증가가 꾸준한 수요를 부채질한다고 일컬어지는 세 가지 핵심 요소이다.

(a) is a perfect example of this downward price trend

(b) proves this to be an incorrect assumption

(c) needs to be studied more in depth by homeowners

(d) is one that economists are unable to explain

(a) 이러한 가격 하향세의 완벽한 예이다

(b) 이것이 틀린 가정이라는 것을 입증한다

(c) 자택 소유자에 의해 더욱 면밀하게 조사되어야 한다

(d) 경제학자들이 설명할 수 없는 경우이다

해설　지문 중간의 빈칸을 채우는 문제입니다. 빈칸이 있는 문장 However, the case of Boulder, Colorado ____ (그러나, 콜로라도주 볼더 시의 경우는 ___)를 통해 앞에서 설명한 상황과 반대되는 경우가 있다는 것을 예상할 수 있습니다. 지문에서 사람들은 전국적인 주택 가격 하락에 모든 도시가 영향을 받았을 것이라고 생각하지만, 볼더 시에 위치한 모든 가구의 60퍼센트의 가격은 실제로 올랐다고 했으므로 '이것이 틀린 가정이라는 것을 입증한다'라고 한 (b)가 정답입니다.

어휘　nationwide[néiʃənwàid] 전국적인　drop[drɑp] (가격, 주식 등의) 하락　housing price 주택가격
assume[əsjúːm] ~라고 생각하다, 추측하다　affect[əfékt] ~에 영향을 미치다　case[keis] 경우, 사례, 사건
economist[ikánəmist] 경제학자　property[prápərti] 부동산　quarter[kwɔ́ːrtər] 사분기　period[píːəriəd] 기간, 시기
observe[əbzə́ːrv] 관찰하다　actually[ǽktʃuəli] 실제로, 사실은　gain[gein] 오르다, 얻다　value[vǽljuː] 가격, 가치
opportunity[ɑ̀pərtjúːnəti] 기회　high-quality 우수한 질의, 양질의　scenery[síːnəri] 풍경, 조망　fuel[fjúːəl] 부채질하다
demand[dimǽnd] 수요, 요구　downward[dáunwərd] 하향의　trend[trend] 추세, 경향　prove[pruːv] 입증하다, 증명하다
incorrect[ìnkərékt] 틀린　assumption[əsʌ́mpʃən] 가정, 가설　in depth 면밀하게, 상세하게
homeowner[hóumòunər] 자택 소유자

05

The neighborhood safety committee / is responsible for keeping
지역 안전 위원회는　　　　　　우리의 가정을 안전하게 지킬 책임이 있습니다

our homes safe. As a way of reaching that goal, / we have
그 목표를 달성하기 위한 방안으로　　　우리는 구매했습니다

bought / carbon monoxide detectors / for everyone's houses.
일산화탄소 탐지기를　　　　모든 가정을 위해

Carbon monoxide is a colorless and odorless gas / that is fatal /
일산화탄소는 무색무취의 기체입니다　　　　　치명적인

if inhaled in large amounts. It is particularly prevalent / during
다량을 흡입할 경우　　　그것은 특히 만연합니다

the winter months, / when windows are kept closed / and gas
겨울철에　　　　창문이 계속 닫혀 있으며

heaters or fireplaces are used / in a house. The neighborhood
가스 난방기나 난로가 사용되는　　　집 안에서　　지역 안전 위원회는 바랍니다

safety committee hopes / _____.

(a) the area we live in will stay free of house fires

(b) you to stay warm in the winter

(c) your home will remain safe from the gas

(d) we can all help keep our neighborhood clean

지역 안전 위원회는 우리의 가정을 안전하게 지킬 책임이 있습니다. 그 목표를 달성하기 위한 방안으로, 우리는 모든 가정을 위해 일산화탄소 탐지기를 구매했습니다. 일산화탄소는 다량을 흡입할 경우 치명적인 무색무취의 기체입니다. 그것은 특히 창문이 계속 닫혀 있으며 집 안에서 가스 난방기나 난로가 사용되는 겨울철에 특히 만연합니다. 지역 안전 위원회는 _____ 바랍니다.

(a) 우리가 사는 지역의 가정에 화재가 발생하지 않기를

(b) 여러분이 겨울을 따스하게 보내기를

(c) 여러분의 가정이 그 기체로부터 계속 안전하기를

(d) 우리가 동네를 깨끗하게 유지할 수 있기를

해설　지문 마지막의 빈칸을 채우는 문제입니다. 빈칸이 있는 문장 The neighborhood safety committee hopes ____ (지역 안전 위원회는 ____ 바랍니다)를 통해 빈칸에 지역 안전 위원회가 무엇을 바라는지를 넣어야 한다는 것을 예상할 수 있습니다. 지문의 앞부분에서 지역 안전 위원회가 지역의 모든 가정의 안전을 지킨다는 목표를 달성하기 위해 일산화탄소 탐지기를 구매했다고 했으므로 '여러분의 가정이 그 기체로부터 계속 안전하기를'이라고 한 (c)가 정답입니다.

어휘　committee[kəmíti] 위원회　be responsible for ~할 책임이 있다　carbon monoxide 일산화탄소　detector[ditéktər] 탐지기
colorless[kʌ́lərlis] 무색의, 색이 없는　odorless[óudərlis] 무취의, 냄새 없는　fatal[féitl] 치명적인
inhale[inhéil] 흡입하다, 들이쉬다　particularly[pərtíkjulərli] 특히, 각별히　prevalent[prévələnt] 만연한
gas heater 가스 난방기　fireplace[fáiərplèis] 난로　free of ~이 없는, ~을 면한　remain[riméin] 여전히 ~이다; 남다

06

Cactuses / _____. Most of them /
선인장은   그것들 중 대부분은

have long leaves / in order to reduce their surface area.
긴 잎을 가지고 있다   표면적을 줄이기 위해

This helps / the plants lose less water. The plants also have
이는 돕는다   이 식물이 수분을 덜 잃도록   이 식물은 가시나 털도 있는데

spikes or hairs, / which stop air circulation / near the plant.
                        이는 공기의 순환을 막는다   식물 근처에 있는

They also reduce / moisture loss. The roots of a cactus /
그것들은 또한 줄여준다   수분 손실을   선인장의 뿌리는

spread out / very wide and not very deep. Widely spread roots /
뻗어 있다   매우 넓게 그리고 그리 깊지 않게   넓게 퍼져 있는 뿌리는

are an adaptation / that gives the cactus access to the most
적응 형태이다   선인장이 최대한 많은 수분에 접할 수 있도록 하는

water possible.

(a) are designed to retain water
(b) are found in large and dry forests
(c) are home to many desert animals
(d) need lots of space for growth

선인장은 _____. 선인장 대부분은 표면적을 줄이기 위해 긴 잎을 가지고 있다. 이는 선인장이 수분을 덜 잃도록 돕는다. 선인장은 가시나 털도 있는데, 이는 식물 근처에 있는 공기의 순환을 막는다. 그것들은 또한 수분 손실을 줄여준다. 선인장의 뿌리는 매우 넓으면서 그리 깊지 않게 뻗어 있다. 넓게 퍼져 있는 뿌리는 선인장이 최대한 많은 수분에 접할 수 있도록 하는 적응 형태이다.

(a) 수분을 유지할 수 있도록 되어 있다
(b) 넓고 건조한 숲에서 발견된다
(c) 많은 사막 동물들의 서식처이다
(d) 넓은 생장 면적이 필요하다

해설 지문 처음의 빈칸을 채우는 문제입니다. 빈칸이 있는 문장 Cactuses ____(선인장은 ___)를 통해 빈칸에 선인장이 어떠한지를 넣어야 한다는 것을 예상할 수 있습니다. 지문 전체에서 선인장의 긴 잎, 가시, 털은 선인장이 수분을 덜 잃게 하는 작용을 하며, 넓게 퍼져 있는 뿌리는 선인장이 최대한 많은 수분에 접할 수 있게 돕는다고 했으므로 '수분을 유지할 수 있도록 되어 있다'라고 한 (a)가 정답입니다.

어휘 cactus[kǽktəs] 선인장 in order to ~하기 위해서 reduce[ridʒúːs] 줄이다, 감소시키다 surface area 표면적
spike[spaik] 가시; 대못 hair[hɛər] 털 circulation[sə̀ːrkjuléiʃən] 순환; 유통 moisture[mɔ́istʃər] 수분, 습기
loss[lɔːs] 손실; 패배 root[ruːt] 뿌리 spread out 뻗다, 펼쳐지다 adaptation[æ̀dəptéiʃən] 적응 형태, 적응 구조; 적응
give access to ~에게 접근을 허락하다 retain[ritéin] 유지하다 home[houm] 서식처; 본거지

07

The *Buddhas of Bamyan* in Afghanistan were statues / that had
아프가니스탄에 있는 'Bamyan의 불상들'은 조각이었다

been carved into the side of a mountain / in the sixth century.
산허리에 새겨진   6세기에

When they were destroyed / by Afghanistan's government /
그것들이 파괴되었을 때   아프가니스탄 정부에 의해

in 2001, / people were outraged. However, / some good
2001년   사람들은 분개했다   그러나

came from their loss. Over 50 previously unknown caves /
어떤 장점이 그것의 손실로부터 나왔다   이전에는 알려지지 않았던 동굴 50개가

that had been covered by the statues / were exposed. Inside, /
그 조각들로 인해 가려져 있던   드러났다   내부에서

what researchers found / were sixth-century oil paintings / of
연구원들이 찾은 것은   6세기 유화들이었다

several Buddhist scenes. The earliest evidence of oil painting /
불교의 내용을 담은   유화의 가장 초기 흔적은

was thought to be from fourteenth-century Europe. The finding, /
14세기 유럽에서 나온 것이라고 생각되었다   그 발견은

on the other hand, / _____.
반면에
                                                          ○

아프가니스탄에 있는 'Bamyan의 불상들'은 6세기에 산허리에 새겨진 조각이었다. 그것들이 2001년 아프가니스탄 정부에 의해 파괴되었을 때, 사람들은 분개했다. 그러나 조각의 손실로 인한 어떤 장점도 있었다. 그 조각들로 인해 가려져 있어서 이전에는 알려지지 않았던 동굴 50개가 드러났다. 동굴 내부에서, 연구원들이 찾은 것은 불교의 내용을 담은 6세기 유화들이었다. 사람들은 유화의 가장 초기 흔적이 14세기 유럽에서 나온 것이라고 생각했다. 반면에, 그 발견은 _____.

(a) confirms that many early Europeans were Buddhist

(b) proves that the technique spread to Afghanistan

(c) predicts earlier oil paintings will be found in Afghanistan

ⓓ shows that oil painting was used earlier in Afghanistan

(a) 많은 초기 유럽인들은 불교도였다는 사실을 확증한다

(b) 그 기법이 아프가니스탄에 퍼졌다는 사실을 입증한다

(c) 더 이른 시기의 유화가 아프가니스탄에서 발견될 것이라고 예측한다

ⓓ 유화가 아프가니스탄에서 더 일찍 사용되었다는 사실을 보여준다

해설 지문 마지막의 빈칸을 채우는 문제입니다. 빈칸이 있는 문장 The finding, on the other hand, ____(반면에, 그 발견은 ___)를 통해 그 발견이 앞의 내용과는 다르게 밝혀진 것이 무엇인지를 넣어야 한다는 것을 예상할 수 있습니다. 지문의 뒷부분에서 사람들이 유화의 가장 초기 흔적이 14세기 유럽에서 나온 것이라고 생각했던 것과 다르게, 알려지지 않았던 아프가니스탄의 동굴 내부에서 6세기 유화들이 발견되었다고 했으므로 '유화가 아프가니스탄에서 더 일찍 사용되었다는 사실을 보여준다'라고 한 (d)가 정답입니다.

어휘 Buddha[búːdə] 불상 statue[stǽtʃuː] 조각, 상 carve[kɑːrv] 새기다 destroy[distrɔ́i] 파괴하다
government[gʌ́vərnmənt] 정부 outraged[aútrèidʒd] 분개하는 previously[príːviəsli] 이전에
unknown[ʌnnóun] 알려지지 않은, 미지의 cave[kéiv] 동굴 cover[kʌ́vər] 가리다, 덮다 expose[ikspóuz] 드러내다
oil painting 유화 Buddhist[búːdist] 불교의; 불교도 evidence[évədəns] 흔적 finding[fáindiŋ] 발견, 발견물
on the other hand 반면에 confirm[kənfə́ːrm] 확증하다, 확인하다 prove[pruːv] 입증하다 spread[spred] 퍼지다
predict[prɪdikt] 예측하다, 예인하다

주제: 공항 보안 요원 근무 기간이 비교적 짧은 이유

08

A report from the Federal Transportation Bureau states that
연방 교통국의 한 보고서는 ~라고 진술한다

_____. A big reason for their
그들의 책임이 늘어난 한 가지 큰 이유는

increased responsibility / is the recent toughening / of airport
최근의 강화이다

safety standards. Personnel must now spend half their time /
공항 보안 규정의   직원들은 이제 그들의 근무 시간의 절반을 사용하고 있다

making sure passengers follow all of the new rules. Apart from
승객들이 모든 새로운 규칙을 분명히 따르도록 하는 데   이를 제외하고도

this, / they must still inspect bags / and operate metal
그들은 여전히 가방을 검사해야 하며   금속 탐지기를 작동해야 한다

detectors / as they normally do. The hard work and long hours
그들이 여느 때와 같이 하듯이   고된 업무와 긴 업무 시간은 의미한다

of the job mean / most airport security personnel / only stay at
대부분의 공항 보안 요원이   그 직장에 겨우 머무른다는 것을

the job / for six months on average.
평균 6개월 동안

연방 교통국의 한 보고서는 _____라고 진술한다. 그들의 책임이 늘어난 한 가지 큰 이유는 최근 공항 보안 규정의 강화 때문이다. 직원들은 이제 승객들이 모든 새로운 규칙을 분명히 따르도록 하는 데 그들의 근무 시간의 절반을 사용해야 한다. 이를 제외하고도, 그들은 여느 때와 같이 여전히 가방을 검사해야 하고 금속 탐지기를 작동해야 한다. 고된 업무와 긴 업무 시간은 대부분의 공항 보안 요원이 그 직장에 겨우 평균 6개월 동안만 머무른다는 것을 의미한다.

ⓐ airport security personnel are quitting because they are overworked

(b) airports are more secure than they were before the new safety standards

(c) lines are longer than they ever have been at the nation's airports

(d) jobs in the security department at airports are tough to get

---

ⓐ 공항 보안 요원들은 과로하기 때문에 일을 그만두고 있다

(b) 공항은 새로운 보안규정이 생기기 전보다 더 안전해졌다

(c) 그 어느 때보다 국내 공항의 줄이 길다

(d) 공항의 보안부 직업은 구하기 힘들다

해설 지문 처음의 빈칸을 채우는 문제입니다. 빈칸이 있는 문장 A report from the Federal Transportation Bureau states that (연방 교통국의 한 보고서는 ___라고 진술한다)을 통해 빈칸에 연방 교통국의 보고서 내용이 무엇인지 넣어야 한다는 것을 예상할 수 있습니다. 지문의 뒷부분에서 고된 업무와 긴 업무 시간 때문에 대부분의 공항 보안 요원이 평균 6개월밖에 버티지 못한다고 했으므로 '공항 보안 요원들은 과로하기 때문에 일을 그만두고 있다'라고 한 (a)가 정답입니다.

어휘 report[ripɔ́ːrt] 보고서 state[steit] 진술하다 toughen[tʌ́fən] 강화하다 personnel[pə̀ːrsənél] (전)직원
spend time -ing ~하는 데 시간을 보내다 make sure ~을 분명히 하다 passenger[pǽsəndʒər] 승객 list[list] 목록

rule[ruːl] 규칙, 규정   inspect[inspékt] 검사하다   operate[ápərèit] 작동하다   metal detector 금속 탐지기
on average 평균적으로   quit[kwit] (일 등을) 그만두다   overwork[òuvərwə́ːrk] 과로시키다   secure[sikjúər] 안전한

CHAPTER 02 빈칸에 연결어 넣기(Part 1)

HACKERS PRACTICE

p. 208

01 ①   **02** ①   **03** ②   **04** (a)   **05** (a)   **06** (a)   **07** (a)   **08** (b)

01

Newspapers / constantly provide us / with stories about the	신문은 우리에게 대통령과 국회의원들 사이의 논쟁
신문은　　　끊임없이 우리에게 제공한다　　　논쟁에 대한 기사를	에 대한 기사를 끊임없이 제공한다.
arguments / between the president and lawmakers.	
대통령과 국회의원들 사이의	

어휘 **argument**[áːrgjumənt] 논쟁   **lawmaker**[lɔ́ːmèikər] 국회의원, 입법자

02

French children are taught / the appropriate uses of honorific	프랑스 아이들은 어릴 때 경어체의 적절한 사용법을
프랑스 아이들은 배운다　　　경어체의 적절한 사용법을	배운다.
speech / at a young age.	
어릴 때	

어휘 **appropriate**[əpróuprièt] 적절한, 적당한   **honorific**[ànərífik] 경어의

03

The Staph bacterium / is considered / to be the first to have	Staph 박테리아는 항생제에 저항력이 있는 최초의
Staph 박테리아는　　　여겨진다　　　저항력이 있는 최초의 것으로	박테리아라고 여겨진다.
become resistant / to antibiotics.	
항생제에	

어휘 **bacterium**[bæktíəriəm] 박테리아(bacteria의 단수)   **resistant**[rizístənt] 저항력이 있는   **antibiotic**[æ̀ntaibaiátik] 항생제

주제: John Watson의 쥐 실험

04

Psychologist John Watson / did a famous experiment / with a	심리학자 John Watson은 Albert란 이름의 소년을
심리학자 John Watson은　　　유명한 실험을 했다	데리고 유명한 실험을 했다. Watson은 소년이 작고
boy named Albert. Watson / let the boy play with a small, white	하얀 쥐와 함께 놀도록 했다. Albert는 그 쥐를 좋아
Albert란 이름의 소년을 데리고 Watson은　　　소년이 작고 하얀 쥐와 함께 놀도록 했다	하게 되었다. 그러나 그 후 Watson은 Albert가 그
rat. Albert / grew to like the rat. But then / Watson started /	쥐를 받을 때마다 크고 무서운 소리를 내기 시작했
Albert는　　그 쥐를 좋아하게 되었다　　그러나 그 후　　Watson은 시작했다	다. 그가 계속 이것을 하자, Albert는 그 소리가 나
making a loud, scary noise / whenever Albert was given the rat.	지 않아도 그 쥐를 보면 무서워하게 되었다. _____,
크고 무서운 소리를 내기　　　Albert가 그 쥐를 받을 때마다	Albert는 그가 무엇이든 하얗고 털이 있는 것을 볼
As he kept doing this, / Albert would become scared /	때마다 두려워했다.
그가 계속 이것을 하자　　　Albert는 무서워하게 되었다	
when he saw the rat, / even without the noise. _____, /	
그 쥐를 보면　　　그 소리가 나지 않아도	
Albert was afraid / whenever he saw / anything white and furry.	
Albert는 두려워했다　　　그가 볼 때마다　　　무엇이든 하얗고 털이 있는 것을 ◑	

| (a) As a result
(b) Instead | ⓐ 그 결과
(b) 대신에 |

해설 빈칸에 알맞은 연결어를 넣는 문제입니다. 빈칸 앞에는 Watson이 Albert에게 그 쥐를 줄 때마다 계속 크고 무서운 소리를 내자, Albert 는 그 소리가 나지 않아도 쥐를 보면 무서워하게 되었다는 내용이 나오고, 빈칸 뒤에는 Albert가 무엇이든 하얗고 털이 있는 것을 볼 때마 다 두려워했다는 내용이 나옵니다. Albert가 하얗고 털이 있는 것을 두려워하게 된 이유는 Watson의 계속된 실험의 결과이므로, 결과를 나타내는 연결어인 (a) As a result(그 결과)가 정답입니다.

어휘 psychologist[saikάlədʒist] 심리학자 do an experiment 실험을 하다 let[let] ~하게 하다 rat[ræt] 쥐 scary[skέəri] 무서운 whenever[ʰwènévər] ~할 때마다 anything[éniθìŋ] 무엇이든 furry[fə́:ri] 털이 있는

주제: 미국에서 기차 여행이 인기가 없는 이유

05

| Train travel in the United States / is unpopular / due to ticket
미국에서의 기차 여행은　인기가 없다

prices and speed. For instance, / a discount flight / between
티켓 가격과 속도 때문에　예를 들어　할인된 비행 티켓은

Boston and Washington, DC, / costs around $150 / and takes
보스턴과 워싱턴 DC를 오가는　약 150달러이다　그리고 한 시간 걸린다

an hour. _____ , / the train takes seven hours /
기차로는 일곱 시간이 걸리고

and costs 30 to 40 percent more. It is clear / why train travel
비용이 30퍼센트에서 40퍼센트 더 든다　명확하다

is not popular.
기차 여행이 인기가 없는 이유는

ⓐ In contrast
(b) Nonetheless | 미국에서의 기차 여행은 티켓 가격과 속도 때문에 인기가 없다. 예를 들어, 보스턴과 워싱턴 DC를 오가는 할인된 비행 티켓은 150달러이고 한 시간 걸린다. ____, 기차로는 일곱 시간이 걸리고 비용이 30퍼센트에서 40퍼센트 더 든다. 기차 여행이 인기가 없는 이유는 명확하다.

ⓐ 대조적으로
(b) 그럼에도 불구하고 |

해설 빈칸에 알맞은 연결어를 넣는 문제입니다. 빈칸 앞에는 비행기의 경우 보스턴과 워싱턴 DC를 오가는 할인 티켓이 150달러이고 한 시간 걸린다는 내용이 나오고, 빈칸 뒤에는 기차의 경우 일곱 시간이 걸리고 비용도 30퍼센트에서 40퍼센트 더 든다는 대조적인 내용이 나옵니다. 따라서 대조를 나타내는 연결어 (a) In contrast(대조적으로)가 정답입니다.

어휘 unpopular[ʌnpάpjulər] 인기 없는 discount[dískaunt] 할인의 around[əráund] 약, 대충 take[teik] (시간이) 걸리다

주제: Edward Munch의 '절규' 도난 사건

06

| On February 12, 1994, / thieves broke into / the National
1994년 2월 12일에　강도들이 침입했다

Gallery in Oslo, Norway. They stole / Edward Munch's
노르웨이 오슬로의 국립 미술관에　그들은 훔쳤다　Edward Munch의 '절규'를

The Scream. Norwegian police worked with the British police, /
노르웨이 경찰은 영국 경찰과 협력했다

the international experts / at cases of art theft, / to track down
국제적 전문가인　예술 작품 절도 사건의　강도들의 뒤를 쫓기 위해

the thieves. _____ , / the thieves were found / and
강도들은 발견되었고

brought to trial. However, / the thieves never went to jail. The
재판에 회부되었다　그러나　그 강도들은 감옥에 가지 않았다

case was dismissed / because / the British special agents /
그 사건은 기각되었다　~ 때문에　그 영국 특별 수사관들이

who caught them / had entered Norway illegally.
그들을 잡았던　불법으로 노르웨이에 들어 갔었기

ⓐ In the end
(b) In conclusion | 1994년 2월 12일, 노르웨이 오슬로의 국립 미술관에 강도들이 침입했다. 그들은 Edward Munch의 '절규'를 훔쳤다. 노르웨이 경찰은 강도들의 뒤를 쫓기 위해 예술 작품 절도 사건의 국제적 전문가인 영국 경찰과 협력했다. ____, 강도들은 발견되었고 재판에 회부되었다. 그러나, 그 강도들은 감옥에 가지 않았다. 그 사건은 그들을 잡았던 영국 특별 수사관들이 불법으로 노르웨이에 들어 갔었기 때문에 기각되었다.

ⓐ 결국
(b) 결론적으로 |

해설 빈칸에 알맞은 연결어를 넣는 문제입니다. 빈칸 앞에는 노르웨이 경찰이 예술 작품 절도 사건의 국제적 전문가인 영국 경찰과 협력했다는 내용이 나오고, 빈칸 뒤에는 강도들은 발견되었고 재판에 회부되었다는 결과가 나옵니다. 따라서 결과를 나타내는 연결어인 (a) In the end(결국)가 정답입니다.

어휘 thief[θiːf] 강도 break into 침입하다 gallery[ɡǽləri] 미술관, 화랑 international[ìntərnǽʃənl] 국제적인, 국제의 expert[ékspəːrt] 전문가 track down ~의 뒤를 쫓다 trial[tráiəl] 재판 jail[dʒeil] 감옥 dismiss[dismís] 기각하다, 해고하다 agent[éidʒənt] 수사관, 대리인 enter[éntər] ~에 들어가다 illegally[ilíːɡəli] 불법으로

주제: 상호 협력이 요구되는 대통령과 국회의원

07

Newspapers / constantly provide us / with stories about the
신문은   끊임없이 우리에게 제공한다   논쟁에 대한 기사를

arguments / between the president and lawmakers. The two
      대통령과 국회의원들 사이의   정부의 그 두 분과는

branches of government / are under the control / of opposing
      관리 하에 있다   상대 정당들의

political parties. This has caused / much debate between the
이것이 원인이 되고 있다   양측 사이의 많은 논쟁의

sides, / consisting mainly of / threats and insults. Silly
      주로 이루어져 있는   협박과 모욕으로

arguments have prevented / positive change from happening.
어리석은 논쟁은 방해해 왔다   긍정적인 변화가 일어나는 것을

_____, / both sides will need to / put aside their
      양측 모두는 ~해야 할 필요가 있다 그들의 의견 차이는 제쳐놓고

differences / and cooperate to help the country.
      나라를 돕기 위해 협력하는 것을

ⓐ Consequently
(b) Furthermore

신문은 우리에게 대통령과 국회의원들 사이의 논쟁에 대한 기사를 끊임없이 제공한다. 정부의 그 두 분과는 상대 정당들의 관리 하에 있다. 이것이 양측 사이의 주로 협박과 모욕으로 이루어진 많은 논쟁의 원인이 되고 있다. 어리석은 논쟁은 긍정적인 변화가 일어나는 것을 방해해 왔다. _____, 양측 모두는 그들의 의견 차이는 제쳐놓고 나라를 돕기 위해 협력해야 할 필요가 있다.

ⓐ 따라서
(b) 게다가

해설 빈칸에 알맞은 연결어를 넣는 문제입니다. 빈칸 앞에는 어리석은 논쟁이 긍정적인 변화가 일어나는 것을 방해해 왔다는 내용이 나오고, 빈칸 뒤에는 양측 모두는 그들의 의견 차이는 제쳐놓고 나라를 돕기 위해 협력해야 한다는 내용이 나옵니다. 어리석은 논쟁이 긍정적 변화를 방해해 왔으므로, 이제는 그런 의견 차이는 제쳐놓고 협력해야 한다는 결론이 나와야 하므로, 결론을 나타내는 연결어인 (a) Consequently(따라서)가 정답입니다.

어휘 constantly[kánstəntli] 끊임없이 branch[brǽntʃ] 분과, 부문 political party 정당 debate[dibéit] 논쟁, 토론 consist[kənsíst] 이루어져 있다 threat[θret] 협박 insult[insʌ́lt] 모욕 prevent[privént] 방해하다 positive[pázətiv] 긍정적인 put aside 제쳐놓다 cooperate[kouápərèit] 협력하다

주제: 전자 사본을 제공하는 iTexts사

08

Nobody likes / carrying around / bulky, inconvenient
아무도 좋아하지 않습니다 가지고 다니는 것을 부피가 크고 불편한 양장본을

hardcovers. That is why / iTexts has decided to offer /
      그것이 ~한 이유입니다   iTexts사가 제공하기로 결심한

electronic copies of university textbooks / that can be used on
      대학 교과서의 전자 사본을   노트북 컴퓨터에서 사용될 수 있는

laptops. _____, / we offer titles / from all major publishers /
      우리는 책을 제공합니다   모든 주요 출판사들의

and our prices / are as much as 80 percent less than those of
그리고 우리의 가격은   서점의 가격보다 80퍼센트까지 저렴합니다

bookstores. Make your life easier. Visit iTexts.com / today.
      당신의 삶을 더 편하게 만드세요 iTexts.com을 방문해보세요 지금

(a) At any rate
ⓑ What is more

아무도 부피가 크고 불편한 양장본을 가지고 다니는 것을 좋아하지 않습니다. 그것이 iTexts사가 노트북 컴퓨터에서 사용될 수 있는 대학 교과서의 전자 사본을 제공하기로 결심한 이유입니다. _____, 우리는 모든 주요 출판사들의 책을 제공하고 서점의 가격보다 80퍼센트까지 저렴합니다. 당신의 삶을 더 편하게 만드세요. 지금 iTexts.com을 방문해보세요.

(a) 어쨌든
ⓑ 게다가

해설 빈칸에 알맞은 연결어를 넣는 문제입니다. 빈칸 앞에는 iTexts사가 노트북 컴퓨터에서 사용될 수 있는 대학 교과서의 전자 사본을 제공하기로 결심했다는 내용이 나오고, 빈칸 뒤에는 iTexts사가 모든 주요 출판사들의 책을 제공하며 서점 가격보다 80퍼센트까지 저렴하다는 추가적인 내용이 나옵니다. 따라서 부연 설명하는 연결어인 (b) What is more(게다가)가 정답입니다.

어휘 **carry around** 가지고 다니다 **bulky**[bʌ́lki] 부피가 큰 **inconvenient**[ìnkənvíːnjənt] 불편한 **hardcover**[hɑ:rdkʌ́vər] 양장본 **offer**[ɔ́:fər] 제공하다 **electronic**[ilektrɑ́nik] 전자의 **copy**[kɑ́pi] 사본 **title**[táitl] 책, 출판물 **major**[méidʒər] 주요한 **publisher**[pʌ́bliʃər] 출판사

HACKERS TEST

---

01 (d)　　**02** (a)　　**03** (a)　　**04** (c)

주제: 경어체의 쓰임과 프랑스의 경어체 교육

01

Honorific speech / is a feature of some languages / that typically
경어체는　　　　　　　몇몇 언어의 특징이다　　　전형적으로 식별하는

identifies / the relationship between the speaker and the listener.
　　　　　　화자와 청자 사이의 관계들

In French, / for instance, / two different second-person
불어에서는　　　　예를 들어　　　두 가지의 다른 2인칭 대명사가 사용된다

pronouns are used: / one for casual encounters / and the other
　　　　　　　　　하나는 격식을 차리지 않는 만남에서

for formal situations. French children are taught / the appropriate
또 다른 하나는 공식적인 상황에서　　프랑스 아이들은 배운다

uses of honorific speech / at a young age. ＿＿＿＿＿＿＿, /
경어체의 적절한 사용법을　　　　어릴 때

children are scolded / if they use casual language / when talking
아이들은 꾸중을 듣는다　그들이 격식을 차리지 않는 언어를 사용하면

with someone older.
나이가 많은 사람과 대화할 때

(a) Still
(b) However
(c) Nevertheless
(d) For example

경어체는 화자와 청자 사이의 관계를 전형적으로 식별하는 몇몇 언어의 특징이다. 예를 들어, 불어에서는 두 가지의 다른 2인칭 대명사가 사용되는데 하나는 격식을 차리지 않는 만남에서, 또 다른 하나는 공식적인 상황에서 사용된다. 프랑스 아이들은 어릴 때 경어체의 적절한 사용법을 배운다. ＿＿＿＿＿, 나이가 많은 사람과 대화할 때 격식을 차리지 않는 언어를 사용하면 아이들은 꾸중을 듣는다.

(a) 그래도
(b) 그러나
(c) 그럼에도 불구하고
(d) 예를 들어

해설 빈칸에 알맞은 연결어를 넣는 문제입니다. 빈칸 앞에는 프랑스 아이들이 어릴 때 경어체의 적절한 사용법을 배운다는 내용이 나오고, 빈칸 뒤에는 프랑스 아이들이 나이가 많은 사람과 이야기 할 때 격식을 차리지 않는 언어를 사용하면 꾸중을 듣는다는 내용이 나옵니다. 따라서 앞의 내용에 대한 예시를 나타내는 연결어인 (d) For example(예를 들어)이 정답입니다.

어휘 **honorific**[ànərífik] 경어의 **feature**[fíːtʃər] 특징 **typically**[típikəli] 전형적으로 **identify**[aidéntəfài] 식별하다, 확인하다 **second-person** 2인칭 **pronoun**[próunàun] 대명사 **casual**[kǽʒuəl] 격식을 차리지 않는 **encounter**[inkáuntər] 만남, 우연히 만나다 **formal**[fɔ́:rməl] 공식적인 **situation**[sìtʃuéiʃən] 상황 **appropriate**[əpróuprièit] 적절한 **scold**[skould] 꾸중하다

주제: 항생제 내성의 원인과 방지책

02

The overuse of antibiotics / – special medicines that treat
항생제의 남용은　　　　　　　세균 감염을 치료하는 특별한 약인

bacterial infections – / can cause a problem / called antibiotic
　　　　　　　　　문제를 일으킬 수 있다　　　항생제 내성이라고 불리는

resistance. It occurs / when the bacteria adapt to an antibiotic.
그것은 발생한다　　　　세균이 항생제에 적응할 때

세균 감염을 치료하는 특별한 약인 항생제의 남용은 항생제 내성이라고 불리는 문제를 일으킬 수 있다. 그것은 세균이 항생제에 적응할 때 발생한다. 내성이 생기면, 그 약은 더 이상 효과가 없다. 이것은 의사들이 경미한 병의 환자들에게 항생제를 너무 쉽게 처방

텝스 온라인 실전모의고사 HackersIngang.com

If resistance develops, / the drug is no longer effective.
내성이 생기면 　　　　　그 약은 더 이상 효과가 없다

This happens / because doctors prescribe antibiotics / too
이것은 발생한다 　　　의사들이 항생제를 처방하기 때문에

easily to patients with minor conditions. _____, / to
경미한 병의 환자들에게 너무 쉽게

prevent resistance, / doctors must not prescribe antibiotics / in
내성을 막기 위해서 　　　　의사들은 항생제를 처방해서는 안 된다

unnecessary cases.
불필요한 경우에는

(a) Thus
(b) Likewise
(c) Otherwise
(d) Yet

하기 때문에 발생한다. _____, 내성을 막기 위해서 의사들은 불필요한 경우에는 항생제를 처방해서는 안 된다.

(a) 그러므로
(b) 마찬가지로
(c) 만약 그렇지 않으면
(d) 그러나

해설 빈칸에 알맞은 연결어를 넣는 문제입니다. 빈칸 앞에는 의사들이 경미한 병의 환자들에게 항생제를 너무 쉽게 처방하기 때문에 내성이 생긴다는 내용이 나오고, 빈칸 뒤에는 내성을 막기 위해서 의사들이 불필요한 경우에는 항생제를 처방해서는 안 된다는 결론이 나옵니다. 따라서 결론을 나타내는 연결어인 (a) Thus(그러므로)가 정답입니다.

어휘 overuse[òuvərjúːz] 남용　antibiotic[æ̀ntibaiátik] 항생 물질　medicine[médəsin] 약　treat[triːt] 치료하다
bacterial[bæktíəriəl] 세균의　infection[infékʃən] 감염　cause[kɔːz] 일으키다　resistance[rizístəns] 내성, 저항
adapt[ədǽpt] 적응하다　no longer 더 이상 ~않다　effective[iféktiv] (약·요법이) 효과가 있는　prescribe[priskráib] 처방하다
prevent[privént] 막다　unnecessary[ʌnnésəsèri] 불필요한　case[keis] 경우

주제: Marcel Duchamp의 예술품에 대한 엇갈린 대중의 반응

03

Marcel Duchamp / was famous for / making strange art.
Marcel Duchamp은 　　　유명했다 　　　이상한 예술품을 만드는 것으로

Apart from his unique paintings, / Duchamp also / created
그의 특이한 그림들 이외에 　　　　Duchamp은 또한

sculptures / and presented everyday objects / he called
조각품을 만들고 　　　일상 용품들을 전시했다 　　　그가 '기성품'이라고 불렀던

"readymades" / as art. One of his more famous pieces / was
예술품으로 　　　그의 더 유명한 작품 중 하나는

an upside-down urinal / he named *Fountain*. His work / was
뒤집힌 남성용 소변기였다 　　그가 '샘'이라고 이름 지은 　　그의 작품은

groundbreaking / and his fans wanted to see more.
혁신적이었고 　　　그의 팬들은 더 많은 것을 보기 원했다

_____, / those who / didn't appreciate his work /
~한 사람들은 　　　그의 작품의 진가를 인정하지 않았던

thought it had no place / in the art world.
그것이 설 곳은 없다고 생각했다 　　예술계에서

(a) Conversely
(b) Indeed
(c) Rather
(d) Incidentally

Marcel Duchamp은 이상한 예술품을 만드는 것으로 유명했다. 그의 특이한 그림들 이외에, Duchamp은 조각품도 만들고 그가 '기성품'이라고 불렀던 일상 용품들을 예술품으로 전시했다. 그의 더 유명한 작품 중 하나는 그가 '샘'이라고 이름 지은 뒤집힌 남성용 소변기였다. 그의 작품은 혁신적이었고 그의 팬들은 더 많은 것을 보기 원했다. _____, 그의 작품의 진가를 인정하지 않았던 사람들은 예술계에서 그것이 설 곳은 없다고 생각했다.

(a) 대조적으로
(b) 실제로
(c) 오히려
(d) 우연히

해설 빈칸에 알맞은 연결어를 넣는 문제입니다. 빈칸 앞에는 Marcel Duchamp의 작품은 혁신적이었고 그의 팬들은 더 많은 것을 보기 원했다는 내용이 나오고, 빈칸 뒤에는 그의 작품의 진가를 인정하지 않았던 사람들은 예술계에서 그것이 설 곳은 없다고 생각했다는 대조적인 내용이 나옵니다. 따라서 대조를 나타내는 연결어인 (a) Conversely(대조적으로)가 정답입니다.

어휘 famous for ~로 유명한　apart from ~이외에　unique[juːníːk] 특이한　sculpture[skʌ́lptʃər] 조각품
present[prizént] 전시하다, 보여주다　everyday[évridei] 일상의, 평상시의　piece[piːs] 작품　upside-down 뒤집힌, 거꾸로의
urinal[júərənl] 남성용 소변기　groundbreaking[gráundbrèikiŋ] 혁신적인　appreciate[əpríːʃièit] 진가를 인정하다

04

Sightings of World War II soldiers / by Pacific islands
제2차 세계대전 군인들을 목격한 것은   태평양 섬의 부족민들이

tribespeople / led to / the creation of "cargo cults." Tribe
이르게 했다   '적화 신앙'의 창조에   부족민들은

members / thought the soldiers were gods / because of the
군인들이 신이라고 생각했다   진보한 장비들로 인해

advanced equipment / they carried. Instead of warning fellow
그들이 소지한   동료 부족민에게 경고하는 것 대신에

tribespeople / of the outsiders' presence, / the island's tribal
외부인들의 존재에 대해   그 섬의 부족장들은

leaders / embraced the soldiers. The soldiers tried to / persuade
군인들을 받아들였다   군인들은 노력했다

the tribespeople / that they were not gods. _____, /
부족민들에게 납득시키려   그들은 신이 아니라는 것을

the soldiers and their "cargo" / are still worshipped / by many
군인들과 그들의 '적화'는   여전히 숭배된다   많은 부족들에 의해

tribes.

태평양 섬의 부족민들이 제2차 세계대전 군인들을 목격한 것은 '적화 신앙'의 창조에 이르게 했다. 부족민들은 그들이 소지한 진보한 장비들로 인해 군인들이 신이라고 생각했다. 그 섬의 부족장들은 외부인들의 존재에 대해 동료 부족민에게 경고하는 대신에, 군인들을 받아 들였다. 군인들은 부족민들에게 그들이 신이 아니라는 것을 납득시키려 노력했다. _____, 군인들과 그들의 '적화'는 여전히 많은 부족들에 의해 숭배된다.

(a) In contrast to
(b) In accordance with
ⓒ Nevertheless
(d) To illustrate

(a) ~와 대조를 이루어
(b) ~에 따라서
ⓒ 그럼에도 불구하고
(d) 설명하기를

해설 빈칸에 알맞은 연결어를 넣는 문제입니다. 빈칸 앞에는 군인들이 부족민들에게 그들이 신이 아니라는 것을 납득시키려 노력했다는 내용이 나오고, 빈칸 뒤에는 군인들과 그들의 적화가 여전히 숭배된다는 내용이 나옵니다. 군인들의 노력에도 불구하고, 많은 부족들은 여전히 그들과 '적화'를 숭배한다는 양보의 내용이 나와야 합니다. 따라서 양보를 나타내는 연결어인 **(c) Nevertheless**(그럼에도 불구하고)가 정답입니다.

어휘 **sighting**[sáitiŋ] 목격, 발견 **tribespeople** 부족민 **lead to** ~에 이르게 하다 **cargo cult** 적화 신앙 **advanced**[ədvǽnst] 진보한 **equipment**[ikwípmənt] 장비 **warn**[wɔːrn] 경고하다 **fellow**[félou] 동료의 **presence**[prézns] 존재, 주둔 **embrace**[imbréis] 받아들이다 **persuade**[pərswéid] 납득시키다; 설득하다 **cargo**[káːrgou] (비행기·열차 등의) 적화, 화물 **worship**[wə́ːrʃip] 숭배하다, 존경하다

CHAPTER 03 어색한 문장 골라내기(Part 2)

HACKERS PRACTICE

p.216

01 ①   **02** ①   **03** ①   **04** (d)   **05** (c)   **06** (c)   **07** (c)   **08** (c)

01

Elephants use their long teeth, / called tusks, /
코끼리들은 긴 이빨을 사용한다   엄니라고 불리는

to mark their territory.
그들의 영역을 표시하기 위해

코끼리들은 그들의 영역을 표시하기 위해 엄니라고 불리는 긴 이빨을 사용한다.

어휘 **mark**[mɑːrk] 표시하다 **territory**[térətɔ̀ːri] 영역, 영토

02

| After developing abstract thought, / humans truly became
 추상적인 사고를 발달시킨 후에　　　인간은 진정으로 현대적이 되었다 <br> modern. | 추상적인 사고를 발달시킨 후에, 인간은 진정으로 현대적이 되었다. |

어휘　**abstract**[ǽbstrǽkt] 추상적인　**thought**[θɔ:t] 사고, 생각　**modern**[mádərn] 현대적인

03

| Crossing the Atlantic Ocean, / Christopher Columbus arrived /
 대서양을 건넌 후에　　　　　　Christopher Columbus는 도착했다 <br> in the New World / in 1492.
 신세계에　　1492년에 | 대서양을 건넌 후에, Christopher Columbus는 1492년 신세계에 도착했다. |

어휘　**Atlantic Ocean** 대서양

주제: 현명한 투자 방법을 알려주는 Investing Today지

04

| Learn how to invest wisely / by reading Investing Today.
 현명하게 투자하는 방법을 배우십시오　　　Investing Today지를 읽음으로써
 (a) Our analysts will give you / the latest information / about
 저희 분석가들은 당신에게 제공할 것입니다　　　최신 정보를 <br> the hottest stocks. (b) Information about foreign markets / is
 가장 인기 있는 주식들에 대한　　　　　외국 시장에 대한 정보가 <br> included in every issue. (c) We also interview CEOs / from
 모든 호에 포함됩니다　　　저희는 최고 경영자들도 인터뷰합니다 <br> leading companies / in their fields. ⓓ NASDAQ and NYSE /
 선도하는 회사들의　　　각 분야를　　　나스닥과 뉴욕 증권 거래소는 <br> are the two main stock markets / in the US.
 두 개의 주요 주식 시장들입니다　　미국에서 | Investing Today지를 읽음으로써 현명하게 투자하는 방법을 배우십시오. (a) 저희 분석가들은 당신에게 가장 인기 있는 주식들에 대한 최신 정보를 제공할 것입니다. (b) 외국 시장에 대한 정보가 모든 호에 포함됩니다. (c) 저희는 각 분야를 선도하는 회사의 최고 경영자들도 인터뷰합니다. ⓓ 나스닥과 뉴욕 증권 거래소는 미국의 두 개의 주요 주식 시장들입니다. |

해설　지문 흐름상 어색한 문장을 고르는 문제입니다. 첫 문장에서 'Investing Today지를 읽음으로써 현명하게 투자하는 방법을 배우십시오' 라고 언급하고 (a), (b), (c)는 Investing Today지에서 제공하는 다양한 정보와 내용들에 대해 알려주고 있으므로 첫 문장과 관련이 있습니다. 그러나 (d)는 '나스닥과 뉴욕 증권 거래소는 미국의 두 개의 주요 주식 시장들이다'라는 내용으로, 첫 문장과 관련이 없으므로 (d)가 정답입니다.

어휘　**invest**[invést] 투자하다　**wisely**[wáizli] 현명하게　**analyst**[ǽnəlist] 분석가　**hot**[hɑt] (상품 등이) 인기 있는
 stock[stɑk] 주식, 증권　**issue**[íʃuː] (출판물의) 호, 판　**leading**[líːdiŋ] 선도하는, 일류의
 NASDAQ(= National Association of Securities Dealers Automated Quotations) 나스닥
 NYSE(= New York Stock Exchange) 뉴욕 증권 거래소

주제: 최초로 도구를 사용한 인류

05

| Homo habilis / is the first human species / thought to have
 호모 하빌리스는　　　최초의 인류이다　　도구를 사용했던 것으로 여겨지는 <br> used tools. (a) For over two million years, / humans have been
 2백만 년이 넘도록　　　인간은 돌을 사용해 오고 있었다 <br> using stone / to chop food items. (b) Later humans used flint /
 음식물을 썰기 위해　　　　그 후의 인간은 수석을 사용했다 <br> to create hand axes. ⓒ After developing abstract thought, /
 손도끼를 만들기 위해　　　추상적인 사고를 발달시킨 후에 <br> humans truly became modern. (d) It wasn't until more recent
 인간은 진정으로 현대적이 되었다　　　　최근에 와서야 비로소 <br> times / that humans started creating items / from animal
 인간은 물품들을 만들기 시작했다 <br> hides and bones.
 동물의 가죽과 뼈로 | 호모 하빌리스는 도구를 사용했던 것으로 여겨지는 최초의 인류이다. (a) 2백만 년이 넘도록, 인간은 음식물을 썰기 위해 돌을 사용해 오고 있었다. (b) 그 후의 인간은 손도끼를 만들기 위해 수석을 사용했다. ⓒ 추상적인 사고를 발달시킨 후에, 인간은 진정으로 현대적이 되었다. (d) 인간은 최근에 와서야 비로소 동물의 가죽과 뼈로 물품들을 만들기 시작했다. |

해설　지문 흐름상 어색한 문장을 고르는 문제입니다. 첫 문장에서 '호모 하빌리스는 도구를 사용했던 것으로 여겨지는 최초의 인류이다'라고

언급하고 (a)는 음식을 썰기 위한 인류의 돌 사용, (b)는 손도끼를 만들기 위한 돌 사용, (d)는 동물 가죽과 뼈를 이용한 물품 제작에 관한 내용으로 첫 문장과 관련이 있습니다. 그러나 (c)는 '추상적인 사고를 발달시킨 후에, 인간은 진정으로 현대적이 되었다'라는 내용으로, 첫 문장에 언급된 '도구를 사용한 인류'와 관련이 없으므로 (c)가 정답입니다.

어휘 **human species** 인류 **tool**[tuːl] 도구 **stone**[stoun] 돌 **chop**[tʃɑp] (도끼, 식칼 등으로) 썰다 **flint**[flint] 수석, 단단한 돌 **axe**[æks] 도끼 **develop**[divéləp] 발달시키다 **abstract**[æbstrækt] 추상적인 **hide**[haid] (짐승의) 가죽 **bone**[boun] 뼈

주제: 수컷 동물들의 뿔의 다양한 용도

06

Male animals with horns / employ them / for a variety of
뿔을 가진 수컷 동물들은　　그것들을 사용한다　　다양한 이유로

reasons. (a) Animals like wildebeests / often use horns /
누와 같은 동물들은　　　종종 뿔을 사용한다

when feeding / to dig through soil / or strip tree bark. (b) Goats
먹이를 먹을 때　　흙을 파헤치기 위해　아니면 나무 껍질을 벗기기 위해

use their horns / in head butting contests / with other males /
염소들은 그들의 뿔을 사용한다　머리 받기 싸움에서　　다른 수컷들과의

to establish their position / in a group. (c) Elephants use their
자신들의 지위를 확립하기 위해　　무리에서　코끼리들은 그들의 긴 이빨을 사용한다

long teeth, / called tusks, / to mark their territory. (d) Deer have
엄니라고 불리는　그들의 영역을 표시하기 위해

an elaborate set of spiky, connected horns / called antlers /
사슴들은 끝이 뾰족하고, 연결되어 있는 한 쌍의 정교한 뿔이 있다　가지진 뿔이라고 불리는

that males use / to attract females.
수컷들이 사용하는　암컷들을 유인하기 위해

뿔을 가진 수컷 동물들은 다양한 이유로 그것들을 사용한다. (a) 누와 같은 동물들은 먹이를 먹을 때 흙을 파헤치기 위해 아니면 나무 껍질을 벗기기 위해 종종 뿔을 사용한다. (b) 염소들은 무리에서 자신들의 지위를 확립하기 위해 다른 수컷들과의 머리 받기 싸움에서 그들의 뿔을 사용한다. (c) 코끼리들은 그들의 영역을 표시하기 위해 엄니라고 불리는 그들의 긴 이빨을 사용한다. (d) 사슴들은 암컷들을 유인하기 위해 수컷들이 사용하는 가지진 뿔이라고 불리는 끝이 뾰족하고, 연결되어 있는 한 쌍의 정교한 뿔이 있다.

해설 지문 흐름상 어색한 문장을 고르는 문제입니다. 첫 문장에서 '뿔을 가진 수컷 동물들은 다양한 이유로 그것들을 사용한다'라고 언급하고 (a), (b), (d)는 동물들이 다양하게 뿔을 사용하는 예들을 제시하고 있으므로 첫 문장과 관련이 있습니다. 그러나 (c)는 '코끼리들은 그들의 영역을 표시하기 위해 엄니라고 불리는 긴 이빨을 사용한다'라는 내용으로, 첫 문장과 관련이 없으므로 (c)가 정답입니다.

어휘 **male**[meil] 수컷의, 수컷 **horn**[hɔːrn] 뿔 **employ**[implɔ́i] 사용하다 **a variety of** 다양한 **wildebeest**[wíldəbìːst] 누(남아프리카산의 암소 비슷한 영양) **feed**[fiːd] 먹이를 먹다 **dig**[dig] 파다 **soil**[sɔil] 흙, 토양 **strip**[strip] (껍질 등을) 벗기다 **bark**[bɑːrk] 나무 껍질 **butt**[bʌt] 머리(뿔)로 받다 **establish**[istǽbliʃ] 확립하다 **tusk**[tʌsk] 엄니 **territory**[térətɔ̀ːri] 영역, 영토 **elaborate**[ilǽbərət] 정교한 **spiky**[spáiki] 뾰족한 **antler**[ǽntlər] (사슴의) 가지진 뿔 **attract**[ətrǽkt] 유인하다, 끌어들이다 **female**[fíːmeil] 암컷

주제: 스쿠버 다이빙 기술의 진보 과정

07

Scuba diving technology has advanced / over time. (a) The
스쿠버 다이빙 기술은 진보해왔다　　시간이 흐르면서

first scuba divers used / diving bells, or bottomless containers, /
최초의 스쿠버 다이버는 사용했다　　잠수종, 즉 밑바닥 없는 컨테이너를

that created an underwater air pocket. (b) Diving helmets later
수중 수직 하강 기류를 만들어내는　　잠수 헬멧이 나중에 출현했다

appeared, / which provided / a constant supply of surface air.
그것은 제공했다　　수면 공기의 지속적인 공급을

(c) It wasn't until the late 1800s / that decompression sickness
1800년대 말이 되어서야 비로소

and other diving hazards were discovered. (d) Recently, / the
감압증과 다른 잠수 위험 요소들이 발견되었다　　　최근

development of air regulators / has allowed divers to breathe /
압력 조절기의 개발은　　다이버들이 숨을 쉴 수 있도록 했다

from an underwater source.
수면 아래 수원지로부터

스쿠버 다이빙 기술은 시간이 흐르면서 진보해왔다. (a) 최초의 스쿠버 다이버는 잠수종, 즉 수중 수직 하강 기류를 만들어내는 밑바닥 없는 컨테이너를 사용했다. (b) 나중에 잠수 헬멧이 출현했는데, 그것은 수면 공기를 지속적으로 공급했다. (c) 1800년대 말이 되어서야 비로소 감압증과 다른 잠수 위험 요소들이 발견되었다. (d) 최근, 압력 조절기의 개발은 수면 아래 수원지로부터 다이버들이 숨을 쉴 수 있도록 했다.

해설 지문 흐름상 어색한 문장을 고르는 문제입니다. 첫 문장에서 '스쿠버 다이빙 기술은 시간이 흐르면서 진보해왔다'라고 언급하고 (a), (b), (d)는 스쿠버 다이빙 기술의 진보에 대한 다양한 예들을 제시하고 있으므로 첫 문장과 관련이 있습니다. 그러나 (c)는 '1800년대 말이

되어서야 비로소 감압증과 다른 잠수 위험 요소들이 발견되었다'라는 내용으로, 첫 문장과 관련이 없으므로 (c)가 정답입니다.

어휘 advance[ədvǽns] 진보하다 bottomless[bátəmlis] 밑바닥이 없는 container[kəntéinər] 컨테이너
underwater[ʌ̀ndərwɔ́:tər] 수면 아래의, 수중의 surface[sə́:rfis] 표면 decompression sickness 감압증
hazard[hǽzərd] 위험 요소, 위험 regulator[régjulèitər] 조절기

주제: Reggio Emilia 학습 접근법

08

The Reggio Emilia approach to learning / is popular /
Reggio Emilia 학습 접근법은 인기 있다

in kindergarten classrooms. (a) The philosophy says / that
유치원 교실에서 그 철학은 주장한다

children must be in control / of their own learning. (b) The
아이들이 관리해야 한다고 스스로의 학습을

children are asked / to complete long-term projects / in
아이들은 요구받는다 장기적인 프로젝트를 완수할 것을

academic areas they enjoy. ⓒ Traditional teaching methods /
그들이 좋아하는 학문 영역에서 전통적인 수업 방법들은

are criticized by modern educators. (d) When studying
현대 교육자들에 의해 비판받는다 관심 있는 무언가를 공부할 때

something of interest, / children are more intellectually
아이들은 더 지적으로 몰입한다

engaged / and will retain a greater amount of information.
그리고 더 많은 양의 정보를 보유하게 될 것이다

Reggio Emilia 학습 접근법은 유치원 교실에서 인기가 있다. (a) 그 철학은 아이들이 스스로의 학습을 관리해야 한다고 주장한다. (b) 아이들은 그들이 좋아하는 학문 영역에서 장기적인 프로젝트를 완수할 것을 요구받는다. ⓒ 전통적인 수업 방법들은 현대 교육자들에 의해 비판받는다. (d) 관심 있는 무언가를 공부할 때, 아이들은 더 지적으로 몰입하고 더 많은 양의 정보를 보유하게 될 것이다.

해설 지문 흐름상 어색한 문장을 고르는 문제입니다. 첫 문장에서 'Reggio Emilia 학습 접근법은 유치원 교실에서 인기가 있다'라고 언급하고 (a)는 Reggio Emilia 학습 접근법이 아이들이 스스로의 학습을 관리해야 한다고 주장한다는 내용, (b)는 Reggio Emilia 학습 접근법이 아이들에게 그들이 좋아하는 학문 영역에서 장기적인 프로젝트를 완수할 것을 요구한다는 내용, (d)는 관심 있는 무언가를 공부할 때 아이들이 더 지적으로 몰입하고 더 많은 양의 정보를 보유하게 된다는 내용으로 첫 문장과 관련이 있습니다. 그러나 (c)는 '전통적인 수업 방법들은 현대 교육자들에 의해 비판받는다'라는 내용으로, 첫 문장과 관련이 없으므로 (c)가 정답입니다.

어휘 kindergarten[kíndərgà:rtn] 유치원 philosophy[filásəfi] 철학 be in control of ~을 관리하고 있다
long-term[lɔ́:ŋtə̀:rm] 장기적인 academic[æ̀kədémik] 학문의 criticize[krítəsàiz] 비판하다 educator[édʒukèitər] 교육자
interest[íntərəst] 관심, 흥미 retain[ritéin] 보유하다, 유지하다 amount[əmáunt] 양

HACKERS TEST
p.220

| **01** (c) | **02** (b) | **03** (b) | **04** (b) |

주제: 사진 촬영 시 조명이 사진에 미치는 영향

01

Lighting is an important consideration / when taking
조명은 중요한 고려 사항이다 사진을 찍을 때

photographs. (a) The perfect amount of light / creates a perfect
완벽한 빛의 양은 완벽한 대조를 만들어낸다

contrast / between your subject and the background.
당신의 피사체와 배경 사이에

(b) In areas that are too bright, / a photo will appear too white /
너무 밝은 장소에서는 사진은 너무 하얗게 나올 것이고

and colors will fade. ⓒ When working on fashion shoots and
색깔이 바랠 것이다 패션 촬영이나 인물 사진을 찍을 때

portraits, / professional photographers mainly use / digital
전문 사진작가들은 주로 사용한다

조명은 사진을 찍을 때 중요한 고려 사항이다. (a) 완벽한 빛의 양은 당신의 피사체와 배경 사이에 완벽한 대조를 만들어낸다. (b) 너무 밝은 장소에서는, 사진이 너무 하얗게 나올 것이고 색깔이 바랠 것이다. ⓒ 패션 촬영이나 인물 사진을 찍을 때, 전문 사진작가들은 주로 디지털 장비를 사용한다. (d) 만약 장소가 너무 어둡다면, 그 사진의 요소들은 초점이 맞지 않게 나올지도 모른다.

equipment. (d) If an area is too dark, / the elements of a photo /
디지털 장비를   만약 장소가 너무 어둡다면   그 사진의 요소들은

may appear out of focus.
초점이 맞지 않게 나올지도 모른다

해설　지문 흐름상 어색한 문장을 고르는 문제입니다. 첫 문장에서 '조명은 사진을 찍을 때 중요한 고려 사항이다'라고 언급하고 (a)는 조명으로 인한 피사체와 배경 간의 대조, (b)는 너무 밝은 장소에서 사진을 찍을 때 나타날 수 있는 현상, (d)는 너무 어두운 장소에서 사진을 찍을 때 나타날 수 있는 현상에 관한 내용으로 (a), (b), (d)는 첫 문장과 관련이 있습니다. 그러나 (c)는 '패션 촬영이나 인물 사진을 찍을 때, 전문 사진작가들은 주로 디지털 장비를 사용한다'라는 내용으로, 첫 문장과 관련이 없으므로 (c)가 정답입니다.

어휘　lighting[láitiŋ] 조명　consideration[kənsìdəréiʃən] 고려 사항　contrast[kɑ́ntræst] 대조　subject[sʌ́bdʒikt] 피사체
　　　fade[feid] 바래다　shoot[ʃuːt] 촬영　portrait[pɔ́ːrtrit] 인물 사진　digital[dídʒətl] 디지털 방식의

주제: 영국에서 소방서가 설립된 유래

02

Before the Great London Fire of 1666, / professional fire
1666년 런던 대화재 사건 이전에   전문적인 소방서는

departments / did not exist / in England. (a) The first fire
존재하지 않았다   영국에   최초의 소방서는

departments / were started / by insurance companies / to
시작되었다   보험 회사들에 의해

protect clients' property. (b) Firefighters wear special outfits /
고객의 재산을 보호하기 위해   소방수들은 특별한 의상을 입는다

that prevent injuries from heat and burns. (c) At the time, /
열과 화상으로부터 상해 입는 것을 방지하는   그 당시에

firefighters did not respond / to uninsured structures / when
소방수들은 반응하지 않았다   보험에 들지 않은 건물들에

they caught on fire, / which led to enormous damage.
그 건물들이 불타고 있을 때   그리고 이것은 막대한 피해로 이어졌다

(d) Because of that, / the public wanted greater protection, /
그 때문에   대중들은 더 많은 보호를 원했다

so London began offering / a government-run service / for
그래서 런던은 제공하기 시작했다   정부에 의해 운영되는 공공 서비스를

everyone.
모두를 위해

1666년 런던 대화재 사건 이전에, 영국에는 전문적인 소방서가 존재하지 않았다. (a) 최초의 소방서는 고객의 재산을 보호하기 위해 보험 회사들에 의해 시작되었다. (b) 소방수들은 열과 화상으로부터 상해 입는 것을 방지하는 특별한 의상을 입는다. (c) 그 당시에, 소방수들은 보험에 들지 않은 건물들이 불타고 있을 때에는 반응하지 않았는데, 이것은 막대한 피해로 이어졌다. (d) 그 때문에, 대중들은 더 많은 보호를 원했고, 런던은 모두를 위해 정부에 의해 운영되는 공공 서비스를 제공하기 시작했다.

해설　지문 흐름상 어색한 문장을 고르는 문제입니다. 첫 문장에서 '1666년 런던 대화재 사건 이전에, 영국에는 전문적인 소방서가 존재하지 않았다'라고 언급하고 (a)는 소방서가 고객의 재산을 보호하기 위해 보험 회사들에 의해 생겨나기 시작했다는 내용, (c)는 소방수들이 보험에 들지 않은 건물이 타고 있을 때는 반응하지 않아 막대한 피해를 야기했다는 내용, (d)는 대중들이 더 많은 보호를 원했기 때문에 런던이 공공 서비스를 제공하기 시작했다는 내용으로 소방서가 생기게 된 이유를 제시하고 있으므로 첫 문장과 관련이 있습니다. 그러나 (b)는 '소방수들은 열과 화상으로부터 상해 입는 것을 방지하는 특별한 의상을 입는다'라는 내용으로, 첫 문장과 관련이 없으므로 (b)가 정답입니다.

어휘　fire department 소방서　exist[igzíst] 존재하다　insurance[inʃúərəns] 보험　property[prɑ́pərti] 재산　outfit[áutfit] 의상
　　　injury[índʒəri] 상해　uninsured[ʌ̀ninʃúərd] 보험에 들지 않은　enormous[inɔ́ːrməs] 막대한, 엄청난

주제: 여러 등산가들을 매혹시킨 에베레스트 산 등정

03

The idea of conquering Mount Everest / appeals to many
에베레스트 산 정복에 대한 환상은   많은 등산가들의 흥미를 끈다

climbers. (a) The first climb / was attempted by George Mallory, /
최초의 등반은   George Mallory에 의해 시도되었다

via the North Face route. (b) The route used by Mallory in
North Face 경로를 통해   1921년 Mallory에 의해 이용된 그 경로는

1921 / is much more difficult / than a southern approach.
훨씬 더 힘들다   남쪽의 접근로보다

에베레스트 산 정복에 대한 환상은 많은 등산가들의 흥미를 끈다. (a) 최초의 등반은 George Mallory에 의해 North Face 경로를 통해 시도되었다. (b) 1921년 Mallory에 의해 이용된 그 경로는 남쪽의 접근로보다 훨씬 더 힘들다. (c) Edmund Hillary와 Tenzing Norgay는 1952년 그 산의 정상에 도달하는 것에 마침내 성공했다. (d) 가는 길 내내 산소

(c) Edmund Hillary and Tenzing Norgay / finally succeeded / in
　Edmund Hillary와 Tenzing Norgay는　　　　　마침내 성공했다

reaching the top of the mountain / in 1952. (d) Going the entire
　그 산의 정상에 도달하는 것에　　　1952년에

way without supplemental oxygen, / Reinhold Messner was
　가는 길 내내 산소 호흡기 없이 등반을 했던　　　Reinhold Messner는 최초의 사람이었다

the first person / to climb Everest solo.
　　　　　　에베레스트 산을 혼자 오른

호흡기 없이 등반을 했던 Reinhold Messner는 에베레스트 산을 혼자 오른 최초의 사람이었다.

해설　지문 흐름상 어색한 문장을 고르는 문제입니다. 첫 문장에서 '에베레스트 산 정복에 대한 환상은 많은 등산가들의 흥미를 끈다'라고 언급하고 (a), (c), (d)는 에베레스트 산을 오른 등산가들의 사례를 제시하고 있으므로 첫 문장과 관련이 있습니다. 그러나 (b)는 '1921년 Mallory에 의해 이용된 그 경로는 남쪽의 접근로보다 훨씬 더 힘들다'라는 내용으로, 첫 문장과 관련이 없으므로 (b)가 정답입니다.

어휘　conquer[kάŋkər] 정복하다　appeal to ~의 흥미를 끌다, 마음에 들다　attempt[ətémpt] 시도하다　reach[ri:tʃ] 도달하다

주제: 인간의 선천적 언어 습득 능력을 주장한 Noam Chomsky

04

Noam Chomsky insists / that humans have a natural ability /
　Noam Chomsky는 주장한다　　　　인간이 타고난 능력을 가지고 있다고

for language. (a) Chomsky explained / that children learn
　언어에 대한　　　　Chomsky는 설명했다

languages quickly / because they innately understand grammar.
아이들이 언어를 빨리 배운다고　　　그들이 선천적으로 문법을 이해하기 때문에

(b) He has also published / several works / that display his
　　　그는 또한 출판했다　　　　몇몇 책을

understanding of politics. (c) His theory of generative grammar
정치에 관한 그의 이해를 보여주는　　　그의 생성 문법 이론은 압도했다

overtook / the popular behaviorist view / of language learning.
　　행동주의자들의 유명한 견해를　　　언어 학습에 대한

(d) Whereas Chomsky considered grammar an instinct, /
　　Chomsky가 문법을 본능으로 여긴 반면에

behaviorists believed / that grammar had to be learned.
　행동주의자들은 믿었다　　　문법이 학습되어야만 한다고

Noam Chomsky는 인간이 언어에 대한 타고난 능력을 가지고 있다고 주장한다. (a) Chomsky는 아이들이 선천적으로 문법을 이해하기 때문에 언어를 빨리 배운다고 설명했다. (b) 그는 또한 정치에 관한 그의 이해를 보여주는 몇몇 책을 출판했다. (c) 그의 생성 문법 이론은 언어 학습에 대한 행동주의자들의 유명한 견해를 압도했다. (d) Chomsky가 문법을 본능으로 여긴 반면에, 행동주의자들은 문법이 학습되어야만 한다고 믿었다.

해설　지문 흐름상 어색한 문장을 고르는 문제입니다. 첫 문장에서 'Noam Chomsky는 인간이 언어에 대한 타고난 능력을 가지고 있다고 주장한다'라고 언급하고 (a), (c), (d)는 Noam Chomsky의 언어 이론을 제시하고 있으므로 첫 문장과 관련이 있습니다. 그러나 (b)는 '그는 또한 정치에 관한 그의 이해를 보여주는 몇몇 책을 출판했다'라는 내용으로, 첫 문장과 관련이 없으므로 (b)가 정답입니다.

어휘　natural[nǽtʃərəl] 타고난, 선천적인　innately[inéitli] 선천적으로　publish[pʌ́bliʃ] 출판하다　theory[θí:əri] 이론
　　　generative[dʒénərèitiv] 생성의　overtake[òuvərtéik] 압도하다　behaviorist[bihéivjərist] 행동주의자

CHAPTER
04　중심 내용 문제(Part 3&4)

HACKERS PRACTICE

p.224

01 ①　**02** ①　**03** ②　**04** (b)　**05** (b)　**06** (a)　**07** (a)　**08** (a)

01

Many countries / have refused to sign it / despite the dangers
많은 국가들은   그것에 서명하는 것을 거부했다

of landmines to citizens.
국민들에게 지뢰가 미치는 위험에도 불구하고

많은 국가들은 국민들에게 지뢰가 미치는 위험에도 불구하고 그것에 서명하는 것을 거부했다.

어휘 refuse[refjúːs] 거부하다 landmine[lǽndmain] 지뢰

02

Rich parents / want schools / that offer children / a quality
부유한 부모들은   학교를 원한다   아이들에게 제공하는   양질의 교육을

education.

부유한 부모들은 아이들에게 양질의 교육을 제공하는 학교를 원한다.

어휘 offer[ɔ́ːfər] 제공하다 quality[kwáləti] 양질의

03

Most people believe / that the style originated with the
대부분의 사람들은 믿는다   그 스타일이 모호크 족에서 유래했다고

Mohawk tribe / in North America.
북미의

대부분의 사람들은 그 스타일이 북미의 모호크족에게서 유래했다고 믿는다.

어휘 style[stail] 스타일, 양식 originate[ərídʒənèit] 유래하다 tribe[traib] 부족

주제: 주택 가격과 교육 환경의 상관관계

04

There is a link / between housing prices and local school quality.
관련이 있다   주택 가격과 지역 학교의 질 사이에

Rich parents / want schools / that offer children / a quality
부유한 부모들은   학교를 원한다   아이들에게 제공하는

education. Thus, / they choose / neighborhoods with the best
양질의 교육을 따라서   그들은 선택한다   최고의 학교가 있는 거주 지역을

schools. This correlation has been observed / in poor urban
이 상관관계는 관찰되어 왔다   가난한 도심 지역에서

areas / as well. In any case, / homes near good schools /
마찬가지로   어떤 경우든   좋은 학교와 가까운 집들이

have higher prices.
더 높은 가격을 가진다

Q: What is the main idea of the passage?

(a) Opinions of public schools vary between neighborhoods.

(b) Houses are more expensive near good schools.

주택 가격과 지역 학교의 질 사이에는 관련이 있다. 부유한 부모들은 아이들에게 양질의 교육을 제공하는 학교를 원한다. 따라서, 그들은 최고의 학교가 있는 거주 지역을 선택한다. 이 상관관계는 가난한 도심 지역에서도 마찬가지로 관찰되어 왔다. 어떤 경우든, 좋은 학교와 가까운 집들이 더 높은 가격을 가진다.

Q: 지문의 요지는 무엇인가?

(a) 공립 학교에 대한 의견은 동네마다 다르다.

(b) 좋은 학교와 가까운 집들이 더 비싸다.

해설 지문의 요지를 묻는 문제입니다. 지문의 처음에서 주택 가격과 지역 학교의 질 사이에 관련이 있다고 하고, 마지막에서 좋은 학교와 가까운 집의 가격이 더 높다고 설명하고 있습니다. 따라서 '좋은 학교와 가까운 집들이 더 비싸다'라는 내용의 (b)가 정답입니다.

어휘 link[liŋk] 관련, 연관성 quality[kwáləti] 질; 양질의 correlation[kɔ̀ːrəléiʃən] 상관관계 observe[əbzə́ːrv] 관찰하다
      urban[ə́ːrbən] 도심의, 도시의

주제: 지뢰의 위험성

05

Landmines / – small bomb-like devices used to injure enemies – /
지뢰는   적에게 상처를 입히기 위해 사용되던 작은 폭탄과 같은 장치인

often continue to remain in areas / where battles have been
종종 지역에 계속 남아 있다   전투가 벌어졌던

fought. People are seriously hurt or killed / when they
사람들은 심하게 다치거나 죽는다

적에게 상처를 입히기 위해 사용되던 작은 폭탄과 같은 장치인 지뢰는 전투가 벌어졌던 지역에 종종 계속 남아 있다. 사람들이 잘못하여 지뢰를 밟으면 심하게 다치거나 죽는다. 지뢰는 지난 35년간 100만 명 이상의 민간인 부상과 사망의 원인이었다. 1998년에 이

accidentally step on them. Mines have been responsible / for
잘못하여 지뢰를 밟으면 　　　　　　　　　지뢰는 원인이었다

over one million civilian injuries and deaths / over the last 35
100만 명 이상의 민간인 부상과 사망의 　　　　　　　　지난 35년간

years. A bill was proposed / in 1998 / to stop the use of these
법안이 제출되었다 　　　1998년에 　　이 장치의 사용을 중단하기 위해

devices. However, / many countries / have refused to sign it /
하지만 　　　　많은 국가들이 　　　그것에 서명하는 것을 거부했다

despite the dangers of landmines to citizens.
　　　　지뢰가 국민들에게 미치는 위험에도 불구하고

장치의 사용을 중단하기 위한 법안이 제출되었다. 하지만, 많은 국가들이 국민들에게 지뢰가 미치는 위험에도 불구하고 법안에 서명하는 것을 거부했다.

Q: What is the best title for the passage?

(a) Problems Leading to War

(b) The Dangers of Landmines

Q: 지문의 제목으로 가장 적절한 것은 무엇인가?

(a) 전쟁으로 이어지는 문제들

(b) 지뢰의 위험성

해설　지문의 제목을 묻는 문제입니다. 지문에서 지난 35년간 지뢰로 인해 100만 명 이상의 민간인 부상과 사망이 있었다고 하고, 지뢰의 사용을 중단하기 위한 법안까지 제출되었다는 경우를 들고 있습니다. 따라서 '지뢰의 위험성'이라는 내용의 (b)가 정답입니다.

어휘　landmine[lǽndmain] 지뢰　device[diváis] 장치　enemy[énəmi] 적　battle[bǽtl] 전투
accidentally[æ̀ksədéntəli] 잘못하여; 우연히　step on ~을 밟다　responsible[rispánsəbl] (사물·사람이) 원인인
civilian[sivíljən] 민간인　bill[bil] 법안　propose[prəpóuz] 제출하다　citizen[sítəzən] 국민

주제: 책을 단기간에 출판해주는 Bookworm 출판사

06

If you want to publish a book, / Bookworm can help.
만약 당신이 책을 출판하고 싶다면 　　　Bookworm이 도울 수 있습니다

Just send us / your edited book / in an electronic format.
그냥 저희에게 보내세요 　당신의 편집된 책을 　　　전자 형식으로

Within 24 hours, / customers will be able to purchase copies
24시간 내에 　　　　　고객들은 그 책을 구입할 수 있을 것입니다

of it / from our Web site. We assure that / all orders will
저희 웹사이트에서 　　　　저희는 보장합니다 　　모든 주문들이

be printed and delivered / within three to five days.
인쇄되어 배송될 것을 　　　　　3일에서 5일 내에

Contact us today.
오늘 저희에게 연락하세요

만약 당신이 책을 출판하고 싶다면, Bookworm이 도울 수 있습니다. 그저 당신의 편집된 책을 전자 형식으로 저희에게 보내세요. 24시간 내에, 고객들은 저희 웹사이트에서 그 책을 구입할 수 있을 것입니다. 저희는 3일에서 5일 내에 모든 주문들이 인쇄되어 배송될 것을 보장합니다. 오늘 저희에게 연락하세요.

Q: What is the advertisement mainly about?

(a) A book publishing service

(b) A new online bookstore

Q: 광고는 주로 무엇에 관한 내용인가?

(a) 책 출판 서비스

(b) 새로운 온라인 서점

해설　지문의 주제를 묻는 문제입니다. 지문의 처음에서 책을 출판하고 싶다면 Bookworm이 도울 수 있으며, 편집된 책을 전자 형식으로 Bookworm에 보내면 고객들이 24시간 내에 웹사이트에서 그 책을 구입할 수 있다고 설명하고 있습니다. 따라서 '책 출판 서비스'라는 내용의 (a)가 정답입니다.

어휘　publish[pʌ́bliʃ] 출판하다　edit[édit] 편집하다　electronic[ilektránik] 전자의　format[fɔ́ːrmæt] 형식, 포맷
within[wiðín] ~이내에　purchase[pə́ːrtʃəs] 구입하다, 구매하다　copy[kápi] (같은 책, 잡지의) 권, 부; 사본
assure[əʃúər] 보장하다, 보증하다　print[print] 인쇄하다　deliver[dilívər] 배송하다

주제: 마라톤의 유래

07

According to an old story, / marathons were created / during
오래된 이야기에 따르면 　　　　마라톤은 창조되었다 　　고대 전쟁 중에

an ancient war / between Persia and Greece. After the
　　　　　　　페르시아와 그리스 간의

오래된 이야기에 따르면, 마라톤은 페르시아와 그리스 간의 고대 전쟁 중에 창조되었다. 그리스인들이 마라톤이라는 도시에서 전쟁에서 승리한 뒤, 한 심부름

Greeks won a battle / in a city called Marathon, / a messenger
그리스인들이 전쟁에서 승리한 뒤   마라톤이라는 도시에서   한 심부름꾼이 파견되었다

was sent. He ran a distance of 42 kilometers / to Athens / in
그는 42킬로미터의 거리를 달렸다   아테네까지

order to tell Greek leaders the news. This legend / became
그리스 지휘관들에게 그 소식을 전달하기 위해   이 전설이

the basis of the modern marathon, / which was first run / at
현대 마라톤의 기초가 되었다   그것은 최초의 달리기였다

the 1896 Olympics.
1896년 올림픽에서 선보인

꾼이 파견되었다. 그는 그리스 지휘관들에게 그 소식을 전달하기 위해 아테네까지 42킬로미터의 거리를 달렸다. 이 전설이 현대 마라톤의 기초가 되었으며, 이는 1896년 올림픽에서 최초로 선보인 달리기였다.

Q: What is the passage mainly about?

ⓐ The history of the marathon

(b) The naming of a Greek city

Q: 지문은 주로 무엇에 관한 내용인가?

ⓐ 마라톤의 역사

(b) 어떤 그리스 도시의 명명

해설 지문의 주제를 묻는 문제입니다. 지문의 처음에서 마라톤이 페르시아와 그리스 간의 고대 전쟁 중에 창조되었다고 하고, 마지막에서 그것이 현대 마라톤의 기초가 되었다며 유래를 설명하고 있습니다. 따라서 '마라톤의 역사'라는 내용의 (a)가 정답입니다.

어휘 according to ~에 따르면 marathon[mǽrəθàn] 마라톤 ancient[éinʃənt] 고대의 battle[bǽtl] 전쟁, 전투
messenger[mésəndʒər] 심부름꾼; 전령 run[rʌn] 달리다; 달리기 distance[dístəns] 거리 in order to ~하기 위해서
leader[líːdər] 지휘관; 지도자 legend[lédʒənd] 전설 modern[mádərn] 현대의, 근대의 history[hístəri] 역사
name[neim] 명명하다, 이름을 짓다

주제: Thomas Paine의 정치 평론 '상식'의 내용

08

Thomas Paine's political essay *Common Sense* / explained
Thomas Paine의 정치 평론 '상식'은

the view of Americans / before declaring their independence
미국인들의 관점에 대해 설명했다   그들이 영국으로부터 독립을 선언하기 이전 시대의

from Britain. Americans felt / that Britain only ruled the United
미국인들은 느꼈다   영국이 단지 미국을 통치했다고

States / for its own benefit. They considered it absurd / that a
자국의 이익만을 위해   그들은 불합리하다고 생각했다

small island could rule over / most of a continent. These views
작은 섬 하나가 지배할 수 있었다는 것이   한 대륙의 대부분을

were explained / in Paine's popular document. Paine argued /
이러한 관점은 설명되었다   Paine의 유명한 문헌에서   Paine은 주장했다

that if Britain were in fact America's mother country, / it would
만약 영국이 사실상 미국의 모국이라면

be a shame / how poorly she treated her child.
수치스러운 일이라고   엄마가 아이를 그렇게 못되게 대했다는 것은

Thomas Paine의 정치 평론 '상식'은 미국이 영국으로부터 독립을 선언하기 이전 시대의 미국인들의 관점에 대해 설명했다. 미국인들은 영국이 단지 자국의 이익만을 위해 미국을 통치했다고 느꼈다. 그들은 작은 섬 하나가 한 대륙의 대부분을 지배할 수 있었다는 것이 불합리하다고 생각했다. 이러한 관점은 Paine의 유명한 문헌에서 설명되었다. Paine은 만약 영국이 사실상 미국의 모국이라면, 엄마가 아이를 그렇게 못되게 대했다는 것은 수치스러운 일이라고 주장했다.

Q: What is the main idea about *Common Sense* according to
the passage?

ⓐ It shows Americans' dislike for British rule.

(b) It defends Britain against American criticism.

Q: 지문에 따르면 '상식'의 요지는 무엇인가?

ⓐ 영국의 통치에 대한 미국인들의 혐오를 보여준다.

(b) 미국인들의 비난에 대항하여 영국을 옹호한다.

해설 '상식'의 요지를 묻는 문제입니다. 지문에서 미국인들은 영국이 자국의 이익만을 위해 미국을 통치했다고 느꼈다고 하고, 지문의 마지막에서 Paine이 그의 문헌에서 영국이 미국의 모국이라면, 영국이 미국을 그렇게 못되게 대했다는 것은 수치스러운 일이라고 주장하고 있습니다. 따라서 '영국의 통치에 대한 미국인들의 혐오를 보여준다'는 내용의 (a)가 정답입니다.

어휘 political[pəlítikəl] 정치의 common sense 상식 explain[ikspléin] 설명하다 view[vjuː] 관점; 의견
independence[ìndipéndəns] 독립 rule[ruːl] 통치하다; 통치 benefit[bénəfit] 이익, 이득 consider[kənsídər] 생각하다
absurd[æbsə́ːrd] 불합리한 island[áilənd] 섬 continent[kántənənt] 대륙 document[dákjumənt] 문헌, 기록
argue[áːrgjuː] 주장하다 in fact 사실상 mother country 모국, 본국 treat[triːt] 대하다, 취급하다 dislike[disláik] 혐오, 싫어함
defend[difénd] 옹호하다, 변호하다 criticism[krítəsìzm] 비난, 비판

01 (d)   **02** (c)   **03** (b)   **04** (a)   **05** (b)   **06** (d)   **07** (c)

주제: 슈퍼 컴퓨터에서 클라우드 컴퓨팅으로의 전환

01

Before the introduction of cloud computing, / universities and
클라우드 컴퓨팅이 도입되기 전에

corporations often used supercomputers. Supercomputers
대학과 기업은 흔히 슈퍼 컴퓨터를 사용했다

are custom-built machines / that are much more powerful
슈퍼 컴퓨터는 주문 제작된 기계이다   보통의 PC보다 훨씬 더 강력한

than regular PCs. Due to their large size, / they are very
큰 크기 때문에

expensive to manufacture. Recently, / similar results have been
그것들은 제작하는 데 비용이 많이 든다   최근에   유사한 결과가 얻어졌다

achieved / much more cheaply / with cloud computing. Cloud
훨씬 더 저렴하게   클라우드 컴퓨팅으로

computing utilizes / thousands of cheap PCs linked together /
클라우드 컴퓨팅은 이용한다   같이 연결되어 있는 수천 대의 값싼 PC를

to process data.
데이터를 처리하기 위해

Q: What is the main topic of the passage?

(a) The benefits of using supercomputers
(b) The introduction of networking to the computer industry
(c) The technological needs of large organizations
(d) The change from supercomputers to cloud computing

클라우드 컴퓨팅이 도입되기 전에, 대학과 기업에서는 흔히 슈퍼 컴퓨터를 사용했다. 슈퍼 컴퓨터는 주문 제작된 기계로, 보통의 PC보다 훨씬 더 강력하다. 큰 크기 때문에, 슈퍼 컴퓨터를 제작하는 데는 비용이 많이 든다. 최근에, 클라우드 컴퓨팅으로 유사한 결과를 훨씬 더 저렴하게 얻었다. 클라우드 컴퓨팅은 데이터를 처리하기 위해 같이 연결되어 있는 수천 대의 값싼 PC를 이용한다.

Q: 지문의 주제는 무엇인가?

(a) 슈퍼 컴퓨터 사용의 이점
(b) 컴퓨터 산업으로의 네트워킹 도입
(c) 거대 조직의 과학 기술 필요성
(d) 슈퍼 컴퓨터에서 클라우드 컴퓨팅으로의 전환

해설 지문의 주제를 묻는 문제입니다. 지문의 처음에서 클라우드 컴퓨팅이 도입되기 전에 대학과 기업에서 흔히 슈퍼 컴퓨터를 사용했다고 하고, 중간에서 클라우드 컴퓨팅을 이용해 슈퍼 컴퓨터가 낼 수 있는 결과와 유사한 결과를 더 저렴하게 얻었다고 설명하고 있습니다. 따라서 '슈퍼 컴퓨터에서 클라우드 컴퓨팅으로의 전환'이라는 내용의 (d)가 정답입니다.

어휘 introduction[ìntrədʌ́kʃən] 도입; 서론   corporation[kɔ̀:rpəréiʃən] 기업, 조합   supercomputer[sú:pərkəmpjù:tər] 슈퍼 컴퓨터   custom-built 주문 제작의   powerful[páuərfəl] 강력한   regular[régjulər] 보통의, 통상의   PC(=Personal Computer) 개인용 컴퓨터   manufacture[mæ̀njufǽktʃər] 제작하다, 제조하다   similar[símələr] 유사한   result[rizʌ́lt] 결과   achieve[ətʃí:v] 얻다, 달성하다   cheaply[tʃí:pli] 저렴하게   utilize[jú:təlàiz] 이용하다   link[liŋk] 연결하다   together[təgéðər] 같이, 동시에   process[práses] 처리하다   benefit[bénəfit] 이점

주제: 모호크라는 머리 모양의 이름의 유래에 대한 잘못된 믿음

02

The Mohawk is a type of hairstyle / that features shaved sides of
모호크는 머리 모양의 한 종류이다   머리의 양쪽 옆면을 깎은 것을 특징으로 한

the head / and hair in the middle. Most people believe / that
가운데는 머리카락이 있는   대부분의 사람들은 믿는다

the style originated with the Mohawk tribe / in North America.
그 스타일이 모호크 족에서 유래했다고   북미의

This legend was based / on an incorrect report / by early
이 전설은 바탕을 두고 있었다   잘못된 보고서에   초기 프랑스 탐험가들의

French explorers. They had confused / the Wyandot natives /
그들은 착각했다   와이언도트 원주민을

they had encountered / for Mohawks. Although it is
그들이 마주쳤던   모호크 족으로   비록 오해의 소지가 있지만

모호크는 가운데는 머리카락이 있지만 머리의 양쪽 옆면을 깎은 것을 특징으로 한 머리 모양의 한 종류이다. 대부분의 사람들은 그 스타일이 북미의 모호크 족에서 유래했다고 믿는다. 이 전설은 초기 프랑스 탐험가들의 잘못된 보고서에 바탕을 두고 있었다. 그들은 그들이 마주쳤던 와이언도트 원주민을 모호크 족으로 착각했다. 비록 오해의 소지가 있지만, 그 용어는 여전히 이 독특한 머리 모양을 묘사하는 데 사용된다.

misleading, / the term is still used / to describe this unique
그 용어는 여전히 사용된다 이 독특한 머리 모양을 묘사하는 데

hairstyle.

Q: What is the passage mainly about?

(a) Hairstyles worn by Native American groups
(b) The longtime popularity of the Mohawk hairstyle
(c) A deceptive name for a unique hairstyle
(d) An early report of the first Mohawk hairstyle

Q: 지문은 주로 무엇에 관한 내용인가?

(a) 아메리카 원주민 집단의 머리 모양
(b) 모호크 머리 모양의 오랜 인기
(c) 독특한 머리 모양의 오해를 사는 명칭
(d) 최초의 모호크 머리 모양에 대한 초기의 보고

해설 지문의 주제를 묻는 문제입니다. 지문에서 대부분의 사람들이 모호크 머리 모양이 북미의 모호크 족에게서 유래했다고 믿지만 이는 와이언도트 원주민을 모호크 족으로 착각했던 초기 프랑스인 탐험가들의 잘못된 보고서에 바탕을 둔 것이라고 설명하고 있습니다. 따라서 '독특한 머리 모양의 오해를 사는 명칭'이라는 내용의 (c)가 정답입니다.

어휘 type[taip] 종류, 유형 hairstyle[hɛərstáil] 머리 모양 shave[ʃeiv] 깎다, 면도하다 side[said] 옆, 면
originate with ~에게서 유래하다, 비롯되다 tribe[traib] 부족, 종족 legend[lédʒənd] 전설 be based on ~에 바탕을 두다
incorrect[ìnkərékt] 잘못된 report[ripɔ́ːrt] 보고서 explorer[iksplɔ́ːrər] 탐험가 confuse[kənfjúːz] 혼동하다
native[néitiv] 원주민 encounter[inkáuntər] 마주치다 misleading[mislíːdiŋ] 오해의 소지가 있는 term[təːrm] 용어
describe[diskráib] 묘사하다 unique[juːníːk] 독특한, 별난 popularity[pàpjulǽrəti] 인기 deceptive[diséptiv] 오해를 사는

주제: 정원 손질을 제대로 해달라는 요청

03

Dear Mr. Pineda,

I've been very impressed / with the quality of work / Pineda
저는 굉장히 감명받았습니다 작업의 질에

Landscaping has done / over the past two months. However, /
Pineda Landscaping사가 수행해 준 지난 두 달 동안 하지만

there's a small problem. So far, / your crew has only been
작은 문제가 하나 있습니다 지금까지 귀사의 인부들은 단지 잔디를 깎고

mowing my lawn / and removing weeds. I made it clear / that
잔초를 제거하고 있습니다 저는 분명히 밝혔습니다

I also needed the flowers watered / and the bushes kept neat.
꽃에 물도 줘야 한다고 그리고 관목도 깔끔하게 관리해주어야 한다고

Please meet with me / to discuss what needs to be done.
만나 뵙고 싶습니다 행해져야 할 것들에 대해 논의하기 위해

Sincerely,
Shirley Pauls

Q: What is the purpose of the letter?

(a) To discuss extending a landscaping contract
(b) To request additional work be done
(c) To compliment workers on their job
(d) To describe changes to a customer's yard

Mr, Pineda께,
저는 Pineda Landscaping사가 지난 두 달 동안 수행해 준 작업의 질에 굉장히 감명받았습니다. 하지만, 작은 문제가 하나 있습니다. 지금까지, 귀사의 인부들은 잔디를 깎고 잡초를 제거하는 일만을 하고 있습니다. 저는 꽃에 물도 줘야 하며 관목도 깔끔하게 관리해줘야 한다고 분명히 밝혔습니다. 수행되어야 할 업무들에 대해 논의하기 위해 만나고 싶습니다.
Shirley Pauls 올림

Q: 편지의 목적은 무엇인가?

(a) 조경업체와의 계약 연장에 대해 논의하기 위해
(b) 추가적인 일을 해달라고 요청하기 위해
(c) 업무에 대해 인부들을 칭찬하기 위해
(d) 고객의 마당에 일어난 변화에 대해 설명하기 위해

해설 편지의 목적을 묻는 문제입니다. 지문에서 편지를 보낸 사람이 작은 문제가 있다고 하면서 인부들이 정해진 일 중에 하지 않는 일이 있다고 하고, 마지막에서 수행되어야 할 업무에 대해 논의하기 위해 만나자고 제안하고 있습니다. 따라서 '추가적인 일을 해달라고 요청하기 위해'라는 내용의 (b)가 정답입니다.

어휘 be impressed with ~에 감명을 받다, 감동하다 quality[kwáləti] 질 past[pæst] 지난; 과거의 so far 지금까지
crew[kru:] (노동자의) 일단 mow[mou] 깎다, 베다 lawn[lɔːn] 잔디 remove[rimúːv] 제거하다 weed[wiːd] 잡초
make clear ~라는 점을 분명히 하다 water[wɔ́ːtər] 물을 주다 bush[buʃ] 관목 neat[niːt] 깔끔한, 단정한
extend[iksténd] 연장하다 contract[kántrækt] 계약 compliment[kámpləmènt] 칭찬하다
describe[diskráib] 설명하다, 묘사하다 customer[kʌ́stəmər] 고객

04

According to yesterday's newspaper, / the government is
어제 일자 신문에 따르면   정부는 중단할 예정이다

canceling / National Public Radio broadcasting. The station is
          공영 라디오 방송을   그 방송국은 알려져 있다

known / for its coverage of fine art. Without NPR, / only news,
          예술에 관해 보도하는 것으로   NPR이 없다면

sports, and pop music / will be heard on the radio. What other
뉴스, 스포츠와 대중 음악만이   라디오에서 들려올 것이다   다른 어떤 방송국이

stations / play symphonies, operas, / and give airtime to
          교향악과 오페라를 틀어주며   유망한 예술가들에게 방송 시간을 내주는가

up-and-coming artists / to discuss their work? There are less
          그들의 작품에 대해 논할 수 있도록   덜 중요한 프로그램들이 있다

essential programs / that the government can cut.
          정부가 중단할 수 있는

Q: What is the main idea of the passage?

ⓐ National Public Radio must not be canceled.
(b) Radio stations do not have much programming variety.
(c) Government budget cuts are not that critical.
(d) The government should only cut some of NPR's programs.

어제 일자 신문에 따르면, 정부는 공영 라디오 방송 (NPR)을 중단할 예정이다. 그 방송국은 예술에 관해 보도하는 것으로 알려져 있다. NPR이 없다면, 뉴스, 스포츠와 대중 음악만이 라디오에서 들려올 것이다. 다른 어떤 방송국이 교향악과 오페라를 틀어주며 유망한 예술가들에게 그들의 작품에 대해 논할 수 있도록 방송 시간을 내주는가? 정부가 중단할 수 있는 덜 중요한 프로그램들이 있다.

Q: 지문의 요지는 무엇인가?

ⓐ 공영 라디오 방송은 중단되어서는 안 된다.
(b) 라디오 방송국은 프로그램의 다양성이 많지 않다.
(c) 정부 예산 삭감은 그리 중대한 사항이 아니다.
(d) 정부는 NPR의 프로그램 중 몇 가지만 중단해야 한다.

해설 지문의 요지를 묻는 문제입니다. 지문의 처음에서 정부가 공영 라디오 방송을 중단할 예정이라고 발표했다고 하고, 마지막에서 정부가 중단할 수 있는 덜 중요한 프로그램들이 있다고 주장하고 있습니다. 따라서 '공영 라디오 방송은 중단되어서는 안 된다'라는 내용의 (a)가 정답입니다.

어휘 government[gʌ́vərnmənt] 정부 cancel[kǽnsəl] 중단하다; 취소하다 station[stéiʃən] 방송국 be known for ~로 알려져 있다
coverage[kʌ́vəridʒ] (라디오, 텔레비전의) 보도 범위 fine art 예술 pop music 대중 음악 symphony[símfəni] 교향악
airtime (라디오의) 방송 시간 up-and-coming 유망한 essential[isénʃəl] 가장 중요한, 필수적인 cut[kʌt] 중단하다; 삭감
variety[vəráiəti] 다양성, 변화 budget[bʌ́dʒit] 예산 critical[krítikəl] 중대한

05

Cat owners must deal with the constant clawing / of kittens.
고양이 키우는 사람들은 계속되는 할큄에 대처해야 한다   새끼 고양이들의

Often, / owners get so frustrated / that they hit the animals.
종종   주인은 너무 짜증이 나서   동물을 때린다

However, / this is an ineffective way / to teach cats proper
그러나   이는 비효과적인 방법이다   고양이에게 적절한 행동을 가르치는 데

behavior. A cat will often think / the owner is play fighting /
고양이는 대개 생각할 것이다   주인이 싸우는 놀이를 하고 있다고

and not get the message. Instead of hitting it, / try to play
그래서 의도를 파악하지 못할 것이다   그것을 때리는 대신

more with the cat. Playing with it / will tire the kitten out /
고양이와 더 많이 놀아주려고 노력하라   고양이와 놀아주는 것은   고양이를 지치게 할 것이다

and it won't have the energy / to scratch things. Eventually, /
그리고 그것은 기력이 없어질 것이다   뭔가를 할퀼   마침내

the cat will stop scratching.
고양이는 할퀴는 것을 그만둘 것이다   ○

고양이를 키우는 사람들은 새끼 고양이들이 계속 할퀴어 대는 문제에 대처해야 한다. 종종, 주인은 너무 짜증이 나서 동물을 때리기도 한다. 그러나, 이는 고양이에게 적절한 행동을 가르치는 데 비효과적인 방법이다. 고양이는 대개 주인이 싸우는 놀이를 하고 있다고 생각하고 그 의도를 파악하지 못할 것이다. 고양이를 때리는 대신, 고양이와 더 많이 놀아주려고 노력하라. 고양이와 놀아주는 것은 고양이를 지치게 할 것이고 고양이는 뭔가를 할퀼 기력이 없어질 것이다. 마침내, 고양이는 할퀴는 것을 그만둘 것이다.

Q: What is the main idea about kittens according to the passage?

(a) They scratch things as a form of play fighting.
(b) Physical punishment can't stop them from scratching.
(c) Playing with them will make the owner happy.
(d) Hitting them will prevent the learning of bad habits.

Q: 지문에 따르면 새끼 고양이에 대한 요지는 무엇인가?

(a) 고양이는 싸우는 놀이의 한 형태로 사물을 할퀸다.
(b) 체벌로는 고양이가 할퀴는 것을 멈추게 할 수 없다.
(c) 고양이와 놀아주는 것은 주인을 행복하게 할 것이다.
(d) 고양이를 때리는 것은 나쁜 습관을 익히지 못하도록 막을 수 있다.

해설 새끼 고양이에 대한 요지를 묻는 문제입니다. 지문의 처음에서 고양이가 계속 할퀴어대는 문제로 짜증난 고양이 주인들이 가끔 고양이를 때리기도 하지만 이는 적절한 행동을 가르치는 데 비효과적인 방법이라고 하면서 고양이와 더 많이 놀아주라고 설명하고 있습니다. 따라서 '체벌로는 고양이가 할퀴는 것을 멈추게 할 수 없다'라는 내용의 (b)가 정답입니다.

어휘 owner[óunər] 주인, 임자 deal with ~에 대처하다 constant[kánstənt] 계속되는, 지속적인 claw[klɔː] (손톱이나 발톱으로) 할퀴다 kitten[kítn] 새끼 고양이 frustrated[frʌstreitid] 짜증난, 좌절감을 느끼는 hit[hit] 때리다 ineffective[ìniféktiv] 비효과적인 proper[prápər] 적절한, 타당한 message[mésidʒ] 의도, 취지 instead of ~대신에 tire out 지치게 하다, 녹초가 되게 하다 energy[énərdʒi] 기력, 에너지 scratch[skrætʃ] 할퀴다, 긁다 eventually[ivéntʃuəli] 마침내, 결국 punishment[pʌ́niʃmənt] 처벌

주제: Damien Hirst의 대표작에 대한 엇갈린 평

06
~
07

07-(c)The highly prolific British artist Damien Hirst / first achieved
굉장한 다작의 영국 예술가 Damien Hirst는   처음 명성을 얻었다

fame / with a work / entitled *The Physical Impossibility of Death*
작품으로   '살아있는 누군가의 마음속에 있는 죽음의 물리적 불가능성'이라는 제목의

in the Mind of Someone Living. 07-(c)It is probably / the most
                                            이것은 아마

well-known piece / in his vast collection of work / and is today
가장 잘 알려진 작품이다   그의 방대한 작품 모음 중에서   그리고 오늘날 여겨진다

considered / an iconic example of British art. The piece
영국 예술의 대표적인 예시로   작품은 구성된다

consists of / a once-living shark enclosed / in a tank filled with
한때는 살아 있던 상어가 넣어져 있는   청록색의 포름알데히드로 가득 찬 탱크에

blue-green formaldehyde. The shark, / its jaws open, / appears /
                                    상어는   턱이 벌어진 채   보인다

to be suspended in water. The result is visually striking, /
물속에 떠 있는 것처럼   그 결과물은 시각적으로 놀랄 만하다

though not everyone is impressed.
모든 사람이 감명받지는 않았지만

06Hirst's supporters were pleased / with the attention the shark
Hirst의 지지자들은 기뻐했다   상어가 받았던 주목에

received. They thought / it brought art / to a wider audience.
                    그들은 생각했다 그것이 예술을 이끌었다고   더 폭넓은 관객에게로

06However, / some critics ridiculed it, / and said / that Hirst
그러나   몇몇 비평가들은 그것을 조롱하였다   그리고 말했다

should not be taken seriously. When the shark sold for / more
Hirst를 진지하게 생각해서는 안 된다고   그 상어가 팔렸을 때

than $8 million, / 06some saw validation / of the artist's genius.
800만 달러 이상의 금액에 일부 사람들은 타당성을 확인하였다   그 예술가의 천재성

Others dismissed the sale / as absurd. For instance, / a British
다른 사람들은 그 판매를 일축하였다   터무니없다며   그 예로

newspaper declared / that Hirst makes "barbarians of us all."
한 영국 신문은 단언하였다   Hirst가 '우리 모두를 미개인으로' 만들 것이라고

07-(c)굉장한 다작의 영국 예술가 Damien Hirst는 '살아있는 누군가의 마음속에 있는 죽음의 물리적 불가능성'이라는 제목의 작품으로 처음 명성을 얻었다. 07-(c)이것은 아마 그의 방대한 작품 모음 중에서 가장 잘 알려진 작품이고 오늘날 영국 예술의 대표적인 예시로 여겨진다. 이 작품은 청록색의 포름알데히드로 가득 찬 탱크에 한때는 살아 있던 상어가 넣어져 있는 구성으로 되어 있다. 상어는 턱이 벌어진 채, 물속에 떠 있는 것처럼 보인다. 그 결과물은 모든 사람이 감명받지는 않았지만, 시각적으로 놀랄 만하다.

06Hirst의 지지자들은 상어가 받았던 주목에 기뻐했다. 그들은 그것이 예술을 더 폭넓은 관객에게로 이끌었다고 생각했다. 06그러나, 몇몇 비평가들은 그것을 조롱하였고, Hirst를 진지하게 생각해서는 안 된다고 말했다. 그 상어가 800만 달러 이상의 금액에 팔렸을 때, 06일부 사람들은 그 예술가의 천재성의 타당성을 확인하였다. 다른 사람들은 그 판매를 터무니없다며 일축하였다. 그 예로, 한 영국 신문은 Hirst가 '우리 모두를 미개인으로' 만들 것이라고 단언하였다.

06. Q: What is the main idea about Damien Hirst according to the passage?

    (a) He was once considered an era's most popular British artist.

    (b) He was inspired to become an artist while working for a newspaper.

    (c) His artwork was controversial because he used live animals.

    (d) His work has generated mixed reactions from the public.

07. Q: Which of the following is correct about Hirst?

    (a) His canvases tend to contain green and blue tones.

    (b) His artwork is often criticized as lacking mass appeal.

    (c) He has produced a large number of artistic creations.

    (d) His supporters have funded much of his creative output.

06. Q: 지문에 따르면 Damien Hirst에 대한 요지는 무엇인가?

    (a) 그는 한때 시대의 가장 인기 있는 영국 예술가로 여겨졌다.

    (b) 그는 신문사에서 일하다가 예술가가 되기로 마음을 먹었다.

    (c) 그의 예술 작품은 살아 있는 동물을 사용했기 때문에 논란이 많았다.

    (d) 그의 작품은 대중으로부터 엇갈린 반응을 초래하였다.

07. Q: 다음 중 Hirst에 대한 내용과 일치하는 것은?

    (a) 그의 캔버스는 청색과 녹색 톤을 포함하는 경향이 있다.

    (b) 그의 예술 작품은 대중적인 매력이 부족하다고 종종 비판받았다.

    (c) 그는 다수의 예술 작품을 창작하였다.

    (d) 그의 지지자들은 그의 창의적인 결과물 대부분에 투자하였다.

해설　06. Damien Hirst에 대한 요지를 묻는 문제입니다. 지문에서 Hirst의 예술에 대해, 지지자들은 그의 작품이 주목을 받아 기뻐했고, 몇몇 비평가들은 그의 작품이 터무니없으며, Hirst가 '우리 모두를 미개인으로' 만들 것이라고 단언했다는 두 가지의 엇갈린 평가에 관해서 설명하고 있습니다. 따라서 '그의 작품은 대중으로부터 엇갈린 반응을 초래하였다'라는 내용의 (d)가 정답입니다.

07. 지문의 내용과 일치하는 것을 묻는 문제입니다. 보기 (c)의 키워드인 a large number of artistic creations가 바뀌어 표현된 highly prolific과 vast collection of work 주변의 내용을 살펴보면 Hirst는 많은 작품을 만든 예술가이고 그의 작품 중 대표적인 것이 상어를 소재로 한 작품임을 알 수 있습니다. 따라서 이 내용을 바르게 표현한 (c)가 정답입니다.
(a) 그의 캔버스가 청색과 녹색 톤을 포함하는 경향이 있는지는 언급되지 않았습니다.
(b) 그의 예술 작품이 대중적 매력이 부족하다고 종종 비판받았는지는 언급되지 않았습니다.
(d) 그의 지지자들이 그의 창의적인 결과물 대부분에 투자하였는지는 언급되지 않았습니다.

어휘　achieve[ətʃí:v] (명성을) 얻다　fame[feim] 명성　entitle[intáitl] 제목을 붙이다　physical[fízikəl] 물리적인; 육체의
enclose[inklóuz] (상자 등에) 넣다, 동봉하다　suspend[səspénd] 떠 있다, 매달다　impress[imprés] 감명을 주다
supporter[səpɔ́:rtər] 지지자　pleased[pli:zd] 기쁜, 좋아하는　attention[əténʃən] 주목　audience[ɔ́:diəns] 관객, (예술, 주의 등의) 애호자
critic[krítik] 비평가　ridicule[rídikjù:l] 조롱하다　validation[væ̀lidéiʃən] 타당성　dismiss[dismís] 일축하다
absurd[æbsə́:rd] 터무니없는　barbarian[bɑ:rbɛ́əriən] 미개인, 야만인　controversial[kɑ̀ntrəvə́:rʃəl] 논란이 많은
reaction[riǽkʃən] 반응

CHAPTER
05 육하원칙 문제(Part 3&4)

HACKERS PRACTICE

p.234

01 ①   **02** ①   **03** ①   **04** (b)   **05** (b)   **06** (b)   **07** (b)   **08** (b)

01

The main reason / for paralegals' common use in law offices / 주된 이유는　　법률 사무소에서 변호사 보조원들을 일반적으로 활용하는 is that they free up the time of the lawyers. 그들이 변호사들의 시간을 자유롭게 하기 때문이다	법률 사무소에서 변호사 보조원들을 일반적으로 활용하는 주된 이유는 그들이 변호사들의 시간을 자유롭게 하기 때문이다.

어휘　paralegal[pæ̀rəlí:gəl] 변호사 보조원　free up ~을 자유롭게 하다

02

If Canada lets Québec become independent, / federalists fear / 만약 캐나다가 퀘벡이 독립하게 한다면　　　　　연방주의자들은 우려한다 the negative economic consequences / and reduction in 부정적인 경제 결과를　　　　　그리고 다문화주의의 감소를 multiculturalism / it would bring to the country. 　　　　　그것이 나라에 가져올	만약 캐나다가 퀘벡이 독립하게 한다면, 연방주의자들은 그것이 나라에 가져올 부정적인 경제 결과와 다문화주의의 감소를 우려한다.

어휘　independent[ìndipéndənt] 독립한　federalist[fédərəlist] 연방주의자　negative[négətiv] 부정적인
economic[ì:kənámik] 경제의　consequence[kánsəkwèns] 결과　reduction[ridʌ́kʃən] 감소
multiculturalism[mʌ́ltikʌ̀ltʃərəlizəm] 다문화주의

03

Stone wanted / Gecko / to represent / pure greed. Stone은 원했다　　Gecko가　　상징하기를　　순전한 탐욕을	Stone은 Gecko가 순전한 탐욕을 상징하기를 원했다.

어휘　represent[rèprizént] 상징하다, 나타내다　pure[pjuər] 순전한, 순수한　greed[gri:d] 탐욕

04

주제: Stadium Bar and Grill의 내부 수리 일정 알림

Stadium Bar and Grill / will undergo repairs / over the next Stadium Bar and Grill은　　내부 수리에 들어갈 것입니다　　다음 2주 동안 two weeks. We will be completely closed / this Monday and 저희는 완전히 문을 닫을 것입니다　　이번 주 월요일과 화요일에 Tuesday, / but our bar will open / on Wednesday. The kitchen / 그러나 저희 바는 열 것입니다　　수요일에　　주방은 will open next Monday, / but it will only serve / snacks and 다음 주 월요일에 열 것입니다　　그러나 그것은 단지 제공할 것입니다 sandwiches. All work should be finished / by next Wednesday. 스낵과 샌드위치를　　모든 작업은 완료될 것입니다　　다음 주 수요일까지 Thank you / for stopping by Stadium Bar and Grill. 감사합니다　　Stadium Bar and Grill을 방문해 주셔서 Q: When will the repairs be completed by? (a) Next Monday ⓑ Next Wednesday	Stadium Bar and Grill은 다음 2주 동안 내부 수리에 들어갈 것입니다. 이번 주 월요일과 화요일은 완전히 문을 닫을 것이지만, 바는 수요일에 열 것입니다. 주방은 다음 주 월요일에 열 것이지만, 스낵과 샌드위치만 제공할 것입니다. 모든 작업은 다음 주 수요일까지 완료될 것입니다. Stadium Bar and Grill을 방문해 주셔서 감사합니다. Q: 언제까지 수리가 마무리 될 예정인가? (a) 다음 주 월요일 ⓑ 다음 주 수요일

해설　수리가 언제까지 마무리 되는지를 묻는 육하원칙 문제입니다. 질문의 키워드인 **repairs be completed by**가 바뀌어 표현된 **All work should be finished by** 주변을 읽어보면 수리는 다음 주 수요일까지 끝난다는 것을 알 수 있습니다. 따라서 '다음 주 수요일'이라고 한 (b)가 정답입니다.

어휘　undergo[ʌ̀ndərgóu] (변화 등을) 겪다　repair[ripéər] 수리, 수선　completely[kəmplí:tli] 완전히　bar[bɑ:r] (카운터 식) 바, 간이식당
snack[snæk] 스낵　finish[fíniʃ] 완료하다　stop by 방문하다

05

주제: 1967년에 발발한 이스라엘과 아랍 국가들 간의 6일 전쟁

Anger / between Israel and several Arab states / led to / the 분노가　　이스라엘과 몇몇 아랍 국가들 사이의　　일으켰다 Six-Day War / in 1967. On June 5, / the Israeli air force / 6일 전쟁을　　1967년에　　6월 5일에　　이스라엘 공군은 destroyed / all of Egypt's military airplanes. Jordan also fought, / 파괴했다　　이집트의 모든 군용 비행기를　　요르단 역시 싸웠다 but it lost badly / in the few battles / it participated in. 하지만 심하게 패배했다　　몇 안 되는 전투에서　　요르단이 참전했던 By June 9, / both Jordan and Egypt / had given up. The war 6월 9일까지　　요르단과 이집트 모두가　　기권했다	이스라엘과 몇몇 아랍 국가들 사이의 분노가 1967년에 6일 전쟁을 일으켰다. 6월 5일에, 이스라엘 공군은 이집트의 모든 군용 비행기를 파괴했다. 요르단 역시 싸웠지만, 참전했던 몇 안 되는 전투에서 심하게 패배했다. 6월 9일까지, 요르단과 이집트 모두가 기권했다. 다음 날 시리아가 이스라엘에 대한 전투를 그만두었을 때 그 전쟁은 끝이 났다. 그들에게 이스라엘은 너무 강력했다.

ended the next day / when Syria stopped fighting / against
그 전쟁은 다음 날 끝이 났다   시리아가 전투를 그만두었을 때   이스라엘에 대한

Israel. Israel's army was too strong / for them.
          이스라엘의 군대는 너무 강력했다   그들에게

Q: Why did Syria quit fighting?

(a) Jordan and Egypt no longer supported the country's army.

ⓑ The Syrian military could not compete with the Israeli army.

Q: 왜 시리아는 전투를 그만두었나?

(a) 요르단과 이집트가 그 나라의 군대를 더 이상 지원하지 않았다.

ⓑ 시리아 군대는 이스라엘 군대와 경쟁할 수 없었다.

해설　시리아가 왜 전투를 그만두었는지를 묻는 육하원칙 문제입니다. 질문의 키워드인 Syria quit fighting이 바뀌어 표현된 Syria stopped fighting 주변을 읽어보면 이스라엘의 군대가 너무 강했기 때문에 시리아가 전투를 그만두었다는 것을 알 수 있습니다. 따라서 '시리아 군대는 이스라엘 군대와 경쟁할 수 없었다'는 내용의 (b)가 정답입니다.

어휘　anger[ǽŋgər] 분노, 화　air force 공군　destroy[distrɔ́i] 파괴하다　military[mílitèri] 군용의, 군사의; 군대
　　　badly[bǽdli] 심하게; 몹시　battle[bǽtl] 전투　participate in ~에 참여하다　give up 기권하다, 포기하다
　　　against[əgénst] ~에 대항하여, 반대하여　compete with ~와 경쟁하다

주제: 옥탄가에 따라 차이가 있는 연료

06

At gas stations, / customers see signs / advertising various
　　주유소에서　　　　　　고객들은 간판을 본다　　　　　다양한 등급의 연료를 광고하는

grades of fuel. At the minimum, / a gas station / will offer /
　　　　　　　최소한　　　　　　　　　주유소는　　　　　　제공할 것이다

both regular and premium fuels / for cars, / and maybe
　　일반 연료와 고급 연료를　　　　　자동차를 위한

one or two others. The difference between them / is their
그리고 아마도 한가지 또는 그 밖의 두 가지를　　　그 연료들의 차이점은

octane level. Most cars use / low-octane fuel, / but those with
그들의 옥탄가이다　　대부분의 차는 사용한다　옥탄가가 낮은 연료를

advanced engines / need high-octane fuels. High-octane fuels /
그러나 고급 엔진을 가진 차는　옥탄가가 높은 연료를 필요로 한다　옥탄가가 높은 연료는

can be compressed more. This allows / an engine / to produce
　　더 많이 압축될 수 있다　　　이것은 ~하게 한다　　엔진이

more power.
더 많은 동력을 생산하도록

Q: What is the advantage of high-octane fuel according to the passage?

(a) It can be compressed to save on fuel usage.

ⓑ It results in more power produced by engines.

주유소에서, 고객들은 다양한 등급의 연료를 광고하는 간판을 본다. 최소한, 주유소는 자동차를 위한 일반 연료와 고급 연료를 제공할 것이고, 아마도 한가지 또는 그 밖의 다른 두 가지 연료를 제공할 것이다. 그 연료들의 차이점은 그들의 옥탄가이다. 대부분의 차는 옥탄가가 낮은 연료를 사용하지만, 고급 엔진을 가진 차는 옥탄가가 높은 연료를 필요로 한다. 옥탄가가 높은 연료는 더 많이 압축될 수 있다. 이것은 엔진이 더 많은 동력을 생산하도록 한다.

Q: 지문에 따르면 옥탄가가 높은 연료의 장점은 무엇인가?

(a) 연료 사용량을 절약하도록 압축될 수 있다.

ⓑ 엔진에서 더 많은 동력이 생산되게 한다.

해설　옥탄가가 높은 연료의 장점이 무엇인지를 묻는 육하원칙 문제입니다. 질문의 키워드인 advantage of high-octane fuel과 관련된 High-octane fuels 주변을 읽어보면 고급 엔진을 가진 차는 옥탄가가 높은 연료를 필요로 하며, 옥탄가가 높은 연료는 더 많이 압축되어 엔진이 더 많은 동력을 생산해내도록 한다는 것을 알 수 있습니다. 따라서 '엔진에서 더 많은 동력이 생산되게 한다'는 내용의 (b)가 정답입니다.

어휘　advertise[ǽdvərtàiz] 광고하다　grade[greid] 등급　fuel[fjúːəl] 연료　minimum[mínəməm] 최소 한도, 최저치
　　　premium[príːmiəm] 고급의　advanced[ədvǽnst] 고급의; 진보된　compress[kəmprés] 압축하다　produce[prədjúːs] 생산하다
　　　power[páuər] 동력, 힘; 권력

주제: 탐욕을 상징하는 등장인물인 Gecko가 의도된 것과 달리 시청자에게 준 영향

Oliver Stone's film *Wall Street* / shows / the self-centered
Oliver Stone의 영화 'Wall Street'은   보여준다

attitude of many people / during the 1980s. The most
많은 사람들의 자기 중심적인 태도를   1980년대의

memorable character from the film / is Gordon Gecko.
그 영화에서 가장 잊혀지지 않는 등장인물은   Gordon Gecko이다

Stone wanted / Gecko / to represent / pure greed. All Gecko
Stone은 원했다   Gecko가   상징하기를   순전한 탐욕을 그가 원했던 것은 단지

wanted / was unlimited wealth and power. However, / many
          무한한 부와 권력이었다   그러나   많은 시청자들은

viewers / mistakenly viewed / Gecko / as a hero / and started to
          오해하여 보았다   Gecko를   영웅으로   그리고 믿기 시작했다

believe / that greed is good.
          탐욕이 좋은 것이라고

Q: What is Gordon Gecko depicted as in the film?

(a) A modern hero following his dreams

(b) A selfish individual who desired riches

Oliver Stone의 영화 'Wall Street'은 1980년대 많은 사람들의 자기 중심적인 태도를 보여준다. 그 영화에서 가장 잊혀지지 않는 등장인물은 Gordon Gecko이다. Stone은 Gecko가 순전한 탐욕을 상징하기를 원했다. Gecko가 원했던 것은 무한한 부와 권력뿐이었다. 그러나, 많은 시청자들은 Gecko를 영웅으로 오해하여 보았고 탐욕이 좋은 것이라고 믿기 시작했다.

Q: 영화에서 Gordon Gecko는 무엇으로 묘사되었나?

(a) 자신의 꿈을 쫓는 현대의 영웅

(b) 부를 갈망하는 이기적인 개인

해설 영화에서 **Gordon Gecko**가 무엇으로 묘사되었는지를 묻는 육하원칙 문제입니다. 질문의 키워드인 **Gordon Gecko depicted as**가 바뀌어 표현된 **Gecko to represent pure greed** 주변을 읽어보면 Stone은 Gecko가 영화에서 부와 권력에의 탐욕을 상징하는 개인으로 묘사되기를 원했다는 것을 알 수 있습니다. 따라서 '부를 갈망하는 이기적인 개인'이라고 한 **(b)**가 정답입니다.

어휘 **self-centered**[sèlfséntərd] 자기 중심적인 **attitude**[ǽtitjùːd] 태도 **memorable**[mémərəbl] 잊혀지지 않는
represent[rèprizént] 상징하다 **pure**[pjuər] 순전한 **greed**[griːd] 탐욕 **unlimited**[ʌnlímitid] 무한한 **wealth**[welθ] 부
power[páuər] 권력, 힘 **viewer**[vjúːər] 시청자, 관람자 **mistakenly**[mistéikənli] 오해하여 **selfish**[sélfiʃ] 이기적인
individual[ìndəvídʒuəl] 개인 **desire**[dizáiər] 갈망하다

주제: 한 농구 선수의 재산에 피해를 입힌 미성년자들

Police arrested two local youths / suspected of damaging /
경찰은 지역 청년 두 명을 체포했다   손해를 입힌 것으로 의심되는

the property of star basketball player Rasheed Hamilton.
          스타 농구 선수 Rasheed Hamilton의 재산에

Hamilton arrived at his home / and found a hate-filled message /
Hamilton은 그의 집에 도착했다   그리고 증오로 가득 찬 메시지를 발견했다

painted on his driveway. Fortunately, / security cameras
그의 진입로에 칠해진   다행히도   보안 카메라가 포착했다

captured / the license plate number of the car / the suspects
          자동차 번호판의 번호를   그 용의자들이 타고 왔던

arrived in. Police were then able to find the youths, /
          그리고 나서 경찰은 그 청년들을 찾을 수 있었다

whose names are being withheld / because they are minors.
이름을 밝히는 것이 보류되고 있는 중인   그들이 미성년자이기 때문에

Q: What information are the police refusing to release?

(a) The message written in the driveway

(b) The identity of the two suspects

경찰은 스타 농구 선수 Rasheed Hamilton의 재산에 손해를 입힌 것으로 의심되는 지역 청년 두 명을 체포했다. Hamilton은 그의 집에 도착한 후 진입로에 칠해진 증오로 가득 찬 메시지를 발견했다. 다행히도, 보안 카메라가 그 용의자들이 타고 왔던 자동차 번호판의 번호를 포착했다. 그리고 나서 경찰은 그 청년들을 찾을 수 있었는데, 그들이 미성년자이기 때문에 그들의 이름을 밝히는 것은 보류되고 있는 중이다.

Q: 경찰은 무슨 정보를 발표하길 거부하고 있는가?

(a) 진입로에 쓰여진 메시지

(b) 두 용의자들의 신원

해설 경찰이 무슨 정보를 발표하길 거부하고 있는지를 묻는 육하원칙 문제입니다. 질문의 키워드인 **information, police refusing to release**가 바뀌어 표현된 **Police ~ the youths, whose names are being withheld** 주변을 읽어보면 그 용의자들의 이름을 밝히는 것이 보류되고 있는 것을 알 수 있습니다. 따라서 '두 용의자들의 신원'이라고 한 **(b)**가 정답입니다.

어휘 **arrest**[ərést] 체포하다 **youth**[juːθ] 청년 **suspect**[səspékt] 의심하다; 용의자 **damage**[dǽmidʒ] 손해를 입히다

property[prάpərti] 재산, 소유물 hate[heit] 증오 driveway[dráivwèi] 진입로, 차로 fortunately[fɔ́ːrtʃənətli] 다행히도
capture[kǽptʃər] 포착하다; 붙잡다 license plate 자동차 번호판 withhold[wiðhóuld] ~을 제공하는 것을 보류하다
minor[máinər] 미성년자

HACKERS TEST

p.238

01 (b)	**02** (c)	**03** (b)	**04** (d)

주제: 캐나다와 퀘벡의 관계에 관한 퀘벡 주민들의 상반된 의견

01

Residents of Québec / hold two competing views / of the
　　퀘벡 주민들은　　　　　두 가지 상반된 견해를 가지고 있다

province's relationship / with Canada. Federalists want /
　　그 주의 관계에 대해　　　　캐나다와의　　　연방주의자들은 원한다

Québec to remain a part of Canada. On the other side, /
　퀘벡이 캐나다의 일부로 남기를　　　　　　　반면에

sovereigntists believe / the French-speaking province / is so
주권연합 지지자들은 믿는다　　　그 불어를 사용하는 주가　　너무나 특이해서

unique / that it should be independent. They fear / that Québec's
　　　　　　독립해야 한다고　　　　　그들은 우려한다

voice will be overpowered / by the English-speaking provinces.
퀘벡의 의견이 압도당하는 것을　　　　영어를 사용하는 주에 의해

If Canada lets Québec become independent, / federalists fear /
만약 캐나다가 퀘벡이 독립하게 한다면　　　　연방주의자들은 우려한다

the negative economic consequences / and reduction in
　　　부정적인 경제 결과를　　　　　그리고 다문화주의의 감소를

multiculturalism / it would bring to the country.
　　　　　　그것이 나라에 가져올

Q: According to the passage, what do some Québec
　 residents think of the other provinces?

(a) They are key to the continued economic success of
　　Québec.
(b) They are too different from Québec to be part of the same
　　country.
(c) They should create a stronger relationship with Québec.
(d) They should be more multicultural and inclusive of French
　　speakers.

퀘벡 주민들은 캐나다와의 관계에 대해 두 가지 상반된 견해를 가지고 있다. 연방주의자들은 퀘벡이 캐나다의 일부로 남기를 원한다. 반면에, 주권연합 지지자들은 불어를 사용하는 그 주가 너무 특이해서 독립해야 한다고 믿는다. 그들은 영어를 사용하는 주에 의해 퀘벡의 의견이 압도당하는 것을 우려한다. 만약 캐나다가 퀘벡이 독립하게 한다면, 연방주의자들은 그것이 나라에 가져올 부정적인 경제 결과와 다문화주의의 감소를 우려한다.

Q: 지문에 따르면, 퀘벡 주민들 중 일부는 다른 주들에 대해서 무엇이라고 생각하는가?

(a) 퀘벡의 꾸준한 경제 성공의 비결이다.
(b) 같은 나라의 일부라고 하기에는 퀘벡과 너무 다르다.
(c) 퀘벡과 더 강력한 관계를 맺어야 한다.
(d) 더 다문화적이 되어 불어 사용자들을 포용해야 한다.

해설　퀘벡 주민들 중 일부가 다른 주들에 대해서 무엇이라고 생각하는지를 묻는 육하원칙 문제입니다. 질문의 키워드인 some Québec residents think of the other provinces가 바뀌어 표현된 sovereigntists believe 주변을 읽어보면 주권연합 지지자들은 불어를 사용하는 퀘벡주가 너무 특이해서 독립해야 한다고 믿는 것을 알 수 있습니다. 따라서 '같은 나라의 일부라고 하기에 는 퀘벡과 너무 다르다'는 내용의 (b)가 정답입니다.

어휘　province[prάvins] 주 federalist[fédərəlist] 연방주의자 part[pɑːrt] 일부 sovereigntist[sάvərəntist] 주권연합 지지자
unique[juːníːk] 특이한, 독특한 independent[ìndipéndənt] 독립의 fear[fiər] 우려하다, 두려워하다
overpower[òuvərpáuər] 압도하다 consequence[kάnsəkwèns] 결과, 결말 reduction[ridʌ́kʃən] 감소
multiculturalism[mʌ́ltikʌ̀ltʃərəlìzəm] 다문화주의 inclusive[inklúːsiv] 포용한, 포함한

READING COMPREHENSION

해커스 텝스 BASIC READING

02

In two decades, / energy use will have changed / completely.
20년 후에　　　에너지 사용은 변화될 것이다　　　완전히

Currently, / coal-based power is used / to generate half of the
현재　　　석탄에 기반한 동력이 사용된다　　　국가 전력의 절반을 발생시키기 위해

country's electricity. Natural gas and nuclear power are each
천연가스와 원자력은 각각 맡고 있다

responsible / for around 20 percent. In 2030, / while demand
약 20퍼센트 정도　　　2030년에는

for nuclear power will remain constant, / wind power will be
원자력에 대한 수요가 지속적으로 남아있는 반면　　　풍력이 주요 전력원이 될 것이다

the leading source of electricity. Solar power will cover 15
태양 에너지는 에너지 수요의 15퍼센트를 담당할 것이다

percent of energy needs, / and the use of coal and natural
그리고 석탄과 천연가스의 사용은 크게 줄어들어 있을 것이다

gas will have largely decreased.

Q: How will energy usage change by 2030?

(a) Nuclear power will not be utilized.
(b) Coal power will no longer be used.
ⓒ Wind power will be the most common.
(d) Solar power will be growing the fastest.

20년 후에, 에너지 사용은 완전히 변화될 것이다. 현재, 석탄에 기반한 동력이 국가 전력의 절반을 발생시키기 위해 사용된다. 천연가스와 원자력은 각각 약 20퍼센트 정도 맡고 있다. 2030년에는, 원자력에 대한 수요가 지속적으로 남아있는 반면, 풍력이 주요 전력원이 될 것이다. 태양 에너지는 에너지 수요의 15퍼센트를 담당할 것이고, 석탄과 천연가스의 사용은 크게 줄어들어 있을 것이다.

Q: 에너지 사용이 2030년까지 어떻게 변화할 것인가?

(a) 원자력은 이용되지 않을 것이다.
(b) 석탄 동력은 더 이상 사용되지 않을 것이다.
ⓒ 풍력이 가장 일반적인 것이 될 것이다.
(d) 태양 에너지가 가장 빨리 성장할 것이다.

해설　에너지 사용이 2030년까지 어떻게 변화할 것인지를 묻는 육하원칙 문제입니다. 질문의 키워드인 **by 2030**가 바뀌어 표현된 **In 2030** 주변을 읽어보면 2030년에 풍력이 주요 전력원이 된다는 것을 알 수 있습니다. 따라서 '풍력이 가장 일반적인 것이 될 것이다'라는 내용의 (c)가 정답입니다.

어휘　decade[dékeid] 10년간　completely[kəmplíːtli] 완전히　currently[kə́ːrəntli] 현재　coal[koul] 석탄　generate[dʒénərèit] 발생시키다 electricity[ilektrísəti] 전력, 전기　natural gas 천연가스　nuclear[njúːkliər] 원자력의, 핵의　responsible[rispánsəbl] 책임이 있는 wind power 풍력　leading[lídiŋ] 주요한, 주된　largely[láːrdʒli] 크게　decrease[dikríːs] 줄다, 감소하다

03 ; 04

The Jersey Inquirer
Editorial: Lower Taxes Needed for Economic Growth
Readers' comments

Johnny95 8 hour(s) ago

You seem delighted / about the potential benefits of lower
당신은 기뻐하는 것 같습니다　　　세금 인하의 잠재적 이점에 대해

taxes. However, / I think / the policy is a weak attempt / to
하지만　　　제 생각에　　　그 정책은 미약한 시도입니다

appease voters / and may eventually cause / harm to society.
유권자들을 달래기 위한　　　그리고 결국에는 일으킬 것입니다　　　사회에 피해를

Not only will lower taxes reduce / the amount of innovation /
세금 인하는 줄이는 것 뿐만 아니라　　　혁신의 양을

in the private sector, / but they may also impede /economic
민간 영역에서　　　방해할 것입니다　　　경제 성장도

growth. [03]The core technologies / currently powering / every
핵심 기술들은　　　현재 동력이 되는

advanced country in the world / were originally funded / by
세계 모든 선진국의　　　원래 자금을 조달받았습니다

taxpayer dollars. For example, / the first digital computer
납세자들의 돈으로　　　예를 들어　　　최초의 디지털 컴퓨터와 인터넷은　　　ⓞ

'Jersey Inquirer'지
사설: 경제 성장을 위한 세금 인하 필요
독자의 의견
Johnny95 8시간 전
당신은 세금 인하의 잠재적 이점에 대해 기뻐하는 것 같습니다. 하지만, 제 생각에 그 정책은 유권자들을 달래기 위한 미약한 시도이고 결국에는 사회에 피해를 일으킬 것입니다. 세금 인하는 민간 영역에서 혁신의 양을 줄이는 것 뿐만 아니라 경제 성장도 방해할 것입니다. [03]현재 세계 모든 선진국의 원동력이 되는 핵심 기술들은 원래 납세자들의 돈으로 자금을 제공받았습니다. 예를 들어, 최초의 디지털 컴퓨터와 인터넷은 각각 공립 대학교와 정부가 지원하는 연구 프로젝트에 의해 발명되었습니다.
저는 세금 인상의 지지자는 아닙니다. 하지만 당신의 글 같은 신문 기사들이 정부 프로그램의 이점을 평가하지 못하는 것이 걱정스럽습니다. [04]세금 인하로 인한 단기적인 저축은 주로 부자들을 유익하게 할 것이고 장기적으로는 사회에 거의 도움이 되지 않을 것입니다.

and the Internet / were created / by a public university / and
발명되었습니다   공립 대학교와

government funded research projects, / respectively.
정부가 지원하는 연구 프로젝트에 의해   각각

I'm not a proponent / of higher taxes. But it's alarming / when
저는 지지자는 아닙니다   세금 인상의   하지만 걱정스럽습니다

newspaper articles such as yours / fail to assess / the benefits
당신의 글과 같은 신문 기사들이   평가하지 못하는 것이

of government programs. 04The short-term savings / resulting
정부 프로그램의 이점을   단기적인 저축은

from lower taxes / would mostly benefit the rich / and would
세금 인하로 인한   주로 부자들을 유익하게 할 것이다

hardly be of help to society / in the long term.
그리고 사회에 거의 도움이 되지 않을 것입니다   장기적으로는

03. Q: Why does the reader think taxes are beneficial to society?

   (a) They improve the level of support given to disadvantaged members of society.

   (b) They are used to pay for new advances that improve people's lives.

   (c) They make it possible to keep voters properly informed.

   (d) They are essential for developing regulations for various industries.

04. Q: Which of the following is correct according to the passage?

   (a) Natural resources are the most essential factor for economic growth.

   (b) Public universities have made few efforts to promote research.

   (c) The Internet has changed the way that news articles are written.

   (d) Tax decreases will mainly result in benefits for wealthy individuals.

03. Q: 독자는 왜 세금이 사회에 유익하다고 생각하는가?

   (a) 사회의 소외된 계층에게 주어진 지원의 수준을 높일 수 있다.

   (b) 사람들의 생활을 개선하는 새로운 진보를 위해 지급된다.

   (c) 유권자들이 정확한 정보를 아는 것을 가능하게 한다.

   (d) 다양한 산업을 위한 규정을 개발하는 데 필수적이다.

04. Q: 다음 중 지문의 내용과 일치하는 것은?

   (a) 천연 자원은 경제 성장을 위해 가장 필수적인 요소이다.

   (b) 공립 대학교들은 연구를 증진하기 위해 적은 노력을 기울였다.

   (c) 인터넷은 신문 기사가 쓰여지는 방식을 바꾸었다.

   (d) 세금 인하는 주로 부유한 개인들을 위한 이익을 초래할 것이다.

해설 03. 독자는 왜 세금이 사회에 유익하다고 생각하는지를 묻는 육하원칙 문제입니다. 보기 (b)의 키워드인 advances가 바뀌어 표현된 core technologies 주변의 내용을 살펴보면 현재 세계 모든 선진국의 원동력이 되는 핵심 기술들은 납세자들의 돈으로 자금을 제공 받았다고 설명한 후, 디지털 컴퓨터와 인터넷을 예시로 들고 있음을 알 수 있습니다. 따라서 이 내용을 바르게 표현한 (b)가 정답입니다.
(a) 사회의 소외된 계층에게 주어진 지원 수준을 높일 수 있는지는 언급되지 않았습니다.
(c) 유권자들이 정확한 정보를 아는 것을 가능하게 하는지는 언급되지 않았습니다.
(d) 다양한 산업을 위한 규정을 개발하는 데 필수적인지는 언급되지 않았습니다.

04. 지문의 내용과 일치하는 것을 묻는 문제입니다. 보기 (d)의 키워드인 wealthy individuals가 바뀌어 표현된 the rich 주변의 내용을 살펴보면 세금 인하로 인한 단기적인 저축은 주로 부자들을 유익하게 한다는 것을 알 수 있습니다. 따라서 이 내용을 바르게 표현한 (d)가 정답입니다.
(a) 천연 자원이 경제 성장을 위해 가장 필수적인지는 언급되지 않았습니다.
(b) 공립 대학이 연구를 증진하기 위해 적은 노력을 기울였는지는 언급되지 않았습니다.
(c) 인터넷이 신문 기사가 쓰여지는 방식을 바꾸었는지는 언급되지 않았습니다.

어휘 delighted[diláitid] 기뻐하는 potential[pəténʃəl] 잠재적인 benefit[bénəfit] 이점; ~에 이득이 되다 policy[páləsi] 정책
attempt[ətémpt] 시도하다 appease[əpíːz] 달래다 innovation[ìnəvéiʃən] 혁신 impede[impíːd] 방해하다
taxpayer[tǽkspèiər] 납세자 respectively[rispéktivli] 각각 proponent[prəpóunənt] 지지자 assess[əsés] 평가하다
disadvantaged[dìsədvǽntidʒd] 소외된, 가난한 regulation[règjuléiʃən] 규정 promote[prəmóut] 증진하다
result in (결과를) 초래하다, 야기하다

HACKERS PRACTICE

p.242

01 ① **02** ① **03** ① **04** (a) **05** (b) **06** (b) **07** (a) **08** (a)

01

Internet providers opposing this practice / want to create /	이 관행에 반대하는 인터넷 공급업자들은 두 개의
이 관행에 반대하는 인터넷 공급업자들은 만들기를 원한다	데이터 등급을 만들기를 원한다.
two classes of data.	
두 개의 데이터 등급을	

어휘 oppose[əpóuz] 반대하다 practice[prǽktis] 관행 class[klǽs] 등급

02

Washington, DC, / is full of monuments / named after famous	워싱턴 DC에는 유명한 사람들의 이름을 따서 명명
워싱턴 DC에는 기념비가 많다 유명한 사람들의 이름을 따서 명명된	된 기념비가 많다.
people.	

어휘 monument[mánjumənt] 기념비 be full of ~이 많다

03

The product also includes / several other features /	그 제품은 당신이 야외 활동을 즐기는 것을 도울 몇몇
그 제품은 또한 포함하고 있습니다 몇몇 다른 기능들을	다른 기능 또한 포함하고 있습니다.
to help you enjoy / the outdoors.	
당신이 즐기는 것을 도울 야외 활동을	

어휘 include[inklú:d] 포함하다 outdoors[áutdɔ̀:rz] 야외 활동

주제: Mike Perham의 전 세계 단독 항해

04

Mike Perham, a 17-year-old boy from Britain, / completed /	영국 출신의 17세 소년 Mike Perham은 오늘 전 세
영국 출신의 17세 소년 Mike Perham은 마쳤다	계 단독 항해를 마쳤다. Perham은 지금까지 단독 여
a solo sailing trip around the world / today. Perham is the	행을 마친 선원들 중에서 가장 어린 선원이었다. (a)그
전 세계 단독 항해를 오늘	는 원래 남의 도움 없이 여행할 계획을 가지고 있었
youngest sailor ever / to complete the trip alone. (a)He originally	다. 그러나 (b)보트의 문제가 도움을 얻기 위해 그를 여
Perham은 지금까지 가장 어린 선원이다 단독 여행을 마친 선원들 중에서	러 번 멈추게 했다.
had a plan / to make the trip / unaided. However, / (b)problems	
그는 원래 계획을 가지고 있었다 여행할 남의 도움 없이 그러나	
with the boat / forced him to make several stops / to get help.	
보트의 문제가 그를 여러 번 멈추게 했다 도움을 얻기 위해	
Q: What is correct about Perham according to the article?	Q: 기사의 Perham에 대한 내용과 일치하는 것은?
ⓐ He intended to make the trip without any assistance.	ⓐ 그는 아무 도움 없이 여행할 작정이었다.
(b) He is the youngest person to complete the trip with no help.	(b) 그는 아무 도움 없이 여행을 마친 사람들 중 가장 어리다.

해설 지문의 내용과 일치하는 것을 묻는 문제입니다. 보기 (a)의 키워드인 without any assistance가 바뀌어 표현된 unaided 주변의 내용을 살펴보면 Perham이 원래는 남의 도움 없이 여행할 계획이었다는 것을 알 수 있습니다. 따라서 이 내용을 바르게 표현한 (a)가 정답입니다.
(b) 도움을 얻기 위해 여러 번 멈췄다고 했으므로 '아무 도움 없이 여행을 마친 사람들 중 가장 어리다'는 지문의 내용과 다릅니다.

어휘 solo[sóulou] 단독의 sailing trip 항해 sailor[séilər] 선원 originally[ərídʒənəli] 원래 unaided[ʌnéidid] 남의 도움 없는
force[fɔːrs] 강요하다 make a stop 멈추다 intend to ~할 작정이다 assistance[əsístəns] 도움, 원조

05

Do you want to attend / an Ivy League university?
　　　　　　다니고 싶으신가요　　　　　　Ivy League 대학에

Ivory Tower can help. We advise our clients / on which high
Ivory Tower사가 도와드리겠습니다　저희는 고객님들에게 조언 해드립니다　어떤 고등학교 수업을

school classes / to take. Moreover, / we prepare them /
　　　　　　들어야 할지　　　또한　　　　저희는 고객님들에게 준비를 시킵니다

for interviews and essays. (b)Our consultants / have graduated
　　면접과 에세이의　　　　　　저희 컨설턴트들은

from Ivy League schools / and know exactly / which approaches
Ivy League 학교를 졸업했습니다　그래서 정확히 알고 있습니다　어떤 접근법이 효과가 있는지

work. Call Ivory Tower / today.
　　　Ivory Tower사에 전화주세요　오늘

Q: Which is correct about Ivory Tower according to the passage?

(a) Its consultants work in university admissions departments.

(b) Its employees attended Ivy League universities.

Ivy League 대학에 다니고 싶으신가요? Ivory Tower사가 도와드리겠습니다. 저희는 고객님들에게 어떤 고등학교 수업을 들어야 할지 조언해드립니다. 또한, 저희는 고객님들에게 면접과 에세이 준비를 시킵니다. (b)저희 컨설턴트들은 Ivy League 학교를 졸업해서 어떤 접근법이 효과가 있는지 정확히 알고 있습니다. 오늘 Ivory Tower사에 전화주세요.

Q: 지문의 Ivory Tower사에 대한 내용과 일치하는 것은?

(a) Ivory Tower사의 컨설턴트들은 대학 입학 부서에서 근무한다.

(b) Ivory Tower사의 직원들은 Ivy League 대학에 다녔다.

해설　지문의 내용과 일치하는 것을 묻는 문제입니다. 보기 (b)의 키워드인 **Its employees**가 바뀌어 표현된 **Our consultants** 주변의 내용을 살펴보면 Ivory Tower사의 컨설턴트들이 **Ivy League** 대학을 졸업했다는 것을 알 수 있습니다. 따라서 이 내용을 바르게 표현한 (b)가 정답입니다.
　　　(a) Ivory Tower사의 컨설턴트들이 대학 입학부서에서 근무한다는 것은 언급되지 않았습니다.

어휘　attend [əténd] (학교 등에) 다니다　take a class 수업을 듣다　prepare [pripɛ́ər] 준비시키다　'consultant [kənsʌ́ltənt] 컨설턴트
　　　graduate [grǽdʒuèit] 졸업하다　exactly [igzǽktli] 정확히　approach [əpróutʃ] 접근법　work [wəːrk] 효과가 있다
　　　admission [ædmíʃən] 입학　department [dipáːrtmənt] 부서

06

Icelandic cows / are in danger of extinction, / but many
아이슬란드 젖소는　　　멸종 위기에 처해 있다

Icelandic people / want to prevent it. (b)Cows were brought to
하지만 많은 아이슬란드인들은　그것을 막기 원한다　　젖소는 아이슬란드로 들어왔다

Iceland / from Norway / around AD 1000. But now, /
　　　　노르웨이로부터　서기 1000년경에　그러나 현재

economists think / Icelandic cows / should be replaced /
경제학자들은 생각한다　아이슬란드 젖소는　교체되어야 한다고

by Swedish cows. According to economists, / cows raised in
스웨덴 젖소로　　　경제학자들에 따르면　　스웨덴에서 자란 젖소들이

Sweden / produce more milk for farmers.
　　　　농부들에게 더 많은 우유를 만들어낸다

Q: Which of the following is correct according to the passage?

(a) Cows are now less necessary to Iceland's farmers.

(b) Cows arrived in Iceland from another country.

아이슬란드 젖소는 멸종 위기에 처해 있지만, 많은 아이슬란드인들은 그것을 막기 원한다. (b)젖소는 서기 1000년경에 노르웨이로부터 아이슬란드로 들어왔다. 그러나 현재, 경제학자들은 아이슬란드 젖소가 스웨덴 젖소로 교체되어야 한다고 생각한다. 경제학자들에 따르면, 스웨덴에서 자란 젖소들이 농부들에게 더 많은 우유를 만들어낸다고 한다.

Q: 다음 중 지문의 내용과 일치하는 것은?

(a) 젖소는 이제 아이슬란드 농부들에게 덜 필요하다.

(b) 젖소는 다른 나라로부터 아이슬란드로 들어왔다.

해설　지문의 내용과 일치하는 것을 묻는 문제입니다. 보기 (b)의 키워드인 **Cows arrived**가 바뀌어 표현된 **Cows were brought to** 주변의 내용을 살펴보면 젖소가 노르웨이로부터 들어왔다는 것을 알 수 있습니다. 따라서 이 내용을 바르게 표현한 (b)가 정답입니다.
　　　(a) 젖소가 이제 아이슬란드 농부들에게 덜 필요하다는 것은 언급되지 않았습니다.

어휘　extinction [ikstíŋʃən] 멸종　AD [ǽnoudámənài] 서기　economist [ikánəmist] 경제학자　according to ~에 따르면
　　　raise [reiz] 기르다, 양육하다　farmer [fáːrmər] 농부　necessary [nésəsèri] 필요한

07

What distinguishes hamburgers from one another / is the type
햄버거들을 서로 구별해주는 것은

of beef patty used. Fast-food hamburgers / have thin, frozen
사용되는 햄버거용 쇠고기의 종류이다   패스트푸드 햄버거는   얇은 냉동 햄버거 고기를 사용한다

patties / to keep costs down. On the other hand, / pub-style
비용을 줄이기 위해   반면에

burger patties / are handmade / from ground beef / and much
선술집 스타일의 햄버거 고기는   수제이다   다진 쇠고기로 만든   그리고 훨씬 두껍다

thicker. (a)(b)A type of burger called a "slider" / is served in some
'슬라이더'라고 불리는 종류의 햄버거는   몇몇 지역에서 제공된다

regions, / with a paper-thin, miniature patty. It is steamed /
종잇장처럼 얇은 소형 햄버거 고기가 끼워진   그것은 쪄진다

along with onions / and served with pickles / on a bun.
양파와 함께   그리고 피클과 함께 제공된다   햄버거용 빵 위에 얹어져

Several sliders / are meant to be eaten / in a single helping.
몇 개의 슬라이더는   먹어지게끔 의도된 것이다   한 접시에

Q: Which of the following is correct according to the passage?

ⓐ Sliders are a different size than typical burgers.

(b) Sliders have a thicker patty than pub-style burgers.

햄버거들을 서로 구별해주는 것은 사용되는 햄버거용 쇠고기의 종류이다. 패스트푸드 햄버거는 비용을 줄이기 위해 얇은 냉동 햄버거 고기를 사용한다. 반면에, 선술집 스타일의 햄버거 고기는 다진 쇠고기로 수제이며 훨씬 두껍다. (a)(b)종잇장처럼 얇은 소형 햄버거 고기가 끼워진 '슬라이더'라고 불리는 종류의 햄버거는 몇몇 지역에서 제공된다. 그것은 양파와 함께 쪄진 후 햄버거용 빵 위에 피클과 함께 얹어져 제공된다. 슬라이더는 한 접시에 몇 개씩 먹게 되어 있다.

Q: 다음 중 지문의 내용과 일치하는 것은?

ⓐ 슬라이더는 전형적인 햄버거와 다른 크기이다.

(b) 슬라이더에는 선술집 스타일의 햄버거보다 더 두꺼운 햄버거용 고기가 들어 있다.

해설 지문의 내용과 일치하는 것을 묻는 문제입니다. 보기 (a)의 키워드인 Sliders와 관련된 A type of burger called a "slider" 주변의 내용을 살펴보면 슬라이더 햄버거는 얇은 소형 햄버거 고기를 끼워 만든다는 것을 알 수 있습니다. 따라서 이 내용을 바르게 표현한 (a)가 정답입니다.
　(b) 슬라이더 햄버거에는 종잇장처럼 얇은 햄버거 고기가 끼워져 있다고 했으므로 '슬라이더에는 선술집 스타일의 햄버거보다 더 두꺼운 햄버거용 고기가 들어 있다'는 지문의 내용과 다릅니다.

어휘 distinguish[distíŋgwiʃ] 구별하다 beef[biːf] 쇠고기 patty[pǽti] (다진 고기 등을 둥글 납작하게 만든) 햄버거용 고기
　frozen[fróuzn] 냉동한 pub[pʌb] 선술집 ground[graund] 다진 region[ríːdʒən] 지역 miniature[míniətʃər] 소형의
　steam[stiːm] (식품 등을) 찌다 bun[bʌn] (햄버거 용으로 쓰이는) 둥근 빵 helping[hélpiŋ] 한 그릇

08

Sierra Leone / is a leading diamond-producing country. Yet /
시에라리온은   주요 다이아몬드 생산국이다   그러나

most of the people / who live there / are in poverty. Diamond
대부분의 사람들은   그곳에 사는   가난하다

miners in the country / make a flat monthly wage / of US $30.
그 나라의 다이아몬드 광부들은   고정된 월급을 받는다   미화 30달러의

(a)They only receive / a small commission of a few dollars / per
그들은 겨우 받는다   몇 달러의 적은 수수료를

diamond found. The gems / mined by these people / are then
발견된 다이아몬드 한 개당   보석들은   이 사람들에 의해 채굴된   그리고 나서 팔린다

sold, / usually by foreign mine owners. Even small diamonds
보통 외국의 광산 소유자들에 의해   작은 다이아몬드마저 팔릴 수 있다

can be sold / for well over a thousand dollars.
1000달러가 훨씬 넘는 가격에

Q: Which of the following is correct about Sierra Leone's
   diamond miners according to the passage?

ⓐ They receive extra money for each diamond they discover.

(b) They come from other countries to find work in mines.

시에라리온은 주요 다이아몬드 생산국이다. 그러나 그곳에 사는 대부분의 사람들은 가난하다. 그 나라의 다이아몬드 광부들은 미화 30달러의 고정된 월급을 받는다. (a)그들은 발견된 다이아몬드 한 개당 겨우 몇 달러의 적은 수수료를 받는다. 이 사람들에 의해 채굴된 보석들은 그리고 나서 보통 외국의 광산 소유자들에 의해 팔린다. 작은 다이아몬드마저 1000달러가 훨씬 넘는 가격에 팔릴 수 있다.

Q: 다음 중 지문의 시에라리온의 다이아몬드 광부들에 대한 내용과 일치하는 것은?

ⓐ 그들이 발견하는 다이아몬드마다 추가금을 받는다.

(b) 광산에서 일을 구하기 위해 다른 나라에서 온다.

해설 지문의 내용과 일치하는 것을 묻는 문제입니다. 보기 (a)의 키워드인 receive extra money가 바뀌어 표현된 receive a small commission 주변의 내용을 살펴보면 시에라리온의 광부들이 발견된 다이아몬드 한 개당 겨우 몇 달러의 적은 수수료를 받는다는 것을 알 수 있습니다. 따라서 이 내용을 바르게 표현한 (a)가 정답입니다.

(b) 시에라리온의 다이아몬드 광부들이 광산에서 일을 구하기 위해 다른 나라에서 오는지에 대해서는 언급되지 않았습니다.

어휘 leading[líːdiŋ] 주요한, 주된 poverty[pάvərti] 가난 miner[máinər] 광부 flat[flæt] 고정된, 변동 없는 monthly wage 월급
commission[kəmíʃən] 수수료 gem[dʒem] 보석 mine[main] 채굴하다; 광산

HACKERS TEST

01 (b) 02 (d) 03 (a) 04 (d) 05 (d) 06 (b) 07 (c)

주제: 2001년 아르헨티나 경제 붕괴의 두 가지 요인

01

Argentina's economic collapse in 2001 / was caused / by
2001년 아르헨티나의 경제 붕괴는   야기되었다

two major events. Firstly, / (a)the country's credit rating was
두 가지 주요 사건에 의해 첫 번째로   그 나라의 신용도 평가 등급이 하락했다

lowered / by international rating agencies. (d)This caused
국제신용평가기관에 의해

investors to pull their money / from banks. The second event
이는 투자자들이 그들의 돈을 회수하도록 했다   은행에서   두 번째 사건은 일어났다

occurred / when Argentine president de la Rua put tight limits /
아르헨티나의 de la Rua 대통령이 엄격한 제한을 가했을 때

on withdrawals from banks. As a result, / many businesses /
은행으로부터의 인출에   그 결과   많은 사업들이

that couldn't access much-needed funds / failed. (b)The protests /
절실하게 필요한 자금에 접근할 수 없었던   실패했다   항의는

that followed de la Rua's decision to limit withdrawals / forced
인출을 제한하는 de la Rua의 결정의 뒤를 이었던

him to resign.
그가 사임하도록 강요했다

Q: Which of the following is correct according to the passage?

(a) President de la Rua's policies caused Argentina's credit rating to drop.

(b) President de la Rua's law limiting withdrawals was met with anger.

(c) Argentina's currency became stronger as a result of banking legislation.

(d) Argentina's banks were able to keep enough money to prevent collapse.

2001년 아르헨티나의 경제 붕괴는 두 가지 주요 사건에 의해 야기되었다. 첫 번째로, (a)그 나라의 신용도 평가 등급이 국제신용평가기관에 의해 하락했다. (d)이는 투자자들이 은행에서 그들의 돈을 회수하도록 했다. 두 번째 사건은 아르헨티나의 de la Rua 대통령이 은행으로부터 의 인출에 엄격한 제한을 가했을 때 일어났다. 그 결과, 절실하게 필요한 자금에 접근할 수 없었던 많은 사업들이 실패했다. (b)인출을 제한하는 de la Rua의 결정의 뒤를 이었던 항의로 인해 그는 사임해야 했다.

Q: 다음 중 지문의 내용과 일치하는 것은?

(a) de la Rua 대통령의 정책들은 아르헨티나의 신용도 평가 등급이 하락하는 원인이 되었다.

(b) 인출을 제한하는 de la Rua 대통령의 법은 분노와 맞닥뜨렸다.

(c) 아르헨티나의 통화는 은행 법률 제정의 결과로 더 강세를 띠기 시작했다.

(d) 아르헨티나의 은행들은 붕괴를 방지할 정도의 충분한 돈을 보유할 수 있었다.

해설 지문의 내용과 일치하는 것을 묻는 문제입니다. 보기 (b)의 키워드인 met with anger가 바뀌어 표현된 The protests 주변의 내용을 살펴보면 인출을 제한하는 de la Rua 대통령의 결정에 항의가 뒤따랐다는 것을 알 수 있습니다. 따라서 이 내용을 바르게 표현한 (b)가 정답입니다.

(a) 국제신용평가기관에 의해 아르헨티나의 신용도 평가 등급이 하락했다고 했으므로 'de la Rua 대통령의 정책들은 아르헨티나의 신용도 평가 등급이 하락하는 원인이 되었다'는 지문의 내용과 다릅니다.

(c) 아르헨티나의 통화가 은행 법률 제정의 결과로 더 강세를 띠기 시작했는지에 대해서는 언급되지 않았습니다.

(d) 아르헨티나의 신용도 평가 등급이 하락한 결과 투자자들이 은행에서 돈을 회수했다고 했으므로 '아르헨티나의 은행들은 붕괴를 방지할 정도의 충분한 돈을 보유할 수 있었다'는 지문의 내용과 다릅니다.

어휘 collapse[kəlǽps] 붕괴 cause[kɔːz] 야기하다, ~의 원인이 되다 major[méidʒər] 주요한 credit rating 신용도 평가 등급
agency[éidʒənsi] 기관 investor[invéstər] 투자자 put limits on 제한하다 tight[tait] 엄격한
withdrawal[wiðdrɔ́ːəl] 회수, 인출 protest[próutest] 항의 force[fɔːrs] 강요하다 resign[rizáin] 사임하다

Chapter 06 Correct 문제 (Part 3&4) **115**

READING COMPREHENSION
해커스 텝스 BASIC READING

02

As people get older, / their sense of smell / starts to deteriorate.
사람은 나이가 듦에 따라   후각이   저하하기 시작한다

In fact, / a recent study has shown / that over two-thirds of
실제로   최근의 한 조사는 보여주었다   80세 이상의 사람들 중 3분의 2가 넘는 사람들이

those aged 80 or older / have trouble with their sense of smell.
                    후각과 관련해 문제를 겪고 있다는 것을

Doctors believe that, / as people get older, / the number of
의사들은 믿는다   사람이 나이듦에 따라

nerves controlling smell receptors / declines. This has
     후각 수용기를 조절하는 신경의 수가   줄어든다고

serious health effects, / because it causes people / to eat more
이는 건강에 심각한 영향을 미친다   그것이 사람들이 ~하게 하기 때문에

sugar and salt. [d]This happens / because a weak sense of smell /
더 많은 설탕과 소금을 먹도록 이것은 발생한다   약한 후각이 ~하기 때문에

makes it hard to taste.
          맛을 알기 어렵게

사람은 나이가 듦에 따라, 후각이 저하하기 시작한다. 실제로, 최근의 한 조사는 80세 이상의 사람들 중 3분의 2가 넘는 사람들이 후각과 관련해 문제를 겪고 있다는 것을 보여주었다. 의사들은 사람이 나이듦에 따라, 후각 수용기를 조절하는 신경의 수가 줄어든다고 믿는다. 이는 사람들이 더 많은 설탕과 소금을 먹게 하기 때문에 건강에 심각한 영향을 미친다. [d]이것은 약한 후각이 맛을 알기 어렵게 하기 때문에 발생한다.

Q: Which of the following is correct according to the passage?

(a) The loss of smell increases one's appetite.

(b) Sense of smell begins to decline at age 80.

(c) The ability to taste worsens in early adulthood.

(d) Tasting gets harder with a poor sense of smell.

Q: 다음 중 지문의 내용과 일치하는 것은?

(a) 후각의 감퇴는 식욕을 증가시킨다.

(b) 후각은 80세에 저하하기 시작한다.

(c) 맛을 느끼는 능력은 성인기 초기에 나빠진다.

(d) 맛을 느끼는 것은 후각이 나빠지면 더 어려워진다.

해설 지문의 내용과 일치하는 것을 묻는 문제입니다. 보기 (d)의 키워드인 Tasting gets harder가 바뀌어 표현된 hard to taste 주변의 내용을 살펴보면 약한 후각이 맛을 알기 어렵게 한다는 것을 알 수 있습니다. 따라서 이 내용을 바르게 표현한 (d)가 정답입니다.
(a) 후각의 감퇴가 식욕을 증가시킨다는 것은 언급되지 않았습니다.
(b) 후각이 80세에 저하하기 시작한다는 것은 언급되지 않았습니다.
(c) 맛을 느끼는 능력이 성인기 초기에 나빠진다는 것은 언급되지 않았습니다.

어휘 sense of smell 후각   deteriorate[ditíːəriərèit] 저하하다   aged[éidʒd] ~살의   the number of ~의 수   nerve[nəːrv] 신경
control[kəntróul] 제어하다, 통제하다   receptor[riséptər] 수용기   decline[dikláin] 줄어들다   serious[síəriəs] 심각한
effect[ifékt] 영향, 효과   happen[hǽpən] 발생하다, 일어나다   taste[teist] 맛을 알다

03

Go Farther / with the HX3 Sports Watch, / a Trusty Companion!
더 멀리 가세요   HX3 스포츠 시계와   신뢰할 수 있는 친구

[b]**Whether you're hiking mountain trails or scuba diving,** /
당신이 등산로를 오르든 스쿠버 다이빙을 하든

the HX3 sports watch by Sheidling / has you covered!
Sheidling의 HX3 스포츠 시계는   다 갖추었습니다

The HX3 features:
HX3은 다음을 특징으로 합니다

• A built-in GPS navigation system and compass
   내장형 GPS 내비게이션 시스템과 나침반

• A thermometer and real-time weather alerts
   온도계와 실시간 날씨 경보

• [b]**A graphic display that indicates water pressure** and
         수압과 심박 수를 나타내는 그래픽 디스플레이

   heart rate

• [a]A scratch-resistant face with a durable titanium band
   튼튼한 티타늄 밴드와 긁힘 방지 표면

신뢰할 수 있는 친구, HX3 스포츠 시계와 더 멀리 가세요!

[b]당신이 등산로를 오르든 스쿠버 다이빙을 하든, Sheidling의 HX3 스포츠 시계는 다 갖추었습니다! HX3은 다음을 특징으로 합니다:
· 내장형 GPS 내비게이션 시스템과 나침반
· 온도계와 실시간 날씨 경보
· [b]수압과 심박 수를 나타내는 그래픽 디스플레이
· [a]튼튼한 티타늄 밴드와 긁힘 방지 표면
게다가, HX3 시계 밴드는 남자와 여자 모험가 모두의 편의를 맞추기 위해 조절이 가능합니다. 그리고 한정된 기간 동안, 이 최고의 고성능 시계는 Lepoire 백화점에서 독점적으로 고작 295달러에 판매하고 있습니다. 재고가 있을 때 지금 행동하세요!

What's more, / the HX3's watchband is adjustable / to
게다가　　　　　HX3의 손목 시계 밴드는 조절이 가능합니다

accommodate / both male and female adventurers. And for
편의를 맞추기 위해　　　　　남자와 여자 모험가 모두

a limited time, / this ultimate high-performance watch / is
그리고 한정된 기간 동안　　　　　이 최고의 고성능 시계는

available exclusively at Lepoire Department Store / for only
　　　　Lepoire 백화점에서 독점적으로 판매하고 있습니다　　　　고작 295달러에

$295. Act now while supplies last!
　　　재고가 있을 때 지금 행동하세요

Q: Which of the following is correct about the HX3 according to the passage?

(a) Its exterior is designed to be long-lasting.
(b) It cannot be used underwater.
(c) It has features that predict the weather.
(d) It is the third watch in Sheidling's adventure series.

Q: 다음 중 지문의 HX3에 대한 내용과 일치하는 것은?

(a) 외관이 오래 지속되도록 설계되었다.
(b) 물속에서 사용될 수 없다.
(c) 날씨를 예측하는 기능이 있다.
(d) Sheidling의 모험 시리즈 중 세 번째 시계이다.

해설　지문의 내용과 일치하는 것을 묻는 문제입니다. 보기 (a)의 키워드인 Its exterior가 바뀌어 표현된 face와 band 주변의 내용을 살펴보면 HX3 시계에 튼튼한 티타늄 밴드와 긁힘 방지 처리가 된 표면을 특징으로 한다는 것을 알 수 있습니다. 따라서 이 내용을 바르게 표현한 (a)가 정답입니다.
(b) HX3가 스쿠버 다이빙에 적합하고 수압을 알려준다고 했으므로 '물속에서 사용될 수 없다'는 지문의 내용과 다릅니다.
(c) HX3가 날씨를 예측하는 기능이 있는지는 언급되지 않았습니다.
(d) HX3가 Sheidling의 모험 시리즈 중 세 번째 시계인지는 언급되지 않았습니다.

어휘　mountain trail 등산로　feature[fí:tʃər] ~을 특징으로 하다　built-in (기계 등이) 내장된　compass[kʌ́mpəs] 나침반
thermometer[θərmámətər] 온도계　real-time 실시간의　alert[əlɔ́:rt] 경보, 알림　indicate[índikèit] 나타내다, 표시하다
heart rate 심박 수　scratch[skrǽtʃ] 긁힘, 긁힌 자국　durable[djúərəbl] 튼튼한, 오래 견디는
watchband[wátʃbænd] 손목 시계 밴드　adjustable[ədʒʌ́stəbl] 조절이 가능한
accommodate[əkámədèit] 편의를 맞추다, 편의를 도모하다　high-performance 고성능인

주제: 상대 작곡가의 작품을 비판하는 팬들 때문에 멀어진 Maurice Ravel과 Claude Debussy

04

Maurice Ravel and Claude Debussy / were the two most
Maurice Ravel과 Claude Debussy는

well-known French composers / of the early 1900s. Despite a
두 명의 가장 잘 알려진 프랑스 작곡가였다　　　1900년대 초에

long friendship, / (a)outspoken fans of each composer / publicly
오랜 우정에도 불구하고　　　　　각 작곡가의 솔직한 팬들은

criticized the other's work / and caused the two to grow apart.
상대 작곡가의 작품을 공공연하게 비판했다　　　그리고 그 둘을 멀어지게 했다

Although both composers were considered Impressionists /
비록 그 작곡가들 둘 다 인상파로 간주되었고

and shared many influences, / fans saw them differently.
그리고 많은 영향을 공유했지만　　　팬들은 그들을 다르게 보았다

(c)Fans of Debussy claimed / Ravel composed without emotion, /
Debussy의 팬들은 주장했다　　　Ravel이 감정 없이 작곡한다고

while (d)Ravel's fans claimed / Debussy's work was too chaotic.
반면에 Ravel의 팬들은 주장했다　　　Debussy의 작품이 너무 무질서하다고

Maurice Ravel과 Claude Debussy는 1900년대 초에 가장 잘 알려진 두 명의 프랑스 작곡가였다. 오랜 우정에도 불구하고, (a)각 작곡가의 솔직한 팬들은 상대 작곡가의 작품을 공공연하게 비판하였고, 그 둘을 멀어지게 했다. 비록 그 작곡가들 둘 다 인상파로 간주되었고 많은 영향을 공유했지만, 팬들은 그들을 다르게 보았다. (c)Debussy의 팬들은 Ravel이 감정 없이 작곡한다고 주장했던 반면, (d)Ravel의 팬들은 Debussy의 작품이 너무 무질서하다고 주장했다.

Q: Which of the following is correct?

(a) Musical differences caused Ravel and Debussy to grow apart.

(b) Ravel and Debussy were the ones who created Impressionism.

(c) Debussy felt Ravel needed to add emotion to his pieces.

(d) Ravel's supporters did not appreciate Debussy's music.

Q: 다음 중 지문의 내용과 일치하는 것은?

(a) 음악적 차이는 Ravel과 Debussy가 서로 멀어지는 원인이 되었다.

(b) Ravel과 Debussy는 인상주의를 창조한 사람들이었다.

(c) Debussy는 Ravel이 작품에 감정을 더해야 할 필요가 있다고 느꼈다.

(d) Ravel의 지지자들은 Debussy의 음악을 높이 평가하지 않았다.

해설　지문의 내용과 일치하는 것을 묻는 문제입니다. 보기 (d)의 키워드인 Ravel's supporters가 바뀌어 표현된 Ravel's fans 주변의 내용을 살펴보면 Ravel의 팬들이 Debussy의 작품을 너무 무질서하다고 주장했다는 것을 알 수 있습니다. 따라서 이 내용을 바르게 표현한 (d)가 정답입니다.

(a) 각 작곡가의 솔직한 팬들 때문에 그 둘의 사이가 멀어졌다고 했으므로 '음악적 차이는 Ravel과 Debussy가 서로 멀어지는 원인이 되었다'는 지문의 내용과 다릅니다.

(b) Ravel과 Debussy가 인상주의를 창조한 사람들이었는지는 언급되지 않았습니다.

(c) Debussy의 팬들이 Ravel이 감정 없이 작곡한다고 주장했다고 했으므로 'Debussy는 Ravel이 작품에 감정을 더해야 할 필요가 있다고 느꼈다'는 지문의 내용과 다릅니다.

어휘　composer[kəmpóuzər] 작곡가　friendship[fréndʃip] 우정　outspoken[àutspóukən] 솔직한, 노골적인
publicly[pʌ́blikli] 공공연하게　criticize[krítəsàiz] 비판하다　consider[kənsídər] 간주하다, 여기다
impressionist[impréʃənist] 인상파　share[ʃɛər] 공유하다　claim[kleim] 주장하다　compose[kəmpóuz] 작곡하다
emotion[imóuʃən] 감정　chaotic[keiátik] 무질서한, 혼돈의　supporter[səpɔ́ːrtər] 지지자
appreciate[əpríːʃièit] 높이 평가하다, 진가를 인정하다

05

Many people are starting to question / whether government
많은 사람들이 이의를 제기하기 시작하고 있다　정부의 세금이 ~인 것은 아닌지

taxes / on unhealthy products / are too high. For instance, /
건강에 해로운 식품에 대한　너무 높은 것은　예를 들어

in Canada, / taxes make up nearly 70 percent / of the total price
캐나다에서는　세금이 거의 70퍼센트를 차지한다　담배 상품의 총액의

of tobacco products. Officials say / the taxes pay the cost of
공무원들은 말한다　그 세금이 공공 보건 치료 비용을 지불한다고

public health treatment / resulting from smoking-related
흡연과 연관된 질병들로부터 기인하는

illnesses. Using similar reasoning, / (c)some countries are
비슷한 논법을 사용하여　몇몇 국가는 세금을 제안하고 있다

proposing a tax / on sugary sodas. This is because / (d)higher
설탕이 함유된 소다수에 대한　이것은 때문이다

obesity and diabetes rates / are linked to high soda
높은 비만 및 당뇨병 발병률이　높은 소다수 소비와 연관되어 있기

consumption.

많은 사람들이 건강에 해로운 식품에 대한 정부 세금이 너무 높은 것은 아닌지 이의를 제기하기 시작하고 있다. 예를 들어, 캐나다에서는 세금이 담배 상품 총액의 거의 70퍼센트를 차지한다. 공무원들은 그 세금이 흡연과 연관된 질병들로부터 기인하는 공공 보건 치료 비용을 지불한다고 주장한다. 비슷한 논법을 사용하여, (c)몇몇 국가는 설탕이 함유된 소다수에 대한 세금을 제안하고 있다. 이것은 (d)높은 비만 및 당뇨병 발병률이 높은 소다수 소비와 연관되어 있기 때문이다.

Q: Which of the following is correct according to the passage?

(a) Governments are trying to make health care cheaper.

(b) Canada is the only country that heavily taxes tobacco.

(c) A tax on sugar-containing products has been passed.

(d) Soda is a contributor to cases of obesity and diabetes.

Q: 다음 중 지문의 내용과 일치하는 것은?

(a) 정부들은 의료 보험료를 더 저렴하게 만들기 위해 노력하고 있다.

(b) 캐나다는 담배에 과중하게 세금을 부과하는 유일한 국가이다.

(c) 설탕을 함유한 상품에 대한 세법이 통과되었다.

(d) 소다수는 비만과 당뇨병 발병의 원인이 된다.

해설　지문의 내용과 일치하는 것을 묻는 문제입니다. 보기 (d)의 키워드인 obesity and diabetes가 그대로 언급된 obesity and diabetes rates 주변의 내용을 살펴보면 높은 비만 및 당뇨병 발병률이 높은 소다수 소비와 연관되어 있다는 것을 알 수 있습니다. 따라서 이 내용

을 바르게 표현한 (d)가 정답입니다.

(a) 정부들이 의료 보험료를 더 저렴하게 만들기 위해 노력하고 있다는 것은 언급되지 않았습니다.

(b) 캐나다가 담배에 과중하게 세금을 부과하는 유일한 국가라는 것은 언급되지 않았습니다.

(c) 몇몇 국가가 설탕이 함유된 소다수에 대한 세금을 제안하고 있다고 했으므로 '설탕을 함유한 상품에 대한 세법이 통과되었다'는 지문의 내용과 다릅니다.

어휘 **question**[kwéstʃən] 이의를 제기하다 **government**[gʌ́vərnmənt] 정부 **tax**[tæks] 세금 **tobacco**[təbǽkou] 담배
official[əfíʃəl] 공무원 **treatment**[tríːtmənt] 치료 **illness**[ílnis] 질병 **reasoning**[ríːzəniŋ] 논법; 추론
propose[prəpóuz] 제안하다 **sugary**[ʃúgəri] 설탕으로 된, 설탕의 **soda**[sóudə] 소다수 **obesity**[oubíːsəti] 비만
diabetes[dàiəbíːtiːz] 당뇨병 **consumption**[kənsʌ́mpʃən] 소비

주제: 단체 여행을 함께할 것을 제안

06 ~ 07

David   2:11 p.m.

Hey Sally!
안녕 Sally

How's it going? [07-(a)]I was disappointed / that you weren't at
어떻게 지내   나는 실망했어   네가 회사 만찬에 없어서

the company dinner / last Friday. The steakhouse we went
지난주 금요일   우리가 간 스테이크 집은

to / was amazing. I heard that you had a very bad cold. How
정말 멋졌어   나는 네가 정말 심한 감기에 걸렸다고 들었어

are you feeling? [06]Anyway, / some coworkers and I decided /
좀 어때   그건 그렇고   동료 몇 명과 나는 결정했어

to take a day trip to the coast / next week. Would you like to
해변으로 당일치기 여행을 가기로   다음 주에   너도 함께할래

join? It should be sunny that day. [07-(d)]Plus, / I'd like to tell you
그날은 날씨가 화창할 거야   게다가 내 생각을 너에게 말해주고 싶어

my thoughts / about devising a new vacuum cleaner.
새로운 진공청소기를 만드는 것에 대한

Sally   2:31 p.m.

Hi, David.
안녕 David

Yeah, I heard that everyone had a great time / at the dinner
응   모두가 좋은 시간을 보냈다고 들었어   지난주 만찬에서

last week. I'm feeling better now / because I've been taking
난 지금은 훨씬 괜찮아   약을 먹고 있어서

medication. [06]Going to the coast / sounds like fun. Actually, /
해변에 가는 것   재미있겠다   사실

I haven't been to the beach / in ages, / so I'm really looking
난 해변에 간 적이 없어   오랫동안   그래서 정말 기대 돼

forward to it. [07-(d)]And we can talk about your product ideas then.
그리고 그때 너의 제품 아이디어에 관해서도 얘기하면 되겠다

David   오후 2:11

안녕 Sally!

어떻게 지내? [07-(a)]나는 지난주 금요일 회사 만찬에 네가 없어서 실망했어. 우리가 간 스테이크 집은 정말 멋졌어. 나는 네가 정말 심한 감기에 걸렸다고 들었어. 좀 어때? [06]그건 그렇고, 동료 몇 명과 나는 다음 주에 해변으로 당일치기 여행을 가기로 결정했어. 너도 함께할래? 그날은 날씨가 화창할 거야. [07-(d)]게다가, 새로운 진공청소기를 만드는 것에 대한 내 생각을 너에게 말해주고 싶어.

Sally   오후 2:31

안녕, David.

응, 지난주 만찬에서 모두가 좋은 시간을 보냈다고 들었어. 난 약을 먹고 있어서 지금은 훨씬 괜찮아. [06]해변에 가는 것은 재미있겠다. 사실, 난 오랫동안 해변에 간 적이 없어서 정말 기대 돼. [07-(d)]그리고 그때 너의 제품 아이디어에 관해서도 얘기하면 되겠다.

06. Q: What is the main topic of the chat messages?

(a) A change in location for an upcoming company dinner

(b) A plan to take a group trip to the seashore

(c) Some menu items served at a restaurant on a seasonal basis

(d) A medical professional's advice for recovering from an illness

06. Q: 대화 메시지의 주제는 무엇인가?

(a) 곧 있을 회사 만찬 장소의 변경

(b) 해변으로 단체 여행을 가기 위한 계획

(c) 식당에서 제공되는 몇몇 계절별 메뉴

(d) 질병 회복을 위한 의학 전문가의 충고

07. Q: What is correct about David according to the chat messsages?

(a) He was unable to attend a recent work gathering.

(b) He owns some property next to a popular resort.

ⓒ He is thinking about creating a new electrical appliance.

(d) He has not used any of his vacation time this year.

07. Q: 대화 메시지에 따르면 David에 대해 일치하는 것은 무엇인가?

(a) 최근 직장 모임에 참석할 수 없었다.

(b) 인기 있는 리조트 옆에 있는 일부 부동산을 소유하고 있다.

ⓒ 새로운 전기 기구 제작에 대해 생각 중이다.

(d) 올해 휴가를 하나도 쓰지 않았다.

해설 06. 대화의 주제를 묻는 문제입니다. 대화에서 David은 동료들과 해변으로 가는 당일치기 여행에 Sally도 동참할 것을 요청하였고 Sally 도 해변으로 가는 것이 기대된다고 대답하고 있습니다. 따라서 '해변으로 단체 여행을 가기 위한 계획'이라는 내용의 (b)가 정답입니다.

07. 대화의 내용과 일치하는 것을 묻는 문제입니다. 보기 (c)의 키워드인 creating a new electrical appliance가 바뀌어 표현된 devising a new vacuum cleaner 주변의 내용을 살펴보면 David은 새로운 전기 기구인 청소기를 만드는 것을 생각한다는 것을 알 수 있습니다. 따라서 이 내용을 바르게 표현한 (c)가 정답입니다.

(a) David이 회사 만찬에 Sally가 없어서 실망했다고 하였고, 회사 만찬으로 간 스테이크집이 멋졌다고 하였으므로 '최근 직장 모임에 참석할 수 없었다'는 지문의 내용과 다릅니다.

(b) David이 인기 있는 리조트 옆에 있는 일부 부동산을 소유하고 있는지는 언급되지 않았습니다.

(d) David이 올해 휴가를 하나도 쓰지 않았는지는 언급되지 않았습니다.

어휘 coworker[kóuwə̀:rkər] 동료 day trip 당일치기 여행 coast[koust] 해안 devise[diváiz] 만들다, 고안하다 vacuum cleaner 진공청소기 take medication 약을 먹다 seasonal[síːzənl] 계절에 따른 property[prápərti] 부동산, 재산 appliance[əpláiəns] (가정용) 기구, 기기

CHAPTER 07 추론 문제(Part 3&4)

HACKERS PRACTICE

01 ①	02 ①	03 ②	04 (a)	05 (b)	06 (a)	07 (b)	08 (a)

01

The medical profession / should change the rules /
전문 의료진들은 　　　 그 규정을 바꾸어야 한다

that are in use / to prevent unnecessary casualties.
일반적으로 행해지고 있는 　 불필요한 사상자가 발생하는 것을 막기 위해

전문 의료진들은 불필요한 사상자가 발생하는 것을 막기 위해 일반적으로 행해지고 있는 그 규정을 바꾸어야 한다.

어휘 profession[prəféʃən] 전문직 rule[ruːl] 규정 in use (일반적으로) 행해지고 있는 casualty[kǽʒuəlti] 사상자, 피해자

02

Winemakers value / the grapes / that noble rot has affected.
포도주 양조업자들은 높이 평가한다 　 포도를 　　 귀부병에 감염된

포도주 양조업자들은 귀부병에 감염된 포도를 높이 평가한다.

어휘 value[vǽljuː] 높이 평가하다 noble rot 귀부병 affect[əfékt] (병이 사람·신체 부위를) 침범하다

03

Its name / comes from the name of the town / where company
그것의 명칭은 　　 마을의 이름에서 비롯되었다

founder Fredrik Idestam opened a paper mill.
회사의 설립자인 Fredrik Idestam이 제지 공장을 열었던

그것의 명칭은 회사의 설립자인 Fredrik Idestam이 제지 공장을 열었던 마을의 이름에서 비롯되었다.

어휘 founder[fáundər] 설립자, 창시자 paper mill 제지 공장

04

Ancient societies used sticks / to clean their teeth. Later, in the
고대 사회에서는 막대기를 사용했다   이를 닦기 위해   그 후 1400년대에

1400s, / people living in China / developed the first toothbrush /
중국에 살던 사람들이   최초의 칫솔을 개발했다

using pig hair. Pig hair was rough, / though, / and scratched
돼지의 털을 이용해   돼지의 털은 거칠었다   그러나

people's teeth. The first toothbrush using nylon was made /
그래서 사람들의 이에 흠집을 내었다   나일론을 이용한 최초의 칫솔은 제작되었다

in 1938. It became popular / because it hurt teeth less.
1938년에   그것은 인기를 얻었다   그것은 이를 덜 손상시켰기 때문에

Q: What can be inferred from the passage?

ⓐ Nylon toothbrushes are softer than ones made of pig hair.
(b) People in modern societies clean their teeth less often.

고대 사회에서는 이를 닦기 위해 막대기를 사용했다. 그 후 1400년대에 중국에 살던 사람들이 돼지의 털을 이용해 최초의 칫솔을 개발했다. 그러나, 돼지의 털은 거칠어서 사람들의 이에 흠집을 내었다. 나일론을 이용한 최초의 칫솔은 1938년에 제작되었다. 그 칫솔은 이를 덜 손상시켰기 때문에 인기를 얻었다.

Q: 지문에서 추론할 수 있는 것은 무엇인가?

ⓐ 나일론 칫솔은 돼지의 털로 만든 칫솔보다 부드럽다.
(b) 현대 사회의 사람들은 그들의 치아를 덜 자주 닦는다.

해설 지문에서 추론할 수 있는 것을 묻는 문제입니다. 지문에서 돼지의 털은 거칠어서 이에 흠집을 내었고, 나일론 칫솔은 이를 덜 손상시켰기 때문에 인기를 얻었다고 설명하고 있습니다. 이를 통해 나일론 칫솔이 돼지의 털로 만든 칫솔보다 부드럽다는 것을 추론할 수 있으므로 (a)가 정답입니다.
(b) 지문에 현대 사회 사람들이 치아를 덜 자주 닦는지에 대해서는 언급되지 않았습니다.

어휘 ancient[éinʃənt] 고대의 society[səsáiəti] 사회 stick[stik] 막대기, 나뭇가지 clean one's teeth 이를 닦다 hair[hɛər] 털
rough[rʌf] 거친, 울퉁불퉁한 scratch[skrætʃ] 흠집을 내다, 할퀴다 nylon[náilɑn] 나일론

05

Golf courses can have an impact / on the environment where
골프장은 영향을 줄 수 있다   그것이 위치한 환경에

they are located. To maintain the grass, / dangerous amounts
잔디를 유지하기 위해서

of fertilizers are used. Excessive watering / also lowers
위험한 양의 화학 비료가 사용된다   지나친 급수는   또한 양을 낮춘다

the amount / of locally available water. Although few
지역에서 이용 가능한 물의

people regularly play golf, / everyone must live with the effects /
골프를 정기적으로 치는 사람은 극소수임에도 불구하고   모두가 결과를 감수해야 한다

of chemical and water usage / on golf courses.
화학 물질과 물 사용에 대한   골프장에서의

Q: Which opinion is the writer most likely to agree with?

(a) The rich are responsible for environmental problems.
ⓑ Golf course maintenance harms the environment.

골프장은 그것이 위치한 환경에 영향을 줄 수 있다. 잔디를 유지하기 위해서, 위험한 양의 화학 비료가 사용된다. 지나친 급수는 지역에서 이용 가능한 물의 양도 낮춘다. 골프를 정기적으로 치는 사람은 극소수임에도 불구하고, 골프장에서의 화학 물질과 물 사용에 대한 결과는 모두가 감수해야 한다.

Q: 글쓴이가 가장 동의할 것 같은 의견은 무엇인가?

(a) 부자들은 환경 문제에 책임이 있다.
ⓑ 골프장을 유지하는 데는 환경 훼손이 따른다.

해설 글쓴이가 가장 동의할 것 같은 의견을 추론하는 문제입니다. 지문에서 골프장은 그것이 위치한 환경에 영향을 줄 수 있다고 하면서 위험한 양의 화학 비료와 지나친 물 사용과 같이 주변 환경에 미치는 부정적인 영향에 대해서 설명하고 있습니다. 이를 통해 골프장을 유지하는 데는 환경 훼손이 따른다는 사실을 추론할 수 있으므로 (b)가 정답입니다.

어휘 have an impact on ~에 영향을 주다 environment[inváiərənmənt] 환경 maintain[meintéin] 유지하다, 정비하다
fertilizer[fə́ːrtəlàizər] 화학 비료, 비료 excessive[iksésiv] 지나친, 과도의 watering[wɔ́ːtəriŋ] 급수 amount[əmáunt] 양, 액
live with 감수하다 effect[ifékt] 결과, 영향 chemical[kémikəl] 화학 물질, 화학 약품 usage[júːsidʒ] 사용, 사용량

READING COMPREHENSION

해커스 탭스 BASIC READING

06

In any major city, / you can find a variety of big and small
어떤 대도시에서라도   당신은 다양한 크고 작은 영화관을 찾아볼 수 있다

cinemas. Despite having so many choices, / a majority of
정말 많은 선택의 기회가 있음에도 불구하고   자주 영화 보러 가는 사람들의 대다수가

moviegoers / go to large cinemas / to catch the latest
대형 영화관에 간다   최신 할리우드 영화를 보기 위해

Hollywood films. They miss out / on the interesting foreign and
그들은 놓친다   흥미로운 외국 영화와 독립 영화를

independent films / that are found at small art houses. These
소규모 예술 극장에서 찾을 수 있는

art house films have many qualities / that make them unique.
이러한 예술 극장 영화들은 많은 특성을 가지고 있다   그것들을 독특하게 만들어 주는

Q: What would most likely be discussed next?

ⓐ Characteristics of movies shown at small theaters

(b) The reason for the appeal of Hollywood films

어떤 대도시를 가더라도, 당신은 크고 작은 다양한 영화관을 찾아볼 수 있다. 정말 많은 선택의 기회가 있음에도 불구하고, 자주 영화 보러 가는 사람들의 대다수가 최신 할리우드 영화를 보기 위해 대형 영화관에 간다. 그들은 소규모 예술 극장에서 찾을 수 있는 흥미로운 외국 영화와 독립 영화를 놓친다. 이러한 예술 극장 영화들은 독특한 특성이 많다.

Q: 다음에 논의될 것 같은 내용은 무엇인가?

ⓐ 소규모 영화관에서 상영되는 영화의 특징

(b) 할리우드 영화가 흥미를 끄는 이유

해설 다음에 이어질 내용을 추론하는 문제입니다. 지문에서 소규모 예술 극장에서 찾을 수 있는 외국 영화와 독립 영화에 대해 언급하면서 이러한 영화들은 독특한 특성이 많다고 설명하고 있습니다. 이를 통해 다음에 소규모 영화관에서 상영되는 영화의 특징에 대해 논의할 것임을 추론할 수 있으므로 (a)가 정답입니다.
(b) 지문에 할리우드 영화가 흥미를 끄는 이유는 언급되지 않았습니다.

어휘 **cinema**[sínəmə] 영화관; 영화 **choice**[tʃɔis] 선택의 기회 **majority**[mədʒɔ́:rəti] 대다수
moviegoer[mú:vigòuər] 자주 영화 보러 가는 사람 **catch**[kætʃ] (연극, 영화 등을) 보다 **latest**[léitist] 최신의 **film**[film] 영화
art house 예술 극장(예술 영화, 실험 영화를 주로 상영하는 극장) **quality**[kwáləti] 특성, 특질

07

Every year, / the Chinese Olympic program recruits / hundreds
매년   중국 올림픽 프로그램은 모집한다

of children. Parents who allow their children to leave home /
수백 명의 아이들을   자식이 출가하도록 허락하는 부모들은

for training / receive a monthly payment / from the government.
훈련을 위해   매월 돈을 받는다   정부로부터 .

These children focus on their given sport / up to 10 hours a
이런 아이들은 주어진 운동에 집중한다   하루 10시간까지

day, / so a school education is not a top priority. Only a few of
그래서 학교 교육은 최우선 순위가 아니다   이 아이들 중 몇 명만이

these children / will go on to achieve success, / either at the
성공하게 된다

national level or in the Olympics. The rest are forced to return /
전국 규모 대회나 올림픽에서   나머지 아이들은 돌아가야 한다

to their hometowns.
그들의 고향으로

Q: What can be inferred from the passage?

(a) Children involved in Olympic training enjoy their lifestyles.

ⓑ Only the best athletes continue in the training program.

매년, 중국 올림픽 프로그램은 수백 명의 아이들을 모집한다. 훈련을 위해 자식이 출가하도록 허락하는 부모들은 정부로부터 매월 돈을 받는다. 이런 아이들은 하루 10시간까지 주어진 운동에 집중하기 때문에, 학교 교육은 최우선 순위가 아니다. 이 아이들 중 몇 명만이 전국 규모 대회나 올림픽에서 성공하게 된다. 나머지 아이들은 고향으로 돌아가야 한다.

Q: 지문에서 추론할 수 있는 것은 무엇인가?

(a) 올림픽 훈련을 받는 아이들은 그들의 생활 방식을 즐긴다.

ⓑ 가장 우수한 운동 선수들만이 훈련 프로그램을 계속한다.

해설 지문에서 추론할 수 있는 것을 묻는 문제입니다. 지문에서 중국 올림픽 프로그램에 참가한 아이들 중 성공한 몇 명을 제외한 나머지 아이들은 고향으로 돌아가야 한다고 설명하고 있습니다. 이를 통해 가장 우수한 선수들만이 훈련 프로그램을 계속한다는 것을 추론할 수 있으므로 (b)가 정답입니다.

(a) 지문을 통해 아이들이 하루 **10**시간까지 훈련 받는다는 것만 알 수 있을 뿐, 올림픽 훈련을 받는 아이들이 그들의 생활 방식을 즐기는지의 여부는 추론할 수 없습니다.

어휘 **recruit**[rikrú:t] 모집하다　**training**[tréiniŋ] 훈련; 연습　**payment**[péimənt] 임금, 급료　**government**[gʌ́vərnmənt] 정부
focus on ~에 집중하다　**up to** ~까지　**hometown**[hóumtàun] 고향　**involve in** ~에 참가시키다　**lifestyle**[láifstàil] 생활 방식
athlete[ǽθli:t] 운동 선수　**continue**[kəntínju:] 계속하다

주제: Nokia사의 휴대 전화 회사로의 변화 과정

08

Nokia, / once a leading manufacturer of cellular telephones, / Nokia사는　　　한때 휴대 전화의 선도적 제조업체인 is the most famous company in Finland. Its name / comes 　핀란드에서 가장 유명한 회사이다　　　그것의 명칭은 from the name of the town / where company founder 　마을의 이름에서 비롯된 것이다 Fredrik Idestam opened a paper mill. The company diversified / 회사 설립자인 Fredrik Idestam이 제지 공장을 열었던　　회사는 사업을 다각화했다 and started making rubber in the town / as well. Then in the 　그리고 그 마을에서 고무를 만들기 시작했다　　또한　　그 후 1970년대에 1970s, / the company began developing cell phones. 　　회사는 휴대 전화를 개발하기 시작했다 Its rapid success in this field / led the company to focus only 　이 분야에서 빠른 성공은　　　회사가 전화기에만 집중하도록 이끌었다 on phones. It sold off / its other, unrelated businesses. 　　그것은 헐값에 매각했다　그 회사의 다른 관계 없는 사업들을 Q: What can be inferred about Nokia from the passage? ⓐ It no longer operates the paper mill in the town of Nokia. (b) Its paper and rubber factories were unable to make a 　　profit.	한때 휴대 전화의 선도적 제조업체인 Nokia사는 핀란드에서 가장 유명한 회사이다. 그것의 명칭은 회사 설립자인 Fredrik Idestam이 제지 공장을 열었던 마을의 이름에서 비롯되었다. 회사는 사업을 다각화했으며 그 마을에서 고무도 만들기 시작했다. 그 후 1970년대에 그 회사는 휴대 전화를 개발하기 시작했다. 이 분야에서 빠른 성공을 이루자 회사는 휴대 전화에만 집중했다. 회사는 휴대 전화와 관계 없는 다른 사업들을 헐값에 매각했다. Q: 지문에서 Nokia사에 대하여 추론할 수 있는 것은 무엇인가? ⓐ 더 이상 Nokia라는 마을에서 제지 공장을 가동하지 않는다. (b) 제지 공장과 고무 공장은 이윤을 남기지 못했다.

해설 Nokia사에 대해 추론할 수 있는 것을 묻는 문제입니다. 지문에서 Nokia라는 회사가 처음에는 제지 공장을 운영하기도 하고, 고무를 만들기도 했으나 휴대 전화 분야에서 빠른 성공을 거두자 다른 사업들을 매각했다고 설명하고 있습니다. 이를 통해 현재 더 이상 Nokia라는 마을에서 제지 공장을 가동하지 않는다는 것을 추론할 수 있으므로 (a)가 정답입니다.

(b) 지문을 통해 휴대 전화 분야에서 Nokia가 빠른 성장을 거두어 이외의 사업을 매각했다는 사실만 알 수 있을 뿐, 제지 공장과 고무 공장이 이윤을 남기지 못했다는 것은 추론할 수 없습니다.

어휘 **leader**[lí:dər] 선도, 지도자　**manufacture**[mæ̀njufǽktʃər] 제조하다, 제작하다　**famous**[féiməs] 유명한
founder[fáundər] 설립자, 창시자　**paper mill** 제지공장　**diversify**[daivə́:rsəfài] (기업이) 다각화하다　**rubber**[rʌ́bər] 고무
rapid[rǽpid] 빠른, 신속한　**field**[fi:ld] 분야　**sell off** 헐값에 팔다　**unrelated**[ʌ̀nriléitid] 관계가 없는

HACKERS TEST

p. 256

01 (a)	**02** (a)	**03** (a)	**04** (c)	**05** (c)	**06** (d)	**07** (b)

주제: 귀부병의 발견과 귀부병이 포도에 미치는 영향

01

Noble rot is an infection / on the skin of damp wine grapes / 귀부병은 감염증이다　　　습기 찬 포도주용 포도 껍질에 생기는 caused by the Botrytis fungus. Surprisingly, / winemakers value / 　Botrytis균에 의해　　　놀랍게도　　포도주 양조업자들은 높이 평가한다 the grapes / that noble rot has affected / because they have a 　포도를　　　귀부병에 감염된	귀부병은 Botrytis균에 의해 습기 찬 포도주용 포도의 껍질에 생기는 감염증이다. 놀랍게도, 포도주 양조업자들은 달콤하며 미묘한 맛을 내기 때문에 귀부병에 감염된 포도를 높이 평가한다. 귀부병에 감염된 포도는 어떤 독일 포도주 양조업자들이 너무 오래

sweet and complex flavor. They were first used / when some
달콤하며 미묘한 맛을 내기 때문에   감염된 포도는 처음으로 이용되었다

German winemakers waited too long / to pick their grapes in
어떤 독일의 포도주 양조업자들이 너무 오래 기다렸을 때   습기 찬 상태에 있는 포도를 따게 되어

moist conditions. The grapes were covered in the fungus, /
                   포도는 균에 뒤덮여 있었다

but once dried out / they made more delicious wine.
그러나 일단 건조시켰더니   포도는 더 맛 좋은 포도주를 만들어 냈다

Nowadays, / winemakers in Australia and California import
오늘날   호주와 캘리포니아의 포도주 양조업자들은 Botrytis를 수입한다

Botrytis / to create sweet dessert wines.
           달콤한 후식용 포도주를 만들기 위해

Q: What can be inferred from the passage?

ⓐ Some winemakers intentionally cause noble rot.
(b) Noble rot destroys food crops other than grapes.
(c) Noble rot only affects certain varieties of wine grape.
(d) The most expensive wines use grapes with noble rot.

기다린 나머지 습기 찬 상태의 포도를 따게 되었을 때 처음으로 이용되었다. 포도는 균으로 뒤덮여 있었으나, 일단 건조시켰더니 더 맛 좋은 포도주를 만들어 냈다. 오늘날, 호주와 캘리포니아의 포도주 양조업자들은 달콤한 후식용 포도주를 만들기 위해 Botrytis를 수입한다.

Q: 지문에서 추론할 수 있는 것은 무엇인가?

ⓐ 어떤 포도주 양조업자들은 의도적으로 귀부병을 유발한다.
(b) 귀부병은 포도 이외의 다른 식용작물을 파괴한다.
(c) 귀부병은 포도주용 포도의 특정 품종에만 영향을 미친다.
(d) 가장 비싼 포노주는 귀부병에 감염된 포도를 사용한다.

해설 지문에서 추론할 수 있는 것을 묻는 문제입니다. 지문에서 오늘날 호주와 캘리포니아의 포도주 양조업자들이 달콤한 후식용 포도주를 만들기 위해 포도에 귀부병을 일으키는 Botrytis를 수입하기도 한다고 설명하고 있습니다. 이를 통해 어떤 포도주 양조업자들은 의도적으로 귀부병을 유발한다는 것을 추론할 수 있으므로 (a)가 정답입니다.
(b) 지문을 통해 귀부병이 습기 찬 포도주용 포도의 껍질에 생긴다는 것을 알 수 있을 뿐, 포도 이외의 다른 식용작물을 파괴한다는 것은 추론할 수 없습니다.

어휘 noble rot 귀부병 infection[infékʃən] 감염증, 감염 skin[skin] 껍질; 피부 damp[dæmp] 습기 찬, 축축한
fungus[fʌ́ŋgəs] 균, 진균류 value[vǽljuː] ~을 높이 평가하다 affect[əfékt] (병이 사람 신체 부위를) 침범하다; ~에 영향을 미치다
flavor[fléivər] 맛, 풍미 moist[mɔist] 습한, 축축한 dry out (완전히) 건조하다, 말리다 delicious[dilíʃəs] 맛 좋은
import[impɔ́ːrt] 수입하다 crop[krɑp] 농작물

주제: 비만도 측정에 적합하지 않은 체질량 지수

02

In recent years, / body mass index has become a common way /
최근 몇 년간   체질량 지수는 일반적인 수단이 되었다

to determine obesity, / although it is far from accurate.
비만 여부를 결정하는   정확한 것과는 거리가 멀지만

BMI is calculated / by dividing someone's weight / by the
체질량 지수는 계산된다   어떤 사람의 체중을 나눔으로써

square of their height. This figure is used by doctors / to assess
신장의 제곱으로   이 수치는 의사에 의해 사용된다

health risks. Insurance companies also use it / to determine
건강 위험도를 평가하기 위해   보험 회사도 이것을 사용한다   보험료를 결정하기 위해

their rates. However, / the BMI calculation inflates / the scores
그러나   체질량 지수 계산은 부풀게 한다

of individuals / who have large amounts of muscle mass, /
개인의 점수를   다량의 근육량을 가진

like athletes and young people. This is because muscle is
운동선수나 젊은 사람들과 같이   이는 근육이 지방보다 무겁기 때문이다

heavier than fat.

최근 몇 년간, 정확성과는 거리가 멀지만 체질량 지수는 비만 여부를 결정하는 일반적인 수단이 되었다. 체질량 지수는 어떤 사람의 체중을 신장의 제곱으로 나누어서 구한다. 의사는 건강 위험도를 평가하기 위해 이 수치를 사용한다. 보험 회사도 보험료를 결정하기 위해 이 수치를 사용한다. 그러나, 체질량 지수 계산은 운동선수나 젊은 사람들과 같이 근육량이 많은 사람들의 점수를 부풀린다. 이는 근육이 지방보다 무겁기 때문이다.

Q: What can be inferred about BMI according to the passage?

(a) It can falsely detect obesity in some groups.
(b) It assumes that short people are generally obese.
(c) It is a statistic created to assess muscle mass.
(d) It has been increasing among the general population.

Q: 지문에 따르면 체질량 지수에 대하여 추론할 수 있는 것은 무엇인가?

(a) 어떤 집단들을 비만으로 잘못 탐지할 수 있다.
(b) 키가 작은 사람들을 대체로 비만으로 추정한다.
(c) 근육량을 평가하기 위해 제작된 통계값이다.
(d) 인구 전반에서 증가하는 추세이다.

해설 지문에서 추론할 수 있는 것을 묻는 문제입니다. 지문에서 운동 선수나 젊은 사람들처럼 근육량이 많은 사람들의 경우에 체질량 지수가 부풀려질 수 있다고 언급하고 있습니다. 이를 통해 어떤 집단들을 비만으로 잘못 탐지할 수 있음을 추론할 수 있으므로 (a)가 정답입니다.

(c) 지문을 통해 체질량 지수가 비만 여부를 결정하기 위한 수단이라는 것은 알 수 있지만, 근육량을 평가하기 위해 제작되었다는 것은 추론할 수 없습니다.

(d) 지문을 통해 체질량 지수가 인구 전반에서 증가하는 추세인지는 추론할 수 없습니다.

어휘 body mass index(BMI) 체질량 지수 determine[ditɔ́:rmin] 결정하다, 측정하다 obesity[oubí:səti] 비만
far from 조금도 ~않은 accurate[ǽkjurət] 정확한, 정밀한 calculate[kǽlkjulèit] 계산하다, 추산하다
divide A by B A를 B로 나누다 weight[weit] 체중 square[skwɛər] 제곱 height[hait] 신장, 높이 assess[əsés] 평가하다
insurance[inʃú:ərəns] 보험 inflate[infléit] 부풀게 하다 individual[ìndəvídʒuəl] 개인 muscle[mʌ́sl] 근육
mass[mæs] 용적, 부피 fat[fæt] 지방 falsely[fɔ́:lsli] 잘못하여; 거짓으로 detect[ditékt] 탐지하다
assume[əsú:m] 추정하다, 가정하다 generally[dʒénərəli] 대체로, 일반적으로 statistic[stətístik] 통계값, 통계량

주제: 현 병원의 혈액 비축 시스템 변경의 필요성

03

The recent earthquake in our country / highlighted the shortage
우리 나라에서 일어난 최근의 지진은

of blood our hospitals face. The current policy / is to keep a
국내 병원들이 당면한 혈액 부족을 부각시켰다   현재의 방침은

small supply of blood on hand. I thought hospitals were
수중에 소량의 혈액을 비축하는 것이다   나는 병원이 잘못되었다고 생각했다

misguided / in trying to solicit blood donations / during the
헌혈을 권유하려고 애쓰는 것은   재해가 일어나는 동안

disaster. It takes around two days / for donated blood to be
약 이틀이 걸린다   기증된 피를 사용할 수 있도록 준비하는 데는

prepared for use. Most victims need to be treated / in the
대부분의 피해자들은 치료되어야 한다

hours immediately after a disaster, / however. The medical
재해가 일어난 뒤 바로 몇 시간 안에   그러나   전문 의료진들은

profession / should change the rules / that are in use /
그 규정을 바꾸어야 한다   일반적으로 행해지고 있는

to prevent unnecessary casualties.
불필요한 사상자가 발생하는 것을 막기 위해

우리 나라에서 최근에 일어난 지진은 국내 병원들이 당면한 혈액 부족을 부각시켰다. 현재의 방침은 수중에 소량의 혈액을 비축하는 것이다. 나는 병원에서 재해가 일어나는 동안 헌혈을 권유하려고 애쓰는 것은 잘못되었다고 생각했다. 기증된 피를 사용할 수 있도록 준비하는 데는 약 이틀이 걸린다. 그러나, 대부분의 피해자들은 재해가 일어난 뒤 바로 몇 시간 안에 치료되어야 한다. 전문 의료진들은 불필요한 사상자가 발생하는 것을 막기 위해 일반적으로 행해지고 있는 그 규정을 바꾸어야 한다.

Q: Which of the following statement is the writer most likely to agree with?

(a) More blood needs to be collected on a regular basis.
(b) People do not donate enough blood when there's a disaster.
(c) Hospitals should hire more employees in case of disasters.
(d) Doctors should treat disaster victims over a longer period.

Q: 다음 중 글쓴이가 가장 동의할 것 같은 내용은 무엇인가?

(a) 더 많은 혈액이 정기적으로 모아져야 한다.
(b) 재난이 발생하면 사람들은 헌혈을 충분히 하지 않는다.
(c) 병원은 재난에 대비하여 더 많은 직원을 고용해야 한다.
(d) 의사는 재난 피해자를 더 오랜 기간 동안 치료해 주어야 한다.

해설 글쓴이가 동의할 것 같은 의견을 묻는 문제입니다. 지문에서 국내 병원들이 재해가 일어나는 동안 헌혈을 권유하는 통례에 대해 밝히면서 불필요한 사상자를 막기 위해 이러한 일반적으로 행해지는 규정을 바꾸어야 한다고 비판하고 있습니다. 이를 통해 글쓴이가 더 많은 혈액이 정기적으로 모아져야 한다고 주장하고 있음을 추론할 수 있으므로 (a)가 정답입니다.

어휘 earthquake[ɔ́:rθkwèik] 지진 highlight[háilàit] 두드러지게 하다 shortage[ʃɔ́:rtidʒ] 부족, 결핍 face[feis] 당면하다, 직시하다

policy[páləsi] 방침; 정책 supply[sʌ́pli] 양, 재고품, 비축물자 on hand 수중에 victim[víktim] 피해자, 희생자
treat[triːt] 치료하다 in use 일반적으로 행하여 지고 있는; 쓰이고 있는 casualties (사고로 인한) 사상자 in case of ~에 대비하여

주제: 사고의 원인이 된 매트 회수령

04

Gamelan Automotive has issued a recall / of floor mats in all 　　Gamelan Automotive사는 회수령을 내렸다　　모든 세단형 자동차의 바닥 매트의 its sedans / manufactured since 2006. The mats are believed / 　2006년 이래로 제조된　　　그 매트는 여겨진다 to have caused several crashes. Company officials say / a 　몇몇 충돌 사고를 일으켰다고　　회사 관계자들은 말한다 supplier made the mats, / which were longer than the design 제조업자가 매트를 만들었다고　　　지정된 도안보다 더 긴 specified. The extra length of the floor mats / causes them 　　　바닥 매트의 여분 길이는 to become caught / underneath the area where the pedals are 　매트를 끼게 한다　　　　　페달이 위치한 부분 아래에 located. The drivers / are then unable to slow down / their 　　운전자는　　　그러면 속도를 줄일 수 없다　　그들의 차의 vehicles. Gamelan expects to replace / up to three million 　Gamelan사는 회수할 것으로 예상한다　　매트 3백만 개까지 of the mats.	Gamelan Automotive사는 2006년 이래 제조된 모든 세단형 자동차 바닥 매트의 회수령을 내렸다. 그 매트는 몇몇 충돌 사고를 일으켰다고 여겨진다. 회사 관계자들은 제조업자가 지정된 도안보다 더 긴 매트를 만들었다고 진술한다. 바닥 매트의 여분 길이 때문에 페달이 위치한 부분 아래에 매트가 끼게 된다. 그러면 운전자는 차의 속도를 줄일 수가 없게 된다. Gamelan사는 최대 3백만 개의 매트를 회수할 것으로 보고 있다.
Q: What can be inferred from the passage? (a) Floor mats will not be included in future models. (b) Gamelan's cars will lose their popularity with customers. ⓒ Standard-length mats do not pose similar dangers. (d) The supplier in question will not be used again.	Q: 지문에서 추론할 수 있는 것은 무엇인가? (a) 바닥 매트는 미래의 모델에는 포함되지 않을 것이다. (b) Gamelan사의 자동차는 고객에게 인기를 잃게 될 것이다. ⓒ 표준 길이의 매트는 유사한 위험을 내포하지 않는다. (d) 문제의 제조업자는 다시 동원되지 않을 것이다.

해설　지문에서 추론할 수 있는 것을 묻는 문제입니다. 지문에서 Gamelan Automotive사가 자동차 바닥 매트의 회수령을 내렸는데 이는 지정된 도안보다 더 길게 만들어진 매트가 자동차 충돌 사고의 원인이라고 여겨지기 때문이라고 설명하고 있습니다. 이를 통해 표준 길이의 매트는 유사한 위험성을 내포하지 않는다는 것을 추론할 수 있으므로 (c)가 정답입니다.
　　　(a) 지문을 통해 바닥 매트가 미래의 모델에는 포함되지 않을지의 여부는 추론할 수 없습니다.
　　　(b) 지문을 통해 Gamelan사의 자동차가 고객의 인기를 잃게 될 것인지의 여부는 추론할 수 없습니다.
　　　(d) 지문을 통해 제조업자가 지정된 도안보다 매트를 더 길게 만들었다는 것만 알 수 있을 뿐, 문제의 제조업자가 다시는 동원되지 않을지의 여부는 추론할 수 없습니다.

어휘　issue[íʃuː] (명령, 면허증 등을) 내리다, 발행하다 recall[rikɔ́ːl] (결함 제품의) 회수 mat[mæt] 매트, 깔개
　　　sedan 세단형 자동차(운전석을 칸막이 하지 않은 보통의 상자형 자동차) manufacture[mæ̀njufǽktʃər] 제조하다, 제작하다
　　　crash[kræʃ] (차의) 충돌 사고 supplier[səpláiər] 제조업자, 공급자 specify[spésəfài] 조건으로서 지정하다, 명기하다
　　　catch[kætʃ] (두 물건 사이에) 끼다, 걸리다 pedal[pédl] 페달 popularity[pɑ̀pjulǽrəti] 인기, 평판
　　　standard[stǽndərd] 표준, 기준, 규격 pose[pouz] (위험성을) 내포하다, 지니다

주제: 관공서 앞에 십계명을 전시하는 것에 대한 찬반 논쟁

05

A major political issue in America / is the public display of the 　미국의 주요한 정치적 쟁점은　　　　십계명의 공개 전시이다 Ten Commandments, / a set of Christian and Jewish laws from 　　　　　고대의 그리스도교와 유대교의 율법 모음인 ancient times. The controversy was started / by Christian 　　　이 논쟁은 시작되었다　　그리스도교의 지도자들에 의해 leaders. These individuals wished / to display the document / 　　이들은 바랐다　　　　　　그 문서를 전시하기를	미국의 주요한 정치적 쟁점은 고대의 그리스도교와 유대교의 율법 모음인 십계명의 공개 전시이다. 이 논쟁은 그리스도교의 지도자들에 의해 시작되었다. 이들은 법원과 시청 앞에 그 문서를 전시하기를 바랐다. 그들은 십계명의 개념들은 국가 법률 체계의 중요한 요소라고 주장한다. 몇몇 시민 단체는 십계명의 전시에 반대한다. 그들의 의견은 교회와 정부의 분리를 장려하는 미국 헌법에 의해 뒷받침된다.

in front of courthouses and city halls. They argued / that its ideas
법원과 시청 앞에　　　　　그들은 주장했다

are an important part of the country's legal system. Some civic
십계명의 개념들은 국가의 법률 체계의 중요한 요소라고　　　몇몇 시민 단체는

groups / are opposed to the Commandments' display.
십계명의 전시에 반대한다

Their opinion is supported by the US Constitution, / which
그들의 의견은 미국 헌법에 의해 뒷받침된다

promotes the separation of church and state.
교회와 정부의 분리를 장려하는

Q: What can be inferred from the passage?

(a) Some religious groups want the Ten Commandments to be law.

(b) Christians are very influential within the United States government.

(c) The display of the Ten Commandments may violate the Constitution.

(d) Civic groups don't agree with the practice of religion.

Q: 지문에서 추론할 수 있는 것은 무엇인가?

(a) 몇몇 종교 단체는 십계명이 법이 되기를 바란다.
(b) 그리스도교인들은 미국 정부 내에서 매우 영향력이 있다.
(c) 십계명의 전시가 헌법에 위배되는 것일 수 있다.
(d) 시민 단체는 종교 예배식에 동의하지 않는다.

해설　지문에서 추론할 수 있는 것을 묻는 문제입니다. 지문에서 그리스도교의 지도자들이 십계명이 공개적으로 전시되기를 바라지만, 몇몇 시민 단체는 교회와 정부의 분리를 장려하는 헌법에 따라 십계명의 전시에 반대한다는 사실에 대해서 설명하고 있습니다. 이를 통해 십계명의 전시가 헌법에 위배되는 것일 수 있음을 추론할 수 있으므로 (c)가 정답입니다.
(a) 지문을 통해 십계명이 법으로 제정되길 원하는 의견이 있다는 사실은 추론할 수 없습니다.
(d) 지문을 통해 시민 단체가 종교 예배식에 동의하지 않는다는 것은 추론할 수 없습니다.

어휘　public[pʌ́blik] 공공의　display[displéi] 전시　Ten Commandments 십계명　law[lɔː] 율법, 법률
controversy[kántrəvə̀ːrsi] 논쟁　individual[ìndəvídʒuəl] 개인　document[dákjumənt] 문서, 문헌
courthouse[kɔ́ːrthàus] 법원　city hall 시청　argue[áːrgjuː] 주장하다　part[paːrt] 요소, 부분
legal[líːgəl] 법률의, 법률에 관한　system[sístəm] 체계, 조직　civic[sívik] 시민의　support[səpɔ́ːrt] 뒷받침하다, 지지하다
constitution[kànstitjúːʃən] 헌법　promote[prəmóut] 장려하다　separation[sèpəréiʃən] 분리, 독립　state[steit] 정부, 국가
religious[rilídʒəs] 종교의　influential[ìnfluénʃəl] 영향력 있는, 유력한　violate[váiəlèit] 위배하다, 위반하다

주제: 기존의 예상과 다른 빙하 시대 사람들의 의복

06 ~ 07

Amazing Science Weekly

Ice Age Humans Knew How to Dress

In 2000, / evidence of clothing woven from plant fibers / was
2000년에　　　식물 섬유로 짠 의복의 흔적이

uncovered / in central Europe. 06-(d)More than 80 fossil prints /
발견되었다　　중앙 유럽에서　　　　80개가 넘는 화석의 자국이

of different plant-derived clothes / were found, / many in styles /
여러 가지 식물에서 얻어진 옷의　　　발견되었다　　대부분 스타일이

that had never been seen before. The items shed new light on /
이전에는 한 번도 본 적 없는　　　그 물건들은 새롭게 조명하였다

the types of clothing / worn by humans / during the Ice Age.
의복의 형태　　　사람들에 의해 입혀진　　빙하 시대 동안

07Based on ancient burial sites, / archeologists formerly
고대 묘지에 근거하여　　　고고학자들은 이전에는 믿었다

believed / that furs and other animal products / were used
모피와 다른 동물 생산품이　　　전적으로 사용되었다고

exclusively / for clothing / during the Ice Age. The fossil prints /
의복에　　　빙하 시대 동안　　　화석의 자국은

'Amazing Science 주간지'
빙하 시대 사람들은 옷 입는 법을 알았다
2000년에, 중앙 유럽에서 식물 섬유로 짠 의복의 흔적이 발견되었다. 06-(d)여러 가지 식물에서 얻어진 옷의 80개가 넘는 화석의 자국이 발견되었는데, 대부분 이전에는 한 번도 본 적 없는 스타일이었다. 그 물건들은 빙하 시대 동안 사람들이 입었던 의복의 형태를 새롭게 조명하였다.
07고대 묘지에 근거하여, 고고학자들은 이전에는 모피와 다른 동물 생산품들이 빙하 시대 동안 의복에 전적으로 사용되었다고 믿었다. 화석의 자국은 다르게 제시한다. 식물 섬유 옷감의 얇기는 추운 겨울에 실용적이지 않았을 것이다. 이는 그것들을 무거운 모피의 대체재로 여름에 입었다는 것을 나타낸다. 06-(c)다른 세부 사항들은 그들이 집단 내 더 높은 지위에 있는 사람들에 의해 주로 입혀졌음을 제시한다. 이 새로운 흔적은 초기 빙하 시대 문화에 대한 우리의 지식을 상당히 증가시킨다.

suggest otherwise. The thinness of the plant fiber cloths /
다르게 제시한다　　　　　　　　식물 섬유 옷감의 얇기는

would have been impractical / for cold weather. This indicates /
실용적이지 않았을 것이다　　　수운 거울에　　　　이는 I 나낸다

that they were worn in the summer / as an alternative to heavy
그것들을 여름에 입었다는 것을　　　　　무거운 모피의 대체재로

fur. 06-(c)Other details suggest / they were commonly worn /
다른 세부 사항들은 제시한다　　　그들이 주로 입혀졌음을

by people of higher status in a group. This new evidence /
집단 내 더 높은 지위에 있는 사람들에 의해　　　이 새로운 흔적은

adds significantly / to our understanding / of early Ice Age
상당히 증가시킨다　　　　우리의 지식을　　　초기 빙하 시대 문화에 대한

cultures.

06. Q: What is correct according to the passage?

   (a) Entire outfits made from plant materials were found intact by archeologists.

   (b) The newly discovered items were made from plants that no longer exist.

   (c) People who wore fur clothing had higher status than others.

   (d) Fossil prints of various clothes made from plants were discovered.

07. Q: What can be inferred from the passage?

   (a) Extremely cold temperatures killed many animals in central Europe.

   (b) Remains of animal skins have been discovered in Ice Age graves.

   (c) Fossils were formed in central Europe due to the movement of glaciers.

   (d) Human beings today continue to wear clothing made from plant fibers.

06. Q: 지문의 내용과 일치하는 것은 무엇인가?

   (a) 식물 성분으로 만들어진 모든 옷은 고고학자들에 의해 손상되지 않은 채로 발견되었다.

   (b) 새로이 발견된 물건들은 더 이상 존재하지 않는 식물로부터 만들어졌다.

   (c) 모피 옷을 입던 사람들은 다른 이들에 비교해 높은 지위를 가졌다.

   (d) 식물로부터 만들어진 다양한 옷의 화석 자국이 발견되었다.

07. Q: 지문에서 추론할 수 있는 것은 무엇인가?

   (a) 극도로 차가운 기온이 중앙 유럽의 많은 동물을 죽게 하였다.

   (b) 빙하 시대 무덤 속에서 동물 가죽의 잔해가 발견되었다.

   (c) 빙하의 이동으로 인해 중앙 유럽에서 화석이 형성되었다.

   (d) 오늘날 사람들은 식물 섬유로 된 옷을 계속 입는다.

해설　06. 지문의 내용과 일치하는 것을 묻는 문제입니다. 보기 (d)의 키워드인 clothes made from plants가 바뀌어 표현된 plant-derived clothes 주변의 내용을 살펴보면 식물로부터 만들어진 다양한 옷의 화석 자국이 발견되었음을 알 수 있습니다. 따라서 이 내용을 바르게 표현한 (d)가 정답입니다.

   (a) 식물 성분으로 만들어진 모든 옷이 고고학자들에 의해 손상되지 않은 채로 발견되었는지는 언급되지 않았습니다.

   (b) 새로이 발견된 물건들이 더 이상 존재하지 않는 식물들로부터 만들어졌는지는 언급되지 않았습니다.

   (c) 식물 섬유 옷감은 집단 내 더 높은 지위에 있는 사람들에 의해 입혀졌다고 했으므로 '모피 옷을 입던 사람들은 다른 이들에 비교해 높은 지위를 가졌다'는 지문의 내용과 다릅니다.

   07. 지문에서 추론할 수 있는 것을 묻는 문제입니다. 지문에서 고고학자들이 고대 묘지에 근거하여 빙하 시대 동안 모피와 다른 동물 생산품이 의복에 전적으로 사용되었다고 믿었다고 설명하고 있습니다. 이를 통해 빙하 시대 무덤 속에서 동물 가죽의 잔해가 발견되었음을 추론할 수 있으므로 (b)가 정답입니다.

어휘　evidence[évədəns] 흔적, 증거　clothing[klóuðiŋ] 의복, 의류　weave[wiːv] (피륙을) 짜다, 엮다　uncover[ʌnkʌ́vər] 발견하다
fossil[fásəl] 화석의; 화석　shed new light on 재조명하다　Ice Age 빙하 시대　ancient[éinʃənt] 고대의　burial site 묘지, 매장터
archeologist[ὰːrkiάːlədʒist] 고고학자　exclusively[iksklúːsivli] 전적으로, 독점적으로　impractical[impræktikəl] 실용적이지 않은
alternative[ɔːltə́ːrnətiv] 대체, 대안　significantly[signífikəntli] 상당히　intact[intǽkt] 손상되지 않은, 온전한
status[stéitəs] 지위, 신분　remains[riméinz] 잔해, 유해　plant fiber 식물 섬유

HACKERS PRACTICE

p.262

01 (a) **02** (b) **03** (a) **04** (b) **05** (b)

주제: 신용 카드 선택을 도와주는 Credit Sense

01

The publishers of the Credit Sense credit card guide / know /
Credit Sense 신용 카드 가이드의 발행인들은   알고 있습니다

that choosing a credit card / can be difficult. We know /
신용 카드를 고르는 것이   어려울 수 있다는 것을   저희는 알고 있습니다

it's more than just finding the one / with the lowest interest rate.
그것이 카드를 찾는 것 이상이라는 것을   최저 금리의

At Credit Sense, / we point out cards / with the lowest annual
Credit Sense에서   저희는 카드를 골라 드립니다   연회비가 가장 낮은

fees. Moreover, / we make sure to explain the benefits /
게다가   저희는 혜택에 대해 반드시 설명해 드립니다

offered by different cards / like discounts at certain stores /
다양한 카드에 의해 제공되는   특정 상점에서의 할인과 같은

or cheaper rates on air and train travel. Credit Sense is the
더 저렴한 항공과 기차 여행 요금이나   Credit Sense는 비결입니다

key / to _____.

(a) finding the right credit card for you
(b) paying off your consumer debt

Credit Sense 신용 카드 가이드의 발행인들은 신용 카드를 고르는 것이 어려울 수 있다는 것을 알고 있습니다. 저희는 그것이 최저 금리의 카드를 찾는 것 이상이라는 것을 알고 있습니다. 저희 Credit Sense에서는 연회비가 가장 낮은 카드를 골라 드립니다. 게다가, 저희는 다양한 카드에 의해 제공되는 특정 상점에서의 할인이나 더 저렴한 항공과 기차 여행 요금과 같은 혜택에 대해 반드시 설명해 드립니다. Credit Sense는 _____ 비결입니다.

(a) 당신에게 알맞은 신용 카드를 찾는
(b) 당신의 가계 부채를 청산하는

해설 지문 마지막의 빈칸을 채우는 문제입니다. 빈칸이 있는 문장 Credit Sense is the key to ___(Credit Sense는 ___ 비결입니다)를 통해 빈칸에 Credit Sense가 독자에게 무슨 비결을 제공하는지를 넣어야 한다는 것을 예상할 수 있습니다. 광고 도입 부분에 신용 카드를 고르는 것이 어려운 것을 알고 있다고 했고, 세부 내용에서 Credit Sense는 연회비가 가장 낮은 카드를 골라 주고, 다양한 카드가 제공하는 혜택들에 대해 설명해준다고 했으므로 '당신에게 알맞은 신용 카드를 찾는'이라고 한 (a)가 정답입니다.

어휘 publisher[pʌ́bliʃər] 발행인 interest rate 금리, 이율 annual[ǽnjuəl] 연간의 make sure 반드시 ~하다 key[kiː] (성공 등의) 비결; 열쇠 pay off (빚 따위를) 청산하다 debt[det] 부채, 빚

주제: 다양한 특징을 가진 HitTrax 디지털 미디어 플레이어

02

The HitTrax digital media player / is packed with amazing
HitTrax 디지털 미디어 플레이어는   굉장한 특징으로 가득 차 있습니다

features. Using onboard wireless technology, / it can be
내장된 무선 기술을 사용하여   그것은 연결될 수 있습니다

connected / to your computer, the Internet, and other HitTrax
귀하의 컴퓨터, 인터넷, 그리고 다른 HitTrax 장치에

devices / in order to exchange music. _____, / the
음악을 주고 받기 위해

HitTrax possesses / an extended battery life / of 16 hours per
HitTrax는 지니고 있습니다   연장된 배터리 수명을   한 번의 충전으로 16시간 지속되는

charge / and a flawless design / that's sure to attract your
그리고 완벽한 디자인을   귀하의 주의를 끌 것이 분명한

attention. Purchase a HitTrax / at your local electronics store.
HitTrax를 구입하세요   지역 전자제품 상점에서

HitTrax 디지털 미디어 플레이어는 굉장한 특징으로 가득 차 있습니다. 내장된 무선 기술을 사용하여, HitTrax는 음악을 주고 받기 위해 귀하의 컴퓨터, 인터넷, 그리고 다른 HitTrax 장치에 연결될 수 있습니다. _____, HitTrax는 한 번의 충전으로 16시간 지속되는 연장된 배터리 수명과 귀하의 주의를 끌 것이 분명한 완벽한 디자인을 지니고 있습니다. 지역 전자제품 상점에서 HitTrax를 구입하세요.

(a) Even so	(a) 그렇다 하더라도
(b) What's more	(b) 게다가

해설　빈칸에 알맞은 연결어를 넣는 문제입니다. 빈칸 앞에는 HitTrax 디지털 미디어 플레이어가 음악을 주고 받기 위해 컴퓨터, 인터넷 및 다른 HitTrax 장치에 연결될 수 있다는 장점이 한 가지 나오고, 빈칸 뒤에는 HitTrax가 연장된 배터리 수명과 완벽한 디자인을 가지고 있다는 또 다른 장점이 나옵니다. 따라서 Hit Trax의 장점에 대해 부연 설명을 하는 연결어 (b) What's more(게다가)가 정답입니다.

어휘　amazing[əméiziŋ] 굉장한, 놀랄 만한　feature[fí:tʃər] 특징, 특색　onboard[ánbɔ́:rd] 내장된　connect[kənékt] 연결하다
device[diváis] 장치　in order to ~하기 위하여　exchange[ikstʃéindʒ] 주고 받다, 교환하다
possess[pəzés] (능력·성질 등을) 지니다　extended[iksténdid] (기간 등을) 연장한　flawless[flɔ́:lis] 완벽한, 완전한
attract[ətrǽkt] (주의·흥미 등을) 끌다　attention[əténʃən] 주의　purchase[pə́:rtʃəs] 사다, 구입하다

주제: 가장 신선한 과일과 야채를 저렴하게 판매하는 Hastings 농산물 직판장

03

The freshest fruits and vegetables in town / can be found at 　　　마을에서 가장 신선한 과일과 야채는	마을에서 가장 신선한 과일과 야채는 Hastings 농산물 직판장에서 만나 보실 수 있습니다. 매주 토요일 아침 6시부터 정오까지 지역의 농부들이 농산물을 가져와 소비자들에게 직접 판매합니다. 중간 상인이 없으므로, 농장에서 바로 가져온 신선한 과일을 도매 가격에 구입하실 수 있습니다. 20달러어치 이상의 농산물을 구입하시면 댁까지 무료 배송을 받으실 수 있을 것입니다.
the Hastings Farmers Market. Every Saturday from 6 a.m. Hastings 농산물 직판장에서 찾을 수 있습니다　매주 토요일 아침 6시부터 정오까지	
until noon, / local farmers / bring their produce / and sell it 　　　　　지역의 농부들이　　그들의 농산물을 가져옵니다	
directly to customers. Because there's no middleman, / you'll 그리고 소비자들에게 직접 판매합니다　　중간 상인이 없으므로	
get fresh fruits straight from the farm / at wholesale price. 농장에서 바로 가져온 신선한 과일을 구입하실 수 있습니다　　　도매 가격에	
Buy over $20 worth of items / and you'll receive free delivery 20달러어치 이상의 농산물을 구입하세요　그러면 댁까지 무료 배송을 받으실 수 있을 것입니다	
to your home.	
Q: What is the advertisement mainly about?	Q: 광고는 주로 무엇에 관한 내용인가?
(a) A place to buy fresh local food products	(a) 신선한 지역 농산물을 구입할 수 있는 장소
(b) The supermarket located on Hastings Farm	(b) Hastings Farm에 위치한 슈퍼마켓

해설　지문의 요지를 묻는 문제입니다. 지문 처음의 광고 대상을 소개하는 부분에서 마을에서 가장 신선한 과일과 야채는 Hastings 농산물 직판장에서 만나 볼 수 있다고 주장하고 있습니다. 따라서 '신선한 지역 농산물을 구입할 수 있는 장소'라는 내용의 (a)가 정답입니다.

어휘　vegetable[védʒətəbl] 야채　farmers market 농산물 직판장　produce[prádʒu:s] 농산물　directly[dairéktli] 직접
middleman[mídlmæ̀n] 중간 상인　wholesale[hóulsèil] 도매의　worth of (얼마)어치　delivery[dilívəri] 배송

주제: 빵과자를 파는 Patty의 제과점

04

Satisfy your sweet tooth / at Patty's Pastries! We use / 단 것을 좋아하는 당신의 식성을 만족시키십시오　Patty의 제과점에서　저희는 사용합니다	Patty의 제과점에서 단 것을 좋아하는 당신의 식성을 만족시키십시오! 저희는 여러 세대에 걸쳐 전해 내려온 전통적인 프랑스와 독일식 조리법을 사용합니다. 이것은 저희가 직접 구운 빵과자가 유럽의 빵과자만큼 환상적인 맛을 가지도록 보증합니다. 영양에 대해 걱정하는 빵과자의 팬들을 위해 저희는 글루텐이 없고 저지방인 빵과자를 저희의 보통 빵과자와 함께 판매합니다. (a)12개 혹은 그 이상의 구운 빵과자류를 구입하시면 개별 가격보다 30퍼센트 저렴한 가격에 그것들을 받으실 수 있습니다. 오늘 Patty의 제과점을 방문해주세요.
traditional French and German recipes / that have been passed 전통적인 프랑스와 독일식 조리법을　　　　여러 세대에 걸쳐 전해 내려온	
down for generations. This ensures / that our homemade baked 　　　　　이것은 보증합니다　　저희가 직접 구운 빵과자가	
goods / have the same fantastic flavor / as they do in Europe. 　　　환상적인 맛을 가지도록　　　　유럽의 빵과자만큼	
For pastry fans / who are worried about nutrition, / we have / 빵과자류의 팬들을 위해　　영양에 대해 걱정하는　　　저희는 판매합니다	
gluten-free and low-fat pastries / along with our regular ones. 글루텐이 없고 저지방인 빵과자류를　　　저희의 보통 빵과자와 함께	
(a)If you buy a dozen or more baked goods, / you'll get them / 12개 혹은 그 이상의 구운 빵과자류를 구입하시면　　그것들을 받으실 수 있습니다	

for 30 percent cheaper than the individual price. Visit Patty's
개별 가격보다 30퍼센트 저렴한 가격에

Pastries today.
오늘 Patty의 제과점을 방문해주세요

Q: Which of the following is correct about Patty's Pastries according to the advertisement?

(a) It offers a discount for frequent buyers.

(b) Its items are based on traditional recipes.

Q: 다음 중 광고의 Patty의 제과점에 대한 내용과 일치하는 것은?

(a) 단골 손님들에게 할인가를 제공한다.

(b) 제품들은 전통적인 조리법에 기반하고 있다.

해설   지문의 내용과 일치하는 것을 묻는 문제입니다. 보기 (b)의 키워드인 traditional recipes와 관련된 traditional French and German recipes 주변의 내용에서 살펴보면 Patty의 제과점이 여러 세대에 걸쳐 전해 내려온 전통적인 프랑스와 독일식 조리법을 사용한다는 것을 알 수 있습니다. 따라서 이 내용을 바르게 표현한 (b)가 정답입니다.

(a) 빵과자를 12개 혹은 그 이상 구입하면 할인가에 제공한다고 했으므로 '단골 손님들에게 할인가를 제공한다'는 지문의 내용과 다릅니다.

어휘   **sweet tooth** 단 것을 좋아하는 식성   **traditional** [trədíʃənl] 전통적인   **recipe** [résəpì] 조리법   **pass down** ~을 전하다
generation [dʒènəréiʃən] 세대   **ensure** [inʃúər] 보증하다   **homemade** [hóummèid] 직접 만든, 손수 만든
bake [beik] (빵, 과자 등을) 굽다   **fantastic** [fæntǽstik] 환상적인   **pastry** [péistri] (가루 반죽의) 빵과자류
nutrition [nju:tríʃən] 영양   **low-fat** 저지방의   **dozen** [dʌ́zn] 12개   **individual** [ìndəvídʒuəl] 개별의, 개인의   **frequent buyer** 단골

주제: 재고 정리를 위해 작년 모델을 염가로 파는 요트 판매업체 Boat Arena

05

Looking for a new boat? Boat Arena / is the largest new
새로운 배를 찾고 있습니까   Boat Arena는   가장 큰 새 범선과 요트 판매업체입니다

sailboat and yacht dealer / in the area. Spring is here, / so all of
  이 지역에서   봄이 왔습니다

our remaining merchandise / must be sold / to make room /
그래서 우리의 남아있는 재고품들은   판매되어야 합니다   공간을 만들기 위해

for the newest models. To clear this massive inventory, /
최신 모델을 위한   이 대량의 재고를 정리하기 위해

we're having a sale / on all of last year's models. Boats will
우리는 염가로 팔 예정입니다   작년의 모든 모델들을

be sold at discount prices / until every single one is gone.
배들은 할인가에 판매될 것입니다   모든 제품이 다 팔릴 때까지

Visit Boat Arena on Maple Road.
Maple가에 있는 Boat Arena를 방문하십시오

Q: What can be inferred about Boat Arena according to the passage?

(a) It has not been selling boats lately.

(b) It will soon receive new boat models.

새로운 배를 찾고 있습니까? Boat Arena는 이 지역에서 가장 큰 새 범선과 요트 판매업체입니다. 봄이 다가왔으므로, 최신 모델을 위한 공간을 만들기 위해 남아있는 모든 재고품들을 판매해야 합니다. 이 대량의 재고를 정리하기 위해, 저희는 작년의 모든 모델들을 염가로 팔 예정입니다. 배들은 모든 제품이 다 팔릴 때까지 할인가에 판매될 것입니다. Maple가에 있는 Boat Arena를 방문하십시오.

Q: 지문에 따르면 Boat Arena에 대해 추론할 수 있는 것은 무엇인가?

(a) 최근에 배를 못 팔았다.

(b) 새로운 배 모델을 들일 예정이다.

해설   지문에서 추론할 수 있는 것을 묻는 문제입니다. 지문에서 최신 모델을 위한 공간을 만들기 위해 모든 재고품들을 판매해야 한다고 설명하고 있습니다. 이를 통해 Boat Arena에서는 새로운 배 모델을 들일 예정임을 추론할 수 있으므로 (b)가 정답입니다.

(a) 지문을 통해 Boat Arena가 최근에 배를 못 팔았다는 것은 추론할 수 없습니다.

어휘   **look for** ~을 찾다; 구하다   **sailboat** [séilbòut] (경기·레저용) 범선   **yacht** [jɑt] 요트   **dealer** [díːlər] 판매업자
merchandise [mə́ːrtʃəndàiz] 재고품   **make room for** ~을 위해 자리를 만들다   **massive** [mǽsiv] 대량의   **inventory** [ínvəntɔ̀ːri] 재고

HACKERS TEST

p.264

01 (c)   **02** (a)   **03** (a)   **04** (a)

01

Want a program / that will help you / _____?
프로그램을 원하십니까   당신이 ~하도록 도와줄

Then / tune into Driving Change. The show features / a
그렇다면 Driving Change에 채널을 맞춰보십시오   그 쇼는 특색으로 삼고 있습니다

"Car of the Week" segment / where we highlight / the most
'이 주의 차'라는 코너를   그 코너에서 저희는 집중 조명합니다

environmentally friendly vehicles being sold. On the show, /
판매 중인 가장 친환경적인 자동차를   쇼에서

people looking to buy a green car / can also learn about the
친환경 자동차를 사려는 사람들은   과학기술에 대해서도 배울 수 있습니다

technology / used in the vehicle, / like biodiesel and solar energy
그 차에 사용된   바이오 디젤이나 태양 에너지 변환기와 같은

converters. Listen to the show / every Thursday at 9 p.m.
쇼를 청취하십시오   매주 목요일 밤 9시에

(a) make your car better for the environment

(b) repair your car at the lowest cost

ⓒ figure out which automobile to purchase

(d) learn more about modern electric cars

당신이 _____ 하도록 도와줄 프로그램을 원하십니까? 그렇다면 Driving Change에 채널을 맞춰보십시오. 그 쇼는 '이 주의 차'라는 코너를 특색으로 삼고 있고, 그 코너에서 저희는 판매되고 있는 가장 친환경적인 자동차를 집중 조명합니다. 쇼에서, 친환경 자동차를 사려고 하는 사람들은 그 차에 사용된 바이오 디젤이나 태양 에너지 변환기와 같은 과학 기술에 대해서도 배울 수 있습니다. 매주 목요일 밤 9시에 쇼를 청취하십시오.

(a) 당신의 차를 환경에 더 도움이 되게 만들도록

(b) 당신의 차를 가장 저렴한 가격에 수리하도록

ⓒ 어떤 자동차를 살 것인지 알도록

(d) 현대의 전기 자동차에 대해 더 배우도록

해설 지문 처음의 빈칸을 채우는 문제입니다. 빈칸이 있는 문장 Want a program that will help you ____ (당신이 ___ 하도록 도와줄 프로그램을 원하십니까?)를 통해 빈칸에 제시되는 프로그램이 독자에게 무슨 도움이 되는지를 넣어야 한다는 것을 예상할 수 있습니다. 광고의 도입 부분에서 판매 중인 가장 친환경적인 자동차를 집중 조명한다고 하고 있으며, 지문의 중간, 광고의 세부 내용에서 친환경 자동차를 사려는 사람들은 그 차에 사용된 과학기술에 대해서도 배울 수 있다고 했으므로 '어떤 자동차를 살 것인지 알도록'이라고 한 (c)가 정답입니다.

어휘 tune into (수신기의) 채널을 ~에 맞추다   feature[fí:tʃər] 특색으로 삼다   environmentally friendly 친환경적인
green[gri:n] 친환경의; 생태계를 중시하는   solar[sóulər] 태양의   converter[kənvə́:rtər] 변환기   repair[ripέər] 수리하다
figure out ~을 알아내다   automobile[ɔ́:təməbì:l] 자동차   modern[mádərn] 현대의   electric[iléktrik] 전기의

02

The Stone Springs Resort / is located in the village of Sanur /
Stone Springs 리조트는   사누르라는 마을에 위치해 있습니다

on the island of Bali. ⓐ Bali is a primarily Hindu island /
발리섬의   발리는 본래 힌두교의 섬입니다

in the middle of Muslim Indonesia. (b) Located on the island's
이슬람 문명권 국가인 인도네시아의 중간에 있는   섬의 남해안에 위치한

southern coast, / the resort features / 10 fully furnished
그 리조트는 특색으로 삼고 있습니다   가구가 완비된 열 개의 전통 방갈로를

traditional bungalows. (c) Daily tours / in our air-conditioned
                매일 투어가   에어컨이 설치된 저희 관광 버스에서

tour bus / are offered / for guests wishing to explore the
제공됩니다   발리의 보물을 한층 더 탐험하고 싶은 손님을 위해

treasures of Bali further. (d) Experience the fabulous natural
                굉장한 자연 환경을 경험해 보십시오

environment / and luxurious accommodations / at Stone
그리고 호화로운 숙박 시설을

Springs.
Stone Springs에서

Stone Springs 리조트는 발리섬의 사누르라는 마을에 위치해 있습니다. ⓐ 발리는 본래 이슬람 문명권 국가인 인도네시아의 중간에 있는 힌두교의 섬입니다. (b) 섬의 남해안에 위치한 그 리조트는 가구가 완비된 열 개의 전통 방갈로를 특색으로 삼고 있습니다. (c) 발리의 보물을 한 층 더 탐험하고 싶은 손님을 위해 에어컨이 설치된 저희 관광 버스에서 매일 투어가 제공됩니다. (d) 굉장한 자연 환경과 호화로운 숙박 시설을 Stone Springs에서 경험해 보십시오.

해설 지문 흐름상 어색한 문장을 고르는 문제입니다. 첫 문장에서 'Stone Springs 리조트는 발리섬의 사누르라는 마을에 위치해 있다'고 언급하고 (b), (c), (d)는 Stone Springs 리조트의 특징과 그 리조트가 제공하는 것에 대해서 알려주고 있으므로 첫 문장과 관련이 있습니다. 그러나 (a)의 '발리는 본래 이슬람 문명권 국가인 인도네시아의 중간에 있는 힌두교의 섬입니다'는 첫 문장과 관련이 없으므로 (a)가 정답입니다.

여휘 primarily[praimérəli] 본래 coast[koust] 해안 furnished[fə́:rniʃt] 가구가 딸린 bungalow[bʌ́ŋgəlòu] 방갈로
explore[iksplɔ́:r] 탐험하다 treasure[tréʒər] 보물 fabulous[fǽbjuləs] 굉장한 luxurious[lʌgʒúəriəs] 호화로운
accommodation[əkàmədéiʃən] 숙박 시설

주제: 바르셀로나를 둘러볼 수 있는 짧은 관광 일정

03

The city of Barcelona / has several tremendous sites / that can 바르셀로나에는　　　　아주 멋진 장소가 여러 곳 있습니다 be seen in a single day. Start out / in the Gothic Quarter, / 하루 안에 감상할 수 있는　　시작하십시오　　Gothic Quarter에서 which is home to several 500-year-old buildings. From here, / 500년 된 여러 건물의 근거지인　　　　여기서부터 you can walk toward the mountains / for a gorgeous view / 당신은 산으로 걸어갈 수 있습니다　　　　화려한 경치를 보기 위해 of the city. Stop / at a local paella restaurant / for lunch, / and 도시의　들르십시오　지역의 파엘랴 식당에　　점심을 먹으러 then take the entire afternoon / to wander around / near the 그리고 모든 오후 시간을 쓰십시오　　돌아다니기 위해서 Placa de Catalunya. Be sure to view / Antonio Gaudi's Placa de Catalunya 근처를　보아야 한다는 것을 명심하십시오 magnificent architecture, / including Parc Guell. Antonio Gaudi의 장엄한 건축물을　　Parc Guell을 포함한	바르셀로나에는 하루 안에 감상할 수 있는 아주 멋진 장소가 여러 곳 있습니다. 500년 된 여러 건물의 근거지인 Gothic Quarter에서 시작하십시오. 여기서부터, 당신은 도시의 화려한 경치를 보기 위해 산으로 걸어갈 수 있습니다. 점심을 먹으러 지역의 파엘랴 식당에 들르십시오. 그리고 모든 오후 시간을 Placa de Catalunya 근처를 돌아다니는 데에 쓰십시오. Parc Guell을 포함한 Antonio Gaudi의 장엄한 건축물을 보아야 한다는 것을 명심하십시오.
Q: What is the passage mainly about? ⓐ A short sightseeing itinerary for Barcelona (b) Barcelona's traditional building designs (c) The best sites to photograph in Barcelona (d) Barcelona's most famous landmarks	Q: 지문은 주로 무엇에 관한 내용인가? ⓐ 바르셀로나의 짧은 관광 일정 (b) 바르셀로나의 전통적인 건축물 디자인 (c) 바르셀로나에서 가장 사진 찍기 좋은 장소 (d) 바르셀로나에서 가장 유명한 역사적 명소들

해설 지문의 요지를 묻는 문제입니다. 지문의 처음, 광고 대상을 소개하는 부분에서 바르셀로나에는 하루 안에 감상할 수 있는 아주 멋진 장소가 여러 곳 있다고 하면서 광고의 세부 내용에서 그 유적들을 순차적으로 제시하고 있습니다. 따라서 '바르셀로나의 짧은 관광 일정'이라는 내용의 (a)가 정답입니다.

여휘 tremendous[triméndəs] 아주 멋있는 site[sait] 장소 gothic[gáθik] 고딕 양식의 entire[intáiər] 전체의; 완전한
wander[wándər] 돌아다니다 gorgeous[gɔ́:rdʒəs] 화려한 paella[pɑ:éilə] 파엘랴(쌀·고기·어패류·야채를 스페인식으로 찐 밥)
magnificent[mægnífisənt] 장엄한, 웅장한 architecture[á:rkitèktʃər] 건축물, 건축 include[inklú:d] 포함하다
sightseeing[sáitsì:iŋ] 관광 itinerary[aitínərèri] 여행 일정, 방문지 리스트 landmark[lǽndmà:rk] 역사적 건조물

주제: 영업 직원을 채용하려는 전화 마케팅 회사

04

Sales Representatives Needed 영업 직원 구함 Realize your potential / with AcuteMark, a leading 당신의 잠재력을 실현하세요　　AcuteMark와 함께 telemarketing firm! 선도적 텔레마케팅 기업인 **Application Requirements:** 지원 요건 - Bachelor's degree 　학사 학위 - Minimum of three years' sales experience 　최소 3년의 영업 경력 - Excellent communication skills 　뛰어난 커뮤니케이션 능력	영업 직원 구함 선도적 텔레마케팅 기업인 AcuteMark와 함께 당신의 잠재력을 실현하세요! **지원 요건:** – 학사 학위 – 최소 3년의 영업 경력 – 뛰어난 커뮤니케이션 능력 – 이전 고용인으로부터의 추천서 스캔본 *TelMarket Suite 4.0 컴퓨터 프로그램에 익숙한 지원자에게 우선권이 주어집니다. **근무 시간:** 월요일부터 금요일까지, 오전 8시 – 오후 5시 **급여:** 충분한 수수료와 함께 시간당 14달러

- Scanned copies of reference letter(s) / from previous
  추천서 스캔본   이전 고용인으로부터의
  employer(s)

*Preference will be given to applicants / familiar with the
  지원자에게 우선권이 주어집니다
computer program TelMarket Suite 4.0.
  TelMarket Suite 4.0 컴퓨터 프로그램에 익숙한

Working Hours: Monday to Friday, / 8:00 a.m. – 5:00 p.m.
  근무 시간   월요일부터 금요일까지   오전 8시 – 오후 5시

Salary: $14/hour / plus generous commission fees
  급여   시간당 14달러   충분한 수수료와 함께

Prospective candidates / must visit www.acutemark.com /
  예비 후보자들은   www.acutemark.com을 방문해야 합니다

to submit requested digital documents. Mailed applications /
  요청된 온라인 문서를 제출하기 위해   우편 지원은

will not be accepted.
  받지 않을 것입니다

예비 후보자들은 요청된 온라인 문서를 제출하기 위해 www.acutemark.com을 꼭 방문해야 합니다. 우편 지원은 받지 않을 것입니다.

Q: Which of the following is NOT an essential requirement for applicants?

ⓐ Software proficiency
(b) University diploma
(c) A sales background
(d) A written recommendation

Q: 다음 중 지원자들의 필수 요건이 아닌 것은?

ⓐ 소프트웨어 능숙도
(b) 대학 학위
(c) 영업 경력
(d) 추천서

해설 지문의 내용과 일치하지 않는 것을 묻는 육하원칙 문제입니다. 질문의 키워드인 requirement for applicants가 바뀌어 표현된 Application Requirements 주변의 내용을 살펴보면 지원 요건으로 학사 학위, 최소 3년의 영업 경력, 뛰어난 커뮤니케이션 능력, 이전 고용인으로부터의 추천서 스캔본이 있음을 알 수 있고, 소프트웨어 능숙도는 자격 요건이 아닌 우선권과 관련되므로 **(a)**가 정답입니다.

어휘 **sales representative** 영업 직원 **potential**[pəténʃəl] 잠재력 **leading**[líːdiŋ] 선도적인
telemarketing[tèləmáːrkitiŋ] 텔레마케팅(전화에 의한 판매·광고 활동) **application**[æpləkéiʃən] 지원 **bachelor's degree** 학사 학위
reference letter 추천서 **generous**[dʒénərəs] 충분한 **commission**[kəmíʃən] 수수료 **prospective**[prəspéktiv] 예비의
candidate[kǽndidèit] 후보자 **submit**[səbmít] 제출하다 **diploma**[diplóumə] 학위

CHAPTER
09 기사

HACKERS PRACTICE

p. 268

01 (b)   **02** (a)   **03** (b)   **04** (b)   **05** (b)

주제: 학교 수업료 인상에 항의하는 학생들

01
Students at Concordia University / are protesting against
  Concordia 대학교의 학생들은   ~에 대해 항의하고 있다

_____. They worry / the decision / may
                            그들은 걱정한다   그 결정이 억지로 ~할까 봐

Concordia 대학교의 학생들은 _____에 대해 항의하고 있다. 그들은 그 결정이 그들의 많은 학급 친구들이 억지로 학교를 그만 다니도록 할까 봐

force / many of their classmates / to stop attending. In response
그들의 많은 학급 친구들이 　　　　학교를 그만 다니도록

to the concerns, / the state government / will provide
그 걱정에 답하여 　　　　주 정부는 　　　　긴급 대출을 제공할 것이다

emergency loans / to students / to cover the increased tuition
　　　　　　학생들에게 　　　　.인상된 수업료를 충당하도록

costs. The protesting students argue / that they will still need to
항의하는 학생들은 주장한다 　　　　그들은 여전히 갚아야 한다고

pay back / the money / eventually / and do not wish / to go into
그 돈을 　　　　결국 　　　그리고 바라지 않는다고

further debt / as students.
더 이상의 빚을 지는 것을 　학생으로서

(a) the lack of available student loans
ⓑ the school's tuition rate increase

(a) 이용할 수 있는 학자금 대출의 부족
ⓑ 학교의 등록금 인상

걱정한다. 그 걱정에 답하여, 주 정부는 인상된 수업료를 충당하도록 학생들에게 긴급 대출을 제공할 것이다. 항의하는 학생들은 그들은 여전히 그 돈을 결국 갚아야 하고 학생으로서 더 이상의 빚을 지는 것을 바라지 않는다고 주장한다.

해설　지문 처음의 빈칸을 채우는 문제입니다. 빈칸이 있는 문장 Students at Concordia University are protesting against (Concordia 대학교의 학생들은 ___에 대해 항의하고 있다)를 통해 빈칸에 Concordia 대학교의 학생들이 무엇에 대해 항의하고 있는지를 넣어야 한다는 것을 예상할 수 있습니다. 지문에서 그 결정으로 인해 많은 학생들이 학교를 그만두는 사태가 생길까 봐 걱정하고 있고, 주 정부가 긴급 대출을 제공하더라도 학생으로서 더 이상의 빚을 지기를 바라지 않는다고 주장하고 있으므로 '학교의 등록금 인상'이라고 한 (b)가 정답입니다.

어휘　protest[próutest] ~에 대해 항의하다, 이의를 제기하다　in response to ~에 답하여, ~에 응하여　concern[kənsə́ːrn] 걱정
emergency[imə́ːrdʒənsi] 긴급　loan[loun] 대출　tuition[tju:íʃən] 수업료　pay back (돈을) 갚다, 돌려주다　debt[det] 빚, 채무
lack[læk] 부족, 결여　available[əvéiləbl] 이용할 수 있는

주제: 독일 문화를 경험할 수 있는 축제

02　Thousands of people / will come / to the town of Frankenmuth,
　　수천 명의 사람들이 　　　올 것입니다 　　미시간의 Frankenmuth라는 마을로

Michigan, / for next week's Bavarian Festival. The event / gives
　　　　　다음 주 Bavarian 축제를 위해 　　　　그 행사는

visitors / a chance to see / what Germany offers / without needing
방문객들에게 드립니다 볼 기회를 　　　독일이 제공하는 것을

to book a ticket to Europe. They / can hear German being
유럽행 표를 예약할 필요 없이 　　방문객들은 독일어로 말하는 것을 들을 수 있습니다

spoken, / eat sauerkraut and kielbasa, / do traditional
　　　　소금에 절인 양배추와 마늘을 넣은 훈제 소지지를 먹을 수 있습니다

dances, / and purchase traditional arts and crafts. The
전통 춤을 출 수 있습니다　그리고 전통적인 예술품과 공예품을 구입할 수 있습니다

festival / is only held once a year, / so it is a rare opportunity /
그 축제는 　오직 일 년에 한번 열립니다 　　그래서 그것은 드문 기회입니다

to _____.

ⓐ experience German culture
(b) meet tourists from overseas

ⓐ 독일 문화를 경험할
(b) 해외 관광객을 만날

수천 명의 사람들이 다음 주 Bavarian 축제를 위해 미시간의 Frankenmuth라는 마을로 올 것입니다. 그 행사는 방문객들이 유럽행 표를 예약할 필요 없이 독일이 제공하는 것을 볼 기회를 드립니다. 방문객들은 독일어로 말하는 것을 듣고, 소금에 절인 양배추와 마늘을 넣은 훈제 소지지를 먹으며, 전통 춤을 추고, 전통적인 예술품과 공예품을 구입할 수 있습니다. 그 축제는 오직 일 년에 한번 열리기 때문에, _____ 드문 기회입니다.

해설　지문 마지막의 빈칸을 채우는 문제입니다. 빈칸이 있는 문장 The festival is only held once a year, so it is a rare opportunity to ___(그 축제는 오직 일 년에 한번 열리기 때문에, ___ 드문 기회입니다)를 통해 빈칸에 그 축제가 무엇을 할 드문 기회인지 넣어야 한다는 것을 예상할 수 있습니다. 지문 중간의 세부 내용을 언급한 부분에서 축제에 가면 독일어로 말하는 것을 듣고, 소금에 절인 양배추와 마늘을 넣은 훈제 소지지를 먹을 수 있으며, 전통 춤을 추고, 전통적인 예술품과 공예품을 구입할 수 있다고 했으므로 '독일 문화를 경험할'이라고 한 (a)가 정답입니다.

어휘　book[buk] 예약하다; 책　sauerkraut[sáuərkràut] 소금에 절인 양배추　kielbasa[kilbáːsə] 마늘을 넣은 훈제 소지지
traditional[trədíʃənl] 전통의　purchase[pə́ːrtʃəs] 구매하다, 사다　craft[kræft] 공예　hold[hould] 열다, 개최하다
rare[rɛər] 드문　opportunity[àpərtjúːnəti] 기회　overseas[òuvərsíːz] 해외의

03

The Hope Diamond, / one of the world's most famous gems, /
Hope 다이아몬드는   세계에서 가장 유명한 보석 중 하나인

is about to get a new look. (a) The diamond / is being included /
이제 막 새로운 디자인으로 다시 태어나려고 합니다   그 다이아몬드는   특별한 목걸이에 끼워질 것입니다

in a special necklace / to celebrate the 50th anniversary / of
50주년이 된 것을 기념하기 위한

its donation / to the Smithsonian Museum. (b) The 45-karat
기증된지   스미스소니언 박물관에   그 45캐럿 블루 다이아몬드는

blue diamond / was donated to the museum / by jeweler
그 박물관에 기증되었습니다   Harry Winston이라는 보석 상인에 의해

Harry Winston. (c) Three designs for a necklace featuring the
그 다이아몬드를 돋보이도록 하는 목걸이 디자인 세 개가

diamond / are currently being voted on. (d) The winning
현재 투표되고 있습니다   선발된 보석 디자인은

jewelry design / will become part of the Hope Diamond display /
Hope 다이아몬드 전시의 일부가 될 것입니다

at the Smithsonian Museum / for an entire year.
스미스소니언 박물관의   1년 내내

세계에서 가장 유명한 보석 중 하나인 Hope 다이아몬드는 이제 막 새로운 디자인으로 다시 태어나려고 합니다. (a) 그 다이아몬드는 스미스소니언 박물관에 기증된지 50주년이 된 것을 기념하기 위한 특별한 목걸이에 끼워질 것입니다. (b) 그 45캐럿 블루 다이아몬드는 Harry Winston이라는 보석 상인에 의해 그 박물관에 기증되었습니다. (c) 그 다이아몬드를 돋보이도록 하는 목걸이 디자인 세 개가 현재 투표되고 있습니다. (d) 선발된 보석 디자인은 1년 내내 스미스소니언 박물관의 Hope 다이아몬드 전시의 일부가 될 것입니다.

해설 지문 흐름상 어색한 문장을 고르는 문제입니다. 첫 문장에서 '세계에서 가장 유명한 보석 중 하나인 Hope 다이아몬드는 이제 막 새로운 디자인으로 다시 태어나려고 한다'고 언급하고, (a), (c), (d)는 그 새로운 디자인에 대해 말해주고 있으므로 첫 문장과 관련이 있습니다. 그러나 (b)는 '그 45캐럿 블루 다이아몬드는 Harry Winston이라는 보석 상인에 의해 그 박물관에 기증되었다'라는 내용으로 첫 문장과 관련이 없으므로 (b)가 정답입니다.

어휘 famous[féiməs] 유명한   gem[dʒem] 보석   look[luk] 디자인, 모습   celebrate[séləbrèit] 기념하다, 축하하다
donation[dounéiʃən] 기증   museum[mjuːzíːəm] 박물관   jeweler[dʒúːələr] 보석 상인   currently[kə́ːrəntli] 현재
vote[vout] 투표하다   display[displéi] 전시   entire[intáiər] 전체의

04

Japan's Prime Minister Yukio Hatoyama / has announced the
일본의 Yukio Hatoyama 총리는   목표를 발표하였습니다

goal / of reducing the country's carbon emissions by 25 percent /
자국의 탄소 배출을 25퍼센트까지 감축하겠다는

before 2020. This has been welcomed / by environmental
2020년 전에   이는 환영 받았습니다   전 세계의 환경 단체에 의해

groups worldwide, / but many leaders in other countries /
하지만 다른 나라의 많은 지도자들은

are uncomfortable with Hatoyama's statement. That is because /
Hatoyama 총리의 성명에 심기가 불편해하고 있습니다   그 이유는

Hatoyama wants to reach an agreement with them /
Hatoyama 총리가 그들과 합의 보길 원하기 때문입니다

to match his country's efforts / at the climate change
일본의 노력에 부응하기로   기후 변화 컨퍼런스에서

conference / next year. Japan's goal / puts pressure on them /
내년에   일본의 목표는   그들을 압박합니다

to take larger steps / to combat pollution, / which would mean /
더 많은 조치를 취하도록   공해와 싸우기 위해   이것은 의미할 것입니다

spending billions of dollars / to meet standards.
수십억 달러를 쓰는 것을   기준에 부합하기 위해

일본의 Yukio Hatoyama 총리는 자국의 탄소 배출을 2020년 전에 25퍼센트까지 감축하겠다는 목표를 발표하였습니다. 이는 전 세계의 환경 단체에 의해 환영 받았지만, 다른 나라의 많은 지도자들은 Hatoyama 총리의 성명에 심기가 불편해하고 있습니다. 그 이유는 Hatoyama 총리가 내년 기후 변화 컨퍼런스에서 일본의 노력에 부응하기로 그들과 합의 보길 원하기 때문입니다. 일본의 목표는 그들을 공해와 싸우기 위해 더 많은 조치를 취하도록 압박하며, 이것은 기준에 부합하기 위해 수십억 달러를 쓰는 것을 의미할 것입니다.

Q: What is the passage mainly about?

(a) An upcoming climate change conference world leaders will attend

(b) Japan's announcement regarding its effort to reduce pollution

Q: 지문은 주로 무엇에 관한 내용인가?

(a) 세계의 지도자들이 참석할 다가오는 기후 변화 컨퍼런스

(b) 공해를 줄이기 위한 자국의 노력에 관한 일본의 성명

해설 지문의 주제를 묻는 문제입니다. 지문 처음의 소식을 소개하는 부분에서 일본 총리가 자국의 탄소 배출량을 2020년 전에 25퍼센트까지 감축하겠다는 목표를 발표했다고 하였습니다. 따라서 '공해를 줄이기 위한 자국의 노력에 관한 일본의 성명'이라는 내용의 (b)가 정답입니다.

어휘 Prime Minister 총리 goal[goul] 목표 reduce[ridʒúːs] 감축하다 carbon[káːrbən] 탄소 emission[imíʃən] 배출
worldwide[wɔ́ːrldwàid] 전 세계의 statement[stéitmənt] 성명 agreement[əgríːmənt] 합의
conference[kánfərəns] 컨퍼런스, 회의 put pressure on ~을 압박하다 take steps 조치를 취하다 combat[kəmbǽt] 싸우다
pollution[pəlúːʃən] 공해 standard[stǽndərd] 기준 upcoming[ʎpkʎmiŋ] 다가오는

주제: 불법 이민자의 유입을 막기 위해 증원된 국경 순찰대

05

(b)The department of immigration / has increased the number of
이민국이   경찰의 수를 증가 시켰습니다

officers / patrolling along the Arizona border. The decision /
애리조나 국경을 따라 순찰하는   그 결정은

follows last month's arrest / of 450 illegal Mexican immigrants, /
지난달의 체포에 따른 것입니다   멕시코 불법 이민자 450명의

who were found working on farms in the state. (a)**Nearly 300 of**
그 주의 농장에서 일하고 있다가

those arrested / have already been given one-year prison
체포된 사람들 중 거의 300명의 사람들이   이미 징역 1년형을 선고받았습니다

sentences / for using false identity documents. The hope is /
위조 신분증을 사용한 죄로   바람은

that harsh penalties / and increased border patrol / will stop the
엄한 형벌   그리고 증원된 국경 순찰대가

flow of illegal workers.
불법 노동자의 유입을 막아주는 것입니다

(b)이민국이 애리조나 국경을 따라 순찰하는 경찰의 수를 증가 시켰습니다. 그 결정은 지난달 그 주의 농장에서 일하고 있다가 발견된 멕시코 불법 이민자 450명의 체포에 따른 것입니다. 체포된 사람들 중 (a)거의 300명의 사람들이 이미 위조 신분증을 사용한 죄로 징역 1년형을 선고받았습니다. 엄한 형벌과 증원된 국경 순찰대가 불법 노동자의 유입을 막아주었으면 하는 바람입니다.

Q: Which of the following is correct according to the passage?

(a) The illegal immigrants who were caught had expired passports.

(b) Border patrols have been strengthened in Arizona.

Q: 다음 중 지문의 내용과 일치하는 것은?

(a) 체포된 불법 이민자들은 만기된 여권을 가지고 있었다.

(b) 애리조나의 국경 순찰대가 증원되었다.

해설 기사의 내용과 일치하는 것을 묻는 문제입니다. 보기 (b)의 키워드인 Border patrols가 바뀌어 표현된 patrolling along the Arizona border 주변의 내용에서 살펴보면 애리조나 국경 순찰대가 증원되었다는 것을 알 수 있습니다. 따라서 이 내용을 바르게 표현한 (b)가 정답입니다.
(a) 사람들이 위조 신분증을 사용한 죄로 징역 1년형을 선고받았다는 내용은 있지만, '체포된 불법 이민자들은 만기된 여권을 가지고 있었다'는 내용은 언급되지 않았습니다.

어휘 immigration[ìməgréiʃən] 이민, 이주 officer[ɔ́ːfisər] 경찰 patrol[pətróul] 순찰하다; 순찰대 border[bɔ́ːrdər] 국경
immigrant[íməgrənt] 이민자 sentence[séntəns] 형 false[fɔːls] 위조의 identity[aidéntəti] 신분증 harsh[haːrʃ] 엄한
penalty[pénəlti] 형벌 flow[flou] 유입 illegal[ilíːgəl] 불법의 expire[ikspáiər] 만기가 되다, 끝나다

HACKERS TEST

p.270

01 (a)   **02** (b)   **03** (a)   **04** (a)

01

The editorial staff of the Dalton Tribune / believes / that the
Dalton Tribune지의 편집 위원은 　　　　　생각합니다

national trade board / should lower taxes on imported products.
국가 무역 위원회가 　　　　　수입품에 부과되는 세금을 내려야 한다고

Getting rid of trade barriers / will attract overseas distributors /
무역 장벽을 없애는 것은 　　　　　해외 유통업자들을 유치할 것입니다

to sell products / in our country. Although the arrival of
제품을 판매하도록 　　　우리나라에서

competitively priced foreign goods / threatens local
비록 가격 경쟁력이 있는 외국 제품의 유입이 　　　현지 제조업자들을 위협할지라도

manufacturers, / low-priced foreign products / will make
　　　　　저가의 외국 제품들은

consumers happy / by lowering / their shopping bills.
소비자들을 행복하게 할 것입니다 　낮춤으로써 　그들의 구매 계산서 금액을

Thus, / the editorial staff's opinion / is that _____.
그러므로 　그 편집 위원의 의견은

(a) taxes on foreign goods should be decreased
(b) local companies should sell more goods abroad
(c) the national trade board must be punished
(d) stores should try to keep their customers pleased

Dalton Tribune지의 편집 위원은 국가 무역 위원회가 수입품에 부과되는 세금을 내려야 한다고 생각합니다. 무역 장벽을 없애는 것은 우리 나라에서 제품을 판매하도록 해외 유통업자들을 유치할 것입니다. 비록 가격 경쟁력이 있는 외국 제품의 유입이 현지 제조업자들을 위협할지라도, 저가의 외국 제품들은 구매 계산서 금액을 낮춤으로써 소비자들을 행복하게 할 것입니다. 그러므로, 그 편집 위원의 의견은 _____는 것입니다.

(a) 외국 제품에 대한 세금이 인하되어야 한다
(b) 현지 회사들이 해외에 제품을 더 많이 팔아야 한다
(c) 국가 무역 위원회는 처벌받아야 한다
(d) 상점들은 그들의 소비자가 계속 만족하도록 노력해야 한다

해설 지문 마지막의 빈칸을 채우는 문제입니다. 빈칸이 있는 문장 Thus, the editorial staff's opinion is that ____(그러므로, 그 편집 위원의 의견은 ____ 는 것입니다)을 통해 빈칸에 편집 위원의 의견이 무엇인지를 넣어야 한다는 것을 예상할 수 있습니다. 지문의 앞부분에서 Dalton Tribune지의 편집 위원은 국가 무역 위원회가 수입품에 부과되는 세금을 내려야 한다고 생각한다고 했으므로 '외국 제품에 대한 세금이 인하되어야 한다'라고 한 **(a)**가 정답입니다.

어휘 editorial[èdətɔ́:riəl] 편집의　believe[bilí:v] 생각하다　trade[treid] 무역　board[bɔːrd] 위원회　import[impɔ́:rt] 수입하다
get rid of ~을 없애다　barrier[bǽriər] 장벽　distributor[distríbjutər] 유통업자
manufacturer[mæ̀njufǽktʃərər] 제조업자, 제조회사　low-priced 저가의, 값싼　foreign[fɔ́:rən] 외국의, 외국산의　bill[bil] 계산서
abroad[əbrɔ́:d] 해외에　punish[pʌ́niʃ] 처벌하다

02

Starting in July, / Doctors Abroad / will begin / promoting the
7월부터 　　　Doctors Abroad는 　시작할 것입니다

use of nutritional supplements / among pregnant Pakistani
영양 보조제의 사용을 장려하는 것을 　　　파키스탄 임신부들 사이에

women. Statistics show / that Pakistani women / don't take
　　　통계는 보여줍니다 　　파키스탄 여성들이

enough vitamins / during pregnancy. If a pregnant mother
비타민을 충분히 섭취하지 않는다는 것을 　임신 기간 중에

does not get enough vitamins, / problems with the baby /
만일 임산부가 충분한 비타민을 섭취하지 않는다면 　　아기에게 문제를

are more likely to develop. Doctors Abroad / will be handing
일으킬 가능성이 더 커질 수 있습니다 　Doctors Abroad는 　나누어 드릴 것입니다

out / vitamin supplements / at women's clinics / in many cities.
　　비타민 보조제를 　　　산부인과에서 　　　여러 도시의

The group hopes / to lower the rate / of birth defects /
그 단체는 희망합니다 　비율을 낮추기를 　선천적 결손증의

by over 50 percent.
50퍼센트 이상

7월부터, Doctors Abroad는 파키스탄 임신부들 사이에 영양 보조제 사용을 장려하기 시작할 것입니다. 통계는 파키스탄 여성들이 임신 기간 중에 비타민을 충분히 섭취하지 않는다는 것을 보여줍니다. 만일 임산부가 충분한 비타민을 섭취하지 않는다면, 아기에게 문제를 일으킬 가능성이 더 커질 수 있습니다. Doctors Abroad는 여러 도시의 산부인과에서 비타민 보조제를 나누어 드릴 것입니다. 그 단체는 선천적 결손증의 비율을 50퍼센트 이상 낮추기를 희망합니다.

Q: What can be inferred from the passage?

(a) Pakistan does not have a good medical system.

(b) Birth defects are a problem for pregnant women in Pakistan.

(c) Pregnant women eat more than usual.

(d) Doctors Abroad is a manufacturer of nutritional supplements.

Q: 지문에서 추론할 수 있는 것은 무엇인가?

(a) 파키스탄은 좋은 의료 제도가 없다.

(b) 파키스탄 임신부들에게 선천적 결손증이 문제가 되고 있다.

(c) 임신부들은 평소보다 더 많이 먹는다.

(d) Doctors Abroad는 영양 보조제 제조회사이다.

해설   지문에서 추론할 수 있는 것을 묻는 문제입니다. 기사의 세부 내용을 언급한 부분에서 파키스탄 여성들이 임신 기간 중에 비타민을 충분히 섭취하지 않으며, 그로 인해 아기에게 문제가 나타날 가능성이 더 커질 수 있다고 설명하고 있습니다. 이를 통해 파키스탄 임신부들에게 선천적 결손증이 문제가 되고 있다는 것을 추론할 수 있으므로 (b)가 정답입니다.
(a) 지문을 통해 파키스탄에 좋은 의료 제도가 없다는 것은 추론할 수 없습니다.

어휘   **promote**[prəmóut] 장려하다; 촉진하다   **nutrition**[njuːtríʃən] 영양   **supplement**[sʌ́pləmənt] 보조제   **pregnant**[préɡnənt] 임신한
statistics[stətístiks] 통계   **develop**[divéləp] 일으키다   **hand out** 나누어 주다

주제: 위험한 잡초를 없애기 위해 바구미를 도입한 세네갈 국립 공원

03
~
04

Djoudj National Park in Senegal / has introduced thousands
세네갈 Djoudj 국립 공원은   수천 마리의 바구미를 들여왔습니다

of weevils / into the park. Weevils are small, plant-eating
공원에   바구미는 작은 초식 곤충입니다

insects. [03]They have been let loose in the park / as a measure /
그들은 공원에 풀어졌습니다   대책으로

against an overgrowth of Salvinia molesta. Salvinia molesta,
Salvinia molesta의 과잉 성장에 대한   Salvinia molesta

or giant salvinia, / is an invasive weed / that grows quickly /
또는 거인 salvinia는   침습성 잡초입니다   빨리 자라는

and can spread over a large area / in a matter of weeks.
그리고 넓은 지역으로 퍼질 수 있습니다   몇 주 만에

As it spreads, / the weed deprives / native plants of nutrients
퍼지면서   그 잡초는 빼앗습니다   토종 식물의 영양분과 성장 공간을

and growing space.

In Djoudj National Park, / Salvinia molesta had proliferated /
Djoudj 국립 공원에서   Salvinia molesta는 급증했습니다

to the point of threatening animals / that depend on the nature
동물들을 위협할 정도로   자연 구역에 의존하는

area. [04]The native plants at Djoudj National Park constitute /
Djoudj 국립 공원의 토종 식물은 구성합니다

an important part of the diet / of local wildlife. They also
식습관에 있어서 중요한 부분을   지역 야생동물의

provide nourishment / to hundreds of species of migrating
그들은 또한 영양을 공급합니다   이동하는 수백 종의 새들에게

birds. [03]Recognizing the need / to protect the plants from
필요성을 인지하고   Salvinia molesta로부터 식물을 보호하기 위할

Salvinia molesta, / the park's maintenance committee
공원의 관리 위원회는 정식으로 허가했습니다

authorized / the purchase of the weevils. They hope / this action
바구미의 구매를   그들은 희망합니다

will preserve the plants / that sustain animals in the park.
이 조치가 식물을 보호할 것을   공원의 동물들이 살아갈 수 있게 해주는

세네갈 Djoudj 국립 공원은 수천 마리의 바구미를 공원에 들여왔습니다. 바구미는 작은 초식 곤충입니다. [03]그들은 Salvinia molesta의 과잉 성장에 대한 대책으로 공원에 풀어졌습니다. Salvinia molesta 또는 거인 salvinia는 빨리 자라는 침습성 잡초이고 몇 주 만에 넓은 지역으로 퍼질 수 있습니다. 그 잡초는 퍼지면서 토종 식물의 영양분과 성장 공간을 빼앗습니다.

Djoudj 국립 공원에서, Salvinia molesta는 자연 구역에 의존하는 동물들을 위협할 정도로 급증했습니다. [04]Djoudj 국립 공원의 토종 식물은 지역 야생동물의 식습관에 있어서 중요한 부분을 구성합니다. 그들은 또한 이동하는 수백 종의 새들에게 영양을 공급합니다. [03]공원의 관리 위원회는 Salvinia molesta로부터 식물을 보호하기 위할 필요성을 인지하고 바구미의 구매를 정식으로 허가했습니다. 그들은 이 조치가 공원의 동물들이 살아갈 수 있게 해 주는 식물을 보호할 것을 희망합니다.

03. Q: What is the news report mainly about?

    ⓐ A plan to get rid of an unwanted plant species

    (b) A strategy to control the number of a park's animals

    (c) A discussion about the visitor management policies of a national park

    (d) A proposal to establish a committee to protect the environment

04. Q: Why is it important to save the native plants of Djoudj National Park?

    ⓐ They serve as food for birds that visit the area.

    (b) They provide a source of income for nearby communities.

    (c) Some of them cannot be found in other habitats.

    (d) They are used to make several types of traditional medicine.

03. Q: 뉴스 보도는 주로 무엇에 관한 내용인가?

    ⓐ 원치 않는 식물 종을 제거하려는 계획

    (b) 공원 동물들의 수를 통제하려는 전략

    (c) 국립 공원의 방문객 운영 정책에 대한 논의

    (d) 환경 보호를 위한 위원회를 구성할 것을 제안

04. Q: 왜 Djoudj 국립 공원의 토종 식물을 구하는 것이 중요한가?

    ⓐ 그 지역을 방문하는 새들에게 먹이 역할을 한다.

    (b) 인근 지역 사회에 수입원을 제공한다.

    (c) 일부는 다른 서식지에서 찾을 수 없다.

    (d) 여러 종류의 전통 약재를 만드는 데 사용된다.

해설 03. 뉴스 보도의 주제를 묻는 문제입니다. 지문에서 공원 토종 식물의 영양분과 성장 공간을 빼앗는 위험한 잡초의 번식을 막기 위해, 바구미를 들여왔다고 언급하고 있습니다. 따라서 '원치 않는 식물 종을 제거하려는 계획'이라는 내용의 (a)가 정답입니다.

04. Djoudj 국립 공원의 토종 식물을 구하는 것이 왜 중요한지를 묻는 육하원칙 문제입니다. 보기 (a)의 키워드인 **birds that visit the area**가 바뀌어 표현된 **migrating birds** 주변의 내용을 살펴보면 토종 식물이 이동하는 수백 종의 새들에게 영양을 공급한다는 것을 알 수 있습니다. 따라서 '그 지역을 방문하는 새들에게 먹이 역할을 한다'는 내용의 (a)가 정답입니다.

어휘 **introduce**[ìntrədʒúːs] 들여오다, 도입하다; 소개하다   **weevil**[wíːvəl] (곤충) 바구미   **insect**[ínsekt] 곤충
overgrowth[óuvərgròuθ] 과잉 성장   **invasive**[invéisive] 침습성의   **in a matter of** 만에, 동안에   **deprive**[dipráiv] 빼앗다
nutrient[njúːtriənt] 영양분   **proliferate**[prəlífərèit] 급증하다, 증식하다   **threaten**[θrétn] 위협하다
constitute[káːnstətjùːt] 구성하다   **nourishment**[nə́riʃmənt] 영양   **migrate**[máigreit] 이동하다, 이주하다
maintenance[méintənəns] 관리, 유지   **committee**[kəmíti] 위원회   **authorize**[ɔ́ːθəràiz] 정식으로 허가하다
preserve[prizə́ːrv] 보호하다   **sustain**[səstéin] 살아갈 수 있게 하다

CHAPTER
10 편지

HACKERS PRACTICE

01 (b)   **02** (a)   **03** (b)   **04** (b)   **05** (b)

01

주제: 이사온 지 얼마 안 된 곳에서 친구를 사귀는 방법 문의

Dear Helpful Helen,

What can a shy person do / to make new friends?
부끄럼을 많이 타는 사람이 무엇을 할 수 있을까요   친구를 사귀려면

I've just moved to Hawaii. I enjoy / the wonderful scenery here /
저는 하와이로 이사온 지 얼마 되지 않았습니다   저는 즐겨요   이곳의 훌륭한 풍경과

and the exotic culture, / but I need a social life as well.
     이국적인 문화를   그러나 사회 생활도 필요해요

_____ when people tell me / I should join a club /
        사람들이 저에게 말하면   클럽에 가입하라고   ○

조언자 Helen께,
부끄럼을 많이 타는 사람이 친구를 사귀려면 무엇을 할 수 있을까요? 저는 하와이로 이사온 지 얼마 되지 않았습니다. 이곳의 훌륭한 풍경과 이국적인 문화를 즐기고 있지만 사회 생활도 필요해요. 사람들이 저에게 독신을 위한 클럽에 가입하라거나 낯선 사람에게 말을 걸어보라고 하면 _____.

140 본 교재 무료 동영상강의 HackersTEPS.com

for single people / or try starting a conversation with a
독신을 위한   아니면 낯선 사람에게 말을 걸어보라고

stranger. Doing those things / makes me nervous.
그런 것들을 하는 것은   저를 긴장하게 해요

Do you have any advice?
조언 좀 해주시겠어요

Shy in Hawaii

(a) I am thankful
ⓑ It doesn't help me

그런 것들을 하는 것은 저를 긴장하게 해요. 조언 좀 해주시겠어요?
하와이의 부끄럼을 많이 타는 사람 올림

(a) 저는 고마워해요
ⓑ 저에겐 도움이 안 돼요

해설 지문 중간의 빈칸을 채우는 문제입니다. 빈칸이 있는 문장 ____ when people tell me I should join a club for single people or try starting a conversation with a stranger(사람들이 저에게 독신을 위한 클럽에 가입하라거나 낯선 사람에게 말을 걸어보라고 하면 ___)를 통해 빈칸에 사람들의 조언에 대한 글쓴이의 반응이 어떠한지를 넣어야 한다는 것을 예상할 수 있습니다. 지문의 뒷부분에서 그와 같은 조언에 따르는 것은 글쓴이를 긴장하게 하므로 '저에겐 도움이 안 돼요'라고 한 (b)가 정답입니다.

어휘 shy[ʃai] 숫기 없는, 부끄럼 타는   move[muːv] 이사하다; 이동하다   scenery[síːnəri] 풍경, 장관   exotic[igzátik] 이국적인; 색다른
join[dʒɔin] 가입하다, 참가하다   club[klʌb] 클럽, 동호회   single[síŋgl] 독신의   conversation[kànvərséiʃən] 대화, 좌담
stranger[stréindʒər] 낯선 사람   nervous[nə́ːrvəs] 긴장한, 초조한   advice[ædváis] 조언, 충고

주제: 여행 간 친구가 맡기고 간 개에 대한 소식 전달

02

Dear Ramona,

How is your trip? I am so jealous / that you are at the beach.
여행은 어때   정말 부럽다   네가 해변에 있다니

Your dog is doing fine here, / but there was a small problem /
너의 개는 여기서 잘 지내고 있어   그런데 작은 문제가 있었어

last night. There was a bad storm going on outside, / and we
어젯밤에   밖에서 심한 폭풍이 몰아쳤어

had locked the dog / in the guest bedroom. The dog started
그리고 우리는 개를 가둬두었어   손님용 침실에   개는 짖기 시작했어

barking / and finally woke Frank and me up. Once we opened
그리고 결국 Frank와 나를 깨웠지   우리가 방문을 열자마자

the door, / the dog ran into our bedroom / and slept silently
개가 우리의 침실로 뛰어들어 왔어   그리고 우리 침대에서 조용히 잠들었어

in our bed. I guess he's afraid of storms / and wants company.
개가 폭풍을 무서워하는 것 같아   그래서 누군가 같이 있어주길 원하는 것 같아

If it storms again, / we'll be sure / to _____.
폭풍이 다시 불면   우리는 반드시 ~할게

Joey

ⓐ let the dog sleep in our bedroom
(b) stay awake all night checking on the dog

Ramona에게,
여행은 어때? 해변에 있다니 정말 부럽다. 너의 개는 여기서 잘 지내고 있는데, 어젯밤에는 작은 문제가 있었어. 밖에서 심한 폭풍이 몰아쳤고 우리는 개를 손님용 침실에 가둬두었어. 개는 짖기 시작했고 결국 Frank와 나를 깨웠지. 우리가 방문을 열자마자, 개가 우리 침실로 뛰어들어 오더니 우리 침대에서 조용히 잠들지 뭐야. 개가 폭풍을 무서워해서 누군가 같이 있어주길 원하는 것 같아. 폭풍이 다시 불면, 우리는 반드시 _____할게.
Joey가

ⓐ 개가 우리 침실에서 잘 수 있도록
(b) 밤새 깨어 있으면서 개를 확인하도록

해설 지문 마지막의 빈칸을 채우는 문제입니다. 빈칸이 있는 문장 If it storms again, we'll be sure to ____(폭풍이 다시 불면, 우리는 반드시 ___할게)를 통해 빈칸에 폭풍이 다시 불면 무엇을 할지를 넣어야 한다는 것을 예상할 수 있습니다. 지문에서 개를 손님용 침실에 가둬두었는데 폭풍이 몰아쳐서 짖어 대는 바람에 글쓴이의 방에서 자게 했다는 일화를 들면서, 개가 폭풍을 무서워해서 누군가 같이 있어주길 원하는 것 같다고 했으므로 '개가 우리 침실에서 잘 수 있도록'이라고 한 (a)가 정답입니다.

어휘 jealous[dʒéləs] 부러워하는, 질투하는   storm[stɔːrm] 폭풍; 폭풍이 불다   go on 발생하다, 일어나다   lock[lɑk] 가두다
guest[gest] 손님용의   bark[bɑːrk] 짖다   silently[sáiləntli] 조용히; 고요하게   company[kʌ́mpəni] 같이 있음
be sure to 반드시 ~하다, 꼭 ~하다   let[let] ~하게 해주다   stay awake 깨어 있다   all night 밤새도록   check[tʃék] 확인하다

Chapter 10 편지 **141**

03

Dear Mr. Gomez,

I am writing to confirm / that you've granted me / two weeks
저는 확인하기 위해 편지를 씁니다   당신이 저에게 주셨다는 것을   2주 간의 임시 휴가를

of temporary leave, / beginning June 26. I must finalize /
6월 26일부터   저는 끝내야 합니다

a rental car and hotel reservations / this evening / for my family
렌트카와 호텔 예약을   오늘 저녁에   가족 여행을 위해서

vacation. To do this, / I must be certain / I have that time off
그러기 위해서   저는 확실히 알아야 합니다   제가 휴가를 받았다는 것을

work. Without a final decision, / I'll have to cancel the trip.
최종 결정이 내려지지 않으면   여행을 취소해야 합니다

Please contact me / as soon as possible.
연락해 주시기 바랍니다   가능한 한 빨리

Denise Driscoll

Q: What is the letter mainly about?

(a) Hotel and car reservations

ⓑ A previous request for time off work

Mr. Gomez께,

저에게 6월 26일부터 2주 간의 임시 휴가를 주셨다는 것을 확인하기 위해 편지를 씁니다. 가족 여행을 위해서 오늘 저녁에 렌트카와 호텔 예약을 끝내야 합니다. 그러기 위해서 저는 휴가를 받았는지 확실히 알아야 합니다. 최종 결정이 내려지지 않으면, 여행을 취소해야 합니다. 가능한 한 빨리 연락해 주시기 바랍니다.

Denise Driscoll

Q: 편지는 주로 무엇에 관한 내용인가?

(a) 호텔과 자동차 예약

ⓑ 사전 휴가 요청

해설   편지의 주제를 묻는 문제입니다. 지문 앞부분의 편지 목적에서 Mr. Gomez가 글쓴이에게 6월 26일부터 2주 간의 휴가를 준 사실을 확인하기 위해 편지를 보낸다고 밝히고 있습니다. 따라서 '사전 휴가 요청'이라는 내용의 (b)가 정답입니다.

어휘   confirm[kənfə́ːrm] 확인하다, 확증하다   grant[grænt] 주다, 허가하다   temporary[témpərèri] 임시의   leave[liːv] 휴가
finalize[fáinəlàiz] 끝내다; ~에 결말을 짓다   rental[réntl] 임대의, 임대할 수 있는   vacation[veikéiʃən] 휴가
certain[sə́ːrtn] 확신하는   decision[disíʒən] 결정

04

Dear Manager,

I am a frequent guest at your hotel, / and I booked a stay last
저는 귀 호텔의 단골 고객입니다   지난주에도 숙박을 예약했습니다

week. I typically enjoy / your establishment, / but there was a
저는 대체로 만족합니다   귀 시설에   그러나 문제가 하나 있었습니다

problem / this time. The room was filled with bugs, / which
이번에는   방은 벌레로 가득 차 있었습니다

I saw crawling / in the bathroom and under the bed.
제가 기어 다니고 있는 것을 보았던   화장실과 침대 밑에서

I was shocked / that a five-star hotel like yours / would have
저는 충격을 받았습니다   귀 호텔과 같은 5성급 호텔에   벌레가 있다는 사실에

bugs. Instead of moving to another room, / I requested a
다른 방으로 옮기는 대신   저는 환불을 요청했습니다

refund / and left the hotel. Unless something is done / about
그리고 호텔에서 나왔습니다   어떤 조치도 취해지지 않는다면

the problem, / I will not be returning.
그 문제에 대해   저는 다시 오지 않을 것입니다

Respectfully,
Pam Tobias

Q: What is the purpose of this letter?

(a) To request a refund for a canceled reservation

ⓑ To inform management about a bug problem

지배인님께,

저는 귀 호텔의 단골 고객으로, 지난주에도 숙박을 예약했습니다. 저는 대체로 귀 시설에 만족하지만, 이번에는 문제가 하나 있었습니다. 방에 벌레가 가득했다는 것인데, 화장실과 침대 밑에서 기어 다니고 있는 것을 제가 보았습니다. 저는 귀 호텔과 같은 5성급 호텔에 벌레가 있다는 사실에 충격을 받았습니다. 다른 방으로 옮기는 대신, 저는 환불을 요청하고 호텔에서 나왔습니다. 그 문제에 대해 어떤 조치도 취해지지 않는다면, 다시는 이 호텔을 찾지 않을 것입니다.

Pam Tobias 드림

Q: 이 편지의 목적은 무엇인가?

(a) 취소한 예약에 대해 환불을 요청하기 위해서

ⓑ 경영자 측에 벌레 문제에 대해 알리기 위해서

해설 편지의 목적을 묻는 문제입니다. 지문의 중간과 마지막에서 호텔의 방에서 벌레가 나왔다고 문제를 제기하면서 그 문제에 어떤 조치도 취해지지 않는다면 다시는 호텔을 찾지 않을 것이라고 하고 있습니다. 따라서 '경영자 측에 벌레 문제에 대해 알리기 위해서'라는 내용의 (b)가 정답입니다.

어휘 **frequent guest** 단골 고객　**typically**[típikəli] 대체로, 일반적으로　**establishment**[istǽbliʃmənt] 시설
be filled with ~로 가득 차다　**bug**[bʌg] 벌레　**crawl**[krɔːl] 기다　**shock**[ʃɑk] 충격을 주다　**five-star** 별 5개의, 일류의

주제: 연체된 자동차 임대료에 대해 통보

주제: 연체된 자동차 임대료에 대해 통보

05

Dear Mr. Brown,

Please be reminded / that (a)**your car lease payment / has been**
　　상기해주시기 바랍니다　　　　귀하의 자동차 임대료가　　지불 기한이 넘었다는 것을

overdue / for 45 days. (b)If we do not receive / the money
　　45일째　　　　만약 저희가 받지 못한다면　　귀가가 빚지고 있는 돈을

you owe / by April 19, / you will be in default. At that point, /
귀가가　　　　4월 19일까지　　귀하는 채무 불이행자가 됩니다　　그 시점에는

we will have no choice but to exercise our right / to take your
저희는 저희의 권리를 행사할 수 밖에 없습니다　　　　　당신의 자동차를 압류할

car. The lease agreement clearly states / that meeting monthly
　임대 계약서는 명시하고 있습니다　　　　매달 할부금을 갚는 것은

payments / is the customer's obligation. We insist / on
　　　　고객의 의무라고　　　　저희는 요구하는 바입니다

enforcing the contract.
계약을 이행하실 것을

Sincerely,
Jenny Bivens
PD Motors

Q: Which of the following is correct according to the letter?

(a) PD Motors wants the matter settled in 45 days.
(b) PD Motors will take the car if lease payments remain unpaid.

Mr. Brown께,
(a)귀하의 자동차 임대료가 45일째 지불 기한이 넘었다는 것을 상기해주시기 바랍니다. (b)만약 저희가 4월 19일까지 귀하가 빚지고 있는 돈을 받지 못한다면, 귀하는 채무 불이행자가 됩니다. 그 시점에는, 저희는 당신의 자동차를 압류할 저희의 권리를 행사할 수밖에 없습니다. 임대 계약서에 매달 할부금을 갚는 것은 고객의 의무라고 명시되어 있습니다. 저희는 계약을 이행하실 것을 요구하는 바입니다.
Jenny Bivens 드림
PD Motors사

Q: 다음 중 편지의 내용과 일치하는 것은?

(a) PD Motors사는 이 문제가 45일 내에 해결되기를 바란다.
(b) 임대료가 미지불 상태로 유지된다면 PD Motors사는 차를 압류할 것이다.

해설 편지의 내용과 일치하는 것을 묻는 문제입니다. 보기 (b)의 키워드인 if lease payments remain unpaid가 바뀌어 표현된 If we do not receive the money you owe 주변의 내용을 살펴보면 돈을 기한 내에 지불하지 않으면 PD Motors사측에서 차를 압류할 권리를 행사할 것을 알 수 있습니다. 따라서 이 내용을 바르게 표현한 (b)가 정답입니다.
(a) Mr. Brown의 자동차 임대료가 45일째 지불 기한이 넘었다고만 했으므로 'PD Motors사는 이 문제가 45일 내에 해결되기를 바란다'는 지문의 내용과 다릅니다.

어휘 **lease**[liːs] 임대차, 임대차 계약　**payment**[péimənt] 지불, 지불 금액　**overdue**[òuvərdjúː] 지불 기한이 넘은
default[difɔ́ːlt] 채무 불이행　**have no choice but to** ~할 수 밖에 없다　**exercise**[éksərsàiz] (권력 등을) 행사하다
take[teik] 압류하다, 빼앗다　**state**[steit] (문서로) 명확히 제시하다　**meet**[miːt] (비용·부채 등을) 갚다, 지급하다
obligation[àbləgéiʃən] 의무, 책무　**contract**[kɑ́ntrækt] 계약

HACKERS TEST

01 (d)　　**02** (c)　　**03** (c)　　**04** (a)

주제: 노동 조합에 대해 잘못된 정보에 근거한 논설에 대한 반박

01

Dear Mr. Levine,

I didn't appreciate / your recent article / about the harm that
저는 높이 평가하지 않습니다　　당신의 최근 논설을　　노동조합이 가하는 해악에 관한

Mr. Levine께,
저는 노동조합이 가하는 해악에 관한 당신의 최근

해커스 텝스 BASIC READING

labor unions do. Your comments are misinformed. During the
당신의 논평은 잘못된 정보를 전하고 있습니다

recent economic downturn, / human resources departments
최근의 경기 침체 동안　　　　　모든 회사의 인사부는

in all companies / have been terminating workers. At some
노동자들을 해고했습니다　　몇몇 회사에서는

companies, / workers are being fired / without any advance
노동자들이 해고되고 있습니다　　어떠한 사전 통보도 없이

notice / and with no time / to find another job. Labor unions
그리고 시간이 없이　　다른 직장을 구할

help prevent this / while protecting workers' rights. I disagree /
노동조합은 이를 방지하도록 도와줍니다　노동자의 권익을 보호하는 동시에　저는 반대합니다

with your _____.
당신의

(a) harmful actions towards workers
(b) inaccurate employment statistics
(c) uninteresting articles about politics
(d) incorrect criticisms of such groups

논설을 높이 평가하지 않습니다. 당신의 논평은 잘
못된 정보를 전하고 있습니다. 최근의 경기 침체 동
안 모든 회사의 인사부가 노동자들을 해고했습니
다. 몇몇 회사에서는 어떠한 사전 통보와 다른 직
장을 구할 시간도 없이 노동자들이 해고되고 있습
니다. 노동조합은 노동자의 권익을 보호하는 동시
에 이와 같은 사태를 방지해 줍니다. 저는 당신의
_____에 반대합니다.

(a) 노동자들에게 해가 되는 행동
(b) 부정확한 고용 통계치
(c) 정치에 관한 지루한 논설
(d) 그런 십난에 대한 무성확한 비판

해설　지문 마지막의 빈칸을 채우는 문제입니다. 빈칸이 있는 문장 I disagree with your ____(저는 당신의 ___에 반대합니다)를 통해 빈칸에 글
　　쓴이가 상대방의 무엇에 반대하는지를 넣어야 한다는 것을 예상할 수 있습니다. 지문 앞부분의 편지 목적에서 노동조합이 가하는 해악에
　　관한 Mr. Levine의 최근 논설이 잘못된 정보를 전하고 있다고 언급하고 있으므로 '그런 집단에 대한 부정확한 비판'이라고 한 (d)가 정답
　　입니다.

어휘　appreciate[əpríːʃièit] 높이 평가하다　article[áːrtikl] 논설, 기사　labor union 노동조합
　　comment[káment] (시사 문제 등의) 논평, 비판　misinform[mìsinfɔ́ːrm] 잘못된 정보를 전하다　downturn[dáuntəːrn] 침체; 하향
　　human resources (기업 등의) 인사부　terminate[tə́ːrmənèit] 해고하다, 끝내다　fire[fáiər] 해고하다
　　advance[ədvǽns] 사전의, 앞서의　right[rait] 권익　inaccurate[inǽkjurət] 부정확한　statistics[stətístiks] 통계치
　　uninteresting[ʌníntərìstiŋ] 지루한, 재미없는　criticism[krítisìzm] 비판, 비평

주제: 회의 세부 일정 전달

02

Dear conference attendees,

(a)Tomorrow / is our first day of management seminars.
내일은　　　　경영 세미나 첫째 날입니다

The opening speech / will be given by Dr. James McGovern /
개회사는　　　　Dr. James McGovern에게 맡겨질 것입니다

at 9 a.m. in the Emerald Ballroom. It should last about
오전 9시 Emerald Ballroom에서　　　그것은 한 시간 정도 소요될 것입니다

one hour. After this, / delegates will break into small groups /
이 다음에는　　　대표들이 소집단으로 나뉠 것입니다

to participate in team-building exercises. A lunch break will
팀 구축 과제에 참여하기 위해　　　점심 시간은 일어날 것입니다

occur / from noon to 1 p.m. Lastly, / Sandy O'Brien of
정오부터 오후 1시까지　　끝으로

ARC Accounting will discuss / the financial responsibilities
ARC Accounting사의 Sandy O'Brien 씨가 논의할 것입니다

of upper-level managers / like yourselves. (b)(c)Her talk will be
고위 경영자들의 재정상의 책임에 대해　여러분과 같은　그녀의 강연은 열릴 것입니다

held / from 1 p.m. to 3 p.m. / in Conference Room G. You will
오후 1시부터 오후 3시까지　　Conference Room G에서

be free to go / afterward.
가셔도 좋습니다　그 후에는

회의 출석자 분들께,

(a)내일은 경영 세미나 첫째 날입니다. Dr. James
McGovern이 오전 9시 Emerald Ballroom에서 개
회사를 맡아주실 것입니다. 개회사는 한 시간 정도 소
요될 것입니다. 이 다음에는, 팀 구축 과제에 참여하
기 위해 대표들이 소집단으로 나뉠 것입니다. 점심 시
간은 정오부터 오후 1시까지가 될 것입니다. 끝으로,
ARC Accounting사의 Sandy O'Brien 씨가 여러
분과 같은 고위 경영자들의 재정상의 책임에 대해 논
의할 것입니다. (b)(c)그녀의 강연은 오후 1시부터 오후
3시까지 Conference Room G에서 열릴 것입니다.
그 후에는 가셔도 좋습니다.

John Stafford 드림

Sincerely,
John Stafford

Q: Which is correct according to the letter?

(a) The seminars will end tomorrow.
(b) All talks will be held in the Emerald Ballroom.
(c) The final discussion will end at 3 p.m.
(d) The attendees want to become accountants.

Q: 편지의 내용과 일치하는 것은?

(a) 세미나는 내일 끝난다.
(b) 모든 강연은 Emerald Ballroom에서 열린다.
(c) 최종 논의는 오후 3시에 끝난다.
(d) 출석자들은 회계사가 되고 싶어 한다.

해설 편지의 내용과 일치하는 것을 묻는 문제입니다. 보기 (c)의 키워드인 The final discussion과 관련 있는 You will be free to go afterward 주변의 내용에서 살펴보면 Conference Room G에서 열리는 강연 후에 가도 된다고 했으므로, 오후 1시부터 3시까지의 강연이 마지막 강연이라는 것을 알 수 있습니다. 따라서 이 내용을 바르게 표현한 (c)가 정답입니다.
(a) 내일이 경영 세미나 첫째 날이라고 했으므로 '세미나는 내일 끝난다'는 지문의 내용과 다릅니다.
(b) Sandy O'Brien의 강연이 Conference Room G에서 열린다고 했으므로 '모든 강연은 Emerald Ballroom에서 열린다'는 지문의 내용과 다릅니다.
(d) 세미나 출석자들이 회계사가 되고 싶어 한다는 것은 지문에 언급되지 않았습니다.

어휘 **opening speech** 개회사 **last**[læst] 계속되다 **delegate**[déləgèit] 대표, 사절 **participate in** ~에 참여하다
occur[əkə́:r] 발생하다, 일어나다 **financial**[fainǽnʃəl] 재정의 **talk**[tɔ:k] 강연, 좌담 **accountant**[əkáuntənt] 회계사

주제: 수리 요청한 모니터가 도착하지 않자 불만을 토로하며 환불 요구

03
≀
04

To whom it may concern:
관계자분께

I have given up waiting / to receive my computer monitor back /
저는 기다리는 것을 포기했습니다   제 컴퓨터 모니터를 돌려받기 위해

from your company. On September 22, / I sent my model
귀사로부터   9월 22일에   저는 RS-232 모델 모니터를 보냈습니다

RS-232 monitor / to your repair center / because the screen
귀사의 수리 센터에   화면이 작동하는 것을 멈추었기 때문에

had stopped working. 04However, / no one has contacted me /
그러나   아무도 저에게 연락하지 않았습니다

about the progress of the repairs / since acknowledging
수리의 경과에 대해   모니터 수령 알림 이후로

receipt of the monitor. And it has been over a month! This is
게다가 한 달이나 지났습니다

highly unprofessional, / and I am so tired of waiting.
이것은 매우 전문가답지 못합니다   그리고 저는 기다리는 데 너무 지쳤습니다

03Please refund me the $199 / that I paid for the monitor /
저에게 199달러를 환불해 주십시오   제가 모니터에 지급한

at PlugIt Electronics. I will not accept / a gift certificate or
PlugIt Electronics에서   저는 받지 않겠습니다   상품권이나 대체 물품을

replacement item. I would also like to be compensated /
저는 또 보상받고 싶습니다

for the $32 / that it cost me / to send you the monitor. I have
32달러를   저에게 든   귀사에 모니터를 보내기 위해

enclosed my bank account information. I hope this matter can
제 은행 계좌 정보를 동봉하였습니다   이 사안이 해결되기 바랍니다

be settled / as soon as possible.
가능한 한 빨리

Sincerely,
Derek Mitchell

관계자분께:
저는 귀사로부터 제 컴퓨터 모니터를 돌려받기 위해 기다리는 것을 포기했습니다. 화면이 작동하는 것을 멈추었기 때문에 저는 9월 22일에 RS-232 모델 모니터를 귀사의 수리 센터에 보냈습니다. 04그러나, 모니터 수령 알림 이후로 아무도 저에게 수리의 경과에 대해 연락하지 않았습니다. 게다가 한 달이나 지났습니다! 이것은 매우 전문가답지 못하며, 저는 기다리는 데 너무 지쳤습니다.
03제가 PlugIt Electronics에서 모니터에 지급한 199달러를 환불해 주십시오. 저는 상품권이나 대체 물품은 받지 않겠습니다. 저는 또 귀사에 모니터를 보내기 위해 제가 지불한 32달러를 보상받고 싶습니다. 제 은행 계좌 정보를 동봉하였습니다. 이 사안이 가능한 한 빨리 해결되기 바랍니다.
Derek Mitchell 드림

03. Q: What is the purpose of the letter?

    (a) To learn the price of a computer repair service

    (b) To determine the closest repair center in a city

    (c) To demand reimbursement of expenses related to some equipment

    (d) To request a set of directions for adjusting a screen

04. Q: What can be inferred from the passage?

    (a) The company notified the writer about the arrival of a delivery.

    (b) The RS-232 computer monitor is no longer being made.

    (c) The writer unsuccessfully tried to repair a product himself.

    (d) The company paid the shipping fee for a package in advance.

03. Q: 편지의 목적은 무엇인가?

    (a) 컴퓨터 수리 서비스의 가격을 알기 위해

    (b) 도시에 있는 가장 가까운 수리 센터를 확인하기 위해

    (c) 어떤 장비와 관련된 비용의 상환을 요구하기 위해

    (d) 화면 조정을 위한 일련의 사용법을 요청하기 위해

04. Q: 지문에서 추론할 수 있는 것은 무엇인가?

    (a) 회사는 배송 도착에 대해 글쓴이에게 공지했다.

    (b) RS-232 컴퓨터 모니터는 더 이상 만들어지지 않는다.

    (c) 글쓴이는 스스로 제품을 고치려고 시도하는 데 실패하였다.

    (d) 회사는 미리 상품의 배송비를 지급하였다.

해설 03. 편지의 목적을 묻는 문제입니다. 지문의 마지막에서 글쓴이는 모니터에 지급한 금액의 환불과 모니터를 회사로 보내는 데 든 금액을 보상받고 싶다고 하면서 은행 계좌 정보를 동봉하였다고 말하고 있습니다. 따라서 '어떤 장비와 관련된 비용의 상환을 요구하기 위해'라는 내용의 (c)가 정답입니다.

04. 지문에서 추론할 수 있는 것을 묻는 문제입니다. 지문에서 글쓴이는 모니터 수령 알림 이후로 수리의 경과에 대해서 아무도 연락을 주지 않았다고 말하고 있습니다. 이를 통해 회사가 배송 도착에 대해 글쓴이에게 공지했음을 추론할 수 있으므로 (a)가 정답입니다.

    (b) RS-232 컴퓨터 모니터가 더 이상 만들어지지 않는지는 추론할 수 없습니다.

    (c) 글쓴이가 스스로 제품을 고치려고 시도했는지는 추론할 수 없습니다.

    (d) 회사가 미리 상품의 배송비를 지급하였는지는 추론할 수 없습니다.

어휘 **give up** 포기하다 **receive**[risíːv] 받다 **unprofessional**[ʌ̀nprəféʃənl] 전문가답지 못한 **refund**[rifʌ́nd] 환불하다
gift certificate 상품권 **compensate**[kámpənsèit] 보상하다 **enclose**[inklóuz] 동봉하다 **bank account** 은행 계좌
settle[sétl] 해결하다 **reimbursement**[rìːimbə́ːrsmənt] (비용) 상환 **delivery**[dilívəri] 배송 **shipping fee** 배송비

CHAPTER

11   학술문 I - 인문학

HACKERS PRACTICE

p.280

01 (a)   **02** (b)   **03** (b)   **04** (b)   **05** (a)

주제: 사후 삶을 믿었던 고대 이집트인들의 독특한 종교 관습

01

Ancient Egyptians / were unique / in their _____.
고대 이집트인들은　　　　독특했다　　　　　　그들의 ~에서

Because their religion stated / that humans could have a life
그들의 종교가 명시하고 있기 때문에　　　　인간은 사후에도 삶을 가질 수 있다고

after death, / Egyptians tried to keep dead bodies / undamaged.
　　　　　　　　이집트인들은 시체를 보관하려고 노력했다　　　　손상되지 않게

So / bodies being buried / were wrapped in cloth / in a
그래서　　매장될 시체는　　　　　　　천에 싸여졌다

고대 이집트인들은 그들의 _____ 에서 독특했다. 그들의 종교가 인간은 사후에도 삶이 있다고 명시했기 때문에, 이집트인들은 시체를 손상되지 않게 보관하려고 노력했다. 그래서, 매장될 시체는 미라화라고 불리는 과정 중에 천에 싸여졌다. 심장을 제외한 모든 장기들은 종교적인 의식에서 제거되었다.

process called mummification. **All organs / were removed / in**
미라화라고 불리는 과정 중에 　　모든 장기들은 　　제거되었다

a religious ceremony / except for the heart. It was kept inside
종교적인 의식에서 　　심장을 제외한 　　그것은 시체 안에 보관되었다

the body / because Egyptians believed / the soul was within it.
이집트인들은 믿었기 때문에 　　영혼이 그 안에 있다고

이집트인들은 영혼이 그 안에 있다고 믿었기 때문에 그것은 시체 안에 보관되었다.

ⓐ religious customs regarding the dead
(b) beliefs about the role of the human heart

ⓐ 죽은 사람과 관련된 종교적 관습
(b) 인간의 심장이 하는 역할에 대한 믿음

해설 　지문 처음의 빈칸을 채우는 문제입니다. 빈칸이 있는 문장 Ancient Egyptians were unique in their ＿＿＿(고대 이집트인들은 그들의 ＿＿에서 독특했다)를 통해 빈칸에 고대 이집트인들이 어떤 점에서 독특했는지를 넣어야 한다는 것을 예상할 수 있습니다. 지문의 앞부분에서 고대 이집트인들이 그들의 종교가 사후의 삶이 있다고 명시했기 때문에 시체를 손상되지 않게 보관하려고 노력했다는 내용에 이어 미라화에 대해 설명하고 있으므로 '죽은 사람과 관련된 종교적 관습'이라고 한 (a)가 정답입니다.

어휘 　**ancient**[éinʃənt] 고대의 　**unique**[juːníːk] 독특한 　**religion**[rilídʒən] 종교 　**state**[steit] 명시하다
undamaged[ʌ̀ndǽmidʒd] 손상 되지 않은, 무사한 　**bury**[béri] 매장하다, 묻다 　**wrap**[ræp] 싸다, 포장하다
mummification[mʌ̀məfikéiʃən] 미라화 　**ceremony**[sérəmòuni] 의식 　**soul**[soul] 영혼 　**custom**[kʌ́stəm] 관습

주제: 그리스 예술의 영향을 받은 로마 예술

02

As with art and architecture, / Roman writers ＿＿＿＿＿.
예술 및 건축과 마찬가지로 　　로마 작가들은

Seneca / was the most famous Roman playwright. However, /
Seneca는 　　가장 유명한 로마 극작가였다 　　그러나

Seneca's play, *Phaedra*, / was merely a translated version /
Seneca의 연극인 'Phaedra'는 　　다만 번역본일 뿐이었다

of the Greek play *Hippolytus*. Literary critics / also point out /
그리스 연극 'Hippolytus'의 　　문학 비평가들은 　　또한 지적한다

similarities between the comedy works / that Greeks and
희극 작품들 사이의 유사성을 　　그리스 사람들과 로마 사람들이 출판했던

Romans published. Plautus and Terrence, / the two most
Plautus와 Terrence는

important Roman comedy writers, / wrote works / that strongly
로마의 가장 중요한 두 명의 희극 작가인 　　작품을 썼다 　　강하게 반영한

reflected / those written by Greek writer Menander.
그리스 작가 Menander에 의해 쓰여진 작품을

예술 및 건축과 마찬가지로, 로마 작가들은 ＿＿＿＿＿＿. Seneca는 가장 유명한 로마 극작가였다. 그러나, Seneca의 연극인 'Phaedra'는 다만 그리스 연극 'Hippolytus'의 번역본일 뿐이었다. 문학 비평가들은 그리스 사람들과 로마 사람들이 출판했던 희극 작품들 사이의 유사성 또한 지적한다. 로마의 가장 중요한 두 명의 희극 작가인 Plautus와 Terrence는 그리스 작가 Menander에 의해 쓰여진 작품을 강하게 반영한 작품을 썼다.

(a) were not as talented as the Greeks
ⓑ took their ideas from the Greeks

(a) 그리스 사람들만큼 재능이 있지 않았다.
ⓑ 그리스 사람들에게서 아이디어를 얻었다.

해설 　지문 처음의 빈칸을 채우는 문제입니다. 빈칸이 있는 문장 As with art and architecture, Roman writers ＿＿＿(예술 및 건축과 마찬가지로, 로마 작가들은 ＿＿)를 통해 빈칸에 예술 및 건축과 마찬가지로 로마 작가들이 무엇을 했는지를 넣어야 한다는 것을 예상할 수 있습니다. 지문에서 로마 극작가 Seneca의 연극이 다만 그리스 연극 'Hippolytus'의 번역본일 뿐이었다고 했고, 문학 비평가들이 그리스와 로마의 희극 작품들 사이의 유사성을 지적했다고 했으므로 '그리스 사람들에게서 아이디어를 얻었다'라고 한 (b)가 정답입니다.

어휘 　**playwright**[pléiràit] 극작가 　**merely**[míərli] 다만 ~뿐인 　**translate**[trænsléit] 번역하다 　**literary**[lítərèri] 문학의
critic[krítik] 비평가 　**point out** 지적하다 　**similarity**[sìməlǽrəti] 유사성 　**work**[wəːrk] 작품 　**reflect**[riflékt] 반영하다

주제: 사회 발전의 밑거름이 된 농업의 발견

03

The discovery of agriculture / allowed society to develop.
농업의 발견은 　　사회를 발전하게 했다

Before humans learned to grow crops, / they had to hunt
인간들이 곡식을 재배하는 법을 배우기 전에는 　　그들은 사냥하고 식량을 채집해야 했다

농업의 발견은 사회를 발전하게 했다. 인간들이 곡식을 재배하는 법을 배우기 전에는, 그들은 사냥하고 식량을 채집해야 했다. 따라서, 큰 사회를 유지하는 것은

and gather food. Therefore, / maintaining a large society /
따라서　　　　　　 큰 사회를 유지하는 것은

was impossible. As tribes grew larger, / they started running
불가능했다　　　 부족의 규모가 커지면서

out of animals and plants to eat. Agriculture changed this, /
먹을 동물과 식물이 바닥나기 시작했다　　　농업이 이를 바꾸어 놓았다

because it created / a constant food supply. With food needs
그것이 창출했기 때문에　　 지속적인 식량 공급을　 음식에 대한 욕구가 충족됨에 따라

met, / society could develop.
　　 사회가 발전할 수 있었다

Q: What is the best title for the passage?

(a) The Development of Modern Agriculture

(b) Agriculture Helped in Forming Society

불가능했다. 부족의 규모가 커지면서, 먹을 동물과 식물이 바닥나기 시작했다. 농업이 이를 바꾸어 놓았는데, 그것이 지속적인 식량 공급을 창출했기 때문이다. 음식에 대한 욕구가 충족됨에 따라, 사회가 발전할 수 있었다.

Q: 지문의 제목으로 가장 적절한 것은 무엇인가?

(a) 현대 농업의 발전

(b) 사회의 형성을 도와준 농업

해설　지문의 제목을 묻는 문제입니다. 지문의 처음에서 농업의 발견이 사회가 발전하게 했으며 마지막에서 농업이 지속적인 식량 공급을 해주어 음식에 대한 요구가 충족됨에 따라 사회가 발전할 수 있었다는 내용이 제시되었습니다. 따라서 '사회의 형성을 도와준 농업'이라는 내용의 (b)가 정답입니다.

어휘　discovery[diskávəri] 발견　agriculture[ǽgrikʌ̀ltʃər] 농업　develop[divéləp] 발전하다　gather[gǽðər] 채집하다, 모으다
maintain[meintéin] 유지하다　run out of ~가 바닥나다　needs[ni:dz] 욕구　meet[mi:t] 충족시키다

주제: 과거의 흑인 문화를 재검토 중인 남아프리카 공화국

04

South Africa / is reviewing / a hundred years of black cultural
남아프리카 공화국은　 재검토하고 있다　　　 수백 년의 흑인 문화사를

history. Until the 1990s, / the government's apartheid policy /
　　　　　 1990년대까지　　　　　 정부의 인종 차별 정책은

kept white and black South Africans separate. White culture /
백인 남아프리카인들과 흑인 남아프리카인들을 분리시켰다　　 백인 문화는

became the dominant culture, / and black literature, art, and
지배적인 문화가 되었다　　　　 그리고 흑인 문학, 예술과 사상은

thought / were ignored. Since then, / blacks have won their
　　　 무시되었다　　 그 이후로　　 흑인들은 투쟁에서 승리해 왔다

struggle / against apartheid / and were liberated / from its unjust
인종 차별 정책에 대항한　　 그리고 해방되었다　 부당한 법으로부터

laws. Now / a bigger effort / is being made / to integrate black
　　 지금　 더 큰 노력이　　　 행해지고 있다　 흑인 문화를 통합하기 위한

cultures / into the country's cultural history.
　　　　 그 나라의 문화사 속으로

Q: What is the main idea about South Africa according to the passage?

(a) Its apartheid policy has led to difficult race relations.

(b) It is paying more attention to black culture from its past.

남아프리카 공화국은 수백 년의 흑인 문화사를 재검토하고 있다. 1990년대까지, 정부의 인종 차별 정책은 백인 남아프리카인들과 흑인 남아프리카인들을 분리시켰다. 백인 문화는 지배적인 문화가 되었고, 흑인 문학, 예술과 사상은 무시되었다. 그 이후로, 흑인들은 인종 차별 정책에 대항한 투쟁에서 승리해 왔고, 부당한 법으로부터 해방되었다. 지금, 그 나라의 문화사 속으로 흑인 문화를 통합하기 위한 더 큰 노력이 행해지고 있다.

Q: 지문에 따르면 남아프리카에 대한 요지는 무엇인가?

(a) 남아프리카의 인종 차별 정책은 어려운 인종 관계를 야기시켰다.

(b) 남아프리카는 과거부터의 흑인 문화에 더 많은 관심을 기울이고 있다.

해설　지문의 요지를 묻는 문제입니다. 지문의 처음에서 남아프리카 공화국이 흑인 문화사를 재검토하고 있다고 했고, 마지막에서 흑인들 문화를 남아프리카 공화국의 문화사 속으로 통합하기 위한 더 큰 노력이 행해지고 있다고 설명하고 있습니다. 따라서 '남아프리카는 과거부터의 흑인 문화에 더 많은 관심을 기울이고 있다'라는 내용의 (b)가 정답입니다.

어휘　review[rivjú:] 재검토하다　apartheid[əpá:rtheit] (남아프리카의) 인종 차별 정책　separate[sépərèit] 분리된
dominant[dámənənt] 지배적인　thought[θɔ:t] 사상, 사고　ignore[ignɔ́:r] 무시하다　struggle[strʌ́gl] 투쟁
liberate[líbərèit] 해방하다　unjust[ʌndʒʌ́st] 부당한　integrate[íntəgrèit] 통합하다　race[reis] 인종, 인류

05

Alexander Calder is known / for his unique style of sculpture.
Alexander Calder는 잘 알려져 있다   그의 조각품의 특이한 양식으로

(a)In the US, / Calder put on circus-style shows / using wire
미국에서   Calder는 서커스 스타일의 공연들을 했다   철사 조각품을 이용한

sculptures / that he controlled. Later in his career, /
그가 조종했던   생애의 후반에

(b)he invented / a form of hanging sculpture / called the mobile.
그는 창안했다   매달려 있는 조각품의 형태를   모빌이라고 불리는

Calder would eventually go on / to create large, abstract pieces /
Calder는 결국 계속해서 ~했다   크고, 추상적인 작품을 만드는 것을

from metal and wooden surfaces. His artwork / is still on
금속과 나무판으로   그의 예술 작품은   여전히 전시 중이다

display / in cities worldwide, / as many pieces were made /
전 세계 여러 도시에서   많은 작품들이 제작되었기 때문에

to honor historical events.
역사적 사건을 기리기 위해

Q: Which of the following is correct about Calder?

ⓐ He used to perform with his sculptures.
(b) He was the person who invented abstract sculpture.

Alexander Calder는 그의 조각품의 특이한 양식으로 잘 알려져 있다. (a)미국에서, Calder는 그가 조종했던 철사 조각품을 이용한 서커스 스타일의 공연들을 했다. 생의 후반에, (b)그는 모빌이라고 불리는 매달려 있는 조각품의 형태를 창안했다. Calder는 결국 계속해서 금속과 나무판으로 크고, 추상적인 작품을 만들었다. 많은 작품들이 역사적 사건을 기리기 위해 제작되었기 때문에, 그의 예술 작품은 전 세계 여러 도시에서 여전히 전시 중이다.

Q: 다음 중 지문의 Calder에 대한 내용과 일치하는 것은?

ⓐ 그는 그의 조각품으로 공연을 하곤 했다.
(b) 그는 추상조각을 창안한 사람이었다.

해설   Calder에 대하여 지문의 내용과 일치하는 것을 묻는 문제입니다. 보기 (a)의 키워드인 perform이 바뀌어 표현된 put on a circus-style show 주변의 내용에서 살펴보면 그가 조종했던 철사 조각품을 이용한 서커스 스타일의 공연을 했다는 것을 알 수 있습니다. 따라서 이 내용을 바르게 표현한 (a)가 정답입니다.
        (b) Calder가 창안한 것은 모빌이라고 불리는 매달려 있는 조각품이었다고 했으므로 '그는 추상조각을 창안한 사람이었다'는 지문의 내용과 다릅니다.

어휘   **be known for** 잘 알려진, 유명한 **sculpture**[skʌ́lptʃər] 조각품, 조각 **put on** (쇼·음악회 등)을 하다, 상연하다 **wire**[waiər] 철사
        career[kəríər] 생애, 경력 **invent**[invént] 창안하다 **eventually**[ivéntʃuəli] 결국, 마침내 **abstract**[ǽbstrǽkt] 추상적인
        piece[pi:s] 작품 **on display** 전시중인 **honor**[ánər] 기리다, 존중하다

HACKERS TEST

p.282

01 (c)   **02** (c)   **03** (d)   **04** (c)

01

Indonesia regained its independence / in 1950 / after 300
인도네시아는 독립을 되찾았다   1950년에

years of colonial rule. The Dutch empire / governed over
300년간 식민 통치하에 있은 후   네덜란드 제국은   교역장을 통치했다

trading posts / they set up in Indonesia / in the 1600s. By the
그들이 인도네시아에 세운   1600년대에

early 1900s, / Dutch control / stretched across every major
1900년대 초반까지   네덜란드의 통치는   모든 주요 섬에 뻗어 나갔다

island / in the region. During World War II, / the islands / were
그 지역의   제2차 세계 대전 중   그 섬들은

conquered and ruled / by Japan. After Japan's defeat in 1945, /
정복되었고 지배되었다   일본에 의해   1945년 일본의 패배 이후에   ○

인도네시아는 300년간 식민 통치하에 있은 후 1950년에 독립을 되찾았다. 네덜란드 제국은 1600년대에 그들이 인도네시아에 세운 교역장을 통치했다. 1900년대 초반까지 네덜란드의 통치는 그 지역의 모든 주요 섬에 뻗어 나갔다. 제2차 세계 대전 중, 그 섬들은 일본에 의해 정복되었고 지배되었다. 1945년 일본의 패배 이후에 인도네시아는 독립을 선언했다. 이 사건은 마침내 인도네시아가 _____는 것을 의미했다.

Indonesia declared its independence. **This event meant that, /**
인도네시아는 독립을 선언했다   이 사건은 의미했다

at long last, / Indonesia _____.
마침내 인도네시아가

(a) won a war they fought against the Dutch | (a) 네덜란드에 대항한 전투에서 승리했다
(b) became a part of the Japanese empire | (b) 일본 제국의 일부가 되었다
(c) was free from rule by a foreign power | (c) 외세의 통치에서 자유로워졌다
(d) would be protected by its own national army | (d) 자국의 군대에 의해 보호될 것이다

해설 지문 마지막의 빈칸을 채우는 문제입니다. 빈칸이 있는 문장 This event meant that, at long last, Indonesia ___(이 사건은 마침내 인도네시아가 ___는 것을 의미했다)를 통해 빈칸에 앞에서 언급한 어떤 사건이 인도네시아가 마침내 무엇을 하는 것을 의미했는지를 넣어야 한다는 것을 예상할 수 있습니다. 빈칸 앞에 인도네시아가 독립을 선언한 내용을 통해 그 사건이 독립임을 알 수 있습니다. 지문의 앞부분에서 인도네시아가 300년간 식민 통치하에 있은 후 독립을 되찾았다고 했으므로 '외세의 통치에서 자유로워졌다'라고 한 (c)가 정답입니다.

어휘 regain[rigéin] 되찾다 independence[indipèndəns] 독립 colonial[kəlóuniəl] 식민의 rule[ruːl] 통치, 지배
   Dutch[dʌtʃ] 네덜란드의 empire[émpaiər] 제국 govern[gʌ́vərn] 통치하다 trading post (미개지 주민과의) 교역장
   stretch[stretʃ] 뻗어 나가다 conquer[kánkər] 정복하다 defeat[difíːt] 패배 declare[dikléər] 선언하다

주제: '지상 명령'에 근거한 칸트의 도덕적 가르침

02

The moral teachings of philosopher Immanuel Kant / are based
철학자 Immanuel Kant의 도덕적 가르침들은

upon the "categorical imperative". (a) For Kant, / the categorical
'지상 명령'에 바탕을 둔다   Kant에게

imperative was the rule / that must be followed / when choosing
지상 명령은 규범이었다   준수되어야만 하는   행동을 선택할 때

an action. (b) It states / that people must act / in the way they
    그것은 진술한다 사람들이 행동해야 한다고

wish everyone else to act. (c) Kant disagreed with democracy, /
그들이 다른 모든 사람들이 행동하기를 바라는 방식대로 Kant는 민주주의에 동의하지 않았다

arguing that government plays a part / in taking away freedom.
정부가 역할을 한다고 주장하면서   자유를 빼앗아가는

(d) He felt / humans are free to act / as long as they follow the
그는 느꼈다 인간이 자유롭게 행동할 수 있다고

categorical imperative.
그들이 지상 명령을 따르는 한

철학자 Immanuel Kant의 도덕적 가르침들은 '지상 명령'에 바탕을 둔다. (a) Kant에게, 지상 명령은 행동을 선택할 때 준수되어야만 하는 규범이었다. (b) 그것은 사람들이 그들이 다른 모든 사람들이 행동하기를 바라는 방식대로 행동해야 한다고 진술한다. (c) Kant는 정부가 자유를 빼앗아가는 역할을 한다고 주장하면서 민주주의에 동의하지 않았다. (d) 그는 그들이 지상 명령을 따르는 한 인간이 자유롭게 행동할 수 있다고 느꼈다.

해설 지문 흐름상 어색한 문장을 고르는 문제입니다. 첫 문장에서 '철학자 Immanuel Kant의 도덕적 가르침들은 '지상 명령'에 바탕을 둔다'고 언급하고 (a), (b), (d)는 지상 명령에 대해서 설명하고 있으므로 첫 문장과 관련이 있습니다. 그러나 (c)는 'Kant는 정부가 자유를 빼앗아가는 역할을 한다고 주장하면서 민주주의에 동의하지 않았다'라는 내용으로 첫 문장과 관련이 없으므로 (c)가 정답입니다.

어휘 categorical imperative 지상 명령(양심의 절대 무조건적 도덕률) action[ǽkʃən] 행동, 행위 state[stéit] 진술하다, 성명하다
   everyone else 다른 모든 사람들 democracy[dimákrəsi] 민주주의 play a part 역할을 하다 take away 빼앗아가다
   freedom[fríːdəm] 자유

주제: 그림 '진주 귀걸이를 한 소녀'의 등장 인물을 바탕으로 쓰여진 소설

03

The Girl With the Pearl Earring / is a highly successful novel /
'진주 귀걸이를 한 소녀'는   매우 성공을 거둔 소설이다

written by Tracy Chevalier. It follows the story of a (c)**young girl /**
Tracy Chevalier에 의해 쓰여진 그것은 한 어린 소녀의 이야기를 따라간다

who is forced to work as a maid / to help her family escape
하녀로 일해야 했던   가족이 가난에서 벗어날 수 있도록 돕기 위해

poverty. (a)**She works at the house of a famous Dutch artist /**
   그녀는 유명한 네덜란드 예술가의 집에서 일한다

Tracy Chevalier가 쓴 '진주 귀걸이를 한 소녀'는 매우 성공을 거둔 소설이다. 그 소설은 (c)가족이 가난에서 벗어날 수 있도록 돕기 위해 하녀로 일해야 했던 한 어린 소녀의 이야기를 따라간다. (a)그녀는 유명한 네덜란드 예술가의 집에서 일하고 (a)그림의 모델이 된다. Chevalier의 책은 같은 제목의 유명한 Vermeer의

and (a)**becomes the subject of a painting**. Chevalier's book /
그리고 그림의 모델이 된다   Chevalier의 책은

was based / on a character from a famous Vermeer painting /
바탕을 두었다   유명한 Vermeer의 그림 속 등장인물에

by the same name. (d)The girl in the painting / inspired Chevalier /
같은 제목의   그림 속 소녀는   Chevalier에게 영감을 주었고

and she wanted / to show what the girl's life was like.
그녀는 원했다   그 소녀의 삶이 어땠는지 보여주기를

그림 속 등장인물에 바탕을 두었다. (d)그림 속 소녀는 Chevalier에게 영감을 주었고 그녀는 그 소녀의 삶이 어땠는지 보여주고자 했다.

Q: Which of the following is correct according to the passage?

(a) Chevalier modeled for a new version of the painting.
(b) Vermeer's painting is based on a historical tale.
(c) The girl became a painter to escape life as a maid.
(d) The book describes the life of someone in a painting.

Q: 다음 중 지문의 내용과 일치하는 것은?

(a) Chevalier는 그 그림의 새로운 버전의 모델이 되었다.
(b) Vermeer의 그림은 역사적 이야기에 바탕을 두고 있다.
(c) 그 소녀는 하녀의 삶에서 벗어나기 위해 화가가 되었다.
(d) 그 책은 그림 속 인물의 삶을 묘사한다.

해설 지문의 내용과 일치하는 것을 묻는 문제입니다. 보기 (d)의 키워드인 describes the life of someone이 바뀌어 표현된 show what the girl's life was like 주변의 내용에서 살펴보면 그림 속 소녀가 Chevalier에게 영감을 주었고 그녀는 그 소녀의 삶이 어땠는지 보여주고자 했다는 것을 알 수 있습니다. 따라서 이 내용을 바르게 표현한 (d)가 정답입니다.
(a) Chevalier의 소설 속 소녀가 그림의 모델이 된다고 했으므로 'Chevalier는 그 그림의 새로운 버전의 모델이 되었다'는 지문의 내용과 다릅니다.
(b) Vermeer의 그림이 역사적 이야기에 기반을 두고 있다는 것은 언급되지 않았습니다.
(c) 소녀가 가족이 가난에서 벗어나는 것을 돕기 위해 하녀가 되었다고 했으므로 '그 소녀는 하녀의 삶에서 벗어나기 위해 화가가 되었다'는 지문의 내용과 다릅니다.

어휘 highly[háili] 매우 maid[meid] 하녀 escape[iskéip] 벗어나다 poverty[pávərti] 가난
subject[sʌ́bdʒikt] (그림 등의) 모델, 피사체 be based on ~에 기반을 둔 inspire[inspáiər] 영감을 주다

주제: 불어의 국제적 사용의 감소 추세

04

The international use of French / is declining. Just a couple of
불어의 국제적인 사용이   감소하고 있다   불과 몇 세대 전만 해도

generations ago, / French was a necessary language /
                    불어는 필수 언어였다

to learn / for international politics and business. Even in the
배워야 하는   국제 정치와 비즈니스를 위해

fields of fashion and food, / French was the common tongue.
심지어 패션과 식품 분야에서도   불어는 공통 언어였다

Authors and intellectuals / all knew / how to speak French /
작가들과 지식인들은   모두 알고 있었다   불어로 어떻게 말하는지

as well. These days, however, / English has developed /
역시   그러나 요즘에는   영어가 발전했다

into the linguistic medium / used between people from
언어 수단으로   다른 문화권의 사람들 사이에서 사용되는

different cultures. There are fewer students of French / as a
                    불어를 배우는 학생들이 줄었다   그 결과

result, / which is unfortunate.
이것은 유감스러운 일이다

불어의 국제적인 사용이 감소하고 있다. 불과 몇 세대 전만 해도, 불어는 국제 정치와 비즈니스를 위해 배워야 하는 필수 언어였다. 심지어 패션과 식품 분야에서도 불어는 공통 언어였다. 작가들과 지식인들 역시 모두 불어로 어떻게 말하는지 알고 있었다. 그러나 요즘에는, 영어가 다른 문화권의 사람들 사이에서 사용되는 언어 수단으로 발전했다. 그 결과 불어를 배우는 학생들이 줄었는데, 이것은 유감스러운 일이다.

Q: Which opinion is the writer most likely to agree with?

(a) French is easier to learn for international students than English.

(b) French continues to be an important international language.

ⓒ French should be learned by a greater number of students.

(d) French is the language best used to describe culture.

Q: 글쓴이는 어떤 의견에 가장 동의할 것 같은가?

(a) 불어는 영어보다 외국인 유학생들이 배우기 더 쉽다.

(b) 불어는 계속해서 중요한 국제 언어이다.

ⓒ 더 많은 학생들이 불어를 배워야 한다.

(d) 불어는 문화를 묘사하기에 가장 좋은 언어이다.

해설 글쓴이가 가장 동의할 것 같은 의견을 추론하는 문제입니다. 지문에서 불어를 배우는 학생들이 줄었다고 하면서 이는 유감스러운 일이라고 하였습니다. 이를 통해 글쓴이는 더 많은 학생들이 불어를 배워야 한다는 의견에 동의할 것임을 추론할 수 있으므로 (c)가 정답입니다.

어휘 international[ìntərnǽʃənl] 국제적인, 국제의 decline[dikláin] 감소하다, 줄어들다 generation[dʒènəréiʃən] 세대
politics[pálətiks] 정치 common[kámən] 공통의 tongue[tʌŋ] 언어, 말 author[ɔ́ːθər] 작가 intellectual[ìntəléktʃuəl] 지식인
linguistic[liŋgwístik] 언어의 medium[míːdiəm] 수단

HACKERS PRACTICE
p. 286

01 (b)   **02** (a)   **03** (b)   **04** (b)   **05** (b)

주제: 소득세 감세가 경제에 미치는 영향

01

Despite being given directly to consumers, / income tax cuts /
소비자에게 직접 주어지는 것임에도 불구하고   소득세 감세는

also benefit companies. After receiving / an income tax refund
또한 기업에 이익이 된다   받고 나면   소득세 환급 수표를

check / in the mail, / many people choose to buy an expensive
우편으로   많은 사람들은 값비싼 물건을 사는 것을 선택한다

item / they couldn't afford before. This increases / the economic
그들이 전에는 살 수 없었던   이것은 증대시킨다   경제 소비 수준을

consumption level. The extra spending of the consumers /
소비자들의 가외 소비는

also provides money / to suppliers and retailers of goods.
또한 돈을 제공한다   제품 공급업자들과 소매 상인들에게

Thus, _____.
그러므로

(a) income tax rates should not be lowered

ⓑ tax cuts help both consumers and companies

소득세 감세는 소비자에게 직접 주어지는 것임에도 불구하고, 기업에도 이익이 된다. 소득세 환급 수표를 우편으로 받고 나면, 많은 사람들은 전에는 살 수 없었던 값비싼 물건을 사는 것을 선택한다. 이것은 경제 소비 수준을 증대시킨다. 소비자들의 가외 소비는 제품 공급업자들과 소매 상인들에게도 돈을 제공한다. 그러므로, _____.

(a) 소득세 세율은 낮춰져서는 안 된다

ⓑ 감세는 소비자와 기업 모두에게 도움이 된다

해설 지문 마지막의 빈칸을 채우는 문제입니다. 빈칸이 있는 문장 Thus, ____(그러므로, ___)를 통해 빈칸에 결론이 들어가야 한다는 것을 예상할 수 있습니다. 지문의 앞부분에서 소비자들에게 소득세 감세를 해주는 것이 기업에도 이익이 된다고 하고, 지문의 뒷부분에서 소비자들의 가외 소비가 제품 공급업자들과 소매 상인들에게도 돈을 제공한다고 했으므로 '감세는 소비자와 기업 모두에게 도움이 된다'라고 한 (b)가 정답입니다.

어휘 despite[dispáit] ~에도 불구하고 income tax 소득세 benefit[bénəfit] ~에 이득이 되다 check[tʃek] 수표 mail[meil] 우편
economic[ìːkənámik] 경제의 consumption[kənsʌ́mpʃən] 소비 level[lévəl] 수준, 정도 extra[ékstrə] 가외의
spending[spéndiŋ] 소비 retailer[ríːteilər] 소매 상인

02

According to doctor Jeffrey Friedman, / obesity is a genetic
Jeffrey Friedman 의사에 따르면   비만은 유전적인 문제이다

problem / and not a behavioral one / in many cases. A high
그리고 행동에 관한 것이 아니다   많은 경우   높은 비율이

percentage / of overweight people / have low amounts / of a
과체중인 사람 중에   소량을 가지고 있다

certain chemical, leptin. Leptin is a chemical mechanism / the
렙틴이라는 특정 화학 물질의   렙틴은 화학적 메커니즘이다

body uses / to lower appetite. People with regular amounts of
몸이 사용하는   식욕을 떨어뜨리기 위해   보통 양의 렙틴을 가지고 있는 사람들은

leptin / stay slim / because the chemical / prevents them from
호리호리한 체형을 유지한다 왜냐하면 그 화학 물질이 배고픔을 느끼지 못하게 하기 때문이다

feeling hungry. These findings suggest / that the obese
                        이러한 연구 결과들은 암시한다   비만인 사람들이

_____ .

ⓐ can have trouble lowering their appetite
(b) need to produce less of the chemical substance

Jeffrey Friedman 의사에 따르면, 비만은 많은 경우 유전적인 문제이지, 행동에 관한 것이 아니다. 높은 비율의 과체중인 사람들이 적은 양의 렙틴이라는 특정 화학 물질을 가지고 있다. 렙틴은 몸이 식욕을 떨어뜨리기 위해서 사용하는 화학적 메커니즘이다. 그 화학 물질이 배고픔을 느끼지 못하게 하기 때문에 보통 양의 렙틴을 가지고 있는 사람들은 호리호리한 체형을 유지한다. 이러한 연구 결과들은 비만인 사람들이 _____는 것을 암시한다.

ⓐ 식욕을 떨어뜨리는 것이 힘들 수 있다
(b) 그 화학 물질을 더 적게 만들어 낼 필요가 있다

해설 지문 마지막의 빈칸을 채우는 문제입니다. 빈칸이 있는 문장 These findings suggest that the obese _____(이러한 연구 결과들은 비만인 사람들이 _____는 것을 암시한다)를 통해 빈칸에 연구 결과가 비만인 사람들에 대해 암시하는 바가 무엇인지 넣어야 한다는 것을 예상할 수 있습니다. 지문의 앞부분에서 비만이 행동에 관한 문제가 아니라 유전적인 문제라고 언급하고 있으며, 높은 비율의 과체중인 사람들이 식욕을 떨어뜨리는 작용을 하는 화학 물질인 렙틴의 양이 적다고 밝히고 있으므로 '식욕을 떨어뜨리는 것이 힘들 수 있다'고 한 (a)가 정답입니다.

어휘 **according to** ~에 따르면 **obesity**[oubíːsəti] 비만 **genetic**[dʒənétik] 유전적인 **behavioral**[bihéivjərəl] 행동에 관한 **case**[keis] 경우 **percentage**[pərséntidʒ] 비율 **overweight**[óuvərwèit] 과체중의 **amount**[əmáunt] 양 **chemical**[kémikəl] 화학 물질 **mechanism**[mékənìzm] 메커니즘 **appetite**[ǽpətàit] 식욕 **slim**[slim] 호리호리한 **finding**[fáindiŋ] 연구 결과 **suggest**[səgdʒést] 암시하다 **obese**[oubíːs] 비만한 **substance**[sʌ́bstəns] 물질

03

The northern lights are a glow / occurring in the night sky /
북극광은 빛이다   밤하늘에 생기는

near the North Pole. They are caused by the sun. The sun
북극 근처에서   그것은 태양에 의해서 발생한다

sends magnetic waves / through the solar system. When they
태양은 자기파를 보낸다   태양계를 통해

approach Earth, / the gravitational force of the planet / pulls
자기파가 지구에 접근할 때   그 행성의 중력의 힘이

some of them into its atmosphere. As soon as the solar
얼마간의 자기파를 대기권으로 끌어당긴다   태양의 파동들이 지구의 대기권에 충돌하자마자

waves hit Earth's atmosphere, / they cause / light to appear
                            그것들은 야기한다   하늘에 나타나는 빛을

in the sky. This effect is known / as the northern lights.
            이 효과는 알려져 있다   북극광으로

Q: What is the passage mainly about?

(a) Gravity's role in making sunlight
ⓑ An explanation of the northern lights

북극광은 북극 근처에서 밤하늘에 생기는 빛이다. 그것은 태양에 의해서 발생한다. 태양은 태양계를 통해 자기파를 보낸다. 자기파가 지구에 접근할 때, 행성의 중력이 얼마간의 자기파를 대기권으로 끌어당긴다. 태양의 파동들이 지구의 대기권에 충돌하자마자, 그것들은 하늘에 빛이 나타나게 한다. 이 효과는 북극광으로 알려져 있다.

Q: 지문은 주로 무엇에 관한 내용인가?

(a) 태양빛을 만드는 데에 있어 중력의 역할
ⓑ 북극광에 대한 설명

해설 지문의 주제를 묻는 문제입니다. 지문의 처음에서 북극광이 북극 근처에서 밤하늘에 생기는 빛이며 태양에 의해 발생한다고 하고, 마지막에서 태양의 파동들이 지구 대기권에 충돌하면 하늘에 빛이 나타나는데 그 빛이 북극광이라고 설명하고 있습니다. 따라서 '북극광에 대한 설명'이라는 내용의 (b)가 정답입니다.

어휘 **northern lights** 북극광 **glow**[glou] 빛 **occur**[əkə́ːr] 생기다, 발생하다 **North Pole** 북극 **magnetic**[mægnétik] 자기의, 자석의 **wave**[weiv] 파, 파동 **approach**[əpróutʃ] ~에 접근하다 **gravitational**[græ̀vitéiʃənl] 중력의 **force**[fɔːrs] 힘 **planet**[plǽnit] 행성 **atmosphere**[ǽtməsfìər] 대기권 **appear**[əpíər] 나타나다

주제: 토지 개발로 멸종 위기에 처한 무지개 송어

04

A species of fish, / the steelhead trout, / is becoming extinct / 어류의 일종인 무지개 송어는 멸종되고 있다 because of land development. ⁽ᵇ⁾Trout migrate / to the same 토지 개발 때문에 송어는 이주한다 매년 똑같은 개울로 streams every year / to breed, / but these areas are vulnerable / 알을 낳기 위해 하지만 이런 지역은 취약하다 to logging and construction activity. It's hard / for steelheads 재목 벌채와 공사 활동에 어렵다 송어가 번식하기 to reproduce / when breeding areas are destroyed. A lack 알을 낳는 장소가 파괴되면 of reproduction / means decreasing steelhead populations. 번식의 결핍은 송어 개체수의 감소를 의미한다 Q: Which of the following is correct about steelhead trout according to the passage? (a) They lay eggs in heavily wooded locations. ⓑ They return to the same area to reproduce.	어류의 일종인 무지개 송어가 토지 개발 때문에 멸종되고 있다. ⁽ᵇ⁾송어는 매년 알을 낳기 위해 똑같은 개울로 이주하지만 이런 지역은 재목 벌채와 공사 활동에 취약하다. 알을 낳는 장소가 파괴되면 송어는 번식하기 어렵다. 번식의 결핍은 송어 개체수의 감소를 의미한다. Q: 다음 중 지문의 무지개 송어에 대한 내용과 일치하는 것은? (a) 수목이 무성히 우거진 곳에서 알을 낳는다. ⓑ 번식하기 위해 같은 장소로 돌아온다.

해설 무지개 송어에 대하여 지문의 내용과 일치하는 것을 묻는 문제입니다. 보기 (b)의 키워드인 **return to the same area**가 바뀌어 표현된 **migrate to the same streams** 주변의 내용에서 살펴보면 무지개 송어가 매년 알을 낳기 위해 똑같은 개울로 이주한다는 것을 알 수 있습니다. 따라서 이 내용을 바르게 표현한 (b)가 정답입니다.
(a) 무지개 송어가 수목이 무성히 우거진 곳에서 알을 낳는지는 알 수 없습니다.

어휘 **steelhead trout** 무지개 송어 **migrate**[máigreit] 이주하다 **stream**[striːm] 개울 **breed**[briːd] 알을 낳다, 번식하다 **vulnerable**[vʌ́lnərəbl] 취약한 **logging**[lɔ́ːgiŋ] 재목 벌채 **construction**[kənstrʌ́kʃən] 공사 **reproduce**[rìːprədjúːs] 번식하다 **destroy**[distrɔ́i] 파괴하다 **population**[pàpjuléiʃən] 개체수 **wooded**[wúdid] 수목이 우거진

주제: 인터넷에서는 잘 지켜지지 않는 사회 관습

05

Social customs / aren't followed / on the Internet / as they are 사회적 관습은 지켜지지 않는다 인터넷에서 실생활에서처럼 in real life. Discussion is anonymous, / so it is more open / 토론은 익명이다 그래서 그것은 더 개방적이다 and free of taboos. Sometimes people go too far, / however. 그리고 금기에 대해 자유롭다 때때로 사람들은 도가 지나치다 하지만 Studies from psychologists at the University of Pittsburgh / 피츠버그 대학의 심리학자들에 의한 조사는 have found that / arguments were more common / 발견했다 논쟁이 더 흔하게 일어나는 것을 on the Internet. Only 13 percent of those surveyed / were in a 인터넷에서 조사 대상자 중 13퍼센트만이 face-to-face verbal confrontation / with a stranger / last year. 대면하여 언쟁을 했다 낯선 사람과 작년에 Over the same period, / 42 percent had been in an online 같은 기간 동안 42퍼센트가 온라인 논쟁을 했다 argument / with someone they didn't know. 그들이 알지 못하는 사람과	인터넷에서 사회적 관습은 실생활에서처럼 지켜지지 않는다. 토론은 익명이기 때문에, 더 개방적이며 금기에 대해 자유롭다. 하지만 때때로 사람들은 도가 지나치다. 피츠버그 대학의 심리학자들에 의한 조사는 인터넷에서 논쟁이 더 흔하게 일어나는 것을 발견했다. 조사 대상자 중 작년에 13퍼센트만이 낯선 사람과 대면하여 언쟁을 했다. 같은 기간 동안, 조사 대상자의 42퍼센트가 그들이 알지 못하는 사람과 온라인 논쟁을 했다.

Q: What can be inferred from the passage?	Q: 지문에서 추론할 수 있는 것은 무엇인가?
(a) The number of real-life arguments between strangers is increasing.	(a) 실생활에서 모르는 사람 사이의 논쟁의 수가 늘고 있다.
ⓑ People are more aggressive when their identity is unknown.	ⓑ 사람들은 자신의 신원이 알려지지 않으면 더욱 공격적이다.

해설   지문에서 추론할 수 있는 것을 묻는 문제입니다. 지문에서 인터넷에서 실생활에서만큼 사회적 관습이 잘 지켜지지 않는다고 하면서, 대면해서 언쟁을 하는 경우보다 온라인 언쟁을 하는 경우가 많다는 조사 결과에 대해 설명하고 있습니다. 이를 통해 사람들은 자신의 신원이 알려지지 않으면 더 공격적이라는 사실을 추론할 수 있으므로 (b)가 정답입니다.

어휘   **anonymous**[ənánəməs] 익명의   **taboo**[təbúː] 금기   **psychologist**[saikálədʒist] 심리학자   **argument**[áːrɡjumənt] 논쟁
  face-to-face 정면으로 마주보는   **verbal confrontation** 언쟁   **aggressive**[əɡrésiv] 공격적인   **identity**[ɑidéntəti] 신원

HACKERS TEST
p. 288

01 (d)   **02** (c)   **03** (b)   **04** (c)

주제: 사형 제도를 반대하는 사람들이 제시하는 근거

01

Legal in 35 states, / the death penalty is meant to prevent /
35개 주에서 합법인   사형은 예방하려는 의도를 가지고 있다

people from committing serious crimes. However, / opposition
사람들이 중죄를 범하는 것을   그러나

to the death penalty is strong, / and many people believe / that
사형 제도에 대한 반대는 강하다   그리고 많은 사람들은 생각한다

capital punishment should be illegal, / arguing that it doesn't
사형이 불법이 되어야 한다고   그것이 범죄율을 낮추지 않는다고 주장하면서

lower crime rates. Also, / because of the lengthy appeals
게다가   긴 항소 절차 때문에

process, / the costs / involved in carrying out a death sentence /
비용은   사형 선고를 하는 데 필요한

are actually higher / than when someone is given life in prison.
실제로 더 높다   누군가 무기 징역을 받았을 때보다

Based on these reasons, _____.
이러한 이유에 근거하여

(a) capital punishment is only given to murderers
(b) the death penalty is effective at stopping crime
(c) more lawyers must be hired to try legal cases
ⓓ many people want the death penalty to end

35개 주에서 합법인 사형은 사람들이 중죄를 범하는 것을 예방하려는 의도를 가지고 있다. 그러나, 사형 제도에 대한 반대는 강하고, 많은 사람들은 그것이 범죄율을 낮추지 않는다고 주장하면서 사형이 불법이 되어야 한다고 생각한다. 게다가, 긴 항소 절차 때문에 사형 선고를 하는 데 필요한 비용은 실제로 누군가 무기 징역을 받았을 때보다 더 높다. 이러한 이유에 근거하여, _____.

(a) 사형은 살인자에게만 선고된다
(b) 사형은 범죄 발생을 막는 데 효과적이다
(c) 더 많은 변호사들이 사건을 재판에 붙이는 데 고용되어야만 한다
ⓓ 많은 사람들은 사형이 사라지길 바란다

해설   지문 마지막의 빈칸을 채우는 문제입니다. 빈칸이 있는 문장 Based on these reasons, ____(이러한 이유에 근거하여, ____)를 통해 빈칸에 지문에서 언급된 여러 이유에 근거하여 어떤 결론을 도출했는지를 넣어야 한다는 것을 예상할 수 있습니다. 지문 전체에서 많은 사람들이 사형이 범죄율을 낮추지 않으며, 무기 징역보다 사형 선고를 하는 데 필요한 비용이 더 높다는 이유로 사형을 반대하고 있다고 했으므로 이러한 이유에 근거하여 '많은 사람들은 사형이 사라지길 바란다'라고 한 (d)가 정답입니다.

어휘   **legal**[líːɡəl] 합법의   **death penalty** 사형   **commit**[kəmít] 범하다, 저지르다   **capital punishment** 사형   **lengthy**[léŋkθi] 긴
  appeal[əpíːl] 항소   **involve**[inválv] 필요로 하다   **death sentence** 사형 선고   **murderer**[máːrdərər] 살인자
  try[trai] (변호사가) 사건을 재판에 붙이다   **legal case** 소송

02

Scientists are excited / about possibly using spider webs /
과학자들은 흥분한다   어쩌면 거미줄을 사용할 수도 있다는 것에

to develop a new material. When scientists tested the protein /
새로운 물질을 개발하기 위해   과학자들이 단백질을 시험했을 때

spiders use to make webs, / they found / it was five times
거미가 거미줄을 만들기 위해 사용하는 그들은 발견했다 그것이 강철보다 다섯 배 강하다는 것을

stronger than steel, / yet lighter than cotton. It is also very
          그럼에도 불구하고 솜보다 가볍다는 것을   그것은 구부리기도 매우 쉽고

flexible / and has properties similar to rubber. For now, /
          그리고 고무와 비슷한 특성을 가지고 있다   우선은

biologists are trying to find a way / to mass produce the
생물학자들이 방법을 찾기 위해 노력하고 있다   단백질을 대량 생산할

proteins / using the DNA / found in spider webs. If this
          DNA를 사용하여   거미줄에서 발견된

becomes possible, / the spider web-like material can be used /
만약 이것이 가능해진다면   거미줄 같은 물질은 사용될 수 있다

to create stronger, lighter objects.
          더 강하고, 더 가벼운 물건을 만들기 위해

과학자들은 어쩌면 새로운 물질을 개발하기 위해 거미줄을 사용할 수도 있다는 것에 흥분한다. 과학자들이 거미가 거미줄을 만들기 위해 사용하는 단백질을 시험했을 때, 그들은 그것이 강철보다 다섯 배 강함에도 불구하고, 솜보다 가볍다는 것을 발견했다. 그것은 구부리기도 매우 쉽고 고무와 비슷한 특성을 가지고 있다. 우선은, 생물학자들이 거미줄에서 발견된 DNA를 사용하여 단백질을 대량 생산할 방법을 찾으려 노력하고 있다. 만약 이것이 가능해진다면, 거미줄 같은 물질은 더 강하고, 더 가벼운 물건을 만들기 위해 사용될 수 있다.

Q: What is the main idea of the passage?

(a) Spider webs are strong and flexible for catching prey.
(b) Scientists have learned how spiders make their webs.
ⓒ Spider web proteins may be used to create a new substance.
(d) Scientists are able to modify the properties of spider webs.

Q: 지문의 요지는 무엇인가?

(a) 거미줄은 먹이를 잡기 위해 강하고 탄력적이다.
(b) 과학자들은 거미가 어떻게 거미줄을 만드는지 알게 되었다.
ⓒ 거미줄 단백질은 새로운 물질을 만드는 데 사용될 수 있을지도 모른다.
(d) 과학자들은 거미줄의 특성을 변경할 수 있다.

해설 지문의 요지를 묻는 문제입니다. 지문의 처음에서 과학자들이 새로운 물질을 개발하기 위해 거미줄을 사용할 수도 있다는 것에 흥분한다고 하고, 지문의 마지막에서 거미줄에서 발견된 DNA를 사용하여 단백질을 대량 생산하는 방법을 찾게 되면 거미줄 같은 물질로 더 강하고 가벼운 물건을 만들 수 있을 거라고 설명하고 있습니다. 따라서 '거미줄 단백질은 새로운 물질을 만드는 데 사용될 수 있을지도 모른다' 라는 내용의 (c)가 정답입니다.

어휘 spider web 거미줄 material[mətíəriəl] 물질 protein[próuti:n] 단백질 steel[sti:l] 강철 cotton[kátn] 솜
flexible[fléksəbl] 구부리기 쉬운; 탄력적인 property[prápərti] 특성 similar[símələr] 비슷한 rubber[rʌ́bər] 고무
for now 우선은, 당분간은 biologist[baiálədʒist] 생물학자 mass produce 대량 생산하다 prey[préi] 먹이
substance[sʌ́bstəns] 물질 modify[mádəfài] 바꾸다, 변경하다

**03
~
04**

A long time ago, / getting married in China / was a complicated
오래전에   중국에서 결혼하는 것은   복잡한 과정이었다

process. Typically, / an unmarried boy's parents / would start
          일반적으로   결혼하지 않은 남자의 부모님이

by searching for a bride. Once they had found someone
신부를 찾는 것부터 시작했다   그들은 적합한 사람을 찾자마자

suitable, / they would confer with an astrologer. 03-(b)(c)The
          점성가와 의논했다

astrologer's job was / to check the birthdates of the potential
점성가의 일은   예비 신부와 신랑의 생년월일을 확인하는 것이었다

bride and groom. If the birthdates were compatible, / the
          만일 그 생일들이 잘 맞으면

astrologer would declare / that a marriage could happen.
점성가는 선언하였다   결혼해도 된다고

At this point, / the groom's family would send gifts / to the
이 시점에서   신랑의 가족은 선물을 보냈다   신부의 가족에게

오래전에 중국에서 결혼하는 것은 복잡한 과정이었다. 일반적으로, 결혼하지 않은 남자의 부모님이 신부를 찾는 것부터 시작했다. 그들은 적합한 사람을 찾자마자 점성가와 의논했다. 03-(b)(c)점성가의 일은 예비 신부와 신랑의 생년월일을 확인하는 것이었다. 만일 그 생일들이 잘 맞으면, 점성가는 결혼해도 된다고 선언하였다. 이 시점에서, 신랑의 가족은 신부의 가족에게 선물을 보냈다. 그리고 선물이 받아들여지면, 결혼식을 위한 준비가 시작될 것이다.
이 과정은 현대 중국에서 많이 바뀌었다. 예를 들어, 정략결혼의 관습을 폐지하기 위한 법이 도입되었다. 04그러나, 이것은 그 관습을 완전히 없애지 못했다. 오늘날 개인들은 그들의 배우자를 선택하는 것이 대체로 자유롭지만, 부모들은 여전히 강한 영향력을 행사

bride's family. And if the gifts are accepted, / preparations will
그리고 선물이 받아들여지면　　　　준비가 시작될 것이다

begin / for a wedding ceremony.
결혼식을 위한

This process / has largely changed / in modern China. For
이 과정은　　　　많이 바뀌었다　　　　현대 중국에서

instance, / a law was introduced / to abolish / the practice of
예를 들어　　　법이 도입되었다　　　폐지하기 위한　　　정략결혼의 관습을

arranging marriages. 04However, / this did not eliminate / the
　　　　　　　　　　　그러나　　　　이것은 없애지 못했다

practice / entirely. Individuals today / are generally free / to choose
그 관습을　　완전히　　오늘날 개인들은　　　대체로 자유롭다

their own partners, / but parents may still exert / a strong
그들의 배우자들을 선택하는 것이　　하지만 부모들은 여전히 행사한다　　강한 영향력을

influence. Women, / in particular, / are pressured / to choose
여성들은　　　　特히　　　　강요받는다

marriage partners / who offer social and economic advantages.
결혼 상대자를 택하도록　　　　　사회적 및 경제적 이익을 제공하는

한다. 특히, 여성들은 사회적 및 경제적 이익을 제공하는 결혼 상대자를 택하도록 강요받는다.

03. Q: Which of the following is correct according to the passage?

(a) Weddings were held on specific dates to invite good luck.

(b) An astrologer looked into the birthdates of a boy and a girl.

(c) The astrologer was the person who married young couples.

(d) Expensive gifts were given to ensure a long and stable union.

04. Q: Which statement would the writer most likely agree with?

(a) The young generation has abandoned the traditions of its elders.

(b) Chinese women have increasingly sought to gain their independence.

(c) The involvement of parents in modern Chinese marriages has diminished only slightly.

(d) Attitudes toward marriage in China have brought about new laws.

03. Q: 다음 중 지문의 내용과 일치하는 것은?

(a) 결혼식은 행운을 부르기 위해 특정한 날짜에 열렸다.

(b) 점성가는 남자와 여자의 생년월일을 보았다.

(c) 점성가는 젊은 부부의 결혼식을 주례하는 사람이었다.

(d) 길고 안정적인 결혼을 보장하기 위해 비싼 선물이 주어졌다.

04. Q: 글쓴이가 가장 동의할 것 같은 내용은 무엇인가?

(a) 젊은 세대는 어른들의 전통을 버렸다.

(b) 중국 여성들은 점점 더 그들의 독립을 찾으려고 한다.

(c) 현대 중국의 결혼에 대한 부모들의 개입은 미미하게 줄었다.

(d) 중국에서 결혼에 대한 태도는 새로운 법을 초래하였다.

해설 03. 지문의 내용과 일치하는 것을 묻는 문제입니다. 보기 (b)의 키워드인 looked into the birthdates가 바뀌어 표현된 to check the birthdates 주변의 내용에서 살펴보면 점성가가 남녀의 생일을 확인하여 잘 맞으면 결혼해도 된다고 선언했다는 것을 알 수 있습니다. 따라서 이 내용을 바르게 표현한 (b)가 정답입니다.
(a) 결혼식이 행운을 부르기 위해 특정한 날짜에 열렸는지는 언급되지 않았습니다.
(c) 점성가의 일은 예비 신부와 신랑의 생년월일을 확인하는 것이라고 했으므로 '점성가는 젊은 부부의 결혼식을 주례하는 사람이었다'는 지문의 내용과 다릅니다.
(d) 길고 안정적인 결혼을 보장하기 위해 비싼 선물이 주어진 것인지는 언급되지 않았습니다.

04. 글쓴이가 가장 동의할 것 같은 의견을 추론하는 문제입니다. 지문에서 정략결혼을 폐지하기 위한 법이 그 관습을 완전히 없애지 못하였고 부모들은 여전히 강한 영향력을 행사한다고 하였습니다. 이를 통해 글쓴이는 현대 중국의 결혼에 대한 부모들의 개입은 미미하게 줄었다는 의견에 동의할 것임을 추론할 수 있으므로 (c)가 정답입니다.

어휘 complicated[kámpləkèitid] 복잡한　bride[braid] 신부　suitable[súːtəbl] 적합한　confer[kənfɔ́ːr] 의논하다, 상담하다
astrologer[əstrálədʒər] 점성가　birthdate[bɔ́ːrθdèit] 생년월일　groom[gruːm] 신랑　declare[diklέər] 선언하다
abolish[əbáːliʃ] 폐지하다　eliminate[ilímənèit] 없애다　exert[igzɔ́ːrt] 행사하다
marry[mǽri] (목사·관리 등이) ~의 결혼식을 주례하다　stable[stéibl] 안정적인　diminish[dimíniʃ] 줄다　bring about 초래하다

VOCABULARY

HACKERS TEST
p. 293

| 01 (a) | 02 (b) | 03 (d) | 04 (b) | 05 (b) | 06 (b) | 07 (c) | 08 (c) | 09 (d) | 10 (a) |

01

A: Hi, / may I see Dr. Hall / on Monday?
　안녕하세요　Dr. Hall께 진찰을 받을 수 있을까요 월요일에

B: I'm afraid not, / but you can make an appointment /
　안되겠는데요　　　　　하지만 예약을 하실 수는 있어요

for Tuesday.
화요일로

A: 안녕하세요, 월요일에 Dr. Hall께 진찰을 받을 수
　있을까요?
B: 안되겠는데요, 하지만 화요일로 예약을 하실 수
　는 있어요.

해설 'Dr. Hall께 진찰을 받을 수 있을까요'라는 질문에 '안되겠는데요, 하지만 화요일로 ____ 하실 수는 있어요'라고 대답하고 있습니다. 이 문
맥에 적합하면서, 빈칸 앞의 동사 make(만들다)와 어울려 '예약하다'라는 뜻을 만드는 명사는 (a) appointment(예약)입니다.

(b) standard[stǽndərd] 표준　(c) deal[di:l] 거래　(d) contract[kántrækt] 계약

어휘 see[si:] (의사에게) 진찰을 받다

02

A: This is the fourth time / you've skipped class.
　이번이 네 번째야　　　　　네가 수업을 빠진 지

B: I'm sorry. I've been feeling ill.
　죄송해요　　제가 좀 아팠어요

A: 이번이 네가 수업을 빠진 지 네 번째야.
B: 죄송해요. 제가 좀 아팠어요.

해설 '이번이 네가 수업을 ____ 네 번째야'라는 말에 '죄송해요. 제가 좀 아팠어요'라고 대답하고 있습니다. 이 문맥에 적합하면서, 빈칸 뒤의 명
사 class(수업)와 어울려 '수업을 빠지다'라는 뜻을 만드는 동사는 (b) skipped(빠지다)입니다.

(a) pass[pæs] 통과하다, 지나가다　(c) reject[ridʒékt] 거절하다　(d) remove[rimúːv] 제거하다

어휘 ill[il] 아픈, 건강이 나쁜

03

A: I hope to have my own business / someday /
　저는 제 사업을 가지고 싶어요　　　　언젠가

and make a fortune.
그리고 재산을 모으고 싶어요

B: I think / a lot of people have the same dream.
저는 생각해요　　많은 사람들이 같은 꿈을 가지고 있다고

A: 저는 언젠가 제 사업을 갖고 재산을 모으고 싶어
　요.
B: 저는 많은 사람들이 같은 꿈을 가지고 있다고 생
　각해요.

해설 '저는 언젠가 제 사업을 갖고 ____ 모으고 싶어요'라고 말하는 문맥에 적합하면서, 빈칸 앞의 동사 make(모으다)와 어울려 '재산을 모으다'
라는 뜻을 만드는 명사는 (d) fortune(재산)입니다.

(a) pile[pail] 쌓아 올린 것, 더미　(b) prize[praiz] 상, 상금　(c) treasure[tréʒər] 보물

어휘 own[oun] 가지다, 소유하다　business[bíznis] 사업　someday[sʌ́mdèi] 언젠가, 훗날

04

A: Who did you interview / for your article?
누구를 인터뷰했나요   당신의 기사를 위해

B: I'm afraid / I can't disclose my source.
유감이지만   저는 저의 출처를 밝힐 수 없어요

A: 당신의 기사를 위해 누구를 인터뷰했나요?
B: 유감이지만 저의 출처를 밝힐 수 없어요.

해설 '당신의 기사를 위해 누구를 인터뷰했나요'라는 질문에 '유감이지만 저의 출처를 ___ 수 없어요'라고 대답하고 있습니다. 이 문맥에 적합하면서, 빈칸 뒤의 명사 source(출처)와 어울려 '출처를 밝히다'라는 뜻을 만드는 동사는 (b) disclose(밝히다)입니다.

(a) trace[treis] 추적하다   (c) change[tʃeindʒ] 바꾸다   (d) admire[ædmáiər] 바라보다

어휘 interview[íntərvjùː] (취재를 위해) 인터뷰하다, 면담하다   article[áːrtikl] 기사   source[sɔːrs] 출처; 정보원

05

Please accept our apologies / for any inconvenience /
부디 저희의 사과를 받아주십시오   모든 불편에 대한

caused by the Internet service interruption.
인터넷 서비스 중단으로 인해 초래된

인터넷 서비스 중단으로 인해 초래된 모든 불편에 대한 저희의 사과를 받아주시기 바랍니다.

해설 '인터넷 서비스 중단으로 인해 ___ 모든 불편에 대한 저희의 사과를 받아주시기 바랍니다'라는 문맥에 적합하면서, 빈칸 앞의 명사 inconvenience(불편)와 어울려 '불편을 초래하다'라는 뜻을 만드는 동사는 (b) caused(초래하다)입니다.

(a) result[rizʌ́lt] (결과로서) 생기다, 기인하다   (c) impose[impóuz] 부과하다   (d) expect[ikspékt] 예상하다

어휘 accept[æksépt] 받아들이다   interruption[interʌ́pʃən] 중단

06

Government policy / now discourages card companies /
정부 정책은   이제 카드 회사들이 ~하지 못하도록 한다

from issuing credit cards / to students.
신용 카드를 발급하는 것을   학생들에게

정부 정책은 이제 카드 회사들이 학생들에게 신용 카드를 발급하지 못하도록 한다.

해설 '정부 정책은 이제 카드 회사들이 학생들에게 신용 카드를 ___하지 못하도록 한다'는 문맥에 적합하면서, 빈칸 뒤의 명사 credit cards(신용 카드)와 어울려 '신용 카드를 발급하다'라는 뜻을 만드는 동사는 (b) issuing(발급하다)입니다.

(a) produce[prədjúːs] 생산하다   (c) audit[ɔ́ːdit] (수업 등을) 청강하다   (d) select[silékt] 고르다, 선택하다

어휘 government[gʌ́vərnmənt] 정부   policy[páləsi] 정책   discourage A from B A가 B하지 못하도록 하다

07

Mothers are advised / to take precautions / by storing
어머니들은 권고 받는다   예방 조치를 취할 것을   의약품들을 보관함으로써

medications / in a locked cabinet.
잠긴 수납장 안에

어머니들은 잠긴 수납장 안에 의약품들을 보관함으로써 예방 조치를 취할 것을 권고 받는다.

해설 '어머니들은 잠긴 수납장 안에 의약품들을 보관함으로써 ___를 취할 것을 권고 받는다'는 문맥에 적합하면서, 빈칸 앞의 동사 take(취하다)와 어울려 '예방 조치를 취하다'라는 뜻을 만드는 명사는 (c) precautions(예방 조치)입니다.

(a) exception[iksépʃən] 예외   (b) omission[oumíʃən] 생략   (d) profession[prəféʃən] 직업

어휘 advise[ədváiz] 권고하다   medication[mèdəkéiʃən] 의약품, 약물   cabinet[kǽbənit] 수납장, 함

08

Management asked Mr. Hoyt / to deliver a message /
경영진은 Mr. Hoyt에게 요청했다   메시지를 전달할 것을

to the company's new trainees.
회사의 새 연수생들에게

경영진은 Mr. Hoyt에게 회사의 새 연수생들에게 메시지를 전달할 것을 요청했다.

해설 '경영진은 Mr. Hoyt에게 회사의 새 연수생들에게 메시지를 ___할 것을 요청했다'는 문맥에 적합하면서, 빈칸 뒤의 명사 message(메시지)와 어울려 '메시지를 전달하다'라는 뜻을 만드는 동사는 (c) deliver(전달하다)입니다.

(a) transfer[trænsfə́ːr] 옮기다, 이동시키다   (b) appeal[əpíːl] 간청하다, 호소하다   (d) invite[inváit] 초대하다

어휘 management[mǽnidʒmənt] 경영진   trainee[treiníː] 연수생

09

Several relief agencies / raised funds / to assist tornado
몇몇 구호 기관들은　　　　기금을 조성했다　　토네이도 피해자들을 돕기 위한

victims / in Florida.
플로리다에 있는

> 몇몇 구호 기관들은 플로리다의 토네이도 피해자들을 돕기 위한 기금을 조성했다.

해설　'몇몇 구호 기관들은 플로리다의 토네이도 피해자들을 돕기 위한 ____을 조성했다'는 문맥에 적합하면서, 빈칸 앞의 동사 raised(조성하다)와 어울려 '기금을 조성하다'라는 뜻을 만드는 명사는 **(d) funds**(기금)입니다.

　　(a) concern[kənsə́ːrn] 걱정, 염려　　**(b) trust**[trʌst] 신뢰　　**(c) earning**[ə́ːrniŋ] 소득

어휘　**relief**[rilíːf] 구호　**agency**[éidʒənsi] (정부 등의) 기관　**raise**[reiz] 조성하다　**assist**[əsíst] 돕다　**victim**[víktim] 피해자

10

Key officials in government / tend to evade questions /
정부의 주요 관리들은　　　　　　　　질문을 회피하는 경향이 있다

on sensitive subjects.
민감한 주제에 대한

> 정부의 주요 관리들은 민감한 주제에 대한 질문을 회피하는 경향이 있다.

해설　'정부의 주요 관리들은 민감한 주제에 대한 질문을 ____하는 경향이 있다'는 문맥에 적합하면서, 빈칸 뒤의 명사 questions(질문)와 어울려 '질문을 회피하다'라는 뜻을 만드는 명사는 **(a) evade**(회피하다)입니다.

　　(b) reply[riplái] 대답하다　　**(c) control**[kəntróul] 통제하다　　**(d) polish**[páliʃ] 광택을 내다

어휘　**official**[əfíʃəl] 관리, 공무원　**tend to** ~히는 경향이 있다　**sensitive**[sénsətiv] 민감한

DAY 02 · '형용사 + 명사' 짝표현

HACKERS TEST

01 (d)　**02** (c)　**03** (d)　**04** (c)　**05** (a)　**06** (c)　**07** (a)　**08** (b)　**09** (c)　**10** (b)

01

A: Slow down, Jenny. I can't keep up.
　속도를 늦춰봐요, Jenny　　따라가기가 힘드네요

B: If we don't hurry, / we'll miss / our connecting flight to Bali.
　서두르지 않으면　　우리는 놓칠 거예요　　발리행 연결편을

> A: 속도 좀 늦춰봐요, Jenny. 따라가기가 힘드네요.
> B: 서두르지 않으면, 발리행 연결편을 놓칠 거예요.

해설　'속도 좀 늦춰봐요'라는 말에 '서두르지 않으면, 발리행 ____ 편을 놓칠 거예요'라고 대답하고 있습니다. 이 문맥에 적합하면서, 빈칸 뒤의 명사 flight(항공편)와 어울려 '연결편'이라는 뜻을 만드는 형용사는 **(d) connecting**(연결하는)입니다.

　　(a) coordinate[kouɔ́ːrdənət] 통합하다　　**(b) attach**[ətǽtʃ] 부착하다　　**(c) join**[dʒɔin] 연결하다; 결합하다

어휘　**slow down** 속도를 늦추다, 느긋하게 하다　**keep up** 따라가다, 보조를 맞추다　**flight**[flait] 항공편

02

A: Why do you / start work / at 10 a.m. instead of 9 a.m.?
　왜 당신은　　일을 시작하나요　　오전 9시가 아닌 오전 10시에

B: It's because / I'm on a flexible schedule.
　왜냐하면　　저는 유동적인 일정으로 일하거든요

> A: 당신은 왜 오전 9시가 아닌 오전 10시에 일을 시작하나요?
> B: 저는 유동적인 일정으로 일하기 때문이에요.

해설　'왜 오전 9시가 아닌 오전 10시에 일을 시작하나요'라는 질문에 '____ 일정으로 일하기 때문이에요'라고 대답하고 있습니다. 이 문맥에 적합하면서, 빈칸 뒤의 명사 schedule(일정)과 어울려 '유동적인 일정'이라는 뜻을 만드는 형용사는 **(c) flexible**(유동적인)입니다.

　　(a) elastic[ilǽstik] 신축성 있는, 잘 적응하는　　**(b) combined**[kəmbáind] 결합된　　**(d) inactive**[inǽktiv] 활동하지 않는

어휘　**instead of** ~대신에

160　본 교재 무료 동영상강의 HackersTEPS.com

03

A: How much gas / should I buy? 　　얼마만큼의 휘발유를　구입해야 할까요 B: That would depend / on the total distance / you'll be driving. 　그것은 달렸지요　　　　　총 거리에　　　　당신이 운전하게 될	A: 휘발유를 얼마나 구입해야 할까요? B: 그것은 당신이 운전하게 될 총 거리에 달렸지요.

해설 '휘발유를 얼마나 구입해야 할까요'라는 질문에 '당신이 운전하게 될 ____ 거리에 달렸지요'라고 대답하고 있습니다. 이 문맥에 적합하면 서, 빈칸 뒤의 명사 distance(거리)와 어울려 '총 거리'라는 뜻을 만드는 형용사는 (d) total(총)입니다.

　　(a) grand[grænd] 장대한　　(b) large[lɑːrdʒ] 큰　　(c) super[sjúːpər] 최고의

어휘 gas[gæs] 휘발유(=gasoline)　depend on ~에 달려있다, ~에 의해 좌우되다

04

A: The restaurant / has a top European chef. 　　그 식당에는　　　　일류 유럽인 요리사가 있어요 B: Then I guess we can expect / exquisite food. 　그렇다면 우리는 기대할 수 있겠네요　　아주 훌륭한 음식을	A: 그 식당에는 일류 유럽인 요리사가 있어요. B: 그렇다면 아주 훌륭한 음식을 기대해도 되겠네요.

해설 '그 식당에는 일류 유럽인 요리사가 있어요'는 말에 '그렇다면 ____ 음식을 기대해도 되겠네요'라고 대답하고 있습니다. 이 문맥에 적합하 면서, 빈칸 뒤의 명사 food(음식)와 어울려 '아주 훌륭한 음식'이라는 뜻을 만드는 형용사는 (c) exquisite(훌륭한)입니다.

　　(a) tough[tʌf] 힘든　　(b) elite[eilíːt] 엘리트의　　(d) precious[préʃəs] 귀중한

어휘 top[tɑp] 일류의　expect[ikspékt] 기대하다

05

A: Why hasn't Christopher left for work? 　　Christopher는 왜 출근하지 않았나요 B: His car / has a mechanical problem. 　그의 차가　　기계적 결함을 가지고 있거든요	A: Christopher는 왜 출근하지 않았나요? B: 그의 차에 기계적 결함이 있거든요.

해설 'Christopher는 왜 출근하지 않았나요'라는 질문에 '차에 기계적 ____이 있거든요'라고 대답하고 있습니다. 이 문맥에 적합하면서, 빈칸 앞의 형용사 mechanical(기계적인)과 어울려 '기계적 결함'이라는 뜻을 만드는 명사는 (a) problem(결함)입니다.

　　(b) move[muːv] 움직임; 이사　　(c) twist[twist] 꼬임　　(d) start[stɑːrt] 출발

어휘 leave for work 출근하다

06

Violence in school / has adverse effects / on the mental state / 　学校 폭력은　　　　부정적인 영향을 미친다　　　정신 상태에 of children. 　아이들의	학교 폭력은 아이들의 정신 상태에 부정적인 영향을 미친다.

해설 '학교 폭력은 아이들의 정신 상태에 ____ 영향을 미친다'는 문맥에 적합하면서, 빈칸 뒤의 명사 effects(영향)와 어울려 '부정적인 영향'이 라는 뜻을 만드는 형용사는 (c) adverse(부정적인)입니다.

　　(a) alternate[ɔ́ːltərnət] 교대의, 번갈아 하는　　(b) miniature[míniətʃər] 소형의　　(d) economic[èkənámik] 경제의

어휘 mental[méntl] 정신적인　state[steit] 상태

07

Volunteer workers / often face / the harsh realities / 　자원봉사자들은　　종종 직면한다　　가혹한 현실을 of poor housing and medical care. 　열악한 주거 환경과 의료 혜택이라는	자원봉사자들은 종종 열악한 주거 환경과 의료 혜택 이라는 가혹한 현실을 직면한다.

해설 '자원봉사자들은 종종 열악한 주거 환경과 의료 혜택이라는 ____ 현실을 직면한다'는 문맥에 적합하면서, 빈칸 뒤의 명사 realities(현실) 와 어울려 '가혹한 현실'이라는 뜻을 만드는 형용사는 (a) harsh(가혹한)입니다.

　　(b) virtual[vɔ́ːrtʃuəl] 실질적인　　(c) vague[veig] 막연한; 흐릿한　　(d) modern[mádərn] 현대의, 현대식의

어휘 face[feis] 직면하다　poor[puər] 열악한　housing[háuziŋ] 주거　medical care 의료 혜택

08

The government / has plans / to ensure / a high standard of 　정부는　　　계획을 가지고 있다　보장하려는　높은 수준의 공공 의료 서비스를 health services / for the elderly. 　　　　　　　노인들에게	정부는 노인들에게 높은 수준의 공공 의료 서비스를 보장하려는 계획을 가지고 있다.

해설　'정부는 노인들에게 ___ 수준의 공공 의료 서비스를 보장하려는 계획을 가지고 있다'는 문맥에 적합하면서, 빈칸 앞의 형용사 **high**(높은)
와 어울려 '높은 수준'이라는 뜻을 만드는 명사는 (b) **standard**(수준)입니다.

　　　(a) **scope**[skoup] 범위, (정신적인) 시야　　(c) **domain**[douméin] 영토, 영지; 범위　　(d) **destination**[destənéiʃən] 목적지

어휘　**ensure**[inʃúər] 보장하다　**health service** 공공 의료 서비스

09

The seminar / will be held / for people / whose common 　세미나가　　　열릴 것이다　　사람들을 위해　　공통 관심사가 interests / include cityscape photography. 　　　　　도시 경관 사진을 포함하는	공통 관심사가 도시 경관 사진인 사람들을 위한 세미 나가 열릴 예정이다.

해설　'___ 관심사가 도시 경관 사진인 사람들을 위한 세미나가 열릴 예정이다'라는 문맥에 적합하면서, 빈칸 뒤의 명사 **interests**(관심사)와 어
울려 '공통 관심사'라는 뜻을 만드는 형용사는 (c) **common**(공통의)입니다.

　　　(a) **partial**[pá:rʃəl] 일부분의　　(b) **whole**[houl] 전부의　　(d) **minor**[máinər] 덜 중요한

어휘　**hold**[hould] 열다, 개최하다　**interest**[íntərəst] 관심사　**cityscape**[sítiskèip] 도시 경관

10

Drastic changes / in climate / have had an enormous impact / 　급격한 변화는　　기후의　　　　　막대한 영향을 미쳤다 on global ecosystems. 　지구 생태계에	급격한 기후 변화는 지구 생태계에 막대한 영향을 미 쳤다.

해설　'___ 기후 변화는 지구 생태계에 막대한 영향을 미쳤다'는 문맥에 적합하면서, 빈칸 뒤의 명사 **changes**(변화)와 어울려 '급격한 변화'라
는 뜻을 만드는 형용사는 (b) **Drastic**(급격한)입니다.

　　　(a) **Final**[fáinl] 최종적인　　(c) **Reasonable**[rí:zənəbl] 합리적인　　(d) **Personal**[pə́:rsənl] 개인의

어휘　**have an impact on** ~에 영향을 주다　**global**[glóubəl] 지구의　**ecosystem**[ékousìstəm] 생태계

DAY 03 '명사 + 명사' 짝표현

HACKERS TEST

p. 297

01 (c)	**02** (b)	**03** (d)	**04** (b)	**05** (b)	**06** (c)	**07** (a)	**08** (d)	**09** (b)	**10** (a)

01

A: I saw you with Sally / last night. Are you dating? 　저는 당신이 Sally와 함께 있는 것을 보았어요　어젯밤에　데이트하는 거예요 B: That was just / a chance meeting. 　　그것은 단지　　　우연한 만남이었어요	A: 어젯밤에 당신이 Sally와 함께 있는 것을 보았어 요. 데이트하는 거예요? B: 그건 단지 우연한 만남이었어요.

해설　'어젯밤에 당신이 Sally와 함께 있는 것을 보았어요. 데이트 하는 거예요?'라는 질문에 '그건 단지 ___ 만남이었어요'라고 대답하고 있습
니다. 이 문맥에 적합하면서, 빈칸 뒤의 명사 **meeting**(만남)과 어울려 '우연한 만남'이라는 뜻을 만드는 형용사는 (c) **chance**(우연한)입
니다.

　　　(a) **occasion**[əkéiʒən] 특별한 일(경우)　　(b) **expiration**[èkspəréiʃən] (기간 등의) 만기　　(d) **privacy**[práivəsi] 사생활

어휘　**date**[deit] 데이트하다

02

A: Could I speak / to Ms. Davis?
통화할 수 있을까요 　 Ms. Davis와

B: I'm sorry, / but she's on lunch break now.
미안합니다만 　 그녀는 지금 점심 시간 중입니다

A: Ms. Davis와 통화할 수 있을까요?
B: 미안합니다만, 그녀는 지금 점심 시간 중이에요.

해설　'Ms. Davis와 통화할 수 있을까요'라는 질문에 '그녀는 지금 점심 ____ 중입니다'라고 대답하고 있습니다. 이 문맥에 적합하면서, 빈칸 앞의 명사 lunch(점심)와 어울려 '점심 시간'이라는 뜻을 만드는 명사는 (b) break(휴식 시간)입니다.

(a) session[séʃən] 회의　(c) span[spæn] 기간　(d) point[pɔint] 점수

어휘　speak[spiːk] 통화하다

03

A: I ordered books / from the US, / but the delivery charge /
저는 책을 주문했어요 　 미국으로부터 　 그런데 배송비가

was so steep!
너무 비쌌어요

B: That's why / I stopped / buying from overseas.
그것이 이유에요 저는 그만 두었어요 　 외국에서 구입하는 것을

A: 미국에서 책을 주문했는데 배송비가 너무 비쌌어요!
B: 그것이 제가 외국에서 구입하는 것을 그만둔 이유에요.

해설　'미국에서 책을 주문했는데 배송____가 너무 비쌌어요'라는 문맥에 적합하면서, 빈칸 앞의 명사 delivery(배송)와 어울려 '배송비'라는 뜻을 만드는 명사는 (d) charge(요금)입니다.

(a) count[kaunt] 계산, 셈　(b) balance[bǽləns] 잔액　(c) money[mʌ́ni] 돈

어휘　order[ɔ́ːrdər] 주문하다　steep[stiːp] 비싼　overseas[òuvərsíːz] 외국에서, 해외에서

04

A: The newspaper says / people can't find work.
신문에 나오네요 　 사람들이 일자리를 못 찾는다고

B: I know. Job prospects / are so poor nowadays.
맞아요 취업 전망이 　 요즘 매우 안 좋아요

A: 사람들이 일자리를 못 찾는다고 신문에 나오네요.
B: 맞아요. 요즘 취업 전망이 매우 안 좋아요.

해설　'사람들이 일자리를 못 찾는다고 신문에 나오네요'라는 말에 '요즘 취업 ____이 매우 안 좋아요'라고 대답하고 있습니다. 이 문맥에 적합하면서, 빈칸 앞의 명사 Job(취업)과 어울려 '취업 전망'이라는 뜻을 만드는 명사는 (b) prospects(전망)입니다.

(a) criteria[kraitíəriə] 기준　(c) arrangement[əréindʒmənt] 정리, 배열　(d) promise[prɑ́mis] 약속

어휘　poor[puər] 안 좋은　nowadays[náuədèiz] 요즘에는, 오늘날에는

05

A: Business class / is double / the price of economy class.
비즈니스 클래스는 　 두 배예요 　 이코노미 클래스 가격의

B: That's the price / you pay for leg room.
그것은 가격이에요 　 당신이 다리를 뻗는 공간에 대해 지불하는

A: 비즈니스 클래스는 이코노미 클래스 가격의 두 배예요.
B: 그것은 당신이 다리를 뻗는 공간에 대해 지불하는 가격이에요.

해설　'비즈니스 클래스는 이코노미 클래스 가격의 두 배예요'라는 말에 '그것은 당신이 다리를 뻗는 ____에 대해 지불하는 가격이에요' 라고 대답하고 있습니다. 이 문맥에 적합하면서, 빈칸 앞의 명사 leg(다리)와 어울려 '다리를 뻗는 공간'이라는 뜻을 만드는 명사는 (b) room(공간)입니다.

(a) circle[sə́ːrkl] 원　(c) desk[desk] 책상　(d) place[pleis] 장소

어휘　double[dʌ́bl] 두 배의

06

Government funding / for national programs / comes / from
정부 지원금은 　 국가적인 프로그램을 위한 　 나온다

tax revenues.
세금 수입에서

국가적인 프로그램을 위한 정부 지원금은 세금 수입에서 나온다.

해설　'국가적인 프로그램을 위한 정부 ____은 세금 수입에서 나온다'는 문맥에 적합하면서, 빈칸 앞의 명사 Government(정부)와 어울려 '정부 지원금'이라는 뜻을 만드는 명사는 (c) funding(지원금)입니다.

(a) profit[prɑ́fit] 이익　(b) volume[vɑ́ljuːm] 양, 용량　(d) material[mətíəriəl] 자료

어휘　tax[tæks] 세금　revenue[révənjùː] 수입, 수익

07

Educational groups / are working hard / to increase / the <small>교육 단체들은　　　열심히 노력하고 있다　　늘리기 위해</small> literacy rate / in rural areas. <small>식자율을　　농촌 지역의</small>	교육 단체들은 농촌 지역의 식자율을 늘리기 위해 열심히 노력하고 있다.

해설　'교육 단체들은 농촌 지역의 식자____을 늘리기 위해 열심히 노력하고 있다'라는 문맥에 적합하면서, 빈칸 앞의 명사 literacy(읽고 쓰는 능력)와 어울려 '식자율'이라는 뜻을 만드는 명사는 **(a) rate**(비율)입니다.

　　(b) unit[júːnit] 단위　　**(c) demand**[dimǽnd] 수요　　**(d) gift**[gift] 선물

어휘　**rural**[rúərəl] 농촌의

08

Solar energy / is being considered / as a potential energy <small>태양 에너지는　　　여겨지고 있다　　　잠재적 에너지원으로</small> source / to meet / America's growing electricity needs. <small>충족시키기 위한　　미국의 증가하는 전력 수요를</small>	태양 에너지는 미국의 증가하는 전력 수요를 충족시키기 위한 잠재적 에너지원으로 여겨지고 있다.

해설　'태양 에너지는 미국의 증가하는 전력 수요를 충족시키기 위한 잠재적 에너지____으로 여겨지고 있다'는 문맥에 적합하면서, 빈칸 앞의 명사 energy(에너지)와 어울려 '에너지원'이라는 뜻을 만드는 명사는 **(d) source**(원천)입니다.

　　(a) design[dizáin] 디자인, 설계　　**(b) deposit**[dipázit] 매장물; 적립금　　**(c) crisis**[kráisis] 위기

어휘　**solar energy** 태양 에너지　**potential**[pəténʃəl] 잠재적인　**meet**[miːt] 충족시키다

09

The warranty period is for six months, / but we will service <small>보증 기간은 6개월입니다　　　하지만 저희는 제품에 대해 서비스해 드릴 것입니다</small> the product / for a year. <small>일년 간</small>	보증 기간은 6개월이지만, 저희는 일년 간 제품에 대해 서비스해 드릴 것입니다.

해설　'____ 기간은 6개월입니다'라는 문맥에 적합하면서, 빈칸 뒤의 명사 period(기간)와 어울려 '보증 기간'이라는 뜻을 만드는 명사는 **(b) warranty**(보증)입니다.

　　(a) certificate[sərtífikət] 수료증　　**(c) authority**[əθɔ́ːrəti] 권한; 권위　　**(d) evidence**[évədəns] 증거

어휘　**product**[prádəkt] 제품

10

Drug overdose / sometimes occur / when people misread <small>약물 과다 복용은　　때때로 발생한다　　사람들이 지시 사항을 잘못 읽을 때</small> directions / on labels. <small>라벨에 있는</small>	약물 과다 복용은 때때로 사람들이 라벨에 있는 지시 사항을 잘못 읽을 때 발생한다.

해설　'약물 ____은 때때로 사람들이 라벨에 있는 지시 사항을 잘못 읽을 때 발생한다'는 문맥에 적합하면서, 빈칸 앞의 명사 Drug(약물)와 어울려 '약물 과다 복용'이라는 뜻을 만드는 명사는 **(a) overdose**(과다 복용)입니다.

　　(b) discomfort[diskʌ́mfərt] 불안　　**(c) barrier**[bǽriər] 장벽　　**(d) shift**[ʃift] 교대

어휘　**occur**[əkə́ːr] 발생하다　**misread**[misríːd] 잘못 읽다

HACKERS TEST

p.299

01 (c) **02** (d) **03** (a) **04** (a) **05** (c) **06** (b) **07** (b) **08** (b) **09** (c) **10** (b)

01

A: Did you bring the clothes / to the cleaners?
　　옷을 가져다 주었나요　　　　세탁소에

B: I guess it slipped my mind. Sorry about that.
　　잊어버린 것 같아요　　　　미안해요

A: 옷을 세탁소에 가져다 주었나요?
B: 잊어버린 것 같아요. 미안해요.

해설 '옷을 세탁소에 가져다 주었나요'라는 질문에 '____ 것 같아요. 미안해요'라고 대답하고 있습니다. 따라서 이 문맥에 적합한 표현은 (c)
slipped my mind(잊어버리다)입니다.

　(a) miss the mark 목적을 이루지 못하다, 과녁에서 빗나가다　　(b) sit on the fence 형세를 관망하다, 중립을 지키다
　(d) deliver the goods 상품을 배달하다, 약속을 이행하다

02

A: Last night's dessert / was delicious!
　　지난밤에 먹었던 후식은　　　　맛있었어요

B: Yes, / that blueberry pie / really hit the spot.
　　맞아요　　그 블루베리 파이는　　　정말 만족스러웠어요

A: 지난밤에 먹었던 후식은 맛있었어요!
B: 맞아요, 그 블루베리 파이는 정말 만족스러웠어요.

해설 '지난밤에 먹었던 후식은 맛있었어요'라는 말에 '맞아요, 그 블루베리 파이는 정말 ____'라고 대답하고 있습니다. 따라서 이 문맥에 적합한
표현은 (d) hit the spot(만족스럽다)입니다.

　(a) hold one's tongue ~의 입을 다물다　　(b) come to one's senses 정신을 차리다
　(c) turn one's stomach ~의 기분을 상하게 하다

어휘 dessert[dizə́:rt] 후식　delicious[dilíʃəs] 맛있는

03

A: Why are you being so nice / to me?
　　왜 이렇게 친절하신가요　　　　저에게

B: I want to make it up to you / for not being able to visit you /
　　저는 당신에게 만회하고 싶어요　　　당신을 방문할 수 없었던 것에 대해

when you were sick.
당신이 아팠을 때

A: 왜 저에게 이렇게 친절하신 건가요?
B: 당신이 아팠을 때 문병갈 수 없었던 것에 대해 만
회하고 싶어요.

해설 '왜 이렇게 저에게 친절하신 건가요'라는 질문에 '당신이 아팠을 때 문병갈 수 없었던 것에 대해 ____하고 싶어요'라고 대답하고 있습니다.
따라서 이 문맥에 적합한 표현은 (a) make it up to(~을 만회하다)입니다.

　(b) get the hang of ~의 요령을 터득하다, 이해하다　　(c) break a leg for ~을 위해 힘을 내다　　(d) lend an ear to ~에 귀를 기울이다

어휘 nice[nais] 친절한, 다정한　visit[vízit] 문병을 가다, 방문하다

04

A: Bob and Cassie / seem uncomfortable / with each other.
　　Bob과 Cassie는　　　불편해 보여요　　　　서로에 대해

B: It's because / they're not on speaking terms.
　　그것은 ~때문이에요　그들이 서로 말을 건네는 사이가 아니기

A: Bob과 Cassie는 서로 불편해 보여요.
B: 그것은 그들이 서로 말을 건네는 사이가 아니기
때문이에요.

해설 'Bob과 Cassie는 서로 불편해 보여요'라는 말에 '그것은 그들이 서로 ____ 사이가 아니기 때문이에요'라고 대답하고 있습니다. 이 문맥에
적합하면서, 빈칸 앞의 not on, 그리고 빈칸 뒤의 명사 terms와 어울려 '말을 건네는 사이가 아닌'이라는 뜻을 만드는 어휘는 (a) speaking
(말하는)입니다.

　(b) express[iksprés] 표현하다　　(c) transfer[trænsfə́:r] 옮기다, 전달하다　　(d) convert[kənvə́:rt] 변하게 하다, 전환하다

어휘 uncomfortable[ʌnkʌ́mfərtəbl] 불편한, 편치 않은

05

A: What happened / to you, / Roy? You / look really tired.
　　무슨 일 있었나요　당신에게　Roy　당신은　정말 피곤해 보여요

B: I was under the weather / the past week.
　　저는 몸이 좋지 않았어요　　　　　　지난주에

A: 무슨 일 있었나요, Roy? 정말 피곤해 보여요.
B: 지난주에 몸이 좋지 않았어요.

해설 '무슨 일 있었나요, Roy? 정말 피곤해 보여요'라는 말에 '지난주에 ＿＿＿어요'라고 대답하고 있습니다. 따라서 문맥상 빈칸에 적합한 표현은 (c) under the weather(몸이 좋지 않은)입니다.

(a) over the top 도가 지나친　　　(b) up in the air 미정인, 결정된 바 없는　　　(d) across the board 전면적으로, 전역에 걸쳐

어휘 happen[hǽpən] (사건 등이) 일어나다

06

A: Do you still want / to teach math / after graduation?
　　당신은 아직도 원하시나요　　수학을 가르치기를　　졸업 후에

B: No, / my low grades in math / poured cold water / on my plans.
　　아뇨　저의 낮은 수학 성적은　　　찬물을 끼얹었어요　　제 계획에

A: 당신은 아직도 졸업 후에 수학을 가르치기를 원하시나요?
B: 아뇨, 저의 낮은 수학 성적은 제 계획에 찬물을 끼얹었어요.

해설 '당신은 아직도 졸업 후에 수학을 가르치기를 원하시나요'라는 질문에 '아뇨, 저의 낮은 수학 성적은 제 계획에 ＿＿＿'라고 대답하고 있습니다. 따라서 이 문맥에 적합한 표현은 (b) poured cold water(찬물을 끼얹었)입니다.

(a) give the green light 허가를 주다　　　(c) pass the hat 기부금을 모으다　　　(d) hit the roof 벌컥 화내다

어휘 math[mæθ] 수학　graduation[græ̀dʒuéiʃən] 졸업　grade[greid] 성적

07

The guests were told / to help themselves to the food /
　　손님들은 들었다　　　　　　음식을 마음껏 먹으라고

on the buffet tables.
　　뷔페 테이블에 있는

손님들은 뷔페 테이블에 있는 음식을 마음껏 먹으라는 말을 들었다.

해설 '손님들은 뷔페 테이블에 있는 음식을 ＿＿＿라는 말을 들었다'라는 문맥에 적합하면서, 빈칸 뒤의 themselves to와 어울려 '~을 마음껏 먹다'라는 뜻을 만드는 동사는 (b) help(권하다)입니다.

(a) supply[səplái] 공급하다　　　(c) settle[sétl] 진정시키다　　　(d) control[kəntróul] 통제하다

어휘 guest[gest] 손님　buffet[bʌ́fit] 뷔페

08

My mother went to the trouble / of buying a book /
　　나의 어머니는 번거로움을 감수하셨다　　　책을 구입하는

that I needed / for an important class.
　　내가 필요로 했던　　중요한 수업을 위해

어머니는 내가 중요한 수업에서 필요했던 책을 구입하는 번거로움을 감수하셨다.

해설 '어머니는 내가 중요한 수업에서 필요했던 책을 구입하는 ＿＿＿을 감수하셨다'는 문맥에 적합하면서, 빈칸 앞의 went to the와 어울려 '번거로움을 감수하다'라는 뜻을 만드는 명사는 (b) trouble(번거로움)입니다.

(a) struggle[strʌ́gl] 몸부림, 악전고투　　　(c) pressure[préʃər] 압력, 압박　　　(d) kindness[káindnis] 친절, 상냥함

어휘 important[impɔ́ːrtənt] 중요한

09

The new employee was a novice, / but her creativity helped /
　　그 신입사원은 무경험자였지만　　　　　그녀의 창의성은 도왔다

her gain the upper hand.
　　그녀가 우위에 서도록

그 신입사원은 무경험자였지만, 창의성이 그녀가 우위에 서도록 도왔다.

해설 '그 신입사원은 무경험자였지만, 창의성이 그녀가 우위를 ＿＿＿도록 도왔다'는 문맥에 적합하면서, 빈칸 뒤의 명사 the upper hand와 어울려 '우위에 서다'라는 뜻을 만드는 동사는 (c) gain(얻다)입니다.

(a) make[meik] 하다; 만들다　　　(b) thrive[θraiv] 번영하다　　　(d) raise[reiz] 올리다, 들어 올리다

어휘 employee[implɔíː] 직원　novice[návis] 무경험자　creativity[krìːeitívəti] 창의성

10

If you're overworked, / treat yourself to a day / at the Blue Waves Spa. 만일 당신이 과도하게 일했다면　　　하루는 즐기세요　　Blue Waves 스파에서	만일 당신이 과도하게 일했다면, 하루는 Blue Waves 스파에서 즐기세요.

해설　'만일 당신이 과도하게 일했다면, 하루는 Blue Waves 스파에서 _____'라는 문맥에 적합하면서, 빈칸 뒤의 yourself to와 어울려 '~을 즐기다'라는 뜻을 만드는 동사는 (b) treat(대접하다)입니다.

　　　(a) teach oneself 독학하다　　　(c) have oneself ~을 즐기다　　　(d) fancy oneself (to be) 자신이 ~라고 자부하다

어휘　overwork[òuvərwə́ːrk] 과도하게 일을 시키다, 과로시키다

DAY 05　일상 대화 표현

HACKERS TEST

p. 301

01 (b)	02 (b)	03 (b)	04 (a)	05 (d)	06 (b)	07 (a)	08 (c)	09 (c)	10 (b)

01

A: I probably won't ever see you / again. 전 아마도 절대 당신을 볼 수 없을 거예요　　다시는 B: Hey, / don't look so sad. Let's keep in touch. 이봐요　그렇게 슬픈 표정하지 말아요　우리 계속 연락하고 지내요	A: 전 아마도 절대로 당신을 다시 볼 수 없을 거예요. B: 이봐요, 그렇게 슬픈 표정하지 말아요. 우리 계속 연락하고 지내요.

해설　'절대로 당신을 다시 볼 수 없을 거예요'라는 A의 말에 B가 '그렇게 슬픈 표정 하지 말아요. 우리 _____ 연락하고 지내요'라고 대답하고 있습니다. 이 문맥에 적합하면서, 빈칸 앞의 Let's와 빈칸 뒤의 in touch와 함께 '연락하고 지내요'라는 표현을 완성하는 어휘는 (b) keep (계속 ~하다)입니다.

　　　(a) put[put] (어떤 장소에) 두다　　　(c) have[hæv] 가지고 있다　　　(d) take[teik] 획득하다

어휘　look[luk] ~한 표정을 하고 있다

02

A: Is Charles Bedford / getting married? 　　Charles Bedford가　　　　결혼하나요 B: I don't have / the faintest idea. 저는 가지고 있지 않아요　가장 어렴풋한 생각조차	A: Charles Bedford가 결혼하나요? B: 저는 전혀 모르겠어요.

해설　'Charles Bedford가 결혼하나요'라는 A의 질문에 B가 '_____ 생각조차 가지고 있지 않아요'라고 대답하고 있습니다. 따라서 빈칸이 포함된 문장은 '전혀 모르겠어요'라는 내용이 오는 것이 자연스럽습니다. 따라서 정답은 idea와 함께 '저는 전혀 모르겠어요'라는 표현을 완성하는 (b) faintest(어렴풋한)입니다.

　　　(a) broad[brɔːd] 넓은　　　(c) clear[kliər] 뚜렷한　　　(d) pale[peil] 창백한

어휘　get married 결혼하다

03

A: I can edit / your essay / for you. 　제가 교정 봐 드릴 수 있어요　당신의 글을　당신을 위해서 B: Thanks for the offer, / but I already / handed it in. 제안은 감사해요　　　하지만 저는 벌써　그것을 제출했어요	A: 제가 당신의 글을 교정 봐 드릴 수 있어요. B: 제안은 감사하지만, 벌써 제출했어요.

해설　'제가 당신의 글을 교정 봐 드릴 수 있어요'라는 A의 제안에 B가 두 번째 문장에서 '하지만 벌써 제출했어요'라고 대답하고 있으므로 빈칸이 포함된 문장에는 '제안은 감사하다'라는 내용이 오는 것이 자연스럽습니다. 따라서 정답은 Thanks for the와 함께 '호의는 감사합니다'라는 표현을 완성하는 (b) offer(제안)입니다.

(a) request[rikwést] 요청　　(c) treat[tri:t] 대접　　(d) present[préznt] 선물

어휘　edit[édit] ~을 교정보다, 손질하다　hand in 제출하다

04

A: I heard / you fell off / your bike. Are you OK? 들었어요 당신이 떨어졌다고 자전거에서 괜찮으신가요 B: I was in pain / for a while, / but I'm OK now. Thanks for asking. 고통스러웠어요 한동안 하지만 지금은 괜찮아요 물어봐 줘서 고마워요	A: 자전거에서 떨어졌다고 들었어요. 괜찮으신가요? B: 한동안 고통스러웠지만, 지금은 괜찮아요. 물어봐 줘서 고마워요.

해설　'자전거에서 떨어졌다고 들었어요. 괜찮으신가요'라는 A의 질문에 B가 '한동안 고통스러웠지만, 지금은 괜찮아요'라고 긍정적으로 대답하고 있으므로 빈칸이 포함된 문장에는 '물어봐 줘서 고맙다'는 내용이 오는 것이 자연스럽습니다. 따라서 정답은 Thanks for와 함께 '물어봐 줘서 고마워요'라는 표현을 완성하는 (a) asking(묻다)입니다.

　　(b) tell[tel] 말하다　　(c) say[sei] 말하다　　(d) act[ækt] 행동하다

어휘　fall off ~에서 떨어지다　be in pain 고통스러워하다, 괴로워하다

05

A: Why don't you join us / at the beach / tomorrow? 당신도 합류하는 게 어때요 해변에서 내일 B: That sounds good, / but I have / other plans. 재미있겠네요 그런데 저는 가지고 있어요 다른 계획을	A: 당신도 내일 해변에서 우리와 합류하는 게 어때요? B: 재미있겠네요, 그런데 저는 다른 계획이 있어요.

해설　'해변에서 합류하는 게 어때요'라는 A의 질문에 B가 '재미있겠네요'라고 한 후 '그런데'가 이어지므로 빈칸이 포함된 문장에는 대조의 의미인 '다른 계획이 있다'는 내용이 오는 것이 자연스럽습니다. 따라서 정답은 I have other와 함께 '다른 계획이 있어요'라는 표현을 완성하는 (d) plans(계획)입니다.

　　(a) term[tə:rm] 기간; 조건; 관계　　(b) group[gru:p] 단체　　(c) way[wei] 방법; 길

어휘　other[ʌ́ðər] 다른

06

A: I didn't get the job / I wanted. They chose / the other guy. 일자리를 얻지 못했어요 제가 원했던 회사에서 뽑았거든요 다른 사람을 B: What a pity! 정말 유감이네요	A: 제가 원하던 일자리를 얻지 못했어요. 회사에서 다른 사람을 뽑았거든요. B: 정말 유감이네요!

해설　'일자리를 얻지 못했어요'라는 A의 말에 '정말 ＿＿이네요'라고 대답하고 있습니다. 이 문맥에 적합하면서, 빈칸 앞의 What a와 어울리는 어휘는 (b) pity(유감스러운 일)입니다.

　　(a) fate[feit] 운명　　(c) chance[tʃæns] 기회　　(d) pride[praid] 자신감

어휘　choose[tʃu:z] 선택하다

07

A: The symposium / was postponed. Will that be a problem / 좌담회가 연기됐어요 문제가 되나요 for you? 당신에게 B: Actually, / that works for me. 사실 저는 좋아요	A: 좌담회가 연기됐어요. 혹시 당신에게 문제가 되나요? B: 사실, 저는 좋아요.

해설　'좌담회가 연기됐어요. 혹시 당신에게 문제가 되나요'라는 A의 질문에 B가 '사실 저는 ＿＿'라고 대답하고 있습니다. 이 문맥에 적합하면서, 빈칸 뒤의 for me와 어울리는 어휘는 (a) works(계획 등이 잘 되어가다)입니다.

　　(b) do[du:] 하다, 행하다　　(c) begin[bigín] 시작하다　　(d) plan[plæn] 계획하다

어휘　symposium[simpóuziəm] 좌담회　postpone[pous/póun] 연기하다

08

A: Hello? May I speak to Gary? 안녕하세요 Gary와 통화할 수 있을까요 B: Could you hold the line / for a second? I'll see / if he's in. 끊지 말고 기다려 줄래요 잠시만 확인해 볼게요 그가 있는지	A: 안녕하세요? Gary와 통화할 수 있을까요? B: 끊지 말고 잠시만 기다려 줄래요? 그가 있는지 확인해 볼게요.

해설 'Gary와 통화할 수 있을까요'라는 A의 질문에 B가 두 번째 문장에서 '그가 있는지 확인해 볼게요'라고 대답하고 있으므로 빈칸이 포함된 문장에는 '끊지 말고 잠시만 기다려 달라'는 내용이 오는 것이 자연스럽습니다. 따라서 정답은 the line과 함께 '전화를 끊지 말고 기다리 세요'라는 표현을 완성하는 (c) hold(붙잡다)입니다.

(a) phone[foun] ~에게 전화를 걸다   (b) ring[riŋ] (종 등을) 울리다, ~에게 전화를 걸다   (d) call[kɔ:l] ~에게 전화를 걸다

어휘 see[si:] 살펴보다, 조사하다

09

| A: Well, / it'll be a year / before we meet again.
글쎄요 1년은 있어야 될 거예요   우리가 다시 만나기 전까지

B: I know! Give my best wishes to Hal.
그러게요   Hal에게도 안부 전해주세요 | A: 글쎄요, 우리가 다시 만나려면 1년은 있어야 될 거예요.
B: 그러게요! Hal에게도 안부 전해주세요. |

해설 '우리가 다시 만나려면 1년은 있어야 될 거예요'라는 A의 말에 B가 '그러게요, Hal에게도 ___ 전해주세요'라고 대답하고 있습니다. 이 문 맥에 적합하면서, 빈칸 앞의 Give my best와 함께 '안부 전해주세요'라는 표현을 완성하는 어휘는 (c) wishes(안부)입니다.

(a) hello[hélou] 인사   (b) laugh[læf] 웃음   (d) time[taim] 시간

10

| A: I want to drop / the class. It's tougher / than I originally
저는 그만 두고 싶어요   그 수업을   더 힘드네요   제가 원래 생각했던 것보다
thought.

B: Just hang in there.
좀 버텨봐요 | A: 그 수업을 그만 두고 싶어요. 제가 원래 생각했던 것보다 더 힘드네요.
B: 좀 버텨봐요. |

해설 '그 수업을 그만 두고 싶어요'라는 A의 말에 'B가 좀 ___'라고 대답하고 있습니다. 따라서 문맥상 빈칸에 적합한 어휘는 (b) hang in there(버텨봐요)입니다.

(a) get into hot water 곤경에 빠지다   (c) ask for trouble 사서 고생하다   (d) knock one's socks off ~에게 큰 영향을 미치다

어휘 drop[drɑp] ~을 그만두다

DAY 06 구동사

HACKERS TEST

p.303

| 01 (c) | 02 (d) | 03 (b) | 04 (a) | 05 (d) | 06 (b) | 07 (c) | 08 (b) | 09 (a) | 10 (a) |

01

| A: Is there any vanilla ice cream / in the freezer?
바닐라 아이스크림이 있나요   냉동실에

B: I think / we've run out of it.
~라고 생각해요 아이스크림은 다 떨어졌어요 | A: 냉동실에 바닐라 아이스크림이 있나요?
B: 아이스크림은 다 떨어진 것 같아요. |

해설 '냉동실에 바닐라 아이스크림이 있나요'라는 질문에 '아이스크림은 ___ 것 같아요'라고 대답하고 있습니다. 따라서 문맥상 빈칸에 적합한 표현은 (c) run out of(다 떨어지다)입니다.

(a) keep up with 뒤떨어지지 않다   (b) come over ~에게 일어나다   (d) drop out of 떠나다

어휘 freezer[frí:zər] 냉동실

02

A: What happened / to that business / Jeff set up? 　　무슨 일이 있었나요　　　그 사업에　　　Jeff가 시작한 B: Unfortunately, / it didn't work out. 　　유감스럽게도　　　그것은 잘 풀리지 않았어요	A: Jeff가 시작한 그 사업에 무슨 일이 있었나요? B: 유감스럽게도, 그것은 잘 풀리지 않았어요.

해설　'Jeff가 시작한 그 사업에 무슨 일이 있었나요'라는 질문에 '유감스럽게도, 그것은 ___어요'라고 대답하고 있습니다. 따라서 문맥상 빈칸
　　　에 적합한 표현은 (d) work out(풀리다)입니다.

　　　(a) turn in 제출하다　　**(b) light up** 밝게 하다　　**(c) pay back** 돈을 되돌려 주다

03

A: How did your presentation / go? 　　당신의 발표는 어떻게　　　되었나요 B: Not too well. My classmates couldn't understand / 　　그다지 잘되지 않았어요　　저의 반 친구들은 이해하지 못했어요 what I was trying to get across. 　　제가 이해시키려 애썼던 것이 무엇인지	A: 당신의 발표는 어떻게 되었나요? B: 그다지 잘되지 않았어요. 반 친구들이 제가 이해시키려고 애썼던 것이 무엇인지 이해하지 못했어요.

해설　'당신의 발표는 어떻게 되었나요'라는 질문에 '그다지 잘되지 않았어요. 반 친구들은 제가 ___려고 애썼던 것이 무엇인지 이해하지 못했
　　　어요'라고 대답하고 있습니다. 따라서 문맥상 빈칸에 적합한 표현은 (b) get across(이해시키다)입니다.

　　　(a) chip in (선물 등을 위해) 각자의 몫을 내다　　**(c) speak up** 큰 소리로 말하다　　**(d) fill out** (문서 등의 빈 곳을) 채우다

어휘　presentation[prìːzentéiʃən] 발표

04

A: Hey, / your grades / went up! 　　어머나　　당신의 점수가　　올랐네요 B: Yes, / all that late night studying / paid off. 　　네　　늦은 밤 공부한 모든 것이　　성과를 냈어요	A: 어머나, 당신 점수가 올랐네요! B: 네, 늦게까지 공부했던 것이 성과를 냈어요.

해설　'당신 점수가 올랐네요'라는 말에 '네, 늦게까지 공부했던 것이 ___'라고 대답하고 있습니다. 따라서 문맥상 빈칸에 적합한 표현은
　　　(a) paid off(성과를 내다)입니다.

　　　(b) rise up 일으키다　　**(c) pick up** 습득하다　　**(d) dip in** 나누다, 자기 몫을 가지다

어휘　grade[greid] 점수

05

A: Does Lena know / she wasn't promoted? 　　Lena가 알고 있나요　　　그녀가 승진되지 않았다는 것을 B: Not yet. I don't know / how to bring up the bad news. 　　아직이요　　저는 모르겠어요　　나쁜 소식을 어떻게 꺼내야 할지	A: Lena는 그녀가 승진되지 않았다는 것을 알고 있 나요? B: 아직이요. 나쁜 소식을 어떻게 꺼내야 할지 모르 겠어요.

해설　'Lena는 그녀가 승진되지 않았다는 것을 알고 있나요'라는 질문에 '아직이요. 나쁜 소식을 어떻게 ___지 모르겠어요'라고 대답하고 있습
　　　니다. 따라서 문맥상 빈칸에 적합한 표현은 (d) bring up(문제 등을 꺼내다)입니다.

　　　(a) catch up 들어 올리다　　**(b) get along** 잘 지내다　　**(c) fall back** 후퇴하다

어휘　promote[prəmóut] 승진하다

06

A: I can't believe / I forgot my part / during the drama. 　　믿을 수가 없어요　　제가 제 대사를 잊어버렸다는 것을　　연극 중에 B: It wasn't so bad. Don't dwell on it. 　　그렇게 나쁘진 않았어요　　그것에 대해서 깊게 생각하지 말아요	A: 연극 중에 제가 대사를 잊어버렸다는 것을 믿을 수 없어요. B: 그렇게 나쁘진 않았어요. 그것에 대해서 너무 깊게 생각하지 말아요.

해설　'연극 중에 제가 대사를 잊어버렸다는 것을 믿을 수 없어요'라는 말에 '그렇게 나쁘진 않았어요. 그것에 대해서 ___ 말아요'라고 대답하고
　　　있습니다. 이 문맥에 적합하면서, 빈칸 뒤의 전치사 on과 어울리는 동사는 (b) dwell(깊게 생각하다)입니다.

　　　(a) hang[hæŋ] 매달리다　　**(c) connect**[kənékt] 연결하다　　**(d) blow**[blou] 불다

어휘　forget[fərgét] 잊다　part[pɑːrt] 대사

07

| A: Isn't Fred / joining us?
　　 Fred는 하지 않나요 우리와 함께

B: Probably not. He's tied up / in the chemistry lab.
　　 아마 그러지 않을 거예요 그는 바빠요 　　 화학 실험실에서 | A: Fred는 우리와 함께 하지 않나요?
B: 아마 그러지 않을 거예요. 그는 화학 실험실에서 바쁘거든요. |

해설 'Fred는 우리와 함께 하지 않나요'라는 질문에 '아마 그러지 않을 거예요. 그는 화학 실험실에서 ____거든요'라고 대답하고 있습니다. 이 문맥에 적합하면서, 빈칸 앞의 동사 is와 어울리는 표현은 (c) tied up(바쁘다)입니다.

　　 (a) set down 내려놓다　　 (b) shut off (물, 가스, 기계 따위를) 잠그다, 끄다　　 (d) live on 살아가다; ~을 먹고 살다

08

| A: I heard / you won't be going to Greece / because of a
　　 저는 들었어요 　　 당신이 그리스에 가지 않을 거라고 　　 금전상의 문제 때문에
　　 money problem.
　　 금전상의 문제 때문에

B: Yeah, / I need to sort out / my finances.
　　 맞아요 　　 저는 해결해야 해요 　　 저의 재정을 | A: 당신이 금전상의 문제 때문에 그리스에 가지 않을 거라고 들었어요.
B: 맞아요, 저는 재정을 해결해야 해요. |

해설 '당신이 금전상의 문제 때문에 그리스에 가지 않을 거라고 들었어요'라는 말에 '맞아요, 저는 재정을 ____해야 해요'라고 대답하고 있습니다. 따라서 문맥상 빈칸에 적합한 표현은 (b) sort out(해결하다)입니다.

　　 (a) switch off 끄다　　 (c) figure out 이해하다　　 (d) write down 기록하다

어휘 finance[fáinæns] 재정

09

| Mentors / are expected / to look after / the training needs
　　 멘토들은 　　 기대된다 　　 돌볼 것이 　　 신입 사원의 교육 요구를
　　 of the new employees.
　　 신입 사원의 교육 요구를 | 멘토들은 신입 사원의 교육 요구를 돌볼 것이 기대된다. |

해설 '멘토들은 신입 사원의 교육 요구를 ____것이 기대된다'라는 문맥에 적합한 표현은 (a) look after(돌보다)입니다.

　　 (b) make up ~을 구성하다　　 (c) see about ~을 조사하다　　 (d) watch out 주의하다

어휘 mentor[méntɔːr] 멘토　 expect[ikspékt] 기대하다

10

| The trains / may be crowded, / but you can rely on them /
　　 열차는 　　 붐빌지도 모른다 　　 하지만 당신은 기대할 수 있다
　　 for punctuality.
　　 시간 엄수에 대해 | 열차는 붐빌지도 모르지만, 시간 엄수에 대해서는 기대할 수 있다. |

해설 '열차는 붐빌지도 모르지만, 시간 엄수에 대해서는 ____할 수 있다'는 문맥에 적합하면서, 빈칸 뒤의 전치사 on과 어울리는 동사는 (a) rely(기대하다)입니다.

　　 (b) insist[insíst] 주장하다, 우기다　　 (c) direct[dairékt] 지도하다, 명령하다　　 (d) impose[impóuz] 부과하다, 강요하다

어휘 punctuality[pʌ̀ŋktʃuǽləti] 시간 엄수

HACKERS TEST
p.305

01 (c)	**02** (d)	**03** (b)	**04** (c)	**05** (c)	**06** (b)	**07** (c)	**08** (d)	**09** (a)	**10** (b)

01

A: Did I miss / anything important / in class?
제가 놓쳤나요   무슨 중요한 것을   수업 시간에

B: Not really, / but the professor / expects you in his office /
그건 아니에요   그런데 교수님이   연구실에서 당신을 기다리겠다고 하시네요
tomorrow.
내일

A: 제가 수업 시간에 무슨 중요한 것을 놓쳤나요?
B: 그건 아니지만, 내일 교수님이 당신을 연구실에서
  기다리겠다고 하시네요.

해설 '수업 시간에 무슨 중요한 것을 놓쳤나요'라는 질문에 '그건 아니지만, 내일 교수님이 당신을 연구실에서 ____고 하시네요'라고 대답하고
  있습니다. 따라서 문맥상 빈칸에 적합한 어휘는 (c) expects(기다리다)입니다.

(a) welcome[wélkəm] 환영하다   (b) greet[griːt] 인사하다   (d) grab[græb] 움켜잡다

어휘 miss[mis] 놓치다, 이해하지 못하다

02

A: Is everything / on sale?
모든 품목이   할인인가요

B: No. Only items on the second and third floors / are included.
아니요   오직 2층과 3층에 있는 품목들만   포함됩니다

A: 모든 품목이 할인인가요?
B: 아니요. 2층과 3층에 있는 품목들만 포함됩니다.

해설 '모든 품목이 할인인가요'라는 질문에 '2층과 3층에 있는 품목들만 ____됩니다'라고 대답하고 있습니다. 따라서 문맥상 빈칸에 적합한 어
  휘는 (d) included(포함하다)입니다.

(a) represent[rèprizént] 나타내다, 대표하다   (b) maintain[meintéin] 유지하다   (c) improve[imprúːv] 개선하다

어휘 on sale 할인 중인   item[áitəm] 품목   floor[flɔːr] 층

03

A: Don't forget / to buy / bread and eggs.
잊지 마세요   사는 것을   빵과 달걀을

B: Maybe / you'd better remind me / after I finish work.
아마도   저에게 상기시켜주는 것이 좋겠어요 ·   제가 일을 끝낸 후에

A: 빵과 달걀 사는 것을 잊지 마세요.
B: 아마도 제가 일을 끝낸 후에 상기시켜주는 것이
  좋겠어요.

해설 '빵과 달걀 사는 것을 잊지 마세요'라는 말에 '아마도 제가 일을 끝낸 후에 ____해주는 것이 좋겠어요'라고 대답하고 있습니다. 따라서 문
  맥상 빈칸에 적합한 어휘는 (b) remind(상기시키다)입니다.

(a) demand[diménd] 요구하다   (c) furnish[fɔ́ːrniʃ] 공급하다, 제공하다   (d) memorize[méməràiz] 암기하다

어휘 had better ~하는 것이 좋다

04

A: The new employee / looks nervous.
신입사원이   긴장돼 보이네요

B: He's been having trouble / adjusting to the office.
그는 어려움을 겪고 있어요   사무실에 적응하는 데

A: 신입사원이 긴장돼 보이네요.
B: 그는 사무실에 적응하는 데 어려움을 겪고 있어요.

해설 '신입사원이 긴장돼 보이네요'라는 말에 '그는 사무실에 ____하는 데 어려움을 겪고 있어요'라고 대답하고 있습니다. 따라서 문맥상 빈칸
  에 적합한 어휘는 (c) adjusting(적응하다)입니다.

(a) continue[kəntínjuː] 계속하다   (b) apply[əplái] 지원하다   (d) progress[prágres] 진보하다; 전진하다

어휘 employee[èmplɔiíː] 직원   nervous[nɔ́ːrvəs] 긴장한

05

A: Can we talk / about your team's ideas / at 2 p.m.?
　　이야기할 수 있을까요　　당신 팀의 의견에 대해서　　오후 2시에

B: Sure! That time suits me.
　　그럼요　그 시각이 제 형편에 알맞아요

A: 당신 팀의 의견에 대해서 오후 2시에 이야기할 수 있을까요?
B: 그럼요! 그 시각은 제 형편에 알맞아요.

해설　'당신 팀의 의견에 대해서 오후 2시에 이야기할 수 있을까요?'라는 질문에 '그럼요! 그 시각은 제 ____'라고 대답하고 있습니다. 따라서 문맥상 빈칸에 적합한 어휘는 (c) suits(형편에 알맞다)입니다.

(a) do[du:] (일, 행동 등을) 하다　　(b) set[set] (물건 등을) 두다, 놓다　　(d) fit[fit] 맞다, 적합하다

어휘　team[ti:m] (경기 등의) 팀, 조　idea[aidí:ə] 의견, 생각

06

Sir Walter Raleigh / established a colony / on Roanoke Island, /
Walter Raleigh 경은　　식민지를 건설했다　　Roanoke 섬에

but it failed / for lack of funds.
그러나 그것은 실패했다　자금 부족으로

Walter Raleigh 경은 Roanoke 섬에 식민지를 건설했으나 자금 부족으로 실패했다.

해설　'Walter Raleigh 경은 Roanoke 섬에 식민지를 ____으나 자금 부족으로 실패했다'는 문맥상 빈칸에 적합한 어휘는 (b) established (건설하다)입니다.

(a) mentor[méntɔːr] 조언하다　　(c) identify[aidéntəfài] (본인, 동일 물건임을) 확인하다　　(d) recruit[rikrúːt] 모집하다

어휘　lack of ~의 부족

07

Bill Gates' foundation / has helped / hundreds of students /
　빌 게이츠 재단은　　돕고 있다　　수백 명의 학생들을

who could not afford / to go to university.
　~할 여유가 없는　　대학에 갈

빌 게이츠 재단은 대학에 갈 여유가 없는 수백 명의 학생들을 돕고 있다.

해설　'빌 게이츠 재단은 대학에 갈 ____ 없는 수백 명의 학생들을 돕고 있다'는 문맥상 빈칸에 적합한 어휘는 (c) afford(~할 여유가 있다)입니다.

(a) prepare[pripέər] 준비하다　　(b) achieve[ətʃíːv] 성취하다　　(d) invest[invést] 투자하다

어휘　foundation[faundéiʃən] 재단

08

The man confessed / that he broke into the gym /
　그 남자는 자백했다　　그가 체육관에 침입했다고

late in the evening / to steal sports gear.
　밤늦게　　운동 장비를 훔치기 위해

그 남자는 운동 장비를 훔치기 위해 밤늦게 체육관에 침입했다고 자백했다.

해설　'그 남자는 운동 장비를 훔치기 위해 밤늦게 체육관에 침입했다고 ____'라는 문맥상 빈칸에 적합한 어휘는 (d) confessed(자백하다)입니다.

(a) challenge[tʃǽlindʒ] 도전하다　　(b) prohibit[prouhíbit] 금지하다　　(c) pronounce[prənáuns] 발음하다

어휘　break into ~에 침입하다　sports gear 운동 장비

09

If you are short of milk, / water can replace the milk /
　우유가 부족하면　　물로 우유를 대체할 수 있다

in some pancake recipes.
　몇몇 팬케이크 조리법에서는

몇몇 팬케이크 조리법에서는 우유가 부족하면, 물로 우유를 대체할 수 있다.

해설　'몇몇 팬케이크 조리법에서는 우유가 부족하면, 물로 우유를 ____할 수 있다'는 문맥상 빈칸에 적합한 어휘는 (a) replace(대체하다)입니다.

(b) remove[rimúːv] 제거하다　　(c) separate[sépərèit] 분리하다　　(d) import[impɔ́ːrt] 수입하다

어휘　short of ~이 부족하여　recipe[résəpì:] 조리법

10

Employees voice / their dissatisfaction / through union	고용자들은 조합 대표자들을 통해서 그들의 불만을
고용자들은 표현한다 그들의 불만을 조합 대표자들을 통해서	표현한다.
representatives.	

해설 '고용자들은 조합 대표자들을 통해서 그들의 불만을 ____'라는 문맥상 빈칸에 적합한 어휘는 **(b)** voice(표현하다)입니다.

　　(a) concern[kənsə́ːrn] 걱정시키다　　**(c)** comment[kάment] 논평하다　　**(d)** head[hed] 나아가다, 향하다

어휘 dissatisfaction[dìssæ̀tisfǽkʃən] 불만　representative[rèprizéntətiv] 대표

DAY 08 동사 어휘(2)

HACKERS TEST
p.307

01 (a)　**02** (b)　**03** (c)　**04** (c)　**05** (b)　**06** (d)　**07** (c)　**08** (b)　**09** (c)　**10** (a)

01

A: Do you have a size 10 / in women's shoes?	A: 숙녀화 10치수도 파나요?
10치수를 파나요 숙녀화에서	B: 죄송하지만, 그 치수는 팔지 않아요.
B: I'm sorry, / but we don't carry that size.	
죄송해요 하지만 우리는 그 치수를 팔지 않아요	

해설 '숙녀화 10치수도 파나요'라는 질문에 '죄송합니다만, 그 치수는 ____ 않아요'라고 대답하고 있습니다. 따라서 문맥상 빈칸에 적합한 어휘는 **(a)** carry(팔다)입니다.

　　(b) wear[wɛər] 입다　　**(c)** pile[pail] 쌓아 올리다　　**(d)** deal[diːl] 처리하다, 다루다

02

A: What sport is the most famous / in town?	A: 마을에서 무슨 스포츠가 제일 유명하니?
무슨 스포츠가 제일 유명하니 마을에서	B: 하키가 제일 유명했었지만, 축구가 그것을 따라
B: Hockey used to, / but soccer has overtaken it.	잡았어.
하키가 제일 유명하곤 했어 하지만 축구가 그것을 따라잡았어	

해설 '마을에서 무슨 스포츠가 제일 유명하니'라는 질문에 '하키가 제일 유명했었지만, 축구가 그것을 ____했어'라고 대답하고 있습니다. 따라서 문맥상 빈칸에 적합한 어휘는 **(b)** overtaken(따라잡다)입니다.

　　(a) overlap[òuvərlǽp] 겹치다　　**(c)** overturn[òuvərtə́ːrn] 뒤엎다　　**(d)** overextend[òuvəriksténd] 지나치게 확장하다

어휘 famous[féiməs] 유명한　hockey[hάki] 하키　soccer[sάkər] 축구

03

A: I'm really sorry / I didn't show up / yesterday.	A: 어제 나타나지 않아서 정말 죄송해요.
정말 죄송해요 제가 나타나지 않아서 어제	B: 걱정하지 마세요. 이번에는 당신을 용서해줄게요.
B: Don't worry. I'll forgive you / this time.	
걱정하지 마세요 당신을 용서해줄게요 이번에는	

해설 '어제 나타나지 않아서 정말 죄송해요'라는 말에 '걱정하지 마세요. 이번에는 당신을 ____해줄게요'라고 대답하고 있습니다. 따라서 문맥상 빈칸에 적합한 어휘는 **(c)** forgive(용서하다)입니다.

　　(a) accept[əksépt] 받아들이다　　**(b)** convert[kənvə́ːrt] 전환하다　　**(d)** follow[fάlou] 따르다

어휘 show up (모임 등에) 나타나다

04

Media corporations / have adopted / a strategy of being 대중매체 기업들은 채택해왔다 관여하는 전략을 involved / in both broadcasting and publishing. 방송과 출판 양쪽에	대중매체 기업들은 방송과 출판 양쪽에 관여하는 전략을 채택해왔다.

해설 '대중매체 기업들은 방송과 출판 양쪽에 관여하는 전략을 ____해왔다'라는 문맥상 빈칸에 적합한 어휘는 (c) adopted(채택하다)입니다.

　　(a) discipline[dísəplin] 훈육하다　　(b) cause[kɔːz] 일으키다, 초래하다　　(d) confess[kənfés] 자백하다

어휘 media[míːdiə] 대중매체 corporation[kɔ̀ːrpəréiʃən] 기업, 조합 strategy[strǽtidʒi] 전략
　　broadcasting[brɔ́ːdkæ̀stiŋ] 방송, 방송사업 publishing[pʌ́bliʃiŋ] 출판, 출판업

05

An article / on wildflowers / appeared / in the May issue / 한 기사가 야생화에 관한 실렸다 5월호에 of *Botany Journal*. 'Botany Journal'지의	야생화에 관한 기사 하나가 'Botany Journal'지 5월호에 실렸다.

해설 '야생화에 관한 기사 하나가 'Botany Journal'지 5월호에 ____'라는 문맥상 빈칸에 적합한 어휘는 (b) appeared(실리다)입니다.

　　(a) happen[hǽpən] (사건 등이) 일어나다, 발생하다　　(c) destroy[distrɔ́i] 파괴하다　　(d) inquire[inkwáiər] 문의하다

어휘 article[áːrtikl] 기사, 품목, 조항 wildflower[wáildflàuər] 야생화 issue[íʃuː] (출판물의) 호, 제 ~판 journal[dʒɔ́ːrnl] 잡지

06

The soccer player / withdrew / from the game / after injuring 그 축구 선수는 물러났다 경기에서 그의 무릎을 부상당한 후 his knee / during practice. 훈련 중에	그 축구 선수는 훈련 중에 무릎을 부상당한 후 경기에서 물러났다.

해설 '그 축구 선수는 훈련 중에 무릎 부상을 당한 후 경기에서 ____'라는 문맥상 빈칸에 적합한 어휘는 (d) withdrew(물러나다)입니다.

　　(a) suspend[səspénd] 미루다, 보류하다　　(b) loosen[lúːsn] 느슨하게 하다, 완화하다　　(c) continue[kəntínjuː] 계속하다

어휘 injure[índʒər] 부상당하다, 다치다 knee[niː] 무릎 practice[prǽktis] 훈련, 연습

07

New technology / has made it possible / for the data / 새로운 과학기술은 가능하게 했다 자료가 to be transmitted / by the sound. 전송되는 것을 소리로	새로운 과학기술은 소리로 자료를 전송하는 것을 가능하게 했다.

해설 '새로운 과학기술은 소리로 자료를 ____하는 것을 가능하게 했다'라는 문맥상 빈칸에 적합한 어휘는 (c) transmitted(전송하다)입니다.

　　(a) enter[éntər] 들어가다　　(b) secure[sikjúər] 보증하다　　(d) press[pres] 누르다, 압축하다

어휘 technology[teknálədʒi] 과학기술 possible[pásəbl] 가능한

08

Losing one's job / during an economic crisis / illustrates / 직업을 잃는 것은 경제 위기 중에 설명한다 the importance / of having a backup plan. 중요성을 대책을 세우는 것의	경제 위기 중에 직업을 잃는 것은 대책을 세우는 것의 중요성을 설명한다.

해설 '경제 위기 중에 직업을 잃는 것은 대책을 세우는 것의 중요성을 ____'라는 문맥상 빈칸에 적합한 어휘는 (b) illustrates(설명하다)입니다.

　　(a) satisfy[sǽtisfài] 만족하게 하다　　(c) reward[riwɔ́ːrd] 보상하다　　(d) vacate[véikeit] (집, 건물 등을) 비우다

어휘 economic[ìːkənámik] 경제의 crisis[kráisis] 위기 importance[impɔ́ːrtəns] 중요성 backup[bǽkʌ̀p] 대안, 대체의

09

When Mr. Reed reached / the age of 65, / he decided /	Mr. Reed가 65세에 이르렀을 때, 그는 이제 은퇴할
<small>Mr. Reed가 이르렀을 때　　　　65세에　　　그는 결정했다</small>	때라고 결정했다.
it was time for him to retire.	
<small>그가 은퇴할 때라는 것을</small>	

해설 'Mr. Reed가 65세에 이르렀을 때, 그는 이제 ____할 때라고 결정했다'는 문맥상 빈칸에 적합한 어휘는 **(c) retire**(은퇴하다)입니다.

(a) apply[əplái] (약 등을) 바르다, 붙이다　　　**(b) finish**[fíniʃ] 끝내다　　　**(d) appear**[əpíər] (신문 등에) 실리다; 나타나다

어휘 **reach**[riːtʃ] 이르다, 다다르다　**decide**[disáid] 결정하다, 결심하다

10

Overhunting / depleted / the sea mammals of Alaska /	남획이 알래스카의 해양 포유동물을 몹시 심하게 고
<small>남획이　　　고갈시켰다　　　　알래스카의 해양 포유동물을</small>	갈시켜서 1910년까지 해양 포유동물이 거의 남지 않
so greatly / that very few were left / by 1910.	았다.
<small>몹시 심하게　　　그래서 거의 남지 않았다　　　1910년까지</small>	

해설 '남획이 알래스카의 해양 포유동물들을 몹시 심하게 ____해서 1910년까지 해양 포유동물이 거의 남지 않았다'라는 문맥상 빈칸에 적합한
어휘는 **(a) depleted**(고갈시키다)입니다.

(b) involve[inválv] 관련시키다　　　**(c) protect**[prətékt] 보호하다　　　**(d) settle**[setl] 정착하다

어휘 **overhunt**[òuvərhʌ́nt] 남획, 과도한 밀렵　**mammal**[mǽməl] 포유동물　**leave**[liːv] 남기다

DAY 09 **동사 어휘(3)**

HACKERS TEST

p.309

01 (b)	**02** (c)	**03** (b)	**04** (a)	**05** (d)	**06** (d)	**07** (a)	**08** (a)	**09** (c)	**10** (b)

01

A: I wonder / how valuable / this necklace is.	A: 저는 이 목걸이가 얼마나 가치 있는지 궁금해요.
<small>저는 궁금해요　얼마나 가치 있는지　　이 목걸이가</small>	B: 그것을 감정받아보는 것이 어때요?
B: Why don't you / have it appraised?	
<small>~하는 것이 어때요　그것을 감정받아보는 것이</small>	

해설 '저는 이 목걸이가 얼마나 가치 있는지 궁금해요'라는 말에 '그것을 ____보는 것이 어때요'라고 대답하고 있습니다. 따라서 문맥상 빈칸에
적합한 어휘는 **(b) appraised**(감정하다)입니다.

(a) resolve[rizálv] 결정하다, 결심하다　　　**(c) measure**[méʒər] 재다　　　**(d) credit**[krédit] 믿다, 신용하다

어휘 **wonder**[wʌ́ndər] 궁금해하다　**valuable**[vǽljuəbl] 가치 있는

02

A: Do I have to tell customs / that this wine is a gift?	A: 이 포도주가 선물이라는 것을 말해야 할까요?
<small>세관에 말해야 할까요　　　이 포도주 선물이라는 것을</small>	B: 아마도 그것을 신고할 필요가 없을 거예요.
B: You probably won't have to / declare it.	
<small>아마도 할 필요가 없을 거예요　　그것을 신고할</small>	

해설 '이 포도주가 선물이라는 것을 말해야 할까요'라는 질문에 '아마도 그것을 ____할 필요가 없을 거예요'라고 대답하고 있습니다. 따라서 문
맥상 빈칸에 적합한 어휘는 **(c) declare**(신고하다)입니다.

(a) recognize[rékəgnàiz] 인식하다　　　**(b) defend**[difénd] 방어하다　　　**(d) celebrate**[séləbrèit] 축하하다

어휘 **customs**[kʌ́stəmz] 세관

03

A: Look at / how fat Sam's become!
　　보세요　　Sam이 얼마나 뚱뚱해졌는지

B: Really? He weighs only a few more kilos / than the last
　　정말이요　　그는 단지 몇 킬로 더 나가는 거예요

time we saw him.
우리가 그를 마지막으로 봤을 때보다

A: Sam이 얼마나 뚱뚱해졌는지 보세요!

B: 정말이요? 우리가 그를 마지막으로 봤을 때보다 단지 몇 킬로 더 나가는 거예요.

해설　'Sam이 얼마나 뚱뚱해졌는지 보세요'라는 말에 '정말이요? 우리가 그를 마지막으로 봤을 때보다 단지 몇 킬로 더 ____'라고 대답하고 있습니다. 따라서 문맥상 빈칸에 적합한 어휘는 **(b) weighs**(무게가 나가다)입니다.

(a) occupy[ákjupài] (장소를) 차지하다　　(c) provide[prəváid] 제공하다　　(d) compare[kəmpɛ́ər] 비교하다

어휘　fat[fæt] 뚱뚱한

04

A: Dad, / can I have some candy now, please?
　　아빠　　　　지금 사탕 사주시면 안 돼요

B: Don't bother me / about it / now. I'll get you some / later.
　　나를 귀찮게 하지 마렴　　그것으로　　지금　　내가 몇 개 사다 줄게　　나중에

A: 아빠, 지금 사탕 사주시면 안 돼요?

B: 그것으로 지금 아빠를 귀찮게 하지 마렴. 내가 나중에 몇 개 사다 줄게.

해설　'아빠, 지금 사탕 사주시면 안 돼요'라는 질문에 '그것으로 지금 아빠를 귀찮게 하지 마렴. 내가 나중에 몇 개 사다 줄게'라고 대답하고 있습니다. 따라서 문맥상 빈칸에 적합한 어휘는 **(a) bother**(귀찮게 하다)입니다.

(b) fool[fu:l] 놀리다　　(c) neglect[niglékt] 소홀히 하다　　(d) describe[diskráib] 설명하다

어휘　get[get] 사다

05

A: My back / hurts.
　　저의 등이　　아파요

B: You need to / get up and stretch your body.
　　당신은 해야 해요　　일어나서 몸을 쭉 펴는 것을

A: 등이 아파요.

B: 일어나서 몸을 쭉 펴세요.

해설　'등이 아파요'라는 말에 '일어나서 몸을 ____'라고 대답하고 있습니다. 따라서 문맥상 빈칸에 적합한 어휘는 **(d) stretch**(쭉 펴다)입니다.

(a) step[step] 한 걸음 내디디다　　(b) urge[əːrdʒ] 재촉하다　　(c) jump[dʒʌmp] 뛰다, 뛰어오르다

어휘　hurt[həːrt] 아프다

06

A: You have so many things / to manage / during the campaign.
　　당신이 너무 많네요　　관리해야 할 것이　　선거 운동 중에

B: Don't worry. I can handle them.
　　걱정 마세요　　저는 그것들을 처리할 수 있어요

A: 당신이 선거 운동 중에 관리해야 할 것이 너무 많네요.

B: 걱정 마세요. 저는 그것들을 처리할 수 있어요.

해설　'당신이 선거 운동 중에 관리해야 할 것이 너무 많네요'라는 말에 '걱정 마세요. 저는 그것들을 ____ 할 수 있어요'라고 대답하고 있습니다. 따라서 문맥상 빈칸에 적절한 어휘는 **(d) handle**(처리하다)입니다.

(a) supply[səplái] 공급하다　　(b) purchase[pə́ːrtʃəs] 구매하다　　(c) tolerate[tálərèit] 참다

어휘　manage[mǽnidʒ] 관리하다

07

A: Have you heard / the news? Our boss / resigned.
　　들었어요　　　그 소식을　　우리 상사가　　사임했어요

B: Really? I wonder / who will be appointed / as the new manager.
　　정말이요　　궁금하네요　　누가 임명될지　　새로운 매니저로

A: 그 소식 들었어요? 우리 상사가 사임했대요.

B: 정말이요? 새로운 매니저로 누가 임명될지 궁금하네요.

해설　'상사가 사임했대요'라는 말에 '정말이요? 새로운 매니저로 누가 ____될지 궁금하네요'라고 대답하고 있습니다. 따라서 문맥상 빈칸에 적합한 어휘는 **(a) appointed**(임명하다)입니다.

(b) discover[diskʌ́vər] 발견하다　　(b) appear[əpíər] (신문 등에) 실리다; 나타나다　　(c) replace[ripléis] 교체하다

어휘　resign[rizáin] 사임하다　　wonder[wʌ́ndər] 궁금하다

08

The economic crisis / has forced companies / to limit the	경제 위기로 회사는 고용하는 사람의 수를 제한해야
경제 위기가　　　　　　회사에 억지로 ~시켰다　　　사람의 수를 제한하도록	만 했다.
number of people / they hire.	
그들이 고용하는	

해설　'경제 위기로 회사는 고용하는 사람의 수를 ＿＿＿했다'는 문맥상 빈칸에 적합한 어휘는 **(a) limit**(제한하다)입니다.

　　(b) cite[sait] 인용하다　　**(c) shorten**[ʃɔ́ːrtən] 단축하다　　**(d) process**[práses] 처리하다, 가공하다

어휘　**crisis**[kráisis] 위기　**force**[fɔːrs] 억지로 ~시키다, 강요하다

09

Lifestyle and aging / are two factors / that may contribute /	생활 습관과 노화가 고혈압의 원인이 될지도 모르는
생활 습관과 노화가　　　두 가지 요소이다　　　원인이 될지도 모르는	두 가지 요소이다.
to high blood pressure.	
고혈압의	

해설　'생활 습관과 노화가 고혈압의 ＿＿＿일지도 모르는 두 가지 요소이다'라는 문맥상 빈칸에 적합한 어휘는 **(c) contribute**(원인이 되다)입니다.

　　(a) proceed[prəsíːd] 나아가다　　**(b) accustom**[əkʌ́stəm] 익숙해지게 하다　　**(d) react**[riǽkt] 반응하다

어휘　**aging**[éidʒiŋ] 노화

10

The crash of a comet into the Vitim River / is believed to have	Vitim강으로의 혜성 충돌은 2002년 9월 25일에 발
Vitim강으로의 혜성 충돌은　　　　　　　발생했다고 믿어진다	생했다고 믿어진다.
occurred / on September 25, 2002.	
2002년 9월 25일에	

해설　'Vitim강으로의 혜성 충돌은 2002년 9월 25일에 ＿＿＿했다고 믿어진다'는 문맥상 빈칸에 적합한 어휘는 **(b) occurred**(발생하다)입니다.

　　(a) advance[ədvǽns] 진보하다　　**(c) transmit**[trænsmít] 보내다　　**(d) convene**[kənvíːn] 소집하다

어휘　**comet**[kámit] 혜성

DAY 10 동사 어휘(4)

HACKERS TEST

p. 311

01 (b)　　**02** (c)　　**03** (c)　　**04** (c)　　**05** (d)　　**06** (b)　　**07** (c)　　**08** (d)　　**09** (b)　　**10** (c)

01

A: I thought / the novel was joyful.	A: 저는 그 소설이 재밌다고 생각했어요.
저는 생각했어요　　　그 소설이 재밌다고	B: 저는 그것을 다르게 해석했어요. 그것은 저에게
B: I interpreted it / differently. It was depressing / for me.	는 우울했어요.
저는 그것을 해석했어요　다르게　　그것은 우울했어요　저에게는	

해설　'저는 그 소설이 재밌다고 생각했어요'라는 말에 '저는 그것을 다르게 ＿＿＿. 그것은 저에게는 우울했어요'라고 대답하고 있습니다. 따라서
　　문맥상 빈칸에 적합한 어휘는 **(b) interpreted**(해석하다)입니다.

　　(a) revise[riváiz] 수정하다, 개정하다　　**(c) impress**[imprés] 인상을 주다　　**(d) adapt**[ədǽpt] 적응하다

어휘　**novel**[návəl] 소설　**differently**[dífərəntli] 다르게　**depressing**[diprésiŋ] 우울한

02

> A: I guess I came in / at the wrong time.
> 제가 들어온 것 같군요   적절하지 않은 때에
>
> B: It's OK. You aren't interrupting / anything.
> 괜찮아요   당신은 방해하고 있지 않아요   아무것도

A: 제가 적절하지 않은 때에 들어온 것 같군요.

B: 괜찮아요. 당신은 아무것도 방해하고 있지 않아요.

해설 '제가 적절하지 않은 때에 들어온 것 같군요'라는 말에 '괜찮아요. 당신은 아무것도 ____ 있지 않아요'라고 대답하고 있습니다. 따라서 문맥상 빈칸에 적합한 어휘는 (c) interrupting(방해하다)입니다.

(a) prevent[privént] 예방하다, 방지하다   (b) unlock[ʌnlák] (자물쇠를) 열다   (d) slice[slais] 얇게 썰다, 저미다

03

> A: Gustav was an excellent conductor.
> Gustav는 훌륭한 지휘자였어요
>
> B: Yes, / but his musical works were not well received /
> 네   하지만 그의 음악 작품들은 잘 인정받지 못했습니다
>
> by his peers.
> 그의 동료들에 의해

A: Gustav는 훌륭한 지휘자였어요.

B: 네, 하지만 그의 음악 작품들은 그의 동료들에게 충분히 인정받지 못했습니다.

해설 'Gustav는 훌륭한 지휘자였어요'라는 말에 '네, 하지만 그의 음악 작품들은 그의 동료들에 의해 충분히 ____ 못했습니다'라고 대답하고 있습니다. 따라서 문맥상 빈칸에 적합한 어휘는 (c) received(인정하다)입니다.

(a) fulfill[fulfíl] 이행하다, 달성하다   (b) please[pli:z] 기쁘게 하다   (d) propose[prəpóuz] 제안하다

어휘 excellent[éksələnt] 훌륭한   conductor[kəndʌ́ktər] 지휘자   peer[piər] 동료, 동등한 사람

04

> A: I don't have time / to get my tooth checked.
> 저는 시간이 없어요   저의 치아를 검진받을
>
> B: You'll be sorry / if you ignore a toothache.
> 당신은 후회할 거예요   만약 당신이 치통을 무시한다면

A: 저는 제 치아를 검진받을 시간이 없어요.

B: 만약 치통을 무시한다면 당신은 후회할 거예요.

해설 '저는 제 치아를 검진받을 시간이 없어요'라는 말에 '만약 치통을 ____ 한다면 당신은 후회할 거예요'라고 대답하고 있습니다. 따라서 문맥상 빈칸에 적합한 어휘는 (c) ignore(무시하다)입니다.

(a) expose[ikspóuz] 노출시키다   (b) contain[kəntéin] 포함하다   (c) dismiss[dismís] 해고하다

어휘 tooth[tu:θ] 치아, 이   toothache[tú:θèik] 치통

05

> A: How long / will the workers be / on strike?
> 얼마나 오래   노동자들이 할까요   파업을
>
> B: Until the managers / agree to negotiate.
> 경영자들이 ~할 때까지요   협상하는 것에 동의할

A: 노동자들이 얼마나 오래 파업을 할까요?

B: 경영자들이 협상하는 것에 동의할 때까지요.

해설 '노동자들이 얼마나 오래 파업을 할까요'라는 질문에 '경영자들이 ____ 하는 것에 동의할 때까지요'라고 대답하고 있습니다. 따라서 문맥상 빈칸에 적합한 어휘는 (d) negotiate(협상하다)입니다.

(a) originate[ərídʒənèit] 유래하다, 시작되다   (b) imitate[ímətèit] 모방하다   (c) anticipate[æntísəpèit] 기대하다, 예상하다

어휘 strike[straik] 파업   manager[mǽnidʒər] 경영자, 관리자

06

> To increase enrollment, / universities / court high school
> 등록자 수를 늘리기 위해   대학들은   고등학생들을 끌어들인다
>
> students / by offering them benefits.
> 그들에게 혜택을 제공함으로써

등록자 수를 늘리기 위해, 대학들은 혜택을 제공함으로써 고등학생들을 끌어들인다.

해설 '등록자 수를 늘리기 위해, 대학들은 혜택을 제공함으로써 고등학생들을 ____'는 문맥상 빈칸에 적합한 어휘는 (b) court(끌어들이다)입니다.

(a) owe[ou] 빚지고 있다   (c) try[trai] 시도하다   (d) join[dʒɔin] 가입하다

어휘 increase[inkrí:s] 늘리다, 증가시키다   enrollment[inróulmənt] 등록자 수   benefit[bénəfit] 이익, 이득

07

The musical *Dance Forever* / continues / for another week /	뮤지컬 'Dance Forever'는 La Mancha 극장에서
뮤지컬 'Dance Forever'는　　　계속된다　　　또 다른 한 주간	또 다른 한 주간 계속된다.
at the La Mancha Theater.	
La Mancha 극장에서	

해설　'뮤지컬 'Dance Forever'는 La Mancha 극장에서 또 다른 한 주간 ____'는 문맥상 빈칸에 적합한 어휘는 (c) continues(계속되다)입니다.

　　　(a) remain[riméin] 남다　　(b) widen[wáidn] 넓히다　　(d) contain[kəntéin] 포함하다

어휘　musical[mjú:zikəl] 뮤지컬　another[ənʌ́ðər] 다른　theater[θí:ətər] 극장

08

The recent issue / features / an article / on one man's	그 최근 호는 한 남자의 아프리카 부족과의 체험에 관
그 최근 호는　　　특집으로 한다　　기사 하나를　　한 남자의 체험에 관한	한 기사를 특집으로 한다.
experiences / with an African tribe.	
한 아프리카 부족과의	

해설　'그 최근 호는 한 남자의 아프리카 부족과의 체험에 관한 기사 하나를 ____'라는 문맥상 빈칸에 적합한 어휘는 (d) features(~을 특집으로 하다)입니다.

　　　(a) center[séntər] 중심에 놓다; 집중시키다　　(b) extend[iksténd] 연장하다, 늘이다　　(c) illustrate[íləstrèit] 설명하다

어휘　issue[íʃu:] (간행물의) 호, 판　article[á:rtikl] 기사, 논문　experience[ikspíəriəns] 경험　tribe[traib] 부족

09

What distinguishes wild cats / from house cats / is their ability /	야생 고양이를 집 고양이로부터 구별하는 것은 경쟁
야생 고양이를 구별하는 것은　　　집 고양이로부터　　그들의 능력이다	적 환경에서 살 수 있는 그들의 능력이다.
to live / in a competitive environment.	
살 수 있는　　　경쟁적 환경에서	

해설　'야생 고양이를 집 고양이로부터 ____하는 것은 경쟁적 환경에서 살 수 있는 그들의 능력이다'라는 문맥상 빈칸에 적합한 어휘는 (b) distinguishes(구별하다)입니다.

　　　(a) part[pa:rt] 나누다, 분할하다　　(c) compare[kəmpέər] 비교하다　　(d) appoint[əpɔ́int] 임명하다, 지명하다

어휘　wild[waild] 야생의　ability[əbíləti] 능력　competitive[kəmpétətiv] 경쟁적인　environment[inváiərənmənt] 환경

10

Students today / pursue / degrees / that will ensure them a	오늘날의 학생들은 어려운 경제적 시기에도 그들에
오늘날의 학생들은　　추구한다　　학위를　　그들에게 직업을 보장해 줄	게 직업을 보장해 줄 학위를 추구한다.
job / even in difficult economic times.	
직업　　어려운 경제적 시기에도	

해설　'오늘날의 학생들은 어려운 경제적 시기에도 그들에게 직업을 보장해 줄 학위를 ____'라는 문맥상 적합한 어휘는 (c) pursue(추구하다)입니다.

　　　(a) recognize[rékəgnàiz] 알아보다; 인지하다　　(b) employ[implɔ́i] 고용하다　　(d) realize[rí:əlàiz] 실현하다

어휘　degree[digrí:] 학위　ensure[inʃúər] 보장하다　difficult[dífikʌlt] 어려운　economic[ì:kənámik] 경제의, 경제상의

HACKERS TEST

p.313

01 (c)　　**02** (c)　　**03** (a)　　**04** (b)　　**05** (d)　　**06** (b)　　**07** (a)　　**08** (b)　　**09** (a)　　**10** (d)

01

A: The doctor says / there's nothing wrong with me. 　　의사가 말하네요　　　나에게 아무 이상이 없다고 B: That's great! I'm so relieved. 　그거 잘됐어요　　아주 안심이 되네요	A: 의사가 나에게 아무 이상이 없다고 말하네요. B: 그거 잘됐어요! 아주 안심이 되네요.

해설　'의사가 나에게 아무 이상이 없다고 말하네요'라는 말에 '아주 ____되네요'라고 대답하고 있습니다. 따라서 문맥상 빈칸에 적합한 어휘는
　　　(c) relieved(안심하게 하다)입니다.

　　　(a) settle[sétl] 정착하다　　　(b) realize[ríːəlàiz] 인식하다　　　(d) bother[báðər] 귀찮게 하다

어휘　wrong[rɔːŋ] 잘못된

02

A: How come you never raise your hand / in class? 　　왜 당신은 전혀 손을 안 들어요　　　　　수업 시간에 B: I panic / at the thought of / speaking in public. 　나는 공포에 질려요　생각만 해도　　사람들 앞에서 말하는	A: 왜 당신은 수업 시간에 전혀 손을 안 들어요? B: 나는 사람들 앞에서 말하는 생각만 해도 공포에 　질려요.

해설　'왜 당신은 수업 시간에 전혀 손을 안 들어요'라는 질문에 '사람들 앞에서 말하는 생각만 해도 ____'라고 대답하고 있습니다. 따라서 문맥
　　　상 빈칸에 적합한 어휘는 (c) panic(공포에 질리다)입니다.

　　　(a) insist[insíst] 주장하다　　　(b) lack[læk] 부족하다　　　(d) defend[difénd] 방어하다

어휘　raise[reiz] 들다　in public 사람들 앞에서

03

A: This hotel room isn't very clean / and the furniture is 　　이 호텔 객실은 그렇게 깨끗하지 않아요　　　가구들도 구식이에요 old-fashioned. B: It's not that bad. Stop / complaining. 　그렇게 나쁘진 않아요　그만해요　　불평을	A: 이 호텔 객실은 그렇게 깨끗하지 않고 가구들도 　구식이에요. B: 그렇게 나쁘진 않아요. 불평 그만해요.

해설　'이 호텔 객실은 깨끗하지 않고 가구들도 구식이에요'라는 말에 '____ 그만해요'라고 대답하고 있습니다. 따라서 문맥상 빈칸에 적합한 어
　　　휘는 (a) complaining(불평하다)입니다.

　　　(b) reject[ridʒékt] 거절하다　　　(c) declare[dikléər] 신고하다　　　(d) damage[dǽmidʒ] 손해를 입히다

어휘　old-fashioned 구식의

04

A law / that requires / drug manufacturers / to keep 　법이　　　요구하는　　　　제약 회사들이 medications free of unnecessary vitamins / is needed. 　불필요한 비타민이 없는 약품을 갖추도록　　　필요하다	제약 회사들이 불필요한 비타민이 들어 있지 않은 약 품을 갖추도록 요구하는 법이 필요하다.

해설　'제약 회사들이 불필요한 비타민이 들어 있지 않은 약품을 갖추도록 ____하는 법이 필요하다'라는 문맥상 빈칸에 적합한 어휘는
　　　(b) requires(요구하다)입니다.

　　　(a) supply[səplái] 제공하다　　　(c) achieve[ətʃíːv] 달성하다　　　(d) judge[dʒʌdʒ] 판단하다

어휘　manufacturer[mæ̀njufǽktʃərər] 회사, 제조업자　unnecessary[ʌnnésisèri] 불필요한

05

High schools / raised funds / to promote programs /
고등학교들은　　　기금을 모았다　　　프로그램을 장려하기 위해

that encourage / community spirit.
고무시키는　　　　공동체 정신을

미국의 고등학교는 공동체 정신을 고무시키는 프로그램을 장려하기 위해 기금을 모았다.

해설 '미국의 고등학교는 공동체 정신을 고무시키는 프로그램을 ___하기 위해 기금을 모았다'는 문맥상 빈칸에 적합한 어휘는 (d) promote (장려하다)입니다.

(a) notice[nóutis] 공지하다　　(b) cancel[kǽnsəl] 취소하다　　(c) convince[kənvíns] 설득하다

어휘 encourage[inkə́:ridʒ] 고무하다　community spirit 공동체 정신

06

The editors compiled essays / on women in the working world /
편집자들은 에세이를 수집했다　　　　직장 여성들에 대한

and printed them / in one book.
그것들을 인쇄했다　　하나의 책으로

편집자들은 직장 여성들에 대한 에세이를 수집해 그것들을 하나의 책으로 인쇄했다.

해설 '편집자들은 직장 여성들에 대한 에세이를 ___해 그것들을 하나의 책으로 인쇄했다'는 문맥상 빈칸에 적합한 어휘는 (b) compiled(수집하다)입니다.

(a) retail[rí:teil] 소매하다　　(c) transfer[trænsfə́:r] 옮기다　　(d) perform[pərfɔ́:rm] 수행하다

어휘 editor[édətər] 편집자

07

The patient / could not be revived, / although the doctors
그 환자는　　　　되살아나지 못했다

worked for hours to save him.
의사들이 몇 시간 동안 그를 살리기 위해 노력했음에도 불구하고

의사들이 몇 시간 동안 그를 되살리기 위해 노력했음에도 불구하고, 그 환자는 살아나지 못했다.

해설 '의사들이 몇 시간 동안 그를 되살리기 위해 노력했음에도 불구하고, 그 환자는 ___ 못했다'는 문맥상 빈칸에 적합한 어휘는 (a) revived (되살리다)입니다.

(b) embrace[imbréis] 받아들이다　　(c) grant[grænt] 주다　　(d) expel[ikspél] 추방하다

어휘 patient[péiʃənt] 환자

08

The investors regretted / providing funds for the business /
투자자들은 후회했다　　　　그 사업에 자금을 제공한 것을

after it failed.
그것이 실패한 후에

투자자들은 사업이 실패한 후에 그 사업에 자금을 제공한 것을 후회했다.

해설 '투자자들은 사업이 실패한 후에 그 사업에 자금을 제공한 것을 ___'는 문맥상 빈칸에 적합한 어휘는 (b) regretted(후회하다)입니다.

(a) collect[kəlékt] 모으다　　(c) recognize[rékəgnaiz] 알아보다, 인지하다　　(d) manage[mǽnidʒ] 관리하다

어휘 investor[invéstər] 투자자　fund[fʌnd] 자금

09

The visitors were admitted into the building / after they
방문객들은 그 건물 안으로 들여보내졌다　　　그들이 제시한 후에

presented / their identification.
　　그들의 신분증을

방문객들은 신분증을 제시한 후에 그 건물 안으로 들여보내졌다.

해설 '방문객들은 신분증을 제시한 후에 그 건물 안으로 ___졌다'는 문맥상 빈칸에 적합한 어휘는 (a) admitted(들이다)입니다.

(b) process[práses] 처리하다　　(c) prepare[pripέər] 준비하다　　(d) handle[hǽndl] 처리하다

어휘 present[prizént] 제시하다

10

The professor confronted / the students / about copying 그 교수는 대면했다　　　　학생들과　　　다른 사람의 것을 베낀 것에 대해 from others / on the final exam. 기말 시험에서	그 교수는 기말 시험에서 다른 사람의 것을 베낀 것에 대해 학생들과 대면했다.

해설　'그 교수는 기말 시험에서 다른 사람의 것을 베낀 것에 대해 학생들과 ____'라는 문맥상 빈칸에 적합한 어휘는 **(d) confronted**(~와 대면하다)
입니다.

　　(a) confirm[kənfə́ːrm] 확인하다　　**(b) compensate**[kámpənsèit] 보상하다　　**(c) impose**[impóuz] 부과하다

어휘　**copy**[kápi] 베끼다　**final exam** 기말 시험

HACKERS TEST

p.315

01 (b)　　**02** (a)　　**03** (a)　　**04** (b)　　**05** (a)　　**06** (c)　　**07** (c)　　**08** (c)　　**09** (d)　　**10** (c)

01

A: I want a place / that has a modern kitchen. 　저는 장소를 원해요　　　　현대적인 부엌이 있는 B: I'd like modern kitchen facilities / as well. 　저는 현대적인 부엌 시설이었으면 해요　　　역시	A: 저는 현대적인 부엌이 있는 곳을 원해요. B: 저 역시 현대적인 부엌 시설이었으면 해요.

해설　'저는 현대적인 부엌이 있는 곳을 원해요'라는 말에 '저 역시 현대적인 부엌 ____이었으면 해요'라고 대답하고 있습니다. 따라서 문맥상 빈
칸에 적합한 어휘는 **(b) facilities**(시설)입니다.

　　(a) method[méθəd] 방법　　**(c) structure**[strʌ́ktʃər] 구조　　**(d) deposit**[dipázit] 보증금; 퇴적물

어휘　**modern**[mádərn] 현대적인

02

A: I'm really surprised / at what robots can do / today. 　저는 매우 놀랐어요　　　　로봇이 할 수 있는 일에　　　오늘날 B: Me, too. The engineering / keeps improving. 　저도 그래요　　　공학은　　　　계속 진보하고 있지요	A: 저는 오늘날 로봇이 어떤 일을 할 수 있는지 알고 　는 매우 놀랐어요. B: 네, 공학은 계속 진보하고 있지요.

해설　'저는 오늘날 로봇이 어떤 일을 할 수 있는지 알고는 매우 놀랐어요'라는 말에 '네, ____은 계속 진보하고 있지요'라고 대답하고 있습니다.
따라서 문맥상 빈칸에 적합한 어휘는 **(a) engineering**(공학)입니다.

　　(b) promotion[prəmóuʃən] 판촉　　**(c) examination**[igzæmənéiʃən] 검사, 조사　　**(d) proceeding**[prəsíːdiŋ] 진행

어휘　**be surprised at** ~에 놀라다　**keep ~ing** 계속해서 ~하다

03

A: Did Nick make the manual / for the trainees / 　Nick이 안내서를 만들었나요　　　　훈련생을 위한 even before asked? 미처 요청받기도 전에 B: Yes, / he did. He has a lot of initiative. 　네　　　그랬어요　　　그는 많이 솔선하지요	A: Nick이 미처 요청받기도 전에 훈련생을 위한 안내 　서를 만들었나요? B: 네, 그랬어요. 그는 많이 솔선하지요.

해설　'Nick이 미처 요청받기도 전에 훈련생을 위한 안내서를 만들었나요'라는 질문에 '네, 그랬어요. 그는 많이 ____하지요'라고 대답하고 있습
니다. 따라서 문맥상 빈칸에 적합한 어휘는 **(a) initiative**(솔선)입니다.

(b) benefit[bénəfit] 이득   (c) reliance[riláiəns] 신뢰   (d) royalty[rɔ́iəlti] 저작권 사용료

어휘   manual[mǽnjuəl] 안내서, 입문서 trainee[treiníː] 훈련생

04

A: Do you know / which cities are included / in the package tour? 　　아시나요　　　　어느 도시들이 포함되는지　　　　패키지 여행에 B: Here, / take a look / at the itinerary. 　　여기　　보세요　　여행 일정을	A: 패키지 여행에 어느 도시들이 포함되는지 아시나요? B: 여기, 여행 일정을 보세요.

해설   '패키지 여행에 어느 도시들이 포함되는지 아시나요'라는 질문에 '여기, ___을 보세요'라고 대답하고 있습니다. 따라서 문맥상 빈칸에 적합한 어휘는 **(b) itinerary**(여행 일정)입니다.

(a) approach[əpróutʃ] 접근   (c) advantage[ədvǽntidʒ] 유리한 점   (d) portrayal[pɔːrtréiəl] 묘사; 초상

어휘   package tour 패키지 여행 take a look at ~을 보다

05

A: Can we afford / to get a new car / this year? 　우리에게 여유가 있나요　　새 차를 살　　　올해에 B: We can always buy it / on credit. 　우리는 언제든지 그것을 살 수 있어요　외상으로	A: 우리에게 올해에 새 차를 살 여유가 있나요? B: 언제든지 외상으로 살 수 있어요.

해설   '우리에게 올해에 새 차를 살 여유가 있나요'라는 질문에 '언제든지 ___으로 살 수 있어요'라고 대답하고 있습니다. 따라서 문맥상 빈칸에 적합한 어휘는 **(a) credit**(외상)입니다.

(b) offer[ɔ́ːfər] 제공   (c) certificate[sərtífəkət] 증명서   (d) security[sikjúːərəti] 안전, 담보

어휘   afford[əfɔ́ːrd] ~할 여유가 있다

06

A: Let's meet / where we can easily find each other. 　만나요　　　　서로를 쉽게 찾을 수 있는 곳에서 B: How about the water fountain? It's a well-known landmark. 　분수대는 어때요　　　　　잘 알려진 명소잖아요	A: 서로를 쉽게 찾을 수 있는 곳에서 만나요. B: 분수대는 어때요? 잘 알려진 명소잖아요.

해설   '서로를 쉽게 찾을 수 있는 곳에서 만나요'라는 말에 '분수대는 어때요? 잘 알려진 ___잖아요'라고 대답하고 있습니다. 따라서 문맥상 빈칸에 적합한 어휘는 **(c) landmark**(명소)입니다.

(a) foundation[faundéiʃən] 근거, 토대; 재단   (b) signal[sígnəl] 신호; 도화선   (d) agency[éidʒənsi] 대리점; 대행

어휘   water fountain 분수대 well-known 잘 알려진, 유명한

07

The best-selling book / in history / is the Bible, / with about six 　가장 많이 팔린 책은　　역사상　　성경책이다　　60억 부가 팔린 billion copies sold.	역사상 가장 많이 팔린 책은 60억 부가 팔린 성경책이다.

해설   '역사상 가장 많이 팔린 책은 60억 ___가 팔린 성경책이다'라는 문맥상 빈칸에 적합한 어휘는 **(c) copies**(부, 권)입니다.

(a) section[sékʃən] 구획, (신문, 잡지의) 난   (b) verse[vəːrs] 운문, (시의) 절   (d) issue[íʃuː] 발행물, 판

어휘   the Bible 성경 billion[bíljən] 10억

08

The program describes / Mahatma Gandhi's ideal of a world / 　그 프로그램은 설명한다　　　Mahatma Gandhi의 세상에 대한 이상을 where violence does not exist. 　폭력이 존재하지 않는 곳인	그 프로그램은 폭력이 존재하지 않는 곳인 Mahatma Gandhi의 세상에 대한 이상을 설명한다.

해설   '그 프로그램은 폭력이 존재하지 않는 곳인 Mahatma Gandhi의 세상에 대한 ___을 설명한다'는 문맥상 빈칸에 적합한 어휘는 **(c) ideal**(이상)입니다.

(a) attitude[ǽtitjùːd] 태도   (b) version[vɔ́ːrʒən] 버전, 각색, 번안   (d) judgment[dʒʌ́dʒmənt] 판단, 재판

어휘   exist[igzíst] 존재하다

09

The consequences of heavy drinking / include / dangerous 과음의 결과는 포함한다 위험한 행동과 behavior / and various health problems. 여러 가지 건강상의 문제를	과음의 결과는 위험한 행동과 여러 가지 건강상의 문제를 포함한다.

해설 '과음의 ___는 위험한 행동과 여러 가지 건강상의 문제를 포함한다'는 문맥상 빈칸에 적합한 어휘는 **(d) consequences**(결과)입니다.

(a) argument[á:rgjumənt] 논쟁, 논의　　(b) function[fʌ́ŋkʃən] 기능　　(c) justice[dʒʌ́stis] 처벌; 정의

어휘 **heavy drinking** 과음　**various**[vέəriəs] 여러 가지의

10

Mr. Carter's position in the bank / gives him access to the vault / 은행에서 Mr. Carter의 직위는 그에게 금고에 출입할 수 있는 권한을 준다 where the money is kept. 돈이 보관되어 있는	은행에서 Mr. Carter의 직위는 그에게 돈이 보관되어 있는 금고에 출입할 수 있는 권한을 준다.

해설 '은행에서 Mr. Carter의 ___는 그에게 돈이 보관되어 있는 금고에 출입할 수 있는 권한을 준다'는 문맥상 빈칸에 적합한 어휘는 **(c) position**(직위)입니다.

(a) branch[bræntʃ] 가지; 지점　　(b) form[fɔːrm] 꼴, 형태; 문서의 양식　　(d) state[steit] 상태; 신분

어휘 **give access to** ~에 출입할 권한을 주다　**vault**[vɔːlt] 금고

DAY 13 명사 어휘(2)

HACKERS TEST

p.317

01 (b)	**02** (a)	**03** (c)	**04** (c)	**05** (c)	**06** (d)	**07** (a)	**08** (b)	**09** (d)	**10** (d)

01

A: I'd like to make a reservation / for Tokyo / on December 26. 예약하고 싶은데요 도쿄행 표를 12월 26일 자 B: Let me check / if any seats are available. 확인해보겠습니다 가능한 좌석이 있는지	A: 12월 26일 자 도쿄행 표를 예약하고 싶은데요. B: 가능한 좌석이 있는지 확인해 보겠습니다.

해설 '12월 26일 자 도쿄행 표를 예약하고 싶은데요'라는 요청에 '가능한 ___이 있는지 확인해 보겠습니다'라고 대답하고 있습니다. 따라서 문맥상 빈칸에 적합한 어휘는 **(b) seats**(좌석)입니다.

(a) place[pleis] 장소　　(c) space[speis] 공간　　(d) date[deit] 날짜

어휘 **make a reservation** 예약하다　**available**[əvéiləbl] 사용 가능한; 이용할 수 있는

02

A: Why are you leaving / so early / for work / this morning? 왜 당신은 나가세요 그렇게 일찍 일하러 오늘 아침에는 B: It's my turn / to do the car pool. 제 차례거든요 카풀할	A: 오늘 아침에는 왜 그렇게 일찍 출근하세요? B: 오늘은 제가 카풀할 차례거든요.

해설 '오늘 아침에는 왜 그렇게 일찍 출근하세요'라는 질문에 '오늘은 제가 카풀할 ___거든요'라고 대답하고 있습니다. 따라서 문맥상 빈칸에 적합한 어휘는 **(a) turn**(차례)입니다.

(b) order[ɔ́ːrdər] 순위, 정렬　　(c) load[loud] 짐　　(d) function[fʌ́ŋkʃən] 기능

어휘 **car pool** 카풀, (자가용차의) 합승 이용

03

A: That candidate / amazes me. I really like him. 　　저 후보가　　　저를 놀라게 하네요　그가 정말 마음에 들어요 B: Me, too. He'll definitely get / my vote. 　저도 그래요　그는 분명히 얻을 겁니다　저의 표를	A: 저 후보가 저를 놀라게 하네요. 그가 정말 마음에 들어요. B: 저도 그래요. 그는 분명 저의 표를 얻을 겁니다.

해설　'저 후보가 저를 놀라게 하네요. 그가 정말 마음에 들어요'라는 말에 '저도 그래요. 그는 분명 저의 ＿＿를 얻을 겁니다'라고 대답하고 있습니다. 따라서 문맥상 빈칸에 적합한 어휘는 **(c) vote**(표)입니다.

　　(a) desire[dizáiər] 욕구, 갈망　　**(b) note**[nout] 기록　　**(d) pace**[péis] 걷는 속도

어휘　**amaze**[əméiz] ~를 놀라게 하다　**definitely**[défənitli] 분명히

04

A: I heard / your brother / is having surgery. 　저는 들었어요　당신의 남동생이　　수술을 한다고 B: It's a minor operation / on his ankle. 　그것은 가벼운 수술이에요　　발목의	A: 당신의 남동생이 수술을 한다고 들었어요. B: 가벼운 발목 수술이에요.

해설　'당신의 남동생이 수술을 한다고 들었어요'라는 말에 '가벼운 발목 ＿＿이에요'라고 대답하고 있습니다. 따라서 문맥상 빈칸에 적합한 어휘는 **(c) operation**(수술)입니다.

　　(a) strategy[strǽtədʒi] 전략　　**(b) landmark**[lǽndmɑːrk] 명소　　**(d) direction**[dirékʃən] 방향

어휘　**have surgery** 수술을 하다　**minor**[máinər] (수술 등이) 가벼운, 위험부담이 덜한

05

A: Would it be possible / for me / to see Dr. West / today? 　　가능할까요　　　제가　　Dr. West를 만나 뵙는 것이　오늘 B: Only if there's a cancelation. I'm sorry. 　취소 건이 있을 경우에만 가능해요　　죄송합니다	A: 오늘 제가 Dr. West를 만나 뵐 수 있을까요? B: 취소 건이 있을 경우에만 가능해요. 죄송합니다.

해설　'오늘 Dr. West를 만나 뵐 수 있을까요'라는 질문에 '＿＿이 있을 경우에만 가능해요'라고 대답하고 있습니다. 따라서 문맥상 빈칸에 적합한 어휘는 **(c) cancelation**(취소)입니다.

　　(a) booking[búkiŋ] 예약　　**(b) receptionist**[risépʃənist] 접수원　　**(d) denial**[dináiəl] 부인, 부정

어휘　**see**[siː] ~를 만나다, 진찰을 받다

06

A: I've heard / of blending jazz and rock, / but not jazz and 　저는 들어봤어요　　재즈와 록의 혼합에 대해　　하지만 재즈와 hip-hop. 힙합에 대해서는 못 들어봤어요 B: A lot of jazz bands / today / play a fusion of different styles. 　많은 재즈 밴드들이　오늘날의　다른 형식의 음악을 융합해서 연주하지요	A: 전 재즈와 록의 혼합에 대해서는 들어봤지만, 재즈와 힙합에 대해서는 못 들어봤어요. B: 오늘날 많은 재즈 밴드들이 다른 형식의 음악을 융합해서 연주하지요.

해설　'전 재즈와 록의 혼합에 대해서는 들어봤지만, 재즈와 힙합에 대해서는 못 들어봤어요'라는 말에 '오늘날 많은 재즈 밴드들이 다른 형식의 음악을 ＿＿해서 연주하지요'라고 대답하고 있습니다. 따라서 문맥상 빈칸에 적합한 어휘는 **(d) fusion**(융합)입니다.

　　(a) benefit[bénəfit] 복리 후생; 이익　　**(b) connection**[kənékʃən] 연결, 결합　　**(c) scramble**[skrǽmbl] 무질서한 잡동사니

어휘　**blend A and B** A와 B를 섞다

07

Louis bought / many expensive clothes / and now / has a large Louis는 구입했다　　많은 비싼 옷　　그래서 이제　엄청난 빚이 있다 debt / to pay off. 　갚아야 할	Louis는 비싼 옷을 많이 구입해서 이제는 갚아야 할 빚이 엄청나다.

해설　'Louis는 비싼 옷을 많이 구입해서 이제는 갚아야 할 ＿＿이 엄청나다'라는 문맥상 빈칸에 적합한 어휘는 **(a) debt**(빚)입니다.

　　(b) effect[ifékt] 효과　　**(c) point**[pɔint] 요점, 논지　　**(d) burden**[bə́ːrdn] 부담, 짐

어휘　**pay off** 갚다

08

> Critics question / the writing skills / of *Twilight*'s author
> 비평가들은 의심한다　　글 솜씨를　　*Twilight*의 작가 Ms. Meyer의
>
> Ms. Meyer, / but agree that / the novel's plot is entertaining.
> 　　　　　그러나 동의한다　　그 소설의 줄거리가 재미있다는 점에는

비평가들은 Twilight의 작가 Ms. Meyer의 글솜씨를 의심하지만, 그 소설의 줄거리가 재미있다는 점에는 동의한다.

해설　'비평가들은 Twilight의 작가 Ms. Meyer의 글 솜씨를 의심하지만, 그 소설의 ____가 재미있다는 점에는 동의한다'는 문맥상 빈칸에 적합한 어휘는 (b) plot(줄거리)입니다.

　　　(a) activity [æktívəti] 활동　　(c) advent [ǽdvent] 도래, 출현　　(d) center [séntər] 중심

어휘　critic [krítik] 비평가　author [ɔ́ːθər] 작가　agree that ~에 동의하다　entertaining [èntərtéiniŋ] 재미있는

09

> People spend plenty of money / to stay young, /
> 사람들은 많은 돈을 쓴다　　　　젊음을 유지하기 위해
>
> but nothing can stop / the process of aging.
> 그러나 어떤 것도 막을 수는 없다　　노화의 과정을

사람들은 젊음을 유지하기 위해 많은 돈을 쓰지만, 어떤 것도 노화의 과정을 막을 수는 없다.

해설　'사람들은 젊음을 유지하기 위해 많은 돈을 쓰지만, 어떤 것도 노화의 ____을 막을 수는 없다'는 문맥상 빈칸에 적합한 어휘는 (d) process (과정)입니다.

　　　(a) duty [djúːti] 의무　　(b) work [wəːrk] 일, 작용　　(c) stress [stres] 스트레스

어휘　plenty of 많은　stay [stei] ~인 채로 있다, (어떤 상태에) 머무르다　aging [éidʒiŋ] 노화, 나이 먹음

10

> Traveling to other places / is a pleasure, / but people always
> 다른 장소로 여행을 가는 것은　　즐거운 일이다　　그러나 사람들은 항상 추구한다
>
> seek / the comforts of home.
> 　　　집의 안락함을

다른 장소로 여행을 가는 것은 즐거운 일이지만, 사람들은 항상 집의 안락함을 추구한다.

해설　'다른 장소로 여행을 가는 것은 즐거운 일이지만, 사람들은 항상 집의 ____을 추구한다'는 문맥상 빈칸에 적합한 어휘는 (d) comforts (안락함)입니다.

　　　(a) value [vǽljuː] 가치　　(b) condition [kəndíʃən] 상태, 조건　　(c) position [pəzíʃən] 직위

어휘　pleasure [pléʒər] 즐거운 일; 즐거움　seek [siːk] 추구하다, 찾다

DAY 14 명사 어휘(3)

HACKERS TEST

p.319

01 (a)	**02** (d)	**03** (a)	**04** (b)	**05** (c)	**06** (b)	**07** (c)	**08** (b)	**09** (a)	**10** (c)

01

> A: Isn't this / a four-hour flight?
> 　　이것은 아닌가요　4시간짜리 비행이
>
> B: It will take longer / because of the layover in Hong Kong.
> 　　더 오래 걸릴 거예요　　　홍콩을 경유하기 때문에

A: 이것은 4시간짜리 비행이 아닌가요?
B: 홍콩을 경유하기 때문에 더 오래 걸릴 거예요.

해설　'이것은 4시간짜리 비행이 아닌가요'라는 질문에 '홍콩을 ____하기 때문에 더 오래 걸릴 거예요'라고 대답하고 있습니다. 따라서 문맥상 빈칸에 적합한 어휘는 (a) layover(경유)입니다.

　　　(b) interruption [ìntərʌ́pʃən] 방해　　(c) intermission [ìntərmíʃən] 휴식 시간　　(d) mileage [máilidʒ] 연비

어휘　flight [flait] 비행

02

A: Why is everyone / being given masks / at the office? 　　왜 모든 사람이　　마스크를 받고 있나요　　사무실에서 B: They want / to prevent / an outbreak of disease. 　　그들은 원해요　예방하기를　　질병의 발발을	A: 왜 사무실에서 모든 사람들이 마스크를 받고 있 나요? B: 그들은 질병의 발발을 예방하기를 원하거든요.

해설　'왜 사무실에서 모든 사람들이 마스크를 받고 있나요'라는 질문에 '그들은 질병의 ___을 예방하기를 원하거든요'라고 대답하고 있습니다.
　　　따라서 문맥상 빈칸에 적합한 어휘는 (d) outbreak(발발)입니다.

　　　(a) explosion[iksplóuʒən] 폭발　　(b) treatment[trí:tmənt] 치료　　(c) process[práses] 절차, 과정

어휘　prevent[privént] 예방하다, 막다　flu[flu:] 유행성 감기, 독감

03

A: I'd like to stay longer, / but my visa expires soon. 　　저는 더 머무르고 싶어요　　그러나 제 비자가 곧 만료돼요 B: Why not get an extension? 　　연장을 하지 그래요	A: 저는 더 머무르고 싶지만, 제 비자가 곧 만료돼요. B: 연장을 하지 그래요?

해설　'저는 더 머무르고 싶지만, 제 비자가 곧 만료돼요'라는 말에 '___을 하지 그래요'라고 제안하고 있습니다. 따라서 문맥상 빈칸에 적합한
　　　어휘는 (a) extension(연장)입니다.

　　　(b) operation[ὰpəréiʃən] 수술　　(c) recharge[ri:tʃá:rdʒ] 재충전　　(d) delay[diléi] 유예, 연기

어휘　stay[stei] 머무르다　expire[ikspáiər] 만료되다

04

The latest population count / shows / that New York City has 　　가장 최근의 인구 통계는　　보여준다　　뉴욕시에 820 만 명이 넘는 거주자가 있다는 것을 more than 8.2 million inhabitants. 뉴욕시에 820 만 명이 넘는 거주자가 있다는 것을	가장 최근의 인구 통계는 뉴욕시에 820 만 명이 넘는 거주자가 있다는 것을 보여준다.

해설　'가장 최근의 인구 통계는 뉴욕시에 820 만이 넘는 ___가 있다는 것을 보여준다'는 문맥상 빈칸에 적합한 어휘는 (b) inhabitants(거주
　　　자)입니다.

　　　(a) client[kláiənt] 고객　　(c) settlement[sétlmənt] 정착　　(d) outcome[áutkʌ̀m] 결과

어휘　population[pὰpjuléiʃən] 인구　count[kaunt] 통계, 계산

05

Root vegetables / such as potatoes / are staples / in many 　　뿌리 채소는　　감자와 같은　　주식이다 South American countries. 　　많은 남미 국가들에서	감자와 같은 뿌리 채소는 많은 남미 국가들에서 주 식이다.

해설　'감자와 같은 뿌리 채소는 많은 남미 국가들에서 ___이다'라는 문맥상 빈칸에 적합한 어휘는 (c) staples(주식)입니다.

　　　(a) stack[stæk] 더미　　(b) brake[breik] 브레이크　　(d) brand[brænd] 상표

어휘　root vegetables 뿌리 채소

06

Earl felt sick / after eating a large portion of apple pie / at Earl은 속이 울렁거렸다　　　애플파이의 큰 일부분을 먹은 후 Thanksgiving dinner. 　　추수감사절 저녁 식사에서	Earl은 추수감사절 저녁 식사에서 애플파이의 큰 조 각을 먹은 후 속이 울렁거렸다.

해설　'Earl은 추수감사절 저녁 식사에서 애플파이 큰 ___을 먹은 후 속이 울렁거렸다'는 문맥상 빈칸에 적합한 어휘는 (b) portion(일부분)입
　　　니다.

　　　(a) bundle[bʌ̀ndl] 꾸러미　　(c) angle[ǽŋgl] 각도　　(d) corner[kɔ́:rnər] 구석, 모퉁이

어휘　feel sick 속이 울렁거리다

07

| People cope more easily / with difficulties / when they have
사람들은 더 쉽게 대처한다　　　　어려움에　　　　동료가 있을 때

a companion. | 사람들은 동료가 있을 때 어려움에 더 쉽게 대처한다. |

해설　'사람들은 ____가 있을 때 어려움에 더 쉽게 대처한다'는 문맥상 빈칸에 적합한 어휘는 (c) companion(동료)입니다.
　　(a) replacement[ripléismənt] 대체자　　(b) participant[pɑːrtísəpənt] 참가자　　(d) receiver[risíːvər] 수취인

어휘　cope[koup] 대처하다; 처리하다　difficulty[dífikʌlti] 어려움

08

| The Dead Sea Scrolls, / which were found in a cave / about
사해 문서는　　　　　　　동굴 속에서 발견된

50 years ago, / were on display at the museum.
약 50년 전에　　　　박물관에서 전시 중이었다 | 약 50년 전 동굴 속에서 발견된 사해 문서는 박물관에서 전시 중이었다. |

해설　'약 50년 전 동굴 속에서 발견된 사해 문서는 박물관에서 ____ 중이었다'라는 문맥상 빈칸에 적합한 어휘는 (b) display(전시)입니다.
　　(a) period[píːəriəd] 기간　　(c) public[pʌ́blik] 공중, 대중　　(d) product[prɑ́dəkt] 제품

어휘　cave[kéiv] 동굴

09

| People / who are not familiar / with the symptoms of serious
사람들은　　　　익숙하지 않은　　　　심각한 질병의 증상에

diseases / often ignore warning signals.
종종 경고 신호를 무시한다 | 심각한 질병의 증상에 익숙하지 않은 사람들은 종종 경고 신호를 무시한다. |

해설　'심각한 질병의 ____에 익숙하지 않은 사람들은 종종 경고 신호를 무시한다'는 문맥상 빈칸에 적합한 어휘는 (a) symptoms(증상)입니다.
　　(b) sense[sens] 감각　　(c) response[rispáns] 반응　　(d) comfort[kʌ́mfərt] 안락, 위로

어휘　be familiar with ~에 익숙하다　serious[síːəriəs] 심각한　disease[dizíːz] 질병　ignore[ignɔ́ːr] 무시하다

10

| Lectures and laboratory assignments / are the two main
강의와 실험 과제가　　　　　　두 가지 주요 구성 요소이다

components / of the course.
구성 요소　그 교육 과정의 | 강의와 실험 과제가 그 교육 과정의 두 가지 주요 구성 요소이다. |

해설　'강의와 실험 과제가 그 교육 과정의 두 가지 주요 ____이다'라는 문맥상 빈칸에 적절한 어휘는 (c) components(구성 요소)입니다.
　　(a) strategy[strǽtidʒi] 전략　　(b) plot[plɑt] 줄거리　　(d) outline[áutlàin] 개요

어휘　lecture[léktʃər] 강의　laboratory[lǽbrətɔ̀ːri] 실험　assignment[əsáinmənt] 과제

DAY 15 명사 어휘(4)

HACKERS TEST

p.321

| **01** (c) | **02** (a) | **03** (b) | **04** (b) | **05** (b) | **06** (d) | **07** (b) | **08** (d) | **09** (d) | **10** (c) |

01

A: Oh no! It's raining! I left my umbrella / at home.
이런 　 비가 오네요 　 저는 우산을 두고 왔어요 　 집에

B: No need / to worry. It's nothing but a drizzle.
필요 없어요 　 걱정할 　 단지 가랑비예요

A: 이런! 비가 오네요! 저는 우산을 집에 두고 왔어요.
B: 걱정할 필요 없어요. 단지 가랑비예요.

해설 　 '이런! 비가 오네요! 저는 우산을 집에 두고 왔어요'라는 말에 '단지 ____ 예요'라고 대답하고 있습니다. 따라서 문맥상 빈칸에 적합한 어휘는 (c) drizzle(가랑비)입니다.

(a) snowfall[snóufɔ̀:l] 강설, 강설량 　 (b) typhoon[taifú:n] 태풍 　 (d) drench[drentʃ] 폭우, 호우

어휘 　 leave[li:v] 두고 오다 　 worry[wə́:ri] 걱정하다

02

A: Hi. Do you know / where the cafeteria is?
안녕하세요 　 아시나요 　 구내식당이 어디에 있는지

B: It's / in the basement / on the lowest level.
그것은 있어요 　 지하에 　 가장 아래층인

A: 안녕하세요. 구내식당이 어디에 있는지 아시나요?
B: 그것은 가장 아래층인 지하에 있어요.

해설 　 '안녕하세요, 구내식당이 어디인지 아시나요'라는 질문에 '그것은 가장 아래____인 지하에 있어요'라고 대답하고 있습니다. 따라서 문맥상 빈칸에 적합한 어휘는 (a) level(층)입니다.

(b) display[displéi] 전시 　 (c) degree[digríː] 정도 　 (d) surface[sə́:rfis] 표면

어휘 　 cafeteria[kæ̀fitíːəriə] 구내식당 　 basement[béismənt] 지하

03

A: Can I smoke / here?
담배를 피워도 되나요 　 여기서

B: I'm sorry, / but smoking is not allowed / on the premises.
미안합니다 　 흡연이 허용되지 않습니다 　 이 건물에서는

A: 여기서 담배를 피워도 되나요?
B: 미안합니다만, 이 건물에서는 흡연이 허용되지 않습니다.

해설 　 '여기서 담배를 피워도 되나요'라는 질문에 '미안합니다만, 이 ____에서는 흡연이 허용되지 않습니다'라고 대답하고 있습니다. 따라서 문맥상 빈칸에 적합한 어휘는 (b) premises(건물)입니다.

(a) location[loukéiʃən] 위치 　 (c) neighborhood[néibərhùd] 인근, 동네 　 (d) area[ɛ́əriə] 지역

어휘 　 smoke[smouk] 담배를 피우다 　 allow[əláu] 허용하다

04

A: Pete said / thousands of people / applied for the job.
Pete이 말했어요 　 수천 명의 사람들이 　 그 일에 지원했다고

B: That's an exaggeration. Only a hundred / submitted
그건 과장이에요 　 단지 백 명만이 　 지원서를 제출했어요
applications.

A: Pete이 수천 명의 사람들이 그 일에 지원했다고 말했어요.
B: 그건 과장이에요. 단지 백 명만이 지원서를 제출했어요.

해설 　 빈칸 'Pete이 수천 명의 사람들이 그 일에 지원했다고 말했어요'라는 말에 '그건 ____이에요. 단지 백 명만이 지원서를 제출했어요'라고 대답하고 있습니다. 따라서 문맥상 빈칸에 적절한 어휘는 (b) exaggeration(과장)입니다.

(a) promotion[prəmóuʃən] 승진 　 (c) elevation[èləvéiʃən] 고도; 승진 　 (d) exhibition[èksəbíʃən] 전시, 전람회

어휘 　 apply for ~에 지원하다 　 submit[səbmít] 제출하다 　 application[æ̀pləkéiʃən] 지원서

05

A: I can't believe / that my cat ate a dead mouse.
저는 믿을 수가 없어요 　 제 고양이가 죽은 쥐를 먹었다는 것을

B: It's just following / its instinct.
고양이는 따르는 것 뿐이에요 　 그것의 본능을

A: 저는 제 고양이가 죽은 쥐를 먹었다는 것을 믿을 수가 없어요.
B: 고양이는 본능을 따르는 것 뿐이에요.

해설 　 '저는 제 고양이가 죽은 쥐를 먹었다는 것을 믿을 수가 없어요'라는 말에 '고양이는 ____을 따르는 것 뿐이에요'라고 대답하고 있습니다. 따라서 문맥상 빈칸에 적합한 어휘는 (b) instinct(본능)입니다.

(a) destiny[déstəni] 운명 　 (c) tradition[trədíʃən] 전통 　 (d) symptom[símptəm] 증상

어휘 　 follow[fálou] 따르다

06

A: Do you know / where the Empire State building is? 　　아시나요　　　　　　Empire State 빌딩이 어디에 있는지 B: If my recollection is correct, / it's around the corner. 　　제 기억이 맞다면　　　　　　　그것은 코너를 돌면 있어요	A: Empire State 빌딩이 어디에 있는지 아시나요? B: 제 기억이 맞다면, 코너를 돌면 있어요.

해설 'Empire State 빌딩이 어디에 있는지 아시나요'라는 질문에 '제 ____이 맞다면, 코너를 돌면 있어요'라고 대답하고 있습니다. 따라서 문맥상 빈칸에 적합한 어휘는 (d) recollection(기억)입니다.

　　(a) profession[prəféʃən] 직업　　(b) comprehension[kàmprihénʃən] 이해　　(c) extension[iksténʃən] 연장

어휘 correct[kərékt] 정확한

07

The agenda / for the environmental conference / includes a 　　안건은　　　　　　　환경 회의의　　　　　　토론을 포함한다 discussion / on managing energy resources. 　　에너지원 관리에 대한	환경 회의의 안건은 에너지원 관리에 대한 토론을 포함한다.

해설 '환경 회의의 ____은 에너지원 관리에 대한 토론을 포함한다'는 문맥상 빈칸에 적합한 어휘는 (b) agenda(안건)입니다.

　　(a) beginning[bigíniŋ] 발단, 기원　　(c) preface[préfis] 서론　　(d) connection[kənékʃən] 연결, 결합

어휘 conference[kánfərəns] 회의　include[inklú:d] 포함하다　discussion[diskÁʃən] 토론　manage[mǽnidʒ] 관리하다

08

Good posture / can assist / blood circulation / and help one / 　좋은 자세는　　도와줄 수 있다　　혈액 순환을　　그리고 사람을 도와준다 breathe better. 　더 잘 호흡하도록	좋은 자세는 혈액 순환을 도와줄 수 있고 사람이 더 잘 호흡하도록 도와준다.

해설 '좋은 ____는 혈액 순환을 도와줄 수 있고 사람이 더 잘 호흡하도록 도와준다'는 문맥상 빈칸에 적합한 어휘는 (d) posture(자세)입니다.

　　(a) nature[néitʃər] 천성　　(b) feature[fí:tʃər] 특징, 생김새　　(c) stature[stǽtʃər] 키, 신장

어휘 assist[əsíst] 돕다　blood circulation 혈액 순환　breathe[bri:ð] 호흡하다

09

The World Cup soccer games / draw / the greatest number of 　월드컵 축구 경기는　　끈다　　가장 많은 관중을 spectators / of any sports game. 　어떤 스포츠 경기보다	월드컵 축구 경기는 어떤 스포츠 경기보다 가장 많은 관중을 끈다.

해설 '월드컵 축구 경기는 어떤 스포츠 경기보다 가장 많은 ____을 끈다'는 문맥상 빈칸에 적합한 어휘는 (d) spectators(관중)입니다.

　　(a) sitter[sítər] 시중드는 사람, 앉아 있는 사람　　(b) member[mémbər] 구성원　　(c) manager[mǽnidʒər] 관리자

어휘 draw[drɔ:] (손님을) 끌다

10

New technology / is available / to artists / who produce 　새로운 과학 기술은　　쓸모 있다　　예술가들에게　　삽화를 만드는 illustrations / for books and magazines. 　　책과 잡지의	새로운 과학 기술은 책과 잡지의 삽화를 만드는 예술가들에게 쓸모 있다.

해설 '새로운 과학 기술은 책과 잡지의 ____를 만드는 예술가들에게 쓸모 있다'는 문맥상 빈칸에 적합한 어휘는 (c) illustrations(삽화)입니다.

　　(a) copyright[kápiràit] 저작권　　(b) tension[ténʃən] 긴장　　(d) explanation[èksplənéiʃən] 설명

어휘 technology[teknálədʒi] 기술　available[əvéiləbl] 쓸모 있는; 사용 가능한

HACKERS TEST

p.323

| **01** (d) | **02** (b) | **03** (b) | **04** (a) | **05** (a) | **06** (d) | **07** (b) | **08** (c) | **09** (a) | **10** (b) |

01

A: You can reach / any part of the city / through the subway.
　　갈 수 있어요　　　　도시의 어떤 곳이라도　　　　지하철을 통해서

B: That's really convenient.
　　정말 편리하네요

| A: 지하철을 통해서 도시의 어떤 곳이라도 갈 수 있어요. |
| B: 정말 편리하네요. |

해설　'지하철을 통해서 도시의 어떤 곳이라도 갈 수 있어요'라는 말에 '정말 ＿＿＿하네요'라고 대답하고 있습니다. 따라서 문맥상 빈칸에 적합한 어휘는 (d) convenient(편리한)입니다.

　　(a) critical [krítikəl] 결정적인, 중대한　　(b) clear [kliər] 명백한　　(c) simple [símpl] 단순한

어휘　reach [riːtʃ] ~에 도달하다

02

A: Do we have to enroll / in a geometry class?
　　등록해야 하나요　　　　　　기하학 수업에

B: No. It's optional / for students / majoring in art.
　　아니에요 그건 선택적이에요　학생들에게　예술 전공인

| A: 기하학 수업에 등록해야 하나요? |
| B: 아니에요. 그건 예술 전공인 학생들에게 선택적이에요. |

해설　'기하학 수업에 등록해야 하나요'라는 질문에 '예술 전공인 학생들에게 그건 ＿＿＿'라고 대답하고 있습니다. 따라서 문맥상 빈칸에 적합한 어휘는 (b) optional(선택적인)입니다.

　　(a) beneficial [bènəfíʃəl] 유익한　　(c) selective [siléktiv] 선택적인　　(d) impossible [impásəbl] 불가능한

어휘　enroll in 등록하다　geometry [dʒiámətri] 기하학

03

A: Does this road lead / to the airport?
　　이 길이 이르게 하나요　　　공항에

B: No. You're going / in the opposite direction.
　　아니요 당신은 가고 있어요　　반대 방향으로

| A: 이 길이 공항에 이르게 하나요? |
| B: 아니요. 당신은 반대 방향으로 가고 있어요. |

해설　'이 길이 공항에 이르게 하나요'라는 질문에 '아니요. 당신은 ＿＿＿ 방향으로 가고 있어요'라고 대답하고 있습니다. 따라서 문맥상 빈칸에 적합한 어휘는 (b) opposite(반대의)입니다.

　　(a) contrary [kántreri] 대조적인　　(c) forward [fɔ́ːrwərd] 앞쪽의, 앞으로　　(d) previous [príːviəs] 이전의

어휘　lead to ~에 이르게 하다

04

A: It's really hard / to learn a new language.
　　정말 어려워요　　　새로운 언어를 배우는 것은

B: Yes, / it's frustrating, / but don't give up!
　　맞아요　그것은 좌절하게 하지요　하지만 포기하지 마세요

| A: 새로운 언어를 배우는 것은 정말 어려워요. |
| B: 맞아요, 좌절스럽지만, 포기하지 마세요! |

해설　'새로운 언어를 배우는 것은 정말 어려워요'라는 말에 '맞아요, 그것은 ＿＿＿지요'라고 대답하고 있습니다. 따라서 문맥상 빈칸에 적합한 표현은 (a) frustrating(좌절하게 하는)입니다.

　　(b) sufficient [səfíʃənt] 충분한　　(c) delightful [diláitfəl] 매우 기쁜　　(d) protective [prətéktiv] 보호하는, 방어하는

어휘　give up 포기하다

05

| A: I'm impressed / with the new employee's intelligence!
　　저는 감명 받았어요　　　　　　　신입 사원의 영리함에

B: Yes, / me too. He's quite brilliant.
　　네　　저도 그래요　　　그는 정말 총명해요 | A: 저는 신입 사원의 영리함에 감명 받았어요!
B: 네, 저도 그래요. 그는 정말 총명해요. |

해설　'저는 신입 사원의 영리함에 감명 받았어요'라는 말에 '그는 정말 _____ 해요'라고 대답하고 있습니다. 따라서 문맥상 빈칸에 적합한
　　　표현은 (a) brilliant(총명한)입니다.
　　　　(b) active[ǽktiv] 활동적인　　　(c) handsome[hǽnsəm] 잘생긴　　　(d) awkward[ɔ́:kwərd] 어색한, 거북한

어휘　be impressed with ~에 감명을 받다　intelligence[intélədʒəns] 지능, 이해력

06

| A: There's something wrong / with the budget.
　　　　뭔가 문제가 있어요　　　　　　예산에

B: I may have entered / the numbers / incorrectly.
　　제가 입력했을지도 몰라요　　　숫자를　　　틀리게 | A: 예산에 뭔가 문제가 있어요.
B: 제가 숫자를 틀리게 입력했을지도 몰라요. |

해설　'예산에 뭔가 문제가 있어요'라는 말에 '숫자를 _____ 입력했을지도 몰라요'라고 대답하고 있습니다. 따라서 문맥상 빈칸에 적합한
　　　어휘는 (d) incorrectly(틀리게)입니다.
　　　　(a) immediately[imí:diətli] 즉시　　　(b) accidentally[ǽksidéntəli] 우연히　　　(c) uncertainly[ʌnsə́:rtənli] 불확실하게

어휘　budget[bʌ́dʒit] 예산, 예산안

07

| A: Did you come / all the way / to New York / just to see me?
　　당신은 오신 건가요　먼 길을 무릅쓰고　　뉴욕까지　　단지 저를 만나기 위해서

B: I wanted to wish you / a happy birthday / personally.
　당신에게 축하의 말을 해주고 싶었어요　생일 축하한다는　　직접 | A: 단지 저를 만나려고 먼 길을 무릅쓰고 뉴욕까지
　오신 건가요?
B: 당신에게 생일 축하한다는 말을 직접 해주고 싶
　었어요. |

해설　'단지 저를 만나려고 먼 길을 무릅쓰고 뉴욕까지 오신 건가요'라는 질문에 '당신에게 생일 축하한다는 말을 _____ 해주고 싶었어요'라고 대
　　　답하고 있습니다. 따라서 문맥상 빈칸에 적합한 어휘는 (b) personally(직접)입니다.
　　　　(a) presently[prézəntli] 머지않아, 현재　　　(c) habitually[həbítʃuəli] 습관적으로, 상습적으로
　　　　(d) separately[sépəritli] 각자, 제각기

어휘　all the way 먼 길을 무릅쓰고　wish[wiʃ] (축하의 말 등을) 말하다

08

| The new cook's soup / was so bland / that the customers
　새로운 요리사의 수프는　　너무 풍미가 없었다　　그래서 손님들은 불평했다

complained / about its lack of flavor.
　　　　　그것의 맛 없음에 대해서 | 새로운 요리사의 수프는 너무 풍미가 없어서 손님들
은 그것의 맛 없음에 대해서 불평했다. |

해설　'새로운 요리사의 수프는 너무 _____해서 손님들은 그것의 맛 없음에 대해서 불평했다'라는 문맥상 빈칸에 적합한 어휘는 (c) bland(풍미가
　　　없는)입니다.
　　　　(a) chilled[tʃild] 냉각한, 냉장한　　　(b) colorless[kʌ́lərlis] 무색의　　　(d) dense[dens] 농후한, 농밀한

어휘　complain[kəmpléin] 불평하다　flavor[fléivər] 맛, 풍미

09

| Gilles Vonsattel, an accomplished pianist / from Switzerland, /
　Gilles Vonsattel이라는 뛰어난 피아노 연주자는　　　　　스위스 출신의

can play entire piano pieces / from memory.
　피아노 작품 전체를 연주할 수 있다　　　외워서 | Gilles Vonsattel이라는 스위스 출신의 뛰어난 피아
노 연주자는 피아노 작품 전체를 외워서 연주할 수
있다. |

해설　'Gilles Vonsattel이라는 스위스 출신의 _____한 피아노 연주자는 피아노 작품 전체를 외워서 연주할 수 있다'라는 문맥상 빈칸에 적합한
　　　어휘는 (a) accomplished(뛰어난)입니다.
　　　　(b) particular[pərtíkjulər] 특정한, 특별한　　　(c) authorized[ɔ́:θəràizd] 인정받은, 권한을 부여받은
　　　　(d) regular[régjulər] 통상의, 정기적인

어휘　entire[intáiər] 모든, 전체의　piece[pi:s] 작품　from memory 외워서, 기억을 더듬어

10

Concrete evidence / is needed / for the judge / to solve	판사가 화재에 관한 사건을 해결하는 데에는 구체적
구체적인 증거가　　　필요하다　　　판사가　　사건을 해결하는 데에는	인 증거가 필요하다.
the case / about the fire.	
화재에 관한	

해설　'판사가 화재에 관한 사건을 해결하는 데에는 ＿＿한 증거가 필요하다'라는 문맥상 빈칸에 적합한 어휘는 (b) Concrete(구체적인)입니다.

　　　(a) Lethal[líːθəl] 치명적인　　　(c) Unknown[ʌnnóun] 알려지지 않은, 미지의　　　(d) Shocking[ʃákiŋ] 놀라운

어휘　evidence[évədəns] 증거　judge[dʒʌdʒ] 판사　case[keis] 사건, 판례

HACKERS TEST

p. 325

01 (b)	**02** (d)	**03** (b)	**04** (a)	**05** (d)	**06** (c)	**07** (b)	**08** (a)	**09** (c)	**10** (b)

01

A: This woman / I read about / has written hundreds of essays.	A: 제가 이 여성에 대해 읽었는데, 그녀는 수백 편의
이 여성은　　제가 ~에 대해 읽었어요　　수백 편의 수필을 저술했어요	수필을 저술했어요.
B: Amazing! She's truly prolific.	B: 놀랍군요! 그녀는 정말 다작을 하네요.
놀랍군요　　그녀는 정말 다작을 하네요	

해설　'그녀는 수백 편의 수필을 저술했대요'라는 말에 '그녀는 정말 ＿＿'라고 대답하고 있습니다. 따라서 문맥상 빈칸에 적합한 어휘는 (b) prolific(다작의)입니다.

　　　(a) abundant[əbándənt] 풍부한　　　(c) punctual[pʌ́ŋktʃuəl] 시간을 잘 지키는　　　(d) plentiful[pléntifəl] 풍부한

어휘　essay[ései] 수필, 에세이　amazing[əméiziŋ] 놀라운, 놀랄 만한　truly[trúːli] 정말로, 진실로

02

A: Can we get Frank to do the presentation / on market trends?	A: Frank에게 시장 동향에 관한 발표를 시킬까요?
Frank에게 발표를 시킬까요　　　　　　시장 동향에 관한	B: 하지만 그는 말하는 것에 서툴러요.
B: But he's poor / at speaking.	
하지만 그는 서툴러요　　말하는 것에	

해설　'Frank에게 시장 동향에 관한 발표를 시킬까요'라는 질문에 '하지만 그는 말하는 것에 ＿＿해요'라고 대답하고 있습니다. 따라서 문맥상 빈칸에 적합한 어휘는 (d) poor(서투른)입니다.

　　　(a) blank[blæŋk] 백지의; 멍한　　　(b) certain[sə́ːrtən] 확실한, 확신하는　　　(c) crucial[krúːʃəl] 아주 중대한

어휘　presentation[prìːzəntéiʃən] 발표　market[máːrkit] 시장　trend[trend] 동향

03

A: Can Ellen help out / with decorating the gym?	A: Ellen이 체육관을 꾸미는 것을 도울 수 있나요?
Ellen이 도울 수 있나요　　　체육관을 꾸미는 것을	B: 그녀는 저에게 명확한 답변을 주지 않았어요.
B: She hasn't given me / a definite answer.	
그녀는 저에게 주지 않았어요　　　명확한 답변을	

해설　'Ellen이 체육관을 꾸미는 것을 도울 수 있나요'라는 질문에 '그녀는 저에게 ＿＿한 답변을 주지 않았어요'라고 대답하고 있습니다. 따라서 문맥상 빈칸에 적합한 어휘는 (b) definite(명확한)입니다.

　　　(a) original[ərídʒənəl] 원래의　　　(c) additional[ədíʃənəl] 추가적인　　　(d) flexible[fléksəbl] 유연한, 융통성 있는

어휘　decorate[dékərèit] 꾸미다, 장식하다　gym[dʒim] 체육관

04

A: I've been waiting / for over half an hour!
저는 기다리고 있었어요　　　삼십 분도 넘게

B: I have no excuse. I'm awfully sorry.
저는 변명의 여지가 없습니다　　대단히 죄송합니다

A: 저는 삼십 분도 넘게 기다리고 있었어요!
B: 저는 변명의 여지가 없습니다. 대단히 죄송합니다.

해설　'저는 삼십 분도 넘게 기다리고 있었어요'라는 말에 '저는 변명의 여지가 없습니다. ＿＿＿ 죄송합니다'라고 대답하고 있습니다. 따라서 문맥상 빈칸에 적합한 어휘는 (a) awfully(대단히)입니다.

　　(b) surprisingly[sərpráiziŋli] 놀랍게도　　(c) fearfully[fíərfəli] 무서워하여　　(d) shockingly[ʃákiŋli] 충격적으로

어휘　excuse[ikskjúːz] 변명

05

A: I can't see / what the sign says. How about you?
저는 볼 수가 없어요　간판에 뭐라고 쓰여있는지　　당신은 어떠세요

B: I'm not able to read it / clearly, / either.
저는 그것을 읽을 수가 없어요　명확히　역시

A: 저는 간판에 뭐라고 쓰여있는지 볼 수가 없어요.
당신은 어떠세요?
B: 저 역시 그것을 명확히 읽을 수가 없어요.

해설　'저는 간판에 뭐라고 쓰여있는지 볼 수가 없어요. 당신은 어떠세요'라는 질문에 '저 역시 그것을 ＿＿＿ 읽을 수가 없어요'라고 대답하고 있습니다. 따라서 문맥상 빈칸에 적절한 어휘는 (d) clearly(명확히)입니다.

　　(a) closely[klóusli] 가까이, 면밀하게　　(b) firmly[fáːrmli] 굳게, 단호하게　　(c) greatly[gréitli] 위대하게

어휘　sign[sain] 간판, 표지　say[sei] ~라고 쓰여있다

06

Children / who are outgoing / are more likely / to make friends /
아이들이　　외향적인　　더 ~할 가능성이 있다　　친구들을 사귈

and do well / academically.
그리고 성적이 좋을　학업적으로

외향적인 아이들이 더 친구들을 사귀고 학업 성적이 좋을 가능성이 있다.

해설　'＿＿＿ 아이들이 더 친구들을 사귀고 학업 성적이 좋을 가능성이 있다'라는 문맥상 빈칸에 적합한 어휘는 (c) outgoing(외향적인)입니다.

　　(a) fragile[frǽdʒəl] 깨지기 쉬운, 약한　　(b) personal[pársənəl] 개인적인　　(d) critical[krítikəl] 비판적인

어휘　likely[láikli] ~할 가능성이 있는, ~할 것 같은　academically[ækədémikəli] 학업적으로, 학문적으로

07

Environmentalists / think / the underlying cause of forest
환경보호론자들은　　생각한다　　삼림 파괴의 근본적인 원인은

destruction / is human activity.
　　　　　인간의 활동이라고

환경보호론자들은 삼림 파괴의 근본적인 원인은 인간의 활동이라고 생각한다.

해설　'환경보호론자들은 삼림 파괴의 ＿＿＿ 원인은 인간의 활동이라고 생각한다'라는 문맥상 빈칸에 적합한 어휘는 (b) underlying(근본적인)입니다.

　　(a) ignorant[ígnərənt] 무지한　　(c) thoughtless[θɔ́ːtlis] 생각이 모자라는, 경솔한　　(d) hesitant[hézitənt] 망설이는

어휘　environmentalist[invàiərənméntəlist] 환경보호론자, 환경보호주의자　forest[fɔ́ːrist] 삼림, 숲　destruction[distrʌ́kʃən] 파괴

08

World leaders / agree / that the ultimate goal / in the Middle
세계 지도자들은　동의한다　궁극적인 목표는　　중동에서의

East / is peace.
　　　평화라는 것에

세계 지도자들은 중동에서의 궁극적인 목표는 평화라는 것에 동의한다.

해설　'세계 지도자들은 중동에서의 ＿＿＿ 목표는 평화라는 것에 동의한다'라는 문맥상 빈칸에 적합한 어휘는 (a) ultimate(궁극적인)입니다.

　　(b) unconscious[ʌnkánʃəs] 의식이 없는　　(c) permanent[páːrmənənt] 영원한, 영속적인　　(d) generous[dʒénərəs] 관대한

어휘　leader[líːdər] 지도자　agree[əgríː] 동의하다　goal[goul] 목표　peace[piːs] 평화

09

Agricultural chemicals / are only marginally helpful / in raising 농업 화학 약품은 　　　 겨우 조금만 유용할 뿐이다 agricultural production. 농업 생산을 증대시키는 데	농업 화학 약품은 농업 생산을 증대시키는 데 겨우 조금만 유용할 뿐이다.

해설　'농업 화학 약품은 농업 생산을 증대시키는 데 겨우 ＿＿＿ 유용할 뿐이다'라는 문맥상 빈칸에 적합한 어휘는 **(c) marginally**(조금만)입니다.
　　　(a) uncertainly[ʌnsə́ːrtənli] 확실하지 않게　　**(b)** incorrectly[ìnkəréktli] 부정확하게　　**(d)** virtually[və́ːrtʃuəli] 실질적으로

어휘　agricultural[æ̀grəkʌ́ltʃərəl] 농업의　chemical[kémikəl] 화학 약품, 화학 물질　helpful[hélpfəl] 유용한, 도움이 되는
　　　raise[reiz] 증대시키다, 올리다　production[prədʌ́kʃən] 생산

10

People / who abruptly stop smoking / may have symptoms / 사람들은 　　 갑자기 담배를 끊은 　　　 증상이 있을 수 있다 like headaches. 두통과 같은	갑자기 담배를 끊은 사람들은 두통과 같은 증상이 있을 수 있다.

해설　'＿＿＿ 담배를 끊은 사람들은 두통과 같은 증상이 있을 수 있다'라는 문맥상 빈칸에 적합한 어휘는 **(b) abruptly**(갑자기)입니다.
　　　(a) officially[əfíʃəli] 공식적으로　　**(c)** separately[sépərətli] 각자, 따로따로
　　　(d) continuously[kəntínjuəsli] 계속해서, 연속적으로

어휘　symptom[símptəm] 증상, 징후

<table><tr><td>DAY
18</td><td>형용사 / 부사 어휘(3)</td></tr></table>

HACKERS TEST

01 (c)	**02** (a)	**03** (a)	**04** (b)	**05** (a)	**06** (d)	**07** (d)	**08** (c)	**09** (a)	**10** (b)

01

A: You and Carl / look so much alike. Is he your brother? 　당신과 Carl은 　　 굉장히 많이 닮았어요 　　 그가 당신의 형인가요 B: No. We aren't related at all. 　아니요 　　우리는 친척이 아니에요	A: 당신과 Carl은 굉장히 많이 닮았어요. 그가 당신의 형인가요? B: 아니요. 우리는 친척이 아니에요.

해설　'그가 당신의 형인가요'라는 질문에 '아니요. 우리는 ＿＿＿이 아니에요'라고 대답하고 있습니다. 따라서 문맥상 빈칸에 적합한 어휘는 **(c) related**(친척의)입니다.
　　　(a) reliable[riláiəbl] 믿을 수 있는　　**(b)** devoted[divóutid] 헌신적인　　**(d)** dependent[dipéndənt] 의존하는

어휘　alike[əláik] 서로 닮은, 비슷한

02

A: You have to let Dad know / you failed / the entrance exam. 　당신은 아버지께 알려야만 해요　당신이 낙제했다는 것을　입학 시험에 B: I'm too scared / to tell him. 　저는 너무 겁나요　아버지께 말하기가	A: 당신이 입학 시험에 낙제했다는 것을 아버지께 알려야만 해요. B: 저는 아버지께 말하기가 너무 겁나요.

해설　'당신이 입학 시험에 낙제했다는 것을 아버지께 알려야 해요'라는 말에 '저는 아버지께 말하기가 너무 ＿＿＿'라고 대답하고 있습니다. 따라서 문맥상 빈칸에 적합한 어휘는 **(a) scared**(겁나는)입니다.
　　　(b) firm[fəːrm] 단호한, 견고한　　**(c)** modest[mádist] 겸손한　　**(d)** difficult[dífikʌlt] 어려운

어휘　entrance exam 입학 시험

196 본 교재 무료 동영상강의 HackersTEPS.com

03

A: Did you know / that Andy will start work / as a reporter /	A: Andy가 내일 신문 기자로서 일을 시작한다는 것을 알고 있었나요?
알고 있었나요 Andy가 일을 시작한다는 것을 신문 기자로서	
tomorrow?	B: 정말요? 하지만 그는 그 일에 적합하지 않아요.
내일	
B: Really? But he's not suited / for the job.	
정말요 하지만 그는 적합하지 않아요 그 일에	

해설 'Andy가 내일 신문 기자로서 일을 시작한다는 것을 알고 있었나요'라는 질문에 '하지만 그는 그 일에 ___ 않아요'라고 대답하고 있습니다. 따라서 문맥상 빈칸에 적합한 어휘는 (a) suited(적합한)입니다.

(b) resolved[rizálvd] 결심한　　(c) affected[əféktid] 영향을 받은　　(d) relaxed[rilǽkst] 이완된

04

A: I don't know / why Karen regards herself a great artist.	A: 저는 왜 Karen이 자신을 대단한 예술가라고 생각하는지 모르겠어요.
저는 모르겠어요 왜 Karen이 자신을 대단한 예술가라고 생각하는지	
B: She's just too arrogant.	B: 그녀는 정말 너무 거만해요.
그녀는 정말 너무 거만해요	

해설 '저는 왜 Karen이 자신을 대단한 예술가라고 생각하는지 모르겠어요'라는 말에 '그녀는 정말 너무 ___해요'라고 대답하고 있습니다. 따라서 문맥상 빈칸에 적합한 어휘는 (b) arrogant(거만한)입니다.

(a) satisfied[sǽtisfàid] 만족한　　(c) humble[hʌ́mbl] 겸손한　　(d) fragile[frǽdʒəl] 연약한

어휘 regard A B A를 B라고 생각하다, 여기다 just[dʒʌst] 정말

05

A: Is Ryan coming / with us / or not?	A: Ryan은 우리와 가나요, 아니면 안 가나요?
Ryan은 가나요 우리와 아니면 안 가나요	
B: I don't know. He changes his mind / easily.	B: 저도 모르겠어요. 그는 마음을 쉽게 바꿔요.
저도 모르겠어요 그는 그의 마음을 바꿔요 쉽게	

해설 'Ryan은 우리와 가나요, 아니면 안 가나요'라는 질문에 '저도 모르겠어요. 그는 마음을 ___ 바꿔요'라고 대답하고 있습니다. 따라서 문맥상 빈칸에 적합한 어휘는 (a) easily(쉽게)입니다.

(b) specially[spéʃəli] 특히　　(c) nicely[náisli] 훌륭하게, 제대로　　(d) clearly[klíərli] 확실히

어휘 change one's mind 마음을 바꾸다

06

A politician's insights / on world events / must be in-depth, /	세상사에 대한 정치인의 통찰은 피상적인 것이 아니라 깊이가 있어야만 한다.
정치인의 통찰은 세상사에 대한 깊이가 있어야만 한다	
not superficial.	
피상적인 것이 아니라	

해설 '세상사에 대한 정치인의 통찰은 ___ 것이 아니라 깊이가 있어야만 한다'라는 문맥상 빈칸에 적합한 어휘는 (d) superficial(피상적인)입니다.

(a) optional[ápʃənəl] 선택 가능한　　(b) accidental[æ̀ksidéntəl] 우연한　　(c) internal[intə́ːrnəl] 내부의, 내재적인

어휘 insight[ínsàit] 통찰, 식견 in-depth 깊이 있는, 심층의

07

The famous violinist / gets nervous / before every	그 유명한 바이올리니스트는 모든 연주 전에 긴장해서 마음을 진정시킬 시간을 필요로 한다.
그 유명한 바이올리니스트는 긴장한다 모든 연주 전에	
performance / and needs time / to calm down.	
그래서 시간을 필요로 한다 마음을 진정시킬	

해설 '그 유명한 바이올리니스트는 모든 연주 전에 ___해서 마음을 진정시킬 시간을 필요로 한다'라는 문맥상 빈칸에 적합한 어휘는 (d) nervous(긴장한)입니다.

(a) ignorant[ígnərənt] 무지한, 무식한　　(b) critical[krítikəl] 비판적인　　(c) bored[bɔːrd] 지루한

어휘 performance[pərfɔ́ːrməns] 연주, 상연 calm down 마음을 진정시키다

08

The manufacturer / needs a marketing manager / 그 제조업자는　　　　　마케팅 담당자가 필요하다 who is knowledgeable / about the automobile industry. 박식한　　　　　　　자동차 산업에 대해	그 제조업자는 자동차 산업에 대해 박식한 마케팅 담당자가 필요하다.

해설　'그 제조업자는 자동차 산업에 대해 ___ 마케팅 담당자가 필요하다'라는 문맥상 빈칸에 적합한 어휘는 (c) knowledgeable(박식한)입니다.

　　　(a) memorable [mémərəbl] 인상적인, 기억할 만한　　　(b) unmistakable [ʌnmistéikəbl] 명백한, 혼동할 우려 없는

　　　(d) unreachable [ʌnríːtʃəbl] 연락이 되지 않는

어휘　manufacturer [mænjufǽktʃurər] 제조업자, 제작자　automobile [ɔ́ːtəməbìːl] 자동차의, 자동차

09

Experts can take documents / damaged by fire or water / 전문가들은 문서를 가져갈 수 있다　　　　불이나 물에 의해 손상된 and make them legible. 그래서 그것들을 읽기 쉽게 만들 수 있다	전문가들은 불이나 물에 의해 손상된 문서를 가져가서 읽기 쉽게 만들 수 있다.

해설　'전문가들은 불이나 물에 의해 손상된 문서를 가져가서 ___ 만들 수 있다'라는 문맥상 빈칸에 적합한 어휘는 (a) legible(읽기 쉬운)입니다.

　　　(b) unconscious [ʌnkánʃəs] 깨닫지 못하는, 무의식적인　　　(c) adequate [ǽdəkwit] 알맞은, 충분한

　　　(d) genuine [dʒénjuin] 진품의, 진짜의

어휘　expert [ékspəːrt] 전문가　damage [dǽmidʒ] 손상시키다

10

Countries that are hostile to foreigners / are dangerous 외국인들에게 적대적인 나라는　　　　　　위험한 곳이다 places / to visit. 방문하기에	외국인들에게 적대적인 나라는 방문하기에 위험한 곳이다.

해설　'외국인들에게 ___ 나라는 방문하기에 위험한 곳이다'라는 문맥상 빈칸에 적합한 어휘는 (b) hostile(적대적인)입니다.

　　　(a) diverse [daivə́ːrs] 다양한　　　(c) strategic [strətíːdʒik] 전략적인　　　(d) intense [inténs] 격렬한, 심한

어휘　foreigner [fɔ́ːrinər] 외국인

DAY **19**　의미상 혼동하기 쉬운 어휘

HACKERS TEST

p. 329

01 (a)　**02** (b)　**03** (c)　**04** (d)　**05** (c)　**06** (a)　**07** (a)　**08** (c)　**09** (b)　**10** (a)

01

A: Internet-Com. How may I help you? Internet-Com사입니다　　무엇을 도와드릴까요 B: I'd like to inquire / about the services / you offer. 문의하고 싶습니다　　　서비스에 대해　　귀사가 제공하는	A: Internet-Com사입니다. 무엇을 도와드릴까요? B: 귀사가 제공하는 서비스에 대해 문의하고 싶습니다.

해설　'Internet-Com사입니다. 무엇을 도와드릴까요'라는 말에 '귀사가 제공하는 서비스에 대해 ___ 싶습니다'라고 대답하고 있습니다. 따라서 문맥상 빈칸에는 '(정보 등을) 문의하다'라는 뜻의 (a) inquire가 들어가는 것이 자연스럽습니다. (b) question은 미심쩍은 부분에 대해 묻는 것을 말하므로 오답입니다.

　　　(b) question [kwéstʃən] 질문하다　　　(c) employ [implɔ́i] 고용하다　　　(d) arrange [əréindʒ] 정리하다

02

A: We're not going / to get there / on time. There's too
우리는 ~하지 못할 거예요 거기에 도착하지 제시간에 교통량이 너무 많아요
much traffic.

B: Let's look / for a different route.
찾아 봅시다 다른 길을

A: 우리는 제시간에 거기에 도착하지 못할 거예요. 교통량이 너무 많아요.

B: 다른 길을 찾아 봅시다.

해설 '우리는 제시간에 거기에 도착하지 못할 거예요'라는 말에 '다른 ____ 을 찾아봅시다'라고 대답하고 있습니다. 따라서 문맥상 빈칸에는 '길'이라는 뜻의 (b) route가 들어가는 것이 자연스럽습니다. (a) track은 기차가 다니는 길을 말하므로 오답입니다.

　　(a) track[træk] 철로　　(c) curb[kə:rb] 도로 경계석　　(d) plot[plɑt] 줄거리

어휘 **get**[get] 도착하다　**traffic**[træfik] 교통량

03

A: Could I look at your book / for a minute? I left mine / at home.
당신의 책을 봐도 될까요 잠시 동안 제 것을 두고 왔어요 집에

B: Sorry, / I can't lend it to you. I'm using it.
미안하지만 그것을 당신에게 빌려드릴 수 없어요 제가 사용하고 있거든요

A: 잠시 동안 당신의 책을 봐도 될까요? 제 것을 집에 두고 왔어요.

B: 미안하지만, 그것을 당신에게 빌려 드릴 수 없어요. 제가 사용하고 있거든요.

해설 '잠시 동안 당신의 책을 봐도 될까요? 제 것을 집에 두고 왔어요'라는 질문에 '미안하지만, 그것을 당신에게 ____ 수 없어요. 제가 사용하고 있거든요'라고 대답하고 있습니다. 따라서 문맥상 빈칸에는 '빌려주다'라는 뜻의 (c) lend가 들어가는 것이 자연스럽습니다. (b) borrow는 상대방으로부터 빌리는 것을 말하므로 오답입니다.

　　(a) owe[ou] 빚지다　　(b) borrow[bárou] 빌리다　　(d) buy[bai] 사다

어휘 **for a minute** 잠시 동안

04

A: First Savings Bank. May I help you?
First Savings 은행입니다 무엇을 도와드릴까요

B: Can you connect me / to Mr. Barnes' office?
저를 연결해 주시겠어요 Mr. Barnes의 사무실로

A: First Savings 은행입니다. 무엇을 도와드릴까요?

B: 저를 Mr. Barnes의 사무실로 연결해 주시겠어요?

해설 'First Savings 은행입니다. 무엇을 도와드릴까요'라는 말에 'Mr. Barnes의 사무실로 ____ 주시겠어요'라고 부탁하고 있습니다. 따라서 문맥상 빈칸에는 '연결하다'라는 뜻의 (d) connect가 들어가는 것이 자연스럽습니다. (c) link는 두 개체 사이의 관계를 연결하는 것을 말하므로 오답입니다.

　　(a) attach[ətætʃ] 붙이다　　(b) join[dʒɔin] 함께하다　　(c) link[liŋk] 연합하다

어휘 **office**[ɔ́:fis] 사무실

05

A: Do you think / we could tell Bert / about the surprise party
생각해요 우리가 Bert에게 말할 수 있다고 Paul을 위한 깜짝 파티에 대해
for Paul?

B: Sure! He can be trusted.
물론이죠 그는 신뢰할 수 있어요

A: Paul을 위한 깜짝 파티에 대해 Bert에게 말할 수 있다고 생각해요?

B: 물론이죠! 그는 신뢰할 수 있어요.

해설 'Paul을 위한 깜짝 파티에 대해 Bert에게 말할 수 있다고 생각해요'라는 질문에 '물론이죠, 그는 ____ 수 있어요'라고 대답하고 있습니다. 따라서 문맥상 빈칸에는 '신뢰하다'라는 뜻의 (c) trusted가 들어가는 것이 자연스럽습니다. (d) believed는 어떤 말이나 현상이 사실이라고 받아들이는 것을 말하므로 오답입니다.

　　(a) accept[əksépt] 수락하다　　(b) declare[diklέər] 선언하다　　(d) believe[bilí:v] 믿다

어휘 **surprise party** 깜짝 파티

06

A: How about going with me / to that new restaurant?
같이 가는 게 어때요 그 새로 생긴 식당에

B: Sorry, / but I have a previous appointment.
미안합니다 하지만 저는 이전의 약속이 있어요

A: 새로 생긴 그 식당에 같이 가는 게 어때요?

B: 미안하지만, 저는 이전의 약속이 있어요.

해설 '새로 생긴 식당에 같이 가는 게 어때요'라는 말에 '미안하지만, ___ 약속이 있어요'라고 대답하고 있습니다. 따라서 문맥상 빈칸에는 '이전의'라는 뜻의 (a) previous가 들어가는 것이 자연스럽습니다. (b) former는 직장이나 직위 등을 한 때 가지고 있었던 것을 말하므로 오답입니다.

(b) former[fɔ́ːrmər] 전임의　　(c) superior[suːpíːəriər] 최고의　　(d) latest[léitist] 최근의

어휘　appointment[əpɔ́intmənt] 약속

07

Nutritionists agree / that bottled fruit juice / cannot substitute /	영양학자들은 병에 든 과일 주스를 신선한 과일 대용
영양학자들은 동의한다　　병에 든 과일 주스를　　대용할 수 없다는 것에	으로 쓸 수 없다는 것에 동의한다.
for fresh fruit.	
신선한 과일로	

해설 '영양학자들은 병에 든 과일주스를 신선한 과일로 ___ 수 없다는 것에 동의한다'라는 문맥상 빈칸에는 '대용하다'라는 뜻의 (a) substitute 가 들어가는 것이 자연스럽습니다. (b) replace는 기존에 있었던 것을 새로운 것으로 바꾸는 것을 말하므로 오답입니다.

(b) replace[ripléis] 교체하다　　(c) change[tʃeindʒ] 바꾸다　　(d) market[máːrkit] 거래하다

어휘　nutritionist[njuːtríʃənist] 영양학자

08

The actor has / the skill and experience / to perform major	그 여배우는 브로드웨이에서 주연을 연기할 만한 기
그 여배우는 있다　　기술과 경험이　　주연을 연기할 만한	술과 경험이 있다.
roles / on Broadway.	
브로드웨이에서	

해설 '그 여배우는 브로드웨이에서 주연을 연기할 만한 기술과 경험이 있다'라는 문맥상 빈칸에는 '연기하다'라는 뜻의 (c) perform이 들어가는 것이 자연스럽습니다. (a) conduct는 업무 등을 수행하는 것을 말하므로 오답입니다.

(a) conduct[kəndʌ́kt] 수행하다　　(b) include[inklúːd] 포함하다　　(d) control[kəntróul] 통제하다

어휘　major[méidʒər] 주요한　role[roul] 역할

09

The first Science Fiction Convention / was held /	최초의 공상 과학 컨벤션은 뉴욕시에서 개최되었다.
최초의 공상 과학 컨벤션은　　개최되었다	
in New York City.	
뉴욕시에서	

해설 '최초의 공상 과학 컨벤션은 뉴욕시에서 ___'라는 문맥상 빈칸에는 '(행사 등을) 개최하다'라는 뜻의 (b) held가 들어가는 것이 자연스럽습니다. (a) occurred는 일이나 사건 등이 발생하는 것을 말하므로 오답입니다.

(a) occur[əkə́ːr] 발생하다　　(c) stand[stænd] 세우다　　(d) take[teik] 획득하다, 취하다

어휘　convention[kənvénʃən] 컨벤션, 집회　setting[sétiŋ] 배경　novel[návəl] 소설

10

| The Seaside Tower / has an excellent view / of the ocean. | Seaside Tower는 훌륭한 바다 전망을 가지고 있다. |
| Seaside Tower는　　훌륭한 전망을 가지고 있다　　바다의 | |

해설 'Seaside Tower는 훌륭한 바다 ___을 가지고 있다'라는 문맥상 빈칸에는 '높은 곳에서 내려다 보이는 전망'이라는 뜻의 (a) view가 들어가는 것이 자연스럽습니다. (c) sight는 사람이 보고 있는 풍경을 말하므로 오답입니다.

(b) look[luk] 모양, 바라봄　　(c) sight[sait] 풍경　　(d) vision[víʒən] 시력

어휘　guest[gest] 손님

HACKERS TEST

p. 331

| **01** (b) | **02** (b) | **03** (b) | **04** (a) | **05** (d) | **06** (a) | **07** (d) | **08** (d) | **09** (a) | **10** (b) |

01

| A: My report / is a bit long.
　　내 보고서는　　조금 길어

B: The professor said / it shouldn't exceed five pages.
　교수님께서 말씀하셨어　　　5장을 넘으면 안 된다고 | A: 내 보고서는 조금 길어.
B: 교수님께서 5장을 넘으면 안 된다고 하셨어. |

해설　'내 보고서는 조금 길어'라는 말에 '교수님께서 5장을 ___면 안 된다고 하셨어'라고 대답하고 있습니다. 따라서 문맥상 빈칸에는 '넘다'라는 뜻의 (b) exceed가 들어가는 것이 자연스럽습니다.

　　(a) define [difáin] 정의하다　　(c) achieve [ətʃíːv] 성취하다　　(d) succeed [səksíːd] 계승하다; 성공하다

어휘　a bit 조금, 약간

02

| A: I tripped / and hurt my ankle / yesterday. It's so painful.
　저는 헛디뎠어요　그래서 발목을 다쳤어요　　어제　　정말 아프네요

B: Elevating your leg / will ease the pain.
　다리를 올리는 것이　　고통을 덜어줄 거예요 | A: 어제 헛디뎌서 발목을 다쳤어요. 정말 아프네요.
B: 다리를 올리는 것이 고통을 덜어줄 거예요. |

해설　'발목을 다쳐 정말 아프네요'라는 말에 '다리를 ___ 것이 고통을 덜어줄 거예요'라고 대답하고 있습니다. 따라서 문맥상 빈칸에는 '올리다'라는 뜻의 (b) Elevating이 들어가는 것이 자연스럽습니다.

　　(a) Withdraw [wiðdrɔ́ː] 물러나게 하다　　(c) Calm [kɑːm] 가라앉히다　　(d) Alleviate [əlíːvièit] 완화하다, 덜다

어휘　trip [trip] 헛디디다, 걸려 넘어지다　ease [iːz] 덜다, 완화하다

03

| A: Did you say / you can't finish the paper / by Monday?
　당신은 말씀하셨나요　　논문을 끝내실 수 없다고　　월요일까지

B: That's right. It's just not feasible.
　맞아요　　정말 실행 가능하지 않아요 | A: 당신은 월요일까지 논문을 끝내실 수 없다고 하셨나요?
B: 맞아요. 정말 실행 가능하지 않아요. |

해설　'당신은 월요일까지 논문을 끝내실 수 없다고 하셨나요'라는 질문에 '맞아요. 정말 ___ 않아요'라고 대답하고 있습니다. 따라서 문맥상 빈칸에는 '실행 가능한'이라는 뜻의 (b) feasible이 들어가는 것이 자연스럽습니다.

　　(a) flexible [fléksəbl] 탄력적인, 유연한　　(c) available [əvéiləbl] 이용할 수 있는　　(d) credible [krédəbl] 믿을 만한

어휘　paper [péipər] 논문; 숙제

04

| Queen Elizabeth / refused to marry, / causing England to be
　엘리자베스 여왕은　　결혼하기를 거부했다　　그래서 영국이 걱정하도록 했다
worried over / who would succeed her / and rule the country.
　누가 그녀를 계승할 것인지에 대해　　그리고 나라를 통치할 것인지에 대해 | 엘리자베스 여왕은 결혼하기를 거부해서, 영국이 누가 그녀를 계승하고 나라를 통치할 것인지에 대해 걱정하도록 했다. |

해설　'엘리자베스 여왕은 결혼을 거부해서 영국이 누가 그녀를 _____ 것인지에 대해 걱정하도록 했다'라는 문맥상 빈칸에는 '계승하다'라는 뜻의 (a) succeed가 들어가는 것이 자연스럽습니다.

　　(b) exceed [iksíːd] 초과하다　　(c) perform [pərfɔ́ːrm] 연주하다　　(d) oversee [ouvərsíː] 감독하다

어휘　rufuse [rifjúːz] 거부하다　rule [ruːl] 통치하다

VOCABULARY

해커스 탭스 BASIC READING

05

The community contributed $5,000 / to a group / that helps	그 공동체는 자연재해의 피해자들을 돕는 한 단체에
그 공동체는 5천 달러를 기부했다　　　　　　한 단체에　　피해자들을 돕는	5천 달러를 기부했다.
victims / of natural disasters.	
자연재해의	

해설　'그 공동체는 자연 재해의 피해자들을 돕는 단체에 5천 달러를 ____했다'라는 문맥상 빈칸에는 '기부하다'라는 뜻의 (d) contributed가
　　　들어가는 것이 자연스럽습니다.

　　　(a) approve [əprúːv] 승인하다　　　(b) substitute [sʌ́bstitjùːt] 대체하다　　　(c) transfer [trænsfə́ːr] 옮기다

어휘　victim [víktim] 피해자, 희생자　natural disaster 자연재해

06

Nina always attributed / her quick and lively intelligence /	Nina는 항상 그녀의 예리하고 생기 넘치는 사고력이
Nina는 항상 ~덕분이라고 했다　　　그녀의 예리하고 생기 넘치는 사고력이	어머니 유전자의 덕분이라고 했다.
to her mother's genes.	
어머니 유전자의	

해설　'Nina는 항상 그녀의 예리하고 생기 넘치는 사고력이 어머니 유전자의 _____ 했다'라는 문맥상 빈칸에는 '~의 덕분이라고 하다'라는
　　　뜻의 (a) attributed가 들어가는 것이 자연스럽습니다.

　　　(b) consent [kənsént] 동의하다, 승낙하다　　　(c) distribute [distríbjuːt] 배분하다　　　(d) describe [diskráib] 묘사하다

어휘　quick [kwik] 예리한, 날카로운　lively [láivli] 생기 넘치는, 활기찬　gene [dʒiːn] 유전자

07

From the remarks of the students, / school officials deduced /	학생들의 진술에 따라, 교직원들은 그들 중 몇몇은 정
학생들의 진술에 따라　　　　　　　교직원들은 추론했다	당 방위로 싸웠다고 추론했다.
that some of them / fought / in self-defense.	
그들 중 몇몇은　　싸웠다고　　정당 방위로	

해설　'학생들의 진술에 따라 교직원들은 그들 중 몇몇은 정당 방위로 싸웠다고 ____했다'라는 문맥상 빈칸에는 '추론하다'라는 뜻의
　　　(d) deduced가 들어가는 것이 자연스럽습니다.

　　　(a) reduce [ridʒúːs] 줄이다　　　(b) master [mǽstər] 지배하다, 통달하다　　　(c) handle [hǽndl] 처리하다

어휘　remark [rimáːrk] 진술　school official 교직원　in self-defense 정당방위로

08

Most speakers / cannot improvise a speech / and usually	대부분의 연설자들은 즉석에서 연설을 할 수 없어서
대부분의 연설자들은　　　즉석에서 연설을 할 수 없다　　　그래서 보통 준비한다	보통 그들의 의견을 미리 준비한다.
prepare / their ideas / beforehand.	
그들의 의견을　　미리	

해설　'대부분의 연설자들은 연설을 ____ 할 수 없어서 보통 그들의 의견을 미리 준비한다'라는 문맥상 빈칸에는 '즉석에서 하다'라는 뜻의
　　　(d) improvise가 들어가는 것이 자연스럽습니다.

　　　(a) renovate [rénəvèit] 수리하다, 혁신하다　　　(b) imitate [ímitèit] 모방하다, 흉내 내다　　　(c) revise [riváiz] 교정하다, 수정하다

어휘　beforehand [bifɔ́ːrhænd] 미리, 사전에

09

The music / playing in the hotel lobby / is so soft / that it is	호텔 로비에서 흐르는 음악은 너무 작아서 거의 들
음악은　　　호텔 로비에서 흐르는　　　너무 작아서	리지 않는다.
barely audible.	
거의 들리지 않는다	

해설　'호텔 로비에서 흐르는 음악은 너무 소리가 작아서 거의 ____하지 않는다'라는 문맥상 빈칸에는 '들리는'이라는 뜻의 (a) audible이 들어
　　　가는 것이 자연스럽습니다.

　　　(b) definite [défənit] 한정된, 명확한　　　(c) traceable [tréisəbl] ~에 기인하는, 추적할 수 있는
　　　(d) considerate [kənsídərit] 이해심 있는

어휘　soft [sɔːft] (소리가) 작은　barely [béərli] 거의 ~않은

10

Some seamen / cannot use the North Star / to guide them / 몇몇 선원들은 　　　 북극성을 이용할 수 없다 　　　 그들을 안내하도록 at night / because it is visible / only in the northern 밤에 　 왜냐하면 그것은 보이기 때문이다 　　　 북반구에서만 hemisphere.	몇몇 선원들은 밤에 그들을 안내하도록 북극성을 이용할 수 없는데, 왜냐하면 그것은 북반구에서만 보이기 때문이다.

해설　'몇몇 선원들은 밤에 그들을 안내하도록 북극성을 이용할 수 없는데, 왜냐하면 그것은 북반구에서만 ＿＿기 때문이다'라는 문맥상 빈칸에는 '보이는'이라는 뜻의 (b) visible이 들어가는 것이 자연스럽습니다.

(a) credible [krédəbl] 믿을만한　　(c) readable [ríːdəbl] 읽기 쉬운　　(d) reliable [riláiəbl] 믿을 수 있는

어휘　seaman [síːmən] 선원　the North Star 북극성　guide [gaid] 안내하다, 지도하다　the northern hemisphere 북반구